全本全注全译丛书

中华经典名著

陈桥驿 叶光庭 叶扬◎译　陈桥驿 王东◎注

水经注 四

中华书局

第四册目录

卷二十四

睢水 瓠子河 汶水

【题解】

卷二十四记载了三条河流。睢水是淮河的支流,瓠子河和汶水则是古代济水的支流。但在这一带,许多河流是互相沟通的,卷八《济水》《经》文"又东南过徐县北"下《注》文记"偃王治国,仁义著闻,欲舟行上国,乃通沟陈、蔡之间"。

这里的"偃王"指徐偃王,传说是徐戎的始祖,时当西周。说明早在西周,这一带的水道已有运河互相沟通,这些运河虽然不长,但比一般据《左传·哀公九年》(前486)记载的"吴城邗,沟通江、淮",即吴王夫差开凿的邗沟要早得多。所以《济水》篇的"通沟陈、蔡之间",可以认为是世界上有史记载的最早运河。由于黄河的多次决口、泛滥和改道,济水早已不复存在,古代鸿沟水系及其附近河流都有很大的变化,从卷二十一《汝水》起到本卷的所有河流,有的现在已无河名,有的河名虽存,但河道与《水经注》记载的已有很大变化。

睢水今称濉河,但河道已有很大变化。仅在《水经》与《水经注》二书的三百年之间,变化也已不小。《水经》说:"(睢水)又东过相县南,屈从城北东流,当萧县南,入于陂。"《注》文却说:"睢水又左合白沟水,水上承梧桐陂,陂侧有梧桐山,陂水西南流,迳相城东而南流注于睢。睢盛则北流入于陂,陂溢则西北注于睢。"这里《经》文和《注》文的差别,不一定是《经》文的错误,很可能是河流和水文的变化。《水经注》记载的睢水,最后是"东南流入于泗,谓之睢口。"但现在的濉河,包括南面的新濉河,都从江苏泗洪注入洪泽湖。

瓠子河原是古代在濮阳(今河南濮阳东南)从黄河分出的一条小河,自黄河往东南流,经今山东梁山北折,注入济水。汉元光三年(前132)黄河决口,河水借瓠子河河道东流,进入钜野泽,造成淮水、泗水一带的连年灾难。元封二年(前109),汉武帝亲临现场,调集兵卒数万人堵黄河入瓠子口。汉武帝在工地所作《瓠子之歌》二首,收入《注》文之中。黄河纳入故道后,瓠子河逐渐枯竭,以后就不复存在。

汶水在《水经》和《水经注》中各有两条,一条是古代济水的支流,在今山东半岛,是潍水的支流。另一条收入于卷二十六。此汶水,《经》文说"入于济",《注》文说"汶水又西流入济"。所以在古代确系济水支流,济水湮废后,水道有很大变化。现在,汶水称为大汶河,其下游分成两条,北支叫大清河,经东平湖注入黄河;南支从南旺镇附近注入运河,但1960年已筑坝堵塞。所以大汶河目前已成为一条黄河水系的河流。

《水经注》记载的今山东境内诸水,河流多而变迁大,读者需要古今对照。除前面已经介绍的各种地图集外,《中国地理丛书》的《山东省地理》(山东教育出版社,1987年版)的《水文》一章叙述较详,可以参阅。

睢水

睢水出梁郡鄢县[①],

睢水出陈留县西蒗蘯渠[②],东北流。《地理志》曰:睢水首受陈留浚仪狼汤水也[③]。《经》言出鄢[④],非矣。

【注释】

①睢水：汴水支流。战国鸿沟（汉代称狼汤渠）支流之一。梁郡：新
　莽始建国元年（9）改梁国置。治所在睢阳县（今河南商丘南）。
　东汉建初四年（79）复为梁国。三国魏黄初中改为梁郡。鄢县：
　战国楚置。后入秦，属南郡。治所在今湖北宜城东南十五里楚皇
　城遗址。西汉惠帝三年（前192）改为宜城县。

②陈留县：秦置，属砀郡。治所在今河南开封东南二十六里陈留镇。
　西汉为陈留郡治。蒗蓎渠：一作狼汤渠、蒗荡渠、茛荡渠。即战国
　至秦、汉间之鸿沟。故道自今河南荥阳北广武镇北引黄河水东流，
　经中牟北，至开封东南。折而南流经通许东、太康西，至周口淮阳
　区东南流于沈丘北入颍水。魏、晋以后，开封以上河段称汴水，以
　下河段称蔡水。

③睢水首受陈留浚仪狼汤水：《汉书·地理志》"陈留郡"："浚仪。
　故大梁。魏惠王自安邑徙此。睢水首受狼汤水，东至取虑入泗，
　过郡四，行千三百六十里。"浚仪，即浚仪县。西汉文帝时置，属
　梁国。治所在今河南开封。

④鄢（yān）：西周封国。妘姓。在今河南鄢陵西北十八里古城村。

【译文】

睢水

睢水发源于梁郡鄢县，

睢水发源于陈留县西边的蒗蓎渠，往东北流。《地理志》说：睢水上
游承接陈留县浚仪的狼汤水。《水经》说发源于鄢县，显然是错误的。

又东迳高阳故亭北①，俗谓之陈留北城，非也。苏林曰②：
高阳者，陈留北县也。按，在留，故乡聚名也③，有汉广野君
庙碑④。延熹六年十二月⑤，雍丘令董生⑥，仰余徽于千载⑦，
遵茂美于绝代⑧，命县人长照为文⑨，用章不朽之德⑩。其略

云：辍洗分餐⑪，谘谋帝猷⑫，陈、郑有涿鹿之功⑬，海岱无牧野之战⑭，大康华夏，绥静黎物⑮。生民以来，功盛莫崇⑯。今故宇无闻⑰，而单碑介立矣⑱。《陈留风俗传》曰⑲：郦氏居于高阳⑳，沛公攻陈留县，郦食其有功，封高阳侯㉑。有郦峻，字文山，官至公府掾。大将军商㉒，有功，食邑于涿㉓，故自陈留徙涿。县有鉼亭、鉼乡㉔，建武二年㉕，世祖封王常为侯国也㉖。

【注释】

①高阳故亭：即今河南杞县西南二十二里高阳镇。

②苏林：字孝友。陈留外黄（今河南民权西北）人。汉、魏间学者。与邯郸淳等并为当时儒宗。

③乡聚：乡村聚落。

④广野君：即郦食其。陈留高阳（今河南杞县）人。好读书，家贫落魄无以为衣食业，为里监门吏。后投刘邦。因游说刘邦袭击陈留，封广野君。

⑤延熹六年：163年。延熹，东汉桓帝刘志的年号（158—167）。

⑥雍丘令：雍丘县令。雍丘，即雍丘县。战国魏置。后入秦，属砀郡。治所即今河南杞县。董生：人名。具体不详。

⑦余徽：遗留下来的美德。

⑧茂美：美好。

⑨长照：人名。具体不详。为文：撰述文字。

⑩章：彰显，显扬。

⑪辍洗分餐：指礼贤下士。辍洗，停止洗濯。语见《史记·郦生陆贾列传》："沛公至高阳传舍，使人召郦生。郦生至，入谒，沛公方倨床使两女子洗足，而见郦生。郦生入，则长揖不拜，曰：'足下欲助

秦攻诸侯乎？且欲率诸侯破秦也？'沛公骂曰：'竖儒！夫天下同
苦秦久矣，故诸侯相率而攻秦,何谓助秦攻诸侯乎？'郦生曰：'必
聚徒合义兵诛无道秦,不宜倨见长者。'于是沛公辍洗,起摄衣,
延郦生上坐,谢之。"分餐：相传周公求贤殷切,热心接待来客,以
至一沐三握发,一饭三吐哺。事见《史记·鲁周公世家》。

⑫谘谋：商议谋划。帝猷（yóu）：帝王治国之道。

⑬涿鹿之功：指黄帝部落联合炎帝部落,与蚩尤在涿鹿进行的一场
战争。涿鹿,故城在今河北涿鹿东南四十里矾山镇附近古城。

⑭海岱：今山东渤海至泰山之间的地带。海,渤海。岱,泰山。牧野
之战：周武王的军队与商朝军队在牧野进行的决战。牧野,在今
河南淇县西南。

⑮绥静：安定平静。黎物：黎民百姓。

⑯功盛莫崇：没有比这更高的功勋了。

⑰故宇：旧居。引申为故国、家乡。此指原来的祠庙。

⑱单碑：孤孤单单的一块石碑。介立：耸立。

⑲《陈留风俗传》：书名。东汉圈称撰。叙述陈留（今河南开封）一
带风俗民情。今存清王仁俊辑本一卷。

⑳郦氏：即广野君郦食其。

㉑封高阳侯：郦食其生前未尝封侯,其子郦疥被封高粱侯。

㉒大将军商：即郦商。西汉陈留高阳（今河南杞县）人。秦末援刘邦,
有功,封信成君。后更封曲周侯。

㉓食邑：封建时分封给卿大夫的领地。涿：战国燕邑,以涿水得名。
即今河北涿州。

㉔鉼（píng）亭、鉼乡：《水经注疏》熊会贞按："《渠水注》云,波乡波
亭,鸿沟乡鸿沟亭,则此当作鉼乡鉼亭。又《汳水注》引《陈留风
俗传》,县有鉼乡亭,此或本作县有鉼乡亭,传写者误增倒耳。"鉼
乡亭,《水经注疏》杨守敬按："亭当在今陈留县（今河南开封东南

二十六里陈留镇）北。"

㉕建武二年：26 年。建武，东汉光武帝刘秀的年号（25—56）。

㉖王常：字颜卿。东汉颍川舞阳（今河南舞阳西）人。与王凤、王匡
　等起兵云杜绿林山（在今湖北当阳），聚众数万人，以常为偏将。
　更始立，以常为廷尉、大将军，封知命侯。与光武共击破王寻、王
　邑。更始西都长安，以常行南阳太守事，封为邓王，赐姓刘氏。归
　光武，特加赏赐，拜为左曹，封山桑侯。后拜为横野大将军。薨，
　谥曰节侯。

【译文】

　　睢水又往东流经高阳故亭北面，俗称陈留北城，其实不是。苏林说：
高阳是陈留北面的县。按，在留，是从前的乡村名，那里有汉广野君庙
碑。延熹六年十二月，雍丘县令董生仰慕广野君遗留于千载的高风，崇
奉他优美的典范于万世之后，因此嘱县人长照撰文，以表彰他不朽的美
德。文中大意说：高祖礼贤下士，广野君也尽心为他出谋划策，袭陈留，
得秦积粟，建立了卓著的功勋；青、徐等地，不战而定，使国家大大地富盛
起来，人民也得以安宁地生活。自古以来，没有更高的功勋了。现在原
来的祠庙已不再有人知道了，只有这块庙碑还孤零零地竖立着。《陈留
风俗传》说：郦氏居住在高阳，沛公攻陈留时，郦食其献计有功，后来被
封为高阳侯。族人郦峻，字文山，曾任公府掾。大将军郦商有功，受封以
涿为食邑，因此他从陈留迁往涿。高阳县有鲔亭、鲔乡，建武二年，世祖
把这地方封给王常，立为侯国。

　　睢水又东迳雍丘县故城北，县，旧杞国也①。殷汤、周武
以封夏后，继禹之嗣。楚灭杞，秦以为县。圈称曰：县有五
陵之丘②，故以氏县矣。城内有夏后祠③。昔在二代④，享祀
不辍。秦始皇因筑其表为大城，而以县焉。

【注释】

①杞国：商、周时诸侯国。姒姓。初在雍丘（今河南杞县）。前445年为楚所灭。

②五陵之丘：《水经注疏》熊会贞按："《名胜志》：桃陵在杞县（今河南杞县）东南十里，又二十五里为青陵，翟陵在县西南五十里，又十里为石陵，武陵在县东北二十里，即《风俗传》所谓五陵也。"

③夏后祠：祭祀夏朝国君的祠堂。《水经注疏》杨守敬按："《陈留风俗传》，雍丘有夏后祠，有神井，能兴雾雹。古来享祠，至今不辍。"

④二代：商、周两代。

【译文】

睢水又往东流经雍丘县旧城北面，雍丘县是从前的杞国。殷汤和周武王曾把此地封给夏的子孙，以接续禹的后嗣。后来楚灭了杞，秦时设置为县。圈称说：县里有五陵之丘，所以县名叫雍丘。城内有夏后祠。从前商、周二代，从未停止过祭祀。到了秦始皇时，在外围修筑了大城墙，并设置为县。

睢水又东，水积成湖，俗谓之白羊陂①，陂方四十里，右则姦梁陂水注之，其水上承陂水，东北迳雍丘城北，又东分为两渎，谓之双沟②，俱入白羊陂。陂水东合洛架口，水上承汳水，谓之洛架水③，东南流入于睢水。

【注释】

①白羊陂：即白杨陂。在今河南杞县东。

②双沟：在今河南杞县东北。

③洛架水：《水经注疏》杨守敬按："水在今杞县东北。"

【译文】

睢水又往东流，水流积蓄成湖，俗称白羊陂，方圆四十里，睢水右边有磊梁陂水注入,这条水上游承接陂水,往东北流经雍丘城北面,又往东流,分为两条水,称为双沟,一同注入白羊陂。白羊陂水往东流,汇合洛架口,此口的水上游承接汳水,称为洛架水,往东南流,注入睢水。

睢水又东迳襄邑县故城北①,又东迳雍丘城北。

【注释】

①襄邑县:战国秦置,属砀郡。治所即今河南睢县。

【译文】

睢水又往东流经襄邑县老城北面,又往东流经雍丘城北面。

睢水又东迳宁陵县故城南①,故葛伯国也②,王莽改曰康善矣。历鄢县北③,二城南北相去五十里,故《经》有出鄢之文。城东七里,水次有单父令杨彦、尚书郎杨禅字文节兄弟二碑④,汉光和中立也⑤。

【注释】

①宁陵县:西汉置,属陈留郡。治所在今河南宁陵东南。

②葛伯国:葛氏,嬴姓,以国为氏。夏时有葛国,伯爵,为汤所灭。都邑在今河南漯河市郾城区南。

③鄢县:战国楚置。后入秦,属南郡。治所在今湖北宜城东南十五里楚皇城遗址。西汉惠帝三年(前192)改为宜城县。

④单父令杨彦、尚书郎杨禅字文节兄弟二碑:《水经注疏》杨守敬按:"杨彦、杨禅,《后汉书》无传。二碑欧(阳修)、赵(明诚)不著录,洪(适)但载郦说,盖已佚。"单父,战国魏置。后入秦,属砀郡。治所在今山东单县南一里。西汉属山阳郡。东汉改为侯国,后复为县,属济阴郡。西晋后废。尚书郎:官名。汉制,尚书自令、仆射、左右

丞下有郎,初任称守尚书郎,任满一年称郎中,满三年称侍郎。

⑤光和:东汉灵帝刘宏的年号(178—184)。

【译文】

睢水又继续往东流经宁陵县老城南面,这里是从前的葛伯国,王莽时改名为康善。睢水流经鄢县北面,鄢县与宁陵县两城南北相距五十里,所以《水经》里有睢水发源于鄢县的记载。鄢县城东七里,水边有单父县令杨彦、尚书郎杨禅兄弟的两块墓碑,立于汉光和年间。

东过睢阳县南①,

睢水又东迳横城北②,《春秋左传·昭公二十一年》③:乐大心御华、向于横④。杜预曰:梁国睢阳县南有横亭⑤。今在睢阳县西南,世谓之光城,盖光、横声相近,习传之非也⑥。

【注释】

①睢阳县:战国秦置,为砀郡治。治所在今河南商丘南一里。北魏为梁郡治。

②横城:亦称光城。在今河南商丘睢阳区南。

③昭公二十一年:前521年。

④乐大心御华、向于横:《左传·昭公二十一年》:"乐大心、丰愆、华轻御诸横。"乐大心,子姓,乐氏。宋景公时任右师。曾参加由晋主持的黄父(今山西沁水西北)之会,会同诸侯国送周敬王还王城。

⑤梁国:西汉高帝五年(前202)改砀郡为梁国。都定陶(今山东菏泽定陶区西北)。汉文帝时移都睢阳县(今河南商丘南)。

⑥习传:流传。

【译文】

睢水往东流过睢阳县南面,

睢水又往东流经横城北面,《春秋左传·昭公二十一年》:乐大心在横抵御华氏、向氏的进攻。杜预说：梁国睢阳县南有横亭。现在横亭在睢阳县西南，世人称之为光城，大概是光、横两字读音相近，用惯了因而造成的错误。

睢水又迳新城北[1]，即宋之新城亭也。《春秋左传·文公十四年》[2]，公会宋公、陈侯、卫侯、郑伯、许男、曹伯、晋赵盾[3]，盟于新城者也。

【注释】

[1]新城：即宋之新城亭。春秋宋邑。在今河南商丘西南。

[2]文公十四年：前613年。文公，指鲁文公。

[3]宋公、陈侯、卫侯、郑伯、许男、曹伯、晋赵盾：公、侯、伯、子、男为五爵。不同国家的国君爵位不同，因此可称其国君为相应的爵位。此处宋公指宋昭公、陈侯指陈灵公、卫侯指卫成公、郑伯指郑穆公、许男指许昭公、曹伯指曹文公。赵盾，春秋时晋国的正卿（相当于丞相）。谥号宣子。是敢于直谏、忠于国事的大臣。

【译文】

睢水又流经新城北面，这就是宋国的新城亭。《春秋左传·文公十四年》，文公在新城与宋公、陈侯、卫侯、郑伯、许男、曹伯、晋赵盾等会盟。

睢水又东迳高乡亭北[1]，又东迳亳城北[2]，南亳也，即汤所都矣。

【注释】

[1]高乡亭：《水经注疏》熊会贞按："高乡亭无考。……疑此高乡为高辛之误。在今商丘（今河南商丘）西南。"

[2]亳城：即南亳。在今河南内黄西南亳城乡。

【译文】

睢水又往东流经高乡亭北面，又往东流经亳城北面，就是南亳，是商汤的都城。

睢水又东迳睢阳县故城南，周成王封微子启于宋以嗣殷后①，为宋都也。昔宋元君梦江使乘辎车②，被绣衣，而谒于元君，元君感卫平之言而求之于泉阳③，男子余且献神龟于此矣④。秦始皇二十二年以为砀郡⑤。汉高祖尝以沛公为砀郡长⑥，天下既定，五年为梁国⑦。文帝十二年⑧，封少子武为梁王⑨，太后之爱子、景帝宠弟也⑩。是以警卫貂侍⑪，饰同天子，藏珍积宝，多拟京师⑫。招延豪杰⑬，士咸归之，长卿之徒⑭，免官来游⑮。广睢阳城七十里⑯，大治宫观、台苑、屏榭⑰，势并皇居⑱。其所经构也⑲，役夫流唱⑳，必曰《睢阳曲》㉑，创传由此始也。

【注释】

①周成王：周武王之子姬诵。微子启：子姓，宋氏，名启，世称微子、微子启、宋微子。殷商帝乙长子，商纣王庶兄。周朝初年被周成王封于商丘，建立宋国，成为周朝宋国的开国始祖。宋：周诸侯国名。在今河南商丘一带。嗣：继承，延续。殷后：殷商之后裔。

②宋元君：宋元王、宋元公。江使：江神的使者。辎（zī）车：古代有帷盖的车子，既可载物，亦可乘卧。

③卫平：宋元君之臣。泉阳：即零陵。今广西全州西南。

④余且：一作豫且。春秋时渔夫。宋国（治所在今河南商丘）人。宋元公二年（前530），曾网一大龟，献于宋元王，元王杀而用于祭祀。后宋国强盛，或以为赖此神龟之力。

⑤秦始皇二十二年:前225年。砀郡:秦始皇二十二年置。治所在
　睢阳县(今河南商丘南一里)。

⑥汉高祖尝以沛公为砀郡长:《汉书·高帝纪》:"(秦二世三年)以
　沛公为砀郡长。"

⑦五年为梁国:西汉高帝五年(前202)改砀郡为梁国。都定陶(今
　山东菏泽定陶区西北)。汉文帝时移都睢阳县(今河南商丘南)。

⑧文帝十二年:前168年。文帝,汉文帝刘恒。

⑨封少子武为梁王:刘武即梁孝王。汉文帝次子,文帝二年(前
　178)立为代王,文帝十二年(前168)封为梁王。

⑩景帝:汉景帝刘启,汉文帝刘恒长子。继承和发展了其父汉文帝
　的事业,轻徭薄赋,与民休息,开创了"文景之治"。

⑪貂侍:指宫中近侍。因冠饰貂尾,故称。

⑫拟:类似。京师:这里指都城之官。

⑬招延:招募延请。豪杰:才能出众之人。

⑭长卿:即司马相如。字长卿。蜀郡成都(今四川成都)人。武帝
　时作《子虚赋》,为武帝赏识。复作《上林赋》,拜为郎,奉使西南。
　后为孝文园令。

⑮免官来游:辞退官职从其交游。

⑯广:扩宽,开拓。睢阳城:陈桥驿按,此处睢阳即河南商丘,是当时
　的一座大城。秦置县,位于今商丘以南。

⑰台苑:亭台苑囿。屏榭:照壁水榭。

⑱势并皇居:气势与皇宫等同。

⑲经构:营造,建造。经、构都表示营造、建造义。

⑳役夫:役作之人,劳动者。流唱:传唱。

㉑《睢阳曲》:《宋书·乐志一》:"孝王筑睢阳城,方十二里,造倡声,
　以小鼓为节,筑者下杵以和之。后世谓此声为《睢阳曲》,至今传
　之。"

【译文】

　　睢水又往东流经睢阳县旧城南面，周成王把微子启封于宋，让他接续殷的后代，睢阳县就是宋的都城。从前宋元君梦见江国使者坐着有帷盖的车、披着绣衣前来拜见，元君听了卫平王的一席话，就去泉阳寻求，男子余且在这里献上神龟。秦始皇二十二年，在此设置砀郡。汉高祖为沛公时曾当过砀郡长，天下平定后，到西汉高帝五年就以此地为梁国。汉文帝十二年，封小儿子刘武为梁王，刘武是太后的爱子、景帝的宠弟。梁王有警卫和太监，他自己的穿戴与装饰同天子一样，储藏的金银珠宝多得可与京师相比。他招收天下豪杰，四方贤士纷至沓来，甚至司马长卿之辈也弃官来投奔他。他扩建睢阳城七十里，在城内大兴土木，修建宫观、园囿、亭台、屏榭，建得就像帝王的居处一样富丽堂皇。营建宫苑时，民夫们都传唱着《睢阳曲》，这首曲子就是从那时开始流传下来的。

　　城西门即寇先鼓琴处也①。先好钓，居睢水旁，宋景公问道不告②，杀之。后十年，止此门鼓琴而去，宋人家家奉事之③。南门曰卢门也。《春秋》：华氏居卢门里叛④。杜预曰：卢门，宋城南门也。司马彪《郡国志》曰：睢阳县有卢门亭，城内有高台，甚秀广，巍然介立，超焉独上⑤，谓之蠡台⑥，亦曰升台焉。当昔全盛之时，故与云霞竞远矣。《续述征记》曰⑦：回道似蠡⑧，故谓之蠡台。非也。余按《阙子》⑨，称宋景公使工人为弓，九年乃成。公曰：何其迟也？对曰：臣不复见君矣，臣之精尽于弓矣。献弓而归，三日而死。景公登虎圈之台⑩，援弓东面而射之⑪，矢逾于孟霜之山⑫，集于彭城之东⑬，余势逸劲⑭，犹饮羽于石梁⑮。然则蠡台即是虎圈台也，盖宋世牢虎所在矣⑯。晋太和中⑰，大司马桓温入河⑱，命豫州刺史袁真开石门[19]。鲜卑坚戍此台[20]，真顿甲坚城之下[21]，不果而还。

【注释】

①寇先：也作冠先。干宝《搜神记》卷一："冠先，宋人也。以钓为业，居睢水旁百余年。得鱼，或放，或卖，或自食之。常著冠带，好种荔，食其葩实焉。宋景公问其道，不告，即杀之。后数十年，踞宋城门上，鼓琴，数十日乃去。宋人家家奉祠之。"

②宋景公：春秋时宋国国君。问道：询问其得道之术。

③奉事：供奉祭祀。

④华氏居卢门里版：具体不详。

⑤超焉：崇高貌。独上：独自耸立。

⑥蠡台：亦称升台。在今河南商丘城内。

⑦《续述征记》：晋末宋初人郭缘生撰。

⑧回道：回环的阶梯。蠡：即螺。特指螺壳、螺号。

⑨《阙子》：书名。一篇。《汉书·艺文志》列入纵横家类，已佚。

⑩虎圈之台：即蠡台。

⑪援弓：拉开弓箭。

⑫逾：越过，翻越。孟霜之山：一作西霜之山。具体未详。

⑬集：停止。彭城：春秋宋邑。即今江苏徐州。秦置县。

⑭逸劲：剩余的劲力，余力。

⑮饮羽：箭深入所射物体，中箭。

⑯牢虎：关押圈养老虎。

⑰太和：东晋废帝司马奕的年号（366—371）。

⑱大司马桓温：字元子。谯国龙亢（今安徽怀远西北）人。晋明帝之婿。永和三年（347）率军入蜀，灭成汉，声威大振，进位征西大将军。太和四年（369）率精锐五万伐前燕，因后路被截，大败而归。

桓温三次北伐，终未如愿，后愈擅权，废海西公，立简文帝，意欲受禅自立，未遂而病死。

⑲豫州：西汉武帝置，为十三刺史部之一。袁真：东晋官吏。历任庐江太守、龙骧将军。太和四年（369）随桓温等伐前燕兵败。桓温归罪于袁真，袁真反叛。

⑳鲜卑：指鲜卑族慕容氏。

㉑顿甲：驻扎军队。坚城：坚固的城池。

【译文】

城西门就是寇先弹琴的地方。寇先喜欢钓鱼，住在睢水岸边，宋景公向他询问道术，他不肯说，被宋景公杀了。十年后，他来到这座城门前，停下来弹了一会儿琴，方才走开，宋人家家户户都奉祀他。南门叫卢门。《春秋》记载：华氏居住在卢门里，后来反叛了。杜预说：卢门是宋城南门。司马彪《郡国志》说：睢阳县有卢门亭，城内有一座高台，十分秀美宽广，高高地矗立着，超然独上，称为蠡台，又叫升台。从前在它极盛的时期，真可与云霞争高。《续述征记》说：登台的梯级回旋而上，像螺一样，因而称为蠡台。其实不然。我查考《阙子》说，宋景公叫工人为他制弓，九年才制成。景公问：为什么做得那么久？工人回答道：我不能再见到您了，我把自己的全部精力都花在这张弓上了。那工人献了弓回家去，三天后就死了。景公登上虎圈台，拉弓搭箭向东方射去，箭飞过孟霜山，最后落在彭城东边，余势仍很强劲，箭头深深穿进石桥中。那么蠡台就是虎圈台了，这是宋时关虎的地方。晋太和年间，大司马桓温抵达大河之滨，命令豫州刺史袁真去凿开石门。鲜卑人坚守此台，袁真屯兵于坚城之下，没有达到目的，最后只好撤兵而回。

蠡台如西①，又有一台，俗谓之女郎台。台之西北城中有凉马台，台东有曲池，池北列两钓台，水周六七百步。蠡台直东②，又有一台，世谓之雀台也。城内东西道北，有晋梁王妃王氏陵表③，并列二碑，碑云：妃讳粲，字女仪，东莱曲城人也④。齐北海府君之孙⑤，司空东武景侯之季女⑥，咸熙元年嫔于司马氏⑦，泰始二年妃于国⑧，太康五年薨⑨，营陵于新蒙之⑩，太康九年立碑⑪。东即梁王之吹台也⑫。基陛阶础尚在⑬，今建追明寺⑭，故宫东即安梁之旧地也，齐周五六百步⑮，水列钓台。

【注释】

①如西：稍西，偏西。

②直东：正东边。

③晋梁王：即梁孝王司马肜（róng）。字子徽，晋宣帝司马懿第八子。清减修身，恭谨谨慎。武帝践祚，封梁王。陵表：陵墓。

④东莱：古郡名。汉置。治所在掖县（今山东莱州）。曲城：西晋改曲成县置，属东莱国。治所在今山东招远西西曲成。南朝宋属东莱郡。北魏分东境置东曲城县，因谓此为西曲城县。

⑤齐北海府君：指三国魏人王豹，死后追赠北海太守。北海，古郡名。西汉景帝二年（前155）分齐郡置。治所在营陵县（今山东昌乐东南五十里古城）。府君，汉代对郡相、太守的尊称。

⑥司空东武景侯：指三国魏人王基。字伯舆。东莱曲城（今山东招远西）人。死后追赠司空，谥曰景。东武，古县名。汉置，为琅邪郡治。治所在今山东诸城。季女：小女儿。

⑦咸熙元年：264年。咸熙，三国魏元帝曹奂的年号（264—265）。嫔（pín）：作嫔妾。司马氏：这里指司马肜。

⑧泰始二年：266年。泰始，西晋武帝司马炎的年号（265—274）。妃：立为王妃。

⑨太康五年：284年。太康，西晋武帝司马炎的年号（280—289）。

⑩营陵：营造陵墓。新蒙之：朱谋㙔《水经注笺》认为此下有脱误。

⑪太康九年：288年。

⑫梁王之吹台：古迹名。在今河南开封东南禹王台公园内。相传为春秋时师旷吹乐之台。西汉梁孝王增筑曰明台。因梁孝王常歌吹于此，故亦称吹台。又称繁台。

⑬基：地基。陛：台阶。础：柱下石墩。

⑭追明寺：当在今河南商丘一带。

⑮齐周：周围。

【译文】

蠡台之西，又有一台，俗称女郎台。台的西北面，在城内有凉马台，台的东面有曲池，池北有两个并列的钓台，池周围约六七百步。蠡台正东，又有一台，世人称之为崔台。城内有一条东西向大道，北端有晋朝梁王妃王氏墓表，墓前并列着两块墓碑，碑上刻着：王妃名粲，字女仪，东莱曲城人。齐北海府君的孙女，司空东武景侯的四女儿，咸熙元年，嫁给司马氏作嫔妾，泰始二年，立为妃，太康五年逝世，在新蒙营建陵墓，太康九年立碑。碑的东面就是梁王的吹台。基址和台阶、柱础还在，现在在故宫东边建了追明寺，是安梁旧地，周围五六百步，池边有钓台。

池东又有一台，世谓之清泠台①。北城凭隅②，又结一池台。晋灼曰③：或说平台在城中东北角，亦或言兔园在平台侧④。如淳曰⑤：平台，离宫所在⑥，今城东二十里有台，宽广而不甚极高，俗谓之平台。余按《汉书·梁孝王传》称⑦：王以功亲为大国⑧，筑东苑方三百里，广睢阳城七十里，大治宫室，为复道⑨，自宫连属于平台三十余里⑩，复道自宫东出杨之门左⑪，阳门，即睢阳东门也。连属于平台则近矣，属之城隅则不能，是知平台不在城中也。梁王与邹、枚、司马相如之徒⑫,极游于其上⑬,故齐随郡王《山居序》所谓西园多士⑭,平台盛宾,邹、马之客咸在⑮,《伐木》之歌屡陈⑯,是用追芳昔娱,神游千古,故亦一时之盛事。谢氏赋雪亦曰⑰:梁王不悦,游于兔园⑱。今也歌堂沦宇⑲,律管埋音⑳,孤基块立㉑,无复曩日之望矣。

【注释】

① 清泠(líng)台:故址在今河南商丘东。

② 凭隅:依傍城池的角落。

③ 晋灼:河南(治今河南洛阳东北)人。西晋学者,官尚书郎。撰《汉书集注》十四卷、《汉书音义》十七卷。

④ 兔园:在今河南商丘东南。平台:台名。在今河南商丘东北。

⑤ 如淳:冯翊(今陕西大荔)人。三国时魏官吏。注释过《汉书》。

⑥ 离宫:正宫之外供帝王出巡时居住的宫室。

⑦ 梁孝王:即刘武。汉文帝次子,景帝同母弟。文帝十二年(前168)封为梁王。

⑧ 功亲:功劳和皇亲关系。

⑨ 复道:楼阁或悬崖间架空的通道。

⑩ 连属(zhǔ):连接,连续。属,连接。

⑪ 杨之门:亦称阳门,即睢阳城东门。

⑫ 邹、枚:即邹阳、枚乘。邹阳,西汉文学家,为梁孝王门客。枚乘,西汉辞赋家,为梁孝王门客。

⑬ 极游:尽情游览。

⑭ 齐随郡王:即南齐萧子隆。字云兴。南兰陵(今江苏常州西北)人。能属文。《山居序》:萧子隆所作。西园:在今河北临漳西,传为曹操所建。多士:有众多士人。

⑮邹、马之客：指邹阳、司马相如等宾客。

⑯《伐木》：《诗经·小雅》中的篇目，是一首宴会宾朋的诗歌。屡陈：经常歌唱。

⑰谢氏赋雪：指南朝宋文学家谢惠连所写《雪赋》，是南朝咏物小赋之名篇。赋中写汉代梁孝王岁暮置宴于兔园，命司马相如、邹阳、枚乘咏雪，三人乃依次作赋、歌、乱，对雪之色、形、动、静进行传神描摹，又融入作者对自然现象的独特感受，别具情趣。

⑱梁王不悦，游于兔园：见《文选·谢惠连〈雪赋〉》。

⑲歌堂沦宇：歌舞之地已经湮灭。

⑳律管埋音：管弦之声已经绝响。

㉑孤基块立：孤孤单单的一片荒凉之地。

【译文】

池东又有一台，世人称之为清泠台。北城靠城角，又建有一处池台。晋灼说：有人说平台在城中东北角，也有人说兔园在平台旁边。如淳说：平台是梁王离宫所在的地方，现在城东二十里处有一座台，相当宽广，但不很高，俗称平台。我查考《汉书·梁孝王传》说：梁王凭着功劳和皇亲关系受封大国，他修建的东苑方圆三百里，扩建睢阳城七十里，大兴土木，建造宫室，修筑天桥，从王宫与平台相连，长达三十余里，这条天桥从王宫东出杨之门左边，阳门就是睢阳东门。说天桥连接到平台大致上差不多，说连接到城的东北角就不可能了，由此可知平台不在城中。梁王与邹阳、枚乘、司马相如等人常在平台上尽情游乐，因此正如齐时随郡王《山居序》中所说的：西园有很多士人，平台则常大会宾客，邹阳、司马相如等名流都在，他们常唱《伐木》之歌，借以追思昔日的欢娱，神游于千古，所以也是一时的盛事。谢氏《雪赋》也说：梁王不高兴时，常到兔园散心。今天当年歌舞之地已经湮灭，管弦之声已经绝响，只留下一片寂寞荒凉的遗址，不再有昔日灯红酒绿的盛况了。

　　城北五六里，便得汉太尉桥玄墓①，冢东有庙，即曹氏孟德亲酹处②。操本微素③，尝候于玄④。玄曰：天下将乱，能安之者，其在君乎？操感知，后经玄墓，祭云：操以顽质⑤，见纳君子，士死知己，怀此无忘。又承约言：徂没之后⑥，路有经由，不以斗酒只鸡，过相沃酹⑦，车过三步，腹痛勿怨。虽临时戏言，非至亲笃好⑧，胡肯为此辞哉。凄怆致祭，以申宿怀⑨。冢列数碑，一是汉朝群儒、英才、哲士感桥氏德行之美，乃共刊石立碑，以示后世。一碑是故吏司徒博陵崔列、廷尉河南吴整等⑩，以为至德在己⑪，扬之由人⑫，苟不皦述⑬，夫何考焉？乃共勒嘉石⑭，昭明芳烈⑮。一碑是陇西枹罕北次陌碭守长骘为左尉汉阳豲道赵冯孝高⑯，以桥公尝牧凉州⑰，感三纲之义⑱，慕将顺之节⑲，以为公之勋美⑳，宜宣旧邦㉑，乃树碑颂㉒，以昭令德㉓。

【注释】

①汉太尉桥玄墓：在今河南商丘北。桥玄，字公祖。梁国睢阳（今河南商丘南）人。为官清廉，不阿权贵，待人谦俭，时称名臣。

②曹氏孟德：三国魏武帝曹操。酹（lèi）：把酒洒在地上表示祭奠或起誓。

③微素：卑微寒素。

④候：拜访，探望。

⑤顽质：愚顽拙劣。

⑥徂（cú）没：死去。

⑦沃酹：以酒浇地而祭奠。

⑧至亲笃好：非常亲密友好。

⑨以申宿怀：以表达久有的情怀。

⑩博陵:即博陵郡。东汉延熹元年（158）置。治所在博陵县（今河北蠡县南十五里）。因桓帝父刘翼之陵为博陵，故名。崔列:即崔烈。有重名于北州，历位郡守、九卿。烈有文才，所著诗、书、教、颂等凡四篇。廷尉河南吴整:具体不详。

⑪至德在己:自己应该具有极好的品德。

⑫扬之由人:由别人加以颂扬。

⑬皦（jiǎo）述:清晰陈述。

⑭勒:刊刻。嘉石:美石。

⑮昭明:昭示显明。芳烈:指盛美的功业。

⑯一碑:《水经注疏》熊会贞按:"此碑是凉州（治所在今甘肃武威）人官梁国（今河南商丘）者所立，而二语多误。"陇西:即陇西郡。战国秦昭襄王二十八年（前279）置。治所在狄道县（今甘肃临洮南）。以在陇山之西而得名。枹罕:秦置，属陇西郡。治所在今甘肃临夏东南双城村双城古城。汉阳:即汉阳郡。东汉永平十七年（74）改天水郡置。治所在冀县（今甘肃甘谷东）。獂（huán）道:战国时期西北少数民族的县邑名。汉为獂道县。在今甘肃陇西东南渭水东岸。

⑰牧凉州:作凉州牧。牧，州牧。西汉后期，州逐渐变为郡县以上的一级地方政府，刺史的职权由监察郡国变成州的行政长官。

⑱三纲之义:即君为臣纲、父为子纲、夫为妻纲。

⑲慕:仰慕，敬慕。将顺之节:顺应时势的明智之举。将，遵奉，秉承。

⑳勋美:功勋嘉美。

㉑宣:宣扬，显扬。

㉒树:设置，树立。碑颂:刻在墓碑上颂扬死者的文辞。

㉓昭:显扬，昭示。令德:美好的德行。

【译文】

城北五六里处，有汉朝太尉桥玄墓，墓东有一座庙宇，就是当年曹孟德亲自在此洒酒祭奠的地方。曹操本来地位低微，曾在桥玄手下做小官。

有一次桥玄对他说：天下将要大乱，能定国安邦的人也许就是您吧？曹操感激知遇之恩，后来经过桥玄墓时，亲自祭奠他，祭文说：我本来愚顽，却蒙您接纳，士为知己者死，我心里一直惦念着您的殊遇，从未忘记。您曾和我有约，您说：我死之后，您路过我的墓地，如不用斗酒只鸡相祭，车过三步，肚子痛不要埋怨呀！当时虽是玩笑，但如果不是亲密的知己朋友，哪肯说这些话呢！我满怀着凄怆悲凉之情向您致祭，以表达我平素的怀念之情。墓前排着几块石碑，一块是汉朝一群儒生和有才学的贤能人士，仰慕桥玄高尚的德行，共同刻石所立，用以昭示后人的。另一块是桥玄旧日的属吏，如司徒博陵人崔烈、廷尉河南人吴整等所立，他们认为极崇高的美德虽然靠自己的修养，但褒扬这种美德却要靠别人，如不明确地记述下来，公之于世，后人怎会知道呢？于是共同刻石立碑，表彰桥玄的光辉事迹。还有一碑是陇西枹罕北次陌砀守长骘为左尉汉阳豲道县赵冯孝高所立，他们想到桥公曾当过凉州牧，有感于三纲的义理，仰慕他的顺应时势的明智之举，认为桥公的功业和美德应在他家乡发扬光大，于是树碑称颂以彰显其美好的品德。

　　光和七年①，主记掾李友字仲僚作碑文②，碑阴有右鼎文：建宁三年拜司空③；又有中鼎文：建宁四年拜司徒④；又有左鼎文：光和元年拜太尉⑤。鼎铭文曰：故臣门人，相与述公之行咨度体则⑥，文德铭于三鼎⑦，武功勒于征钺⑧，书于碑阴，以昭光懿⑨。又有钺文⑩，称是用镂石假象⑪，作兹征钺军鼓⑫，陈之于东阶，亦以昭公之文武之勋焉。庙南列二柱，柱东有二石羊，羊北有二石虎，庙前东北有石驼，驼西北有二石马，皆高大，亦不甚凋毁。惟庙颓构⑬，粗传遗墉⑭，石鼓仍存，钺今不知所在。睢水于城之阳，积而为逢洪陂⑮，陂之西南有陂。

【注释】

①光和七年：184 年。光和，东汉灵帝刘宏的年号（178—184）。

②主记掾：主记室掾的简称。主记室掾，州郡县佐吏。汉置，省称主
　记室、主记掾、主记、记室，下有主记室史、主记书佐等，主记录文
　书、催督期会。后世多沿置。李友：字仲僚。其余不详。

③建宁三年：170 年。建宁，东汉灵帝刘宏的年号（168—172）。司
　空：即冬官大司空，掌管土木建筑和水利工程。汉改御史大夫为
　大司空，与大司马、大司徒并列为三公，后去大字为司空。

④建宁四年：171 年。司徒：敷陈五教教化百姓。周时地官司徒为
　六卿之一。汉哀帝元寿二年（前 1）更名为大司徒。东汉时改称
　为司徒。

⑤光和元年：178 年。

⑥咨度：咨询商讨。体则：以身作则。

⑦文德：文教礼乐。铭：刊刻。鼎：古代三足两耳锅，也有方形四足的，
　煮东西的器物。

⑧武功：军事功勋。勒：刊刻。征钺（yuè）：征战用的兵器钺。钺，
　古代的一种兵器。圆刃，青铜制。形似斧而较大。殷周时盛行。

⑨光懿：光辉的美德。

⑩钺文：刊刻在钺上的文字。

⑪镂石：雕镂碑石。假象：效法。

⑫作兹：建造这些。军鼓：战鼓。

⑬颓构：主体结构遭到了毁坏。

⑭粗传遗堵：墙垣约略流传下来。粗，大略，大致。

⑮逢洪陂：在今河南商丘南。

【译文】

　　光和七年，主记掾李友，字仲僚，撰写了碑文，在碑的背面刻着右鼎
文：建宁三年授官司空；又有中鼎文：建宁四年授官司徒；又有左鼎文：光

和元年授官太尉。铭文说:旧时的下属和门人,相互讲述桥公的事迹,商讨如何用合宜的规格来纪念他,决定把他的文德刻在三只鼎上,武功刻在斧钺上,并写在碑的背面,以昭示他光辉的美德。又有钺文说,凭这石头雕琢的形状,制成斧钺、军鼓,陈列于东阶,也是用以昭示桥公的文武功勋。庙南置有二柱,柱东有两头石羊,石羊北有两只石虎,庙前东北有石驼,石驼西北有两匹石马,都很高大,也没怎么损毁。只是庙宇已经颓圮,留下一些断壁残垣,石鼓现在也还在,但钺却已不知去向了。睢水在城南积成逢洪陂,逢洪陂的西南又有一个陂塘。

又东合明水。水上承城南大池,池周千步,南流会睢,谓之明水①,绝睢注涣②。

【注释】

①明水:《水经注疏》杨守敬按:"《续汉志》注引《北征记》,睢阳城(今河南商丘)南临濊水,濊水当即承城南大池之明水。"

②绝睢:横穿睢水。涣:涣水。自今河南开封东分狼汤渠水东南流经杞县、睢县、柘城,南入安徽境,经亳州东北、河南永城南、安徽宿州、固镇,至五河县南入淮水。

【译文】

睢水又东流与明水汇合。明水上源承接城南的大池,池的周围千步,池水南流与睢水汇合,称为明水,明水横穿过睢水,注入涣水。

睢水又东南流,历于竹圃①,水次绿竹荫渚②,菁菁实望③,世人言梁王竹园也④。

【注释】

①竹圃:即东苑,或梁苑。在今河南商丘东南。

②水次：水边。绿竹荫渚（zhǔ）：葱绿的竹子遮蔽着水岸。渚，水滨，
　　水岸。

③菁菁（jīng）实望：一眼望去的确非常茂盛。菁菁，茂盛貌。

④梁王竹园：即兔园。在今河南商丘东南。

【译文】

睢水又往东南流经竹圃，水边是一片茂密青翠的竹林，绿荫笼罩着
水滨，满眼一片郁郁葱葱，人们说这是梁王的竹园。

睢水又东迳毂熟县故城北①。睢水又东，蕲水出焉②。

【注释】

①毂熟县：东汉建武二年（26）置侯国，寻改为县，属梁国。治所在
　　今河南虞城西南三十二里谷熟镇。

②蕲水：睢水支流。故道自今河南商丘东南分睢水，东南流，经夏邑、
　　永城，安徽濉溪县、宿州，江苏泗洪等地，至盱眙北入淮河。

【译文】

睢水又往东流经毂熟县旧城北面。睢水又东流，分出一条蕲水。

睢水又东迳粟县故城北①，《地理志》曰：侯国也，王莽曰成富。

【注释】

①粟县：当为"栗县"之讹。秦置，属砀郡。治所即今河南夏邑。西
　　汉改为栗侯国。译文从之。

【译文】

睢水又往东流经粟县旧城北面，《地理志》说：这是个侯国，王莽时
称为成富。

　　睢水又东迳太丘县故城北①，《地理志》曰：故敬丘也。汉武帝元朔三年②，封鲁恭王子节侯刘政为侯国③；汉明帝更从今名④。《列仙传》曰⑤：仙人文宾，邑人，卖靴履为业⑥，以正月朔日会故妪于乡亭西社⑦，教令服食不老⑧，即此处矣。

【注释】

①太丘县：东汉明帝改敬丘县置，属沛国。治所即今河南永城北四十里太丘乡。西晋废。

②元朔三年：前126年。元朔，西汉武帝刘彻的年号（前128—前123）。

③鲁恭王：即刘馀。西汉景帝之子，汉哀帝刘欣之父。初为淮阳王。吴楚七国之乱平后，徙为鲁王。谥曰恭。刘政：鲁恭王刘馀之子。元朔三年（前126）封瑕丘侯。谥曰节。

④汉明帝：东汉明帝刘庄，光武帝刘秀之子。

⑤《列仙传》：书名。旧题西汉刘向撰，二卷。

⑥靴履：靴子。

⑦正月朔日：正月初一。朔日，旧历每月初一日。故妪（yù）：老年妇女，亦特指妻子。乡亭：乡中公舍。汉制，百户为一里，十里一亭，十亭一乡，每亭设公舍一间，供行人止息。西社：古代祭祀土地神之所，为五社之一。

⑧服食：服用丹药。道家养生术之一。

【译文】

　　睢水又往东流经太丘县旧城北面，《地理志》说：这就是过去的敬丘。汉武帝元朔三年，把这地方封给鲁恭王的儿子节侯刘政，立为侯国；汉明帝时改为今名。《列仙传》说：仙人文宾是本县人，以卖靴为业，正月初一在乡亭西社与旧日的妻子相会，教她服食不老之法，就在此处。

　　睢水又东迳芒县故城北①，汉高帝六年②，封耏跖为侯国③，王莽之傅治，世祖改曰临睢④。城西二里，水南有豫州从事皇毓碑⑤，殒身州牧⑥，阴君之罪⑦，时年二十五。临睢长平舆李君⑧，二千石丞纶氏夏文则⑨，高其行而悼其殒⑩，州国咨嗟⑪，旌间表墓⑫，昭叙令德⑬，式示后人⑭。城内有临睢长左冯翊王君碑⑮，善有治功⑯，累迁广汉属国都尉⑰，吏民思德，县人公府掾陈盛孙⑱，郎中兒定兴、刘伯廊等⑲，共立石表政⑳，以刊远绩㉑。县北与砀县分水㉒，有砀山㉓。芒、砀二县之间㉔，山泽深固㉕，多怀神智㉖，有仙者涓子、主柱㉗，并隐砀山得道。汉高祖隐之，吕后望气知之㉘，即于是处也。京房《易候》曰㉙：何以知贤人隐。师曰：视四方常有大云，五色具而不雨，其下贤人隐矣。

【注释】

①芒县：战国秦置，属砀郡。治所在今河南永城东北二十六里小城子。

②汉高帝六年：前201年。

③彤跖（ér zhí）：砀（今河南永城北）人。秦末在砀参加刘邦军，任门尉。至霸上，封定武君。入汉，还定三秦，为都尉，击项羽有功，高祖六年（前201）封芒侯。

④世祖：东汉光武帝刘秀。临睢：东汉建武中改芒县置，属沛国。治所在今河南永城东北二十六里小城子。西晋废。

⑤豫州从事：豫州太守的僚属。从事，官名。汉以后三公及州郡长官皆自辟僚属，多以从事为称。皇毓：具体不详。

⑥殒身：丧失性命。州牧：州长官。

⑦阴君：似为欺君。阴，遮蔽，覆荫。

⑧临睢长：临睢县令。平舆：战国楚置。后入秦，属陈郡。治所在今河南平舆北四十里。西汉为汝南郡治，三国魏属汝南郡。北魏皇

兴中徙治今平舆西南。李君:具体不详。

⑨二千石丞:指郡国守相。汉代百官以俸禄多寡为等差,郡守、诸侯王国相皆秩二千石,遂以为称。纶氏夏文则:《水经注疏》:"朱(谋㙔)《笺》曰:《郡国志》,颍川郡有轮氏县。夏文则盖其邑人。戴(震)以'轮'为讹,改作'纶'。"

⑩高其行:尊崇其德行。悼其殒:哀悼其殒命。

⑪州国:谓州邑与封国。咨嗟:叹息,慨叹。

⑫旌闾:旧时朝廷给忠孝节义之人赐匾额,悬挂于门庭之上以示表彰。表墓:在死者墓前刻石,以彰其善,谓之表墓。

⑬昭叙:彰显申述。令德:美好的德行。

⑭式示后人:为后人做表率。式,表率,准则。

⑮左冯翊(píng yì):官名。汉三辅长官之一,与京兆尹、右扶风是为三辅。汉武帝太初元年(前104)更名右内史为京兆尹,左内史为左冯翊。秩中二千石,得以参与朝议。王君:具体不详。

⑯善有:特有,很有。治功:治理的功劳。

⑰累迁:一步步升迁。广汉属国都尉:东汉永初三年(109)改广汉郡北部都尉置,后属益州。治所在阴平道(今甘肃文县西五里)。

⑱公府掾陈盛孙:具体不详。公府掾,汉以下三公府皆置掾属,分掌诸曹之事,正称掾,副称属。

⑲郎中兒定兴、刘伯郦:具体不详。

⑳立石:树立石碑。表政:彰显其治化。

㉑刊:刊刻。远绩:远大的功绩。

㉒砀县:战国秦置,属砀郡。治所在今河南永城东北六十里芒山镇。

㉓砀山:即今河南永城北六十里芒砀山。

㉔芒、砀二县:芒县和砀县。

㉕山泽:大山池泽。深固:幽深坚固。

㉖多怀神智:多藏神仙聪慧之人。

㉗涓子：传说中的仙人名。西汉刘向《列仙传·涓子》："涓子者，齐人也，好饵术……著《天人经》四十八篇。后钓于菏泽，得鲤鱼，腹中有符。隐于宕山，能致风雨。"主柱：《云笈七签·列仙传》"主柱"："主柱，不知何所人。与道士共上宕山，言此有丹砂，可得数万斤。宕长吏知而上山封之，砂流出飞如火，乃听柱取为。邑令章君明饵砂三年，得神砂飞雪。服之五年，能飞行，与柱俱去矣。"

㉘汉高祖隐之，吕后望气知之：《水经注疏》熊会贞按："《汉书·高帝纪》，隐芒、砀山泽间，吕求，常得之，曰，季所居上常有云气。"

㉙京房《易候》：古代术数书。西汉京房所撰，多言灾异之说。

【译文】

　　睢水又往东流经芒县旧城北边，汉高帝六年，把这地方封给彭踞，立为侯国，这就是王莽时的傅治，世祖改名为临睢。城西二里，睢水南岸有豫州从事皇毓碑，皇毓因州牧欺君之罪而死，当时只有二十五岁。临睢长平舆李君，二千石丞纶氏县夏文则，敬佩他的崇高精神，对他的死深表哀悼，州国上下也叹息不已，于是在他的家乡旌表他，并在墓前立碑表扬他的美德，为后人树立榜样。城内有临睢长左冯翊王君碑，他善于治理，功绩卓著，多次升迁，官至广汉属国都尉，官吏、百姓都思念他的恩德，同县人公府掾陈盛孙、郎中兒定兴及刘伯廊等，共同立碑表彰他的政绩。县北与砀县以睢水为分界，有砀山。芒县与砀县之间，有很多高山大泽，孕育了一批聪明才智之士，仙人涓子、主柱都是一起隐居在砀山修炼得道的。汉高祖也曾在山上隐居，吕后观望云气就知道他的行踪，也是在这里。京房《易候》说：怎么知道贤人的隐居之地呢？大师说：看到四方常有五色大云出现，但不下雨，就可以知道下面必有贤人隐居了。

又东过相县南①，屈从城北东流，当萧县南②，入于陂。

相县，故宋地也。秦始皇二十三年③，以为泗水郡④，汉高帝四年，改曰沛郡⑤，治此。汉武帝元狩六年⑥，封南越桂林监居翁为侯国⑦，曰湘成也。王莽更名郡曰吾符，县曰吾符亭。

【注释】

①相县：战国秦置，为泗水郡治。治所在今安徽淮北市相山区。西汉属沛郡，东汉属沛国。

②萧县：秦置，属泗水郡。在今安徽萧县西北十里。西汉属沛郡。东汉属沛国。三国魏属谯郡。西晋又属沛国。

③秦始皇二十三年：前224年。

④泗水郡：战国秦王政三十三年（前224）置，治相县（今安徽淮北市相山区）。秦末曾移治沛县（今江苏沛县）。汉高帝四年（前203）改为沛郡。

⑤沛郡：西汉高帝以泗水郡南部置。治所在相县（今安徽淮北市相山区）。东汉改为沛国。三国魏移治沛县（今江苏沛县）。

⑥元狩六年：前117年。元狩，西汉武帝刘彻的年号（前122—前117）。

⑦南越：西汉高帝四年（前203），南海龙川令赵佗自立为南越武王，十一年（前196）遣陆贾立佗为南越王，高后时自号为南越武帝，都番禺（今广东广州）。监居翁：西汉诸侯。姓监，名居翁。一说姓居，名翁，监为官名。原为南越桂林监。武帝元鼎五年（前112），南越相吕嘉不愿内属，起兵反汉，武帝遣军击之。监居翁谕欧骆四十余万降汉，因功被封湘成侯。

【译文】

睢水又往东流过相县南边，绕到城北又向东流，在萧县以南注入陂湖中。

相县是旧时宋国的土地。秦始皇二十三年，立为泗水郡，汉高帝四年，改为沛郡，郡治就在这里。汉武帝元狩六年，把这地方封给南越桂林监居翁，立为侯国，称为湘成。王莽时改郡名为吾符，县名为吾符亭。

睢水东迳石马亭①，亭西有汉故伏波将军马援墓②。

【注释】

①石马亭：《水经注疏》杨守敬按："亭当在今宿州（今安徽宿州）之西北。"

②汉故伏波将军马援墓：《水经注疏》杨守敬按："扶风县（今陕西扶风）《县志》，援墓在县西七里伏波村。"马援，字文渊。扶风茂陵（今陕西兴平）人。新莽末，为新城大尹（汉中太守）。莽败，先依隗嚣，继归刘秀。官拜陇西太守、伏波将军等，因功封新息侯，谥忠成侯。

【译文】

睢水往东流经石马亭，亭西有汉朝伏波将军马援墓。

睢水又东迳相县故城南，宋共公之所都也①。国府园中②，犹有伯姬黄堂基③。堂夜被火，左右曰：夫人少避。伯姬曰：妇人之义，保傅不具④，夜不下堂⑤。遂遇火而死。斯堂即伯姬燔死处也⑥。城西有伯姬冢⑦。昔郑浑为沛郡太守⑧，于萧、相二县兴陂堰⑨，民赖其利，刻石颂之，号曰郑陂⑩。

【注释】

①宋共公：子姓，名瑕。春秋时宋国国君。自睢阳徙相子城，又还睢阳。

②国府：国家官署所在地。

③伯姬：春秋时鲁国王族女，姬姓，名不详。为鲁宣公之女、鲁成公之妹。后嫁宋共公为夫人。黄堂：《水经注疏》杨守敬按："考《演

繁露》，鸡陂侧即春申君子假君所居之地，以数失火，涂以雄黄，遂
名黄堂。此黄堂殆亦涂以雄黄而防失火欤？然卒不免于火矣。"

④保傅：古代保育、教导太子等贵族子弟及未成年帝王、诸侯的男女
官员，统称为保傅。不具：不在身边。

⑤下堂：谓离开殿堂或堂屋。

⑥燔（fén）死：烧死。

⑦伯姬冢：《水经注疏》杨守敬按："《一统志》，宋伯姬墓在宿州（今
安徽宿州）相城之西山。"

⑧郑浑：字文公。汉末三国时河南开封（今河南开封）人。历任魏下
蔡长、上党太守、沛郡太守等。所在皆兴修水利、劝课农桑，号其
渠曰"郑陂"。

⑨萧：即萧县。相：即相县。兴：兴修。陂堰：陂池和堰坝。

⑩郑陂：在今安徽萧县西北。

【译文】

睢水又往东流经相县旧城南边，宋共公曾建都在这里。国府园中，
还留着伯姬黄堂的遗址。厅堂夜里失火，左右侍者对伯姬说：夫人请稍
避一避。伯姬说：做妇女的规矩，太傅太保如果不在，夜里就不能离开厅
堂。于是就被火烧死。这厅堂就是伯姬被烧死的地方。城西有伯姬墓。
从前郑浑任沛郡太守的时候，在萧、相二县兴建堰塘，百姓深受其利，刻
石称颂，称为郑陂。

　　睢水又左合白沟水。水上承梧桐陂①，陂侧有梧桐山，陂
水西南流，迳相城东而南流注于睢②。睢盛则北流入于陂，陂
溢则西北注于睢，出入回环，更相通注，故《经》有入陂之文。

【注释】

①梧桐陂：又名梧桐湖。在今安徽淮北市东北梧桐村附近。

②相城：即今江苏苏州东北相城区。

【译文】

睢水又在左边汇合了白沟水。白沟水上源承接梧桐陂，陂旁有梧桐山，水向西南流经相城东边，然后南流注入睢水。睢水涨时就北流，注入陂塘，陂水溢流时就往西北流注入睢水，循环出入，交互流通，因此《水经》有睢水入陂的说法。

　　睢水又东迳彭城郡之灵壁东①，东南流，《汉书》：项羽败汉王于灵壁东②。即此处也。又云：东通穀泗③。服虔曰④：水名也，在沛国相界⑤。未详。

【注释】

①彭城郡：西汉地节元年（前69）改楚国置。治所在彭城县（今江苏徐州）。灵壁：在今安徽濉溪县西北濉河西岸。

②项羽败汉王于灵壁东：《汉书·高帝纪》：“汉王遂入彭城，收羽美人货赂，置酒高会。羽闻之，令其将击齐，而自以精兵三万人，从鲁出胡陵，至萧，晨击汉军，大战彭城灵壁东睢水上，大破汉军，多杀士卒，睢水为之不流。”

③穀泗：当在今安徽淮北市相山区一带。

④服虔：字子慎。初名重，又名祇。河南荥阳（今河南荥阳）人。东汉经学家。

⑤沛国：东汉建武二十年（44）改沛郡置。治所在相县（今安徽淮北市相山区）。

【译文】

睢水又往东流经彭城郡的灵壁东边，往东南流，《汉书》记载：项羽在灵壁以东打败汉王。就是此处。又说：睢水东通穀泗。服虔说：穀泗是水名，大概在沛国相县边界。但也不很清楚。

睢水迳穀熟[1]，两分睢水而为蕲水，故二水所在枝分[2]，通谓兼称[3]。穀水之名，盖因地变，然则穀水即睢水也。又云：汉军之败也，睢水为之不流。

【注释】

①穀熟：即穀熟县。东汉建武二年（26）置侯国，寻改为县，属梁国。治所在今河南虞城西南三十二里谷熟镇。

②枝分：分流。

③通谓兼称：虽然二水分流，但各兼通称。

【译文】

睢水流经穀熟，分为两条水，一条就是蕲水，两水分流各兼通称。穀水的名称是因地而变的，那么穀水也就是睢水了。又说：汉军打了败仗，睢水因积尸而不流。

睢水又东南迳竹县故城南[1]，《地理志》曰：王莽之笃亭也。李奇曰[2]：今竹邑县也。

【注释】

①竹县：西汉置，属沛郡。治所在今安徽宿州北二十里老符离集。东汉更为竹邑侯国。

②李奇：根据颜师古《汉书叙例》可知："李奇，南阳人。"他曾给《汉书》做过注解。

【译文】

睢水又往东南流经竹县旧城南边，《地理志》说：这就是王莽时的笃亭。李奇说：就是今天的竹邑县。

睢水又东与潼湖水合[1]。水上承甾丘县之潥陂[2]，南北百余里，东西四十里，东至朝解亭③，西届彭城甾丘县之故城东，王莽更名之曰善丘矣。其水自陂南系于睢水。

【注释】

①潷（bì）湖：“潷”为“渒”之讹。渒湖，在今安徽宿州东北九十里。译文从之。

②甾丘县：西汉置，属楚国。在今安徽宿州东北六十六里支（甾）河乡城孜集。东汉改为蓄丘县。渒陂：又名渒湖、牌湖。在今安徽宿州东北九十里。

③朝解亭：又名朝解城。在今安徽宿州东北八十二里解集。

【译文】

睢水又往东流，与渒湖水汇合。渒湖水上源承接甾丘县的渒陂，渒陂南北长百余里，东西宽四十里，东边到朝解亭，西边到彭城甾丘县旧城东边，王莽把甾丘改名为善丘。渒湖从渒陂向南注入睢水。

又东，睢水南，八丈故沟水注之①，水上承蕲水而北会睢水。

【注释】

①八丈故沟水：《水经注疏》熊会贞按：“水当在今宿州（今安徽宿州）东北。”

【译文】

睢水又往东流，在南边八丈故沟水注入，此水上源承接蕲水，北流与睢水汇合。

又东迳符离县故城北①，汉武帝元狩四年②，封路博德为侯国③，王莽之符合也。

【注释】

①符离县:亦作苻离县。战国秦置,属泗水郡。治所在今安徽宿州东北灰古集。西汉属沛郡。东汉属沛国。三国魏属谯郡。

②元狩四年:前 119 年。

③路博德:西汉西河平州(今内蒙古准格尔旗西南)人。以右北平太守从骠骑将军霍去病击匈奴有功,封符离侯(一作邳离侯)。骠骑死后,博德以卫尉为伏波将军,伐破南越,益封。其后坐法失侯。为强弩都尉,屯居延。

【译文】

睢水又往东流经符离县旧城北边,汉武帝元狩四年,把这地方封给路博德,立为侯国,这就是王莽时的符合。

睢水又东迳临淮郡之取虑县故城北①。昔汝南步游张少失其母②,及为县令③,遇母于此,乃使良马踟蹰④,轻轩罔进⑤,顾访病姬⑥,乃其母也。诚愿宿凭⑦,而冥感昭征矣⑧。

【注释】

①临淮郡:西汉元狩六年(前 117)置。治所在徐县(今江苏泗洪南大徐台)。取虑县:战国秦置,属泗水郡。在今安徽灵璧东北七十四里高楼镇潼郡村。西汉属临淮郡。东汉属下邳国。三国魏属下邳郡。西晋属下邳国。北魏属临潼郡。

②汝南:即汝南郡。西汉高帝四年(前 203)置。治所在上蔡县(今河南上蔡西南)。步游张:人名。具体不详。

③县令:取虑县县令。

④踟蹰(chí chú):徘徊不前貌,缓行貌。

⑤轻轩:轻便的轩车。轩,古代一种有帷幕而前顶较高的车,供大夫以上乘坐。罔进:不能前进。

⑥顾访：回头探问。病姬：《水经注疏》杨守敬按："此'姬'当'妪'之误。"病妪（yù），病重的老妇人。

⑦诚愿：虔诚的心愿。宿凭：心存很久。

⑧冥感：冥冥之中的感应。昭征：清楚地显现出来。

【译文】

睢水又往东流经临淮郡取虑县旧城北边。从前，汝南郡步游张少年时与母亲失散了，到当了县令后在此与母亲相遇，当时他乘马车经过这里，好马忽然停步踌躇不前，他下车访问路旁有病的老妇人，竟是他的母亲。这也是他平素思念心诚，冥冥之中似乎有一种预感在向他召唤。

　　睢水又东合乌慈水。水出县西南乌慈渚①，潭涨东北流，与长直故渎合②，渎旧上承蕲水，北流八十五里，注乌慈水。乌慈水又东迳取虑县南，又东屈迳其城东，而北流注于睢。

【注释】

①乌慈渚：《水经注疏》熊会贞按："渚当在今泗州（今安徽泗县）西北。"

②长直故渎：《水经注疏》熊会贞按："此渎当在今泗州（今安徽泗县）西北。"

【译文】

睢水又东流，与乌慈水汇合。乌慈水发源于县城西南的乌慈渚，潭水上涨时向东北流，与长直故渎汇合，此渎从前上源接蕲水，北流八十五里，注入乌慈水。乌慈水又往东流经取虑县南边，又往东绕到该城城东，然后北流注入睢水。

　　睢水又东迳睢陵县故城北①，汉武帝元朔元年②，封江都易王子刘楚为侯国③，王莽之睢陆也。

【注释】

①睢陵县：西汉置，属临淮郡。治所在今江苏泗洪东南洪泽湖中。

②元朔元年：前128年。元朔，西汉武帝刘彻的年号（前128—前123）。

③江都易王：汉景帝之子刘非，景帝二年（前155）立为汝南王。吴
　楚七国叛乱时，景帝任为将军。平乱，徙为江都王。好气力，治宫
　观，招四方豪杰，甚骄奢。刘楚：当作刘定国。元朔元年（前128）
　封睢陵侯。元鼎五年（前112），坐酎金免侯，国除。译文从之。

【译文】

睢水又往东流经睢陵县旧城北边，汉武帝元朔元年，把这地方封给
江都易王的儿子刘定国，立为侯国，就是王莽时的睢陆。

　　睢水又东与潼水故渎会①，旧上承潼县西南潼陂②，东
北流迳潼县故城北，又东北迳睢陵县，下会睢水。

【注释】

①潼水：在今安徽泗县西南，俗曰南潼河。源出羊城湖，环县西门东
　南流，至五河县东北入淮。

②潼县：即僮县。南朝宋侨置。在今江苏沭阳南六里。潼陂：又名
　羊城湖。在今安徽泗县东北骆庙村附近的潼城村西南。

【译文】

睢水又往东流，与潼水故渎汇合，过去此水上源承接潼县西南的潼
陂，往东北流经潼县旧城北边，又往东北流经睢陵县，下游与睢水汇合。

　　睢水又东南流，迳下相县故城南①。高祖十二年②，封
庄侯泠耳为侯国③。应劭曰：相水出沛国相县，故此加下也。
然则相又是睢水之别名也。

【注释】

①下相县:战国秦置,属泗水郡。治所在今江苏宿迁西南古城。西汉属临淮郡。

②高祖十二年:前195年。

③庄侯泠耳:沛(江苏沛县)人。秦末,从刘邦起兵于沛,初为门客。从入汉中,又还定诸侯。曾率兵击破齐田解军。任楚丞相坚守彭城,距英布军,有功。高祖十二年(前195)封下相侯。《史记》作庄侯。

【译文】

睢水又往东南流,经过下相县旧城南边。高祖十二年,把这地方封给庄侯泠耳,立为侯国。应劭说:相水发源于沛国相县,所以此处加下字,称为下相。那么相水又是睢水的异名了。

　　东南流入于泗,谓之睢口①。《经》止萧县,非也。所谓得其一而亡其二矣。

【注释】

①睢口:在今江苏宿迁东南十里。

【译文】

睢水往东南流,注入泗水,汇流处称为睢口。《水经》说睢水流到萧县为止,这不对。真是所谓得其一而失其二了。

　　瓠子河

　　瓠子河出东郡濮阳县北河①,

　　县北十里,即瓠河口也②。《尚书·禹贡》:雷夏既泽③,雍沮会同④。《尔雅》曰:水自河出为雍。许慎曰:雍者,河雍水也。暨汉武帝元光三年⑤,河水南泆⑥,漂害民居⑦。元封二年⑧,上使汲仁、郭昌发卒数万人⑨,塞瓠子决河⑩。于是上自万里沙还⑪,临决河,沉白马玉璧⑫,令群臣将军以下皆负薪填决河⑬。上悼功之不成,乃作歌曰:瓠子决兮将奈何?浩浩洋洋虑殚为河⑭。殚为河兮地不宁⑮,功无已时兮吾山平⑯。吾山平兮钜野溢⑰,鱼沸郁兮柏冬日⑱,正道弛兮离常流⑲,蛟龙骋兮放远游⑳。归旧川兮神哉沛㉑,不封禅兮安知外㉒。皇谓河公兮何不仁㉓,泛滥不止兮愁吾人。啮桑浮兮淮、泗满㉔,久不返兮水维缓㉕。一曰㉖:河汤汤兮激潺湲㉗,北渡回兮迅流难㉘。搴长茭兮湛美玉㉙,河公许兮薪不属㉚。薪不属兮卫人罪㉛,烧萧条兮噫乎何以御水㉜?隤竹林兮楗石菑㉝,宣防塞兮万福来㉞。于是卒塞瓠子口㉟,筑宫于其上,名曰宣房宫,故亦谓瓠子堰为宣房堰㊱,而水亦以瓠子受名焉。

【注释】

①瓠(hù)子河:古黄河支流。自今河南濮阳南分黄河水东出经山东鄄城、郓城南,折北经梁山西、阳谷东南,至阿城镇折东北经山东聊城茌平区南,东注济水。东郡:战国秦王政五年(前242)置。治所在濮阳县(今河南濮阳东南二十里高城村)。濮水经其南,故曰濮阳。

②瓠河口:《水经注疏》杨守敬按:"《明一统志》,在开州西南二十五里。在今开州(今河南濮阳)南。"

③雷夏:古泽名,即雷泽。在今山东菏泽东北。泽,形成水泽。

④雍(yōng)沮:雍水、沮水。雍水,在今山东菏泽东北,注入雷夏泽。

沮水，在今山东西南部。会同：汇合。

⑤暨：到，至。元光三年：前132年。元光，西汉武帝刘彻的年号（前134—前129）。

⑥泆（yì）：通"溢"。漫溢。

⑦漂害：冲毁，毁坏。

⑧元封二年：前109年。元封，西汉武帝刘彻的年号（前110—前105）。

⑨汲（jí）仁：西汉汲黯弟。因为是汲黯的弟弟，皇帝加其官至九卿。郭昌：西汉云中（今内蒙古托克托）人。以校尉从大将军卫青。元封四年（前107），以太中大夫为拔胡将军，屯兵朔方以东防备胡人。发卒：调拨士卒。

⑩瓠（hù）子：即瓠子河。在今河南濮阳西南。决河：黄河的缺口。

⑪万里沙：神祠。在今山东莱州东北。

⑫沉白马玉璧：把白马和玉璧投进河水中，为古代祈求河神的仪式。

⑬负薪：背负柴薪。填：填塞。决河：黄河缺口。陈桥驿按，"令群臣将军以下皆负薪填决河"，此事与当今的干部参加劳动相类。司马迁当时或许也从事过这项负薪劳动。或许正因为此，所以《史记》中才有《河渠书》这样一篇（《汉书》易名为《沟洫志》，但以后各史仍多称《河渠志》），而且写出了他的一句名言："甚哉！水之为利害也。"

⑭浩浩洋洋：洪水浩荡广阔无边的样子。洋洋，浩大的样子。殚（dān）：全部，尽。为河：到处洪水满溢。

⑮地不宁：指开凿吾山这样的高山以填塞洪水，搅扰地面不得安宁。

⑯吾山：一作鱼山。在今山东东阿西南。

⑰钜野：即钜野泽。在今山东巨野北。溢：漫溢，泛滥。

⑱沸郁：众多的样子。柏：通"迫"。逼迫，受困。冬日：冬天。

⑲正道：正常的河道。弛：废弛，毁坏。离常流：离开了正常的水道。

⑳蛟龙：古代传说中的两种动物。蛟能发洪水，龙能兴云致雨。放

　　远游：任意向远处游荡。

㉑归旧川：水流归回旧道。神：神灵的保佑。沛：盛大，广大。

㉒封禅：在泰山上筑土为坛，报天之功，称封；在泰山下的梁父山上
　　辟场祭地，报地之德，称禅。后泛指古代帝王祭天地的大典。安
　　知外：怎能知道人世间发生的事情。

㉓皇：汉武帝自称。谓：认为。河公：掌管黄河的河神。不仁：不仁爱，
　　不仁慈。

㉔啮桑：古邑名。在今江苏沛县西南。淮：即淮河。古四渎之一，源
　　出河南桐柏山。泗（sì）：即泗水。源出山东泗水县东五十里陪尾
　　山。四源并发，故名。

㉕水维：此指控制河水的堤岸。缓：松弛，松懈。这里指废顿。

㉖一曰：犹一说。这里指另外一首歌。

㉗河：即黄河。汤汤（shāng）：水流大而急的样子。激：激荡。潺湲
　　（chán yuán）：声势浩大的样子。

㉘渡回：萦绕曲折。迅流：激流。

㉙搴（qiān）：拔取。长茭（jiāo）：似为祭祀所需之物，但具体为何物，
　　待考。湛：古“沉”字。

㉚许：应允护佑。薪：柴薪。不属（zhǔ）：不足，接济不上。

㉛卫人：卫地人。罪：罪过，罪责。

㉜噫乎：叹息声。御水：抵御洪水。

㉝隤（tuí）：崩落，败坏。此指砍伐。楗（jiàn）：河中用来堵水的柱桩。
　　蓄：通“傅”。插入。

㉞宣防：祭宫名，即下文的宣房宫。故址在今河南濮阳西南的瓠子
　　堤上。塞：堵塞。万福：很多幸福。陈桥驿按，《瓠子歌》已在前
　　出注。应该承认汉武帝是位能君，他不仅亲自从万里沙赶回督工，
　　而且专场吟出了这样一首辞藻优美的《瓠子歌》，以后的为君为上
　　者，可以自己斟酌一番，是否感到惭愧？

㉟卒塞：终于堵塞。瓠子口：瓠子河的决口。

㊱宣房堰：在今河南濮阳西南。

【译文】

瓠子河

瓠子河出自东郡濮阳县的北河，

濮阳县北十里处，就是瓠河口。《尚书·禹贡》说：雷夏已积成大泽，雍水、沮水汇合在一起。《尔雅》说：从河水分流出来的是雍水。许慎说：雍水就是大河堵水的意思。到了汉武帝元光三年，河水向南泛滥，冲毁民房。元封二年，武帝派遣汲仁、郭昌征发役卒数万人，堵塞了瓠子河的决口。于是武帝从万里沙回来，亲临决河的地点，把白马、玉璧沉入水中，并令群臣自将军以下都去背木柴堵塞决口。武帝悲叹堵塞决口没有成功，于是作歌道：瓠子决口了，怎么办啊？滚滚洪涛，只怕遍地全成江河！全成江河啊，大地不安宁，治河永无尽时呵，连吾山也掘平！吾山掘平呵，钜野洪流横溢，鱼群不安地翻腾呵，水天已相接！河道已废呵，河水乱流，无羁的蛟龙呵，恣意远游！神灵的大水呵，快回旧河来！不登山祭天呵，又哪知远近内外！河神呵，你怎么如此不仁？你无休无止地泛滥呵，真愁死人！啮桑可以行船呵，淮、泗也已高涨，大水迟迟不退呵，人也久不回乡！另一首歌说：大河滚滚奔腾呵，激起一片涛声，急流难以北渡呵，只好回舟暂停。拉起长竹索呵，把美玉下沉，木柴接不上呵，尽管河神已答应！木柴接不上呵，是卫人的罪，草木都烧光了呵，拿什么来抵挡洪水？拿枯树石头来堵呵，再去砍竹林，堤防都填好了呵，幸福就来临！于是终于堵塞了瓠子口，就在口上建了一座宫殿，称为宣房宫，因此，也称瓠子堰为宣房堰，水也就以瓠子命名了。

平帝已后[①]，未及修理，河水东浸[②]，日月弥广[③]。永平十二年[④]，显宗诏乐浪人王景治渠筑堤[⑤]，起自荥阳[⑥]，东至千乘[⑦]，一千余里。景乃防遏冲要[⑧]，疏决壅积，瓠子之水，绝而不通,惟沟渎存焉。河水旧东决,迳濮阳城东⑨,故卫也⑩,帝颛顼之墟⑪。昔颛顼自穷桑徙此⑫,号曰商丘⑬,或谓之帝丘,本陶唐氏火正阏伯之所居⑭,亦夏伯昆吾之都⑮,殷相土又都之⑯。故《春秋传》曰:阏伯居商丘。相土因之是也⑰。卫成公自楚丘迁此⑱,秦始皇徙卫君角于野王⑲,置东郡,治濮阳县。濮水迳其南⑳,故曰濮阳也。章邯守濮阳㉑,环之以水。张晏曰㉒:依河水自固。

【注释】

①平帝:西汉平帝刘衎。

②东浸:向东侵蚀。

③日月:本指每一天每一月。这里泛指岁月推移。

④永平十二年:69 年。永平,东汉明帝刘庄的年号(58—75)。

⑤显宗:汉明帝刘庄之庙号。乐(luò)浪:即乐浪郡。西汉元封三年(前 108)置。治所在朝鲜县(今朝鲜平壤大同江南岸土城洞,一说即今平壤)。王景:东汉王闳之子。明帝时治水数有功,官终庐江太守。

⑥荥(xíng)阳:即荥阳郡。三国魏正始三年(242)置,属司州。治所在荥阳县(今河南郑州西北古荥镇)。后废。

⑦千乘(shèng):古县名。秦置,属临淄郡。治所在今山东高青东南高城镇北二十五里。

⑧防遏:修建堤防和土堰。冲要:水利工程用语。河流主流顶冲之处,今称险工。

⑨濮阳城:濮阳县治。在今河南濮阳东南二十里高城村。

⑩卫:周诸侯国名。在今河北南部和河南北部一带。

⑪颛顼(zhuān xū):上古帝王名,号高阳氏。

⑫穷桑：在今山东曲阜北。

⑬商丘：在今河南濮阳。

⑭火正：古代掌火之官。阏（yān）伯：古代人名，后用为商星的别称。

⑮夏伯：相传颛顼之后。陆终生有六子，第一子名樊，封于昆吾，己姓，称夏伯。

⑯相土：商汤十一世祖，契之孙，居于商丘（今河南商丘南）。曾向东开拓疆土到渤海一带，又传为马车发明者。

⑰相土因之：《左传·襄公九年》："陶唐氏之火正阏伯居商丘，祀大火，而火纪时焉。相土因之，故商主大火。"

⑱卫成公：春秋卫文公之子，名郑。楚丘：春秋卫邑。在今河南滑县东北。

⑲卫君角：姬姓，子南氏，名角，为秦所立的卫君，是战国诸侯国卫国的末代君主。野王：春秋晋邑。即今河南沁阳。

⑳濮水：一名濮渠水。流经春秋时卫地。上游一支首受济水于今河南封丘西，东北流；一支首受河（黄河）于今原阳北，东流经延津南。两支合流于今长垣西，东流经长垣北至滑县东南，此下又分为二：一支经山东东明北，东北至鄄城南注入瓠子河；一支经东明南，又东经菏泽北注入钜野泽。历代上下游各支时通时塞。

㉑章邯：秦二世时少府。陈涉起兵，二世令章邯率骊山徒迎战，击杀周章。后从项羽入关，羽立章邯为雍王。汉高祖还定三秦，章邯败走自杀。

㉒张晏：字子博。中山（今河北定州）人。有《汉书》注，多存于颜师古《汉书注》中。

【译文】

平帝以后，未及时修理河堰，河水向东漫淹，受淹的范围愈来愈大。永平十二年，显宗命令乐浪人王景从荥阳开始，向东直至千乘，在一千多里的范围内筑堤治理河渠。于是王景在那些河水大溜顶冲之处设防遏制，并疏通壅塞的河道，瓠子河的水从此就不通了，只留下沟渠。河水过去决口东流时，流经濮阳城东北，这地方就是从前的卫国，也是古代帝王颛顼的旧城。从前颛顼从穷桑迁移到这里，称为商丘，也有人称为帝丘，本来是陶唐氏掌火官阏伯所居住的地方，也是夏伯昆吾的都邑，殷朝相土也定都于此。因此《春秋传》说：阏伯居住在商丘。后来相土也接着在这里居住。卫成公从楚丘迁到这里，秦始皇把卫君角迁徙到野王，设置了东郡，治所在濮阳县。濮水在南面流过，所以称为濮阳。章邯守濮阳时，开了护城河，使城周环水。张晏说：依靠河水使城防巩固。

又东迳鹹城南①。《春秋·僖公十三年》②，夏，会于鹹。杜预曰：东郡濮阳县东南，有鹹城者是也。

【注释】

①鹹城：《水经注疏》杨守敬按："《续汉志》，濮阳有鹹城，或曰古鹹国（在今河南濮阳东南六十里）。"

②僖公十三年：前647年。

【译文】

旧河道又东经鹹城南。《春秋·僖公十三年》，夏，在鹹会盟。杜预说：东郡濮阳县东南，有鹹城。

瓠子故渎又东迳桃城南①，《春秋》传曰：分曹地②，自洮以南③，东傅于济④，尽曹地也。今鄄城西南五十里有姚城⑤，或谓之洮也。

【注释】

①桃城：《水经注疏》杨守敬按："桃城在鄄城（今山东鄄城北旧城镇）西南五十里。"

②分曹地：僖公二十八年（前 632），晋讨曹，分其地，至此始划定疆
　界。曹地，周诸侯国名。在今山东西南部，在卫国的东部。

③洮（táo）：春秋时曹邑。在今山东鄄城西南。

④傅于济：靠近济水。傅，附，靠近。

⑤鄄（juàn）城：战国秦置，属东郡。治所在今山东鄄城北旧城镇。
　汉属济阴郡。三国魏属东郡。

【译文】

瓠子河旧道又东经桃城南，《春秋》说：把曹国的土地分掉，从洮水
以南，东到济水，都是曹国的土地。现在鄄城西南五十里有姚城，有人称
为洮城。

瓠渎又东南迳清丘北①，《春秋·宣公十二年》经书②，
楚灭萧③，晋人、宋、卫、曹同盟于清丘。京相璠曰：在今东郡
濮阳县东南三十里，魏东都尉治④。

【注释】

①清丘：春秋卫地。在今河南濮阳东南。

②宣公十二年：前 597 年。

③萧：古国名。春秋时为宋国附庸。在今安徽萧县西北。

④东都尉：《水经注疏》杨守敬按："考《魏书·官氏志》制诸州各置
　都尉以领兵，郦氏每称当时之制云，魏某州治，魏某郡治。此殆指
　后魏言乎？"

【译文】

瓠渎又往东南流经清丘北边，《春秋·宣公十二年》中提到：楚灭
萧，晋人、宋、卫、曹等在清丘会盟。京相璠说：清丘在今东郡濮阳县东南
三十里，是魏东都尉治所。

东至济阴句阳县为新沟①，

瓠河故渎又东迳句阳县之小成阳②，城北侧渎。《帝王世纪》曰③：尧葬济阴成阳西北四十里④，是为穀林。墨子以为尧堂高三尺，土阶三等⑤。北教八狄⑥，道死，葬蛩山之阴⑦。《山海经》曰：尧葬狄山之阳⑧，一名崇山。二说各殊，以为成阳近是尧冢也。余按小成阳在成阳西北半里许，实中⑨，俗嗟以为囚尧城，士安盖以是为尧冢也⑩。

【注释】

①济阴：即济阴郡。西汉建元二年（前139）改济阴国置。治所在定陶县（今山东菏泽定陶区西北四里）。句阳县：西汉置，属济阴郡。治所在今山东菏泽北二十里小留镇。东晋废。新沟：在今山东曹县北。

②小成阳：《水经注疏》熊会贞按："小成阳在今濮州（今河南范县西南旧濮县）东南三十五里。"

③《帝王世纪》：书名。晋皇甫谧撰。起自三皇，迄于汉魏，专记帝王事迹。今存宋翔凤辑本。

④成阳：即城阳。在今山东菏泽东北五十二里胡集乡东南一里。

⑤土阶：泥土垒砌的台阶。三等：三级。

⑥北教：在北方推行教化。八狄：古代对北方部族的泛称。

⑦蛩（qióng）山：《水经注疏》杨守敬按："崇、蛩声近，崇山、蛩山，皆狄山之异名。"

⑧尧葬狄山之阳：《山海经·海外南经》："狄山，帝尧葬于阳，帝喾葬于阴。"

⑨实中：原城颓废后，城内填满了泥土、石块，坍塌如丘。

⑩士安：皇甫谧字士安。

【译文】

瓠河往东到济阴郡句阳县，就是新沟，

瓠河旧道又东经句阳县的小成阳，城的北面临近河道。《帝王世纪》说：尧葬在济阴成阳西北四十里，那地方叫谷林。墨子认为尧堂高三尺，有三级土阶。尧曾去北方教导八狄，死于途中，葬在蛩山的北坡。《山海经》说：尧葬在狄山的南坡，狄山又名崇山。两种说法互不相同，认为成阳是尧墓所在地较接近事实。我查考过，小成阳在成阳西北约半里，坍塌如丘，俗称囚尧城，士安认为大概就是尧墓。

瓠子北有都关县故城①，县有羊里亭，瓠河迳其南，为羊里水，盖资城地而变名，犹《经》有新沟之异称矣。黄初中②，贾逵为豫州刺史③，与诸将征吴于洞浦有功④，魏封逵为羊里亭侯，邑四百户，即斯亭也。俗名之羊子城，非也。盖韵近字转耳。

【注释】

①都关县：秦置，属东郡。治所在今山东郓城西。西汉属山阳郡。东汉省。

②黄初：三国魏文帝曹丕的年号（220—226）。

③贾逵：字梁道。河东襄陵（今山西襄汾东北）人。曹丕称帝，历为邺令、魏郡太守、豫州刺史等。

④洞浦：亦名洞口、洞口浦。在今安徽和县南，临长江。

【译文】

瓠子河北有都关县旧城，该县有羊里亭，瓠子河流经亭南，称羊里水，这是随着水流所经的城或地点而来的变名，就如同《水经》中有新沟这异名一样。黄初年间，贾逵任豫州刺史，率诸将在洞浦征讨吴军，立了功劳，魏封他为羊里亭侯，食邑四百户，就是这个羊里亭。俗称羊子城，其实不是。这是由于字音相近而致误的缘故。

又东，右会濮水枝津，水上承濮渠①，东迳沮丘城南②。京相璠曰：今濮阳城西南十五里有沮丘城③，六国时④，沮、楚同音⑤，以为楚丘。非也。又东迳浚城南⑥，西北去濮阳三十五里，城侧有寒泉冈⑦，即《诗》所谓爰有寒泉，在浚之下⑧。世谓之高平渠，非也。京相璠曰：濮水故道在濮阳南者也。又东迳句阳县西，句渎出焉⑨。濮水枝渠又东北迳句阳县之小成阳东垂亭西，而北入瓠河。《地理志》曰：濮水首受沛于封丘县东北⑩，至都关入羊里水者也⑪。又按《地理志》，山阳郡有都关县。今其城在廪丘城西⑫，考《地志》⑬，句阳、廪丘，俱属济阴⑭，则都关无隶山阳理。又按《地理志》，郜都亦是山阳之属县矣⑮。而京、杜考地验城⑯，又并言在廪丘城南，推此而论，似《地理志》之误矣。或亦疆理参差⑰，所未详。

【注释】

①濮渠：一名濮渠水。

②沮丘城：亦称楚丘城。在今河南滑县东北。

③濮阳城：濮阳县治。在今河南濮阳东南二十里高城村。

④六国：又称山东六国，指崤山以东的六个国家：齐、楚、燕、韩、赵、魏。

⑤沮、楚同音：沮、楚发音相近。

⑥浚（xùn）城：春秋卫邑。在今河南濮阳南。

⑦寒泉冈：在今河南濮阳南。

⑧爱有寒泉,在浚之下:语见《诗经·邶风·凯风》:"爰有寒泉,在浚之下。有子七人,母氏劳苦。"

⑨句渎:《水经注疏》杨守敬按:"句渎自今菏泽县(今山东菏泽)西北,受濮水枝渠,至县东北会濮水,已湮。"

⑩封丘县:西汉置,属陈留郡。治所即今河南封丘。

⑪至都关入羊里水:《汉书·地理志》"陈留郡":"封丘。濮渠水首受泲,东北至都关,入羊里水,过郡三,行六百三十里。"

⑫廪丘城:廪丘县治。在今山东郓城西北三十八里水堡乡。

⑬《地志》:为《郡国志》之讹。

⑭济阴:即济阴郡。西汉建元二年(前139)改济阴国置。治所在定陶县(今山东菏泽定陶区西北四里)。

⑮郕:又作成。西周封国。姬姓。在今山东巨野南昌邑故城。

⑯京、杜:京相璠、杜预。考地验城:实地考察,验证城邑。

⑰疆理:疆域,疆界。参差:差异,不同。

【译文】

瓠子河又东流,右面与濮水支流汇合,支流的上游承接濮渠,往东流经沮丘城南。京相璠说:现在濮阳城西南十五里有沮丘城,六国时,沮、楚二字同音,以为这是楚丘。这是不对的。濮水支流又往东流经浚城南边,浚城西北距濮阳三十五里,城旁有寒泉冈,就是《诗经》所说的于是有寒泉,在浚邑城下。就指此泉。人们将这条支流称为高平渠,这是不对的。京相璠说:濮水旧河道在濮阳南边。濮水支流又往东流经句阳县西边,句渎在这里分出。濮水支渠又往东北流,经过句阳县小成阳东垂亭西边,往北注入瓠河。《地理志》说:濮水上口在封丘县承接泲水,往东北流到都关,注入羊里水。又据《地理志》:山阳郡有都关县。今天此城在廪丘城西边,查考《地志》,句阳、廪丘都属济阴,那么都关绝无属于山阳的道理。又据《地理志》,郕都也是山阳郡的属县。而京相璠、杜预对地域和城邑做了一番考证后,都说郕都在廪丘城南,据此推论,似乎《地理志》记载有误。或者是划分疆界地域不一致，这就不清楚了。

　　瓠渎又东迳垂亭北^①，《春秋·隐公八年》^②，宋公、卫侯遇于犬丘^③。《经》书垂也。京相璠曰：今济阴句阳县小成阳东五里，有故垂亭者也。

【注释】

①垂亭：《水经注疏》杨守敬按："亭在今濮州（今河南范县西南旧濮县）东南。"

②隐公八年：前 715 年。

③犬丘：在今山东曹县北句阳店。一说在鄄城东南十五里。

【译文】

　　瓠渎又往东流经垂亭北边，《春秋·隐公八年》，宋公、卫侯在犬丘相会。犬丘在《水经》里写作垂。京相璠说：今天济阴句阳县小成阳以东五里，有旧时的垂亭。

又东北过廪丘县为濮水^①，

　　瓠河又左迳雷泽北^②，其泽薮在大成阳县故城西北十余里^③，昔华胥履大迹处也^④。其陂东西二十余里，南北十五里，即舜所渔也^⑤。泽之东南即成阳县，故《史记》曰：武王封弟叔武于成^⑥。应劭曰：其后乃迁于成之阳，故曰成阳也^⑦。《地理志》曰：成阳有尧冢、灵台^⑧。今成阳城西二里有尧陵，陵南一里有尧母庆都陵，于城为西南，称曰灵台。乡曰崇仁，邑号脩义，皆立庙，四周列水^⑨，潭而不流^⑩。水泽通泉，泉不耗竭。至丰鱼笋^⑪，不敢采捕^⑫。前并列数碑，栝柏数株^⑬，檀马成林^⑭。二陵南北，列驰道迳通，皆以砖砌之，尚修整。尧陵东城西五十余步中山夫人祠，尧妃也[15]。石壁阶墀仍旧[16]，南、西、北三面，长栎联荫[17]，扶疏里余[18]。中山夫人祠南有仲山甫冢[19]，冢西有石庙，羊虎倾低[20]，破碎略尽，于城为西南，在灵台之东北。按郭缘生《述征记》[21]，自汉迄晋，二千石及丞尉多刊石[22]，述叙尧即位至永嘉三年[23]，二千七百二十有一载，记于尧妃祠，见汉建宁五年五月[24]，成阳令管遵所立碑文云[25]。尧陵北仲山甫墓南，二冢间有伍员祠[26]，晋大安中立[27]。一碑是永兴中建[28]，今碑祠并无处所。又言尧陵在城南九里，中山夫人祠在城南二里，东南六里，尧母庆都冢，尧陵北二里有仲山甫墓。考地验状，咸为疏僻[29]，盖闻疑书疑耳[30]。

【注释】

①廪丘县：西汉置，属东郡。治所在今山东郓城西北三十八里水堡乡。

②瓠河：古黄河支流。自今河南濮阳南分黄河水东出经山东鄄城、郓城南，折北经梁山西、阳谷东南，至阿城镇折东北经聊城茌平区南，东注济水。雷泽：古泽名。本名雷夏泽。在河南范县东南接山东菏泽界。传说舜帝曾在此捕鱼。

③泽薮（sǒu）：水泽湖泊。大成阳县：西汉改城阳县为成阳县，属济阴郡。治所在今山东菏泽东北五十二里胡集乡东南一里。

④华胥履大迹处：《水经注疏》熊会贞按："《海内东经》郭《注》引《河图》曰：大迹在雷泽，华胥履之而生伏羲。……顾氏引《帝王世纪》云：伏羲母曰华胥。"

⑤舜所渔：舜捕鱼之处。

⑥叔武：周文王之子。武王灭商后，被封在成（又作郕，今山东宁阳北）。

⑦成阳：在成之阳，故名成阳。

⑧尧冢：即尧陵。《水经注疏》杨守敬按："此谓陵在（成阳）城西二里，

则就当时所见实指之。"灵台：即尧母庆都陵。《水经注疏》杨守
敬按："据后汉《尧母碑》文云：尧母庆都，感赤龙而生尧……庆都
仙殁，盖葬于兹，欲人莫知，名曰灵台。则灵台，尧母冢也。《元和
志》谓尧母庙在雷泽县西南四里。雷泽即故成阳（今山东菏泽东
北），则陵在成阳西南四里矣。"

⑨四周列水：四周罗列着河流。列，罗列，排列。

⑩潭而不流：渊深而不流动。

⑪至丰：极其丰富。

⑫采捕：采摘捕捉。

⑬栝（kuò）柏：桧（guì）树和柏树。栝，桧树。数株：几棵。

⑭檀马：檀树和梓榆树。马，树木名。指驳马。即梓榆。成林：成为
茂密的树林。

⑮中山夫人祠，尧妃：《水经注疏》杨守敬按："尧妃称中山夫人，仅
见此。考《大戴礼·帝系》，尧取散宜氏之子女皇。"

⑯阶墀（chí）：台阶。亦指阶面。

⑰长栎（lì）：高大的麻栎树。栎，麻栎。落叶乔木。联荫：因枝叶繁
茂而遮阴处连成一片。

⑱扶疏：枝叶繁茂分披貌。

⑲仲山甫冢：《水经注疏》杨守敬按："此言山甫冢在中山夫人祠南，
则在成阳（今山东菏泽）之西南，尧陵之东南。"仲山甫，即樊仲。
周宣王时卿士，封于樊。

⑳倾低：倾斜低垂。

㉑郭缘生《述征记》：郭缘生，晋末宋初人。所撰《述征记》，记述了
他跟随刘裕北伐慕容燕、西征姚秦的沿途所见。

㉒二千石：汉制，郡守俸禄为二千石，即月俸百二十斛。世因称郡守
为二千石。丞尉：县丞、县尉的合称。

㉓永嘉三年：309 年。永嘉，西晋怀帝司马炽（chì）的年号（307—312）。

㉔建宁五年：172 年。建宁，东汉灵帝刘宏的年号（168—172）。

㉕管遵：东汉灵帝建宁年间人，成阳令。其余不详。

㉖伍员：伍子胥，名员。

㉗大安：当为"太安"，西晋惠帝司马衷的年号（302—303）。

㉘永兴：西晋惠帝司马衷的年号（304—305）。

㉙疏僻：犹疏忽。

㉚闻疑书疑：听到并记录这些不真实的说法。疑，不确切，存疑。

【译文】

瓠河又往东北流过廪丘县，称为濮水，

瓠河又向左流经雷泽北边，这个大泽在大成阳县旧城西北十余里，就是从前华胥踩着巨人足迹而受孕的地方。这一片大泽东西二十余里，南北十五里，就是舜捕过鱼的地方。大泽的东南面，就是成阳县，因此《史记》说：武王把成封给他的弟弟叔武。应劭说：他的后裔就迁到成国的南方，所以称为成阳。《地理志》说：成阳有尧墓、灵台。现在成阳城西面二里有尧陵，陵南一里处有尧母庆都陵，在成阳城的西南方，称为灵台。乡叫崇仁，城名脩义，都立了庙，四周环水，水静不流。水泽与泉水相通，泉水从不枯竭。这一带鱼类和竹笋很丰富，但人们不敢去采捕。庙前并列着几块石碑，还有几株桧树和柏树，檀树、梓榆成林。两座陵墓一南一北，有驰道相通，路面都用砖砌成，至今还平整完好。尧陵东边，城的西边五十余步，有尧妃中山夫人祠。石壁石阶仍然如旧，南、西、北三面，高大的麻栎树绿荫连成一片，绵延里余。中山夫人祠南有仲山甫墓，墓西有一座石庙，石羊石虎已经沉陷，差不多都破碎了，石庙在成阳城西南，灵台的东北面。据郭缘生《述征记》记载，从汉朝到晋朝，俸禄二千石一级的官吏及丞尉，大多有刻石记述，从尧即位直至永嘉三年，共二千七百二十一年，都记于尧妃祠，这从汉朝建宁五年五月成阳县令管遵所立的碑文中可以看到。在尧陵北边，仲山甫墓南边，两墓间有伍员祠，是晋朝太安年间建立。一块碑是永兴年间立，今天碑、祠都无处可寻了。又说：尧陵在成阳城南九里，中山夫人祠在城南二里，城东南六里是尧母庆都墓，尧陵北二里有仲山甫墓。考察这些地方的实际情况，都不对头，上述诸说大概都是不可靠的传闻和记述吧。

雷泽西南十许里有小山，孤立峻上[①]，亭亭杰峙[②]，谓之历山[③]。山北有小阜[④]，南属逿泽之东北[⑤]。有陶墟[⑥]，缘生言[⑦]：舜耕陶所在[⑧]。墟阜联属[⑨]，滨带瓠河也[⑩]。郑玄言：历山在河东，今有舜井。皇甫谧或言：今济阴历山是也。与雷泽相比，余谓郑玄之言为然。故扬雄《河水赋》曰：登历观而遥望兮[⑪]，聊浮游于河之岩[⑫]。今雷首山西枕大河[⑬]，校之图纬[⑭]，于事为允[⑮]。士安又云[⑯]：定陶西南陶丘[⑰]，舜所陶处也。不言在此，缘生为失。

【注释】

① 峻上：陡峻。

② 杰峙：秀拔，秀挺。

③ 历山：在今山东菏泽东六十里。

④ 小阜：小山。阜，土山。

⑤ 属：连接。

⑥ 陶墟：相传为舜耕地和制陶之处。

⑦ 缘生：即郭缘生。晋末宋初人，著有《述征记》。

⑧ 舜耕陶所在：《史记·五帝本纪》："舜耕历山，渔雷泽，陶河滨。"

⑨ 墟阜：陶墟和小山。联属：连接。

⑩ 滨带：濒临环绕。

⑪ 登：登上，攀登。历观：颜师古《汉书注》曰："历山上有观也。"晋灼曰："在河东蒲阪县。"

⑫浮游：漫游。

⑬雷首山：在今山西西南部，黄河与涑水河、沁河间。枕：靠近，毗邻。

　　大河：即黄河。

⑭校：比对，对照。图纬：本指图谶和纬书，此泛指地图和典籍。

⑮允：允当，正确。

⑯士安：即皇甫谧。

⑰定陶：即定陶县。战国秦置，属东郡。治所在今山东菏泽定陶区
　　西北四里。西汉彭越为梁王，都定陶。后为济阴郡治。

【译文】

　　雷泽西南约十里有一座小山，这是一座孤山，山峰高峻，亭亭独立，称为历山。山北有一座小丘，南连逦泽东北。那里有陶墟，郭缘生说：这是舜耕种和制陶的地方。陶墟和小丘连在一起，坐落在瓠河岸边。郑玄说：历山在河东，现在那里还有舜井。皇甫谧又说：这是现在济阴的历山。与雷泽相近，我认为郑玄的说法是对的。因而扬雄的《河水赋》说：登上历山向远处观望，就好像漫游于河流崖岸的感觉。现在雷首山西靠大河，对照地图，陶墟在此较为可信。士安又说：定陶西南陶丘，是舜制陶的地方。他们都不说陶墟在此地，可见缘生的说法是错误的。

　　瓠河之北即廪丘县也。王隐《晋书地道记》曰①：廪丘者，《春秋》之所谓齐邑矣②，寔表东海者也。《竹书纪年》：晋烈公十一年③，田悼子卒④，田布杀其大夫公孙孙⑤，公孙会以廪丘叛于赵⑥，田布围廪丘。翟角、赵孔屑、韩师救廪丘⑦，及田布战于龙泽，田师败逋是也⑧。

【注释】

①王隐《晋书地道记》：书名。又称《晋地道志》《晋地道记》《地道记》。东晋王隐撰。今存清人辑本。

②齐邑：齐国的县邑。《左传·襄公二十六年》："齐人城郏之岁，其
　夏，齐乌馀以廪丘奔晋。"

③晋烈公十一年：前405年。

④田悼子：春秋齐国相，父为田庄子田白，弟为田和。田敬仲完之十
　世孙。

⑤田布：齐宣公时人，曾杀大夫公孙孙，围廪丘。与翟角、赵孔屑、韩
　师等战于龙泽，战败而逃。其余不详。公孙孙：具体不详。

⑥公孙会：齐宣公时人。具体不详。

⑦翟角、孔屑：皆人名。具体不详。

⑧田师：田布的军队。败逋（bū）：失败而逃亡。逋，逃亡。

【译文】

瓠河以北就是廪丘县。王隐的《晋书地道记》说：廪丘就是《春秋》
所说的齐邑，靠近东海。《竹书纪年》说：晋烈公十一年，田悼子死了，田
布杀了大夫公孙孙，公孙会占据廪丘，叛齐投赵，田布于是包围了廪丘。
翟角、赵国孔屑和韩的军队援救廪丘，与田布的军队在龙泽作战，田军被
击败溃逃。

瓠河与濮水俱东流，《经》所谓过廪丘为濮水者也。县
南瓠北有羊角城①。《春秋》传曰：乌馀取卫羊角②，遂袭我
高鱼③，有大雨自窦入④，介于其库⑤，登其城，克而取之者
也⑥。京相璠曰：卫邑也。今东郡廪丘县南有羊角城⑦，高鱼，
鲁邑也。今廪丘东北有故高鱼城，俗谓之交鱼城⑧，谓羊角
为角逐城，皆非也。

【注释】

①羊角城：春秋时卫邑。在今山东郓城西北。

②乌馀：齐国大夫。卫：卫国。周诸侯国名。在今河北南部和河南

北部一带。羊角：即羊角城。

③高鱼：又作高梧、高吴。春秋时鲁邑。在今山东郓城西北。

④窦（dòu）：水道，洞穴。

⑤介于其库：入高鱼之兵器库而穿着其盔甲。介，穿上盔甲。

⑥克而取之者：其事见《左传·襄公二十六年》："齐人城郏之岁，其
夏，齐乌馀以廪丘奔晋。袭卫羊角，取之。遂袭我高鱼。有大雨，
自其窦入，介于其库，以登其城，克而取之。"

⑦东郡：战国秦王政五年（前242）置。治所在濮阳县（今河南濮阳
东南二十里高城村）。

⑧高鱼城，俗谓之交鱼城：当地人把"高鱼城"念成"交鱼城"，主要
是当地"高""交"读音混同。

【译文】

瓠河与濮水都往东流，就是《水经》所说的：瓠河流过廪丘称濮水。
县城以南瓠河以北有羊角城。《春秋》说：乌馀攻取了卫国的羊角城，就
袭击我国高鱼，此时天下大雨，他从水道中偷偷进来，进入仓库穿上盔
甲，登上城头，攻取了高鱼。京相璠说：高鱼是卫邑。现在东郡廪丘县南
有羊角城，高鱼是鲁邑。现在廪丘东北有旧高鱼城，俗称交鱼城，称羊角
城为角逐城，这都不对。

瓠河又迳阳晋城南①。《史记》苏秦说齐曰：过卫阳晋
之道②，迳于亢父之险者也③。今阳晋城在廪丘城东南十余
里，与都关为左右也④。张仪曰：秦下甲攻卫阳晋⑤，大关天
下之匈⑥。徐广《史记音义》云："关"一作"开"，东之亢父，
则其道矣。

【注释】

①阳晋城：战国时卫邑。在今山东菏泽西北。

②阳晋：战国时卫邑。在今山东菏泽西北。

③亢父：战国齐地。在今山东济宁南四十余里喻屯镇城南张村。

④都关：即都关县。秦置，属东郡。治所在今山东郓城西。西汉属
　　山阳郡。东汉省。

⑤下甲：调动军队。下，本指从高处降下之义。因帝王之高，故其余
　　地方均为下。这里可指调动、派遣。甲，甲士，士兵。

⑥大关天下之匈：司马贞《史记索隐》曰："夫以常山为天下脊，则
　　此卫及阳晋当天下胸，盖其地是秦、晋、齐、楚之交道也。以言秦
　　兵据阳晋，是大关天下胸，则他国不得动也。"按，以上事见《史
　　记·张仪列传》。

【译文】

　　瓠河又流经阳晋城南边。《史记》载，苏秦去游说齐国说：过了卫国
阳晋这条路，行经亢父的险要之地。就是指这个阳晋。现在阳晋城在廪
丘城东南十余里，与都关左右相对。张仪说：秦出兵攻打卫国阳晋，把天
下的要道封锁起来。徐广《史记音义》说："关"字也有写作"开"字的，
东到亢父就是那条路。

　　瓠河之北又有郈都城①。《春秋·隐公五年》②，郈侵卫。
京相璠曰：东郡廪丘县南三十里有郈都故城。褚先生曰③：
汉封金安上为侯国④，王莽更名之曰城穀者也。

【注释】

①郈都城：西周封国。在今山东巨野南昌邑故城。

②隐公五年：前718年。

③褚先生：指褚少孙。颍川（今河南禹州）人。寓居沛县（今江苏沛
　　县）。西汉后期史学家、经学家。西汉中后期时做过博士。世号"褚
　　先生"。

④金安上：字子侯，金日磾弟伦之子。匈奴人。祖父为匈奴休屠王。
武汉元狩年间，其父金伦从兄金日磾降汉，后显贵，安上也得以任
侍中。宣帝时颇受宠信。曾告发楚王刘延寿谋反，赐爵关内侯。
宣帝地节四年（前66），大司马霍禹阴谋废宣帝，为人告发。他因
传达告变及警卫宫禁有功，封都成侯。后迁建章卫尉。谥敬。

【译文】

瓠河之北又有郈都城。《春秋·隐公五年》，郈入侵卫国。京相璠说：
东郡廪丘县南三十里有郈都旧城。褚先生说：汉时把这地方封给金安上，
立为侯国，王莽时改名为城毅。

　　瓠河又东迳黎县故城南①，王莽改曰黎治矣。孟康曰②：
今黎阳也③。薛瓒言：按黎阳在魏郡④，非黎县也。世谓之黎
侯城。昔黎侯寓于卫⑤，《诗》所谓：胡为乎泥中⑥？毛云⑦：
泥中，邑名。疑此城也。土地污下⑧，城居小阜，魏濮阳郡
治也⑨。

【注释】

①黎县：西汉置，属东郡。治所在今山东郓城西三十四里陈坡乡。
②孟康：字公休。三国魏官吏。历任散骑侍郎、弘农太守、中书监等职。
③黎阳：西汉置，属魏郡。治所在今河南浚县东。因古为九黎之地，
　故名。
④魏郡：西汉高帝十二年（前195）置。治所在邺县（今河北临漳西
　南邺镇）。
⑤黎侯寓于卫：《诗序》："黎侯寓于卫，其臣劝以归也。"
⑥胡为乎泥中：语见《诗经·邶风·式微》："式微式微，胡不归？微
　君之故，胡为乎中露？式微式微，胡不归？微君之躬，胡为乎泥
　中？"黎侯被狄人所逐，弃国逃奔于卫。卫君给他两个邑居住，黎

侯竟安于现状,不做回国的打算。黎国的臣子写了这首诗,劝黎
侯急速回国。"式微"后来就成为"思归"的典故。

⑦毛:指西汉毛亨。鲁人,作《毛诗诂训传》以授毛苌。

⑧污下:低洼。污,低洼,凹陷。

⑨濮阳郡:西晋末改濮阳国置,属兖州。治所在濮阳县(今河南濮阳
东南二十里高城村)。

【译文】

瓠河又往东流经黎县旧城南边,王莽改名为黎治。孟康说:今天叫
黎阳。薛瓒说:按黎阳在魏郡,不是黎县。人们称之为黎侯城。从前黎
侯寄寓于卫,《诗经》所谓:为什么在泥中?毛亨说:泥中,是城邑名。可
能就是此城。土地低洼,城建在小土丘上,是魏濮阳郡的治所。

瓠河又东迳邛县故城南①,《地理志》:济阴之属县也。
褚先生曰:汉武帝封金日磾为侯国②,王莽之万岁矣。世犹
谓之为万岁亭也。

【注释】

①邛(chá)县:即稅县。西汉改邛侯国置,属济阴郡。治所在今山
东成武西北。

②金日磾(mì dī):字翁叔,本匈奴休屠王太子。日磾以父不降见杀,
与母阏氏、弟伦俱没入官,输黄门养马,时年十四。汉武帝时拜为
马监,历迁侍中、驸马都尉、光禄大夫。后以力制莽何罗谋杀武帝。
武帝卒,与霍光同辅昭帝,封稅侯。薨,谥曰敬侯。

【译文】

瓠河又往东流经邛县旧城南边,据《地理志》:这是济阴郡的属县。
褚先生说:汉武帝将这地方封给金日磾,立为侯国,王莽改名为万岁。人
们现在还称万岁亭。

瓠河又东迳郓城南①,《春秋左传·成公十六年》②,公自沙随还③,待于郓。京相璠曰:《公羊》作"运"字④。今东郡廪丘县东八十里有故运城⑤,即此城也。

【注释】

①郓城:亦称西郓,春秋时鲁邑。在今山东郓城东十六里。

②成公十六年:前575年。

③沙随:春秋宋邑。在今河南宁陵西北。

④《公羊》:书名。即《春秋公羊传》。旧题战国公羊高撰。以解释《春秋》经文为主,叙述史事少,专讲经文之"微言大义"。为《春秋》三传之一。

⑤运城:即郓城。

【译文】

瓠河又往东流经郓城南边,《春秋左传·成公十六年》,成公从沙随回来,在郓城逗留。京相璠说:《春秋公羊传》写作"运"字。现在东郡廪丘县东八十里有旧运城,就是此城。

又北过东郡范县东北①,为济渠②,与将渠合③。

瓠河自运城东北,迳范县与济濮枝渠合④。故渠上承济渎于乘氏县⑤,北迳范县,左纳瓠渎,故《经》有济渠之称。

【注释】

①范县:西汉置,属东郡。治所在今山东梁山县西北范城。

②济渠:《水经注疏》杨守敬按:"济渠指北济,济与濮同流,故济、濮并称。"北济,古济水之北支。《水经注·济水》记载:"济水自古荥泽以下之南北二水道称为南济、北济。"

③将渠:《水经注疏》杨守敬按:"此邓里渠与瓠子河合,《瓠子河》经
　　文所云,东北为邓里渠,是也。因将渠会瓠子河,通谓之将渠,故
　　此变言将渠合。"

④济濮枝渠:《水经注疏》杨守敬按:"《济水注》,北济会濮水,兼称
　　济渠、濮渠,故此水自济出,谓之济濮枝渠。"

⑤乘氏县:西汉置,属济阴郡。治所在今山东巨野西南五十里。

【译文】

瓠河又往北流过东郡范县东北,称为济渠,与将渠汇合。

　　瓠河从运城开始向东北流,经过范县,与济濮支渠汇合。旧渠道上
游在乘氏县承接济渎,往北流经范县,从左面接纳了瓠渎,因此《水经》
里有济渠的名称。

　　又北与将渠合。渠受河于范县西北,东南迳秦亭南①。
杜预《释地》曰:东平范县西北有秦亭者也②。又东南迳范
县故城南,王莽更名建睦也。汉兴平中③,靳允为范令④,曹
太祖东征陶谦于徐州⑤,张邈迎吕布⑥,郡县响应。程昱说允
曰⑦:君必固范⑧,我守东阿⑨,田单之功可立⑩。即斯邑也。
将渠又东会济渠,自下通谓之将渠,北迳范城东,俗又谓之
赵沟,非也。

【注释】

①秦亭:一作秦城。即春秋鲁秦邑。在今河南范县东南四十二里旧城。

②东平:北魏泰常中置,属济州。治所在今河南范县东南旧城。

③兴平:东汉献帝刘协的年号(194—195)。

④靳允:范县县令。吕布作乱时,执靳允母、弟、妻子,靳允固守范
　　县城。

⑤曹太祖：指曹操。陶谦：字恭祖。东汉末丹阳（今安徽当涂东北）人。初为徐州刺史，曾镇压徐州黄巾军。后任徐州牧，据有今山东南部和江苏北部。初平四年（193）为曹操所败，不久病死。徐州：西汉武帝置，为十三刺史部之一。

⑥张邈：字孟卓。东汉东平寿张（今山东东平）人。少以侠闻，东汉末年为陈留太守。董卓之乱，与曹操共举义兵。兴平元年（194），曹操带兵讨伐陶谦时，张邈与陈宫叛曹迎吕布为兖州牧。吕布被曹操击败，张邈在向袁术借兵的路上，为部下所杀。吕布：字奉先。东汉五原九原（今内蒙古包头西北）人。善骑射。本为董卓部将，与王允合谋杀卓，封温侯。盘踞今徐州一带，为曹操擒杀。

⑦程昱：字仲德。东汉东郡东阿（今山东阳谷东北）人。曹魏重要谋士，累迁都督兖州事。曹丕称帝后，任卫尉，进封安乡侯。谥肃。

⑧君必固范：您一定要严守范县。

⑨我守东阿：我必守东阿。东阿，即东阿县。战国秦置，属东郡。治所在今山东阳谷东北五十里阿城镇。三国魏属济北国。

⑩田单：战国临淄（今山东淄博东北）人。初任临淄市掾（管理市场的小官）。乐毅率领五国军队攻打齐国，危亡之际，田单坚守即墨，以火牛阵大败燕军，收复七十余城，因功任相国，封安平君。后受到齐王猜忌，至赵国作将相，封都平君。

【译文】

瓠河又北流，与将渠汇合。将渠上游在范县西北引入河水，往东南流经秦亭南边。杜预《释地》说：东平范县西北有个秦亭。将渠又往东南流经范县旧城南边，王莽改名为建睦。汉朝兴平年间，靳允任范令，曹太祖东征，在徐州攻打陶谦，张邈去迎接吕布，郡县都起来响应。程昱劝靳允说：您必须固守范县，我守东阿，那么我们就可以建立像田单那样的功业了。指的就是此城。将渠又往东流，与济渠汇合，自此以下，渠道通称将渠，往北流经范城东边，民间又称赵沟，这是不对的。

又东北过东阿县东，

瓠河故渎又东北，左合将渠枝渎。枝渎上承将渠于范县，东北迳范县北，又东北迳东阿城南，而东入瓠河故渎。又北迳东阿县故城东。《春秋》经书：冬，及齐侯盟于柯[1]。《左传》曰：冬，盟于柯，始及齐平[2]。杜预曰：东阿即柯邑也。按《国语》[3]，曹沫挟匕首劫齐桓公返[4]，遂邑于此矣。

【注释】

[1]及齐侯盟于柯：《春秋·庄公十三年》文："冬，公会齐侯，盟于柯。"柯，即东阿。战国秦置，属东郡。治所在今山东阳谷东北阿城镇。

[2]始及齐平：谓始与齐国通好。平，讲和，通好。

[3]《国语》：为春秋时期各国具体历史的记录，是我国第一部国别体史书。相传为左丘明所作，大约成书于战国初年。全书共二十一卷，分别记载周、鲁、齐、晋、郑、楚、吴、越八国之史实。上起周穆王征犬戎，下至三晋灭智伯，历时五百余年。

[4]曹沫（mèi）挟匕首劫齐桓公返：《水经注疏》杨守敬按："此盖《国语》逸文。"曹沫，李零先生认为曹沫与曹刿（guì）为同一个人。鲁大夫。鲁庄公十年（前684），齐攻鲁，他随庄公战于长勺（今山东莱芜东北）。待齐军一鼓作气，再而衰，三而竭，使庄公鸣鼓进攻，大胜。相传齐君与鲁君在柯（今山东阳谷东）会见，他持剑相从，挟持齐桓公订立盟约，收回失地。齐桓公，姜姓，名小白。任用管仲实行改革，以"尊王攘夷"为号召，多次大会诸侯订立盟约。是春秋第一个霸主。

【译文】

瓠河又往东北流过东阿县东边，

瓠河旧道又往东北流，左边与将渠支渎汇合。支渎上源在范县承接将渠,往东北流经范县北边,又往东北流经东阿城南边,然后东流注入瓠河旧道。旧河道又往北流经东阿县旧城东边。《春秋》记载:冬天,和齐侯在柯会盟。《春秋左传》说:冬天,在柯会盟才与齐讲和。杜预说:东阿就是柯邑。查考《国语》,曹沫手持匕首,劫持齐桓公逼迫他返回,于是就在柯这里筑东阿城。

又东北过临邑县西①,又东北过茌平县东②,为邓里渠③。

自宣防已下④,将渠已上,无复有水。将渠下水,首受河,自北为邓里渠。

【注释】

①临邑县:西汉置,属东郡。治所即今山东东阿铜城镇。三国魏属济北国。北魏属济北郡。

②茌(chí)平县:东汉改茬平县置,属济北国。治所在今山东聊城茌平区西南。

③邓里渠:在今山东聊城茌平区东。

④宣防:祭官名。即下文的宣房官。西汉元封二年(前109)筑。故址在今河南濮阳西南十七里。

【译文】

瓠河又往东北流过临邑县西边,又往东北流过茌平县东边,称为邓里渠。

从宣房以下,将渠以上不再有水。将渠以下的水,上口由河水导入,从此以北,称邓里渠。

又东北过祝阿县①,为济渠。

河水自四渎口出为济水②。济水二渎合而东注于祝阿也。

【注释】

①祝阿县：西汉置，属平原郡。治所在今山东济南西南丰齐集北五里古城。

②四渎口：在今山东聊城茌平区南古黄河上。

【译文】

瓠河又往东北流过祝阿县，称为济渠。

河水从四渎口分支流出，叫济水。济水二渎汇合，然后东流注入祝阿县。

又东北至梁邹县西①，分为二：

脉水寻梁②，邹济无二流③，盖《经》之误。

【注释】

①梁邹县：战国秦置，属济北郡。治所在今山东邹平东北旧口。元鼎五年（前112）改为梁邹县，属济南郡。

②脉水寻梁：探寻水流和桥梁。脉，探寻，寻找。

③邹：《水经注疏》熊会贞按："'邹'字衍。"

【译文】

瓠河又往东北流，到了梁邹县西边，分为两条：

探寻水脉，济水并没有两条水流，这是《水经》的错误。

其东北者为济河，其东者为时水①。又东北至济西，济河东北入于海。时水东至临淄县西②，屈南过太山华县东③，又南至费县④，东入于沂⑤。

时，即酨水也，音而。《春秋·襄公三年》[6]，齐、晋盟于酨者也。京相璠曰：今临淄惟有渑水[7]，西北入济。即《地理志》之如水矣。酨、如声相似，然则渑水即酨水也。盖以渑与时合，得通称矣。时水自西安城西南分为二水[8]，枝津别出，西流，德会水注之[9]。水出昌国县黄山[10]，西北流迳昌国县故城南，昔乐毅攻齐[11]，有功，燕昭王以是县封之[12]，为昌国君[13]。德会水又西北，五里泉水注之[14]。水出县南黄阜，北流迳城西，北入德会。又西北，世谓之沧浪沟[15]。又北流注时水。《地理志》曰：德会水出昌国西北，至西安入如是也。

【注释】

①时水：在今山东境内。亦名酨水、如水。上游即今发源于山东淄博临淄区西南的乌河。自临淄西北以下，古分二支：一支西流经今桓台县境西北入济水，旱时干涸，故又称干（乾）时。另一支北流折东略循今小清河合淄水入海，即《水经注》时水干（幹）流。

②临淄县：战国秦置，为临淄郡治。治所在今山东淄博临淄区东北齐都镇。

③太山：即泰山郡。楚汉之际刘邦改博阳郡置。治所在博县（今山东泰安东南三十里旧县）。华县：西汉置，属泰山郡。治所在今山东费县东北六十里。东汉并入费县。西晋复置，属琅邪国。后废。

④费（bì）县：西汉置，属东海郡。治所在今山东费县西北二十里古城。

⑤沂（yí）：即沂水。今山东南部沂河。

⑥襄公三年：前 570 年。

⑦渑（huà）水：在今山东淄博临淄区西。

⑧西安城：西安县治所。在今山东桓台东。

⑨德会水：今山东淄博、桓台间之朱龙河。又名丰水。

⑩昌国县：战国齐置。后入秦，属临淄郡。治所在今山东淄博东南
　　五里昌城村。

⑪乐（yuè）毅：中山国灵寿（今河北灵寿）人。先为赵将，后适魏。
　　为魏使至燕，燕昭王以为亚卿。乐毅为燕合诸侯伐齐，下齐七十
　　余城。因功封昌国，号昌国君。燕惠王即位，中田单反间计，派骑
　　劫代乐毅统兵，召回乐毅。乐毅出奔赵国，被封于观津，号曰望诸
　　君。后卒于赵。

⑫燕昭王：战国时燕国国君。名平，燕王哙之子。

⑬昌国君：此指乐毅。

⑭五里泉水：约当今山东淄博、桓台间涝淄河。

⑮沧浪沟：《水经注疏》熊会贞按："《地形志》，东魏（今山东邹平）有
　　苍浪沟。"

【译文】

　　往东北流的一条是济河，东流的是时水。济河又往东北流
到济西，往东北注入大海。时水往东流到临淄县西边转弯，往
南流过太山郡华县东边，又往南流到费县，往东注入沂水。

　　时水就是耏水，耏音而。《春秋·襄公三年》，齐、晋在耏会盟。京相
璠说：现在临淄只有溜水，往西北注入济水。就是《地理志》中的如水。耏、
如读音相似，那么溜水就是耏水了。溜水和时水因相汇合，所以也都得
了通称。时水从西安城往西南流，分为两条水，支流分出后向西流，德会
水注入。德会水发源于昌国县黄山，往西北流经昌国县旧城南，从前乐
毅进攻齐国，为燕昭王立了功，昭王就把此县封给他，号为昌国君。德会
水又往西北流，五里泉水注入。此水发源于县南的黄阜，往北流经城西，
北注德会水。德会水又往西北流，民间称之为沧浪沟。又北流注入时水。
《地理志》说：德会水发源于昌国西北，流到西安注入如水。

　　时水又西迳东高苑城中而西注也①。俗人遏令侧城南注，又屈迳其城南。《史记》：汉文帝十五年②，分齐为胶西王国③，都高苑④。徐广《音义》曰：乐安有高苑城⑤，故俗谓之东高苑也。

【注释】

①东高苑城：《水经注疏》杨守敬按："城在今新城县（今山东桓台西新城镇）东二十里。"

②汉文帝十五年：前165年。汉文帝，即西汉皇帝刘恒。

③胶西王国：西汉文帝十六年（前164）置。治所在高密县（今山东高密西南四十里前田庄）。元封三年（前108）改胶西郡。

④高苑：即高苑城。在今山东邹平东北苑城。

⑤乐安：即乐安郡。东汉本初元年（146）改乐安国置。治所在高苑县（今山东邹平东北苑城）。

【译文】

　　时水又往西流经东高苑城中而后继续西流。民间堵截水道，使水沿城南流，于是又拐弯流经城南。《史记》载：汉文帝十五年，从齐国划地设置胶西王国，建都高苑。徐广《音义》说：乐安有高苑城，因此俗称东高苑。

　　其水又北注故渎，又西，盖野沟水注之①。源导延乡城东北②，平地出泉，西北迳延乡城北。《地理志》：千乘有延乡县③，世人谓故城为从城，延、从字相似，读随字改，所未详也。西北流，世谓之盖野沟，又西北流，迳高苑县北注时水。

【注释】

①盖野沟水：在今山东桓台西北。

②延乡城:延乡县治所。在今山东桓台北。

③千乘:即千乘郡。汉高帝置。治所在今山东高青东南高城镇北
二十五里(今滨州南二十六里旧镇西南十里千乘遗址)。

【译文】

时水又往北流,注入旧河道,又往西流,盖野沟水注入。盖野沟水源出延乡城东北,平地涌出泉水,往西北流经延乡城北边。据《地理志》:千乘有延乡县,民间称旧城为从城,也许因为延、从(從)字形相近,读音也随着字而改变的缘故吧,这也不清楚。水又往西北流,世人称之为盖野沟,又往西北流经高苑县北边,注入时水。

时水又西迳西高苑县故城南①,汉高帝六年②,封丙倩为侯国③,王莽之常乡也。其水侧城西注。京相璠曰:今乐安博昌县南界有时水④,西通济,其源上出盘阳⑤,北至高苑,下有死时,中无水。杜预亦云:时水于乐安枝流,旱则竭涸,为《春秋》之乾时也⑥。《左传·庄公九年》⑦,齐、鲁战地,鲁师败处也⑧。

【注释】

①西高苑县:即高苑县。西汉属千乘郡,东汉属乐安国。治所在今
山东邹平东北苑城。

②汉高帝六年:前201年。

③丙倩:西汉诸侯。初以舍人入汉军,从定三秦。后任中尉,参与破
项羽之战。高祖六年(前201)封高苑侯。

④博昌县:战国秦置,属临淄郡。治所即今山东博兴东南二十里寨
郝镇南。西汉属千乘郡。东汉属乐安国。

⑤盘阳:即般阳。战国秦置,属济北郡。治所在今山东淄博西南淄

川城。在般水之阳，故得称。西汉属济南郡。东汉属齐国。西晋废。

⑥乾时：指山东临淄西北以下时水支津。

⑦庄公九年：前685年。

⑧鲁师败处：《左传·庄公九年》："秋，师及齐师战于乾时，我师败绩。"

【译文】

　　时水又往西流经高苑县旧城南边，汉高帝六年，把这地方封给丙倩，立为侯国，王莽时改名常乡。时水沿着城旁继续往西流。京相璠说：现在乐安博昌县南界有时水，西流与济水相通，源头出自盘阳，北流到高苑，下游干涸时，河道无水。杜预也说：时水流到乐安分出支流，天旱时就枯涸，就是《春秋》里提到的乾时。《春秋左传·庄公九年》，齐、鲁交战，鲁军在此处战败。

　　时水西北至梁邹城入于济①，非济入时，盖时来注济。若济分东流，明不得以时为名。寻时、济更无别流南延华、费之所②，斯为谬矣。

【注释】

①梁邹城：梁邹县（属济南郡）治所。在今山东邹平东北旧口。

②寻：探寻，考察。延：顺流。华、费（bì）：即华县和费县。华县，西汉置，属泰山郡。治所在今山东费县东北六十里。东汉并入费县。西晋复置，属琅邪国。后废。费县，西汉置，属东海郡。治所在今山东费县西北二十里古城。东汉属泰山郡。

【译文】

　　时水往西北流，到梁邹城注入济水——不是济水注入时水，而是时水注入济水。如果济水分支东流，显然不会以时水为名。探究时水和济水，再没有别的水流向南延伸到华县和费县地界了，这是《经》文的错误。

汶水

汶水出泰山莱芜县原山[①],西南过其县南,

莱芜县在齐城西南[②],原山又在县西南六十许里。《地理志》:汶水与淄水俱出原山[③],西南入济。故不得过其县南也。《从征记》曰[④]:汶水出县西南流,又言自入莱芜谷[⑤],夹路连山百数里[⑥],水隍多行石涧中[⑦],出药草,饶松柏,林藿绵蒙[⑧],崖壁相望。或倾岑阻径[⑨],或回岩绝谷[⑩],清风鸣条[⑪],山壑俱响[⑫]。凌高降深[⑬],兼惴栗之惧[⑭]。危蹊断径[⑮],过悬度之艰[⑯]。未出谷十余里,有别谷在孤山,谷有清泉,泉上数丈有石穴二口,容人行。入穴丈余,高九尺许,广四五丈,言是昔人居山之处,薪爨烟墨犹存[⑰]。谷中林木致密[⑱],行人鲜有能至矣。又有少许山田,引灌之踪尚存[⑲]。出谷有平丘,面山傍水,土人悉以种麦,云此丘不宜殖稷黍而宜麦[⑳],齐人相承以殖之[㉑]。意谓麦丘所栖愚公谷也[㉒]。何其深沉幽翳[㉓],可以托业怡生如此也[㉔]。余时迳此,为之踌蹰[㉕],为之屡眷矣[㉖]。余按麦丘愚公在齐川,谷犹传其名,不在鲁,盖志者之谬耳[㉗]。

【注释】

①汶水:即今大汶河。源出山东莱芜北,西南流经古嬴县南,古称嬴汶,又西南汇牟汶、北汶、石汶、柴汶,至今山东东平戴村坝。自此以下,古汶水西流经东平南,至梁山东南入济水。泰山:即泰山郡。楚汉之际刘邦改博阳郡置。治所在博县(今山东泰安东南三十里旧县)。莱芜县:西汉置,属泰山郡。治所在今山东淄博南博山区东五十五里淄河镇城子村。原山:又名马耳山。在今山东莱芜东

北七十里。

②齐城：即今山东淄博东北临淄故城。西周及春秋、战国时齐国均建都于此。

③淄水：即今山东中北部淄河。

④《从征记》：南朝宋奉朝请伍缉之撰。

⑤莱芜谷：即狼虎谷。在今山东莱芜西南三十里。

⑥夹路：道路两边。连山：连绵不断的群山。

⑦水隍：水沟。

⑧林藿（huò）：树木丛林。藿，泛指野草。绵蒙：茂盛、浓密貌。

⑨倾岑（cén）：倾斜欲坠的山峰。岑，小而高的山。阻径：阻拦路径。

⑩回岩：迂回盘旋的山岩。回，迂回盘旋。绝谷：阻隔山谷。

⑪鸣条：吹拂着枝条发出响声。

⑫山壑：山中的谷壑。俱响：一齐作响。

⑬凌高：登凌高峰。降深：下降深谷。

⑭惴（zhuì）栗之惧：恐惧而战栗。

⑮危蹊：危险的道路。断径：断绝的道路。

⑯过悬度之艰：比悬度还要艰难。悬度，《水经注疏》杨守敬按："在乌秅（ná）、罽宾间。悬度在乌秅西一百二十八里。"

⑰薪爨（cuàn）：烧灶用的柴火。爨，烧火煮饭。烟墨：烧柴留下的烟灰痕迹。

⑱致密：严密，严实。致，严密。

⑲引灌：开沟渠引水灌溉。

⑳殖：种植。稷：粮食作物，有谷子、高粱、不黏的黍三种说法。黍：去皮后北方通称黄米，比小米稍大，煮熟后有性黏，可酿酒、做糕等。是重要的粮食作物之一。

㉑齐人：齐地的百姓。

㉒麦丘：战国时齐邑。在今山东商河县西北。愚公谷：在今山东淄

博临淄区西。

㉓深沉：深邃。幽翳（yì）：幽静且草木繁茂。

㉔托业：以此为治生之业。怡生：怡养生命。怡，使……快乐。

㉕踌躇（chóu chú）：徘徊不前。这里指舍不得离开。

㉖屡眷：屡次眷顾。眷，回头看，反顾。

㉗志者：记录史实的作者。谬：谬误，错误。

【译文】

汶水

汶水发源于泰山郡莱芜县原山，往西南流过县南，

莱芜县在齐城西南，原山又在县西南约六十里。据《地理志》：汶水与淄水都发源于原山，往西南注入济水。因此不可能流经莱芜县南边。《从征记》说：汶水发源于莱芜县往西南流，又说，流入莱芜谷后，道路两边山峦连绵百余里，水道大都经过乱石嶙峋的山涧，这一带盛产药草，遍地松柏，林莽茂密，断崖峭壁，遥相对望。有的地方，险峻的小山挡住去路；有的地方，岩壁回环，通入山谷，山风吹动，枝梢鸣声响彻幽谷。攀登高峻的山峰，下降到幽深的山谷，令人心惊胆战。有时路绝崖断，就只能靠绳索引渡，真是艰险极了。出谷还有十余里，在一座孤峰下另有一处山谷，山谷里有清泉，泉上数丈有个石洞，有两个洞口，能容人行走。进入洞口丈余，洞内高约九尺，宽四五丈，据说是古人穴居之处，洞里还留有柴灶、残灰和烟痕。山谷中树木茂密，行人很少能到这里来。但还能见到少许山田，留有引水灌溉的痕迹。出了山谷有一片平缓的丘陵，面山傍水，当地土人都在那里种麦，人们说，这丘陵地不宜种植稷黍，只适于种麦，齐人世代相承，都在这里种麦。想来这就是麦丘愚公所住的山谷了。谷里怎么会这样深幽，这样蓊蓊郁郁，人们在这里又怎么会这样安居乐业，怡然自得地生活呀！我当时经过这里，看到这个远离尘俗的好地方，真是徘徊不舍，离去时还屡屡回头呢！我按麦丘愚公在齐境的川谷，至今还流传着这个地名，那地方并不在鲁，这是著作家记述时弄错的。

汶水又西南迳嬴县故城南①,《春秋左传·桓公三年》②,公会齐侯于嬴,成婚于齐也③。

【注释】

①嬴县:秦置,属济北郡。治所在今山东莱芜西北四十里北汶水之北,俗名城子庄。

②桓公三年:前709年。

③成婚:结婚。

【译文】

汶水又向西南流经嬴县老城南,《春秋左传·桓公三年》,桓公在嬴会见齐侯,在齐结了婚。

又西南过奉高县北①,

奉高县,汉武帝元封元年立②,以奉泰山之祀③,泰山郡治也。县北有吴季札子墓④,在汶水南曲中。季札之聘上国也⑤,丧子于嬴、博之间⑥,即此处也。《从征记》曰:嬴县西六十里有季札儿冢,冢圆,其高可隐也⑦。前有石铭一所⑧,汉末奉高令所立⑨,无所述叙,标志而已。自昔恒蠲民户洒扫之⑩,今不能,然碑石糜碎⑪,靡有遗矣,惟故趺存焉⑫。

【注释】

①奉高县:西汉置,为泰山郡治。治所在今山东泰安东三十八里故县村。

②元封元年:前110年。元封,西汉武帝刘彻的年号(前110—前105)。

③泰山之祀:祭祀泰山。泰山,古称东岳,为五岳之一。亦称岱宗、岱山、岱岳等。在山东中部。古代帝王常在泰山举行封禅大典。

④吴季札子墓:《水经注疏》杨守敬按:"墓在莱芜县(今山东淄博南
　博山区东)西。"

⑤季札:姬姓,名札,春秋时吴王寿梦第四子。季札贤,寿梦欲立之,
　札辞让不已,于是乃立长子诸樊。后封于延陵,号曰延陵季子。
　遍交当世贤士大夫。尝聘鲁观周乐。聘:聘问。专指天子与诸侯
　或诸侯与诸侯间的遣使通问。上国:春秋时称中原各诸侯国为上
　国,与吴楚诸国相对而言。

⑥嬴:即嬴县。博:即博县。西汉改博阳县置,属泰山郡。治所在今
　山东泰安东南三十里旧县。北魏改名博平县。

⑦其高可隐:高度可以凭依眺望。隐,依据,凭依。

⑧石铭:刻在坟冢石碑上的铭文。一所:一处。

⑨奉高令:奉高县的县令。奉高县,西汉置,为泰山郡治。治所在今
　山东泰安东三十八里故县村。

⑩蠲(juān):除去。特指减免赋税。

⑪糜碎:破碎。糜,破碎。

⑫趺(fū):碑刻等的底座。

【译文】

汶水又往西南流过奉高县北边,

　奉高县在汉武帝元封元年设置,以供祭祀泰山之需,是泰山郡的治
所。县北有吴季札儿子的坟墓,坐落在汶水南侧河道弯曲处。吴季札受
聘于中原上国,在嬴、博之间死了儿子,就是这地方。《从征记》说:嬴县
西六十里,有季札儿子的坟,呈圆形,墓在高处,可以凭依眺望。墓前有
一座石铭,是汉末奉高县令所立,上面没有记述什么,只不过作为标志而
已。从前都指派民户去扫墓,现在已不能这样做了,石碑都已剥蚀破碎,
没有留下什么了,只有石碑的基座还在。

屈从县西南流,

汶出牟县故城西南阜下①,俗谓之胡卢堆。《淮南子》曰:汶出弗其②。高诱曰③:山名也。或斯阜矣。牟县故城在东北,古牟国也④。春秋时,牟人朝鲁,故应劭曰:鲁附庸也。俗谓是水为牟汶也⑤。又西南迳奉高县故城西,西南流注于汶。

【注释】

①汶:此指牟汶水。牟县:西汉置,属泰山郡。治所在今山东莱芜东二十里。

②汶出弗其:此为《淮南子·地形训》文。弗其,即原山。在今山东莱芜东北七十里。

③高诱:东汉涿郡涿县(今河北涿州)人。为当时名儒卢植门人,曾注《战国策》《淮南子》及《吕氏春秋》等。

④牟国:春秋时小国。在今山东莱芜东二十里辛庄镇。

⑤牟汶:今山东莱芜南牟汶河。出莱芜东古牟县南,西流至泰安东入汶。

【译文】

汶水绕经县城西南,

汶水发源于牟县旧城西南的丘岗下,俗称胡卢堆。《淮南子》说:汶水发源于弗其。高诱说:弗其是山名。也许就是这座丘岗吧。牟县旧城在东北,古代这里是牟国。春秋时,牟国人要去朝拜鲁国,因此应劭说:牟国是鲁国的附庸。俗称这条水为牟汶。又往西南流经奉高县旧城西边,往西南流,注入汶水。

汶水又南,右合北汶水①。水出分水溪,源与中川分水②,东南流迳泰山东,右合天门下溪水③。水出泰山天门下谷,东流。古者,帝王升封④,咸憩此水。水上往往有石窍存焉,盖古设舍所跨处也。马第伯书云⑤：光武封泰山，第伯从登山。去平地二十里，南向极望，无不睹。其为高也，如视浮云；其峻也，石壁窅窱⑥，如无道径。遥望其人，或为白石，或雪，久之，白者移过，乃知是人。仰视岩石松树，郁郁苍苍，如在云中；俯视溪谷，碌碌不可见丈尺⑦。直上七里天门，仰视天门，如从穴中视天矣。应劭《汉官仪》云⑧：泰山东南山顶，名曰日观⑨。日观者，鸡一鸣时见日，始欲出，长三丈许，故以名焉。其水自溪而东，浚波注壑⑩，东南流，迳龟阴之田⑪。龟山在博县北十五里⑫，昔夫子伤政道之陵迟，望山而怀操⑬，故《琴操》有《龟山操》焉⑭。山北即龟阴之田也。《春秋·定公十年》⑮：齐人来归龟阴之田是也⑯。

【注释】

①北汶水：即今山东泰安西大汶河支流泮河。

②中川分水：中川水，又名沙沟。即今山东济南长清区沙河。

③天门下溪水：即今山东泰安西漆河。

④升封：登泰山封禅。

⑤马第伯书：即马第伯《封禅仪记》。马第伯，东汉光武帝时人，尝于建武三十一年（55）从光武帝至泰山封禅，作《封禅仪记》一篇。虽主旨在记礼仪，而间及景色，为山水游记中较早之作。

⑥窅窱（yǎo tiǎo）：幽深貌，阴暗貌。

⑦碌碌：多石貌。

⑧《汉官仪》：书名。东汉应劭撰。记载汉官名称、职掌、俸秩及玺绶制度等。

⑨日观：即日观峰。一名东山。即今山东泰山顶之东岩。因其可以东观日出，故名日观峰。

⑩浚波：湍急的水流。浚，湍急。注壑：注入沟壑。

⑪龟阴：古邑名。因位于龟山北面，故称。故址在今山东新泰西南。

⑫龟山：在今山东新泰西南四十里。

⑬望山：这里指眺望龟山。怀操：感怀心情。

⑭《琴操》：琴曲著录。传为汉蔡邕所撰。叙述各种琴曲之作者及缘由。《龟山操》：《水经注疏》杨守敬按："《琴操》云：《龟山操》，孔子作。季桓子受齐女乐，孔子欲谏不得，退而望鲁龟山，作此曲，喻季氏若龟山之蔽鲁。"

⑮定公十年：前 500 年。

⑯齐人来归龟阴之田：《春秋·定公十年》："齐人来归郓、讙、龟阴田。"

【译文】

汶水又南流，在右边汇合了北汶水。北汶水发源于分水溪，源头流出后又分出中川水，往东南流经泰山东边，右边与天门下溪水汇合。下溪水发源于泰山天门下谷，往东流。古时，帝王登山祭天，都在这条水边歇息。水上随处有石洞，那是古时人们搭棚架舍时留下的。马第伯写道：光武帝来泰山封禅，第伯跟随着一起登山。离平地二十里时，向南极目望去，山下景物一览无遗。泰山确实很高，可与浮云相比；泰山也很险峻，那悬崖绝壁，深不见底，像是没有道路可上。遥望那些登山的人，有的像白石，有的像雪，看得久了，那白的在移动，才知道是人。仰视山上的岩石松树，郁郁苍苍，仿佛是在云中；俯视底下，到处是千姿百态的岩石，却看不到丈尺的溪流。一直登上七里到了天门，抬头仰视天门，就好像在石洞中观天似的。应劭《汉官仪》说：泰山东南面的山顶，名叫日观。日观这地方，第一遍鸡啼时，就可以来看日出，太阳刚出来时，长约三丈，因而称为日观。下溪水沿溪东流，翻着滚滚的波浪，注入岩壑，接着往东南流经龟阴之田。龟山在博县北十五里，从前孔夫子哀叹时政世道的衰落，望龟山有感而赋诗作曲，所以后来的《琴操》中有《龟山操》。龟山北面就是龟阴之田。《春秋·定公十年》：齐人交还龟阴之田。

　　又合环水[1]。水出泰山南溪，南流历中、下两庙间。《从征记》曰：泰山有下、中、上三庙，墙阙严整[2]，庙中柏树夹两阶，大二十余围[3]，盖汉武所植也。赤眉尝斫一树，见血而止，今斧创犹存。门阁三，楼榭四所，三层坛一所，高丈余，广八尺。树前有大井，极香冷，异于凡水，不知何代所掘，不常浚渫而水旱不减[4]。库中有汉时故乐器及神车、木偶，皆靡密巧丽[5]。又有石虎，建武十三年永贵侯张馀上金马一匹[6]，高二尺余，形制甚精。中庙去下庙五里，屋宇又崇丽于下庙，庙东西夹涧。上庙在山顶，即封禅处也。其水又屈而东流，又东南迳明堂下[7]。汉武帝元封元年[8]，封泰山，降坐明堂于山之东北址[9]。武帝以古处险狭而不显也[10]，欲治明堂于奉高傍而未晓其制[11]。济南人公玉带上黄帝时《明堂图》[12]，图中有一殿，四面无壁，以茅盖之，通水，圜宫垣为复道[13]，上有楼从西南入，名曰昆仑，天子从之入，以拜祀上帝焉。于是上令奉高作明堂于汶上[14]，如带图也[15]。古引水为辟雍处[16]，基渎存焉，世谓此水为石汶[17]。《山海经》曰：环水出泰山，东流注于汶。即此水也。环水又左入于汶水。

【注释】

①合：汇合，交汇。环水：今山东泰安东梳洗河。

②墙阙：庙墙和庙柱。阙，古代神庙、坟墓前两旁的巨柱，多用石雕成。

③围：计量周长的单位。这里指两臂之间合拢的长度。

④浚渫（xiè）：疏通清理。浚，疏通水道。渫，清除污秽。

⑤靡密：细致精密。靡，精致。

⑥建武十三年：37年。永贵侯张馀：具体不详。

⑦明堂：古代帝王宣明政教、举行典礼等活动的地方。

⑧元封元年：前110年。元封，西汉武帝刘彻的年号（前110—前105）。

⑨降坐明堂于山之东北址：《水经注疏》杨守敬按："《地形志》，奉高有故明堂基。武帝所坐之明堂，周明堂也。在今泰安县（今山东泰安）东北四十里。此《注》所指之明堂，汉明堂也，在县东十里。"

⑩古：这里指古明堂。

⑪奉高：即奉高县。西汉置，为泰山郡治。治所在今山东泰安东三十八里故县村。未晓其制：不知道明堂的建制。

⑫济南：即济南郡。西汉初分齐郡置。治所在东平陵县（今山东济南章丘区西）。公玉带：西汉武帝时方士。《汉书》作公肃带。济南（今山东济南章丘区西）人。武帝封禅泰山时，欲制明堂而未晓其制度，他乃献上明堂图，称是黄帝所用。得武帝信任，从侍左右。

⑬圜（huán）：围绕。宫垣：泛指房舍或其他建筑物的围墙。复道：楼阁或悬崖间架空的通道。

⑭奉高：这里指奉高县的官员们。作：建造。

⑮带图：公玉带所呈上的《明堂图》。

⑯辟雍：本为西周天子所设大学，校址圆形，围以水池，前门外有便桥。东汉以后，历代皆有辟雍，多为行乡饮、大射或祭祀之礼的地方。

⑰石汶：即环水。今山东泰安东梳洗河。

【译文】

下溪水又与环水汇合。环水发源于泰山南溪，往南流经中、下两庙之间。《从征记》说：泰山有下、中、上三座庙，庙墙和殿宇非常严整，庙中台阶两边，古柏参天，大的有二十多围，是汉武帝种植的。赤眉军曾砍过一棵树，砍时看见树中出血，因而停止，今天那树上还留有斧痕。庙门三重，楼榭四所，还有一座三层坛，高一丈余，宽广八尺。大树前有一口大井，井水极香冷，与普通的水不同，不知是哪个朝代掘的，这口大井并不

常常挖泥除污，但大旱时井水却不减少。庙中仓库里有汉朝的旧乐器和
神车、木偶等物，制作都十分精巧华丽。还有石虎，建武十三年，永贵侯
张馀贡献的一匹金马，高二尺余，制作极其精致。中庙离下庙五里，庙宇
比下庙还要高大壮丽，庙的东西两侧都有山涧。上庙在山顶，就是帝王
祭天的地方。环水又拐弯东流，又往东南流经明堂下。汉武帝元封元年，
来泰山筑坛祭天，祭毕下山，坐于东北边山麓的明堂中。汉武帝觉得古
时所建明堂的地址狭窄不敞，想在奉高县旁重建一座明堂，但不知道这
种建筑的格局和形式。济南人公玉带献上了黄帝时的《明堂图》，图中有
一座殿宇，四面都没有墙壁，用茅草盖顶，引水流过，环绕着四面宫墙外
又建了天桥复道，上面有楼，名叫昆仑，入口在西南，天子从这里进入，就
在里面祭祀礼拜上帝。于是武帝就命令奉高县官员依照公玉带的《明堂
图》，在汶上修建明堂。古时引水作辟雍的地方，墙基和环形水道的遗迹
都还保存着，人们称此水为石汶水。《山海经》说：环水发源于泰山，东流
注入汶水。指的就是这条水。环水又从左边注入汶水。

　　汶水数川合注，又西南流迳徂徕山西[①]，山多松柏，
《诗》所谓徂徕之松也[②]。《广雅》曰：道梓松也[③]。《抱朴子》
称《玉策记》曰[④]：千岁之松，中有物，或如青牛，或如青犬，
或如人，皆寿万岁。又称天陵有偃盖之松也[⑤]，所谓楼松也。
《鲁连子》曰[⑥]：松枞高十仞而无枝[⑦]，非忧正室之无柱也[⑧]。
《尔雅》曰：松叶柏身曰枞。《邹山记》曰[⑨]：徂徕山在梁甫、
奉高、博三县界[⑩]，犹有美松，亦曰尤徕之山也[⑪]。赤眉渠师
樊崇所保也[⑫]，故崇自号尤徕三老矣。山东有巢父庙[⑬]，山高
十里，山下有陂，水方百许步，三道流注。一水东北沿溪而
下，屈迳县南，西北流入于汶；一水北流历涧，西流入于汶；
一水南流迳阳关亭南[⑭]。《春秋·襄公十七年》[⑮]，逆臧纥自

阳关者也⑯。又西流入于汶水也。

【注释】

① 徂徕（cú lái）山：一称尤徕山，后又作尤来山、尤崃山。在今山东泰安东南四十里。大汶河、小汶河之分水岭。

②《诗》所谓徂徕之松：《诗经·鲁颂·閟宫》："徂徕之松，新甫之柏。"

③ 道梓松：为《广雅·释木》文。

④《抱朴子》：书名。晋葛洪撰。分内篇和外篇。《内篇》论神仙、炼丹、符箓等，纯为道家之言；外篇则论时政得失、人事臧否。

⑤ 偃盖：形容松树枝叶横垂，张大如伞盖之状。

⑥《鲁连子》：书名，战国齐人鲁仲连撰。《汉书·艺文志》："《鲁仲连子》十四篇。"鲁连子，即鲁仲连，或称鲁连。

⑦ 松枞（cōng）：松树、枞树。枞，木名。松树之一种。《说文·木部》："枞，松叶柏身。"

⑧ 正室：祖庙。

⑨《邹山记》：《隋书·经籍志》不录。《史记·夏本纪》正义引《邹山记》，亦不著撰名，不知何代何人所撰。

⑩ 梁甫：即梁父县。西汉置，属泰山郡。治所在今山东新泰西天宝镇古城村。东汉改为梁甫侯国。西晋复为梁父县。

⑪ 尤徕之山：即徂徕山。在今山东泰安东南四十里。

⑫ 渠帅：首领。樊崇：字细君。新莽末年琅邪（今山东诸城）人。赤眉起义军领袖，建武元年（25）率军攻入长安，推翻刘玄政权。后被刘秀杀害。保：依凭，依恃。

⑬ 巢父：传说为尧时的隐士。晋皇甫谧《高士传·巢父》："巢父者，尧时隐人也。山居不营世利，年老以树为巢而寝其上，故时人号曰巢父。"

⑭ 阳关亭：在今山东泰安东南约六十里。

⑮襄公十七年：前556年。

⑯逆臧纥自阳关者：《左传·襄公十七年》："秋，齐侯伐我北鄙，围桃。高厚围臧纥于防。师自阳关逆臧孙，至于旅松。"逆，迎。臧纥，臧孙纥。亦称臧武仲。春秋时鲁国大夫，官司寇。鲁襄公二十二年（前550），因帮助季武子而得罪于孟孙氏，被孟孙氏告发反叛，出奔到邾，不久死于齐。

【译文】

汶水有几条水流一起注入，又往西南流经徂徕山西边，山上松柏很多，就是《诗经》里所谓的徂徕之松。《广雅》说：就是梓松。《抱朴子》提到《玉策记》的话，说：千年的老松，里面有种怪物，形状或是像青牛，或是像青狗，或是像人，寿命都有一万岁。又说天子陵墓上有斜欹的老松，就是所谓的楼松。《鲁连子》说：松树、枞树高达十仞，但没有树枝，并不是怕正室没有柱子。《尔雅》说：叶子如松，枝干如柏，这种树叫枞树。《邹山记》说：徂徕山又称尤徕之山，在梁甫、奉高、博三县的边境，现在还有美松。赤眉军的头目樊崇曾据守此山，所以他自称尤徕三老。徂徕山东边有巢父庙，山高十里，山下有个池塘，方圆百步左右，有三条溪涧注入。一条从东北沿溪流下，绕经县南，往西北流，注入汶水；一条往北流经溪涧，西流注入汶水；一条往南流经阳关亭南。《春秋·襄公十七年》：迎臧纥于阳关。又西流注入汶水。

过博县西北，

汶水南迳博县故城东。《春秋·哀公十一年》①：会吴伐齐取博者也②。灌婴破田横于城下③。屈从其城南西流，不在西北也。

【注释】

①哀公十一年：前484年。

②会吴伐齐取博：《左传·哀公十一年》："为郊战故，公会吴子伐齐。五月，克博。"

③灌婴：西汉初大臣。睢阳（今河南商丘）人。从刘邦攻秦军，有功，封颍阴侯。协助陈平、周勃同除吕氏，迎立文帝，任太尉、丞相。卒谥懿。田横：秦末狄县（今山东高青东南）人。秦末从田儋起兵反秦。刘邦称帝后，田横惧诛，率徒属五百余人入居海岛。刘邦召之，因不愿称臣，途中自杀。其留居海岛部众闻田横死亦皆自杀。

【译文】

汶水流过博县西北，

汶水往南流经博县老城东边。《春秋·哀公十一年》：与吴联合伐齐，夺取了博。灌婴在城下大败了田横。汶水绕到城南往西流，并不流过博县西北。

汶水又西南迳龙乡故城南①。《春秋·成公二年》②：齐侯围龙，龙囚顷公嬖人卢蒲就魁③，杀而膊诸城上④。齐侯亲鼓取龙者也⑤。汉高帝八年⑥，封谒者陈署为侯国⑦。

【注释】

①龙乡故城：即春秋时鲁之龙邑。在今山东泰安西南。

②成公二年：前589年。

③龙：龙邑之百姓。顷公：即齐顷公。姜姓，名无野，齐惠公之子。春秋时齐国国君。嬖（bì）人：宠爱之人。卢蒲就魁：齐顷公嬖臣。

④膊（pò）：谓分裂肢体而曝露之。此有陈尸示众之意。

⑤齐侯亲鼓取龙：《左传·成公二年》："二年，春，齐侯伐我北鄙，围龙。顷公之嬖人卢蒲就魁门焉，龙人囚之。齐侯曰：'勿杀，吾与而盟，无入而封。'弗听。杀而膊诸城上。齐侯亲鼓，士陵城。三日，取龙。"亲鼓，亲自击鼓助威。

⑥汉高帝八年:前199年。

⑦陈署:咸阳(今陕西咸阳)人。汉王元年(前206),在霸上加入刘邦军,初为卒,后升谒者,从入汉中,又还定三秦,击项羽。因功于高祖八年(前199)封龙阳侯。谥敬。

【译文】

汶水又往西南流经龙乡旧城南面。《春秋·成公二年》:齐侯围龙,龙人把顷公的宠臣卢蒲就魁关起来,杀了他并在城上把他肢解。齐侯亲自击鼓,攻占了龙。汉高帝八年,把这地方封给谒者陈署,立为侯国。

汶水又西南迳亭亭山东①,黄帝所禅也②。山有神庙,水上有石门③,旧分水下溉处也④。

【注释】

①亭亭山:在今山东泰安南五十里,泰山之支阜。

②黄帝所禅:黄帝祭祀之所。禅,古代帝王祭祀土地山川。

③石门:石制的水闸。

④下溉:向下放水灌溉。

【译文】

汶水又往西南流经亭亭山东边,那就是黄帝祭地的地方。山上有神庙,水上有石门,从前是放水灌溉的地方。

汶水又西南迳阳关故城西①,本钜平县之阳关亭矣②。阳虎据之以叛③,伐之,虎焚莱门而奔齐者也④。

【注释】

①阳关故城:在今山东泰安东南约六十里。

②钜平县:西汉置,属泰山郡。治所在今山东泰安西南五十里。

③阳虎：字货。春秋鲁国人。季氏家臣中最有权势者，事季平子。
　　平子卒，虎遂专政，欲去三桓之嫡子。三桓共攻阳虎，阳虎逃至阳
　　关。后奔齐，已而奔晋附赵氏。

④莱门：阳关城城门。

【译文】

　　汶水又往西南流经阳关旧城西面，这里原来是钜平县的阳关亭。阳虎占据此亭反叛，遭到讨伐，就烧掉莱门逃向齐国。

　　汶水又南，左会淄水①。水出泰山梁父县东②，西南流迳菟裘城北③。《春秋·隐公十一年》：营之，公谓羽父曰：吾将归老焉④。故《郡国志》曰：梁父有菟裘聚⑤。淄水又迳梁父县故城南，县北有梁父山⑥。《开山图》曰⑦：泰山在左，亢父在右⑧；亢父知生，梁父主死。王者封泰山，禅梁父，故县取名焉。淄水又西南迳柴县故城北⑨。《地理志》：泰山之属县也。世谓之柴汶矣⑩。淄水又迳郈县北⑪。汉高帝六年⑫，封董渫为侯国⑬。《春秋》：齐师围郈，郈人伐齐，饮马于斯水也。昔孔子行于郈之野，遇荣启期于是⑭。衣鹿裘，被发，琴歌，三乐之欢⑮，夫子善其能宽矣⑯。淄水又西迳阳关城南，西流注于汶水。

【注释】

①淄水：非今山东中北部淄河，而是山东中部自东向西流的一条河流。

②梁父县：又作梁甫。西汉置，属泰山郡。治所在今山东新泰西天
　　宝镇古城村。

③菟裘城：春秋鲁地。在今山东新泰西楼德镇。

④"营之"几句：《左传·隐公十一年》："羽父请杀桓公，将以求太宰。

公曰：'为其少故也，吾将授之矣。使营菟裘，吾将老焉。'"隐公
十一年，前712年。羽父，即公子翚，一作公子挥。名翚，字羽父。
鲁大夫。

⑤菟裘聚：即菟裘城。在今山东新泰西楼德镇。

⑥梁父山：亦作梁甫山。在今山东泰安东南，西连徂徕山。

⑦《开山图》：《水经注疏》杨守敬按："《文选》李善《注》引作《遁甲
开山图》。"为遁甲术图解之书。

⑧亢父：战国齐地。在今山东济宁南四十余里喻屯镇城南张村。

⑨柴县：西汉置，属泰山郡。治所在今山东新泰西南境楼德镇柴城。
东汉省。

⑩柴汶：一名淄水。上源即今新泰西北羊流河，西南流合今小汶河，
西经柴县北，折西北至泰安南大汶口入大汶河。

⑪郕（chéng）县：故城在今山东宁阳东北。

⑫汉高帝六年：前201年。

⑬董渫（xiè）：西汉诸侯。以舍人从刘邦起义，任都尉。楚汉战争中
任将军，从定诸侯有功。高祖六年（前201）封成侯。谥敬。

⑭荣启期：春秋时隐士，相传孔子曾行于郕之野，遇之。

⑮三乐之欢：《列子·天瑞》："孔子问曰：'先生所以乐，何也？'对
曰：'吾乐甚多：天生万物，唯人为贵。而吾得为人，是一乐也。男
女之别，男尊女卑，故以男为贵；吾既得为男矣，是二乐也。人生
有不见日月、不免襁褓者，吾既已行年九十矣，是三乐也。贫者士
之常也，死者人之终也，处常得终，当何忧哉？'"

⑯夫子善其能宽：《列子·天瑞》："孔子曰：'善乎！能自宽者也。'"
宽，自我宽慰，自我满足。

【译文】

汶水又南流，在左边汇合了淄水。淄水发源于泰山梁父县东面，往
西南流经菟裘城北面。《春秋·隐公十一年》：营建此城，隐公对羽父说：

我将到这里来安度晚年。所以《郡国志》说：梁父有菟裘聚。淄水又流经梁父县旧城南面，县北有梁父山。《开山图》说：泰山在左，亢父在右；亢父管出生，梁父管死亡。皇帝来泰山祭天，来梁父祭地，所以县就取名梁父县。淄水又往西南流经柴县旧城北面。查考《地理志》：柴县是泰山郡的属县。人们称之为柴汶。淄水又流经郕县北面。汉高帝六年，把这里封给董渫，立为侯国。《春秋》：齐军包围郕，郕人伐齐国，就在这条水边放马饮水。从前孔子在郕的郊野，遇到荣启期，就是在这里。荣启期身穿鹿皮衣，披散着头发，弹琴唱歌，以三件乐事自喜，孔夫子赞他心宽。淄水又往西流经阳关城南面，西流注入汶水。

汶水又南迳钜平县故城东，而西南流。城东有鲁道[1]，《诗》所谓鲁道有荡[2]，齐子由归者也[3]。今汶上夹水有文姜台。

【注释】

①鲁道：鲁国境内的道路。

②鲁道有荡：鲁国的大道平平坦坦。有荡，即"荡荡"，平坦貌。

③齐子由归：《诗经·齐风·南山》："鲁道有荡，齐子由归。"齐女从这里经过嫁给鲁桓公。齐女，指鲁桓公的夫人文姜。归，女子出嫁曰归。

【译文】

汶水又往南流经钜平县旧城东面，然后往西南流。城东有鲁道，就是《诗经》所谓鲁道宽阔平坦，文姜由此嫁鲁侯。现在汶上水边有文姜台。

汶水又西南流，《诗》云汶水滔滔矣[1]。《淮南子》曰：骆渡汶则死[2]。天地之性，倚伏难寻[3]，固不可以情理穷也[4]。

【注释】

①汶水滔滔：《诗经·齐风·载驱》：“汶水滔滔，行人儦儦。鲁道有
荡，齐子游敖。”滔滔，大水奔流不绝貌。

②貉（hé）渡汶则死：《淮南子·原道训》：“故橘树之江北则化而为
枳，鸲鹆不过济，貉（hé）渡汶而死，形性不可易，势居不可移也。”
貉，古同“貉”。哺乳动物，外形像狐较小，肥胖。栖息在山林中，
昼伏夜出。

③倚伏：语见《老子》：“祸兮福之所倚，福兮祸之所伏。”倚，依托。
伏，隐藏。意谓祸福相因，互相依存，互相转化。难寻：难以考寻。
寻，考寻，寻查。

④固不可以情理穷：本来就不能够凭借通常情理去探究。穷，探究，
探求。

【译文】

汶水又往西南流，《诗经》说：汶水滔滔。《淮南子》说：貉渡过汶水
就会死。天地万物之性，祸福的相互关系探究起来相当困难，原来就不
可能按普通的情理搞清楚。

　　汶水又西南迳鲁国汶阳县北①，王莽之汶亭也。县北有
曲水亭②，《春秋·桓公十二年》③，经书公会杞侯、莒子，盟于
曲池④。《左传》曰：平杞、莒也⑤。故杜预曰：鲁国汶阳县北有
曲水亭。汉章帝元和二年⑥，东巡泰山，立行宫于汶阳⑦，执金
吾耿恭屯于汶上⑧，城门基壂存焉⑨，世谓之阙陵城也⑩。

【注释】

①汶阳县：西汉置，属鲁国。治所在今山东宁阳东北五十四里。

②曲水亭：当在今山东宁阳。

③桓公十二年：前 700 年。

④盟于曲池：《春秋·桓公十二年》："夏，六月壬寅，公会杞侯、莒子，盟于曲池。"曲池，春秋时鲁地。在今山东宁阳东北。

⑤平杞、莒：《左传·桓公十二年》："十二年，夏，盟于曲池，平杞、莒。"平杞、莒，据赵生群《春秋左传新注》，认为此指和解杞、莒两国之纷争。隐公四年，莒人伐杞，两国自此失和。鲁君会盟两国之君，以期化解其矛盾。杞，商、周封国名。初在雍丘（今河南杞县），杞成公迁都缘陵（今山东昌乐东南七十里）。杞文公又迁淳于（今山东安丘东北三十余里）。前445年为楚所灭。莒，西周封国名。开国君主是兹舆期，建都计斤（一作介根，今山东胶州西南）。春秋初迁于莒（今山东莒县）。前431年为楚所灭。

⑥元和二年：85年。元和，东汉章帝刘炟的年号（84—87）。

⑦汶阳：即汶阳县。

⑧执金吾耿恭：当为"耿秉"之讹。《水经注疏》熊会贞按："惠栋《后汉书补注》，《恭传》未尝为执金吾，或别有据。今考《耿秉传》，章帝建初末，征为执金吾，帝每巡郡国，秉常领郡兵宿卫左右。至章和二年，副窦宪击北匈奴，则元和时秉正为执金吾。此误'秉'为'恭'也，今订。"执金吾，官名。秦始置，名中尉。汉武帝太初元年（前104）更名为执金吾。掌京师警卫及防非常水火等事，皇帝出行任仪阵护卫。金吾，有不同的解释：一说金吾为棒，以铜为之，黄金涂其两端，执之以示威严；一说金吾为鸟名，主辟不祥。天子出行，职主先导，以御非常。

⑨基壍（qiàn）：地基和壕沟。壍，壕沟。

⑩阙陵城：即汶阳县城（在今山东宁阳东北五十四里）。

【译文】

汶水又往西南流经鲁国汶阳县北面，这就是王莽的汶亭。县北有曲水亭，《春秋·桓公十二年》记载，桓公与杞侯、莒子在曲池会盟。《左传》说：这是与杞、莒媾和。所以杜预说：鲁国汶阳县北面有曲水亭。汉章帝元和二年，东巡泰山，在汶阳建立行宫，执金吾耿秉驻在汶上，城门遗址和城壕至今还在，人们称之为阙陵城。

汶水又西迳汶阳县故城北而西注。

【译文】

汶水又往西流经汶阳县旧城北面，然后往西流去。

又西南过蛇丘县南[①]，

汶水又西，洸水注焉[②]。又西迳蛇丘县南，县有铸乡城[③]。《春秋左传》：宣叔娶于铸[④]。杜预曰：济北蛇丘县所治铸乡城者也[⑤]。

【注释】

① 蛇丘县：西汉置，属泰山郡。治所在今山东肥城东南。东汉属济北国。

② 洸水：在今山东中部，为济水的分流。

③ 铸乡城：即铸，又作祝。周代封国名。在今山东肥城东南大汶河北岸铸乡。

④ 宣叔：即臧宣叔，又称臧孙许。春秋时鲁国大夫。

⑤ 济北：即济北国。汉高帝元年（前206）项羽封田安置，都博阳（今山东泰安东南）。

【译文】

汶水又往西南流过蛇丘县南面，

汶水又西流，洸水注入。又往西流经蛇丘县南面，县里有个铸乡城。《春秋左传》：宣叔在铸娶亲。杜预说：铸，就是济北蛇丘县所属的铸乡城。

又西南过刚县北^①，

《地理志》：刚，故阐也，王莽更之曰柔。应劭曰：《春秋经》书，齐人取讙及阐^②。今阐亭是也^③。杜预《春秋释地》曰：阐在刚县北，刚城东有一小亭，今刚县治，俗人又谓之阐亭。京相璠曰：刚县西四十里有阐亭。未知孰是。

【注释】

①刚县：西汉置，属泰山郡。治所在今山东宁阳东北三十五里堽城坝。

②齐人取讙（huān）及阐：《春秋·哀公八年》："夏，齐人取讙及阐。"讙，春秋时鲁邑。在今山东肥城南夏辉。阐，春秋时鲁邑。在今山东宁阳西北。

③阐亭：刚县官署所在地。在今山东宁阳东北三十五里堽城坝。

【译文】

汶水又往西南流过刚县北面，

《地理志》：刚，就是以前的阐，王莽改名为柔。应劭说：《春秋经》记载，齐人侵占了讙和阐。阐就是现在的阐亭。杜预《春秋释地》说：阐在刚县北，刚城东面有个小亭，现在是刚县的治所，俗人又叫阐亭。京相璠说：刚县西四十里有阐亭。不知哪个说法正确。

汶水又西，蛇水注之^①。水出县东北泰山，西南流迳汶阳之田^②，齐所侵也。自汶之北，平畅极目^③，僖公以赐季友^④。蛇水又西南迳铸城西^⑤，《左传》所谓蛇渊囿也^⑥。故京相璠曰：今济北有蛇丘城，城下有水，鲁囿也^⑦。俗谓之浊须水，非矣。蛇水又西南迳夏晖城南^⑧。《经》书公会齐侯于下讙是也^⑨。今俗谓之夏晖城。盖《春秋左传·桓公三年》^⑩，公子翚如齐^⑪，齐侯送姜氏于下讙^⑫，非礼也^⑬。世有夏晖之名矣。蛇水又西南入汶。

【注释】

①蛇水:即今山东肥城南之肥河。

②汶阳:即汶阳县。

③平畅:平坦通畅。极目:(因平畅)能尽目力远望到极限。

④僖公以赐季友:《左传·僖公元年》:"公赐季友汶阳之田及费。"
　　僖公,春秋鲁国第五位国君。鲁闵公的弟弟,名申。谥僖。季友,
　　鲁桓公之子,鲁庄公之弟。闵公被弑后,拥立鲁僖公为国君。谥成。
　　世称为成季。

⑤铸城:在今山东肥城东南大汶河北岸铸乡。

⑥蛇渊囿(yòu):苑囿名。在今山东肥城南汶河北岸。《春秋·定
　　公十三年》:"夏,筑蛇渊囿。"

⑦鲁囿:鲁国的苑囿。

⑧夏晖城:在今山东肥城南夏辉。

⑨《经》书公会齐侯于下讙:《春秋·桓公三年》:"九月,齐侯送姜氏
　　于讙。公会齐侯于讙。"

⑩桓公三年:前 709 年。

⑪公子翚(huī)如齐:《春秋·桓公三年》:"公子翚如齐逆女。"公子
　　翚,一作公子挥,字羽父。春秋初鲁国正卿。

⑫下讙:即讙。鲁地。在今山东肥城南夏辉。

⑬非礼:不符合当时的礼节。姜氏为齐侯之女,出嫁时,不应该由齐
　　侯亲自送出。否则,就为"非礼"。

【译文】

汶水又西流,蛇水注入。蛇水发源于刚县东北的泰山,往西南流经
汶阳之田,这是齐侵占过的地方。汶水以北,极目望去,是一片旷阔的平
原,僖公把它赐给季友。蛇水又往西南流经铸城西面,这就是《左传》所

谓的蛇渊囿。所以京相璠说：现在济北有蛇丘城，城下有水，这就是鲁囿。民间把这条水叫浊须水，这是不对的。蛇水又向西南流经夏晖城南。《春秋》经载，公在下讙与齐侯会见。现在俗称夏晖城。《春秋左传·桓公三年》，公子翚到齐，齐侯送姜氏到下讙，这是不合礼法的。这就有了夏晖这个地名了。蛇水又往西南流，注入汶水。

汶水又西，沟水注之^①。水出东北马山^②，西南流迳棘亭南^③。《春秋·成公三年》^④，经书，秋，叔孙侨如帅师围棘^⑤。《左传》曰：取汶阳之田，棘不服，围之^⑥。南去汶水八十里。又西南迳遂城东^⑦。《地理志》曰：蛇丘遂乡，故遂国也。《春秋·庄公十三年》^⑧，齐灭遂而戍之者也。京相璠曰：遂在蛇丘东北十里。杜预亦以为然。然县东北无城以拟之，今城在蛇丘西北，盖杜预传疑之非也。又西迳下讙城西而入汶水。

【注释】

①沟水：《水经注疏》杨守敬按："今肥城县东有小会河，土人犹名沟水河。"

②马山：《水经注疏》杨守敬按："格马山见《济水》二注，此脱'格'字，又或省称马山。"格马山，亦作隔马山。即今山东济南长清区南六十里马山。

③棘亭：在今山东肥城东南。

④成公三年：前588年。

⑤叔孙侨如：即叔孙宣伯。鲁大夫。尝私通鲁宣公夫人穆姜（鲁成公之母），谋欲作乱，不克而出奔齐。

⑥棘不服，围之：《左传·成公三年》："秋。叔孙侨如围棘，取汶阳之田。棘不服，故围之。"

⑦遂城：遂国的都城。在今山东肥城南二十八里安临站。

⑧庄公十三年：前681年。

【译文】

汶水又西流，沟水注入。沟水发源于东北边的马山，向西南流经棘亭南面。《春秋·成公三年》记载，叔孙侨如率兵包围棘。《左传》说：齐侵占了汶阳之田，棘不服，于是就把它包围起来。棘亭南离汶水八十里。沟水又往西南流经遂城东面。《地理志》说：遂城是蛇丘遂乡，就是从前的遂国。《春秋·庄公十三年》，齐灭了遂，就在那里设城堡屯兵驻防。京相璠说：遂在蛇丘东北十里。杜预也认为这说法正确。可是县城东北没有一座城对得上号，现在的城是在蛇丘西北，这是杜预存疑造成的错误。沟水又往西流经下讙城西面，然后注入汶水。

汶水又西迳春亭北①，考古无春名②，惟平陆县有崇阳亭③，然是亭东去刚城四十里，推璠所注则符④，并所未详也。

【注释】

①春亭：《水经注疏》杨守敬按："今有春城，在宁阳县（今山东宁阳）西北三十里汶水之阴。"

②考古无春名：《水经注疏》杨守敬按："《汉书·王子侯表》有春城侯允，东平炀王子。元始二年封。此春亭在东平（今山东东平东南）东，当即允之所封。郦氏谓古无春名，偶失检耳。"

③平陆县：战国齐置。治所在今山东汶上西北。

④璠：京相璠。

【译文】

汶水又往西流经春亭北面，据查考，古时没有春这个地名，只有平陆县有个崇阳亭，但此亭东距刚城四十里，以京相璠所注来推断倒是符合的，但实际如何却不清楚。

又西南过东平章县南^①,

《地理志》曰:东平国,故梁也^②。景帝中六年^③,别为济东国^④;武帝元鼎元年,为大河郡^⑤;宣帝甘露二年^⑥,为东平国;王莽之有盐也。章县,按《世本》任姓之国也^⑦,齐人降章者也。故城在无盐县东北五十里^⑧。

【注释】

①东平:即东平国。西汉甘露二年(前52)改大河郡置。治所在无盐县(今山东东平东南)。以《禹贡》"东原底平"之义取名。东汉属兖州。西晋移治须昌县(今山东东平西北)。章县:西汉置,属东平国。治所在今山东东平东鄣城集。西晋省。

②故梁:以前的梁地。梁,战国时魏国迁都大梁(今河南开封)后,改称梁。

③景帝中六年:即西汉景帝刘启中元六年,前144年。

④济东国:西汉景帝中元五年(前145)置。治所在无盐县(今山东东平东南十里无盐村)。武帝元鼎元年(前116)废为大河郡。

⑤大河郡:西汉武帝元鼎元年(前116)废济东国置。治所在无盐县(今山东东平东南)。

⑥甘露二年:前52年。甘露,西汉宣帝刘询的年号(前53—前50)。

⑦《世本》:书名。撰者不详,成书时代亦不可考。该书记录自黄帝以来至春秋帝王公卿大夫的氏姓、世系、都邑、器物的制作和发明等。

⑧无盐县:战国秦置,属薛郡。治所在今山东东平东南十里无盐村。

【译文】

汶水又往西南流过东平郡章县南面,

《地理志》说:东平国,就是从前的梁。景帝中元六年,又分出济东国;武帝元鼎元年,这里是大河郡;宣帝甘露二年,是东平国;王莽时叫有盐。

章县，查考《世本》，是任姓之国，是投降于章的齐人的居地。旧城在无盐县东北五十里。

　　汶水又西南，有泌水注之①。水出肥成县东白原②，西南流迳肥成县故城南。乐正子春谓其弟子曰③：子适齐过肥④，肥有君子焉。左迳句瀿亭北⑤。章帝元和二年⑥，凤凰集肥成句瀿亭，复其租而巡泰山⑦。即是亭也。泌水又西南迳富成县故城西⑧，王莽之成富也。其水又西南流注于汶。

【注释】

①泌水：即今山东肥城西南康王河。

②肥成县：西汉置，属泰山郡。治所在今山东肥城北老城。东汉属济北国，寻省入卢县。三国魏复置，西晋废。

③乐正子春：春秋时鲁国人。为曾子弟子。

④肥：春秋、战国时齐地。在今山东肥城北老城。

⑤句瀿（yǔ）亭：在今山东肥城南。

⑥元和二年：85年。元和，东汉章帝刘炟的年号（84—87）。

⑦复：谓免除徭役或赋税。

⑧富成县：东汉改富城县置，属东平国。治所在今山东肥城南。

【译文】

　　汶水又往西南流，有泌水注入。泌水发源于肥成县东边的白原，往西南流经肥成县旧城南面。乐正子春对他的弟子说：你去齐国要经过肥，肥这地方有一些贤能的人。泌水左边流过句瀿亭北面。章帝元和二年，凤凰飞集到肥成的句瀿亭，于是豁免了当地的地租，并去巡游泰山。说的就是此亭。泌水又往西南流经富成县旧城西面，这就是王莽时的成富。又往西南流，注入汶水。

汶水又西南迳桃乡县故城西①，王莽之郭亭也。世以此为郭城，非，盖因巨新之故目耳。

【注释】

①桃乡县：即桃乡侯国。西汉鸿嘉二年（前19）封东平思王子宣为桃乡侯国于此，属泰山郡。治所在今山东汶上东北四十里南陶。东汉废。

【译文】

汶水又往西南流经桃乡县旧城西面，这就是王莽时的郭亭。人们把它叫郭城，这是不对的，那只是把新朝的旧地名加以扩大罢了。

又西南过无盐县南①，又西南过寿张县北②，又西南至安民亭③，入于济。

汶水自桃乡四分④，当其派别之处，谓之四汶口⑤。其左，二水双流，西南至无盐县之郈乡城南⑥。郈昭伯之故邑也⑦，祸起斗鸡矣⑧。《春秋左传·定公十二年》⑨，叔孙氏堕郈⑩。今其城无南面。

【注释】

①无盐县：战国秦置，属薛郡。治所在今山东东平东南十里无盐村。西汉为东平国治。西晋属东平国。

②寿张县：东汉改寿良县置，属东平国。治所在今山东东平西南。

③安民亭：在今山东梁山县东北安民山（小安山）南。

④四分：分为四条水流。

⑤四汶口：《水经注疏》熊会贞按："即今戴村坝地（今山东东平东南十九里大汶河与大清河交汇处）。"

⑥郈（hòu）乡城：郈，春秋时为鲁叔孙氏食邑。在今山东东平东南
　　后亭。

⑦郈昭伯：春秋时鲁国大夫。名恶，鲁孝公之后。

⑧祸起斗鸡：《左传·昭公二十五年》："季、郈之鸡斗。季氏介其鸡，
　　郈氏为之金距。平子怒，益宫于郈氏，且让之。故郈昭伯亦怨平子。"

⑨定公十二年：前498年。

⑩叔孙氏堕（huī）郈：《左传·定公十二年》："仲由为季氏宰，将堕
　　三都。于是叔孙氏堕郈。"叔孙氏，叔孙州仇。鲁国将领。堕，毁坏。

【译文】

汶水又往西南流过无盐县南面，又往西南流过寿张县北
面，又往西南流到安民亭，注入济水。

汶水自桃乡分为四条，四水分流处，称为四汶口。左边分出两条，向
西南流，到无盐县的郈乡城南。郈乡城是昭伯的封邑，祸事起于斗鸡。《春
秋左传·定公十二年》，叔孙氏毁去郈城。现在郈城南面仍没有城墙。

汶水又西南迳东平陆县故城北①。应劭曰：古厥国也②。
今有厥亭③。

【注释】

①东平陆县：西汉改平陆县置，属东平国。治所在今山东汶上北。
　　南朝宋改为平陆县。

②厥国：在今山东汶上北。

③厥亭：即古厥国。

【译文】

汶水又往西南流经东平陆县旧城北面。应劭说：这是古时的厥国。
现在有厥亭。

汶水又西迳危山南①,世谓之龙山也。《汉书·宣元六王传》曰②:哀帝时③,无盐危山土自起,覆草,如驰道状;又瓠山石转立④。晋灼曰⑤:《汉·注》作报山,山胁石一枚,转侧起立,高九尺六寸,旁行一丈,广四尺⑥。东平王云及后谒曰⑦:汉世石立,宣帝起之表也⑧。自之石所祭⑨,治石象报山立石⑩,束倍草⑪,并祠之。建平三年⑫,息夫躬告之⑬,王自杀,后谒弃市,国除⑭。

【注释】

①危山:世谓之龙山。在今山东东平西北。

②《汉书·宣元六王传》:《水经注疏》杨守敬按:"观郦氏他处引《汉书》皆不著篇名,此必只作《汉书》曰。"

③哀帝:即西汉皇帝刘欣。

④瓠(hù)山:在今山东东平西北州城镇北二十里。转立:侧立,斜立。

⑤晋灼:河南(治今河南洛阳东北)人。西晋学者,官尚书郎。撰《汉书集注》十四卷、《汉书音义》十七卷。

⑥"《汉·注》作报山"几句:《水经注疏》熊会贞按:"自'《汉·注》'至'四尺',皆《汉书·注》晋灼文。"山胁,山腰。

⑦东平王云:东平思王刘宇之子刘云。鸿嘉元年(前20)嗣父爵为东平王。后谒:东平王刘云的王后,名谒。

⑧宣帝:西汉皇帝刘询。起之表:兴起之征兆。

⑨自之石所祭:亲自到石头处祭祀。

⑩治石象报山立石:在宫中建造了像瓠山上的那枚侧立的石头。

⑪束:捆扎。倍草:即黄倍草。一种可以编织席子的草。

⑫建平三年:前4年。建平,西汉哀帝刘欣的年号(前6—前3)。

⑬息夫躬:字子微。西汉河内河阳(今河南孟州)人。少为博士弟子,

受《春秋》，通览传记及诸家之书。与哀帝皇后父傅晏同郡，相友
善，交结孙宠等人。后封为宜陵侯。又与傅晏相谋排斥哀帝宠臣
董贤，反为董贤谗毁，免官下狱，死。

⑭国除：除掉侯国。按，以上事见《汉书·宣元六王传》。

【译文】

　　汶水又往西流经危山南面，人们称之为龙山。《汉书·宣元六王传》
说：哀帝时，无盐危山的泥土自行隆起，上面盖了草，好像驰道的样子；此
外瓠山的岩石也侧立。晋灼说：《汉书·注》把瓠山写成报山，说山边有
一块巨石，侧立，高九尺六寸，旁移了一丈，宽四尺。东平王云及王后谒
说：汉朝岩石立起，这是有新皇帝将兴起的征兆。于是亲自到岩石所在
之处致祭，又造了一块类似于瓠山石的岩石，用倍草捆扎，还为它立祠。
建平三年，息夫躬告发了他，东平王于是自杀，王后谒被杀头示众，封国
也被撤除了。

　　汶水又西，合为一水，西南入茂都淀①。淀，陂水之异名
也。淀水西南出，谓之巨野沟，又西南迳致密城南②。《郡国
志》曰：须昌县有致密城③，古中都也④。即夫子所宰之邑矣⑤。
制养生送死之节，长幼男女之礼，路不拾遗，器不雕伪矣⑥。
巨野沟又西南入桓公河北。水西出淀，谓之巨良水，西南迳
致密城北，西南流注洪渎。次一汶西迳郈亭北⑦，又西至寿
张故城东，潴为泽渚⑧。初平三年⑨，曹公击黄巾于寿张东，
鲍信战死于此⑩。其右一汶，西流迳无盐县之故城南，旧宿
国也⑪，齐宣后之故邑⑫，所谓无盐丑女也。汉武帝元朔四
年⑬，封城阳共王子刘庆为东平侯⑭，即此邑也，王莽更名之
曰有盐亭。

【注释】

① 茂都淀：在今山东汶上西南南旺湖一带。淀，北方称水泊之异名。

② 致密城：《水经注疏》熊会贞按："《注》从《续汉志》作致密城，《元和志》作殷密城云，在中都县（今山东汶上）西三十九里。"

③ 须昌县：秦置，属薛郡。治所在今山东东平州城镇西北十五里。

④ 中都：春秋鲁邑。在今山东汶上西四十里。

⑤ 夫子所宰之邑：《史记·孔子世家》："定公以孔子为中都宰。"宰，春秋卿大夫的家臣和采邑的长官，也都称宰。

⑥ 器不雕伪：器物上不雕镂浮华不切实际的装饰。雕，雕镂，雕刻。伪，浮华、不务实际的装饰。

⑦ 郈（hòu）亭：即上文的郈乡城。在今山东东平东南后亭。

⑧ 潴（zhū）：水停聚处。泽渚：水泽，水池。

⑨ 初平三年：192年。初平，东汉献帝刘协的年号（190—193）。

⑩ 鲍信：东汉官吏。少有大节，宽厚爱人，沉毅有谋。灵帝时为骑都尉。献帝时，任济北相。会黄巾大众入州界，为救曹操，鲍信殊死战，遂殁。

⑪ 宿国：在今山东东平西南焦村南宿城。

⑫ 齐宣后：即锺无艳。又名锺离春、锺无盐，齐宣王之妻。相传是战国时齐国无盐邑之女。外貌极丑，四十岁不得出嫁，自请见齐宣王，陈述齐国危难，为齐宣王采纳，立为王后。于是拆渐台、罢女乐、退谄谀、进直言、选兵马、实府库，齐国大安。

⑬ 元朔四年：前125年。元朔，西汉武帝刘彻的年号（前128—前123）。

⑭ 城阳共王：即刘喜。沛（今江苏沛县）人。城阳景王刘章之子。刘章因诛灭诸吕有大功，文帝二年（前178）受封为城阳王。刘章死后，刘喜嗣父爵为城阳王。卒谥共。刘庆：西汉诸侯。城阳共王刘喜之子。元朔四年（前125）封东平侯。元狩三年（前120）因罪下狱而死，国除。

【译文】

汶水又西流,汇合为一条水,向西南流入茂都淀。茂都淀是陂水的异名。淀水向西南流出,称为巨野沟,又向西南流经致密城南面。《郡国志》说:须昌县有致密城,就是古时的中都。也就是孔夫子当过宰的城邑。孔夫子制定了养生送死的仪式,长幼男女之间的礼度,于是路上丢了东西没有人捡,器物也不作虚浮的雕饰。巨野沟又往西南注入桓公河。北边的水往西流出茂都淀,叫巨良水,往西南流经致密城北面,往西南流,注入洪渎。另一条汶水往西流经邱亭北面,又往西流到寿张旧城东面,积聚成为沼泽。初平三年,曹操在寿张东部攻打黄巾,鲍信就在这里战死。右边一条汶水,往西流经无盐县旧城南面,这地方原是从前的宿国,又是齐宣后的故都,她就是所谓无盐丑女。汉武帝元朔四年,封城阳共王的儿子刘庆为东平侯,就是此城,王莽改名为有盐亭。

汶水又西迳郈乡城南,《地理志》所谓无盐有郈乡者也。

【译文】

汶水又往西流经郈乡城南面,《地理志》所谓无盐有郈乡,就指的是这地方。

汶水西南流,迳寿张县故城北,《春秋》之良县也[1]。县有寿聚[2],汉曰寿良[3]。应劭曰:世祖叔父名良[4],故光武改曰寿张也。建武十二年[5],世祖封樊宏为侯国[6]。

【注释】

[1] 良县:《水经注疏》杨守敬按:“《春秋》以下三句,本《续汉志》。《春秋》曰良,此良无考。”

②寿聚：当在今山东东平境内。

③寿良：西汉置，属东郡。治所在今山东东平西南。东汉改为寿张县。

④世祖叔父名良：光武帝刘秀的叔父刘良。《水经注疏》杨守敬按：
　　"《后汉书·宗室四王传》，赵孝王良，字次伯。光武之叔父。光武
　　少孤，良抚循甚笃。"世祖，光武帝刘秀。

⑤建武十二年：36年。建武，东汉光武帝刘秀的年号（25—56）。

⑥樊宏：字靡卿。东汉南阳湖阳（今河南唐河西南）人。光武帝刘秀
　　之舅。其先周仲山甫，封于樊，因而氏焉。宏少有志行，刘秀即位，
　　拜光禄大夫，位特进，封寿张侯。

【译文】

汶水往西南流经寿张县旧城北面，就是《春秋》中的良县。县里有
寿聚，汉时叫寿良。应劭说：世祖的叔父叫刘良，所以光武帝把地名改为
寿张。建武十二年，世祖把这地方封给樊宏，立为侯国。

汶水又西南，长直沟水注之。水出须昌城东北榖阳山
南①，迳须昌城东，又南，漆沟水注焉。水出无盐城东北五里
阜山下，西迳无盐县故城北，水侧有东平宪王仓冢②，碑阙存
焉。元和二年③，章帝幸东平，祀以太牢④，亲拜祠坐⑤，赐御
剑于陵前⑥。其水又西流注长直沟。沟水奇分为二，一水西
迳须昌城南入济，一水南流注于汶。

【注释】

①榖阳山：《水经注疏》杨守敬按："山当在今东平州（今山东东平州
　　城镇）西北。"

②东平宪王仓：光武帝刘秀之子刘苍。建武十五年（39）封东平公，
　　十七年（41）晋爵为王。少好经书，宽仁弘雅，雅有智思。汉明帝

刘庄甚爱重之,及即位,拜为骠骑将军,位在三公上。谥宪王。

③元和二年:85 年。元和,东汉章帝刘炟的年号(84—87)。

④太牢:古代祭祀时牛、羊、豕三牲具备谓之太牢。

⑤祠坐:祠堂上供奉的神座。

⑥御剑:帝王所佩之剑。

【译文】

汶水又往西南流,长直沟水注入。长直沟水发源于须昌城东北的毂阳山南面,流过须昌城东,又往南流,漆沟水注入。漆沟水发源于无盐城东北五里的阜山下,往西流经无盐县旧城北面,水边有东平宪王刘苍墓,墓碑和墓阙都还在。元和二年,章帝临幸东平,以太牢致祭,亲自向祠座跪拜,并在陵前赐赠御剑。漆沟水又西流,注入长直沟。沟水分成两条:一条往西流经须昌城南面,注入济水;一条南流,注入汶水。

汶水又西流入济,故《淮南子》曰:汶出弗其①,西流合济。高诱云:弗其,山名,在朱虚县东②。余按诱说是,乃东汶,非《经》所谓入济者也。盖其误证耳。

【注释】

①弗其:即原山,又名马耳山。在今山东莱芜东北七十里。

②朱虚县:西汉置,属琅邪郡。治所在今山东临朐东南六十里。东汉属北海国。西晋属东莞郡。

【译文】

汶水又西流注入济水,所以《淮南子》说:汶水发源于弗其,西流与济水汇合。高诱说:弗其是山名,在朱虚县东面。我以为高诱的说法是正确的,这是东汶,并不是《水经》所谓注入济水的那一条。实际上是《水经》搞错了。

卷二十五

泗水　沂水　洙水

【题解】

卷二十五记载了三条河流。泗水原是淮河下游最长的支流，它发源于今山东中部，沿途接纳洙水、睢水、沂水、沭水等，直到今江苏淮安淮阴区以东注入淮水，全长一千数百里。金章宗明昌五年（南宋绍熙五年，1194），黄河在阳武决口，夺泗注淮入海。泗水的流路受阻，水流长期阻滞在今济宁和徐州之间，逐渐形成了长达一百二十余公里的所谓南四湖（南阳、独山、昭阳、微山），古代泗水实际上已不复存在。

沂水是泗水支流，汇泗水入淮。由于泗水湮废，今水道已完全改变。今沂河从山东进入江苏后注入骆马湖，下游已疏凿了一条新沂河，循新沂河从燕尾港注入黄海。

洙水是泗水的支流，因为流经鲁县（今山东曲阜）附近，所以古来常以"洙泗"一词称颂孔子。

泗水

泗水出鲁卞县北山①，

《地理志》曰：出济阴乘氏县②。又云：出卞县北。《经》

言北山，皆为非矣。《山海经》曰：泗水出鲁东北③。余昔因公事，沿历徐、沇④，路迳洙、泗⑤，因令寻其源流。水出卞县故城东南，桃墟西北⑥。《春秋·昭公七年》⑦，谢息纳季孙之言⑧，以孟氏成邑与晋而迁于桃⑨。杜预曰：鲁国卞县东南有桃墟。世谓之曰陶墟，舜所陶处也⑩。井曰舜井。皆为非也。墟有漏泽，方十五里，渌水澄渟⑪，三丈如减⑫，泽西际阜⑬，俗谓之妫亭山⑭，盖有陶墟、舜井之言，因复有妫亭之名矣。阜侧有三石穴，广圆三四尺⑮，穴有通否⑯，水有盈漏⑰，漏则数夕之中，倾陂竭泽矣⑱。左右民居，识其将漏，预以木为曲洑⑲，约障穴口⑳，鱼鳖暴鳞㉑，不可胜载矣㉒。自此连冈通阜㉓，西北四十许里。冈之西际，便得泗水之源也。《博物志》曰㉔：泗出陪尾㉕。盖斯阜者矣。石穴吐水，五泉俱导㉖，泉穴各径尺余。水源南侧有一庙，栝柏成林㉗，时人谓之原泉祠，非所究也。

【注释】

① 泗水：亦称清泗、清水。源出今山东泗水县东五十里陪尾山。四源并发，故名。卞县：西汉置，属鲁国。治所在今山东泗水县东四十二里卞桥。三国魏属鲁郡。西晋属鲁国。北魏废。

② 济阴：即济阴郡。西汉建元二年（前139）改济阴国置。治所在定陶县（今山东菏泽定陶区西北四里）。乘氏县：西汉置，属济阴郡。治所在今山东巨野西南五十里。西晋属高平国。

③ 泗水出鲁东北：《山海经·海内东经》："泗水出鲁东北而南。"

④ 沿历：沿途经过。徐：即徐水。今河北保定徐水区南漕河。沇（yǎn）：又作沇水，即济水。

⑤洙：即洙水。源出今山东新泰东北，西流至泰安东南，折西南至泗水县北与泗水合流，西至曲阜城东北又与泗水分流，西经兖州至济宁合洸水，折南注入泗水。后水道有变迁，上源在泰安东南改道西流与柴汶汇合北入汶水，今为小汶河上游，已与泗水隔绝。自兖州以下，现今的府河和济宁、鲁桥间的运河大致即其故道。

⑥桃墟：春秋时鲁邑。在今山东泗水县东南。

⑦昭公七年：前535年。

⑧谢息：春秋时孟僖子仲孙貜（jué）家臣。季孙：鲁国三权臣之一。仲孙、叔孙、季孙三家同出鲁桓公，又称三桓。

⑨桃：春秋时鲁邑。在今山东泗水县东南。

⑩舜所陶处：舜治陶器之处。

⑪渌（lù）水：清澈的水。澄渟（chéng tíng）：水清澈平静。

⑫如减：左右，大约。

⑬际：连接，靠近。

⑭妫（guī）亭山：《水经注疏》杨守敬按："叶圭绶云，今历山在费县（今山东费县）西北百二十里。即此山也。"

⑮广圆：指面积、方圆。

⑯通否：通畅与堵塞。

⑰盈漏：漫溢与泄漏。

⑱倾陂竭泽：陂泽的水全部泄漏完。

⑲曲洑（fú）：堵塞堤岸洞口的物料，多为木料或柴草束等。因系利用洞口流水的力量将物料自然吸至洞口，故称曲洑。

⑳约障：遮拦，阻拦。

㉑暴鳞：暴露出鳞片。指鱼鳖等水产露出水面。

㉒胜载：装载不完。胜，尽，完。载，装载。

㉓连冈通阜：丘岗土阜连绵。

㉔《博物志》：书名。西晋张华撰。多取材古籍，分类记载异物、奇境、

　　琐闻等,多神仙方术故事,为笔记体志怪小说。

㉕陪尾:即今山东泗水县东五十里陪尾山。

㉖俱导:一齐发源。

㉗栝(kuò)柏:桧(guì)树和柏树。栝,古书上指桧树。

【译文】

泗水

泗水发源于鲁郡卞县的北山,

　　《地理志》说:泗水发源于济阴乘氏县。又说:发源于卞县北面。《水经》则说发源于北山,这些说法都不对。《山海经》说:泗水发源于鲁东北。我过去因公事,曾沿徐水、沈水走过,又曾路经洙水、泗水,当时我派人去探寻过泗水的源头。查明泗水发源于卞县老城东南,桃墟的西北。《春秋·昭公七年》:谢息采纳了季孙的建议,把孟氏的成邑给晋,把居民迁移到桃。杜预说:鲁国卞县东南有个桃墟。世人称之为陶墟,说是舜制陶的地方。那里有个井叫舜井。其实都不是。桃墟有个漏泽,方圆十五里,泽水清澈澄碧,平静如镜,水深近三丈,泽的西面毗邻一片岗丘,俗称妫亭山,大概是因为有了陶墟、舜井,因而又有了妫亭的名称。岗丘旁有三个石洞,洞口大小约三四尺,石洞有通有塞,泽水有时积得满满的,有时又漏掉,一漏水几天之内就会泽底朝天。附近民众看出将要漏水了,就预先用木料做成鱼罶,挡在洞口,水涸之后,泽底鱼鳖全都暴露出来,运也运不完了。从此处的小丘向西北方走,岗丘绵延四十余里。岗丘的西边,便是泗水的源头。《博物志》说:泗水发源于陪尾。就指的是这片岗丘。这里有五个石洞向外涌水,各洞口直径大约都有一尺余,五股泉水涌出后就汇合同流。水源南侧有一座庙,那里有成片的桧树和柏树林,当时人们称它为原泉祠,但我没有考证过。

　　泗水西迳其县故城南,《春秋·襄公二十九年》[①]:季武子取卞[②],曰:闻守卞者将叛,臣率徒以讨之是也[③]。南有姑蒇城④,《春秋·隐公元年》⑤:公及邾仪父盟于蒇者也⑥。水出二邑之间,西迳鄪城北⑦,《春秋·文公七年》经书⑧,公伐邾。三月甲戌取须句⑨,遂城鄪。杜预曰:鲁邑也。卞县南有鄪城,备邾难也。泗水自卞而会于洙水也。

【注释】

①襄公二十九年:前 544 年。

②季武子:名宿,一作夙。季文子之子。鲁国权臣。

③臣率徒以讨之:《左传·襄公二十九年》:"季武子取卞,使公冶问,玺书追而与之,曰:'闻守卞者将叛,臣帅徒以讨之。既得之矣,敢告。'"

④姑蒇城:春秋时鲁地,简称蒇。在今山东泗水县东四十余里卞桥南。

⑤隐公元年:前 722 年。

⑥公及邾(zhū)仪父盟于蒇:《春秋·隐公元年》:"三月,公及邾仪父盟于蒇。"邾,国名。曹姓,故地在今山东邹城东南二十六里峄山之阳。邾仪父,春秋时邾国国君。曹姓,名克,字仪父。能自通于大国,继好息民,故孔子贵之,不称名而称字。

⑦鄪(wú)城:春秋时鲁邑。在今山东泗水县东南。

⑧文公七年:前 620 年。

⑨须句:亦作须朐。周代国名。在今山东东平西南,梁山县西北小安山东六里张家庄。春秋时为邾所灭。

【译文】

泗水往西流经卞县旧城南面,《春秋·襄公二十九年》:季武子攻取了卞,说:听说据守卞的军队要反叛,我率兵前去讨伐。卞县南有姑蒇城,《春秋·隐公元年》:隐公和邾仪父在蒇会盟。泗水发源于卞县旧城和姑蒇城之间,往西流经鄪城北面。《春秋·文公七年》记载,文公讨伐邾。三月甲戌日攻取须句,于是就在鄪筑城。杜预说:这是鲁国的城邑。

卞县南有鄪城，这是为防备邾有外患而修筑的。泗水在卞县与洙水汇合。

西南过鲁县北[①]，

泗水又西南流，迳鲁县分为二流，水侧有一城，为二水之分会也，北为洙渎。《春秋·庄公九年》经书[②]，冬，浚洙。京相璠、服虔、杜预，并言洙水在鲁城北，浚深之为齐备也[③]。南则泗水。夫子教于洙、泗之间[④]，今于城北二水之中，即夫子领徒之所也[⑤]。《从征记》曰：洙、泗二水交于鲁城东北十七里，阙里背洙面泗[⑥]，南北百二十步，东西六十步，四门各有石阃[⑦]，北门去洙水百步余。后汉初，阙里荆棘自辟，从讲堂至九里[⑧]。鲍永为相[⑨]，因修飨祠[⑩]，以诛鲁贼彭丰等[⑪]。郭缘生言[⑫]：泗水在城南。非也。

【注释】

①鲁县：本春秋时鲁国都。战国秦王政二十三年（前224）置鲁县，为薛郡治。治所即今山东曲阜东北二里古城村。汉为鲁国治。西晋至东魏为鲁郡治。

②庄公九年：前685年。

③浚深：深挖。为齐备：为防备齐国。

④夫子：孔子。

⑤领徒：授徒。传授学生。

⑥阙里：相传为孔子授徒之所，在洙、泗之间。今山东曲阜城内有阙里街，因其地春秋时有两石阙，故名阙里。后建为孔庙。背洙面泗：背对着洙水，面向泗水。

⑦石阃（kǔn）：石门槛。阃，门槛。

⑧讲堂：儒师讲学之学堂。九里：当作孔里。《水经注疏》熊会贞按：

"《东观汉记》作孔里。此'九'与'孔'形近致误。《孔子世家》：孔子葬，弟子及鲁人往从冢而家者，百有余室，因命曰孔里。"

⑨鲍永：字君长。东汉上党屯留（今山西屯留南）人。初为郡功曹，更始二年（24），迁尚书仆射，行大将军事。因功封中阳侯。历任鲁郡太守、扬州牧、司隶校尉等。敢于弹劾权贵，知名当时。相：官名。汉时诸侯王国的实际执政者，地位相当于郡太守。

⑩飨（xiǎng）祠：飨祭的祠堂。

⑪彭丰：东汉初豪强董宪部将。率千余兵据守鲁郡，称将军。汉鲁郡太守鲍永设计杀之，擒斩其党。

⑫郭缘生：晋末宋初人。撰《述征记》，记述他跟随刘裕北伐慕容燕、西征姚秦的沿途所见。

【译文】

泗水往西南流过鲁县北面，

泗水又往西南流，经过鲁县分为两条，水旁有一座城，是两水分流之处，北面的一条就是洙渎。《春秋·庄公九年》记载，那年冬天，疏浚河道。京相璠、服虔、杜预都说洙水在鲁城北面，疏浚河道是为防备齐国。南支叫泗水。孔夫子在洙水和泗水之间执教，今天城北两水中间，就是当年孔夫子带领学生的地方。《从征记》说：洙水和泗水在鲁城东北十七里处相汇，阙里背靠洙水，面临泗水，南北一百二十步，东西六十步，四面城门都有石门槛，北门离洙水百余步。后汉初期，阙里的荆棘开始被清除，从孔夫子的讲堂通到孔里。当时鲍永任宰相，于是在阙里修建了飨祠，将鲁贼彭丰等人处死。郭缘生说：泗水在城南。这是错误的。

余按《国语》，宣公夏滥于泗渊①，里革断罟弃之②。韦昭云③：泗在鲁城北。《史记》《冢记》、王隐《地道记》④，咸言葬孔子于鲁城北泗水上。今泗水南有夫子冢⑤。《春秋孔演图》曰⑥：鸟化为书，孔子奉以告天⑦，赤爵衔书⑧，上化为黄玉^⑨，刻曰：孔提命^⑩，作应法^⑪，为赤制^⑫。《说题辞》曰^⑬：孔子卒，以所受黄玉葬鲁城北，即子贡庐墓处也^⑭。谯周云^⑮：孔子死后，鲁人就冢次而居者^⑯，百有余家，命曰孔里^⑰。《孔丛》曰^⑱：夫子墓茔方一里^⑲，在鲁城北六里泗水上，诸孔氏封五十余所^⑳，人名昭穆^㉑，不可复识，有铭碑三所^㉒，兽碣具存^㉓。《皇览》曰^㉔：弟子各以四方奇木来植，故多诸异树，不生棘木刺草^㉕。今则无复遗条矣^㉖。

【注释】

① 宣公：名俀，一作倭。春秋时鲁国国君。夏：夏天。滥：通"槛"。施木柴于水中作槛以取鱼。

② 里革：名克，又称史克。鲁国太史。罟（gǔ）：渔网。

③ 韦昭：字弘嗣。云阳（今江苏丹阳）人。三国吴训诂学家。后因避司马昭之讳，改为韦曜。曾依刘向所作，校定群书。

④ 《冢记》：当作《冢墓记》。具体不详。王隐《地道记》：亦称《晋书地道记》。王隐，字处叔。西晋陈郡陈县（今河南周口淮阳区）人。撰有《晋书》，今已亡佚。

⑤ 夫子冢：在今山东曲阜北。

⑥ 《春秋孔演图》：书名。汉代谶纬类著作。撰者不详。

⑦ 奉以告天：捧着由鸟变化而成的书，向天帝禀告。

⑧ 赤爵：红雀。爵，通"雀"。衔书上：衔着书信呈给天帝。

⑨ 化为黄玉：变化成金黄的美玉。

⑩ 孔：孔子。提命：犹如耳提面命。这里指孔子受天帝之命。

⑪ 应法：相应的规定。

⑫ 赤制：谶纬家指汉朝的国运。

⑬ 《说题辞》：书名。即《春秋说题辞》。汉代谶纬类著作。撰者不详。

⑭子贡：姓端木，名赐，字子贡。孔子的学生。以善外交辞令著名。
　庐墓：古人于父母或师长死后，服丧期间在墓旁搭盖小屋居住，守
　护坟墓，谓之庐墓。

⑮谯（qiáo）周：字允南。三国蜀汉时期巴西西充国（今四川阆中西南）
　人。刘后主时，迁光禄大夫。因劝刘禅降魏，被魏封为阳城亭侯。

⑯冢次：墓地旁边。

⑰孔里：在今山东曲阜。

⑱《孔丛》：似不为《孔丛子》。具体不详。

⑲墓茔（yíng）：墓地。

⑳诸孔氏：孔氏宗族的人。封：积土为坟。

㉑昭穆：古代宗庙中神主的排列次序，始祖居中，以下父子递为昭
　穆，左为昭，右为穆。

㉒铭碑：刻有铭文的石碑。

㉓兽碣（jié）：饰有兽形的碑碣。碣，圆顶石碑。具存：都存留着。

㉔《皇览》：书名。三国魏文帝时，王象、刘劭、桓范等奉敕所编纂的一
　部类书，供皇帝阅览。为后世诸多类书的编纂产生了较大的影响。

㉕棘木：本指酸枣树，此泛指有芒刺的树木。刺草：有芒刺的野草。

㉖遗条：遗留的树木。

【译文】

　　我查考过《国语》，夏天宣公将木柴做成槛放在泗水深处捕鱼，里革
割断渔网，把它丢了。韦昭说：泗水在鲁城北面。《史记》《家记》、王隐
《地道记》都说孔子安葬在鲁城北面的泗水上。今天泗水南面有孔子墓。
《春秋孔演图》说：鸟变成了书，孔子捧着书向上天祷告，有一只红雀飞到
书上，变成一块黄玉，上面刻着：孔子受命于天，编制法规，确定制度。《说
题辞》说：孔子死后，人们把他得到的那块黄玉一起陪葬在鲁城北面，就
是子贡守墓的小屋所在的地方。谯周说：孔子死后，鲁国人在孔子墓边
居住的有百余家，以后这里就称为孔里。《孔丛》说：孔夫子的墓地方圆

一里,在鲁城北面六里的泗水畔,孔氏宗族的坟墓共五十余座,人名辈分已辨别不清,有墓碑三块,各种饰有兽形的碑碣还在。《皇览》说:孔子的弟子们从各地把珍奇的树苗带来种植,因而墓地上有许多异树,不生荆棘和刺草。但今天,那些树木一棵也没留下。

　　泗水自城北南迳鲁城^①,西南合沂水^②。

【注释】

①鲁城:鲁县县城。在今山东曲阜东北二里古城村。

②沂水:亦名西沂水。即今山东曲阜南之沂河。

【译文】

泗水从城北往南流经鲁城西南,与沂水汇合。

　　沂水出鲁城东南、尼丘山西北^①,山即颜母所祈而生孔子也^②。山东十里有颜母庙^③,山南数里,孔子父葬处^④。《礼》所谓防墓崩者也^⑤。平地发泉,流迳鲁县故城南。水北东门外,即爰居所止处也^⑥。《国语》曰:海鸟曰爰居,止于鲁城东门之外三日,臧文仲祭之^⑦,展禽讥焉^⑧。故《庄子》曰:海鸟止郊,鲁侯觞之^⑨,奏以广乐^⑩,具以太牢^⑪,三日而死,此养非所养矣^⑫。门郭之外^⑬,亦戎夷死处^⑭。《吕氏春秋》曰:昔戎夷违齐如鲁^⑮,天大寒而后门^⑯,与弟子宿于郭门外^⑰。寒愈甚,谓弟子曰:子与我衣,我活;我与子衣,子活。我国士也^⑱,为天下惜;子不肖人,不足爱。弟子曰:不肖人恶能与国士并衣哉?戎叹曰:不济夫^⑲!解衣与弟子,半夜而死。

【注释】

①尼丘山：今山东曲阜东南尼山。

②颜母：即孔子母亲颜徵在。

③颜母庙：《水经注疏》熊会贞按："《地形志》，鲁县（今山东曲阜东北）有颜母祠。"

④孔子父葬处：《水经注疏》熊会贞按："在今曲阜县（今山东曲阜）东三十里，山北三里余，即启圣王墓。"孔子父，即叔梁纥。鲁国的武士，勇猛善战。曾任陬邑（今山东曲阜东南）大夫。

⑤《礼》所谓防墓崩者：《礼记·檀弓上》："孔子既得合葬于防。曰：'吾闻之，古也墓而不坟。今丘也，东西南北之人也，不可以弗识也。'于是封之，崇四尺。孔子先反，门人后。雨甚至，孔子问焉，曰：'尔来何迟也？'曰：'防墓崩。'孔子不应。三，孔子泫然流涕，曰：'吾闻之，古不修墓。'"防，山名。即今山东曲阜东三十里防山。

⑥爰居：海鸟名。

⑦臧文仲：姓臧孙，名辰。春秋时鲁国正卿，历事庄、闵、僖、文四公，执礼以护公室。谥文，故死后又称臧文仲。

⑧展禽：即柳下惠。鲁大夫。食采柳下（一说：树柳行惠德。因号柳下惠。一曰邑名），谥曰惠。以上见《国语·鲁语上》文："海鸟曰爰居，止于鲁东门之外三日，臧文仲使国人祭之。展禽曰：'越哉，臧孙之为政也！夫祀，国之大节也；而节，政之所成也。故慎制祀以为国典。今无故而加典，非政之宜也。'"

⑨觞（shāng）：以酒饮人。这里指以酒饮海鸟。

⑩奏：演奏。广乐：盛大之乐。

⑪具：备办，置办。太牢：古代祭祀时牛、羊、豕三牲具备谓之太牢。

⑫养非所养：奉养的方式不适合所奉养的对象。以上见《庄子·至乐》文："昔者海鸟止于鲁郊，鲁侯御而觞之于庙，奏《九韶》以为乐，具太牢以为膳。鸟乃眩视忧悲，不敢食一脔，不敢饮一杯，三

日而死。此以己养养鸟也，非以鸟养养鸟也。"

⑬门郭：这里指鲁城东门之郭外。郭，外城。

⑭戎夷死处：《水经注疏》杨守敬按："戎夷自齐西南行至鲁，故郦氏意度以为死在东门郭外。"戎夷，人名。

⑮违齐：离开齐国。违，离开，背离。如鲁：到鲁国去。如，前往，到。

⑯后门：这里指在城门关闭之后到达。

⑰郭门外：外城的城门外。

⑱国士：士之才德盖一国者曰国士。

⑲不济：这里指活不过去。济，渡过。这里指活命。

【译文】

　　沂水发源于鲁城东南、尼丘山西北，颜母曾在此山祈祷，于是生了孔子。山的东面十里，有颜母庙，山的南面数里，是孔子父亲安葬处。《礼记》所说的防山之墓已崩塌，就指的是这地方。这里平地冒出泉水，流经鲁县旧城南面。溪水北岸、旧城东门外，就是爰居所停息过的地方。《国语》说：海鸟叫爰居，停息在鲁城东门外三天，臧文仲去祭它，被展禽所讥讽。所以《庄子》说：海鸟停息在郊外，鲁侯拿酒给它喝，准备了三牲，奏起广乐，三日后海鸟死了，这是因为奉养的方式不适合所奉养的对象。城门外是戎夷死的地方。《吕氏春秋》说：昔日戎夷离开齐国投奔鲁国，当时天气十分寒冷，到鲁时，城门已经关闭了，就与弟子宿在城门外。夜里越来越冷了，戎夷对弟子说：你把衣服给我穿，我活；我把衣服给你穿，你活。我是国家的人才，受到天下人的珍惜；你是没有用的人，不值得怜爱。弟子说：没用的人怎能与国家的人才共穿衣服呢？戎夷叹道：哎，不成了！就解下衣服给弟子穿，自己在半夜里冻死了。

　　沂水北对稷门①。昔圉人荦有力②，能投盖于此门③。服虔曰④：能投千钧之重⑤，过门之上也。杜预谓走接屋之桷⑥，反覆门上也。《春秋·僖公二十年》经书⑦：春，新作南门⑧。

《左传》曰：书不时也⑨。杜预曰：本名稷门，僖公更高大之，今犹不与诸门同，改名高门也。其遗基犹在地八丈余矣，亦曰雩门⑩。《春秋左传·庄公十年》⑪，公子偃请击宋师⑫，窃从雩门蒙皋比而出者也⑬。门南隔水，有雩坛⑭，坛高三丈，曾点所欲风舞处也⑮。高门一里余道西，有道儿君碑⑯，是鲁相陈君立⑰。昔曾参居此⑱，枭不入郭⑲。县，即曲阜之地⑳，少昊之墟㉑，有大庭氏之库㉒，《春秋》竖牛之所攻也㉓。故刘公幹《鲁都赋》曰㉔：戢武器于有炎之库㉕，放戎马于钜野之坰㉖。周成王封姬旦于曲阜㉗，曰鲁。秦始皇二十三年㉘，以为薛郡㉙。汉高后元年㉚，为鲁国。

【注释】

①稷门：城门名。春秋、战国时齐都临淄城南垣西门首门。在今山东淄博临淄区西北。在稷山之下，故名。

②圉（yǔ）人：古官名。掌管养马放牧等事，亦以泛称养马的人。荦（luò）：人名。

③盖：通"阖"。门扇。

④服虔：字子慎。初名重，又名祇。河南荥阳（今河南荥阳）人。东汉经学家。

⑤千钧：三十斤为一钧，千钧即三万斤。常用来形容器物之重或力量之大。

⑥走：飞驰。屋之桷（jué）：屋上的椽子。桷，方形的椽子。

⑦僖公二十年：前640年。

⑧新作南门：重新建造南门。南门，本名稷门。僖公时重新增高，改名高门。

⑨书不时也：此时已过冬至，不宜兴土功，故曰不时。

⑩雩（yú）门：鲁国南城之西门。《水经注疏》杨守敬按："盖南城有三门：正南曰稷门，南城西门曰雩门，其东门曰鹿门。……不得以稷门为雩门矣。"

⑪庄公十年：前684年。

⑫公子偃：春秋时鲁国贵族，鲁宣公之子。鲁成公十六年（前575），因参与谋废季孙氏、孟孙氏二卿，被季孙氏所杀。

⑬皋比：虎皮。

⑭雩（yú）坛：古时祈雨所设的高台。

⑮曾点所欲风舞处也：《论语·先进》："子路、曾皙、冉有、公西华侍坐。……'点，尔何如？'鼓瑟希，铿尔，舍瑟而作。对曰：'异乎三子者之撰。暮春者，春服既成，冠者五六人，童子六七人，浴乎沂，风乎舞雩，咏而归。'"曾皙，名点。曾参之父。父子二人同师于孔子。

⑯道兒君碑：《水经注疏》杨守敬按："然细审'道'字，乃涉上而衍。观《隶释》引此作《道兒君碑》，则沿误久矣。《地形志》，鲁县有《兒宽碑》，即此。而《汉书·宽传》不言官鲁，略也。"倪宽，亦作兒宽。西汉千乘（今山东高青东北）人。受业孔安国，因为武帝讲《尚书》被擢为中大夫，又迁左内史。劝农业，缓刑罚，理狱讼，卑体下士，择用仁厚之士，吏民皆爱之。后与司马迁等共制《太初历》。

⑰鲁相陈君：具体不详。

⑱曾参：字子舆，曾皙之子。父子二人均师于孔子。曾参以修身和孝行著名。

⑲枭（xiāo）：猫头鹰一类的鸟。旧传枭食母，故常以喻恶人。

⑳曲阜：在今山东曲阜东北二里古城村。西周至战国为鲁国都城。

㉑少昊：亦作少皞，传说中古代东夷集团首领，名挚（一作质），号金天氏。东夷集团曾以鸟为图腾，相传少皞曾以鸟名为官名。

㉒大庭氏之库：在今山东曲阜城东。大庭氏，传说中的古帝之名，或

以为古国名。

㉓竖牛之所攻:《左传·昭公五年》:"南遗使国人助竖牛以攻诸大库之庭。"竖牛,鲁大夫叔孙穆子在奔齐时,与外妻所生之子。号曰牛,官为竖,称竖牛。颇受宠爱,年长,使参与政事,后酿成祸乱。其父后为竖牛所困,饥渴三日而死。

㉔刘公幹:刘桢(zhēn),字公幹。东汉末东平宁阳(今山东宁阳南)人。为建安七子之一,以五言诗见称。

㉕戢(jí):收藏武器。有炎:炎帝。即神农氏。我国古代传说中的帝王名。相传他教人从事农业生产,又亲尝百草,发明医药。

㉖放:散放,散布。戎马:战马。钜野:即钜野县。西汉置,属山阳郡。治所在今山东巨野东北。西晋属高平国。坰(jiōng):远郊,野外。

㉗姬旦:指周公旦。姓姬名旦,亦称叔旦。

㉘秦始皇二十三年:前224年。

㉙薛郡:战国秦王政二十三年(前224)置。治所在鲁县(今山东曲阜东北二里古城村)。

㉚汉高后元年:前187年。汉高后,吕后。

【译文】

沂水北对稷门。从前有个养马人名荦,力气很大,能把车盖投过此门。服虔说:能把千斤重物从门上投过。杜预说:能把架屋顶的木橼反复从城门上掷过。《春秋·僖公二十年》记载:春,新建了南门。《左传》说:记载这件事,是因为兴工不合时宜。杜预说:原名叫稷门,僖公把门改造得更高大,今天此门还是与各门都不相同,改名叫高门。城门的遗址还在,占地八丈余,也称雩门。《春秋左传·庄公十年》,公子偃要求攻击宋军,蒙着虎皮偷偷从雩门出城。雩门的南面,隔水有个祭坛,坛高三丈,就是曾点想唱歌乘凉的地方。距高门一里余的大路西边,有兒君碑,是鲁国宰相陈君所立。从前曾参住在这里,坏人都不入城了。鲁县就在曲阜一带,是少昊都城所在之处,有大庭氏的仓库,是《春秋》竖牛进攻的地方。所以刘公幹《鲁都赋》说：收起武器藏在炎帝之库，放牧战马在钜野之郊。周成王把曲阜封给姬旦，称为鲁。秦始皇二十三年，立为薛郡。汉高后元年，这里是鲁国。

　　阜上有季氏宅[1]，宅有武子台[2]，今虽崩夷[3]，犹高数丈。台西百步有大井，广三丈，深十余丈，以石垒之，石似磬制[4]。《春秋·定公十二年》[5]，公山不狃帅费人攻鲁[6]，公入季氏之宫，登武子之台也。台之西北二里有周公台，高五丈，周五十步，台南四里许则孔庙，即夫子之故宅也。宅大一顷[7]，所居之堂，后世以为庙。汉高祖十三年过鲁[8]，以太牢祀孔子。自秦烧《诗》《书》[9]，经典沦缺。汉武帝时，鲁恭王坏孔子旧宅[10]，得《尚书》《春秋》《论语》《孝经》[11]。时人已不复知有古文[12]，谓之科斗书[13]，汉世秘之[14]，希有见者。于时闻堂上有金石丝竹之音[15]，乃不坏。庙屋三间，夫子在西间，东向[16]；颜母在中间，南面；夫人隔东一间[17]，东向。夫子床前有石砚一枚[18]，作甚朴[19]，云平生时物也。鲁人藏孔子所乘车于庙中，是颜路所请者也[20]。献帝时，庙遇火烧之。

【注释】

①季氏：即鲁季孙。鲁国三权臣之一。

②武子台：在今山东曲阜东北。季武子：即季孙宿。鲁卿。

③崩夷：因崩塌而成为平坦之地。

④石似磬制：这里的石头如制磬的美石一样。

⑤定公十二年：前498年。

⑥公山不狃（niǔ）：亦作公山不扰、公山弗扰。春秋时鲁国季孙氏家臣，费邑宰。费：春秋时鲁邑。在今山东费县西北二十里古城。

⑦顷：土地面积单位之一。说法不一：一种认为百亩为顷，另一种认为十二亩半为顷。这里说孔子宅大一顷，指十二亩半较为合理。

⑧汉高祖十三年：前194年。

⑨秦烧《诗》《书》：秦始皇为巩固自己的统治，采纳丞相李斯的建议，除医药、卜筮、种树书保留外，民间所藏《诗》《书》和诸子百家书一律焚毁。这一事件，历史上称为"焚书"。《诗》指《诗经》，《书》指《尚书》。

⑩鲁恭王：即刘馀。汉景帝第五子。景帝前元二年（前155），立为淮阳王。三年，徙为鲁王。

⑪《孝经》：儒家经典之一，共十八章。作者说法不一，以孔门后学所作一说较为合理。论述封建孝道，宣传宗法思想。汉代列为七经之一。

⑫古文：泛指甲骨文、金文、籀文和战国时通行于六国的文字。

⑬科斗书：亦称科斗文、科斗篆。因以笔蘸墨或漆作书，起笔处粗，收笔处细，状如蝌蚪，故名。

⑭汉世：西汉时期。秘之：秘藏而不显明于天下。

⑮金石丝竹之音：指各种各样的乐器发出的声响。

⑯东向：门朝东开。

⑰夫人：即孔子妻。孔子十九岁，娶宋亓官氏，生鲤，字伯鱼。

⑱石砚：石制的砚台。砚，磨墨的文具，亦通称砚台。

⑲作甚朴：形制非常古朴。

⑳颜路所请：《论语·先进》："颜渊死，颜路请子之车，以为之椁。"颜路，即颜无繇。字路，故称颜路。春秋鲁国人。颜渊的父亲，父子俩曾先后在孔子门下求学。

【译文】

小丘上有季氏的住宅，宅里有一个武子台，今天虽已崩塌，但还高数丈。台的西面一百步有一口大井，宽三丈，深十余丈，用石块垒砌，石块都好像磬的形状。《春秋·定公十二年》：公山不狃率领费人进攻鲁国，定公进入季氏之宫，登上武子之台。台的西北面二里处有周公台，高五丈，周围五十步，台的南面约四里是孔庙，就是孔夫子的故居。故居范围约一顷，他住过的厅堂后世改建成庙。汉高祖十三年经过鲁，用三牲祭祀孔子。自从秦始皇焚烧《诗经》《尚书》后，经典散失残缺。汉武帝时，鲁恭王拆毁孔子旧宅，获得《尚书》《春秋》《论语》《孝经》等书。当时人们已不知道还有古文，称为蝌蚪书，汉时把它秘藏起来，很少有人见过这种文字。当时从堂上传来钟磬管弦之音，于是就停止拆屋。庙屋有三间：孔夫子住在西间，朝东；颜母在中间，朝南；夫人在东面隔一间，朝东。孔夫子床前有石砚一枚，制作很简朴，据说是他生时常用之物。鲁人把孔子乘过的车藏在庙中，就是颜路请求给颜回做棺材的车。汉献帝时，庙遭火灾烧毁了。

永平中①，锺离意为鲁相②，到官，出私钱万三千文③，付户曹孔䜣④，治夫子车。身入庙，拭几、席、剑、履。男子张伯除堂下草⑤，土中得玉璧七枚⑥，伯怀其一，以六枚白意。意令主簿安置几前⑦。孔子寝堂床首有悬瓮⑧。意召孔䜣问：何等瓮也⑨？对曰：夫子瓮也，背有丹书⑩，人勿敢发也。意曰：夫子圣人，所以遗瓮，欲以悬示后贤耳⑪。发之，中得素书⑫。文曰：后世修吾书，董仲舒⑬；护吾车、拭吾履、发吾笥⑭，会稽锺离意⑮；璧有七，张伯藏其一。意即召问伯，果服焉⑯。魏黄初元年⑰，文帝令郡国修起孔子旧庙⑱，置百石吏卒⑲。庙有夫子像，列二弟子，执卷立侍，穆穆有询仰之容⑳。汉魏以来，庙列七碑，二碑无字，桧柏犹茂。庙之西北二里，有颜母庙，庙像犹严，有修桧五株。孔庙东南五百步，有双石阙，即灵光之南阙，北百余步即灵光殿基㉑，东西二十四丈，南北十二丈,高丈余;东西廊庑别舍^㉒,中间方七百余步;阙之东北有浴池,方四十许步;池中有钓台,方十步,台之基岸^㉓,悉石也,遗基尚整。故王延寿《赋》曰^㉔:周行数里,仰不见日者也。是汉景帝程姬子鲁恭王之所造也^㉕。殿之东南,即泮宫也^㉖,在高门直北道西。宫中有台,高八十尺,台南水东西百步,南北六十步,台西水南北四百步,东西六十步,台池咸结石为之,《诗》所谓思乐泮水也^㉗。

【注释】

①永平:东汉明帝刘庄的年号(58—75)。

②锺离意:字子阿。东汉会稽山阴(今浙江绍兴)人。官至鲁相。

③私钱:自己的钱。文:量词,钱币单位。南北朝以来称钱一枚为一文。

④户曹:掌管民户、祠祀、农桑等的官署。孔䜣:东汉永平年间人。其余不详。

⑤张伯:东汉永平年间人。其余不详。

⑥玉璧:玉器名。扁平、圆形、中心有孔,边阔大于孔径。古人用作朝聘、祭祀、丧葬时的礼器,也作佩带的装饰。

⑦主簿(bù):官名。汉代中央及郡县官署多置,主管文书等事务。安置:安放,放置。

⑧悬瓮:悬挂着的陶瓮。

⑨何等:什么。

⑩丹书:朱笔书写的文字。

⑪悬示:犹垂示。

⑫素书:写在帛绢上的书信。

⑬董仲舒:西汉广川(今河北景县)人。曾任江都王相和胶西王相。景帝时为博士。武帝时以贤良对策,建议"罢黜百家,独尊儒术",

开创此后两千多年以儒家为正统的局面。著有《春秋繁露》等。

⑭发吾笥(sì)：打开我的箱子。笥，盛饭或装衣物的方形竹器。

⑮会稽：郡名。秦置。治所在吴县(今江苏苏州)。东汉永建四年
(129)徙治山阴县(今浙江绍兴)。

⑯服：招认，招供。

⑰黄初元年：220年。黄初，三国魏文帝曹丕的年号(220—226)。

⑱郡国：郡和国的并称。汉初，兼采封建及郡县之制，分天下为郡与
国。郡直属中央，国分封诸王、侯，封王之国称王国，封侯之国称
侯国。

⑲百石吏卒：两汉称月俸为十六斛的官吏为百石，多指低级官吏。

⑳穆穆：庄严恭敬貌。询仰之容：请教仰望之姿容。

㉑灵光殿：在汉鲁城内，今山东曲阜孔府附近。为汉景帝子鲁恭王
所造。

㉒廊庑(wǔ)：堂前的廊屋。庑，堂下周围的走廊、廊屋。别舍：其他
的房屋。

㉓基岸：地基岸壁。

㉔王延寿《赋》：指王延寿《鲁灵光殿赋》。见《文选》卷十一“宫殿”。
该赋主要描写宫殿的栋宇结构、彩绘雕刻及雄伟气势。清代何焯
评价：“奇诡尽致，此为造极。”王延寿，字文考，一字子山。南郡
宜城(今湖北宜城)人。王逸之子。才华出众，年少游山东曲阜，
作《鲁灵光殿赋》，为蔡邕所称。

㉕鲁恭王：即刘馀。汉景帝之子。初为淮阳王，吴楚七国之乱平后，
徙为鲁王。谥曰恭。

㉖泮(pàn)宫：《水经注疏》杨守敬按：“在今曲阜县(今山东曲阜)
城中东南隅。”

㉗《诗》所谓思乐泮(pàn)水：《诗经·鲁颂·泮水》：“思乐泮水，薄
采其芹……思乐泮水，薄采其藻。”思乐，可供游乐的。泮水，即

雩水。在今山东曲阜南二里。

【译文】

　　永平年间，锺离意当鲁国宰相，上任时，拿出自己的钱一万三千文，付给户曹孔䜣，要他整修孔子的车。他亲自入庙，擦拭孔夫子的几、席、佩剑和鞋子等旧物。有个叫张伯的男子在堂下割草时，在土中发现七枚玉璧，把一枚藏在怀里，拿了六枚去禀告锺离意。锺离意叫主簿把玉璧放在几前。孔子卧室床头挂着一只瓮。锺离意叫来孔䜣问：这瓮是干什么的？孔䜣回答：这是夫子的瓮，背后有朱砂写的红字，人们都不敢打开。锺离意说：夫子是圣人，他之所以留下这个瓮，是想启示后世的贤人。开瓮后，里面有一块白绢，上面写着：后世编纂我的书的，是董仲舒；保护我的车、擦我的鞋、开我的箱的，是会稽锺离意；玉璧有七枚，张伯藏了一枚。锺离意立即叫来张伯询问，张伯果然供认了。魏黄初元年，文帝令郡国修建孔子旧庙，设置年俸百石的吏卒专门负责管理。庙里有孔夫子像，旁边有两个弟子，手执书卷，站着侍候他，神色肃穆恭敬，似乎在向他请教的样子。汉魏以来，庙里立有七块碑，两块碑无字，庙旁桧树、柏树至今还很茂盛。庙的西北二里处，有颜母庙，庙像还很严整，庙里有五株修长的桧树。孔子庙东南五百步，有一对石阙，就是灵光殿的南阙，北面百余步就是灵光殿旧址，东西二十四丈，南北十二丈，高一丈余；东西两边是廊屋，中间方七百余步；石阙东北面有一个浴池，方约四十步；池中有个钓台，方十步，台基和岸边都是用石头砌成，遗基还较完整。所以王延寿作《鲁灵光殿赋》说：绕行数里，仰头不见天日。这是汉景帝程姬的儿子鲁恭王修筑的。殿的东南面，就是泮宫，在高门正北的大路西边。宫中有台，高八十尺，台南水池东西一百步，南北六十步，台西水池南北四百步，东西六十步，台池都用石块垒砌，这就是《诗经》所谓的：在泮水之畔多么快乐！

沂水又西迳圜丘北[①]，丘高四丈余。

【注释】

①圜丘：《水经注疏》杨守敬按："在今曲阜县（今山东曲阜）西南。"

【译文】

沂水又往西流经圜丘北面，丘高四丈余。

　　沂水又西流，昔韩雉射龙于斯水之上①。《尸子》曰②：韩雉见申羊于鲁，有龙饮于沂。韩雉曰：吾闻之，出见虎搏之③，见龙射之。今弗射，是不得行吾闻也。遂射之。

【注释】

①韩雉：古勇士名。

②《尸子》：书名。战国时鲁尸佼撰，二十卷。《汉书·艺文志》列为杂家。尸佼，鲁人，原为商鞅门客，参与谋划变法。商鞅被杀后，逃亡入蜀，撰成此书。

③搏：搏杀。

【译文】

　　沂水又往西流，从前韩雉在这条水上射过龙。《尸子》说：韩雉在鲁与申羊见面，有一条龙在沂水上饮水。韩雉说：我听人们说过，出外见到虎，就打死它；见到龙，就用箭射。今天如果不射，就是没有照我听到的做了。说着就用箭射龙。

　　沂水又西，右注泗水也。

【译文】

　　沂水又往西流，从右面注入泗水。

　　又西过瑕丘县东①，屈从县东南流，漷水从东来注之②。

瑕丘,鲁邑,《春秋》之负瑕矣③。哀公七年④,季康子伐邾⑤,囚诸负瑕是也⑥。应劭曰:瑕丘在县西南。昔卫大夫公叔文子升于瑕丘⑦,蘧伯玉从⑧。文子曰⑨:乐哉斯丘,死则我欲葬焉。伯玉曰:吾子乐之⑩,则瑷请前⑪。刺其欲害民良田也⑫。瑕丘之名,盖因斯以表称矣。曾子吊诸负夏⑬,郑玄、皇甫谧并言卫地。鲁、卫虽殊,土则一也。

【注释】

①瑕丘县:秦置,属薛郡。治所在今山东济宁兖州区东北五里。西汉属山阳郡。

②漷(kuò)水:一名南沙河。即今山东滕州南之郭河。

③负瑕:亦称负夏。春秋鲁地。在今山东济宁兖州区东北五里。

④哀公七年:前 488 年。

⑤季康子:即季孙肥。春秋时期鲁国的正卿。事鲁哀公,此时鲁国公室衰弱,以季氏为首的三桓强盛,季氏宗主季康子位高权重,为当时鲁国的权臣。邾(zhū):国名。曹姓,故地在今山东邹城东南。

⑥囚诸负瑕:《左传·哀公七年》:"师遂入邾,处其公宫。众师昼掠,邾众保于绎。师宵掠,以邾子益来,献于亳社,囚诸负瑕。负瑕故有绎。"

⑦公叔文子:春秋时卫大夫。即公叔发,卫献公之孙。名拔,字发,谥文,故称公叔文子。升:登上。

⑧蘧(qú)伯玉:名瑗。春秋时卫国大夫。以不预时政,不忤于人著称。孔子过卫国时,曾寄居其家。

⑨文子:即公叔文子。

⑩吾子:对对方敬爱之称,一般用于男子之间。

⑪则瑗请前：请您允许我先您而死。以上见《礼记·檀弓上》。

⑫刺其欲害民良田：此为郑玄之说，这是讽刺文子想要侵占别人的良田。

⑬曾子吊诸负夏：《礼记·檀弓上》：“曾子吊于负夏，主人既祖填池，推柩而反之，降妇人而后行礼。”负夏，即上文的负瑕。

【译文】

泗水又往西流经瑕丘县东边，绕经县城东南，漷水从东方流来注入。

瑕丘是鲁国的城邑，也就是《春秋》的负瑕。哀公七年，季康子攻打邾国，把邾的国君囚禁在负瑕。应劭说：瑕丘在县西南。从前卫国大夫公叔文子登上瑕丘，蘧伯玉跟从着他。文子说：在这里多么快乐呀！我死后真想葬在这里。伯玉说：你喜欢葬在这里，那还是让我先葬吧！伯玉是讽刺他想糟蹋百姓的良田。瑕丘的名称，就是因这件事而来的。曾子到负夏吊慰，郑玄、皇甫谧都说那是卫国的地域。鲁、卫虽然是不同的国家，但土地却还是同一块土地。

漷水出东海合乡县①，汉安帝永初七年②，封马光子朗为侯国③。其水西南流入邾。《春秋·哀公二年》④，季孙斯伐邾取漷东田及沂西田是也⑤。

【注释】

①东海：即东海郡。秦置，治所在郯县（今山东郯城北门外）。合乡县：西汉置，属东海郡。治所在今山东枣庄北山亭区城头村。三国魏改为合城县。西晋复为合乡县。

②永初七年：113年。永初，东汉安帝刘祜（hù）的年号（107—113）。

③马光：东汉扶风茂陵（今陕西兴平东北）人。马援之子。

④哀公二年：前493年。

⑤季孙斯伐邾取漷东田及沂西田：事见《春秋·哀公二年》："二年，
春，王二月，季孙斯、叔孙州仇、仲孙何忌帅师伐邾，取漷东田及沂
西田。"季孙斯，即季桓子，春秋鲁国权臣之一。季孙意如（季平子）
之子。前505年，季孙意如死后，其家臣阳虎囚禁季孙斯，并执鲁
政达三年之久。平定阳虎之乱后，季孙斯任用孔子帮助三桓打击
当权的家臣。后来将孔子逼走，孔子始周游列国。

【译文】

　　漷水发源于东海合乡县，汉安帝永初七年，把这里封给马光的儿子
马朗，立为侯国。漷水往西南流，注入洙水。《春秋·哀公二年》，季孙斯
攻打邾国，夺取了漷水东岸的田和沂水西岸的田。

　　漷水又迳鲁国邹山东南而西南流①，《春秋左传》所谓
峄山也。邾文公之所迁②，今城在邹山之阳③，依岩阻以墉
固④，故邾娄之国⑤，曹姓也，叔梁纥之邑也⑥。孔子生于此，
后乃县之，因邹山之名以氏县也，王莽之邹亭矣。京相璠曰：
《地理志》，峄山在邹县北⑦，绎邑之所依以为名也⑧。山东西
二十里，高秀独出，积石相临，殆无土壤，石间多孔穴，洞达
相通，往往有如数间屋处，其俗谓之峄孔，遭乱辄将家入
峄⑨，外寇虽众，无所施害。晋永嘉中⑩，太尉郗鉴将乡曲保
此山⑪，胡贼攻守不能得。今山南有大峄，名曰郗公峄，山北
有绝岩。秦始皇观礼于鲁⑫，登于峄山之上，命丞相李斯以
大篆勒铭山岭⑬，名曰昼门，《诗》所谓保有凫峄者也⑭。

【注释】

①邹山：又名绎山、邹峄山。在今山东邹城东南二十里。

②邾文公：曹姓，名蘧蒢（qú chú）。是邾国比较有作为的国君之一，

以德政著称。事见《左传·文公十三年》:"邾文公卜迁于绎。"绎,
春秋邾邑。在今山东邹城东南。

③邹山之阳:邹山南。古人以山南水北为阳,反之,以阴。

④以墉固:以增强城垣之坚固。

⑤邾娄之国:周代国名,曹姓,即邾。在今山东曲阜东南南陬村,鲁
穆公改称邹。

⑥叔梁纥(hé):孔子之父。

⑦邹县:战国秦置,属薛郡。治所在今山东邹城东南二十六里峄山
之阳。因山为名。汉又改邹为驺,属鲁国。

⑧绎邑:即峄。春秋邾邑。在今山东邹城东南。

⑨遭乱辄将家入峄:《水经注疏》熊会贞按:"《寰宇记》,山有穴,遥
与洞庭(即洞庭湖。我国第二大淡水湖,在今湖南北部、长江南岸)
通,其孔可以逃难。"

⑩永嘉:西晋怀帝司马炽(chì)的年号(307—312)。

⑪郗鉴:字道徽。东晋高平金乡(今山东金乡北)人。惠帝时,曾任
中书侍郎。永嘉之乱中,宗族乡人共推为主,举千余家避居峄山。
东晋明帝时,与谋平定王敦之乱。平定苏峻、祖约之乱后,进位太
尉。乡曲:古代居民组织的基层单位。可泛指乡人,乡丁。保:依
恃,依傍。

⑫观礼:巡察礼乐。

⑬李斯:战国楚国上蔡(今河南上蔡西南)人。辅佐秦王政统一中国。
秦始皇以李斯为丞相,力主废分封、立郡县,焚《诗》《书》,车同轨,
书同文,明法度,定律令。秦二世时,为赵高构陷,腰斩于咸阳,夷
三族。李斯工小篆,取大篆稍加整理简化而成秦时通用字体,秦
始皇多次巡游,纪功刻石,旧时亦多以为出自李斯之手。有《谏逐
客书》传世。大篆(zhuàn):古代汉字的一种字体,相传为周宣王
时太史史籀所作,故亦称籀(zhòu)文或籀书。秦时称为大篆,与

小篆相区别。勒：雕刻，镂刻。铭：文体的一种。古代常刻于碑版
或器物，或以称功德，或用以自警。

⑭《诗》所谓保有凫峄者：《诗经·鲁颂·閟宫》："保有凫峄，遂荒徐
宅。至于海邦，淮夷蛮貊。"凫，凫山。在今山东邹城西南五十二里。
峄，即邹峄山。在今山东邹城东南二十里。

【译文】

漷水又流经鲁国邹山东南，然后转向西南流，邹山就是《春秋左传》
所说的峄山。邾文公迁到这里，今天城建在邹山的南面，依山傍岩筑城，
非常坚固，从前是邾娄之国，姓曹，也是叔梁纥的封邑。孔子就出生在这
里，后来在这里立县，用邹山的山名来做县名，也就是王莽时的邹亭。京
相璠说：据《地理志》，峄山在邹县北面，峄邑就是根据这座山而命名的。
峄山东西二十里，山很高峻，全由层层岩石层叠而成，几乎没有土壤，岩
石间有许多洞穴，互相连通，有的洞穴有数间房屋那么大，民间称之为峄
孔，遇上乱世兵祸，就带全家进入山洞，敌寇虽然众多，也无法加害了。
晋朝永嘉年间，太尉郗鉴率领乡民保卫这座山，胡贼进攻未能得手。今
天山南有大峄，称为郗公峄，山北有绝壁。秦始皇到鲁国观礼，登上峄山，
命丞相李斯用大篆字体在山岭上刻写铭文，名叫昼门，《诗经》所说的保
有凫峄，就指的是这里。

漷水又西南迳蕃县故城南①，又西迳薛县故城北②，
《地理志》曰：夏车正奚仲之国也③。《竹书纪年》梁惠成王
三十一年④，邳迁于薛⑤，改名徐州⑥。城南山上有奚仲冢⑦。
《晋太康地记》曰⑧：奚仲冢在城南二十五里山上，百姓谓之
神灵也。齐封田文于此⑨，号孟尝君，有惠喻⑩。今郭侧犹有
文冢⑪，结石为郭⑫，作制严固，莹丽可寻⑬，行人往还，莫不
迳观，以为异见矣。

【注释】

①蕃(pí)县：战国秦置，属薛郡。治所即今山东滕州。西汉属鲁国。北魏为蕃郡治。

②薛县：战国齐置。后入秦，属薛郡。治所在今山东滕州南四十里皇殿岗故城址。西汉属鲁国。北魏属彭城郡。

③车正：官名。古代职掌车服诸事的官。奚仲：夏朝诸侯。传说发明了两轮马车，拜为车正，封为薛侯。

④梁惠成王三十一年：前339年。

⑤邳：商、周时国。又称下邳。故址在今江苏睢宁西北古邳镇东三里。

⑥徐州：春秋时齐地，即古薛国。在今山东滕州南。

⑦奚仲冢：《水经注疏》杨守敬按："在今滕县（今山东滕州）东南六十里。"

⑧《晋太康地记》：书名。又称《太康地记》等。撰者不详。成书于晋太康三年（282）。记载晋初州、郡、县建制沿革、地名取义、山水、物产等。

⑨田文：即战国四君子之一的孟尝君。名文，姓田氏。齐相田婴之子。后亦相齐，号孟尝君。

⑩惠喻：当作惠誉、好声誉。

⑪文冢：《水经注疏》杨守敬按："在今滕县（今山东滕州）东南。"

⑫郭：通"椁"。外棺。

⑬莹丽：光洁美丽。

【译文】

漷水又往西南流经蕃县旧城南面，又往西流经薛县旧城北面，《地理志》说：这是夏朝车正奚仲的封国。《竹书纪年》载，梁惠成王三十一年，邳人迁徙到薛，改名徐州。城南山上有奚仲墓。《晋太康地记》说：奚仲墓在城南二十五里的山上，百姓认为很神灵。齐国把这地方封给田文，田文号孟尝君，以仁爱闻名。今天城旁还有田文墓，四面用石块砌成，制作严密坚固，光洁美丽，过往行人没有不来此观看的，认为这是世上罕见的建筑。

  漷水又西迳仲虺城北^①，《晋太康地记》曰：奚仲迁于邳，仲虺居之以为汤左相^②，其后当周爵称侯^③，后见侵削，霸者所绌为伯^④，任姓也。应劭曰：邳在薛。徐广《史记音义》曰：楚元王子郢客^⑤，以吕后二年封上邳侯也^⑥。有下^⑦，故此为上矣。《晋书·地道记》曰：仲虺城在薛城西三十里，漷水又西至湖陆县入于泗^⑧。故京相璠曰：薛县漷水首受蕃县，西注山阳湖陆是也^⑨。《经》言瑕丘东，误耳。

【注释】

①仲虺（huī）城：在今山东微山县北欢城镇。

②仲虺：商朝大臣，为汤左相奚仲之后。作《仲虺之诰》。汤：商汤，又称成汤。商朝的建立者。左相：官名。相传商汤以辅弼大臣伊尹、仲虺为右相和左相。

③爵称侯：爵位为侯爵。当时有公、侯、伯、子、男五等爵。

④绌：通"黜"。罢免，革除。伯：伯爵。由原来的侯爵降为伯爵。

⑤楚元王：即刘交，字游。沛（今江苏沛县）人。汉高祖同父异母少弟。少时曾学《诗》于浮丘伯。从高祖起事，封文信君，从入蜀汉，还定三秦，诛项羽。深得刘邦信任。高祖六年（前201），封楚王。郢客：楚元王之子。高后时，以郢客为宗正，封上邳侯。孝文帝时嗣父爵为楚王，谥夷。上邳：即上邳侯国，国都在今山东微山县西北。

⑥吕后二年：前186年。

⑦下：即下邳。故址在今江苏睢宁西北古邳镇东三里。

⑧湖陆县：西汉末王莽时改湖陵县置，属山阳郡。治所在今山东鱼

台东南。

⑨山阳：即山阳郡。西汉景帝中元六年（前144）分梁国置山阳国，立梁孝王子定为山阳王。武帝建元五年（前136）改为山阳郡。治所在昌邑县（今山东巨野南六十里）。

【译文】

漷水又往西流经仲虺城北，《晋太康地记》说：奚仲迁徙到邳，仲虺居住在这里，做了商汤的左丞相，到了周朝，他的后裔所封的爵位是侯，后来封地被侵占缩小，称霸的诸侯将他贬降为伯，姓任。应劭说：邳就在薛。徐广《史记音义》说：楚元王的儿子郢客，在吕后二年时被封为上邳侯。因为有下邳，所以这里称上邳。《晋书·地道记》说：仲虺城在薛城西三十里，漷水又往西流到湖陆县注入泗水。所以京相璠说：薛县的漷水，上口在蕃县接纳了水流，向西流注于山阳湖陆。《水经》说流经瑕丘东，是弄错了。

又南过平阳县西①，

县，即山阳郡之南平阳县也②。《竹书纪年》曰：梁惠成王二十九年③，齐田肹及宋人伐我东鄙④，围平阳者也。王莽改之曰黾平矣。泗水又南迳故城西⑤，世谓之漆乡。应劭《十三州记》曰：漆乡，邾邑也⑥。杜预曰：平阳东北有漆乡。今见有故城西南方二里，所未详也。

【注释】

①平阳县：秦置，属薛郡。治所即今山东邹城。

②南平阳：西汉改平阳县置，属山阳郡。治所即今山东邹城。晋属高平国。

③梁惠成王二十九年：前341年。

④田朌（xī）：齐威王的臣子。东鄙：东边之边邑。

⑤故城：春秋时邾邑。在今山东邹城东。

⑥邾：国名。曹姓，故地在今山东邹城东南二十六里峄山之阳。

【译文】

泗水又往南流过平阳县西面，

平阳县就是山阳郡的南平阳县。《竹书纪年》说：梁惠成王二十九年，齐国田朌和宋国军队进攻我国东部边境，包围平阳。王莽时改称黾平。泗水又往南流经旧城西，世人称之为漆乡。应劭《十三州记》说：漆乡是邾的城邑。杜预说：平阳东北有漆乡。今天在平阳西南也有旧城，方圆二里，到底是否漆乡故城，不很清楚。

又南过高平县西①，洸水从西北来流注之②。

泗水南迳高平山③，山东西十里，南北五里，高四里，与众山相连。其山最高，顶上方平④，故谓之高平山，县亦取名焉。

【注释】

①高平县：三国魏改高平侯国置，属山阳郡。治所在今山东微山县西北一百四里两城乡。

②洸水：在今山东中部，为汶水的分流。

③高平山：在今山东微山县西北。

④方平：正方平坦。

【译文】

泗水又往南流过高平县西面，洸水从西北流过来注入。

泗水往南流经高平山，此山东西十里，南北五里，高四里，与众山相连。而以这座山为最高，山顶呈方形而平坦，所以称为高平山，县也取名为高平县。

泗水又南迳高平县故城西,汉宣帝地节三年^①,封丞相魏相为侯国^②。高帝七年^③,封将军陈锴为橐侯^④。《地理志》:山阳之属县也^⑤。王莽改曰高平。应劭曰:章帝改^⑥。按本《志》曰:王莽改名,章帝因之矣。所谓洸水者,洙水也^⑦。盖洸、洙相入,互受通称矣。

【注释】

①地节三年:前67年。地节,西汉宣帝刘询的年号(前69—前66)。

②魏相:字弱翁。济阴定陶(今山东菏泽定陶区西北)人。徙平陵(今陕西咸阳西北)。初为茂陵令,后迁河南太守,禁止奸邪,豪强畏服。汉宣帝即位,征为大司农,迁御史大夫。韦贤以老病免,相遂代为丞相,封高平侯。卒谥宪。

③高帝七年:应为八年(前199)。高帝,西汉皇帝刘邦。

④陈锴:西汉诸侯。秦汉之际加入刘邦军,积军功升为将军。高祖七年(前200),从刘邦击平韩王信,有功。明年,封橐侯(一说"橐"当为"橐")。

⑤属县:一作橐县。西汉置,属山阳郡。治所在今山东微山县西北一百四里两城乡。东汉改为高平侯国。

⑥章帝:即东汉章帝刘炟。

⑦洙水:源出今山东新泰东北,西流至泰安东南,折西南至泗水县北与泗水合流,西至曲阜城东北又与泗水分流,西经兖州至济宁合洸水,折南注入泗水。

【译文】

泗水又往南流经高平县旧城西面,汉宣帝地节三年,把这地方封给丞相魏相,立为侯国。高帝七年,封将军陈锴为橐侯。《地理志》:高平县是山阳郡的属县。王莽时改称高平郡。应劭说:是章帝改的。据《地理志》:

王莽先改名，章帝予以沿用。所谓洸水，其实就是洙水。因为洸水、洙水互相汇合，也就互可通称了。

又南过方与县东^①，

汉哀帝建平四年^②，县女子田无啬生子^③，先未生二月，儿啼腹中，及生，不举^④，葬之陌上^⑤。三日，人过闻啼声，母掘养之。

【注释】

①方与县：战国魏置。后入秦，属薛郡。治所在今山东鱼台西北古
　城集。西汉属山阳郡。晋属高平国。北魏属高平郡。

②建平四年：前3年。建平，西汉哀帝刘欣的年号（前6—前3）。

③田无啬：女子名。具体不详。

④不举：不抚养，不养育。

⑤陌：田间小路。

【译文】

泗水又往南流过方与县东面，

汉哀帝建平四年，县里有个女子名叫田无啬要临产，儿子出生前两个月，就已在腹中啼哭了，生下来后却不抚养他，她把孩子葬在陌上。过了三天，有人经过时听见哭声，母亲又把他掘出来抚养。

菏水从西来注之^①。

菏水即济水之所苞注以成湖泽也^②。而东与泗水合于湖陵县西六十里穀庭城下^③，俗谓之黄水口。黄水西北通钜野泽^④，盖以黄水沿注于菏，故因以名焉。

【注释】

①菏水：即济水分流。

②济水：古四渎之一。包括黄河南、北两部分。河北部分源出今河南济源西王屋山，下游屡经变迁。《禹贡》时济水在今武陟南入河。《水经注》时在今河南温县入河。苞注：汇聚，聚集。湖泽：湖泊水泽。

③湖陵县：秦置，属薛郡。治所在今山东鱼台东南。西汉属山阳郡。王莽时改名湖陆县，东汉初复名湖陵县。穀庭城：《水经注疏》杨守敬按："在今鱼台县东二十里。"

④黄水：菏泽之别名。当在今山东菏泽定陶区东北。

【译文】

菏水从西方流过来注入。

菏水就是由济水流注、积聚成的湖泽。往东流，在湖陵县西六十里的穀庭城下与泗水汇合，俗称黄水口。黄水西北通钜野泽，因为黄水注入菏水，可相通称，所以水口也叫黄水口。

又屈东南，过湖陆县南①，涓涓水从东北来流注之②。

《地理志》：故湖陵县也。菏水在南，王莽改曰湖陆。应劭曰：一名湖陵，章帝封东平王苍子为湖陆侯③，更名湖陆也。

【注释】

①湖陆县：西汉末王莽时改湖陵县置，属山阳郡。治所在今山东鱼台东南。东汉初复名湖陵县。

②涓涓水：郦道元认为："《经》无南梁之名，而有涓涓之称，疑即是水也。"南梁水，亦名西渐水。即今山东滕州东北之荆河。

③章帝封东平王苍子为湖陆侯：《水经注疏》杨守敬按："《汉书·高帝纪》颜（师古）《注》引邓展曰：章帝元和元（或作五，误）年，改

湖陵为湖陆。东平王苍子封湖陆侯,范《书·苍传》不载。"

【译文】

泗水又转弯往东南流过湖陆县南面,涓涓水从东北方流过来注入。

《地理志》:湖陆县就是从前的湖陵县。菏水在南面,王莽改名为湖陆。应劭说:又名湖陵,章帝封东平王苍的儿子为湖陆侯,改名叫湖陆。

泗水又东迳郗鉴所筑城北,又东迳湖陵城东南,昔桓温之北入也,范懂擒慕容忠于此①。城东有度尚碑②。

【注释】

①范懂擒慕容忠于此:《水经注疏》杨守敬按:"《晋书·载记·慕容暐》:温将檀玄攻胡陆(今山东鱼台),执慕容忠。《通鉴》同。此言范懂擒忠,未知本何家旧《晋书》,今不可考。"

②度尚:字博平。山阳湖陆(今山东鱼台东南)人。家贫。拜郎中,除上虞长,为政严峻,明于发擿奸非,吏人谓之神明。后平乱有功,封右乡侯,迁桂阳太守等。

【译文】

泗水又往东流,经过郗鉴所筑城的北面,又往东流经湖陵城东南,从前桓温北上,范懂在这里俘获了慕容忠。城东有度尚碑。

泗水又左会南梁水,《地理志》曰:水出蕃县。今县之东北,平泽出泉若轮焉①,发源成川,西南流分为二水,北水枝出,西迳蕃县北,西迳滕城北②。《春秋左传·隐公十一年》③:滕侯、薛侯来朝,争长。薛侯曰:我先封④。滕侯曰:我周之卜正也⑤。薛庶姓也⑥,我不可以后之。公使羽父请薛侯曰⑦:

君辱在寡人,周谚有之,曰:山有木,工则度之^⑧;宾有礼,主则择之^⑨。周之宗盟^⑩,异姓为后,寡人若朝于薛,不敢与诸任齿^⑪。君若辱贶寡人^⑫,则愿以滕君为请。薛侯许之,乃长滕侯者也^⑬。汉高祖封夏侯婴为侯国^⑭,号曰滕公。邓晨曰^⑮:今沛郡公丘也^⑯。其水又溉于丘焉。县故城在滕西北,城周二十里,内有子城^⑰,按《地理志》,即滕也,周懿王子错叔绣文公所封也^⑱。齐灭之,秦以为县。汉武帝元朔三年^⑲,封鲁恭王子刘顺为侯国^⑳。世以此水溉我良田,遂及百秭^㉑,故有两沟之名焉^㉒。

【注释】

①出泉若轮:冒出如车轮一样大小的泉水。

②滕城:在今山东滕州西南十四里滕城。

③隐公十一年:前712年。

④薛侯曰:我先封:薛之祖先奚仲,为夏朝车正之官,所以薛封于夏代,在滕国之先。薛为任姓之国,始封地在今山东滕州南四十里,其后多次迁移。

⑤卜正:即太卜,周时卜官之长。

⑥薛庶姓也:谓薛非周之同姓。滕始封之君错叔绣,为周文王之子。姬姓。

⑦公:鲁隐公。羽父:即公子翚,一作公子挥。名翚,字羽父。鲁大夫。

⑧工:工匠。度(duò):通"剫"。砍木,削制木料。

⑨宾有礼,主则择之:客人有礼貌,主人就加以选择。

⑩宗盟:天子与诸侯的盟会。宗,会见。《周礼·春官·大宗伯》:"以宾礼亲邦国,春见曰朝,夏见曰宗,秋见曰觐,冬见曰遇。"会盟载书皆先同姓,后异姓。

⑪诸任：任姓诸国。齿：并列。

⑫贶（kuàng）：赐予，加恩惠。

⑬长滕侯：以滕侯为长。以上见《左传·隐公十一年》。

⑭夏侯婴：西汉沛（今江苏沛县）人。刘邦旧友。刘邦即位，封汝阴侯。后与大臣共立文帝。以其曾为滕令，故号滕公。

⑮邓晨：字伟卿。南阳新野（今河南新野）人。初娶光武帝刘秀姊元。更始立，以晨为偏将军。更始都洛阳，以晨为常山太守。建武中，历任中山、汝南太守，定封西华侯。

⑯沛郡：西汉高帝以泗水郡南部置。治所在相县（今安徽淮北市相山区）。公丘：即公丘县。东汉改公丘侯国置，属沛国。治所在今山东滕州西南十四里。西晋废。

⑰子城：大城内的小城，即内城。

⑱周懿王子错叔绣：当作周文王之子。

⑲元朔三年：前126年。元朔，西汉武帝刘彻的年号（前128—前123）。

⑳鲁恭王：汉景帝之子刘馀。刘顺：西汉诸侯。鲁恭王刘馀之子，元朔三年（前126）封公丘侯。

㉑百秭（zǐ）：数目极其多。秭，古代数目名，亿亿。

㉒两沟之名：《水经注疏》熊会贞按："水在今滕县（今山东滕州）北。"

【译文】

泗水又在左边汇合了南梁水，《地理志》：南梁水发源于蕃县。今天该县的东北面平泽冒出泉水，有车轮那么大小，发源后成为川流，向西南流分为二条，北支往西流经蕃县北面，又往西流经滕城北面。《春秋左传·隐公十一年》：滕侯、薛侯来朝见，两人互争尊长。薛侯说：我先受封应当为长。滕侯说：我是周天子的卜正官。薛与周天子异姓，我的位置不能居他之后。隐公命羽父把薛侯请来，对他说：承你前来问候我，周有一句谚语说：山上有树木，须工匠去整治；客人有礼貌，主人就加以选择。周天子与诸侯会盟时异姓居后，如果我到薛来朝见您，是不敢与任姓诸侯争排行的。如果承蒙您照顾，那么我想为滕君请求您这次让他一下。薛侯同意了，于是滕侯居长。汉高祖把此地封给夏侯婴，立为侯国，夏侯婴就称滕公。邓晨说：滕城就是今天沛郡的公丘。此水灌溉这一带的土地。该县旧城在滕的西北，城周围二十里，城内有子城，据《地理志》，这座旧城就是滕，是周文王儿子错叔绣文公的封邑。后来被齐灭掉，秦时立为县。汉武帝元朔三年，把这地方封给鲁恭王儿子刘顺，立为侯国。世人因为此水灌溉良田，到达百种，所以有两沟的名称。

南梁水自枝渠西南迳鲁国蕃县故城东[1]，俗以南邻于漷，亦谓之西漷水。

【注释】

①鲁国：西汉高后元年（前187）改薛郡置。治所在鲁县（今山东曲阜东北二里古城村）。蕃（pí）县：战国秦置，属薛郡。治所即今山东滕州。西汉属鲁国。北魏为蕃郡治。

【译文】

南梁水从支渠向西南流，经过鲁国蕃县旧城东，因为它南面与漷水相邻，民间也称为西漷水。

南梁水又屈迳城南，应劭曰：县，古小邾邑也[1]。《地理志》曰：其水西流注于济渠。济在湖陆西而左注泗，泗、济合流，故地记或言济入泗，泗亦言入济，互受通称，故有入济之文。阚骃《十三州志》曰：西至湖陆入泗是也。《经》无南梁之名，而有涓涓之称，疑即是水也。戴延之《西征记》亦言湖陆县之东南有涓涓水[2]，亦无记于南梁，谓是吴王所道之渎也[3]。余按湖陆西南止有是水，延之盖以《国语》云，吴王夫差起师,将北会黄池④,掘沟于商、鲁之间⑤,北属之沂⑥,西属于济,以是言之,故谓是水为吴王所掘,非也。余以水路求之,止有泗川耳。盖北达沂,西北迳于商、鲁,而接于济矣。吴所浚广耳⑦,非谓起自东北受沂西南注济也。假之有道⑧,非吴所趣⑨。年载诚眇⑩,人情则近,以今忖古⑪,益知延之之不通情理矣。

【注释】

①小邾:即郳,西周封国。在今山东滕州东六里。

②戴延之:即戴祚,字延之。江东(今江苏长江下游南岸一带)人。官西戎主簿。曾从刘裕西征姚秦。著有《西征记》《甄异传》等。

③吴王:指夫差,姬姓,吴氏。阖闾之子。春秋时吴末代国君。执政期间,极其好战,连年兴师动众。后被勾践打败而灭,夫差自刎。

④将北会黄池:前482年,夫差亲率大军北上,与诸侯盟会于黄池。黄池,又名黄亭。在今河南封丘西南二十二里三姓庄北。

⑤商、鲁之间:宋国与鲁国的地盘之间。商,指宋。

⑥属(zhǔ):联缀,连接。沂:亦名西沂水。即今山东曲阜南之沂河。

⑦浚广:挖深拓宽。

⑧假之有道:这里指涓涓水只是利用原有水道开成。

⑨非吴所趣:并不是吴国所掘通的。

⑩年载:年月,岁月。诚眇(miǎo):的确非常遥远。眇,辽远,久远。

⑪以今忖(cǔn)古:凭借当今去忖度往昔。忖,思量,揣度。

【译文】

南梁水又绕到城南,应劭说:蕃县就是古时的小邾邑。《地理志》说:这条水往西流注入济渠。济水在湖陆西面,在左边注入泗水,泗水和济水合流,所以记述地理一类书中,有的说济水注入泗水,也有说泗水注入济水，因为相互可以通称，所以有入济的说法。阚骃《十三州志》说：西流到湖陆注入泗水。《水经》里没有南梁水，却有涓涓水，大概就是这条水。戴延之《西征记》也说，湖陆县的东南有涓涓水，也没有记载南梁水，说涓涓水是吴王所开的渠道。我查考过，湖陆西南只有这条水，戴延之大概是根据《国语》所说，吴王夫差起兵，将北上黄池，在宋、鲁之间开掘渠道，北面与沂水连接，西面通济水，他仅凭这点记载，就说这条水是吴王开掘的，其实不是如此。根据我对水路的探察，此处只有泗水。北通沂水，西北流经宋、鲁，而与济水相接的就是泗水。吴王只是疏浚过，并拓宽了原水道，不是说从东北起开掘，引入沂水，往西南注入济水。涓涓水只是利用原有水道开成，并不是吴一气凿通的。此事年代确实已很久远了，但人情物理却还是相近的，以今天来推想古代，就可以更清楚地看出戴延之实在不通情理了。

　　泗水又南，漷水注之，又迳薛之上邳城西，而南注者也。

【译文】

　　泗水又往南流，漷水注入，又流经薛的上邳城西，然后向南流去。

又东过沛县东①，

　　昔许由隐于沛泽②，即是县也，县盖取泽为名。宋灭属楚③，在泗水之滨，于秦为泗水郡治④。黄水注之。黄水出小黄县黄乡黄沟⑤，《国语》曰：吴子会诸侯于黄池者也⑥。黄水东流迳外黄县故城南⑦，张晏曰⑧：魏郡有内黄县⑨，故加外也。薛瓒曰：县有黄沟，故县氏焉。圈称《陈留风俗传》曰⑩：县南有渠水，于春秋为宋之曲棘里⑪，故宋之别都矣⑫。《春秋·昭公二十五年》⑬，宋元公卒于曲棘是也⑭。宋华元居于稷里⑮，宣公十五年⑯，楚、郑围宋，晋解扬违楚⑰，致命于此⑱。宋人惧，使华元乘闉夜入楚师⑲，登子反之床曰⑳：寡君使元以病告，弊邑易子而食，析骸以爨㉑，城下之盟㉒，所不能也。子反退一舍㉓，宋、楚乃平㉔。今城东闉上犹有华元祠，祀之不辍。城北有华元冢㉕。

【注释】

①沛县：战国秦置，属泗水郡。治所即今江苏沛县。西汉属沛郡。东汉属沛国。

②许由：传说中的隐士。隐于颍水之阳箕山之下。相传尧让以天下，许由闻之，乃临河洗耳。

③宋灭属楚：《水经注疏》熊会贞按："《汉志》宋地下，景公后五世，为齐、楚、魏所灭，参分其地，楚得其沛。"

④泗水郡：战国秦王政二十三年（前 224）置。治所在相县（今安徽淮北市相山区）。秦末曾移治沛县（今江苏沛县）。汉高帝四年（前 203）改为沛郡。

⑤黄水：《水经注疏》熊会贞按："此言黄水出县黄乡黄沟，盖于今陈留（今河南开封东南二十六里陈留镇）之东北，封丘（今河南封丘）之南，自济出也。"小黄县：西汉置，属陈留郡。治所在今河南开封东北。西晋为陈留国都。

⑥吴子会诸侯于黄池：《国语·吴语》："吴王夫差既杀申胥，不稔于岁，乃起师北征。阙为深沟，通于商、鲁之间，北属之沂，西属之济，以会晋公午于黄池。"

⑦外黄县：秦置，属砀郡。治所在今河南民权西北三十八里内黄集。

⑧张晏：字子博。中山（今河北定州）人。有《汉书》注，多存于今颜师古《汉书注》中。

⑨魏郡：西汉高帝十二年（前195）置。治所在邺县（今河北临漳西南
　　邺镇）。内黄县：西汉置，属魏郡。治所在今河南汤阴东北故城村。

⑩圈称：字幼举。东汉末陈留（今河南开封）人。自称为楚鬻熊之后。
　　撰《陈留风俗传》。

⑪宋：周诸侯国名。在今河南商丘一带。曲棘里：春秋宋邑。在今
　　河南民权西北内黄集。

⑫别都：犹陪都。在都城以外另设的都城。

⑬昭公二十五年：前517年。

⑭宋元公：春秋宋国国君。宋平公之子、宋景公之父。

⑮宋华元：宋国执政大臣，右师（六卿之首）。历事昭公、文公、共公、
　　平公四君。稷里：《水经注疏》杨守敬按："此稷里盖即新里（在今
　　河南开封东北）。"

⑯宣公十五年：前594年。

⑰解（xiè）扬：春秋时晋大夫。

⑱致命：传达晋君令宋坚守待援的命令。

⑲乘堙（yīn）：登越城隅。堙，城曲，城隅。

⑳子反：公子侧。楚穆王之子、楚庄王之弟、楚共王的叔父。春秋时
　　楚大夫。

㉑弊邑易子而食，析骸以爨（cuàn）：我方城内已到了交换子女来吃
　　的程度，因为没有柴草可以做饭，所以把尸骸剖开，当作柴草用来
　　做饭。这两句表明宋国已处于极其危险之境。爨，炊，生火做饭。

㉒城下之盟：敌人兵临城下时被迫签订的屈辱盟约。

㉓一舍：古以三十里为一舍。

㉔宋、楚乃平：按，以上《左传·宣公十五年》文。

㉕华元冢：《水经注疏》杨守敬按："《史记·宋世家》集解引《皇览》：
　　华元冢在陈留（今河南开封东南二十六里陈留镇）小黄县（今河南
　　开封东北）城北。"

【译文】

泗水又往东流过沛县东边，

从前许由隐居在沛泽，那就在沛县，沛县是按沛泽命名的。宋国被灭后属楚，沛县在泗水之滨，秦时是泗水郡的治所。黄水在此注入。黄水出自小黄县黄乡的黄沟，《国语》说：吴子与诸侯在黄池会盟，就是这地方。黄水往东流经外黄县旧城南，张晏说：魏郡有内黄县，所以这里加上外字。薛瓒说：县有黄沟，所以县称黄县。圈称《陈留风俗传》说：县南有渠水，春秋时，这里是宋国的曲棘里，是从前宋国的别都。《春秋·昭公二十五年》，宋元公死于曲棘。宋华元住在稷里，宣公十五年，楚、郑围攻宋国，晋国解扬违背楚国之约，在此向宋人传达了国君的信息。宋人十分惧怕，就派华元连夜登越城门外的曲城，潜入楚军营地，坐在子反床上说：君王派我来向你说明我们的困难，我方城内已到了交换子女来吃，拆开人骨来烧的地步，但要逼我们结城下之盟，这是办不到的。子反退兵三十里，宋、楚就讲和了。现在城东外曲城上，还有华元祠，祭祀从没间断。城北有华元墓。

黄沟自城南东迳葵丘下①。《春秋·僖公九年》②，齐桓公会诸侯于葵丘，宰孔曰③：齐侯不务德而勤远略④，北伐山戎⑤，南伐楚⑥，西为此会，东略之不知⑦，西则否矣⑧，其在乱乎？君务靖乱⑨，无勤于行⑩。晋侯乃还⑪，即此地也。

【注释】

①葵丘：春秋宋邑。在今河南民权东北。

②僖公九年：前651年。

③宰孔：春秋时周室之太宰，食邑于周。

④齐侯：齐桓公。不务德：不致力于德政。勤远略：热衷于经略远地。勤，劳，热衷。

⑤北伐山戎：事见《春秋·庄公三十年》："齐人伐山戎。"山戎，北
　戎。古代北方少数民族。居地在今河北东部。春秋时与齐、郑、
　燕等国边界相接。

⑥南伐楚：《春秋·僖公四年》："春，王正月，公会齐侯、宋公、陈侯、
　卫侯、郑伯、许男、曹伯侵蔡。蔡溃，遂伐楚，次于陉。"

⑦东略之不知：齐是否侵略过东边诸国，不得而知。

⑧西则否矣：西伐晋国，则不可能。

⑨君：您，此指晋侯。靖乱：平定叛乱。靖，消弭，止息。

⑩无勤于行：不要勤于奔走去参加齐侯的会盟。

⑪晋侯乃还：事见《左传·僖公九年》。晋侯，晋献公。

【译文】

　　黄沟从城南往东流经葵丘下。《春秋·僖公九年》，齐桓公在葵丘与
诸侯会盟，宰孔说：齐侯不致力于改良内政，却热衷于侵略远邻，北方攻
打山戎，南方攻楚，西方举行了此次盟会，东方要入侵哪个国家现在还不
得而知，西方看来不会去打了，恐怕国内就要乱了吧？你要以平乱为己
任，不要匆匆前去了。于是晋侯就回去了，这里提到的葵丘就是这地方。

　　黄沟又东注大泽，蒹葭萑苇生焉①，即世所谓大荠陂
也②。陂水东北流迳定陶县南③，又东迳山阳郡成武县之楚
丘亭北④。

【注释】

①蒹葭（jiān jiā）：泛指芦苇。蒹，没有长穗的芦苇。葭，初生的芦苇。
　萑（huán）苇：两种芦类植物。蒹长成后称萑。

②大荠陂：《水经注疏》熊会贞按："《一统志》，大荠陂在考城县（今
　河南民权）西南。《方舆纪要》，盖在今曹县（今山东曹县）境，故
　流已堙。"

③定陶县：战国秦置，属东郡。治所在今山东菏泽定陶区西北四里。

④成武县：秦置，属东郡。治所即今山东成武。西汉属山阳郡。东
　汉属济阴郡。

【译文】

黄沟又往东流注入大泽，泽里长满芦苇，即人们所说的大荠陂。陂水往东北流经定陶县南面，又往东流经山阳郡成武县的楚丘亭北面。

黄沟又东迳成武县故城南，王莽更之曰成安也。

【译文】

黄沟又往东流经成武县旧城南面，王莽改名为成安。

黄沟又东北迳郜城北①。《春秋·桓公二年》经书②，取郜大鼎于宋③，戊申，纳于太庙④。《左传》曰：宋督攻孔父而取其妻⑤，杀殇公而立公子冯⑥，以郜大鼎赂公，臧哀伯谏为非礼⑦。《十三州志》曰：今成武县东南有郜城，俗谓之北郜者也。

【注释】

①郜（gào）城：即北郜城。在今山东成武东南十八里郜鼎集。

②桓公二年：前710年。

③郜：国名。姬姓，都北郜城。在今山东成武东南十八里郜鼎集。
　大鼎：为郜所铸，故称郜大鼎。

④太庙：帝王的祖庙。

⑤宋督：指华父督。官至太宰（宰相），位及六卿之首，是当时宋国很
　有势力的大贵族。弑其君宋殇公与夷。攻：攻伐。孔父：春秋时

宋国大臣。子姓，名嘉，字孔父。孔子六世祖，官为大司马。

⑥殇公：即宋殇公与夷，被华父督所杀。公子冯：即宋庄公。名冯，宋穆公之子。《史记·宋微子世家》："十年，华督攻杀孔父，取其妻。殇公怒，遂弑殇公，而迎穆公子冯于郑而立之，是为庄公。"

⑦臧哀伯：鲁大夫，名达，臧僖伯之子，臧文仲之父。谏为非礼：《左传·桓公二年》："臧哀公谏曰：'……今灭德立违，而置其赂器于太庙，以明示百官，百官象之，其又何诛焉？国家之败，由官邪也。官之失德，宠赂章也。郜鼎在庙，章孰甚焉？武王克商，迁九鼎于雒邑，义士犹或非之，而况将昭违乱之赂器于大庙，其若之何？'公不听。"

【译文】

黄沟又往东北流经郜城北面。《春秋·桓公二年》记载从宋拿来郜城的大鼎，戊申日送进太庙。《左传》说：宋督进攻孔父，夺了他的妻子，又杀了殇公立公子冯，用郜的大鼎贿赂桓公，臧哀伯谴责这种违反礼法的行为。《十三州志》说：现在成武县东南有郜城，俗称北郜。

黄沟又东迳平乐县故城南①，又东，右合泡水②，即丰水之上源也③。水上承大荠陂，东迳贳城北④，又东迳己氏县故城北⑤，王莽之己善也。县有伊尹冢⑥。崔骃曰：殷帝沃丁之时⑦，伊尹卒，葬于薄⑧。《皇览》曰：伊尹冢在济阴己氏平利乡⑨。皇甫谧曰：伊尹年百余岁而卒，大雾三日，沃丁葬以天子之礼，亲自临丧，以报大德焉⑩。又东迳孟诸泽⑪。杜预曰：泽在梁国睢阳县东北⑫。又东迳郜成县故城南⑬。《地理志》：山阳县也，王莽更名之曰告成矣。故世有南郜、北郜之论也⑭。又东迳单父县故城南⑮，昔宓子贱之治也⑯。孔子使巫马期观政⑰，入其境，见夜渔者，问曰：子得鱼辄放何也？

曰：小者，吾大夫欲长育之故也[18]。子闻之曰：诚彼形此[19]，子贱得之，善矣。惜哉！不齐所治者小也[20]。王莽更名斯县为利父矣。世祖建武十三年[21]，封刘茂为侯国[22]。又东迳平乐县，右合泡水。

【注释】

①平乐县：即平乐侯国。西汉置，属山阳郡。治所在今山东单县东四十里终兴镇。昭帝元年（前86）封梁敬王子迁为平乐侯。东汉省。

②泡水：丰水之上源。又名丰水、苞水。出自今山东单县东南，东入沛县界。

③丰水：即泡河。在今江苏丰县北。自山东单县流入境，东入沛县界。

④贳（shì）城：在今山东曹县南十里。西汉建昭元年（前38），封梁敬王子平为贳乡侯，即此。

⑤己氏县：西汉置，属梁国。治所在今山东曹县东南楚丘集。

⑥伊尹冢：《水经注疏》杨守敬按："在今曹县（今山东曹县）东南。"伊尹，商汤大臣，名伊，尹是官名。

⑦殷帝沃丁：亦称羌丁，子姓，名绚，太甲之子，商朝第五任君主。

⑧薄：即亳，又称北亳、景亳。商为汤都。春秋为宋邑，后入楚。在今山东曹县南二十五里。

⑨济阴：即济阴郡。西汉建元二年（前139）改济阴国置。治所在定陶县（今山东菏泽定陶区西北四里）。

⑩以报大德：伊尹辅助商朝成汤、外丙、仲壬等君主，于商朝有大德。

⑪孟诸泽：亦称孟猪、望诸。在今河南商丘东北、虞城西北。春秋属宋。

⑫梁国：西汉高帝五年（前202）改砀郡为梁国，都定陶（今山东菏泽定陶区西北）。汉文帝时移都睢阳县（今河南商丘南）。东汉建初四年（79）复为梁国。睢阳县：战国秦置，为砀郡治。治所在今河南商丘南一里。西汉初属梁国。

⑬郜成县：即郜成侯国。西汉置，属山阳郡。治所在今山东成武东南十八里郜鼎集，东汉省入成武县。

⑭南郜：在北郜城南二里。北郜：在今山东成武东南十八里郜鼎集。

⑮单父县：战国魏置。后入秦，属砀郡。治所在今山东单县南一里。西汉属山阳郡。东汉改为侯国，后复为县，属济阴郡。西晋后废。

⑯宓子贱：名不齐，字子贱，孔子弟子。春秋时鲁国人。曾为单父宰，弹琴而治，为后世儒家所称道。治：治理之县邑。

⑰巫马期：复姓巫马，名施，字子期。春秋时鲁国人。孔子弟子，七十二贤之一，以勤奋著称。观政：观察政绩。

⑱吾大夫：这里指单父宰宓子贱。长育：养育，使之长大。

⑲诚彼形此：一作诚此形彼。

⑳不齐：指宓子贱。所治者小：所掌管的地方太小了。

㉑建武十三年：37年。世祖，东汉光武帝刘秀。

㉒刘茂：东汉南阳蔡阳（今湖北枣阳西南）人。光武帝族父。建武元年（25），率众归附光武帝，封中山王。十三年（37），降封为单父侯，旋改封穰侯。

【译文】

黄沟又往东流经平乐县旧城南面，又往东流，在右面汇合了泡水，泡水即丰水的上源。此水上口承接大荠陂，往东流经贯城北，又往东流经己氏县旧城北面，王莽叫己善。该县有伊尹墓。崔骃说：殷帝沃丁的时候，伊尹死了，葬在薄。《皇览》说：伊尹墓在济阴己氏县平利乡。皇甫谧说：伊尹活到百余岁而死，死后三日大雾，沃丁以天子的礼仪安葬他，亲自治丧，来报答他的大恩大德。此水又往东流经孟诸泽。杜预说：孟诸泽在梁国睢阳县东北。又往东流经郜城县旧城南面。《地理志》：郜城就是山阳县，王莽改名为告成县。所以世间有南郜、北郜的说法。又往东流经单父县旧城南面，从前这里是宓子贱管辖的。孔子派巫马期到各地视察政事，巫马期进入宓子贱的辖区，看见一个渔夫夜里还在捕鱼，问道：你捕的鱼为什么又马上放了？渔夫回答道：因为那是小鱼，我们大夫要使它们长大后再捕。孔子听到这件事后说：以至诚施治于近，则教化推行于远，子贱已经掌握这窍门了，很好啊。可惜呵，不齐所管辖的地方太小了。王莽把该县改名为利父。世祖建武十三年，把这里封给刘茂，立为侯国。水又往东流经平乐县，在右边与泡水汇合。

　　水上承睢水于下邑县界①，东北注一水，上承睢水于杼秋县界北流②，世又谓之瓠卢沟，水积为渚③。渚水东北流，二渠双引④，左合沣水⑤，俗谓之二泡也。自下，沣、泡并得通称矣。故《地理志》曰：平乐，侯国也，泡水所出。

【注释】

①下邑县：战国秦置，属砀郡。治所在今安徽砀山县。西汉属梁国。

②杼秋县：西汉置，属梁国。治所在今安徽砀山县东南六十里。东汉属沛国。

③水积为渚：《水经注疏》熊会贞按："渚当在今丰县（今江苏丰县）西南。"

④双引：两条河流从这里发源。

⑤沣水：即丰水。

【译文】

　　泡水上游在下邑县境内承接睢水，往东北流注入一水，这条水上游在杼秋县境内承接睢水向北流，世人称作瓠卢沟，积水成湖沼。沼水往东北流，二渠同流，左面与沣水汇合，俗称二泡。自此往下，丰水、泡水互相通称了。所以《地理志》说：平乐是个侯国，泡水发源于这里。

　　又迳丰西泽①，谓之丰水。《汉书》称高祖送徒丽山②，徒多亡，到丰西泽，有大蛇当径，拔剑斩之。此即汉高祖斩蛇处也。

【注释】

①丰西泽：在今江苏丰县西十五里。

②高祖：指刘邦。徒：泛指服徭役之人。丽山：亦名骊山、丽戎之山。在今陕西西安临潼区东南。

【译文】

泡水又流经丰西泽，称为丰水。《汉书》说：高祖送囚徒去丽山，囚徒很多逃跑了，到了丰西泽，有一条大蛇挡住去路，高祖拔剑斩了它。这里就是汉高祖斩蛇的地方。

又东迳大堰①，水分为二，又东迳丰县故城南②，王莽之吾丰也。水侧城东北流，右合枝水，上承丰西大堰③，派流东北迳丰城北④，东注沣水。

【注释】

①大堰：《水经注疏》杨守敬按："大堰当即《汉书·高帝纪》之大泽。《寰宇记》，大泽在丰县（今江苏丰县）北六里。"

②丰县：秦后期置，属泗水郡。治所即今江苏丰县。西汉属沛郡。

③丰西大堰：即丰西泽。在今江苏丰县西十五里。

④丰城：即丰县治所。在今江苏丰县。

【译文】

丰水又往东流经大堰，分为两条，又往东流经丰县老城南面，王莽改名为吾丰。丰水经过城旁东北流，右面与支水汇合，支水上口承接丰西大堰，分流向东北流经丰城北面，往东流注入沣水。

　　沣水又东合黄水，时人谓之狂水，盖狂、黄声相近，俗传失实也。自下黄水又兼通称矣。水上旧有梁，谓之泡桥[1]。王智深《宋史》云[2]：宋太尉刘义恭于彭城遣军主稽玄敬北至城[3]，觇候魏军[4]，魏军于清西望见玄敬士众[5]，魏南康侯杜道儁引趣泡桥[6]，沛县民逆烧泡桥[7]，又于林中打鼓，儁谓宋军大至，争渡泡水，水深酷寒，冻溺死者殆半。清水即泡水之别名也。沈约《宋书》称魏军欲渡清西[8]，非也。

【注释】

① 泡桥：在今江苏沛县西，或说在丰县北门外。

② 王智深《宋史》：齐武帝时，命王智深撰《宋纪》，书成三十卷。记南朝宋一代史事，编年体。王智深，字云才。南朝齐琅邪临沂（今山东临沂）人。历官太学博士，豫章王大司马参军兼记室。

③ 刘义恭：南朝宋武帝刘裕之子，封江夏王。文帝时，出镇彭城（今江苏徐州）。孝武帝时授太尉。永光元年（465）八月，被前废帝刘子业率羽林兵于第害之。彭城：今江苏徐州。军主：南北朝时，称统领一军者为军主。南朝军主地位较高，征战时常为方面统帅。北魏军主为军镇属官，地位在镇将、统军之下，为低级武官。稽玄敬：一作嵇玄敬。南朝宋文帝时武将，刘义恭的部将。

④ 觇（chān）候：窥视，侦察。

⑤ 清西：清水西岸。清水，即泗水之别称。

⑥ 魏：此指北魏。南康侯杜道儁：北魏将领。魏郡邺（今河北临漳西南）人。赐爵发干侯，镇枋头，除兖州刺史。太平真君十一年（450）随太武帝攻宋。引趣：引兵奔向。

⑦ 逆：迎头而上。

⑧ 沈约《宋书》：书名。南朝梁沈约撰。叙事始于东晋安帝义熙元

年（405），迄于宋顺帝昇明三年（479），记刘宋六十多年史事，有纪、传、志而无表，以材料丰富著称。沈约，字休文。南朝梁吴兴武康（今浙江德清）人。少时孤贫，笃志好学。历南朝宋、齐、梁三朝。梁武帝时，封建昌县开国侯。为南朝文坛领袖，精通音律，与周颙创"四声八病"之说。

【译文】

沣水又往东流与黄水汇合，当时人们称黄水为狂水，那是因为狂、黄读音相近，以致民间流传失实的缘故。自此以下，这条水又有黄水的通称了。水上过去有桥，称为泡桥。王智深《宋史》说：宋太尉刘义恭在彭城派遣主将嵇玄敬北上到了丰城，侦察魏军，魏军在清水西望见玄敬的军队众多，魏南康侯杜道儁引军直奔泡桥，沛县百姓纵火焚烧泡桥，又在树林里击鼓助威，杜道儁以为宋军大队人马到了，就争先恐后地抢渡泡水，水又深，天气又极冷，杜道儁的兵几乎半数冻死溺死。清水就是泡水的别名。沈约《宋书》说，魏军想渡到清水西岸去，其实并非如此。

泡水又东迳沛县故城南，秦末兵起，萧何、曹参迎汉祖于此城①。高帝十一年②，封合阳侯刘仲子为侯国③。城内有汉高祖庙，庙前有三碑，后汉立。庙基以青石为之，阶陛尚存④。刘备之为徐州也⑤，治此。袁术遣纪灵攻备⑥，备求救吕布，布救之，屯小沛⑦，招灵请备共饮。布谓灵曰：玄德，布弟也，布性不喜合斗，但喜解斗。乃植戟于门⑧，布弯弓曰：观布射戟小枝⑨，中者，当各解兵；不中，可留决斗。一发中之，遂解。此即布射戟枝处也。《述征记》曰⑩：城极大，四周壅通丰水⑪，丰水于城南东注泗，即泡水也。《地理志》曰：泡水自平乐县东北至沛入泗者也。

【注释】

①萧何：西汉沛（今江苏沛县）人。辅佐刘邦建立西汉王朝。刘邦即皇帝位，以萧何功最盛，封为酂侯，食邑八千户。韩信谋反关中，吕后用萧何计诛韩信。后拜为相国，益封五千户。孝惠帝二年（前193），萧何薨，谥曰文终侯。曹参：西汉沛（今江苏沛县）人。秦时为沛狱掾，与萧何一起辅佐刘邦定天下，封平阳侯。萧何将死，推贤唯曹参。曹参代萧何为相国，举事无所变更，全遵照萧何规定，史称萧规曹随。

②高帝十一年：前196年。

③封合阳侯刘仲子为侯国：《汉书·王子侯表》"沛"："（高帝）十一年十二月癸巳，侯濞以帝兄子封，十二年，为吴王。"合阳侯刘仲，汉高祖刘邦的兄长，名喜。

④阶墄：台阶。

⑤刘备之为徐州：曹操征徐州，徐州牧陶谦遣使告急于田楷，楷与刘备俱救之。陶谦病笃，谓别驾麋竺曰："非刘备不能安此州也。"谦死，刘备听从下邳陈登建议，领徐州。刘备，字玄德。东汉末年幽州涿郡涿县（今河北涿州）人。三国时期蜀汉开国皇帝。

⑥纪灵：东汉末年袁术帐下猛将。

⑦小沛：即今江苏沛县。汉改泗水郡为沛郡，治相县（今安徽淮北市相山区），故以沛县为小沛。

⑧戟（jǐ）：古代兵器，把矛和戈结合于一体，具有刺击和钩杀双重功能，后代形制有所变化。

⑨戟小枝：因古代的戟是把矛和戈结合于一体，故此"戟小枝"可能是戈上的横刃。

⑩《述征记》：书名。晋末宋初人郭缘生撰。记述了他跟随刘裕北伐慕容燕、西征姚秦的沿途所见。

⑪壍（qiàn）：沟壕。丰水：即泡水。出自今山东单县东南，东入沛县界。

【译文】

　　泡水又往东流经沛县旧城南面，秦末四方起兵，萧何、曹参在此城迎接汉高祖。高帝十一年，把这地方封给合阳侯刘仲子，立为侯国。城内有汉高祖庙，庙前有三座碑，后汉时立。庙基用青石垒砌，台阶还在。刘备占据徐州时，此城是治所。袁术派遣纪灵进攻刘备，刘备向吕布求救，吕布赶来援助，驻扎在小沛，邀了纪灵，又请刘备一起饮酒。吕布对纪灵说：玄德是我的义弟，我生性不喜欢相斗，只喜欢解斗。说完就把戟插在门口，然后拉弓搭箭，说道：看我射戟的小枝，射中，你们就收兵；射不中，你们可留下来决斗。说完一箭射中，于是双方收兵。这里就是吕布当年射戟的地方。《述征记》说：城很大，四周城壕通丰水，丰水从城南往东流，注入泗水，也就是泡水。《地理志》说：泡水从平乐县往东北流，到沛县注入泗水。

　　泗水南迳小沛县东，县治故城南垞上①。东岸有泗水亭②，汉祖为泗水亭长③，即此亭也。故亭今有高祖庙，庙前有碑，延熹十年立④。庙阙崩褫⑤，略无全者。水中有故石梁处，遗石尚存。高祖之破黥布也⑥，过之，置酒沛宫⑦，酒酣歌舞，慷慨伤怀曰：游子思故乡也。

【注释】

①垞（chá）：土丘。

②泗水亭：秦置，属沛县。在今江苏沛县东。

③亭长：官名。秦汉时在乡村每十里设一亭，置亭长，掌治安，捕盗贼，理民事，兼管停留旅客。设于城内和城厢的称都亭，设于城门的称门亭，亦设亭长。东汉后渐废。

④延熹十年：167年。延熹，东汉桓帝刘志的年号（158—167）。

⑤庙阙：庙宇与檐柱。阙，古代神庙前两旁的大柱子。崩褫（chǐ）：败坏，塌毁。褫，毁坏，脱落。

⑥黥布：亦名英布。六县（今安徽六安北）人。曾因坐法黥面，故亦
　　称黥布。初从项羽，以功封九江王。后背楚归汉，封淮南王。汉
　　高祖十一年（前196），见韩信、彭越先后被杀，心大恐，举兵反。
　　战败被杀。

⑦沛宫：在今江苏沛县东南。

【译文】

　　泗水往南流经小沛县东，县治旧城在南丘上。东岸有泗水亭，汉高祖当泗水亭长时，就是这个亭。所以今天这里有高祖庙，庙前有碑，延熹十年立。庙宇门阙现在都已崩塌，没有完整的东西了。水中有旧石桥的遗迹，只留下些石块还在。高祖打败黥布后，经过这里，在沛宫摆酒设宴，歌舞畅饮，慷慨伤怀，叹道：游子思念故乡呵！

　　泗水又东南流迳广戚县故城南①，汉武帝元朔元年②，封刘择为侯国③。王莽更之曰力聚也。

【注释】

①广戚县：东汉改广戚侯国为县，属彭城国。治所即今山东微山县
　　（夏镇）。三国时属沛国。西晋仍属彭城国。东晋废。

②元朔元年：前128年。

③刘择：西汉诸侯，鲁共王刘馀之子。元朔元年（前128）封广戚侯。

【译文】

　　泗水又往东南流经广戚县旧城南，汉武帝元朔元年把这地方封给刘择，立为侯国。王莽时改名为力聚。

　　泗水又迳留县而南迳垞城东①，城西南有崇侯虎庙②，道沦遗爱，不知何因而远有此图③。

【注释】

①留县：秦置，属泗水郡。治所在今江苏沛县东南五十五里。西汉属楚国。东汉属彭城国。垞城：亦作秺城。在今江苏徐州铜山区北。

②崇侯虎：商纣王的臣子。有崇氏国君。纣王残虐，周文王闻而窃叹，崇侯虎知之而谮于纣，纣囚周文王。周文王获释后数年，攻灭崇国。

③不知何因而远有此图：《水经注疏》熊会贞按："然则立庙者，当时国内奸党之私，而后世遂沿之。"

【译文】

泗水又流经留县，而后往南流经垞城东面，城西南有崇侯虎庙，已破败遗弃，不知此人的庙为何会远远立到这里。

泗水又南迳宋大夫桓魋冢西①，山枕泗水，西上尽石，凿而为冢，今人谓之石郭者也②。郭有二重，石作工巧。夫子以为不如死之速朽也③。

【注释】

①桓魋（tuí）：又称向魋。任宋文公司马，掌控宋国兵权，亦称司马桓魋。孔子弟子司马牛是其兄弟。

②石郭：石头制作的棺椁。郭：通"椁"。外棺。

③夫子以为不如死之速朽也：《礼记·檀弓上》："昔者夫子居于宋。见桓司马自为石椁，三年而不成。夫子曰：'若是其靡也，死不如速朽之愈也。'死之欲速朽，为桓司马言之也。"

【译文】

泗水又往南流经宋大夫桓魋墓西面，山紧临泗水，西面上去都是岩石，凿成坟墓，今天人们称之为石椁。椁有两重，石匠的制作十分细致精巧。孔夫子认为，人死了还是迅速腐朽为好。

又东南过彭城县东北①，

泗水西有龙华寺，是沙门释法显远出西域②，浮海东还，持《龙华图》③，首创此制。法流中夏，自法显始也。其所持天竺二石④，仍在南陆东基堪中⑤，其石尚光洁可爱。

【注释】

①彭城县：战国秦置，属泗水郡。治所即今江苏徐州。

②沙门：出家的佛教徒的总称。释法显：东晋高僧，俗姓龚。平阳武阳（今山西临汾）人。东晋隆安三年（399）与数僧人从长安出发西行求法。有《佛国记》（或称《法显传》）存世，为研究五世纪南亚次大陆各国史地的重要资料。

③《龙华图》：《水经注疏》杨守敬按："法显事详所撰《佛国记》，谓持经像泛海归，而未明言持《龙华图》，于天竺石，亦略之。书旧名《法显传》，有两本，一本二卷，已亡；一本一卷，即今书也。此所叙岂在卷亡中耶？"

④天竺：古印度别称。

⑤堪：同"龛"。供奉神佛或神主的石室或小阁子。

【译文】

泗水又往东南流过彭城县东北，

泗水西岸有龙华寺，是僧人法显远赴西域，渡海东归，手持《龙华图》首创的佛寺的形制。以后传遍中国，就是从法显开始的。当时他带来的两块天竺石，今天还在南面路东那片高地东边的基龛中，这两块石仍十分光洁可爱。

泗水又南，获水入焉①，而南迳彭城县故城东。周显王四十二年②，九鼎沦没泗渊③，秦始皇时而鼎见于斯水。始皇自以德合三代④，大喜，使数千人没水求之，不得，所谓鼎伏也⑤。亦云系而行之，未出，龙齿啮断其系。故语曰：称乐大早绝鼎系⑥。当是孟浪之传耳⑦。

【注释】

①获水：故道上接汳水于今河南商丘北，东流经虞城、安徽砀山、萧县北，至江苏徐州北入泗水。晋以后被认为是汴水的下游，故通称汴水。

②周显王四十二年：前327年。周显王，姓姬，名扁，东周君主。周烈王之弟。

③九鼎：古代传说夏禹铸了九个鼎，象征九州，成为夏、商、周三代传国的宝物。后以九鼎借指国柄。泗渊：泗水之深渊。

④德合三代：德行可与夏、商、周三代国君相媲美。合，相同，一致。三代，指夏、商、周。

⑤鼎伏：鼎沦没水中而不出。《史记·封禅书》："周德衰，宋之社亡，鼎乃沦没，伏而不见。"

⑥称乐大早绝鼎系：高兴太早，拉断系鼎的绳索。

⑦孟浪：荒诞疏误，不合常理。

【译文】

泗水又往南流，获水注入，往南流经彭城县旧城东面。周显王四十二年，九鼎沉没于泗水的深潭中，秦始皇时鼎在此水出现。始皇以为自己的贤德已可与三代媲美了，非常高兴，就派了数千人去水下打捞，结果没有捞到，这就是所谓鼎伏——沉没隐藏起来了。也有人说是用绳索系住鼎往上拉，但没有拉上来，绳索就被龙齿咬断了。所以谚语说：高兴得太早，拉鼎断了绳。这是荒唐的传说。

泗水又迳龚胜墓南①，墓碣尚存②。又经亚父冢东③，《皇览》曰：亚父冢在庐江居巢县郭东④。居巢亭中有亚父井，吏民亲事⑤，皆祭亚父于居巢厅上⑥。后更造祠于郭东，至今祠之。按《汉书·项羽传》，历阳人范增⑦，未至彭城而发疽死⑧，不言之居巢。今彭城南有项羽凉马台，台之西南山麓上，即其冢也。增不慕范蠡之举⑨，而自绝于斯，可谓褊矣⑩。推考书事⑪，墓近于此也。

【注释】

①龚胜墓：《水经注疏》杨守敬按："在今铜山县（今江苏徐州铜山区）东南。"龚胜，字君宾。西汉彭城（今江苏徐州）人。少好学，通五经，与龚舍相友善，并著名节，世谓之楚二龚。王莽时拜为太子师友、祭酒，不应征，不食而死。

②墓碣：形状与墓碑稍有区别。方者谓之碑，圆者谓之碣。后泛指墓碑。

③亚父冢：《水经注疏》杨守敬按："在今铜山县南。"亚父，指范增。秦末居鄹（今安徽桐城南）人。年七十，平素居家，好奇计。往说项梁立楚怀王的孙子心为楚怀王，从民所望。项梁死，跟随项羽，为重要谋士。帮助项羽称霸诸侯，被尊称为"亚父"。

④庐江：即庐江郡。三国魏置，属扬州。治所在六安县（今安徽六安北十里城北乡）。居巢县：战国秦置，属九江郡。治所在今安徽六安东北。西汉属庐江郡。东汉改为居巢侯国，后复为县。

⑤亲事：一作视事。

⑥居巢厅上：居巢县治的厅堂上。厅，官署中听事问案之处。

⑦历阳人范增：当为历阳侯范增。

⑧发疽（jū）：毒疮发作。疽，中医指局部皮肤肿胀坚硬的毒疮。

⑨范蠡（lǐ）：字少伯。越王勾践被吴王夫差打败后，范蠡与文种辅

佐勾践恢复国力，灭掉吴国。又助勾践争霸，会诸侯于徐州。功成身退移居齐国，改名鸱夷子皮，为齐相。后归相印，尽散其财，止于陶（今山东菏泽定陶区西北）。治产经商，乃成巨富，自谓陶朱公。

⑩褊（biǎn）：心胸狭小，狭隘。

⑪推考：推求查考。书事：书本上的记载和事情的真相。

【译文】

泗水又流经龚胜墓南面，墓碑今天还在。又流经亚父墓东面，《皇览》说：亚父墓在庐江居巢县城东。居巢亭中有亚父井，官吏任职办公事，都在居巢厅上祭祀亚父。后来又在城东建祠，人们至今还在祭祀他。据《汉书·项羽传》载，历阳侯范增，还没有到彭城就患毒疮而死，没有说他到居巢。今天彭城南有项羽的凉马台，台西南的山麓上，就是他的墓地。范增不仰慕范蠡的行为，却离开项羽来到这里，可说胸怀太偏狭了。根据记载推想起来，他的墓以在这里较为近情。

又东南过吕县南①，

吕，宋邑也。《春秋·襄公元年》②，晋师伐郑及陈，楚子辛救郑③，侵宋吕、留是也④。县对泗水。汉景帝三年⑤，有白颈乌与黑乌，群斗于县，白颈乌不胜，堕泗水中，死者数千。京房《易传》曰⑥：逆亲亲⑦，厥妖白黑乌斗。时有吴、楚之反⑧。泗水之上有石梁焉，故曰吕梁也⑨。昔宋景公以弓工之弓⑩，弯弧东射，矢集彭城之东⑪，饮羽于石梁⑫，即斯梁也。悬涛漰渀⑬，寔为泗险⑭，孔子所谓鱼鳖不能游。又云：悬水三十仞⑮，流沫九十里⑯。今则不能也。盖惟岳之喻，未便极天⑰，明矣。《晋太康地记》曰⑱：水出磬石⑲，《书》所谓泗滨浮磬者也⑳。

【注释】

①吕县：西汉置，属楚国。治所在今江苏徐州铜山区东南吕梁集。东汉属彭城国。

②襄公元年：前572年。

③子辛：公子壬夫。楚国右尹，子反的弟弟。

④吕：春秋宋邑。即今江苏徐州铜山区东南吕梁集。留：春秋宋邑。在今江苏沛县东南。

⑤汉景帝三年：前154年。

⑥京房《易传》：京房，字君明。西汉东郡顿丘（今河南清丰西南）人。本姓李，推律自定为京氏。治《易》，事梁人焦延寿。好钟律，知音声。有《京氏易传》流传。

⑦逆亲亲：违反了亲属相亲之理。亲亲，亲爱自己的亲人。

⑧吴、楚之反：西汉景帝时，听从晁错削夺诸王的封地以限制其权力，吴王刘濞谋划了"清君侧"的策略，以诛晁错之名，联合楚王戊、胶西王卬、赵王遂、济南王辟光、菑川王贤、胶东王雄渠等六国，公开叛乱，史称七国之乱。后被周亚夫率军击败。

⑨吕梁：在今江苏徐州铜山区东南吕梁。

⑩宋景公：春秋时宋国国君。子姓，名兜栾，宋元公之子。弓工：制造弓的工匠。

⑪彭城：春秋宋邑。即今江苏徐州。

⑫饮羽：箭深入所射物体，连箭杆末梢上的羽毛都射进去了。指箭力气很大，物体中箭很深。羽，箭杆末梢上的羽毛。古代的箭，长约二三尺的细杆装上尖头，杆的末梢附有羽毛，搭在弓弩上发射。

⑬悬涛：指高悬的瀑布。滂湃（pēng bēn）：水流激荡奔腾。

⑭泗险：泗水上的险隘之处。

⑮悬水：瀑布。仞：古时八尺或七尺叫一仞。

⑯流沫：谓水势湍急腾起泡沫。

⑰ 惟岳之喻，未便极天：《水经注疏》杨守敬按："《诗经·大雅·崧
　　高》篇：崧高维岳，峻极于天。此承上句，谓古人往往言过其实，
　　如《诗》云极天，非真极天也。"
⑱ 《晋太康地记》：书名。又称《太康地记》等。撰者不详。成书于
　　晋太康三年（282）。记载晋初州、郡、县建制沿革、地名取义、山
　　水、物产等。
⑲ 磬（qìng）石：适宜制磬的美石。
⑳ 泗滨浮磬：《尚书·禹贡》："海岱及淮惟徐州。……泗滨浮磬。"
　　孔颖达疏："泗水旁山而过，石为泗水之涯。石在水旁，水中见石，
　　似若水上浮然。此石可以为磬，故谓之浮石也。贡石而言磬者，
　　此石宜为磬，犹如砥砺然也。"

【译文】

泗水往东南流过吕县南面，

吕县原是宋国的城邑。《春秋·襄公元年》：晋军进攻郑及陈，楚子
辛去援救郑，侵入宋国的吕、留。吕县正对泗水。汉景帝三年，有白颈乌
鸦与黑乌鸦在该县相斗，白颈乌鸦斗败，坠入泗水而死达数千只。京房
《易传》说：违反了亲属相亲之理，于是出现了黑白相斗的妖异。那时即
有吴、楚谋反。泗水上有桥梁，所以称吕梁。从前宋景公拉开弓匠制作
的弓，搭箭向东射去，箭都聚集在彭城之东，深深射进石桥里，说的就是
这座桥。这里狂涛急流奔腾澎湃，是泗水上的险要河段，正像孔子所说
的，连鱼鳖也不能游。又说：飞瀑三十仞，浪花飞迸九十里。今天已看不
见古时的情景了。但这些说法也有点夸张，正像以插天描写山高，并不
是真的就高到天上了。《晋太康地记》说：泗水出产磬石，就是《尚书》所
说的泗水岸边有浮磬。

泗水又东南流，丁溪水注之①。溪水上承泗水于吕县，
东南流，北带广隰②，山高而注于泗川。泗水冬春浅涩③，常

排沙通道④，是以行者多从此溪。即陆机《行思赋》所云⑤：乘丁水之捷岸⑥，排泗川之积沙者也。晋太元九年⑦，左将军谢玄于吕梁遣督护闻人奭用工九万⑧，拥水立七埭⑨，以利漕运者。

【注释】

①丁溪水：《水经注疏》杨守敬按："丁溪水盖以溪水如丁字也。杜牧诗：叠嶂巧分丁字水，与此同。……水在今铜山县东南、邳州（今江苏邳州）西北。"

②带：毗邻，邻接。广隰（xí）：广阔的低洼之地。

③浅涩：因水浅而流动不畅。涩，不通畅，不流畅。可知此水冬春之季为少水期。

④排沙通道：清理泥沙，打通道路。

⑤陆机：字士衡。西晋吴郡吴县（今江苏苏州）人。三国吴陆抗之子，与弟陆云并称二陆。工诗、善赋、佳文、美书，《诗品》以之入上品。著述甚富，最为人所称道者为《文赋》，存留至今。亦存诗文数百篇。

⑥乘丁水之捷岸：利用丁水便捷的水岸。

⑦太元九年：384 年。太元，东晋孝武帝司马曜的年号（376—396）。

⑧左将军：官名。领军之将。与前、右、后将军并位上卿。谢玄：字幼度。东晋陈郡阳夏（今河南太康）人。在淝水之战中，打败前秦苻坚百万军队。卒后追赠车骑将军、开府仪同三司，谥曰献武。督护闻人奭（shì）：吴兴（今浙江湖州）人。孝武帝时官博平令。谢玄讨苻坚，曾为督护。督护，官名。掌军务，为诸公府、军府、州郡府属官。

⑨七埭（dài）：七座水坝。埭，水坝。

【译文】

泗水又往东南流，丁溪水注入。溪水上口在吕县承接泗水，水往东南流，从一片辽阔的低地北面绕过，又流经高山脚下而注入泗水。泗水冬春两季经常水浅流滞，常常须排去积沙以保持水道畅通，旅人大多从此溪过往。正如陆机《行思赋》所说的：利用丁水近捷的水岸，来排除泗水的积沙。晋太元九年，左将军谢玄派遣督护闻人奭在吕梁动用民工九万，在水上筑了七座坝，以利于运粮船只的通航。

又东南过下邳县西①，

泗水历县迳葛峄山东②，即奚仲所迁邳峄者也③。

【注释】

①下邳县：秦置，属东海郡。治所在今江苏睢宁西北古邳镇东三里。
②葛峄山：亦名峄阳山。即今江苏邳州西南之岠山，接睢宁境。
③奚仲：夏之车正，传说发明了两轮马车。

【译文】

泗水又往东南流过下邳县西面，

泗水流经下邳县，经过葛峄山东面，就是奚仲迁居的邳峄。

泗水又东南迳下邳县故城西，东南流，沂水流注焉①，故东海属县也②。应劭曰：奚仲自薛徙居之③，故曰下邳也。汉徙齐王韩信为楚王④，都之，后乃县焉，王莽之闰俭矣，东阳郡治⑤。文颖曰⑥：秦嘉⑦，东阳郡人，今下邳是也。晋灼曰：东阳县⑧，本属临淮郡⑨，明帝分属下邳⑩，后分属广陵⑪。故张晏曰：东阳郡，今广陵郡也，汉明帝置下邳郡矣。城有三重，其大城中有大司马石苞、镇东将军胡质、司徒王浑、监军石崇四碑⑫。南门谓之白门⑬，魏武擒陈宫于此处矣⑭。中城，吕布所守也。小城，晋中兴北中郎将荀羡、郗昙所治也⑮。

昔泰山吴伯武⑯，少孤，与弟文章相失二十余年，遇于县市，文章欲殴伯武，心神悲恸⑰，因相寻问，乃兄弟也。县为沂、泗之会也。

【注释】

①沂水：亦名西沂水。即今山东曲阜南之沂河。

②东海：即东海郡。秦置。治所在郯县（今山东郯城北门外）。楚、汉之际为郯郡，西汉仍为东海郡。

③薛：夏代封国。任姓。在今山东滕州南四十里皇殿岗古城址。

④齐王韩信：秦末淮阴（今江苏淮安淮阴区）人。初从项羽，后归刘邦，拜大将，助刘邦打败项羽，战功卓著，与萧何、张良合称汉兴三杰。汉四年（前203）立为齐王，明年徙为楚王，汉六年（前201）以阴谋叛乱之罪名降为淮阴侯，十一年（前196）被吕后杀害。

⑤东阳郡：三国吴宝鼎元年（266）分会稽郡置，属扬州。治所在长山县（今浙江金华）。

⑥文颖：字叔良。南阳（今河南南阳）人。后汉末荆州从事，魏建安中为甘陵府丞。曾注《汉书》。

⑦秦嘉：广陵（今江苏扬州）人。秦汉之际起义军将领。秦末陈胜起兵反秦，嘉亦将兵攻秦，自立为大司马。后立景驹为楚王。与项梁战，败亡。

⑧东阳县：秦置，属东海郡。治所即今江苏盱眙东南东阳城。

⑨临淮郡：西汉置。治所在徐县（今江苏泗洪南大徐台）。

⑩明帝：三国魏帝曹叡（ruì）。下邳：即下邳郡。东汉建安十一年（206）改下邳国置，属徐州。治所在下邳县（今江苏睢宁西北古邳镇东）。

⑪广陵：即广陵郡。东汉建武十八年（42）改广陵国置。治所在广陵县（今江苏扬州西北蜀冈上）。

⑫大司马石苞、镇东将军胡质、司徒王浑、监军石崇四碑：《水经注疏》熊会贞按："此四碑，欧（阳修）、赵（明诚）皆不著录，盖已失。"石苞，字仲容。渤海南皮（今河北南皮东北）人。历东莱、琅邪太守，所在皆有威惠。迁徐州刺史。寿春平，拜镇东将军，封东光侯、假节。司马炎代魏建晋，迁大司马，进封乐陵郡公。谥曰武。胡质，字文德。寿春（今安徽寿县）人。少与蒋济、朱绩俱知名于江、淮间。历任顿丘令、侍中、吏部郎。后迁荆州刺史，加振威将军，赐爵关内侯。为官以清廉著称。薨，家无余财，惟有赐衣书箧而已。追进封阳陵亭侯，谥曰贞侯。王浑，字玄冲。太原晋阳（今山西太原）人。沉雅有器量。武帝时为安东将军。咸宁五年（279）率军出横江攻吴，旋升征东大将军，转司徒等职。监军，古代监军仅为临时差遣，事毕即罢。汉有监军御史，魏晋已降有监诸州军事等。北魏时，于诸军镇置监军，或称监某地军事。石崇，字季伦。渤海南皮（今河北南皮东北）人。西晋开国元勋石苞之子。西晋巨富，极奢靡。其钱财依靠任荆州刺史时拦劫远方过境的贡使商客而得，曾与当时另一巨富王恺斗富，后死于八王之乱。

⑬白门：即下邳城大城之门。

⑭陈宫：字公台。东郡（今河南濮阳西南）人。刚直烈壮，少与海内知名之士皆联结。及天下乱，始随曹操，后从吕布。为布画策，布每不从。后为操戮杀。

⑮荀羡：字令则。颍川颍阴（今河南许昌）人。清和有识裁，驸马都尉。因战功授徐、兖二州刺史等职。郗昙：字重熙。高平金乡（今山东金乡）人。少赐爵东安县开国伯。司徒王导辟秘书郎。简文帝为抚军大将军，引为司马。累官北中郎将、领徐兖二州刺史等。卒谥简。

⑯泰山：即泰山郡。楚汉之际刘邦改博阳郡置。治所在博县（今山东泰安东南三十里旧县），因境内泰山得名。后移治奉高县（今山

东泰安东北)。北魏移治博平县(今泰安东南旧县)。

⑰悲恸(tòng):悲伤痛哭,悲伤。

【译文】

泗水又往东南流经下邳县旧城西面,往东南流,沂水流来注入,下邳是过去东海郡的属县。应劭说:奚仲从薛迁居到这里,所以称为下邳。汉时把齐王韩信迁到这里为楚王,建都在这里,后来设立为县,王莽时改名为闰俭,是东阳郡的治所。文颖说:秦嘉,东阳郡人,指的就是今天的下邳。晋灼说:东阳县本属临淮郡,明帝时把它划归下邳,后来又划归广陵。因此张晏说:东阳郡是今天的广陵郡,汉明帝时设置了下邳郡。城有三重,大城中有大司马石苞、镇东将军胡质、司徒王浑、监军石崇的四座碑。南门称为白门,魏武帝就在这里俘获了陈宫。中城是吕布守卫的。小城是晋中兴时,北中郎将荀羡、郗昙驻管的地方。从前泰山郡的吴伯武,少年时成了孤儿,与弟弟文章失散二十多年,后来在该县市上相遇,文章想拜伯武,但心情悲痛,因此互相询问才知道原是兄弟。该县是沂水和泗水的汇流处。

又有武原水注之①。水出彭城武原县西北②,会注陂南,迳其城西,王莽之和乐亭也。县东有徐庙山③,山因徐徙,即以名之也。山上有石室,徐庙也。武原水又南合武水,谓之沝水④,南迳刚亭城⑤,又南至下邳入泗,谓之武原水口也。

【注释】

①武原水:当在今江苏邳州一带。

②武原县:西汉置,属楚国。治所在今江苏邳州西北郁山头南沝口。

③徐庙山:当为徐山。

④沝(jiā)水:在今江苏邳州西北。

⑤刚亭城:《水经注疏》杨守敬按:“城在今邳州(今江苏邳州)境。”

【译文】

又有武原水注入。武原水发源于彭城武原县西北,注入陵南,流经城西,此城就是王莽时的和乐亭。县东有徐庙山,是因为徐人迁徙到这里而得名。山上有个石室,就是徐庙。武原水又南流与武水汇合,称为泇水,往南流经刚亭城,又往南流到下邳注入泗水,汇流处称为武原水口。

又有桐水出西北东海容丘县①,东南至下邳入泗。

【注释】

①容丘县:即容丘侯国。西汉置,属东海郡。即今江苏睢宁古邳镇西北,当在今邳州南。

【译文】

又有一条水叫桐水,发源于西北方东海郡容丘县,东南流到下邳汇入泗水。

泗水东南迳下相县故城东①,王莽之从德也。城之西北有汉太尉陈球墓②,墓前有三碑,是弟子管宁、华歆等所造③。初平四年④,曹操攻徐州,破之,拔取虑、睢陵、夏丘等县⑤,以其父避难被害于此⑥,屠其男女十万,泗水为之不流⑦,自是数县人无行迹,亦为暴矣⑧。

【注释】

①下相县:战国秦置,属泗水郡。治所在今江苏宿迁西南古城。应劭曰:“相水出沛国,故加下。”东汉属下邳国。晋属临淮郡。

②陈球:字伯真。下邳淮浦(今江苏涟水西)人。少涉儒学,善律令。阳嘉中,举孝廉,稍迁繁阳令。累迁侍御史、光禄大夫等职。与司

徒河间刘郃谋诛宦官，事泄下狱死。

③管宁：字幼安。北海朱虚（今山东临朐）人。一生闭门读书，不求
仕进。华歆：字子鱼。三国魏平原高唐（今山东禹城）人。曹操表
征之，拜议郎，入为尚书，代荀彧为尚书令。曹丕时拜相国，封安
乐乡侯，后擢司徒。魏明帝时拜太尉，封博平侯。卒谥敬。

④初平四年：193年。初平，东汉献帝刘协的年号（190—193）。

⑤取虑：即取虑县。战国秦置，属泗水郡。故址在今安徽灵璧东北
七十四里高楼镇潼郡村。元狩六年（前117）改属临淮郡。睢（suī）
陵：即睢陵县。西汉置，属临淮郡。治所在今江苏泗洪东南洪泽
湖中。东汉属下邳国。北魏为淮阳郡治。夏丘：西汉置，属沛郡。
治所在今安徽泗县东。东汉属下邳国。三国魏属下邳郡。西晋
属下邳国。

⑥其父避难被害于此：曹操父于泰山被杀，曹操将之归咎于陶谦。

⑦泗水为之不流：事见《三国志·魏书·陶谦传》：“初平四年，太祖
征谦，攻拔十余城，至彭城大战。谦兵败走，死者万数，泗水为之
不流。”

⑧亦为暴矣：郦道元对曹操屠其男女十万的做法非常愤慨，直斥其
“暴矣”。

【译文】

泗水往东南流经下相县旧城东面，王莽时改名为从德。城的西北面
有汉朝太尉陈球墓，墓前有三块碑，是他的弟子管宁、华歆等人修造的。
初平四年，曹操进攻徐州，破城后又连克取虑、睢陵、夏丘等县，因曹操父
亲曾在此避难被害，他就屠杀了男女十万余人泄愤，泗水因此堵塞不流，
从此以后，这几县行人绝迹，这也太残暴了！

泗水又东南得睢水口①。

【注释】

①睢水口:即睢口。在今江苏宿迁东南十里。

【译文】

泗水又往东南流到睢水口。

泗水又迳宿预城之西①,又迳其城南,故下邳之宿留县也②,王莽更名之曰康义矣③。晋元皇之为安东也④,督运军储,而为邸阁也⑤。魏太和中⑥,南徐州治⑦,后省为戍⑧。梁将张惠绍北入⑨,水军所次,凭固斯城⑩,更增修郭堑⑪,其四面引水环之,今城在泗水之中也。

【注释】

①宿预城:宿预县治所。在今江苏宿迁东南郑楼镇古城。

②宿留县:即宿预县。

③王莽更名之曰康义:"康义"似为"秉义"之形讹。《汉书·地理志》"临淮郡":"厹(qiú)犹,莽曰秉义。"厹犹,春秋时宋地,汉置县。在今江苏宿迁东南郑楼镇古城。译文从之。

④晋元皇:即东晋元帝司马睿,字景文。河内温县(今河南温县)人。晋武帝司马炎从子。西晋灭亡后称晋王,后在建康即帝位,史称东晋。安东:即安东将军。

⑤邸阁:古代官府所设储存粮食等物资的仓库。

⑥太和:北魏高祖孝文帝元宏的年号(477—499)。

⑦南徐州:《水经注疏》熊会贞按:"考《隋志》,宿豫郡,后魏置南徐州。《通典》亦云后魏置南徐州。《舆地广记》:后魏太和中,南徐州治宿预(在今江苏宿迁东南)。"

⑧后省为戍:《水经注疏》熊会贞按:"《地形志》,世宗初,废为镇。"

⑨梁:南朝梁。萧衍于502年建立,557年被陈霸先灭亡。张惠绍:
　　字德继。义阳(今河南信阳)人。少有武干。萧衍践阼,封石阳县
　　侯,后迁太子右卫率。屡升迁。卒,赠护军将军,谥曰忠。
⑩凭固斯城:以这座城池为坚固的依凭。
⑪郭壍(qiàn):外城与壕沟。壍,沟壕。

【译文】

　　泗水又流经宿预城西面,又流经城南,宿预原是下邳的宿留县,王莽时改名为秉义。晋元帝任安东将军的时候,在此督运军用物资,这里是仓库。魏太和年间,这里是南徐州的治所,后来撤销州治改设边防营垒。梁将张惠绍北侵,利用此城的险固,就把水军驻扎在这里,又增修外城,挖掘城壕,引水环绕城的四面,今天城已在泗水之中了。

又东南入于淮。

泗水又东迳陵栅南①,《西征记》曰②:旧陵县之治也③。

【注释】

①陵栅:《水经注疏》熊会贞按:“《地形志》,下邳郡有栅渊县(今江
　　苏宿迁西南),武定八年,分宿预(在今江苏宿迁东南郑楼镇古
　　城)置。盖即陵栅之地……在今宿迁县(今江苏宿迁)东南五十
　　里。”
②《西征记》:书名。东晋末戴延之(戴祚)撰。记作者随刘裕西征
　　关中时所见沿途山川形胜。
③陵县:亦作凌县。秦置,属东海郡。治所在今江苏泗阳西北。西
　　汉属泗水国。东汉属广陵郡。西晋属下邳国。

【译文】

泗水又往东南流,注入淮水。

泗水又往东流经陵栅南面,《西征记》说:这里是旧陵县的治所。

泗水又东南迳淮阳城北^①，城临泗水，昔菑丘䜣饮马斩蛟^②，眇目于此处也^③。

【注释】

①淮阳城：在今江苏泗阴西废黄河南岸。

②菑丘䜣饮马斩蛟：《韩诗外传》，东海有勇士菑丘䜣过神泉，饮马，马为蛟所取。䜣拔剑入水，三日三夜，杀二蛟而出。雷神随而击之，眇其左目。

③眇（miǎo）目：一目失明。

【译文】

泗水又往东南流经淮阳城北面，城临泗水，昔日菑丘䜣在泗水放马饮水，马被蛟掠去，他入水斩蛟左目失明，就在此处。

泗水又东南迳魏阳城北^①，城枕泗川，陆机《行思赋》曰：行魏阳之枉渚^②。故无魏阳，疑即泗阳县故城也^③，王莽之所谓淮平亭矣。盖魏文帝幸广陵所由^④，或因变之，未详也。

【注释】

①魏阳城：郦道元疑即泗阳县故城。

②行魏阳之枉渚（zhǔ）：《艺文类聚·人部·行旅》卷二十七收录的《行思赋》无此句，疑为佚文。枉渚，河中弯曲的洲滩。

③泗阳县：西汉置，属泗水国。治所在今江苏淮安淮阴区西旧黄河南。东汉废。

④魏文帝：曹丕，曹操第二子。广陵：今江苏扬州。

【译文】

泗水又往东南流经魏阳城北面，城紧靠泗水，陆机《行思赋》说：到了魏阳河中弯曲的洲滩。过去没有魏阳，可能就是泗阳县的旧城，王莽时叫淮平亭。也许因为魏文帝临幸广陵时经过这里,因此改变了地名,这就不清楚了。

　　泗水又东迳角城北①,而东南流注于淮。考诸地说②,或言泗水于睢陵入淮,亦云于下相入淮,皆非实录也。

【注释】

①角城:在今江苏淮安淮阴区西南古淮水与泗水交会处。

②地说:关于地理的记载。

【译文】

　　泗水又往东流经角城北面,然后往东南流,注入淮水。查阅各种地理书,有的说泗水在睢陵注入淮水,也有说在下相注入淮水,都不是确实可靠的说法。

沂水

沂水出泰山盖县艾山①,

　　郑玄云:出沂山②,亦或云临乐山③。水有二源:南源所导,世谓之柞泉;北水所发,俗谓之鱼穷泉。俱东南流合成一川。

【注释】

①沂水:此水发源于今山东中部山地,向南流,最后与淮水汇合。泰
　　山:即泰山郡。盖县:战国时置,属齐国。治所在今山东沂源东南
　　盖冶。西汉属泰山郡。艾山:在今山东沂源西南。

②沂山:亦曰东泰山。在今山东临朐南九十里,与沂水县接界。

③临乐山:在今山东蒙阴东北。

【译文】

沂水

沂水发源于泰山郡盖县的艾山，

郑玄说：沂水发源于沂山，也有说发源于临乐山。沂水有两个源头：南源民间称之为柞泉，北源民间称之为鱼穷泉。两条水都往东南流，汇合成一条。

右会洛预水①。水出洛预山，东北流注之。

【注释】

①洛预水：《水经注疏》杨守敬按："水在今沂水县西北。"

【译文】

沂水右边与洛预水汇合。洛预水发源于洛预山，往东北流，注入沂水。

沂水东南流，左合桑预水①。水北出桑预山，东注于沂水。

【注释】

①桑预水：《水经注疏》杨守敬按："水亦在今沂水县西北。"

【译文】

沂水往东南流，左边汇合了桑预水。此水发源于北面的桑预山，东流注入沂水。

沂水又东南，螳螂水入焉①。水出鲁山②，东南流，右注沂水。

【注释】

①螳螂水：《水经注疏》杨守敬按："在今沂水县西北。"

②鲁山：在今山东沂源西北，与淄博交界处。

【译文】

沂水又往东南流，螳螂水注入。此水发源于鲁山，往东南流，在右边注入沂水。

沂水又东迳盖县故城南，东会连绵之水①。水发连绵山，南流迳盖城东而南入沂。

【注释】

①连绵之水：《水经注疏》杨守敬按："水亦在今沂水县西北。"

【译文】

沂水又往东流经盖县旧城南面，往东流与连绵之水汇合。此水发源于连绵山，往南流经盖城东，而后南流注入沂水。

沂水又东迳浮来之山①。《春秋》经书：公及莒人盟于浮来者也②。即公来山也③，在邳乡西④，故号曰邳来之间也⑤。浮来之水注之，其水左控三川，右会甘水而注于沂⑥。

【注释】

①浮来之山：《水经注疏》杨守敬按："《沂水县志》谓即《隋志》东安县（今山东沂水县西南）下之松山。在今县（今山东沂水县）西北八十里。"

②公及莒人盟于浮来者：《春秋·隐公八年》："九月辛卯，公及莒人盟于浮来。"

③公来山：在今山东莒县西。

④邳乡：在今山东沂水县北沭水北岸。

⑤邳来之间：即浮来之山、公来山之别号。

⑥甘水：《水经注疏》杨守敬按："水在今沂水县西北。"

【译文】

沂水又往东流经浮来山。《春秋》载：公和莒人在浮来会盟。浮来山就是公来山，在邳乡西，所以称邳来之间。浮来水又注入沂水，浮来水左面接纳了三条水，右面与甘水汇合，而后注入沂水。

沂水又南迳爆山西①，山有二峰，相去一里，双峦齐秀，圆峙若一②。

【注释】

①爆山：《水经注疏》杨守敬按："在今沂水县西北三十里。"

②圆峙：圆形对峙。若一：如同一座山。

【译文】

沂水又往南流经爆山西面，爆山有两座山峰，相距一里，双峰都很秀美，浑圆的山形看来一模一样。

沂水又东南迳东莞县故城西①，与小沂水合。孟康曰②：县，故郓邑③，今郓亭是也④。汉武帝元朔二年⑤，封城阳共王子吉为东莞侯⑥。魏文帝黄初中立为东莞郡⑦。《东燕录》谓之团城⑧。刘武帝北伐广固⑨，登之以望王难⑩。魏南青州治⑪。《左氏传》曰：莒、鲁争郓⑫，为日久矣。今城北郓亭是也。京相璠曰：琅邪姑幕县南四十里员亭⑬，故鲁郓邑，世变其字，非也⑭。《郡国志》⑮：东莞有郓亭。今在团城东北四十里，犹谓之故东莞城矣。小沂水出黄孤山，西南流迳其城北，西南注于沂。

【注释】

①东莞县：西汉置，属琅邪郡。治所即今山东沂水县。

②孟康：字公休。三国魏广宗（今河北威县）人。明帝时任散骑侍郎，后至中书监。

③故郓邑：春秋时鲁邑。在今山东郓城东十六里。亦称西郓。

④郓亭：在今山东莒县东北东莞集。

⑤元朔二年：前127年。

⑥城阳共王：即刘喜。吉：即刘吉。城阳共王刘喜之子。元朔二年（前127）封东莞侯。

⑦黄初：魏文帝曹丕的年号（220—226）。东莞郡：东汉建安初分琅邪、齐郡置，属徐州。治所在今山东沂水县东北城子。

⑧《东燕录》：具体不详。团城：即今山东沂水县城。西汉于此置东莞县。三国魏为东莞郡治。北魏为东徐州治，后又为南青州治。

⑨刘武帝：即南朝宋的建立者刘裕。字德舆，小名寄奴。彭城县（今江苏徐州）人。汉高帝楚元王刘交的后人。晋安帝时，平孙恩、卢循，为下邳太守。桓玄称帝，刘裕起兵京口讨玄，大破之。累封宋公。晋元熙初代晋称帝，国号宋。在位三年崩，谥号武。庙号高祖，年号永初。广固：在今山东青州西北八里尧山之阳。《元和郡县图志》："有大涧甚广固，故谓之广固。"自永嘉丧乱，青州沦没石氏，东莱人曹嶷为刺史，造广固城。

⑩王难：当作五龙。广固有五龙口。

⑪南青州：北魏太和二十二年（498）改东徐州置。治所在团城（今山东沂水县）。

⑫郓：即东郓。在今山东沂水县东北。按，以上事见《左传·昭公元年》："莒、鲁争郓，为日久矣。"

⑬琅邪：秦置。治所在琅邪县（今山东青岛黄岛区西南琅琊镇）。姑幕县：战国秦置，属琅邪郡，为都尉治。治所在今山东诸城西北

四十里石埠子镇。

⑭故鲁郓邑,世变其字,非也:《水经注疏》熊会贞按:"《读书杂志·淮南内篇》十五详言:运、员二字通,运、郓音同,郓、员亦可通用。京氏以变'郓'作'员'为非,殆未深考也。"

⑮《郡国志》:晋司马彪《续汉书》篇名。记述东汉时期全国行政区划、人口以及《春秋》和"前三史"所载征伐、会盟所在的地名。

【译文】

沂水又往东南流经东莞县旧城西面,与小沂水汇合。孟康说:东莞县是从前的郓邑,就是今天的郓亭。汉武帝元朔二年,封城阳共王的儿子吉为东莞侯。魏文帝黄初年间,立为东莞郡。《东燕录》称为团城。刘武帝北伐广固时,登上城关遥望五龙。魏时,这里是南青州的治所。《春秋左传》说:莒、鲁争夺郓,由来已久。今天城北的郓亭就是当时的郓。京相璠说:琅邪姑幕县南四十里有员亭,就是过去鲁国的郓邑,世人把字改了,是写错了。《郡国志》:东莞有郓亭。今天在团城东北四十里,还把它称为旧东莞城。小沂水发源于黄孤山,往西南流经城北,往西南注入沂水。

沂水又南与间山水合①。水出间山,东南流,右佩二水②,总归于沂。

【注释】

①间山:《水经注疏》熊会贞按:"间山在今蒙阴县(今山东蒙阴)东北一百二十里,其水东南流,至沂水县西南入沂。"

②佩:带,佩带。这是从地图上看水流汇注干流的效果。

【译文】

沂水又往南流与间山水汇合。间山水发源于间山,往东南流,右面引入两条水,一起汇合入沂水。

沂水南迳东安县故城东①，而南合时密水。水出时密山②，春秋时莒地③。《左传》：莒人归共仲于鲁④，及密而死是也⑤。时密水东流，迳东安城南，汉封鲁孝王子强为东安侯⑥。时密水又东南流入沂。

【注释】

①东安县：东汉改东安侯国置，属琅邪国。治所在今山东沂水县西南三十里。

②时密山：《水经注疏》熊会贞按："时密山在今沂水县西南四十里。"

③莒：西周封国名。故址在今山东莒县。前431年为楚所灭。

④共仲：即仲庆父。亦称孟氏，鲁庄公之弟。庄公去世，子般即位，杀子般。闵公继位，又杀闵公，后自杀。"庆父不死，鲁难未已"一语，由此而来。

⑤及密而死：《左传·闵公二年》："共仲奔莒，乃入，立之。以赂求共仲于莒，莒人归之。及密，使公子鱼请。不许，哭而往。共仲曰：'奚斯之声也。'乃缢。"

⑥鲁孝王：即刘庆忌。鲁恭王刘馀之孙、鲁安王刘光之子。强：即刘强。鲁孝王刘庆忌之子。甘露四年（前50）封东安侯。卒，谥孝。

【译文】

沂水往南流经东安县旧城东面，又南流与时密水汇合。时密水发源于时密山，春秋时属莒地。《左传》：莒人把共仲送回鲁国，到密时却死了。时密水往东流经东安城南，汉封鲁孝王的儿子强为东安侯。时密水又往东南流入沂水。

沂水又南，桑泉水北出五女山①，东南流，巨围水注之。水出巨围之山②，东南注于桑泉水。桑泉水又东南，堂阜水入焉③。其水导源堂阜④。《春秋·庄公九年》⑤,管仲请囚⑥,鲍叔受之⑦,及堂阜而税之⑧。杜预曰:东莞蒙阴县西北有夷吾亭者是也⑨。堂阜水又东南注桑泉水,桑泉水又东南迳蒙阴县故城北,王莽之蒙恩也。又东南与叟崮水合⑩。水有二源双会,东导一川,俗谓之汶水也。东迳蒙阴县注桑泉水。又东南,卢川水注之⑪。水出鹿岭山,东南流,左则二川臻凑⑫,右则诸葛泉源斯奔⑬,乱流迳城阳之卢县⑭,故盖县之卢上里也。汉武帝元朔二年⑮,封城阳共王子刘豨为侯国⑯。王莽更名之曰著善矣。又东南注于桑泉水。桑泉水又东南,右合蒙阴水⑰。水出蒙山之阴⑱,东北流,昔琅邪承宫⑲,避乱此山,立性好仁,不与物竞,人有认其黍者,舍之而去⑳。其水东北流入于沂。

【注释】

①五女山:在今山东蒙阴西南四十五里。

②巨围之山:《水经注疏》熊会贞按:“巨围山在今蒙阴县(今山东蒙阴)西南四十里,其水东南流入东汶河。”

③堂阜水:在今山东蒙阴东南。

④堂阜:春秋时齐邑。在今山东蒙阴西北二十四里常路镇北。

⑤庄公九年:前685年。

⑥管仲:亦称管子。名夷吾,本为公子纠的臣子。公子纠死后,由于鲍叔牙的推荐,相齐桓公九合诸侯,称霸天下。

⑦鲍叔:即鲍叔牙。春秋时齐国大夫。举荐好友管子于齐桓公,相齐桓公九合诸侯,称霸天下。后以鲍叔代称知己好友。

⑧税(tuō):通“脱”。解脱,放走。

⑨夷吾亭:当在今山东蒙阴县境。

⑩叟崮（sǒu gù）水：在今山东蒙阴南。

⑪卢川水：在今山东蒙阴东北九十里。

⑫臻（zhēn）凑：奔趋，汇集。

⑬诸葛泉：《水经注疏》杨守敬按："蒙阴县（今山东蒙阴）东北有龙泉。《一统志》谓即诸葛泉。"

⑭城阳：即城阳国。西汉文帝二年（前178）改城阳郡为国。治所在莒县（今山东莒县）。东汉建武十三年（37）并入琅邪国。卢县：西汉置，属城阳国。治所在今山东蒙阴东北五十二里坦埠镇故县村。东汉省。

⑮元朔二年：前127年。

⑯城阳共王：即刘喜。刘稀：西汉诸侯。城阳共王刘喜之子。元朔二年（前127）封雷侯。元鼎五年（前112），坐酎金免。

⑰蒙阴水：在今山东蒙阴县境。源出蒙阴山，东北流会桑泉、堂阜二水入于沂。

⑱蒙山之阴：当作蒙阴山。在今山东蒙阴南八里，一名仙洞山。

⑲琅邪承宫：字少子。琅邪姑幕（今山东诸城西北）人。曾在蒙阴山耕种，禾黍将熟，有人认地，宫乃弃地而去，由是显名。永平中，拜博士，迁左中郎将。数上忠言，陈政议论切中，朝臣惮其节，名播匈奴。拜侍中祭酒。

⑳人有认其黍者，舍之而去：事见《后汉书·承宫传》。

【译文】

沂水又往南流，桑泉水发源于北方的五女山，往东南流，巨围水注入。巨围水发源于巨围山，往东南流注入桑泉水。桑泉水又往东南流，堂阜水注入。此水发源于堂阜。《春秋·庄公九年》，管仲请求鲍叔把他关起来，鲍叔于是囚禁了他，但到堂阜就把他释放了。杜预说：东莞蒙阴县西北有夷吾亭，就是这地方。堂阜水又往东南流注入桑泉水，桑泉水又往东南流经蒙阴县旧城北面，王莽时称为蒙恩。桑泉水又往东南流与夔崮水汇合。此水有两条源流，东流合为一条，俗称汶水。往东流经蒙阴后注入桑泉水。桑泉水又往东南流，卢川水注入。卢川水发源于鹿岭山，往东南流，左边有两条水汇入，右边有诸葛泉流来，乱流经过城阳的卢县，这里是从前盖县的卢上里。汉武帝元朔二年，把这里封给城阳共王的儿子刘稀，立为侯国。王莽时改名为著善。卢川水又往东南流，注入桑泉水。桑泉水又往东南流，右边与蒙阴水汇合。蒙阴水发源于蒙山北麓，往东北流，从前琅邪承宫在此山避乱，他生性仁厚，不和人争，有人冒认他所种的黍，他也就丢掉离开了。蒙阴水往东北流，注入沂水。

沂水又南迳阳都县故城东①，县，故阳国也②。齐同盟，齐利其地而迁之者也③。汉高帝六年④，封将军丁复为侯国⑤。

【注释】

①阳都县：战国秦置，属琅邪郡。治所在今山东沂南县南四十里砖埠镇阳都村。西汉属城阳国。东汉属琅邪国。

②阳国：周代国名。春秋时被齐所灭。故址在今山东沂南县南四十里砖埠镇阳都村。西汉置阳都县。

③齐利其地而迁之：《春秋·闵公二年》："二年，春，王正月，齐人迁阳。"

④汉高帝六年：前201年。

⑤丁复：西汉诸侯。秦末，初为赵将，在邺加入刘邦军，历任楼烦将、大司马、将军。尝杀项羽大将龙且。高祖六年（前201）封阳都侯。

【译文】

沂水又往南流经阳都县旧城东面，阳都县就是从前的阳国。阳国是齐国的盟国，齐国贪图那片土地肥美，就把阳人迁走。汉高帝六年，把这里封给将军丁复，立为侯国。

沂水又南与蒙山水合。水出蒙山之阴,东流迳阳都县南,东注沂水。

【译文】

沂水又往南流与蒙山水汇合。蒙山水发源于蒙山的北面,往东流经阳都县南面,又往东注入沂水。

沂水又左合温水[①]。水上承温泉陂,而西南入于沂水者也。

【注释】

①温水:《水经注疏》杨守敬按:"今曰汤河。出兰山县(今山东临沂)东北六十里汤山,东南入沭。"

【译文】

沂水又在左面与温水汇合。温水上口承接温泉陂,往西南注入沂水。

南过琅邪临沂县东[①],又南过开阳县东[②],

沂水南迳中丘城西[③],《春秋·隐公七年》[④],夏,城中丘。《左传》曰:书不时也[⑤]。

【注释】

①临沂县:西汉置,属东海郡。治所在今山东临沂东北诸葛城。东汉改属琅邪国。

②开阳县:西汉置,属东海郡。治所在今山东临沂北十五里鄅古城。东汉为琅邪国都。

③中丘城:春秋时鲁邑。即今山东临沂东北白沙埠镇诸葛城。

④隐公七年：前716年。

⑤书不时也：《春秋》中记载下来这件事，是因为夏天修建中丘城，不
　合时令。根据《左传·庄公二十九年》记载，凡土木工程，当在秋
　天农事完毕后开始，冬至前完工。趁着农闲时进行，否则均算作
　"不时"。

【译文】

　　沂水往南流过琅邪郡临沂县东面，又往南流过开阳县东面，
沂水往南流经中丘城西面，《春秋·隐公七年》，夏天，修筑中丘城。
《左传》说：记录这件事是因为这项工程不合时宜。

　　沂水又南迳临沂县故城东，《郡国志》曰：琅邪有临沂
县，故属东海郡，有治水注之①。水出泰山南武阳县之冠石
山②。《地理志》曰：冠石山，治水所出。应劭《地理风俗记》
曰：武水出焉③。盖水异名也。东流迳蒙山下④，有祠。治水
又东南迳颛臾城北⑤，《郡国志》曰：县有颛臾城。季氏将伐
之⑥，孔子曰：昔者，先王以为东蒙主⑦，社稷之臣，何以伐之
为？冉有曰⑧：今夫颛臾固，而便近于费者也⑨。治水又东南
流，迳费县故城南。《地理志》：东海之属县也。为鲁季孙
之邑，子路将堕之⑩。公山弗扰师袭鲁⑪，弗克，后季氏为阳
虎所执⑫，弗扰以费畔⑬，即是邑也。汉高帝六年⑭，封陈贺
为侯国⑮。王莽更名之曰顺从也。许慎《说文》云：沂水出
东海费县东，西入泗，从水，斤声。吕忱《字林》亦言是矣⑯。
斯水东南所注者，沂水在西，不得言东南趣也，皆为谬矣。
故世俗谓此水为小沂水。治水又东南迳祊城南⑰。《春秋·隐
公八年》⑱，郑伯请释泰山之祀，而祀周公⑲，使宛归泰山之

祊而易许田[20]。杜预《释地》曰：祊，郑祀泰山之邑也，在琅邪费县东南。治水又东南流注于沂。

【注释】

①治水：即今山东平邑东南浚河。

②南武阳县：西汉置，属泰山郡。治所即今山东平邑。以东郡有武阳县，故加南。东汉改为南武阳侯国，后改为县。冠石山：即今山东平邑东北境与新泰交界处之太平顶。

③武水：即今山东兰陵东南武河。

④蒙山：又名东蒙山。在今山东蒙阴西南，接平邑县界。

⑤颛臾城：周代东夷小国（春秋时为鲁之附庸）治所。在今山东平邑东南三十里固城。

⑥季氏：即鲁季孙，鲁国三权臣之一。

⑦东蒙主：东蒙山的主祭人。东蒙，即东蒙山，又称蒙山。

⑧冉有：字子有。春秋时鲁人，孔子弟子。性谦退，有才艺，擅长政事。曾为季氏家臣。

⑨便近：便利紧邻。费：春秋时鲁邑。在今山东费县西北二十里古城。以上事见《论语·季氏》篇。

⑩子路将堕（huī）之：《左传·定公十二年》："仲由为季氏宰，将堕三都。"子路，孔子的学生仲由，字子路，又称季路。卞（今山东泗水县东）人。子路性格直率，为人鲁莽，好勇力，然很得孔子器重。堕，破坏，损坏。

⑪公山弗扰：亦作公山不扰、公山不狃（niǔ）。费邑宰。

⑫阳虎：字货。春秋鲁国人。季氏家臣中最有权势者，事季平子。

⑬弗扰以费畔：按，以上语见《左传·定公五年》《史记·孔子世家》。畔，叛离鲁国。

⑭汉高帝六年：前201年。

⑮ 陈贺:西汉诸侯。秦二世六年(前209),以舍人随刘邦起兵于砀(今河南永城北),以左司马入汉,属韩信,击项籍有功,为将军。高祖六年(前201),封费侯。

⑯ 吕忱:字伯雍。任城(今山东济宁东南)人。晋文字学家,官义阳王典祠令。撰《字林》七卷。

⑰ 祊(bēng)城:春秋郑国祭祀泰山时的汤沐之邑。在今山东费县东方城镇北。

⑱ 隐公八年:前715年。

⑲ 郑伯请释泰山之祀,而祀周公:李梦生认为,天子祭泰山,诸侯陪祭,因此各国在泰山附近都有汤沐邑,郑邑为祊。当初周成王营王城,有迁都之意,所以赐周公许田(在今山东临沂西北,一说近许国之田)以为鲁国朝宿之邑。郑国因天子不能复巡守,所以提出与鲁国交换,各近其国。又因许田有周公别庙,所以郑国说自己不再祭祀泰山而改祀周公。郑伯,即郑庄公寤生。其国国君为伯爵,故又称为郑伯。释,放弃。周公,指周公旦。

⑳ 宛:郑大夫。许:春秋鲁地。在今河南许昌东北五十一里许田村。

【译文】

沂水又往南流经临沂县旧城东面,《郡国志》说:琅邪有临沂县,从前属于东海郡,有治水在此注入沂水。治水发源于泰山南武阳县的冠石山。《地理志》说:冠石山是治水的发源地。应劭《地理风俗记》说:武水发源于冠石山。那大概是治水的异名吧。治水往东流经蒙山下,那里有一个祠庙。治水又往东南流经颛臾城北面,《郡国志》说:临沂县有颛臾城。季氏打算征伐颛臾,孔子说:昔日先王封他为东蒙主,是国家的重臣,为什么要征伐他呢?冉有说:因为颛臾城坚兵利,而且又与费相邻近,不攻下它,恐有后患。治水又往东南流经费县旧城南面。《地理志》:费县是东海郡的属县。它是鲁国季孙氏的封邑,子路要毁掉它。公山弗扰的军队袭鲁,没有攻克,后来季氏被阳虎拘捕,公山弗扰在费反叛,说的就是这城邑。汉高帝六年,把这里封给陈贺,立为侯国。王莽改为顺从。许慎《说文解字》说:沂水发源于东海郡费县东,西流注入泗水,沂字偏旁从水,音斤。吕忱《字林》也这样说。治水往东南注入的是沂水,沂水在西边,不能说向东南流注入泗水,两人都说得不对。所以民间称这条水为小沂水。治水又往东南流经祊城南面。《春秋·隐公八年》,郑伯要求废弃对泰山的祭祀而祭祀周公,让宛交还泰山的祊城,而以近许的田作为交换。杜预《释地》说:祊是郑国祭祀泰山的城邑,在琅邪费县东南。治水又往东南流,注入沂水。

沂水又南迳开阳县故城东,县,故鄅国也①。《春秋左传·昭公十八年》②,邾人袭鄅③,尽俘以归,鄅子曰:余无归矣。从孥于邾是也④。后更名开阳矣。《春秋·哀公三年》经书⑤:季孙斯、叔孙州仇帅师城启阳者是矣⑥。县,故琅邪郡治也。

【注释】

①鄅(yǔ)国:西周、春秋小国。在今山东临沂北十五里鄅古城。

②昭公十八年:前524年。

③邾(zhū):国名。曹姓,故地在今山东邹城东南。

④孥(nú):妻子儿女。

⑤哀公三年:前492年。

⑥季孙斯:即季桓子,春秋鲁国权臣之一。叔孙州仇:鲁国将领。曾堕郈(在今山东东平东南后亭)。启阳:本春秋鄅国,后入鲁为启阳邑。在今山东临沂北十五里兰山区鄅古城。

【译文】

沂水又往南流经开阳县旧城东面,开阳县是从前的鄅国。《春秋左传·昭公十八年》,邾人袭击鄅,把鄅人全都抓起来带回,鄅子说:我已无处可归了。于是就随着妻子儿女去邿。后来鄪改名为开阳。《春秋·哀公三年》经载，季孙斯、叔孙州仇率军修筑启阳城，就是这座城。开阳县是过去琅邪郡的治所。

又东过襄贲县东①，屈从县南西流，又屈南过郯县西②，

《鲁连子》称③，陆子谓齐愍王曰④：鲁费之众臣⑤，甲舍于襄贲者也⑥。王莽更名章信也。郯⑦，故国也，少昊之后⑧。《春秋·昭公十七年》⑨，郯子朝鲁⑩，公与之宴，昭子叔孙婼问曰⑪：少昊，鸟名官，何也？郯子曰：吾祖也，我知之矣。黄帝、炎帝以云火纪官⑫，太皞以龙纪⑬，少皞瑞凤鸟⑭，统历鸟官之司⑮，议政斯在。孔子从而学焉。既而告人曰：天子失官⑯，学在四夷者也⑰。《竹书纪年》：晋烈公四年⑱，越子末句灭郯⑲，以郯子鸪归⑳。县，故旧鲁也，东海郡治，秦始皇以为郯郡㉑，汉高帝二年㉒，更从今名，即王莽之沂平者也。

【注释】

①襄贲县：西汉置，属东海郡。治所在今山东兰陵南四十二里长城镇。

②郯（tán）县：秦置，为东海郡治。治所在今山东郯城北门外。三国魏改为侯国。西晋复为县，仍为东海郡治。

③《鲁连子》：书名。战国齐人鲁仲连撰。鲁连子，即鲁仲连，或称鲁连。

④齐愍王：齐宣王之子。战国时期齐国第六任国君。乐毅带领军队攻破齐七十二城，齐愍王出逃莒，被楚将淖齿所杀。

⑤鲁费：春秋时鲁邑。在今山东费县西北二十里古城。

⑥甲舍：旧时豪门贵族的宅第。这里指建造宅第。

⑦郯：西周封国。在今山东郯城北。战国灭于越。

⑧少昊：亦作少皞。传说中古代东夷部落首领，名挚（一作质），字青阳。邑穷桑，都曲阜。东夷集团曾以鸟为图腾，相传少皞曾以鸟名为官名。

⑨昭公十七年：前525年。

⑩郯子：郯国之君，子爵，故称郯子。

⑪昭子叔孙婼（chuò）：名婼，一名舍（《公羊传》作叔孙舍），谥昭，史称叔孙昭子。叔孙豹之子，鲁国三桓之叔孙氏宗主。

⑫黄帝、炎帝以云火纪官：黄帝，轩辕氏，姬姓之祖，传说中的古代帝王。黄帝得景云之瑞，故以云名官：春官为春云，夏官为缙云，秋官为白云，冬官为黑云，中官为黄云。炎帝，神农氏。姜姓之祖。神农有火星之瑞，故以火名其官：春官为大火，夏官为鹑火，秋官为西火，冬官为北火，中官为中火。纪，别，分别。

⑬太皞以龙纪：太皞，伏羲氏。风姓之祖。有龙瑞，故以龙为官：春官为青龙氏，夏官为赤龙氏，秋官为白龙氏，冬官为黑龙氏，中官为黄龙氏。

⑭少皞瑞凤鸟：少皞立为帝时，适逢凤鸟飞至，故以鸟名官。

⑮统历：统管全部。鸟官之司：即司分、司至、司启、司闭、司徒、司马、司空、司寇、司事等各个部门。

⑯失官：百官失职。

⑰四夷：四方边远的小国。按，以上事见《左传·昭公十七年》。

⑱晋烈公四年：前412年。

⑲越子：越国的国君。子爵。末句：一作朱句。

⑳鸪（gū）：郯国的国君名。

㉑郯郡：楚、汉之际称东海郡为郯郡。治所在郯县（今山东郯城北）。西汉复为东海郡。

㉒汉高帝二年：前205年。

【译文】

沂水又往东流过襄贲县东面，绕到县南往西流，又折转向南流过郯县西面，

《鲁连子》说：陆子对齐愍王说：鲁国费的家臣们，在襄贲建造宅第。襄贲，王莽时改名章信。郯，是古国，少昊的后代住在这里。《春秋·昭公十七年》：郯子朝拜鲁国，鲁公宴请他，昭公的儿子叔孙婼问他：少昊以鸟为官名，是什么缘故？郯子答道：少昊是我的祖先，我知道这件事。黄帝、炎帝以云、火为官名，太皞以龙为官名，少皞立时有凤鸟出现的祥瑞，就以凤鸟命官，并规定了各种鸟官的职司，商议政事都靠他们。孔子也在这里向郯子学习。不久他对人说：天子把典章制度都丢了，关于职官的学问现在反而向四夷学习。《竹书纪年》：晋烈公四年，越子末句灭掉郯国，停虏了郯子鸪回来。襄贲县是从前鲁国地方，是东海郡的治所，秦始皇立为郯郡，汉高帝二年，改为今名，就是王莽时的沂平。

又南过良城县西①，又南过下邳县西②，南入于泗。

《春秋左传》曰：昭公十三年③，秋，晋侯会吴子于良④，吴子辞水道不可以行，晋乃还是也。《地理志》曰：良城，王莽更名承翰矣。

【注释】

①良城县：西晋改良成县置，属下邳国。治所在今江苏新沂西南沂水东。

②下邳县：秦置，属东海郡。治所在今江苏睢宁西北古邳镇东三里。东汉为下邳。

③昭公十三年：前529年。

④良：地名。在今江苏邳州北六十里。

【译文】

沂水又往南流过良城县西面，又往南流过下邳县西面，往南注入泗水。

《春秋左传》说：昭公十三年，秋，晋侯在良与吴王会晤，吴王以水路不通为借口推辞了，晋侯就回去了。《地理志》说：良城，王莽时改名为承翰。

沂水于下邳县北西流，分为二水，一水于城北西南入泗，一水迳城东屈从县南，亦注泗，谓之小沂水[1]。水上有桥，徐、泗间以为圯[2]，昔张子房遇黄石公于圯上[3]，即此处也。建安二年[4]，曹操围吕布于此，引沂、泗灌城而擒之[5]。

【注释】

①小沂水：在今山东沂水县东。

②圯（yí）：桥。

③张子房：张良字子房。韩人，因在博浪沙刺杀秦始皇，而被大索天下，求贼甚急。改名，亡匿下邳。在下邳为黄石公取履，黄石公授其《太公兵法》。刘邦起事，辅佐刘邦。能运筹帷幄之中，决胜千里之外。西汉建立，甚有功焉。封为留侯。卒后谥为文成侯。黄石公：秦汉时隐士，别称圯上老人、下邳神人。授张良《太公兵法》。

④建安二年：当为建安三年（198）。

⑤曹操围吕布于此，引沂、泗灌城而擒之：《三国志·魏书·武帝纪》："（建安三年）攻之不下。时公连战，士卒罢，欲还，用荀攸、郭嘉计，遂决泗、沂水以灌城。月余，布将宋宪、魏续等执陈宫，举城降。生禽布、宫，皆杀之。"

【译文】

沂水在下邳县北面向西流，分为两条水，一条在城北向西南注入泗水，另一条流经城东又绕到城南，也注入泗水，称为小沂水。水上有一座桥,徐、泗一带称桥为圯,从前张子房在圯上遇黄石公,就是这地方。建安二年,曹操在这里围困吕布,引沂、泗之水灌城擒了他。

洙水
洙水出泰山盖县临乐山^①,

《地理志》曰:临乐山,洙水所出,西北至盖入泗水^②。或作池字,盖字误也^③。洙水自山西北迳盖县,汉景帝中五年^④,封后兄王信为侯国^⑤。

【注释】

①盖县:战国时置,属齐国。治所在今山东沂源东南盖冶。西汉属泰山郡。临乐山:一名艾山。在今山东蒙阴东北。

②"临乐山"几句:《汉书·地理志》"泰山郡":"盖,临乐子山,洙水所出,西北至盖入池水。又沂水南至下邳入泗,过郡五,行六百里,青州浸。"

③或作池字,盖字误也:《汉书·地理志》作"入池水",郦道元指出作"池"字,大概是字形上错误。

④汉景帝中五年:即西汉景帝刘启中元五年,前145年。

⑤王信:西汉诸侯。景帝王皇后之兄。景帝中元五年(前145)封为盖侯,卒谥靖。

【译文】

洙水

洙水发源于泰山郡盖县的临乐山,

《地理志》说:临乐山是洙水的发源地,洙水往西北流到盖,注入泗水。有人把泗字写作池字,把字写错了。洙水从山间往西北流经盖县,汉景帝中元五年,把这里封给皇后之兄王信,立为侯国。

又西迳泰山东平阳县①。《春秋·宣公八年》②:冬,城平阳。杜预曰:今泰山平阳县是也。河东有平阳③,故此加东矣。晋武帝元康九年④,改为新泰县也⑤。

【注释】

①东平阳县:西汉置,属泰山郡。治所即今山东新泰。东汉省。

②宣公八年:前601年。

③河东:即河东郡。战国魏置,后属秦。治所在安邑县(今山西夏县西北十五里禹王城)。平阳:古尧都。治所在今山西临汾尧都区西南十八里金殿镇。在平水之阳,故曰平阳。

④晋武帝:即西晋司马炎。元康九年:299年。元康,西晋惠帝司马衷的年号(291—299)。

⑤新泰县:西晋泰始中置,属泰山郡。治所即今山东新泰。

【译文】

洙水又往西流经泰山郡东平阳县。《春秋·宣公八年》:冬,修筑平阳城。杜预说:平阳就是今天泰山郡的平阳县。河东郡也有平阳县,所以此处加了东字。晋武帝元康九年,改名为新泰县。

西南至卞县①,入于泗。

洙水西南流,盗泉水注之②。泉出卞城东北、卞山之阴③。《尸子》曰④:孔子至于暮矣,而不宿于盗泉,渴矣而不饮,恶其名也。故《论语比考谶》曰⑤:水名盗泉,仲尼不漱。即斯泉矣。西北流注于洙水。

【注释】

①卞县:西汉置,属鲁国。治所在今山东泗水县东四十二里卞桥。

三国魏属鲁郡。西晋属鲁国。北魏废。

②盗泉水：在今山东泗水县东北。

③卞城：卞县治所。在今山东泗水县东四十二里卞桥。卞山之阴：
　卞山的北边。卞山，当在今山东泗水县一带。

④《尸子》：书名。战国时尸佼撰。尸佼原为商鞅门下食客，参与谋
　划变法。商鞅被杀后，逃亡入蜀，撰成此书。已佚。

⑤《论语比考谶》：书名。或称《论语撰考谶》。汉代谶纬类著作。

【译文】

洙水往西南流到卞县，注入泗水。

洙水往西南流，盗泉水注入。泉水发源于卞城东北、卞山的北面。《尸子》说：孔子走到胜母县，天晚了，却不愿住宿；经过盗泉，口渴了，却不肯饮水，那是因为他讨厌这两个名字的缘故。所以《论语比考谶》说：水名盗泉，仲尼不漱。指的就是这泉水。盗泉水往西北流，注入洙水。

洙水又西南流于卞城西，西南入泗水，乱流西南至鲁县东北，又分为二水。水侧有故城，两水之分会也。

【译文】

洙水又往西南流到卞城西，往西南注入泗水，往西南乱流到鲁县东北，又分为两条水。水旁有旧城，是两条水的分水处。

洙水西北流迳孔里北，是谓洙、泗之间矣。《春秋》之浚洙①，非谓始导矣，盖深广之耳。

【注释】

①浚（jùn）洙：《春秋·庄公九年》："冬，浚洙。"浚，疏通，开挖。

【译文】

洙水往西北流经孔里北面，这就是所谓洙、泗之间。《春秋》说的浚洙，不是说那时开始开凿，而是进行了加深拓宽的疏浚工程。

洙水又西南，枝津出焉，又南迳瑕丘城东①，而南入石门，古结石为水门②，跨于水上也。

【注释】

①瑕丘城：春秋时鲁邑。在今山东济宁兖州区东北五里。

②水门：水闸门。

【译文】

洙水又往西南流，分出了支流，又往南流经瑕丘城东面，而后南流进入石门，古时候用石块垒成水门，横跨在水上。

西南流，世谓之杜武沟。

【译文】

洙水往西南流，世人称之为杜武沟。

洙水又西南迳南平阳县之显闾亭西①，邾邑也②。《春秋·襄公二十一年》经书③，邾庶其以漆、闾丘来奔者也④。杜预曰：平阳北有显闾亭。《十三州记》曰⑤：山阳南平阳县又有闾丘乡⑥。《从征记》曰：杜谓显闾，闾丘也。今按漆乡在县东北，漆乡东北十里，见有闾丘乡，显闾非也，然则显闾自是别亭，未知孰是。

【注释】

①南平阳县：西汉改平阳县置，属山阳郡。治所即今山东邹城。显间亭：《水经注疏》熊会贞按："（亭在）今邹县（今山东邹城）西北。"

②邾（zhū）：又作邹、陬。周代姬姓。周武王封颛顼之后于此。在今山东曲阜东南南陬村。后迁至绎（今山东邹城东南二十六里峄山之阳）。战国时灭于楚。

③襄公二十一年：前552年。

④邾庶其：邾大夫。漆：春秋时邾邑。在今山东邹城东。间丘：春秋时邾邑。在今山东邹城东北。

⑤《十三州记》：《水经注疏》熊会贞按："此亦应（劭）说。"

⑥山阳：即山阳郡。

【译文】

洙水又往西南流，经过南平阳县的显间亭西面，那就是邾邑。《春秋·襄公二十一年》记载，邾庶其带了漆和间丘二邑前来投奔。杜预说：平阳以北有显间亭。《十三州记》说：山阳郡南平阳县又有间丘乡。《从征记》说：杜预所说的显间，就是间丘。按漆乡在该县东北，漆乡东北十里，有一个间丘乡，显间不是间丘，那么显间自然该是另外的亭了，但不知哪个说法正确。

又南，洸水注之①。吕忱曰：洸水出东平阳②，上承汶水于刚县西、阐亭东③。《尔雅》曰：汶别为阐，其犹洛之有波矣④。洸水西南流迳盛乡城西⑤，京相璠曰：刚县西南有盛乡城者也。又南迳泰山宁阳县故城西⑥，汉武帝元朔三年⑦，封鲁共王子刘恬为侯国⑧，王莽改之曰宁顺也。又南，洙水枝津注之，水首受洙，西南流迳瑕丘城北，又西迳宁阳城南，又西南入于洸水。洸水又西南迳泰山郡乘丘县故城东⑨，赵肃侯二十年⑩,韩将举与齐、魏战于乘丘,即此县也。汉武帝元朔五年⑪,封中山靖王子刘将夜为侯国也⑫。洸水又东南流注于洙。

【注释】

①洸水:在今山东中部,为汶水的分流。

②东平阳:即东平阳县。西汉置,属泰山郡。治所即今山东新泰。

③汶水:即今大汶河。源出山东莱芜北,西南流经古嬴县南,古称嬴汶,又西南会牟汶、北汶、石汶、柴汶,至今山东东平戴村坝。自此以下,古汶水西流经东平南,至梁山东南入济水。刚县:西汉置,属泰山郡。治所在今山东宁阳东北三十五里堽城坝。阐亭:刚县官署所在地。

④汶别为阐,其犹洛之有波:水自汶出为阐,水自洛出为波。

⑤盛乡城:在今山东宁阳东北九十里。一说在汶上西北二十里。

⑥宁阳县:东汉改宁阳侯国置,属东平国。治所在今山东宁阳南十七里古城。西晋废。

⑦元朔三年:前126年。

⑧鲁共王:汉景帝之子刘馀。刘恬:西汉诸侯。鲁共王刘馀之子,元朔三年(前126)封宁阳侯。

⑨乘丘县:春秋时鲁地。在今山东济宁兖州区西北三十五里。

⑩赵肃侯二十年:前330年。赵肃侯,战国时赵国国君。名语,赵成侯之子。执政期间,与齐、魏战事频繁。

⑪元朔五年:前124年。

⑫中山靖王:即刘胜,汉景帝第七子,封中山王,谥靖。刘将夜:西汉诸侯。中山靖王刘胜之子,元朔五年(前124)封乘丘侯。

【译文】

洙水又往南流,洸水注入。吕忱说:洸水发源于东平阳,上游在刚县西面、闸亭东面承接汶水。《尔雅》说：汶水的分支称闸水，正如洛水有波水这个分支流一样。洸水往西南流经盛乡城西面，京相璠说：刚县西南有盛乡城。洸水又往南流经泰山宁阳县旧城西面，汉武帝元朔三年，把这里封给鲁共王的儿子刘恬，立为侯国，王莽改名为宁顺。洸水又往南流，洙水的支流注入，此水上口承接洙水，往西南流经瑕丘城北面，又往西流经宁阳城南面，又往西南流，注入洸水。洸水又往西南流，经过泰山郡乘丘县旧城东面，赵肃侯二十年，韩国大将与齐国、魏国在乘丘大战，就是此县。汉武帝元朔五年，把这里封给中山靖王的儿子刘将夜，立为侯国。洸水又往东南流，注入洙水。

　　洙水又南至高平县^①，南入于泗水。西有茅乡城^②，东去高平三十里。京相璠曰：今高平县西三十里有故茅乡城者也。

【注释】

①高平县：三国魏改高平侯国置，属山阳郡。治所在今山东微山县西北一百四里两城乡。

②茅乡城：《水经注疏》杨守敬按："《汉书·五行志》，山阳橐茅乡社云云，后汉橐改高平，即此茅乡也。在今邹县（今山东邹城东南）西南。"

【译文】

　　洙水又往南流到高平县，往南注入泗水。这里西有茅乡城，东距高平三十里。京相璠说：今高平县西三十里有旧茅乡城。

卷二十六

沭水　巨洋水　淄水
汶水　潍水　胶水

【题解】

　　卷二十六共记载六条河流，沭水在古代是淮河水系。汶水是潍水的支流，巨洋水、淄水、潍水和胶水均独流在今山东半岛北注入渤海。

　　沭水今称沭河，在山东境内从北向南，与沂河平行，进入江苏境后，水道紊乱，水灾频仍。今已在山东南部曹庄开凿新沭河，引沭河东流经石梁河水库从连云港以北的临洪口注入黄海。

　　巨洋水今称弥河；淄水今称淄河，下游与小清河汇合，在羊角沟注入渤海；潍水今称潍河；汶水今称汶河，是潍水的支流之一，在南流镇以东注入潍河。胶水今称胶河，它的下游河道，在元代已经过人工疏凿，即今胶莱河。元代曾经利用海运向其首都大都（今北京）运送粮食，为了缩短航程和避开成山角之险，计划利用流入胶州湾的大沽河和流入渤海莱州湾的胶河疏凿胶莱运河。工程从至元十七年进行到二十二年（1280—1285），但仍然未能通航。

沭水

沭水出琅邪东莞县西北山^①，

大弁山与小泰山连麓而异名也^②。引控众流，积以成川，东南流迳邳乡南^③，南去县八十许里。城有三面而不周于南^④，故俗谓之半城。沭水又东南流，左合岘水^⑤。水北出大岘山，东南流迳邳乡东，东南流注于沭水也。

【注释】

①沭水：即今山东东南部、江苏北部之沭河。琅邪：即琅邪郡。秦置。治所在琅邪县（今山东青岛黄岛区西南琅琊镇）。西汉移治东武县（今山东诸城）。东莞县：西汉置，属琅邪郡。治所即今山东沂水县。

②大弁山：一曰汴山。即今山东沂水县西北五十里卞山。连麓：山麓相连。麓，山脚。

③邳乡：在今山东沂水县北沭水北岸。

④不周：不周全。这里指城只有三面城墙。

⑤岘（xiàn）水：出大岘山（在今山东临朐东南一百五里，沂水县东北一百二十里）南。

【译文】

沭水

沭水发源于琅邪郡东莞县西北的山中，

大弁山与小泰山山麓相连而两山各有其名。两山之中有众多溪流，汇集成一条大川，往东南流经邳乡南面，邳乡南距县城约八十来里。县城三面筑了城墙，但南面没有围进来，所以俗称半城。沭水又往东南流，在左边与岘水汇合。岘水发源于北方的大岘山，往东南流经邳乡东面，往东南注入沭水。

东南过其县东，

沭水左与箕山之水合①，水东出诸县西箕山②。刘澄之以为许由之所隐也③，更为巨谬矣④。其水西南流，注于沭水也。

【注释】

①箕山之水：水在今山东莒县北。

②诸县：西汉置，属琅邪郡。治所在今山东诸城西南三十里乔庄。东汉属琅邪国。箕山：即今山东莒县东北一百里五山。

③刘澄之：南朝宋武帝刘裕的族弟刘遵考之子。累官豫州刺史、都官尚书。许由：字武仲。尧时高士，隐居箕山。尧以天下让由，由不受，恶闻其言，遂洗耳于颍水。

④巨谬：大错。

【译文】

沭水往东南流过县东，

沭水在左边与箕山水汇合，此水发源于东方诸县以西的箕山。刘澄之认为许由曾隐居在这里，这更是大错特错了。水往西南流，注入沭水。

又东南过莒县东①，

《地理志》曰：莒子之国，盈姓也，少昊后。《列女传》曰②：齐人杞梁殖，袭莒战死，其妻将赴之，道逢齐庄公③，公将吊之。杞梁妻曰：如殖死有罪，君何辱命焉？如殖无罪，有先人之敝庐在④，下妾不敢与郊吊⑤。公旋车吊诸室⑥。妻乃哭于城下，七日而城崩。故《琴操》云⑦：殖死，妻援琴作歌曰：乐莫乐兮新相知⑧，悲莫悲兮生别离⑨。哀感皇天，城为之堕。即是城也。其城三重，并悉崇峻⑩，惟南开一门。内城方十二里，郭周四十许里^⑪。《尸子》曰^⑫：莒君好鬼巫而国亡^⑬，无知之难，小白奔焉^⑭。乐毅攻齐^⑮，守险全国，秦始皇县之^⑯，汉兴以为城阳国^⑰，封朱虚侯章^⑱，治莒，王莽之莒陵也。光武合城阳国为琅邪国^⑲，以封皇子京^⑳，雅好宫室，穷极伎巧^㉑，壁带饰以金银。明帝时^㉒，京不安莒，移治开阳矣^㉓。

【注释】

①莒县：战国齐置。后入秦，属琅邪郡。治所即今山东莒县。东汉属琅邪国。

②《列女传》：西汉刘向撰。记载古代各类妇女事迹的故事集。

③齐庄公：名光。西周时齐国国君。后与崔杼妻私通，崔杼遂弑庄公。

④先人：祖先。敝庐：一作弊庐。泛指简陋居室。

⑤下妾：女子自谦之辞。郊吊：在郊外行祭奠礼。

⑥旋车：回转车驾。

⑦《琴操》：琴曲著录。传为汉蔡邕所撰。分上下两卷，记述四十七个古琴曲的故事，是解说琴曲标题的第一部著作。

⑧乐莫乐兮新相知：没有比新结识知心朋友更快乐的事情。

⑨悲莫悲兮生别离：没有比生人作死别更悲伤的事情。

⑩崇峻：高耸险峻。

⑪郭：外城。

⑫《尸子》：书名。战国晋（一作鲁）尸佼撰。

⑬鬼巫：装神弄鬼的巫觋。

⑭小白：齐国公子小白。春秋五霸之一。

⑮乐毅：战国时燕国将领。

⑯县之：以之为县。

⑰城阳国：西汉文帝二年（前178）改城阳郡为国。治所在莒县（今

山东莒县）。东汉建武十三年（37）并入琅邪国。

⑱章：指齐悼惠王次子刘章。高后元年（前187）封为朱虚侯。吕后卒，吕禄、吕产欲作乱，朱虚侯章与太尉周勃、丞相陈平等诛之，因有功而被加封为城阳王。卒谥景。

⑲光武：东汉光武帝刘秀。琅邪国：东汉建初五年（80）改琅邪郡置。治所在开阳县（今山东临沂北十五里）。

⑳京：指刘京。光武帝刘秀子，建武十五年（39）封琅邪公，十七年（41）晋爵为王。

㉑穷极伎巧：把百工的技艺和巧思发挥到极致。

㉒明帝：汉明帝刘庄，光武帝刘秀之子。

㉓开阳：即开阳县。西汉置，属东海郡。治所在今山东临沂北十五里鄅古城。东汉为琅邪国都。

【译文】

沭水又往东南流过莒县东边，

《地理志》说：莒县从前是莒子之国，姓盈，是少昊的后代。《列女传》说：齐国人杞梁殖在袭击莒城时战死，他的妻子前去迎丧，路上碰到齐庄公，庄公正要去为杞梁殖吊丧。杞梁妻说：如果殖因有罪而死，怎敢劳驾您来吊唁呢？如果他无罪，他还有祖先留给他的旧宅在，我不敢在郊外为他吊丧。齐庄公立即回车，在他家里举行了丧礼。杞梁妻在莒城下哀哭，哭了七日，把城都哭崩了。所以《琴操》说：杞梁殖死后，他的妻子持琴歌唱道：人间的欢乐呀，哪有胜过相逢新知己；人间的悲痛呀，哪有甚于死别生离！她深沉的悲哀感动了上天，城也因此而崩塌了。说的就是此城。城有三重，城墙都很高峻，只有南面开了一道城门。内城方圆十二里，外城周围四十多里。《尸子》说：莒君喜欢神鬼巫术之事因而亡国，无知作乱，小白投奔莒城。乐毅进攻齐国时，齐军据险守住莒城而保住了国家，秦始皇时把莒设立为县，汉朝兴起后，把这里立为城阳国，封给朱虚侯章，治所设在莒城，王莽时叫莒陵。光武帝把城阳国合并为琅邪国,封给皇子刘京,刘京很喜欢修建宫室,把百工的技艺和巧思发挥到极致,连墙壁的横木上都装饰着金银。明帝时,刘京在莒城感到不安,就迁到开阳。

沭水又南,袁公水东出清山[1],遵坤维而注沭[2]。

【注释】

①袁公水:在今山东莒县东北五十里。清山:《水经注疏》杨守敬按:"在今莒州(今山东莒县)东北八十里。"

②坤维:指西南方。

【译文】

沭水又往南流,有袁公水发源于东方的清山,往西南流,注入沭水。

沭水又南,浔水注之[1]。水出于巨公之山[2],西南流,旧堨以溉田,东西二十里,南北十五里。浔水又西南流入沭。

【注释】

①浔水:在今山东莒县东南。

②巨公之山:即今山东莒县东南六十里马𬴂山。

【译文】

沭水又往南流,浔水注入。浔水发源于巨公山,往西南流,过去在水上筑堰,东西二十里,南北十五里内的田地,都由此堰灌溉。浔水又往西南流,注入沭水。

沭水又南与葛陂水会[1]。水发三柱山[2],西南流迳辟土城南[3],世谓之辟阳城。《史记·建元以来王子侯者年表》曰:

汉武帝元朔二年④,封城阳共王子节侯刘壮为侯国也⑤。其水于邑,积以为陂,谓之辟阳湖,西南流注于沭水也。

【注释】

①葛陂水:在今山东日照西南。

②三柱山:一作三注山。在今山东日照南。

③辟土城:世谓之辟阳城。在今山东莒县西北。

④元朔二年:前127年。

⑤城阳共王:即刘喜。节侯刘壮:城阳共王刘喜之子。元朔二年(前127)封辟土侯。谥节。

【译文】

沭水又往南流,与葛陂水汇合。葛陂水发源于三柱山,往西南流经辟土城南面,世人称之为辟阳城。《史记·建元以来王子侯者年表》说:汉武帝元朔二年,把这里封给城阳共王的儿子节侯刘壮,立为侯国。此水在城旁积聚成陂湖,称为辟阳湖,水向西南流,注入沭水。

又南过阳都县①,东入于沂。

沭水自阳都县又南会武阳沟水②。水东出仓山③,山上有故城,世谓之监官城,非也,即古有利城矣④。汉武帝元朔四年⑤,封城阳共王子刘钉为侯国也⑥。其城因山为基⑦,水导山下,西北流,谓之武阳沟,又西至即丘县⑧,注于沭。

【注释】

①阳都县:战国秦置,属琅邪郡。治所在今山东沂南县南四十里砖埠镇阳都村。西汉属城阳国。东汉属琅邪国。

②武阳沟水:今山东莒南县武阳河。该水源头处即西汉有利侯封地,

　　地望在今莒南县西南部。

③仓山：《水经注疏》杨守敬按："在今赣榆县（今江苏连云港赣榆区）西。"

④有利城：即有利侯国治所。在今山东莒南县西南。后废。

⑤元朔四年：前 125 年。

⑥城阳共王：即刘喜。刘钉：城阳共王刘喜之子。元朔四年（前125）封有利侯。元狩元年（前 122）淮南王刘安谋反，事败自杀。他因给刘安书信中自称臣而下狱，被诛，国除。

⑦因山为基：凭借山体作为城市的地基。

⑧即丘县：西汉置，属东海郡。治所在今山东临沂河东区东南禹王城。东汉改为侯国，后复为县，属琅邪国。

【译文】

沭水又往南流过阳都县东，注入沂水。

沭水从阳都县又往南流，与武阳沟水汇合。武阳沟水发源于东方的仓山，山上有一座旧城，世人称之为监官城，其实不是，那是从前的有利城。汉武帝元朔四年，把这里封给城阳共王的儿子刘钉，立为侯国。城以山为城基，水就发源于山下，往西北流，称为武阳沟，又往西流到即丘县，注入沭水。

　　沭水又南迳东海郡即丘县①，故《春秋》之祝丘也②。桓公五年经书③：齐侯、郑伯如纪④，城祝丘。《左传》曰：齐、郑朝纪，欲袭之⑤。汉立为县，王莽更之曰就信也。《郡国志》曰⑥：自东海分，属琅邪。阚骃曰⑦：即、祝，鲁之音⑧，盖字承读变矣。

【注释】

①东海郡：秦置。治所在郯县（今山东郯城北门外）。楚、汉之际为

郯郡，西汉仍为东海郡。

②祝丘：春秋时鲁邑。在今山东临沂河东区禹王城。

③桓公五年：前 707 年。

④齐侯、郑伯如纪：《春秋·桓公五年》："夏，齐侯、郑伯如纪。"齐侯，
　齐僖公。郑伯，郑庄公。如，到，往。纪，周代国名。姜姓，春秋时
　为齐所灭。故城在今山东寿光南三十里纪台镇。

⑤齐、郑朝纪，欲袭之：《左传·桓公五年》："夏，齐侯、郑伯朝于纪，
　欲以袭之。纪人知之。"

⑥《郡国志》：晋司马彪《续汉书》篇名。记述东汉时期全国行政区划、
　人口以及《春秋》和"前三史"所载征伐、会盟所在的地名。

⑦阚骃（kàn yīn）：字玄阴。敦煌（今甘肃敦煌）人。撰有《十三州志》。

⑧即、祝，鲁之音：鲁地方言以"祝"为"即"。

【译文】

沭水又往南流经东海郡即丘县，这里原是《春秋》的祝丘。桓公五
年载，齐侯、郑伯到纪，修筑了祝丘城。《左传》说：齐、郑去会见纪国国君，
想袭击纪国。汉时把这地方设立为县，王莽改名就信。《郡国志》说：祝
丘从东海郡分出，改属琅邪郡。阚骃说：即、祝二字，鲁地方言读音相同，
所以字也跟着变了。

沭水又南迳东海厚丘县①，王莽更之曰祝其亭也。分为
二渎：一渎西南出，今无水，世谓之枯沭；一渎南迳建陵县故
城东②。汉景帝六年③，封卫绾为侯国④，王莽更之曰付亭也。

【注释】

①厚丘县：西汉置，属东海郡。治所在今江苏沭阳北四十里厚镇。

②建陵县：战国置，秦属东海郡。治所在今江苏新沂南沭河西岸。
　西汉曾一度置建陵侯国，东汉废。北魏复置，为郯郡治。

③汉景帝六年：前 151 年。

④卫绾：西汉代郡大陵（今山西文水东北）人。文帝时，任中郎将。
　景帝时，拜为河间王太傅。击吴楚反军有功，拜为中尉，封为建陵
　侯。后任丞相。武帝时薨，谥曰哀。

【译文】

沭水又往南流经东海郡厚丘县，王莽改名为祝其亭。沭水在这里分
为两条：一条向西南流出，今天已经无水了，民间称之为枯沭；另一条往
南流经建陵县旧城东面。汉景帝六年，把这里封给卫绾，立为侯国，王莽
把它改名为付亭。

沭水又南迳建陵山西①，魏正光中②，齐王之镇徐州也③，
立大堨④，遏水西流，两渎之会，置城防之，曰曲沭戍⑤。自
堨流三十里，西注沭水旧渎，谓之新渠。旧渎自厚丘西南出，
左会新渠，南入淮阳宿预县注泗水⑥，《地理志》所谓至下邳
注泗者也⑦。《经》言于阳都入沂⑧，非矣。

【注释】

①建陵山：在今江苏新沂南。

②正光：北魏孝明帝元诩的年号（520—525）。

③齐王：即萧宝夤，字智亮。南兰陵（今江苏常州西北）人。封鄱阳王、
　建安王等。后起兵反叛，兵败而死。

④大堨（è）：拦水的堰坝。

⑤曲沭戍：在今江苏新沂西。

⑥淮阳：即淮阳郡。东晋义熙中土断置，属徐州。治所在角城县（在
　今江苏淮安淮阴区西南古淮水与泗水交会处）。宿预县：东晋义
　熙中置，属淮阳郡。治所在今江苏宿迁东南郑楼镇古城。

⑦下邳：即下邳郡。东汉建安十一年（206）改下邳国置，属徐州。治所在下邳县（今江苏睢宁西北古邳镇东）。

⑧阳都：西汉属城阳国。治所在今山东沂南县南四十里砖埠镇阳都村。

【译文】

沭水又往南流经建陵山西面，魏正光年间，齐王镇守徐州的时候，修筑了一条大堰，拦阻沭水使它西流，在这两条水的汇流处筑城防守，称为曲沭戍。沭水从堰坝流了三十里，向西流入沭水旧河道，称为新渠。旧河道从厚丘向西南流出，左面与新渠汇合，向南流入淮阳宿预县，注入泗水，这就是《地理志》所说的流到下邳注入泗水。《水经》说在阳都注入沂水，这是弄错了。

沭水左渎自大堰水断，故渎东南出，桑堰水注之①。水出襄贲县②，泉流东注。

【注释】

①桑堰水：《水经注疏》熊会贞按："水当在今宿迁县（今江苏宿迁）北。"

②襄贲县：西汉置，属东海郡。治所在今山东兰陵南四十二里长城镇。

【译文】

沭水左面那条河道，从大堰起水就断流了，旧河道伸向东南，桑堰水注入。桑堰水发源于襄贲县，泉流向东注入沭水。

沭渎又南，左合横沟水①。水发渎右，东入沭之。

【注释】

①横沟水：《水经注疏》熊会贞按："水亦在今宿迁县北。"

【译文】

沭水又往南流，左面与横沟水汇合。横沟水发源于沭水右面，往东流，注入沭水旧河道。

故渎又南暨于遏，其水西南流，迳司吾山东①，又迳司吾县故城西②。《春秋左传》：楚执锺吾子以为司吾③。县，王莽更之曰息吾也。又西南至宿预注泗水也。

【注释】

①司吾山：亦作峿嵎山、司镇山。在今江苏新沂南五十里，为马陵山支脉。

②司吾县：西汉置，属东海郡。治所在今江苏新沂南五十里王庄镇峿嵎村。东汉改为司吾侯国，属下邳国。三国魏复为司吾县。

③楚执锺吾子：楚当作吴。《左传·昭公三十年》："吴子怒，冬十二月，吴子执锺吾子，遂伐徐，防山以水之。"锺吾子，锺吾国的国君，子爵。锺吾为春秋时小国。在今江苏新沂南五十里峿嵎村。

【译文】

沭水故道又往南流到大堰，转向西南，流经司吾山东面，又流经司吾县旧城西面。《春秋左传》说：吴国拘捕了锺吾子，把他的封国立为司吾县。王莽又改名息吾。沭水又往西南流，到宿预注入泗水。

沭水故渎自下堰东南迳司吾城东，又东南历相口城中①。相水出于楚之相地②。《春秋·襄公十年》经书③：公与晋及诸侯，会吴于相。京相璠曰：宋地。今彭城偪阳县西北有相水沟④，去偪阳八十里，东南流迳傅阳县故城东北⑤。《地理志》曰：故偪阳国也。《春秋左传·襄公十年》，夏，四月戊午，会于柤，晋荀偃、士匄请伐偪阳而封宋向戌焉⑥。荀罃曰⑦：城小而固，胜之不武，弗胜为笑。固请，丙寅围之，弗克。孟氏之臣秦堇父⑧，辇重如役⑨，偪阳人启门，诸侯之士门焉。县门发⑩，鄹人纥抉之以出门者⑪。狄虒弥建大车之轮而蒙之以甲⑫，以为橹⑬，左执之，右拔戟⑭，以成一队⑮，孟献子曰⑯：《诗》所谓有力如虎者也⑰。主人县布⑱，堇父登之，及堞而绝之⑲，坠。则又县之，苏而复上者三⑳。主人辞焉㉑，乃退，带其断以徇于军三日㉒。诸侯之师久于偪阳，请归，智伯怒曰㉓：七日不克，尔乎取之㉔，以谢罪也。荀偃、士匄攻之，亲受矢石，遂灭之，以偪阳子归㉕，献于武宫㉖，谓之夷俘㉗。偪阳，妘姓也㉘，汉以为县，汉武帝元朔三年㉙，封齐孝王子刘就为侯国㉚，王莽更之曰辅阳也。《郡国志》曰：偪阳有柤水。柤水又东南，乱于沂而注于沭㉛，谓之柤口，城得其名矣。东南至朐县㉜，入游注海也㉝。

【注释】

①柤（zhā）口城：在今江苏沭阳西。

②柤地：春秋宋邑，后入楚。在今江苏邳州西北泇口。

③襄公十年：前563年。

④彭城：即彭城郡。西汉地节元年（前69）改楚国置。治所在彭城县（今江苏徐州）。偪（fú）阳县：又作傅阳。西晋春秋东夷小国，妘姓。在今山东枣庄市台儿庄西南侯孟。

⑤傅阳县：春秋偪阳国。战国秦置县，属泗水郡。治所在今山东枣庄市台儿庄西南侯孟。

⑥荀偃：一作中行偃，又称中行献子。字伯游，荀林父孙，晋上军副

帅。悼公时将中军,与下军将栾魇不和,攻秦,无功。攻楚,败楚
于平阪。祷于河,沉玉于济水,齐师败遁。卒于途。谥献。士匄
(gài):范武子士会之孙。谥号宣,故又称范宣子。官晋中军佐。
中军将荀䓨卒后,士匄让贤,认为上军将荀偃比自己更适合中军
将。向戌:春秋时宋贤臣。向氏,名戌,任左师,食邑在合,故称合
左师。

⑦荀䓨(yīng):姬姓,智氏,名䓨。晋国中军将。史称智武子,智庄
　子荀首之子。

⑧孟氏:孟孙氏,鲁国三桓之一。秦堇(jǐn)父:孟孙氏家奴。

⑨辇重:人力拉着装辎重的车。辇,以人力拉车。重,辎重,载重之车。
　如:到,往。役:指交战之地。

⑩县门:守城的闸门,安装于内城门,无事悬挂起,有事则放下。县,
　悬挂。发:正在放下。

⑪鄹(zōu)人:鄹大夫。鄹,鲁邑。在今山东曲阜东南。纥(hé):即
　叔梁纥,孔子之父。曾任陬邑大夫。抉:揭,举。

⑫狄虒(sī)弥:鲁国勇士。建:持,拿着。大车:平地行驶的载重车,
　轮子大于常车。蒙:覆盖。甲:皮甲。

⑬橹:盾牌。

⑭拔戟:执戟。戟,古代一种合戈、矛为一体的长柄兵器。

⑮一队:一列。

⑯孟献子:姬姓,名蔑,世称仲孙蔑,谥号献。鲁国执政者。孟氏家
　族振兴的重要人物。

⑰有力如虎:《诗经·邶风·简兮》:"硕人俣俣(yǔ),公庭万舞。有
　力如虎,执辔如组。"

⑱主人:指守军。县布:将布匹从城上悬垂而下。

⑲堞(dié):城上呈齿形的矮墙,也称女墙。

⑳苏而复上者三:昏迷后醒来继续攀爬,这样做有多次了。三,表多数。

㉑辞焉：辞谢而不使董（jǐn）父复上。

㉒断：断布匹。徇：宣示，炫耀。

㉓智伯：指荀䓨。

㉔尔乎取之：言当取汝辈，以谢不能攻克偪阳城之罪。

㉕以：带领。这里指押着。偪阳子：偪阳国的国君，子爵。

㉖武宫：曲沃武公（晋武公始都晋国，前即位曲沃）庙（在今山西闻
喜一带），晋以为祖庙。

㉗夷俘：实为中国之俘，讳称夷俘。

㉘妘（yún）姓：相传为上古高辛氏时火正祝融的后裔。

㉙元朔三年：前126年。

㉚齐孝王：齐悼惠王刘肥之子将闾。孝文帝封之为齐王。刘就：齐
孝王刘将闾之子。元朔三年（前126）封博阳侯，同年卒，谥康（一
作顷）。

㉛乱：水流不循常道。后引申出合流、交汇之意。

㉜朐县：秦置，属东海郡。治所在今江苏连云港海州区西南锦屏山侧。

㉝游：即游水。今江苏涟水县北涟水。

【译文】

沭水的另一条旧水道，从下堰往东南流经司吾城东面，又往东南流
经祖口城中。祖水发源于楚国的祖地。《春秋·襄公十年》载：襄公和晋
及诸侯在祖与吴会晤。京相璠说：祖是宋地。现在彭城偪阳县西北有一
条祖水沟，离偪阳八十里，往东南流经偪阳县旧城东北。《地理志》说：
这里过去是偪阳国。《春秋左传·襄公十年》，夏，四月戊午日，诸侯在祖
会合，晋国的荀偃、士匄要求攻打偪阳，把这座城封给宋国的向戍。荀䓨
说：这座城虽小但很坚固，打胜了不足以显示威武，打败了被人耻笑。荀
偃、士匄一再请求攻城，于是就在丙寅日包围了偪阳，但却打不进去。孟
氏的家臣秦董父拉着辎重车随从作战，偪阳人打开城门，诸侯的兵士就
乘机攻门。城上骤然放下悬门，鄹人叔梁纥使劲托起悬门，把被关在里

面的人放出来。狄虒弥造大车的轮盘蒙上铁甲，当作大盾牌，左手执盾，右手持戟，组成一队，孟献子说：他们就像《诗经》里所谓有力如虎的人。守城的主将从城上把布放下，董父拉着布登城，快攀到城头的矮墙时，守将割断了布，董父掉了下去。上面又放下布，董父苏醒过来，重又攀登，这样连登了三次。守将向董父道歉，他才回去，带着断布在军中接连夸耀了三日。诸侯的军队围困偪阳时间已久，都要求回去，智伯发怒道：七天攻不下偪阳，就要你们的脑袋谢罪！荀偃、士匄又发起进攻，亲自冒着箭雨礌石指挥攻城，终于灭了偪阳国，他们俘虏了偪阳子带回，把他献到武宫，称为夷俘。偪阳人都是姓妘的，汉朝时立偪阳为县，汉武帝元朔三年，把这里封给齐孝王的儿子刘就，立为侯国，王莽时改名为辅阳。《郡国志》说：偪阳有柤水。柤水又往东南流，与沂水混流后又注入沭水，汇流处称为柤口，城也因而得名。沭水往东南流，到朐县汇合游水，注入大海。

巨洋水

巨洋水出朱虚县泰山①，北过其县西，

泰山，即东小泰山也。巨洋水，即《国语》所谓具水矣②。袁宏谓之巨昧③，王韶之以为巨蔑④，亦或曰胊弥，皆一水也，而广其目焉⑤。其水北流迳朱虚县故城西，汉惠帝二年⑥，封齐悼惠王子刘章为侯国⑦。《地理风俗记》曰：丹山在西南⑧，丹水所出⑨，东入海。丹水由朱虚丘阜矣。故言朱虚城西有长坂远峻⑩，名为破车岘⑪。城东北二十里有丹山，世谓之凡山，县在西南，非山也。丹、凡字相类，音从字变也。丹水有二源，各导一山，世谓之东丹、西丹水也。西丹水自凡山北流⑫，迳剧县故城东⑬，东丹水注之。水出方山⑭，山有二水，一水即东丹水也。北迳县合西丹水，而乱流又东北出，迳渏薄涧北。渏水亦出方山⑮,流入平寿县⑯,积而为渚⑰,水盛则北注,东南流,屈而东北流,迳平寿县故城西,而北入丹水,谓之鱼合口。丹水又东北迳望海台东⑱,东北注海,盖亦县所氏者也。

【注释】

①巨洋水:即今山东境内弥河。源出今山东临朐沂山西麓,北流经临朐东,又北经青州东,又东北流经寿光界,东北入海。朱虚县:西汉置,属琅邪郡。治所在今山东临朐东南六十里。泰山:即东小泰山,也称沂山。在今山东临朐南九十里,与沂水县接界。

②具水:即巨洋水。亦即今之弥河。

③袁宏:字彦伯。陈郡(今河南太康)人。为大司马桓温府记室参军,稍迁至吏部郎,出为东阳郡守。著有《三国名臣颂》《后汉纪》等。巨昧:即巨洋水。

④王韶之:字休泰。琅邪临沂(今山东临沂)人。晋恭帝即位,迁黄门侍郎,领著作郎。少帝即位,出为吴郡太守。巨蔑:亦称胸弥、巨昧、巨洋水、弥河。

⑤广其目:增广其名称。

⑥汉惠帝二年:前193年。汉惠帝,西汉皇帝刘盈,刘邦之子。

⑦齐悼惠王:即刘肥。刘章:齐悼惠王次子。高后封为朱虚侯。

⑧丹山:在今山东临朐东北纪山。

⑨丹水:当在今山东临朐。

⑩长坂:很长的斜坡。远峻:延伸很远且坡陡。

⑪破车岘(xiàn):即穆陵关。在今山东沂水县北。

⑫西丹水:《水经注疏》熊会贞按:"今水曰大丹河,出临朐县(今山东临朐)东北之丹山。"

⑬剧县:西汉置,为菑川国都。治所在今山东寿光南三十六里纪台

村。东汉省。

⑭方山：在今山东昌乐东南二十里。

⑮淄水：《水经注疏》熊会贞按："《方舆纪要》，黑水在昌乐县（今山
东昌乐）东南，俗名污河，源亦出方山。盖即此水。"

⑯平寿县：战国秦置，属胶东郡。治所在今山东昌乐东南。西汉属
北海郡。东汉属北海国。

⑰渚（zhǔ）：通"潴"。蓄水处。指陂塘之类。《水经注疏》熊会贞按：
"渚当在今潍县（今山东潍坊）西南。"

⑱望海台：在今山东荣成东北。

【译文】

巨洋水

巨洋水发源于朱虚县泰山，往北流过县西，

泰山就是东小泰山。巨洋水，就是《国语》所说的具水。袁宏把它
称为巨昧，王韶之把它叫巨蔑，也有人叫朐弥，说的都是同一条水，只不
过名称不一罢了。巨洋水往北流经朱虚县旧城西面，汉惠帝二年，把这
里封给齐悼惠王儿子刘章，立为侯国。《地理风俗记》说：丹山在西南面，
丹水发源于那里，东流入海。丹水流经朱虚县丘陵地带。所以有人说到
朱虚城西有一条坡道，这条坡道距离很长，坡度又大，名叫破车岘。城东
北二十里有丹山，世人称之为凡山，县城在丹山西南，而不是山在城的西
南。丹、凡字形相近，于是读音也随字而变了。丹水有两个源头，各发源
于一山，世人称之为东丹水和西丹水。西丹水从凡山北流，经过剧县旧
城东面，东丹水注入。东丹水发源于方山，山上有两条水，东丹水就是其
中的一条。东丹水往北流，经剧县与西丹水汇合，成为乱流，又往东北流
去，经过淄薄涧北面。淄水也发源于方山，流入平寿县，积聚成水湾，水
大时就北注，转向东南流，又折向东北，流经平寿县旧城西面，然后北流
注入丹水，汇流处称为鱼合口。丹水又往东北流经望海台东面，往东北
注入大海，县就是依照台命名的。

又北过临朐县东①，

巨洋水自朱虚北入临朐县，熏冶泉水注之②。水出西溪，飞泉侧濑于穷坎之下③，泉溪之上，源麓之侧有一祠④，目之为冶泉祠⑤。按《广雅》⑥，金神谓之清明⑦。斯地盖古冶官所在⑧，故水取称焉。水色澄明而清泠特异⑨，渊无潜石，浅镂沙文⑩，中有古坛，参差相对，后人微加功饰，以为嬉游之处。南北逵岸凌空⑪，疏木交合⑫。先公以太和中⑬，作镇海岱⑭，余总角之年⑮，侍节东州⑯。至若炎夏火流⑰，闲居倦想，提琴命友，嬉娱永日。桂笋寻波⑱，轻林委浪⑲，琴歌既洽，欢情亦畅⑳，是焉栖寄㉑，寔可凭衿㉒。小东有一湖㉓，佳饶鲜笋，匪直芳齐芍药㉔，寔亦洁并飞鳞㉕。其水东北流入巨洋，谓之熏冶泉。

【注释】

①临朐县：西汉置，属齐郡。治所即今山东临朐。

②熏冶泉：在今山东临朐西南二十五里。

③飞泉：瀑布。侧濑（lài）：斜依着山势急流。穷坎：深壑。

④源麓：处于水源的山麓。

⑤目：名称，叫做。冶泉祠：在今山东临朐一带。

⑥按：考寻。《广雅》：三国魏张揖撰。为增广《尔雅》而作，但收词范围远较《尔雅》广泛，大批两汉魏晋的词语与名物训解保存在书中。因避隋炀帝杨广的讳，后人又称该书为《博雅》。保留了很多先秦两汉的古语词和古义。

⑦金神谓之清明：此为《广雅·释天》中的文字。金神，旧五行神之一，主金。为西方之神，秋之神。

⑧冶官：管理开采、冶炼金属的官署。

⑨澄明：清澈明净。清泠（líng）：清凉。特异：表程度深。极其，非常，超出一般。

⑩浅：浅浅地。这是因为水折射使得深渊的水底看起来很浅。镂：装饰。沙文：沙子的纹路。

⑪邃（suì）岸：深岸，高岸。凌空：耸立空中。

⑫疏木：疏疏落落的树木。交合：交错相连。

⑬先公：亡父。这里是指郦道元的父亲郦范，字世则。范阳涿鹿（今河北涿鹿东南）人。太武帝时，为给事东宫等。孝文帝时，除平东将军，假范阳公。太和：北魏孝文帝元宏的年号（477—499）。

⑭海岱：今山东渤海至泰山之间的地带。海，渤海。岱，泰山。

⑮余：郦道元自称。总角：借指儿童。古时儿童束发为两结，向上分开，形状如角，故称。"总角"是一个模糊的时间概念，不能用来推算郦道元出生的准确年代。

⑯侍节：侍奉，尽孝道。东州：谓青州。郦道元父亲郦范曾任青州刺史。

⑰火流：形容极其炎热。

⑱桂笋：竹名。这里指代用竹子做的撑船用的竹篙。寻波：追逐波浪。

⑲轻林：小树林。轻，小。委浪：枝条因拂着水面而使波浪弯曲。委，弯曲。

⑳欢情亦畅：欢乐的心情很是舒畅。

㉑栖寄：栖息寄居。

㉒寔：的确。凭衿（jīn）：寄托胸怀。凭，依托，寄托。衿，心怀，胸怀。

㉓小东：稍微向东。

㉔匪直：不仅仅。齐：等同。

㉕并：等同。飞鳞：游鱼。陈桥驿按，此是除《巨马水》以外，又一次郦道元记及其童年生活之地。不过这不是他的家乡，是随他从官之父而来。此一段文字写得生动细腻，值得一读。

【译文】

巨洋水又往北流过临朐县东面，

巨洋水从朱虚向北流入临朐县，熏冶泉水在此注入。此水源出西溪，飞奔的泉水溪流在陡坎下面流泻，在溪岸上，源头的山麓近旁，有一座祠庙，名为冶泉祠。据《广雅》，金属之神叫清明。此处是古时冶官的驻地，水就因此取名。熏冶泉水色澄清透明，而且特别清凉，深渊下面没有石头，只是一片沙子，清晰地呈现出沙子的浅浅的波痕，就像雕刻成的一样，中间有古坛，与祠参差相对，后人稍加修饰，把它作为嬉游的处所。南北两侧高岸凌空而起，古树枝柯交错。太和年间先父镇守海岱，当时我还年幼，跟着父亲到东方来。每当骄阳如火的炎夏，困倦无聊时，就携琴邀友，整天尽情嬉游。我们荡着一叶扁舟，逐浪漂流，在岸边林木的轻荫底下，穿过低垂拂水的柔枝，我们弹琴唱歌，互相应和，彼此都十分愉快，寄身在这清幽可爱的林泉间，我们真是乐而忘返了。稍东有一口湖，湖边出产鲜美的竹笋，不但气味芳香可与芍药相比，而且也像鱼儿一般洁白清净。溪水往东北流入巨洋，称为熏冶泉。

又迳临朐县故城东，城，古伯氏骈邑也[①]。汉武帝元朔元年[②]，封菑川懿王子刘奴为侯国[③]。应劭曰：临朐，山名也，故县氏之。朐亦水名。其城侧临朐川，是以王莽用表厥称焉[④]。城上下，沿水悉是刘武皇北伐广固[⑤]，营垒所在矣。

【注释】

①古伯氏骈邑：又作骈。春秋纪邑，后入齐。在今山东临朐东南三十里。西汉为骈侯国。

②元朔元年：前 128 年。

③菑川懿王：即刘志。刘邦之孙，齐悼惠王刘肥之子。初封安都侯。
　　前164年，汉文帝立为济北王。七国之乱后，被改封为菑川王。
　　谥号懿。刘奴：菑川懿王刘志之子。元朔二年（前127）封临朐侯。
　　卒谥夷。
④王莽用表厥称：《汉书·地理志》"齐郡"："临朐，有逢山祠。石膏
　　山，洋水所出，东北至广饶入巨定。莽曰监朐。"
⑤刘武皇：即南朝宋的建立者刘裕。广固：在今山东青州西北八里
　　尧山之阳。

【译文】

巨洋水又流经临朐县旧城东面，此城是古时伯氏的骈邑。汉武帝元朔元年，把这里封给菑川懿王的儿子刘奴，立为侯国。应劭说：临朐原是山名，县也以山命名。朐，又是水名。此城侧面紧临朐川，所以王莽就用临朐作为县名。城外沿江上下，都是刘武皇北伐广固时营垒所在的地方。

巨洋又东北迳委粟山东①，孤阜秀立，形若委粟②。

【注释】

①委粟山：在今山东临朐东北二里。
②委粟：下垂的禾粟。

【译文】

巨洋水又往东北流经委粟山东边，这是一座秀美的山丘，孤零零地耸立着，形状像一堆倒在地上的积粟。

又东北，洋水注之①。水西出石膏山西北石涧口②，东南迳逢山祠西。洋水又东南，历逢山下③，即石膏山也。山麓三成④，壁立直上。山上有石鼓，鸣则年凶。郭缘生《续述征记》曰：逢山在广固南三十里，有祠并石鼓，齐地将乱，

石人辄打石鼓，声闻数十里。洋水历其阴而东北流，世谓之石沟水。东北流出于委粟山北，而东注于巨洋，谓之石沟口。然是水下流，亦有时通塞⑤，及其春夏水泛，川澜无辍⑥，亦或谓之为龙泉水。《地理志》：石膏山，洋水所出是也。今于此县，惟是渎当之，似符群证矣⑦。

【注释】

①洋水：即今山东青州南之南阳河。

②石膏山：又名北峰山。即今山东青州西南二十五里玲珑山。

③逢山：在今山东临朐西二十五里。

④三成：三重。

⑤通塞：通流和阻塞。

⑥川澜：水流，波澜。

⑦群证：诸多典籍中的证据。

【译文】

巨洋水又往东北流，洋水注入。洋水发源于西方石膏山西北的石涧口，往东南流经逢山祠西面。洋水又往东南流经逢山下，逢山就是石膏山。山麓有三重，峭壁陡峻直上。山上有石鼓，鼓响就预兆着那年有灾祸。郭缘生《续述征记》说：逢山坐落在广固南三十里，山上有祠庙和石鼓，齐地将乱时，石人就敲起石鼓，数十里内都能听到。洋水流经山北，转向东北流，世人称之为石沟水。石沟水往东北流出委粟山北面，然后东流注入巨洋水，汇流处称为石沟口。然而这条水下游，有时畅通有时阻塞，到了每年春夏水涨时，浪涛滚滚奔流不息，也有人称为龙泉水。《地理志》说：石膏山是洋水的发源地。今天在临朐县只有这条水可以对得上，似乎与各书的记载相符。

巨洋水又东北得邳泉口^①。泉源西出平地,东流注于巨洋水。

【注释】

①邳泉口:《水经注疏》杨守敬按:"《齐乘》二,邳泉在建德水源(在今山东青州一带)之东北,入建德,非入巨洋也。"

【译文】

巨洋水又往东北流到邳泉口。邳泉的源头出自西方的平地,东流注入巨洋水。

巨洋水又北会建德水^①。水西发逢山阜而东流入巨洋水也。

【注释】

①建德水:《水经注疏》杨守敬按:"《齐乘》,建德水出益都府(今山东青州)南七里涧,俗名七里河,水东犹有建德村……"

【译文】

巨洋水又北流,与建德水汇合。建德水发源于西方逢山的丘冈下,东流注入巨洋水。

又北过剧县西^①,

巨洋水又东北合康浪水^②。水发县西南峿山^③,无事树木^④,而圆峭孤峙^⑤,巉屼分立^⑥。左思《齐都赋》曰^⑦:峿岭镇其左是也^⑧。康浪水北流注于巨洋。

【注释】

①剧县:西汉置,为菑川国都。治所在今山东寿光南三十里纪台村。

东汉省。

②康浪水：今山东青州东康河。

③嵯山：又作箕山、香山。即今山东青州东五十里香山。

④无事：这里指不能种植，不能生长。

⑤圆峭：圆形峻峭。孤峙：孤立耸峙。

⑥巑岏（cuán wán）：高峻的山峰。

⑦左思：字太冲。齐国临淄（今山东淄博东北）人。官秘书郎。他的《三都赋》（《蜀都赋》《吴都赋》《魏都赋》）精心构思十年乃成，名重一时，曾使"洛阳为之纸贵"。《齐都赋》：篇名。已佚。

⑧镇：坐落。

【译文】

巨洋水又往北流过剧县西面，

巨洋水又往东北流，与康浪水汇合。康浪水发源于剧县西南面的嵯山，山上不长树木，浑圆而峻峭的山峰互相分开，相对屹立着。左思《齐都赋》说：嵯岭雄踞于齐都左边。康浪水往北流，注入巨洋水。

巨洋又东北迳剧县故城西，古纪国也①。《春秋·庄公四年》②，纪侯不能下齐③，以与弟季④，大去其国⑤，违齐难也⑥。后改曰剧。故《鲁连子》曰⑦：朐、剧之人⑧，辩者也⑨。汉文帝十八年⑩，别为菑川国⑪，后并北海⑫。汉武帝元朔二年⑬，封菑川懿王子刘错为侯国⑭，王莽更之曰俞县也。城之北侧有故台，台西有方池。晏谟曰⑮：西去齐城九十七里⑯。耿弇破张步于临淄⑰，追至巨洋，水上僵尸相属⑱，即是水也。

【注释】

①古纪国：周代国名。姜姓，春秋时为齐所灭。故城在今山东寿光

南三十里纪台镇。

②庄公四年：前690年。

③纪侯：纪国国君，侯爵。下齐：臣服于齐国。

④以与弟季：将纪国传给弟弟纪季。

⑤大去其国：离开国家后，永不再返回。

⑥违：躲避，逃避。

⑦《鲁连子》：书名。战国齐人鲁仲连撰。

⑧胸：战国齐邑，后入秦。在今山东东平西南。

⑨辩者：聪辩、敏慧之人。

⑩汉文帝十八年：前162年。汉文帝，汉文帝刘恒。

⑪别：分。菑川国：西汉文帝十六年（前164）分临淄郡东部置，封齐悼王子贤为菑川王，都剧县（今山东寿光南三十里）。

⑫北海：即北海郡。西汉景帝二年（前155）分齐郡置。治所在营陵县（今山东昌乐东南五十里古城）。

⑬元朔二年：前127年。

⑭菑川懿王：即刘志。刘错：菑川懿王刘志之子。元朔二年（前127）封剧侯。在位十二年卒，谥原。

⑮晏谟：十六国时前燕青州（今山东莱州）人。为慕容德嘉许，拜尚书郎。撰《齐地记》，或称《齐记》。

⑯齐城：即今山东淄博东北临淄故城。西周及春秋、战国时齐国均建都于此。

⑰耿弇（yǎn）：字伯昭。扶风茂陵（今陕西兴平）人。张步：字文公。琅邪不其（今山东崂山西北）人。建武五年（29），为汉将耿弇击败，降汉，封安丘侯。后被琅邪太守陈俊追杀。

⑱相属（zhǔ）：相接连。属，接连，连缀。

【译文】

巨洋水又往东北流经剧县旧城西面，这里是古时的纪国。《春秋·庄公四年》：纪侯不愿降服于齐国，把纪国交给弟弟季，为躲避齐国入侵的灾难，就离开纪国出走。后来纪就改名为剧。所以《鲁连子》说：胸、剧的人都能言善辩。汉文帝十八年，把这地方分出来，立为菑川国，后来又并入北海。汉武帝元朔二年，把这里封给菑川懿王的儿子刘错，立为侯国，王莽则改名为俞县。城的北边有旧台，台的西面有方池。晏谟说：这里离齐城九十七里。耿弇在临淄打败了张步，一直追击到巨洋，水上的浮尸连成一片，说的就是这条水。

巨洋又东北迳晋龙骧将军、幽州刺史辟闾浑墓东而东北流[1]，墓侧有一坟甚高大，时人咸谓之为马陵[2]，而不知谁之丘垄也[3]。

【注释】

[1] 龙骧将军：官名。杂号将军。西晋武帝咸宁初年以王濬为之。南北朝沿置，品秩不一。幽州：汉武帝置十三州刺史部之一。辟闾浑墓：《水经注疏》熊会贞按：“《齐乘》五，浑墓在寿光（今山东寿光）西南三十里。《一统志》，在县南三十里。”

[2] 马陵：《水经注疏》杨守敬按：“《齐乘》，臧台在寿光西四十里，又西五里有马陵台，即此。”

[3] 丘垄：坟垄，坟墓。

【译文】

巨洋水又往东北流，经过晋龙骧将军、幽州刺史辟闾浑墓东，然后又往东北流，墓旁又有一座坟，非常高大，当时人们都称为马陵，但不知道是谁的坟墓。

巨洋水又东北迳益县故城东[1]，王莽更之曰涤荡也。晏谟曰：南去齐城五十里。司马宣王伐公孙渊[2]，北徙丰人[3]，住于此城,遂改名为南丰城也④。

【注释】

①益县:西汉置,属北海郡。治所在今山东寿光南十里益城村。东
汉为侯国,改属乐安国。后复为县。

②司马宣王:即司马懿。公孙渊:三国魏辽东襄平(今辽宁辽阳)人。
魏明帝太和二年(228),拜为扬烈将军、辽东太守。通孙权,权遣使
立为燕王。旋斩吴使,送其首于魏,明帝拜为大司马,封乐浪公。景
初元年(237),渊自立为燕王。景初二年(238),司马懿斩渊父子。

③丰人:丰地的百姓。丰,丰县。秦后期置,西汉属沛郡。治所即今
江苏丰县。汉高祖刘邦为沛郡丰县人。

④南丰城:在今山东寿光西北二十里。

【译文】

巨洋水又往东北流经益县旧城东面,王莽改名为涤荡。晏谟说:这
里南面离齐城五十里。司马宣王攻打公孙渊,从北面迁来丰人居住在这
座城中,于是就改名为南丰城。

又东北,积而为潭,枝津出焉,谓之百尺沟。

【译文】

巨洋水又往东北流,积水成潭,支流从这里分出,称为百尺沟。

西北流迳北益都城①,汉武帝元朔二年,封菑川懿王子
刘胡为侯国②。

【注释】

①北益都城:即西汉益都侯国故城。在今山东寿光北二十里古城

街道。

②刘胡：菑川懿王刘志之子，元朔二年（前127）封益都侯。同年卒，谥敬。

【译文】

巨洋水往西北流经北益都城，汉武帝元朔二年，把这里封给菑川懿王的儿子刘胡，立为侯国。

又西北流而注于巨淀矣①。

【注释】

①巨淀：亦称巨定湖。在今山东寿光西北。

【译文】

巨洋水又往西北流，注入巨淀湖。

又东北过寿光县西①，

巨洋水自巨淀湖东北流迳县故城西，王莽之翼平亭也。汉光武建武二年②，封更始子鲤为侯国③。城之西南、水东有孔子石室，故庙堂也。中有孔子像，弟子问经，既无碑志④，未详所立。

【注释】

①寿光县：西汉置，属北海郡。治所在今山东寿光东北二十里，俗称牟城。

②建武二年：26年。建武，东汉光武帝刘秀的年号（25—56）。

③鲤：指刘鲤，东汉宗室。南阳蔡阳（今湖北枣阳西南）人，更始帝刘玄之子。建武二年（26），光武帝封之为寿光侯。

④碑志：碑上的文字记载。

【译文】

巨洋水又往东北流过寿光县西面，

巨洋水从巨淀湖往东北流经寿光县旧城西面，王莽时称翼平亭。汉光武帝建武二年，把这里封给更始帝的儿子刘鲤，立为侯国。县城西南面、巨洋水东面，有孔子石室，是旧时的庙堂。庙中有孔子像，还有弟子问经的画像，但找不到碑文，不知是什么时候建立的。

　　巨洋又东北流，尧水注之①。水出剧县南角崩山②，即故义山也，俗人以其山角若崩，因名为角崩山，亦名为角林山，皆世俗音讹也。水即蕤水矣。《地理志》曰：剧县有义山，蕤水所出也③。北迳嵋山东，俗亦名之为青水矣。尧水又东北迳东、西寿光二城间④。应劭曰：寿光县有灌亭⑤。杜预曰：在县东南斟灌国也⑥。又言斟亭在平寿县东南⑦，平寿故城在白狼水西⑧，今北海郡治。水上承营陵县之下流⑨，东北迳城东，西入别画湖⑩，亦曰朕怀湖。湖东西二十里，南北三十里，东北入海。斟亭在溉水东⑪。水出桑犊亭东覆甑山⑫。亭，故高密郡治⑬，世谓之故郡城⑭，山谓之塔山，水曰鹿孟水，亦曰戾孟水，皆非也。《地理志》：桑犊，北海之属县矣，有覆甑山，溉水所出。北迳斟亭，西北合白狼水。按《地理志》，北海有斟县⑮。京相璠曰：故斟寻国⑯，禹后，西北去灌亭九十里。

【注释】

①尧水：即青水。即今山东之尧河。

②角崩山：亦名角林山、义山。即今山东青州西北之尧王山。俗人以其山角若崩，因名。

③剧县有义山，蕤水所出也：《汉书·地理志》"甾川国"："剧，义山，蕤水所出，北至寿光入海。莽曰俞。"

④东、西寿光：《水经注疏》杨守敬按："《寰宇记》：斟灌城，亦名东寿光。盖以寿光县（今山东寿光）在西，称西寿光；斟灌（今山东寿光东北）在东，称东寿光也。"

⑤灌亭：即斟灌、斟亭。在今山东寿光东北四十里斟灌城里。

⑥斟灌国：即斟亭、灌亭。在今山东寿光东北四十里斟灌城里。

⑦平寿县：战国秦置，属胶东郡。治所在今山东昌乐东南。西汉属北海郡。东汉属北海国。

⑧白狼水：即今山东潍坊东白狼河。

⑨营陵县：西汉置，为北海郡治。治所在今山东昌乐东南五十里古城。东汉属北海国。晋属东莞郡，后属高密郡。

⑩别画湖：亦曰朕怀湖。《水经注疏》熊会贞按："湖当在今潍县（今山东潍坊）东北。"

⑪溉水：在今山东潍坊东南四十里。

⑫桑犊亭：在今山东潍坊东南。覆甑山：又名塔山。即今山东潍坊东南四十里溉源山。

⑬高密郡：南朝宋改高密国为郡，属青州。治所在桑犊城（今山东潍坊东南）。

⑭故郡城：即高密郡治。在桑犊城（今山东潍坊东南）。

⑮斟县：西汉置，属北海郡。治所在今山东潍坊东南五十里。东汉省。

⑯斟寻国：在今山东潍坊东南五十里清池镇浑街。

【译文】

巨洋水又往东北流，尧水注入。尧水发源于剧县南面的角崩山，就是过去的义山，因为山角看去像崩塌了似的，因此当地乡人称为角崩山，也称角林山，这都是民间音讹的缘故。尧水就是蕤水。《地理志》说：剧县有义山，蕤水就发源于那里。水往北流经峨山东，民间又称青水。尧水又往东北流经东寿光城和西寿光城之间。应劭说：寿光县有灌亭。杜预说：灌亭在寿光县东南，是从前的斟灌国。又说：斟亭在平寿县东南，平寿旧城在白狼水西，今天是北海郡的治所。白狼水上源在营陵县，往东北流经平寿城东边，西流注入别画湖，也称朕怀湖。湖东西二十里，南北三十里，水往东北流入大海。斟亭在溉水东，溉水发源于桑犊亭东面的覆甑山。斟亭是过去高密郡的治所，人们称之为故郡城，把覆甑山称为塔山，把水称为鹿孟水，也称戾孟水，这都不对。《地理志》载：桑犊是北海郡的属县，有覆甑山，溉水发源于此。往北流经斟亭，西北与白狼水汇合。据《地理志》，北海有斟县。京相璠说：斟县是从前的斟寻国，大禹的后代居住在这里，西北距灌亭九十里。

溉水又北迳寒亭西而入别画湖[①]。《郡国志》曰：平寿有斟城，有寒亭。薛瓒《汉书集注》云[②]：按《汲郡古文》[③]，相居斟灌。东郡灌是也[④]。明帝以封周后[⑤]，改曰卫[⑥]。斟寻在河南，非平寿也。又云：太康居斟寻[⑦]，羿亦居之[⑧]，桀又居之。《尚书·序》曰[⑨]：太康失国，兄弟五人徯于河汭[⑩]。此即太康之居为近洛也。余考瓒所据，今河南有寻地，卫国有观土[⑪]。《国语》曰：启有五观[⑫]，谓之奸子。五观盖其名也，所处之邑，其名曰观。皇甫谧曰[⑬]：卫地。又云：夏相徙帝丘[⑭]，依同姓之诸侯于斟寻氏，即汲冢书云相居斟灌也。既依斟寻，明斟、寻非一居矣。穷后既仗善射篡相[⑮]，寒浞亦因逢蒙弑羿[⑯]，即其居以生浇[⑰]，因其室而有豷[⑱]。故《春秋·襄公四年》[⑲]，魏绛曰[⑳]：浇用师灭斟灌及斟寻氏，处浇于过[㉑]，处豷于戈[㉒]。是以伍员言于吴子曰[㉓]：过浇杀斟灌以伐斟寻是也。有夏之遗臣曰靡[24]，事羿[25]，羿之死也，逃于鬲氏[26]，今鬲县也[27]。收斟灌、斟寻二国之余烬[28]，杀寒浞而立少康[29]，灭之，有穷遂亡也。是盖寓其居而生其称[30]，宅其业而表其邑[31]。纵遗文沿褫[32]，亭郭有传[33]。未可以彼有灌目，谓专此为非；舍此寻名，而专彼为是。以土推传[34]，应氏之据亦可按矣[35]。

【注释】

①寒亭：夏代方国。即今山东潍坊东北寒亭区。

②薛瓒《汉书集注》：臣瓒姓氏，历来学者考辨，众说纷纭，莫衷一是。此注作薛瓒，未知郦氏何据？

③《汲郡古文》：亦称汲冢书。西晋咸宁五年（279）在汲郡汲县（今河南汲县）战国魏襄王古冢中出土的古书，皆用蝌蚪文（即战国文字）写在简册上。

④东郡：战国秦王政五年（前242）置。治所在濮阳县（今河南濮阳东南二十里高城村）。

⑤明帝：《水经注疏》杨守敬按："颜（师古）《注》引应劭曰：世祖更名卫国，以封周后。《续汉志》亦云：光武更名。此'明帝'字当误。"周后：周王室的后裔。

⑥卫：东汉改观县置，属东郡。治所在今河南清丰东南。西晋属顿丘县，北魏改为卫国县。

⑦太康：夏后帝启的儿子。盘于游田，不恤民事，为羿所逐，不得返国。太康五弟与母，待太康于洛水之北，怨其不返，故作《五子之歌》。

⑧羿：有穷国的国君后羿。相传后羿善射，为帝喾的射官。夏朝国君太康沉湎于游乐无法度，田猎于洛水之表，一出而十旬不返。有穷国的国君羿因民不能忍受太康之恶，率众拒之于河，不得返国。后来，后羿亦因喜狩猎，不理民事，弃其良臣而宠信寒浞，后

为寒浞所杀。

⑨《尚书·序》:《尚书·五子之歌序》。

⑩兄弟五人徯（xī）于河汭（ruì）:《尚书·五子之歌序》:"太康失邦，昆弟五人须于河汭，作《五子之歌》。"孔颖达疏:"启子太康，以游畋弃民，为羿所逐，失其邦国。其未失国之前，畋于洛水之表。太康之弟，更有昆弟五人，从太康畋猎，与其母待太康于洛水之北。太康为羿所距，不得反国。其弟五人，即启之五子，并怨太康，各自作歌。史叙其事，作《五子之歌》。"徯，等待。汭，河流汇合的地方或河流弯曲的地方。

⑪观土:即观。夏代诸侯国。在今河南清丰东南。

⑫启:夏启。大禹之子。五观:太康的五个兄弟号称五观。此五子或以为仁人，或以为奸子，众说纷纭。一说:五观为启的儿子，是个奸邪之人，五观是其名字。

⑬皇甫谧:即皇甫士安。

⑭夏相:夏朝的国君，名相。帝丘:或谓之商丘。今河南商丘西南。

⑮穷后:即有穷氏国君。后，国君，君王。有穷，夏时诸侯国国名。在今山东平原县西北。仗:仰仗，凭仗。善射:擅长射箭。篡相:篡夺相的帝位。

⑯寒浞（zhuó）:寒部国君伯明氏之子，奸邪不肖，被其父废弃。后羿收留他，并任用他做自己的辅相。后因逢蒙弑杀后羿而自立，被少康灭。逢蒙:古之善射者，学射于后羿，杀后羿。《孟子·离娄下》云:"逢蒙学射于羿，尽羿之道，思天下惟羿愈己，于是杀羿。"

⑰浇（ào）:寒浞之子，灭斟灌及斟寻氏。被少康灭于过（今山东莱州西北）。

⑱豷（yì）:寒浞之子。被少康之子后杼灭于戈（今河南杞县、尉氏附近）。

⑲襄公四年:前569年。

⑳魏绛:即魏庄子。魏悼子之子，谥号昭子。春秋时晋国大夫。主

　　张和戎，晋悼公采纳他的建议，派他与诸戎结盟。

㉑过（guō）：夏、西周方国。在今山东莱州西北。

㉒戈：国名。当在今河南杞县、尉氏县附近。

㉓伍员：即伍子胥，名员。春秋时楚国人。

㉔遗臣：前朝之臣，不愿仕宦于新朝者。靡：夏朝之遗臣。

㉕事羿：侍奉后羿。

㉖鬲氏：部落名。在今山东德州东南二十五里。

㉗鬲（gé）县：战国秦置，属济北郡。治所在今山东德州德城区。西汉属平原郡。

㉘余烬：残余，这里指遗民。

㉙少康：夏朝君主。少康的父亲被寒浞所杀。少康长大后为有仍氏牧正，又逃至有虞氏任庖正。后攻灭寒浞，建都纶城（虞城县西三十五里），恢复夏王朝的统治。少康有作为，史称少康中兴。

㉚寓其居而生其称：寒浞寓居于有穷氏的住宅，也就承袭了有穷的称号。

㉛宅其业而表其邑：占有他的产业，就以他的城邑为名。

㉜纵：纵使，即使。遗文：遗存的文字记载。沿袲（chǐ）：相沿夺脱。袲，袲夺，脱落。

㉝亭郭有传：亭和城郭还是有留传后世的。

㉞以土推传：凭借实地来推断传说。

㉟应氏之据：应劭的根据。可按：可以考察验证。

【译文】

　　溉水又往北流经寒亭西边，而后注入别画湖。《郡国志》说：平寿县有斟城和寒亭。薛瓒《汉书集注》说：据《汲郡古文》，相居住在斟灌。就是东郡的灌。明帝把这里封给周的后裔，改称为卫。斟寻在河南，不在平寿。又说：太康居住在斟寻，羿也住在这里，后来桀又住在这里。《尚书·序》说：太康失位，兄弟五人在河汭等待着。这里就是太康居住的地方,与洛水相距不远。我考证过薛瓒所依据的典籍,现在河南还有叫寻的地方,卫国还有观的旧地。《国语》说:启有个儿子叫五观,被称为逆子。五观是他的名字,他所居的城邑称观。皇甫谧说:观是卫国地方。又说:夏相迁到帝丘,依附同姓诸侯斟寻氏,就是汲冢书所说的:相居住在斟灌。相既然依附斟寻,那么斟灌、斟寻显然不是同一地方了。有穷氏依仗善射的本领篡夺相的帝位,寒浞也利用逢蒙杀了羿,寒浞就占了羿的住所和妻妾而生了浇和豷。《春秋·襄公四年》,魏绛说:寒浞令浇率军灭了斟灌和斟寻氏,把浇封于过,把豷封于戈。所以伍员对吴子说:过浇杀斟灌又攻斟寻。夏朝有一位旧臣叫靡,在羿手下做事,羿死后投奔鬲氏,就是今天的鬲县。他召集了斟灌、斟寻两国的残余力量,杀了寒浞,拥立少康,灭了浇和豷的封国,有穷就此灭亡了。寒浞寓居于有穷氏的住宅,也就承袭了有穷的称号;占有他的产业,就以他的城邑为名。纵使留下来的文字记录,长期以来逐渐散佚,但亭和城郭还有留传至今的。不可因为那地方带有灌的地名,就以为这地方不是;撇开这地方去寻查地名,就以为只有那地方才是。按实地来推断文字记载,应劭的说法也就可以验证了。

尧水又东北注巨洋。伏琛、晏谟①,并言尧尝顿驾于此②,故受名焉,非也。《地理志》曰:巩水自剧东北至寿光入海。沿其迳趣③,即是水也。

【注释】

①伏琛(chēn):晋人。撰《齐记》,或称《齐地记》《三齐略记》。晏谟:十六国时前燕青州(今山东莱州)人。为慕容德嘉许,拜尚书郎。撰《齐地记》,或称《齐记》。

②顿驾:停车,亦泛指停留。

③迳趣:流经趋向。

【译文】

尧水又向东北注入巨洋。伏琛、晏谟都说尧曾经在此处逗留过，水就因此得名，其实不是这样的。《地理志》说：蕤水从剧往东北流到寿光注入大海。按蕤水的流程和流向看，就是尧水了。

又东北入于海。

巨洋水东北迳望海台西[①]，东北流。伏琛、晏谟并以为平望亭在平寿县故城西北八十里古县[②]。又或言秦始皇升以望海，因曰望海台，未详也。按《史记》，汉武帝元朔二年，封菑川懿王子刘赏为侯国[③]。

【注释】

①望海台：在今山东寿光东北五十里望海台。

②平望亭：在今山东寿光东北五十里望海台。

③菑川懿王：指刘志。沛（今江苏沛县）人。汉高祖刘邦之孙，齐王刘肥之子。初封为济北王，吴楚之乱时，志坚守不从。景帝贤之，徙封为菑川王。刘赏：菑川懿王刘志之子。元朔二年（前127）封平望侯。卒谥夷。

【译文】

巨洋水又往东北注入大海。

巨洋水往东北流经望海台西，往东北流。伏琛、晏谟都认为平望亭在平寿县旧城西北八十里，是一个古县城。又有人说秦始皇登台望海，因此称为望海台，事实如何不大清楚。据《史记》载：汉武帝元朔二年，把这里封给菑川懿王的儿子刘赏，立为侯国。

又东北注于海也。

【译文】

巨洋水又往东北流，注入大海。

淄水
淄水出泰山莱芜县原山①，

淄水出县西南山下，世谓之原泉。《地理志》曰：原山，淄水所出。故《经》有原山之论矣。《淮南子》曰：水出自饴山②。盖山别名也。东北流迳莱芜谷③，屈而西北流，迳其县故城南。《从征记》曰：城在莱芜谷，当路阻绝④，两山间道由南北门。汉末，有范史云为莱芜令⑤，言莱芜在齐，非鲁所得引。旧说云，齐灵公灭莱⑥，莱民播流此谷⑦，邑落荒芜⑧，故曰莱芜。《禹贡》所谓莱夷也⑨。夹谷之会⑩，齐侯使莱人以兵劫鲁侯⑪，宣尼称夷不乱华是也⑫。余按泰、无、莱、柞⑬，并山名也，郡县取目焉⑭，汉高祖置。《左传》曰：与之无山及莱、柞是也⑮。应劭《十三州记》曰：太山莱芜县，鲁之莱柞邑⑯。

【注释】

①淄水：即山东中北部淄河。莱芜县：西汉置，属泰山郡。治所在今山东淄博南博山区东五十五里淄河镇城子村。原山：又名马耳山。在今山东莱芜东北七十里。

②水出自饴山："饴山"当为"铅山"之讹，为原山别名。

③莱芜谷：即狼虎谷。在今山东莱芜西南三十里。

④当路阻绝：挡住隔绝道路。

⑤范史云：范冉字史云。陈留外黄（今河南民权西北）人。先后受业于樊英、马融，博通经传。桓帝时为莱芜长，遭母忧，不到官。党

锢之祸起,与妻子四处流寓。十余年后,乃结草室而居。所止单陋,有时粮粒尽,穷居自若,言貌无改,闾里歌之曰:"甑中生尘范史云,釜中生鱼范莱芜。"及党禁解,为三府所辟,乃应司空命。莱芜令:莱芜县的县令。

⑥齐灵公:春秋齐顷公无野之子,名环。春秋时齐国国君。莱:商代方国。在今山东龙口城关镇东南莱子城。

⑦播流:流亡,迁徙。

⑧邑落:县邑村落。荒芜:因无人管理而长满野草。

⑨莱夷:即古莱国。今山东半岛大部都是莱夷故地。

⑩夹谷:即祝其山、甲山。在今山东莱芜西南三十里夹谷峪。

⑪齐侯使莱人以兵劫鲁侯:《左传·定公十年》:"夏,公会齐侯于祝其,实夹谷。孔丘相。犁弥言于齐侯曰:'孔丘知礼而无勇,若使莱人以兵劫鲁侯,必得志焉。'齐侯从之。孔丘以公退,曰:'士兵之!两君合好,而裔夷之俘以兵乱之,非齐君所以命诸侯也。裔不谋夏,夷不乱华,俘不干盟,兵不逼好。于神为不祥,于德为愆义,于人为失礼,君必不然。'"

⑫宣尼:即孔子。名丘,字仲尼。

⑬莱、柞:二小山名。在今山东莱芜。

⑭取目:取名。

⑮与之无山及莱、柞:《左传·昭公七年》:"辞以无山,与之莱、柞,乃迁于桃。"

⑯鲁之莱柞邑:《水经注疏》杨守敬按:"莱柞,山名,非邑名。高士奇曰,盖邑有二小山也。叶圭绶曰,汉莱芜县去临淄百数十里,在长城岭北,乃齐地,非鲁地,应说似误。"

【译文】

淄水

淄水发源于泰山郡莱芜县的原山,

淄水发源于莱芜县西南山下，人们称之为原泉。《地理志》说：原山是淄水的发源地。因此《水经》有水出原山的说法。《淮南子》说：淄水发源于饴山。那是原山的别名。淄水往东北流经莱芜谷，折转向西北，流经莱芜县旧城南。《从征记》说：县城坐落在莱芜谷，挡住过往大道，两山之间的小路，经由南北门出入。汉朝末年，范史云任莱芜县令，说莱芜属齐国，鲁国是不能引为己有的。从前有个说法：齐灵公灭掉了莱，莱的百姓流散到这个山谷，城镇村落都荒芜了，所以称为莱芜。《禹贡》所说的莱夷就指的是这里。齐、鲁在夹谷相会，齐侯叫莱人以兵力来威逼鲁侯，孔子说夷人是不到华夏中原来作乱的。我查考过，泰、无、莱、柞，都是山名，郡县都按这些山来取名，是汉高祖时所置。《左传》说：把无山及莱、柞给他，就是指这些山。应劭《十三州志》说：太山莱芜县就是鲁国的莱柞邑。

淄水又西北转迳城西，又东北流与一水合。水出县东南，俗谓之家桑谷水①，《从征记》名曰圣水。《列仙传》曰②：鹿皮公者③，淄川人也④，少为府小史⑤，才巧⑥，举手成器⑦。山岑上有神泉⑧，人不能到，小史白府君⑨，请木工斤斧三十人⑩，作转轮，造县阁⑪，意思横生⑫，数十日，梯道成。上其巅作祠屋，留止其旁，其二间以自固⑬，食芝草，饮神泉，七十余年。淄水来山下，呼宗族得六十余人，命上山，半，水出，尽漂一郡，没者万计。小史辞遣家室令下山，着鹿皮衣，升阁而去。后百余年，下卖药齐市也。其水西北流注淄水。

【注释】

①家桑谷水：一名圣水、阳水。今山东青州之南阳水、北阳水。

②《列仙传》：郑德坤《水经注引书考》："《隋志》：《列仙传赞》三卷，

刘向撰。瓞续孙绰赞。《汉志》列向所序六十七篇,但有《新序》《说苑》《世说》《列女传图颂》,无《列仙传》,疑非刘向之作。然葛洪《神仙传》序亦称此书为向作,则晋时已有此说,是以郦氏从之。《四库提要》疑为魏晋间方士撰而托名于向,惜无以定之。"

③鹿皮公:传说中的仙人名。

④淄川:疑为淄川国。东汉建武二年(26)封刘终为淄川王,置淄川国。治所不详。建武十三年(37)并入北海。

⑤府小史:古小官名。《周礼》春官宗伯之属,掌邦国之志、贵族世系以及礼仪等事。汉以后为尚书令史或地方官一般属吏之称。

⑥才巧:才思聪慧。

⑦举手成器:一动手就能做出器物。

⑧山岑:山顶,山峰。

⑨白:禀报。府君:汉魏以来对郡太守的尊称。

⑩木工斤斧:即运用斧斤的木匠。

⑪县阁:悬空的楼阁。

⑫意思:趣味,情趣。横生:层出不穷地出现。

⑬自固:自己安居其中。

【译文】

淄水又往西北流,转弯流经城西,又往东北流,与一条水汇合。这条水发源于莱芜县东南面,俗称家桑谷水。《从征记》称为圣水。《列仙记》说:鹿皮公是淄川人,年轻时在府里当小史,他才能出众,技艺高超,一动手就能制成用具。附近山崖上有神泉,人们都爬不上去,小史去报告府君,要求派给他三十个木工,他们制作了转车、悬阁,别出心裁,几十天后做好了梯道。他们登上崖顶建造祠屋,小史就在祠旁住下,自己安居在其中两间里面,每天吃山上的灵芝草,喝崖边的神泉水,住了七十多年。淄水流到山下,小史召集宗族六十多人,叫他们上山,到了半山,水忽然急涌而出,淹没了全郡,被溺死的人数以万计。小史遣散家室叫他们下山，自己穿上鹿皮衣，登上悬阁而去。百余年后，他下山在齐市卖药。家桑谷水往西北流，注入淄水。

淄水又北出山，谓之莱芜口，东北流者也。

【译文】

淄水又北流出山，山口称为莱芜口，出山后水向东北流去。

东北过临淄县东[①]，

淄水自山东北流[②]，迳牛山西[③]，又东迳临淄县故城南，东得天齐水口。水出南郊山下，谓之天齐渊[④]。五泉并出，南北三百步，广十步，山即牛山也。左思《齐都赋》曰：牛岭镇其南者也[⑤]。水在齐八祠中[⑥]，齐之为名，起于此矣。《地理风俗记》曰：齐所以为齐者，即天齐渊名也。其水北流注于淄水。

【注释】

①临淄县：战国秦置，为临淄郡治。治所在今山东淄博临淄区东北齐都镇。

②淄水：即山东中北部淄河。

③牛山：在今山东淄博临淄区南十里。

④天齐渊：在今山东淄博临淄区东南龙池附近。

⑤牛岭：即牛山。镇：坐落。

⑥齐八祠：齐国的八个神祠。《水经注疏》："朱（谋㙔）《笺》曰：《封禅书》云，秦始皇东游海上，礼祠名山、大川及八神。八神者，一曰天主，祠天齐。天齐渊水，居临菑南郊山下者。二曰地主，祠太

山梁父。三曰兵主,祠蚩尤,在东平陆监乡,齐之西境也。四曰阴主,祠三山。五曰阳主,祠之罘。六曰月主,祠之莱山。七曰日主,祠成山。八曰四时主,祠琅琊。"

【译文】

淄水往东北流过临淄县东面,

淄水从山里往东北流经牛山西面,又往东流经临淄县旧城南面,往东流到天齐水口。此口的水发源于南郊山下,称为天齐渊。这里有五条泉水一起涌出,南北三百步,宽十步,这山就是牛山。左思《齐都赋》说:牛岭雄踞于南边。水流经齐地八处神祠之间,齐这个国名,就起源于此。《地理风俗记》说:齐国之所以名齐,就是取名于天齐渊。水往北流注入淄水。

淄水又东迳四豪冢北。水南山下有四冢,方基圆坟,咸高七尺,东西直列,是田氏四王冢也①。

【注释】

①田氏四王冢:《水经注疏》熊会贞按:"《亭林文集》五,考田氏之称王者五,而王建迁于共以死,知是威、宣、愍、襄也。在今临淄县(今山东淄博东北临淄区)东。"由熊会贞按可知,田氏四王冢为齐威王、齐宣王、齐愍王、齐襄王四王的坟冢。

【译文】

淄水又往东流经四豪墓北。水南山下有四座坟墓,墓基方形,坟垄却呈圆形,都有七尺来高,四座墓东西方向一字排列,这是田氏四王的坟墓。

淄水又东北迳荡阴里西①,水东有冢,一基三坟,东西八十步,是列士公孙接、田开彊、古冶子之坟也②。晏子恶其勇而无礼③，投桃以毙之，死葬阳里，即此也。

【注释】

①荡阴里：在今山东淄博东临淄区南。

②列士：即元士。古称天子之上士，别于诸侯之士。公孙接、田开彊、古冶子：齐景公豢养的三勇士。勇猛有加，然傲慢无礼，飞扬跋扈，被相国晏婴设计"二桃杀三士"。此三人之坟在今山东淄博东临淄区南。

③晏子：即晏婴，字仲。春秋齐国莱之夷维（今山东高密）人。事齐灵公、庄公、景公，尚节俭力行。后相齐，凭其贤德三世显名于诸侯。谥平，史称晏平仲，后人尊称为晏子。

【译文】

淄水又往东北流经荡阴里西，东岸有墓，一片墓基上筑了三座坟，东西约八十步，这就是公孙接、田开彊、古冶子三位壮士的坟墓。晏子讨厌他们蛮勇而无礼，送给他们两个桃子，让他们为争桃子而自相残杀，三人死后葬在阳里，就是这个地方。

淄水又北迳其城东，城临淄水，故曰临淄，王莽之齐陵县也。《尔雅》曰：水出其前左为营丘①。武王以其地封太公望②，赐之以四履③，都营丘为齐，或以为都营陵④。《史记》：周成王封师尚父于营丘⑤，东就国，道宿行迟⑥，莱侯与之争营丘⑦。逆旅之人曰⑧：吾闻时难得而易失，客寝安，殆非就封者也。太公闻之，夜衣而行至营丘⑨。陵亦丘也。献公自营丘徙临淄⑩。余按营陵城南无水，惟城北有一水，世谓之白狼水⑪，西出丹山⑫，俗谓凡山也，东北流。由《尔雅》出前左之文，不得以为营丘矣。营丘者，山名也，《诗》所谓子之营兮⑬，遭我乎猱之间兮⑭。作者多以丘、陵号同，缘陵又去莱差近⑮，咸言太公所封。考之《春秋》经书：诸侯城缘陵⑯。《左传》曰：迁杞也⑰。《毛诗》、郑《注》并无营字⑱，瓒以为非⑲，近之。今临淄城中有丘，在小城内⑳，周回三百步，高九丈，北降丈五，淄水出其前，故有营丘之名，与《尔雅》相符。城对天齐渊，故城有齐城之称。是以《晏子》言㉑：始爽鸠氏居之㉒，逢伯陵居之㉓，太公居之。又曰：先君太公，筑营之丘。季札观风㉔，闻齐音曰㉕：泱泱乎大风也哉㉖。表东海者，其太公乎㉗？田巴入齐㉘，过淄自镜㉙。郭景纯言：齐之营丘，淄水迳其南及东也。非营陵明矣。献公之徙，其犹晋氏深翼名绛㉚，非谓自营陵而之也。其外郭㉛，即献公所徙临淄城也，世谓之虏城，言齐愍王伐燕㉜，燕王哙死㉝，虏其民实诸郭㉞，因以名之。秦始皇三十四年㉟，灭齐为郡，治临淄。汉高帝六年㊱，封子肥于齐为王国㊲，王莽更名济南也。《战国策》曰：田单为齐相㊳，过淄水，有老人涉淄而出，不能行，坐沙中，单乃解裘于斯水之上也㊴。

【注释】

①水出其前左为营丘：《尔雅·释丘》：“水出其前，渗丘；水出其后，沮丘；水出其右，正丘；水出其左，营丘。”营丘，亦名营城。在今山东淄博临淄区西北临淄故城。

②太公望：指姜尚。

③赐之以四履：《左传·僖公四年》：“昔召康公命我先君大公曰：‘五侯九伯，女实征之。以夹辅周室。’赐我先君履：东至于海，西至于河，南至于穆陵，北至于无棣。”四履，到东南西北四方去。履，

动词,踩,践踏。

④营陵:今山东昌乐东南五十里古城。

⑤师尚父:也称吕望、姜太公、姜子牙。周武王号为师尚父。

⑥道宿:在路上住宿。

⑦莱侯:莱国的国君,侯爵。

⑧逆旅:客舍,旅馆。

⑨夜衣:这里指穿好行装,晚上行路。

⑩献公:即齐献公。西周时齐国国君。即位后,将都城由薄姑(今山东博兴东北)迁回临菑(今山东淄博临淄区)。

⑪白狼水:即今山东潍坊东白狼河。

⑫丹山:俗称凡山。在今山东临朐东北纪山。

⑬子之营兮:《诗经·齐风·还》作"子之还兮"。大意是你是如此的矫健。

⑭遭我乎猱(náo)之间兮:《诗经·齐风·还》:"子之还兮,遭我乎猱之间兮。"大意是你回来后,我们在猱山之间见了面。猱,山名。在今山东淄博临淄区南十五里。

⑮缘陵:即营陵。春秋杞国都。在今山东昌乐东南五十里古城。

⑯诸侯城缘陵:《春秋·僖公十四年》:"十有四年,春,诸侯城缘陵。"

⑰迁杞:把杞国迁到那里。《左传·僖公十四年》:"十四年春,诸侯城缘城而迁杞。"杞,周诸侯国名。初在雍丘(今河南杞县),杞成公迁都缘陵(今山东昌乐东南七十里)。杞文公又迁淳于(今山东安丘东北三十余里)。

⑱《毛诗》:这里当指《毛传》(《毛诗故训传》的简称)。是我国保留下来最早的训诂学著作,为研究《诗经》的重要著作。作者或称毛亨,或称毛苌。郑《注》:即郑玄《笺》。是东汉郑玄对《诗经》的解释以及对《毛传》的订正与补充。

⑲瓒:即臣瓒。臣瓒的姓氏,历来学者考辨,众说纷纭,莫衷一是。

⑳小城：城邑名。故址当在今山东淄博东北临淄区北部一带。

㉑《晏子》：即《晏子春秋》。

㉒爽鸠氏：相传少皞帝之司寇，居于齐地，主管捉拿盗贼之事。

㉓逄伯陵：殷诸侯，姜姓。

㉔季札：春秋吴王寿梦的第四子。寿梦见其贤而欲立为王，不受；后封于延陵，号延陵季子，简称为季子。曾出使鲁国，并从观乐中听出各国的兴衰。观风：这里指季札观听周朝的音乐，以知各诸侯国之兴衰。

㉕齐音：《诗经》中《齐风》。

㉖泱泱：深广宏大貌。大风：大国之风度。

㉗表东海者，其太公乎：在东海做表率的，一定是姜太公吧！表，做表率。

㉘田巴：战国时齐国将领，有辩才。

㉙过淄自镜：经过淄水时，以水为镜照看自己。

㉚晋氏深翼名绛：《水经注·浍水》："按《诗谱》言：晋穆侯迁都于绛，暨孙孝侯，改绛为翼，翼为晋之旧都也。后献公又北广其城，方二里，又命之为绛。故司马迁《史记·年表》称，献公九年，始城绛都。"翼，也称绛。在今山西翼城东南十里故城村。相传唐叔虞始封，尝都于翼。春秋时亦为晋国都城。晋穆公自曲沃迁都于此。

㉛外郭：外城。

㉜齐愍王：齐宣王之子，战国时期齐国第六任国君。也作齐湣王。

㉝燕王哙（kuài）：战国时燕国国君。即位后任子之为相进行改革，后又将君位让于子之，自愿称臣，造成国内大乱。齐乘机武装干涉，他于兵乱中被杀。

㉞实：填充，填满。

㉟秦始皇三十四年：前213年。

㊱汉高帝六年：前201年。

㊲肥:即刘肥,汉高祖刘邦之子。高祖六年(前201),立肥为齐王,食七十余城。即位十三年卒。

㊳田单:战国临淄(今山东临淄)人。齐国名将。

㊴单乃解裘于斯水之上:《战国策·齐策》:"(田单)过菑水,有老人涉菑而寒,出不能行,坐于沙中。田单见其寒,欲使后车分衣,无可以分者,单解裘而衣之。"陈桥驿按,卷九《淇水》经"淇水出河南隆虑县西大号山"注:"一水出朝歌城西北,东南流。老人晨将渡水而沉吟难济。纣问其故,左右曰:老者髓不实,故畏寒也。纣乃于此斫胫而视髓也。"此处:"有老人涉淄而出,不能行,坐沙中,单乃解裘于斯水之上也。"前者暴虐残酷,后者善良慈民。郦道元其实是叙小事而喻大政,郦氏知道古有暴君。郦氏以后,暴君亦不在少数。暴君时代因暴政残酷,荒唐绝伦,后世总有人进行挞伐。

【译文】

淄水又往北流经临淄县城东,城因面临淄水,所以名叫临淄,王莽时改名为齐陵县。《尔雅》说:水从县城左前方流出,就是营丘。武王把这地方封给太公望,赐予四至疆界,建都营丘,称为齐,有的说建都营陵。《史记》载,周成王把营丘封给姜太公,姜太公东行前往自己的封国,因路上歇宿,所以到达迟了,莱侯就和他争营丘。客店里的人说:我听说机会难得却容易失掉,这位客人睡得很安宁,大概不是去接受封地的吧。太公听到了,就连夜起来赶路,到了营丘。陵也就是丘。献公从营丘迁移到临淄。按营陵城南没有河流,只在城北有一条水,世人称之为白狼水,发源于西边的丹山,俗称凡山,往东北流。从《尔雅》中水从县城左前方流出那句话看,就不能认为这就是营丘了。营丘,其实是山名,《诗经》所说的:你到营丘来,和我在猺山之间相遇。作者大多以为丘、陵同名,缘陵又与莱相距较近,这些地方据说都是太公的封地。根据《春秋》记载:诸侯修筑缘陵城。《左传》说:后来迁到了杞。《毛诗》、郑玄《注》也都没有营字，臣瓒认为不是，这说法较为正确。今天临淄城中有一座小丘，坐落在小城内，周围三百步，高九丈，北边降低一丈五尺，淄水在丘前流出，因此有营丘这名称，与《尔雅》所记相符。此城面对天齐渊，所以有齐城之称。因此《晏子》说：最初爽鸠氏住在这里，逢伯陵、太公也住在这里。又说：先君太公，修筑了营丘。季札来齐观察民情风俗，听到齐国的音乐，不禁赞美道：多么沉雄壮美啊，的确有大国之风范！能作为东海诸国的表率的，大概就是太公了吧！田巴到了齐国，经过淄水时，从水中照见自己的面影。郭景纯说：齐国的营丘，淄水流经它的南面和东面。由此可见营丘分明不是营陵了。献公的迁都，也正如晋迁到翼后又改名绛一样，并不是说从营陵迁到这里来。现在的临淄外城，就是献公当年所迁的临淄城，世人称之为房城，据说齐愍王攻燕，燕王哙死，愍王俘虏了燕的百姓，让他们居住在外城，因此名为房城。秦始皇三十四年，灭了齐国，设立为郡，郡治在临淄。汉高帝六年，把齐封给王子肥，立为王国，王莽改名为济南。《战国策》说：田单当齐国宰相，经过淄水时，有个老人蹚过淄水，出水后冻得不能行走了，坐在沙中，田单就在水边脱下自己的皮衣给他穿。

又东过利县东①，

淄水自县东北流，迳东安平城北②，又东迳巨淀县故城南③。征和四年④，汉武帝幸东莱⑤，临大海，三月耕巨淀。即此也。县东南则巨淀湖⑥，盖以水受名也。

【注释】

①利县：西汉置，属齐郡。治所在今山东博兴东四十里利城。东汉属乐安国。西晋改利益侯国。

②东安平城：在今山东淄博临淄区东北十里皇城营。

③巨淀县：即巨定县。在今山东广饶北。

④征和四年：前89年。征和，西汉武帝刘彻的年号（前92—前89）。

⑤东莱：即东莱郡。汉高帝分齐郡置。治所在掖县（今山东莱州）。《元
　和郡县图志》："在齐国之东，故曰东莱。"东汉徙治黄县（今山东
　龙口东南）。西晋改为东莱国，还治掖县。

⑥巨淀湖：亦称巨定湖。在今山东寿光西北。

【译文】

淄水又往东流过利县东边，

淄水从利县往东北流经东安平城北边，又往东流经巨淀县旧城南
边。征和四年，汉武帝临幸东莱，来到海边，三月，亲自在巨淀耕田。指
的就是这地方。县的东南面是巨淀湖，该县就是以水来命名的。

淄水又东北迳广饶县故城南①，汉武帝元鼎中②，封菑
川靖王子刘国为侯国③。

【注释】

①广饶县：西汉置，属齐郡。治所在今山东寿光北。

②元鼎：西汉武帝刘彻的年号（前116—前111）。

③菑川靖王：即刘建，菑川懿王刘志之子。刘国：菑川靖王刘建之子。
　元鼎元年（前116）封广饶侯。谥康。

【译文】

淄水又往东北流经广饶县旧城南边，汉武帝元鼎年间，把这里封给
菑川靖王的儿子刘国，立为侯国。

淄水又东北，马车渎水注之①，受巨淀，淀即浊水所注
也②。吕忱曰③：浊水一名溷水，出广县为山④。世谓之冶岭
山，东北流迳广固城西⑤。城在广县西北四里，四周绝涧⑥，
阻水深隍⑦，晋永嘉中⑧，东莱人曹嶷所造也⑨。水侧山际有

五龙口⑩，义熙五年⑪，刘武帝伐慕容超于广固也⑫，以藉险难攻⑬，兵力劳弊。河间人玄文说裕云⑭：昔赵攻曹嶷，望气者以为渑水带城⑮，非可攻拔，若塞五龙口，城当必陷。石虎从之，嶷请降。降后五日大雨，雷电震开。后慕容恪之攻段龛⑯，十旬不拔，塞口而龛降。降后无几，又震开之。今旧基犹存，宜试修筑。裕塞之，超及城内男女，皆悉脚弱⑰，病者大半，超遂出奔，为晋所擒也。然城之所跨，寔凭地险，其不可固城者在此。

【注释】

①马车渎水：在今山东广饶东北五十里高家港。

②浊水：一名溷水。即北阳水，亦即今山东青州之北阳河。

③吕忱：字伯雍。任城（今山东济宁东南）人。晋文字学家，官义阳王典祠令。撰《字林》七卷。

④广县：西汉置，属齐郡。治所在今山东青州西南四里。为山：世谓之冶岭山。即今山东青州西四十里九回山。

⑤广固城：在今山东青州西北八里尧山之阳。

⑥绝涧：险峻的溪涧。

⑦阻水：阻隔的溪水。深隍：深邃的壕沟。

⑧永嘉：西晋怀帝司马炽（chì）的年号（307—312）。

⑨曹嶷：东莱（今山东莱州）人。两晋之际割据将领。永嘉丧乱，青州沦没石氏。曹嶷为青州刺史，造广固城，地形阻峻，遂成割据之势。后为石季龙所灭。

⑩水侧山际：山水毗邻。五龙口：在广固城（在今山东青州西北八里尧山之阳）附近。

⑪义熙五年：409年。义熙，东晋安帝司马德宗的年号（405—418）。

⑫刘武帝：南朝宋的建立者刘裕。慕容超：字祖明。昌黎棘城（今辽
　　宁义县西北）人。鲜卑族。南燕末代皇帝。刘裕攻打南燕，据守
　　广固城，誓死不降。城破被俘，后被杀。

⑬藉险：凭借险阻。

⑭河间：今河北献县东南。

⑮望气者：用望气术占卜的人。浊水：即今山东淄博北裙带河。

⑯慕容恪：字玄恭。昌黎棘城（今辽宁义县西北）人。鲜卑族。前燕
　　文明帝慕容皝第四子。段龛：辽西鲜卑人。石季龙末，段龛自号
　　齐王，据青州。后被慕容恪所败。

⑰脚弱：脚膝软弱之证，似因风寒暑湿邪毒之气从外而入于脚膝。

【译文】

淄水又往东北流，马车渎水注入，此水上口由巨淀给水，巨淀有浊水注入。吕忱说：浊水又名湢水，发源于广县为山。世人称之为冶岭山，往东北流经广固城西。广固城在广县西北四里处，四周有山涧深壕环绕，此城是晋朝永嘉年间东莱人曹嶷所筑。水旁山边有个五龙口，义熙五年，刘武帝在广固讨伐慕容超，因敌方凭险据守，难以攻克，弄得兵士很疲惫。河间人玄文向刘裕建议：从前赵国进攻曹嶷，有个望气的人认为湢水流过此城，城是攻不下的，如果堵塞了五龙口，城就一定可以攻陷了。石虎听从了这个建议，曹嶷就求降了。投降后五天，大雨倾盆，雷电交加，堵塞的水口被震开了。后来慕容恪进攻段龛，攻城一百天仍未攻下，堵塞了五龙口后，段龛就投降了。段龛投降后不久，堵塞的水口又被震开了。今天旧基还在，应当试试看，把它再修筑起来。刘裕堵塞了五龙口，慕容超及城内男女老少都双脚无力，大半患病，慕容超就出城逃走，被晋人擒获。然而城所筑的地方，完全是凭着地势之险，城不能固守，原因就在于脚弱之病。

浊水东北流迳尧山东①，《从征记》曰：广固城北三里有

尧山祠，尧因巡狩登此山，后人遂以名山。庙在山之左麓^②，庙像东面，华宇修整，帝图严饰^③，轩冕之容穆然^④。山之上顶^⑤，旧有上祠，今也毁废，无复遗式^⑥。盘石上尚有人马之迹，徒黄石而已，惟刀剑之踪逼真矣。至于燕锋代锷^⑦，魏铗齐铓^⑧，与今剑莫殊，以密模写^⑨，知人功所制矣。西望胡公陵^⑩，孙畅之所云^⑪，青州刺史傅弘仁言得铜棺隶书处^⑫。

【注释】

①尧山：即今山东青州西北八里尧王山。

②左麓：左边山脚下。

③帝图：帝王的图像。严饰：庄严整饬。

④轩冕之容：车乘和冕服的容貌。穆然：肃穆庄严的样子。

⑤上顶：山顶上。

⑥无复遗式：没有留下痕迹。遗式，前人留下的样式。

⑦燕锋：燕国在最北方，故以燕国为剑锋。锋，剑端。代锷：代亦作岱，指泰山，齐之险阻。锷，剑刃也。齐国在东，故齐、岱连言而以为锷。

⑧铗（jiá）：剑柄。韩、魏于赵为最近，故以为剑柄。铓（máng）：刀剑等的尖端。

⑨以密模写：谓以蜡模拓其迹。

⑩胡公：即妫（guī）满。西周陈国国君。妫姓，名满。武王灭商，求舜后代，得妫满，以长女大姬配妫满，封于陈，是为胡公。

⑪孙畅之：南朝宋官吏，官至奉朝请。其撰《述画记》，又称《画记》，是我国较早的一部画品论著。已佚。

⑫傅弘仁：南朝宋武帝刘裕时官吏。历任征虏将军、南谯太守、太常卿等官职。铜棺：以铜打造的棺材。隶书：汉字字体，由篆书简化演变而成，汉朝的隶书笔画比较简单，是汉朝通行的字体。

【译文】

浊水往东北流经尧山东，《从征记》说：广固城北面三里有尧山祠，尧巡察四方路过这里，登过此山，后人因而称为尧山。庙建在尧山左边山脚下，庙内神像朝东，殿宇华丽整饬，帝尧的画像装束整齐，戴着冠冕的仪容显得庄严肃穆。山顶上从前有座尧祠，现在已毁废了，原来的格局再也看不到了。只有一块巨石上还留有人马的痕迹，但也只是光光的黄石而已，只有刀剑的痕迹还十分逼真。至于天子之剑，所谓以燕为锋，以代为刃，以魏为柄，以齐为尖，其实与今天的剑并没有什么不同，用蜡把剑痕印下来，一看就知道是人工制作的。在这里向西可以看见胡公陵，就是孙畅之所说的，青州刺史傅弘仁声称发现铜棺隶书的地方。

浊水又东北流迳东阳城北①，东北流合长沙水②。水出逢山北阜③，世谓之阳水也。

【注释】

①东阳城：在今山东青州阳水北。

②长沙水：即今山东青州南之南阳河。

③逢山：在今山东临朐西二十五里。

【译文】

浊水又往东北流经东阳城北面，往东北流，与长沙水汇合。长沙水发源于逢山北面的小土山上，世人称之为阳水。

东北流迳广县故城西，旧青州刺史治，亦曰青州城①。

【注释】

①青州城：今山东青州。

【译文】

  阳水往东北流经广县旧城西面,这里过去是青州刺史的治所,也称青州城。

  阳水又东北流,石井水注之。水出南山,山顶洞开,望若门焉,俗谓是山为礔头山①。其水北流注井,井际广城东侧,三面积石,高深一匹有余②。长津激浪③,瀑布而下④,澎赑之音⑤,惊川聒谷⑥,漰浡之势⑦,状同洪河⑧,北流入阳水。余生长东齐⑨,极游其下,于中阔绝⑩,乃积绵载⑪,后因王事,复出海岱⑫,郭金、紫惠同石井⑬,赋诗言意⑭,弥日嬉娱,尤慰羁心⑮。但恨此水时有通塞耳。

【注释】

①礔(pī)头山:亦作劈头山。在今山东青州南十里。

②一匹:我国古代计算布帛的单位,古代四丈为一匹,今则五十尺、一百尺不等。

③长津:绵长的津流。

④瀑布而下:从山壁上或河床突然降落的地方流下的水,远看好像挂着的白布。这里作动词,形成瀑布。

⑤澎赑(bì)之音:瀑布形成的轰鸣声。澎赑,水下泄冲击声。

⑥惊川聒(guō)谷:使山川溪谷都感到惊恐和惊扰。聒,惊吵。

⑦漰浡(pēng bēn)之势:水流奔腾激荡的气势。漰浡,水流猛激貌。

⑧洪河:大河。古代多指黄河。

⑨东齐:因齐地地处东边,故称。

⑩阔绝:多年离别,长时间分别。

⑪绵载:多年。绵,久长。

⑫海岱：今山东渤海至泰山之间。海，渤海。岱，泰山。

⑬郭金、紫惠：具体未详。不知为一人还是二人。

⑭言意：抒发心意情怀。

⑮羁（jī）心：旅思。

【译文】

　　阳水又往东北流，石井水注入。石井水发源于南山，山顶敞开，望去像门似的，俗称此山为礕头山。石井水往北流，注入一口大井，此井靠近广城东侧，三面石块堆垒，深达四丈有余。水流汹涌成为瀑布一泻而下，轰隆的声音震撼山谷，这种惊天动地的水势，如同大河一样，北流注入阳水。我生长在东齐，曾远游于瀑布下面，中间阔别多年，后来又因公事重到海岱，与郭金、紫惠一起游石井，赋诗抒怀，整日嬉游，作客他乡，能偕好友畅游真是莫大的慰藉了。只是此水时通时断，令人遗憾。

　　阳水东迳故七级寺禅房南①，水北则长庑遍驾②，回阁承阿③。林之际则绳坐疏班④，锡钵闲设⑤。所谓修修释子⑥，眇眇禅栖者也⑦。

【注释】

①七级寺：《水经注疏》杨守敬按："《名胜志》，七级寺在益都城（今山东青州）西罗汉洞。"禅房：佛徒习静之所。泛指寺院。

②长庑（wǔ）：堂下四周较长的廊屋。驾：通"架"。架设，构筑。

③回阁：迂回曲折的阁楼。承阿：承接着弯曲的屋角。

④绳坐：亦作绳床。一种可以折叠的轻便坐具，以板为之，并用绳穿织而成。又称胡床、交床。疏班：稀稀疏疏地排列。班，分布，排列。

⑤锡钵：用锡制成的僧人食器。

⑥修修：谨饬修行。释子：僧徒的通称。取释迦牟尼佛的弟子之意。

⑦眇眇（miǎo）：品德高远。眇，邈远，高远。禅栖：参禅隐居。

【译文】

阳水往东流经旧七级寺禅房南,水北佛殿周围遍布长廊,楼阁弯弯曲曲地相连接。林边疏疏落落地排列着些蒲团,摆着些锡杖钵盂。这就是所谓严谨持重的僧人远遁山林的禅栖生活。

阳水又东迳东阳城东南,义熙中[1],晋青州刺史羊穆之筑此[2],以在阳水之阳,即谓之东阳城,世以浊水为西阳水故也。水流亦有时穷通[3],信为灵矣。昔在宋世,是水绝而复流,刘晃赋通津焉[4]。魏太和中[5],此水复竭,辍流积年,先公除州[6],即任未期[7],是水复通,澄映盈川[8],所谓幽谷枯而更溢,穷泉辍而复流矣,海岱之士,又颂通津焉[9]。平昌耆民孙道相颂曰[10]:惟彼渑泉[11],竭逾三龄[12],祈尽珪璧[13],谒穷斯牲[14],道从隆替[15],降由圣明[16]。蠢民河间赵嶷颂云[17]:敷化未期[18],元泽潜施[19],枯源扬澜,涸川涤陂[20]。北海郭钦曰[21]:先政辍津[22],我后通洋[23]。但颂广文烦,难以具载。

【注释】

①义熙:东晋安帝司马德宗的年号(405—418)。

②青州:西汉武帝置,为十三刺史部之一。羊穆之:东晋时人。官长史、宁朔将军、青州刺史。曾筑东阳城居之。

③穷通:谓干涸与流通。

④刘晃赋通津:《水经注疏》杨守敬按:"《宋书》,刘晃附《长沙王道怜传》。道怜曾孙,不言能文辞。《通津赋》亦无引见类书者。"

⑤太和:北魏孝文帝元宏的年号(477—499)。

⑥先公:亡父。此指郦道元的父亲郦范。

⑦未期(jī):不到一年。期,一周年。

⑧澄映：波光清澈明净。盈川：水流满溢。

⑨通津：通流。

⑩平昌：即平昌县。西汉置，属平原郡。治所在今山东临邑东北古城。耆民：老人。孙道相：具体不详。

⑪渑（shéng）泉：即上文的绳泉。即今山东淄博北裙带河。亦即浊水（今山东青州之北阳河）的别名。

⑫竭逾三龄：干涸多年。三龄，指多年。

⑬祈尽珪璧：用尽了所有的珍宝进行祈祷。珪璧，古代祭祀朝聘等所用的玉器。泛指珍宝。

⑭谒（yè）穷斯牲：用尽了所有的牺牲进行祭祀。谒，谒请。此指请雨。斯牲，祭祀时的牺牲。

⑮道从隆替：天道随盛衰而变。隆替，盛衰兴废。

⑯降由圣明：（雨水）的降落与否，由圣明的君主决定。

⑰耋（dié）民：老人。耋，泛指老年。河间：即河间郡。西汉高帝置。治所在乐成县（今河北献县东南十六里）。文帝二年（前178）改为国。三国魏改为郡。赵巖：人名。具体不详。

⑱敷化：施行教化。

⑲元泽：德泽，恩惠。潜施：悄悄地推行。

⑳涸川：干涸的水流。涤陂（bēi）：冲荡着陂池。

㉑北海：即北海郡。西汉景帝二年（前155）分齐郡置。治所在营陵县（今山东昌乐东南五十里古城）。东汉改为国，移治剧县（今寿光东南三十里）。郭钦：人名。具体不详。

㉒先政：先前的主政者。

㉓我后：我作为后来的主政者。通洋：水流畅通。

【译文】

阳水又往东流经东阳城东南，此城是义熙年间，晋朝青州刺史羊穆之所筑，因为城在阳水之北，所以称为东阳城，这是因为人们把浊水称为西阳水的缘故。水流也时常有断有通,确实很灵。从前宋时,这条水断后重又通了,刘晃为此作了一篇《通津赋》。魏太和年间,水又干涸了,断流了好几年,先父升任青州刺史,上任不到一年,水又畅通了,一江碧水映着山的倒影,真所谓幽谷水涸又满,枯泉断后再流,海岱的文士又赞颂起水流复通了。平昌老人孙道相作颂词说:那条滤泉水呀,枯竭已超过三年,献尽璧玉祈祷,供尽牛羊祭天,天道随盛衰而变,雨水降落与否,由圣明的君主决定。又有一位河间的老人赵嶷也作颂词说:推行教化还不满一年,恩泽已遍及四方,枯竭的源流把波澜扬起,干涸的河道把陂塘涤荡。北海郭钦说:前政暴虐河断流,我政英明水满江。但颂词很多,文字烦冗,难以一一抄录。

　　阳水又北屈迳汉城阳景王刘章庙东[①],东注于巨洋。后人竭断令北注浊水[②],时人通谓浊水为阳水,故有南阳、北阳水之论。二水浑流[③],世谓之为长沙水也,亦或通名之为滤水,故晏谟、伏琛为《齐记》[④],并云东阳城既在滤水之阳,宜为滤阳城[⑤]。非也。世又谓阳水为洋水,余按群书,盛言洋水出临朐县[⑥],而阳水导源广县,两县虽邻,川土不同[⑦],于事疑焉。

【注释】

①汉城阳景王刘章庙:《水经注疏》熊会贞按:"庙在今益都县(今山东青州)东北。"城阳景王刘章,齐悼惠王次子。高后封为朱虚侯。

②竭(è)断:修筑堤坝而截断水流。

③浑流:二水合流。浑,大水涌流声。

④晏谟、伏琛(chēn)为《齐记》:晏谟,十六国时前燕青州(今山东莱州)人。伏琛,晋人。二人均撰有《齐记》,又称《齐地记》。

⑤渑阳城：即东阳城。在今山东青州阳水北。

⑥盛言：较多记载。临朐县：战国秦置，属临淄郡。治所即今山东临
　　朐。西汉属齐郡。三国魏属东莞郡。

⑦川土：犹言水土。

【译文】

　　阳水又转而北流，经过汉朝城阳景王刘章庙东，向东注入巨洋水。后来人们把水堵断，使它北流注入浊水，当时人们通称浊水为阳水，所以又有南阳水、北阳水的说法。两条水混流后，世人称之为长沙水，也有人通称为渑水的，所以晏谟、伏琛写的《齐记》都说：东阳城既然在渑水之阳，那就应称渑阳城了。这说法是不对的。世人又称阳水为洋水，我查考过许多典籍，都说洋水发源于临朐县，而阳水却发源于广县，两县虽然相邻，但水土是不同的，实际如何，还是个疑问。

　　浊水又北迳臧氏台西①，又北迳益城西②，又北流注巨淀。《地理志》曰：广县为山，浊水所出，东北至广饶入巨淀。

【注释】

①臧氏台：《水经注疏》熊会贞按："在今寿光县（今山东寿光）西三十里。"

②益城：益县治所。在今山东寿光南十里益城村。

【译文】

　　浊水又往北流经臧氏台西面，又往北流经益城西面，最后往北注入巨淀湖。《地理志》说：广县的为山是浊水的发源地，往东北流，到广饶注入巨淀湖。

　　巨淀之右，又有女水注之①。水出东安平县之蛇头山②，《从征记》曰：水西有桓公冢，甚高大，墓方七十余丈，高四

丈，圆坟围二十余丈③，高七丈余，一墓方七丈。二坟，晏谟曰：依《陵记》④，非葬礼，如承世，故与其母同墓而异坟，伏琛所未详也。冢东山下女水原有桓公祠，侍其衡奏魏武王所立⑤。曰：近日路次齐郊⑥，瞻望桓公坟垄⑦，在南山之阿⑧，请为立祀，为块然之主⑨。郭缘生《述征记》曰：齐桓公冢在齐城南二十里⑩，因山为坟。大冢东有女水，或云齐桓公女冢在其上，故以名水也。女水导川东北流，甚有神焉。化隆则水生⑪，政薄则津竭⑫。燕建平六年⑬，水忽暴竭，玄明恶之⑭，寝病而亡。燕太上四年⑮，女水又竭，慕容超恶之，燕祚遂沦⑯。女水东北流迳东安平县故城南，《续述征记》曰⑰：女水至安平城南伏流十五里⑱，然后更流，北注阳水。城，故郱亭也⑲。《春秋·鲁庄公三年》⑳，纪季以酅入齐㉑。《公羊传》曰：季者何？纪侯弟也。贤其服罪，请酅以奉五祀㉒。田成子单之故邑也㉓。后以为县，博陵有安平㉔，故此加东也。世祖建武七年㉕，封菑川王子刘茂为侯国㉖。又迳东安平城东，东北迳垄丘东㉗，东北入巨淀。《地理志》曰：菟头山，女水所出，东北至临淄入巨淀。又北为马车渎㉘，北合淄水，又北，时、渑之水注之㉙。

【注释】

① 女水：即今山东淄博临淄区东南织女河。

② 东安平县：秦始皇二十六年（前221）改安平县置，属临淄郡。治所在今山东淄博临淄区东北十里皇城营。东汉属北海国。三国魏属齐国。蛇头山：一作菟头山。即今山东淄博临淄区东南十五里之鼎足山。

③圆坟：圆形的高土堆。坟，墓之封土隆起者。围：周围。

④《陵记》：具体不详。

⑤侍其衡：《水经注疏》："赵（一清）云：伏滔《青土人物论》称，后汉有侍其元矩，与孙宾硕、刘公山并叙，正当魏武时，又为齐人，则元矩非即衡字耶？"魏武王：曹操。

⑥路次：路途中驻留。齐郊：齐地的郊野外。

⑦瞻望：远望，遥望。桓公：齐桓公。齐国公子小白，春秋五霸之一。坟垄：坟墓。

⑧阿：山之弯曲处，曲隅。

⑨块然之主：成为孤魂之依托。块然，孤独貌。此指孤魂。

⑩齐桓公冢：《水经注疏》熊会贞按："在今临淄县（今山东淄博临淄区）东南十里。"齐城：即今山东淄博东北临淄故城。西周、春秋以及战国时，齐国均建都于此。《水经注·淄水》："城对天齐渊，故城有齐城之称。"

⑪化隆：教化隆盛。化，政治教化。隆，兴盛，兴起。水生：水流畅通。

⑫政薄：政治浇薄。薄，浇薄，昏暗。津竭：水流枯竭。

⑬建平六年：405年。建平，十六国时期南燕君主慕容德的年号（400—405）。

⑭玄明：慕容德字玄明，前燕国国君慕容皝（huàng）之少子。400年称帝，年号建平，历史上称为"南燕"。谥献武皇帝。

⑮太上四年：408年。太上，十六国时期南燕君主慕容超的年号（405—410）。

⑯燕祚（zuò）：南燕国的帝位。沦：沦落，沦陷。

⑰《续述征记》：晋末宋初人郭缘生撰。

⑱安平城：即东安平城。在今山东淄博临淄区东北十里皇城营。伏流：水在地下潜流。

⑲酅（xī）亭：春秋时纪邑。在今山东淄博临淄区东。

⑳鲁庄公三年:前691年。

㉑纪季以酅入齐:齐欲灭纪,纪国小力弱,无法抗拒,纪季遵纪侯之命,以酅入于齐为附庸。纪季,纪侯的幼弟,故称纪季。

㉒五祀:五座祠庙的祭祀。

㉓田成子单:即田单。战国临淄(今山东临淄)人。齐国名将。

㉔博陵:即博陵郡。东汉延熹元年(158)置。治所在博陵县(今河北蠡县南十五里)。因桓帝父刘翼之陵为博陵,故名。安平:即安平县。战国赵置。治所即今河北安平。西汉属涿郡。东汉属安平国。三国魏属博陵郡。

㉕世祖建武七年:31年。世祖,东汉光武帝刘秀。

㉖封菑川王子刘茂为侯国:《水经注疏》:"赵(一清)云:按范《史·宗室四王传》,泗水王歙,歙之子曰菑川王终。歙从父弟曰中山王茂。建武十三年,宗室诸王降爵,茂封穰侯,是茂于菑川王为从父,亦不封东安平也。而《光武纪》又云:以茂为单父侯,道元载之《泗水注》中。《纪》《传》互异,未知所是。"

㉗垄丘:《水经注疏》熊会贞按:"丘当在今临淄县(今山东临淄市临淄区)东北。"

㉘马车渎:在今山东广饶东北五十里高家港。

㉙时:时水。在今山东境,一名畤水、如水。上游即今发源于山东淄博临淄区西南的乌河。自临淄区西北以下,古分二支:一支西流经今桓台县境西北入济水,旱时干涸,故又称干(乾)时。一支北流折东略循今小清河合淄水入海,即《水经注》时水干(幹)流。渑(shéng)水:即今山东淄博北裙带河。

【译文】

巨淀湖右边,又有女水注入。女水发源于东安平县的蛇头山,《从征记》说:女水西面有桓公墓,非常高大,周围七十余丈,高四丈,中间的圆形坟垄周围二十余丈,高七余丈,另一座小墓周围七丈。这两座坟,晏谟说：根据《陵记》规定，是不合葬礼的，桓公是按照传统礼仪安葬的，与他母亲同墓而异坟，伏琛也不清楚。墓东山下的女水原有桓公祠，是侍其衡奏请魏武王修建的。他说：近日路过齐国城郊，瞻仰桓公坟墓，墓在南山边，请为他立祠，让孤魂有所依托。郭缘生《述征记》说：齐桓公墓在齐城南二十里，坟墓顺山势而筑。大墓东边有女水，有人说齐桓公女儿的坟墓在此水上，因此有女水之名。女水引水往东北流，非常灵验。教化大兴就会有水，政治苛酷水源就枯竭。南燕建平六年，水突然干涸，慕容德很忌讳这不吉之兆，卧病而死。南燕太上四年，女水又枯竭，慕容超也很忌讳，燕于是亡国。女水往东北流经东安平县旧城南面，《续述征记》说：女水流到安平城南，潜入地下流了十五里，然后又流出，向北注入阳水。安平城是从前的酅亭。《春秋·鲁庄公三年》：纪季从酅到了齐国。《春秋公羊传》说：纪季是什么人？是纪侯的弟弟。因他能坦诚认罪，请求以酅供奉五座祠庙的祭祀。这里是田单的旧城邑。后来立为县，因博陵有个安平县，所以把这里称东安平县。世祖建武七年，把这里封给菑川王的儿子刘茂，立为侯国。女水又流经东安平城东面，往东北流经垄丘东面，往东北注入巨淀湖。《地理志》说：菟头山是女水的发源地，往东北流到临淄注入巨淀。又往北流，叫马车渎，北流与淄水汇合，又往北流，时水、滠水注入。

　　时水出齐城西北二十五里，平地出泉，即如水也。亦谓之源水，因水色黑，俗又目之为黑水。

【译文】

　　时水发源于齐城西北二十五里，平地涌出泉水，就是如水。也称源水，因水色黑，民间又称为黑水。

　　西北迳黄山东①，又北历愚山东②，有愚公冢。

【注释】

①黄山：即今山东淄博西南淄川区东北十里黉山。

②愚山：《水经注疏》熊会贞按："在今临淄县（今山东临淄市临淄区）西二十里。"

【译文】

时水往西北流经黄山东面，又往北流经愚山东面，有愚公墓。

时水又屈而迳杜山北①，有愚公谷②。齐桓公时，公隐于谷，邻有认其驹者，公以与之。山，即杜山之通阜，以其人状愚，故谓之愚公。水有石梁③，亦谓之为石梁水。又有漷水注之④。水出时水，东去临淄城十八里，所谓漷中也。俗以漷水为宿留水⑤，西北入于时水。孟子去齐，三宿而后出漷⑥，故世以此而变水名也。水南山西有王歜墓⑦，昔乐毅伐齐，贤而封之，歜不受，自缢而死。水侧有田引水，溉迹尚存。

【注释】

①杜山：在今山东淄博临淄区西。

②愚公谷：在今山东淄博临淄区西。

③石梁：《水经注疏》熊会贞按："梁当在临淄县（今山东临淄市临淄区）西。"

④漷（huà）水：在今山东淄博临淄区西。

⑤宿留水：漷（huà）水之俗名。

⑥三宿：可指三个晚上，亦可指多个晚上。

⑦王歜（chù）墓：《水经注疏》熊会贞按："墓在今临淄县西愚公山口。"王歜，也作王蠋。齐国之布衣，贤德之人。

【译文】

　　时水又绕到杜山北面，有愚公谷。齐桓公时，愚公隐居在这山谷中，有个邻居认为愚公的马是自己的，愚公就把马给他。这座山就是与杜山相连的山冈，因为这人样子傻乎乎的，所以称他为愚公。时水上有一座石桥，因而也称水为石梁水。这里又有漅水注入。漅水出自时水，东距临淄城十八里，这地方就是所谓漅中。民间把漅水称为宿留水，往西北流，注入时水。孟子离开齐国时，住宿三夜后才走出漅地，因此民间改名为宿留水。水的南面、山的西面有王歜墓，从前乐毅攻打齐国，因王歜有德而封他，王歜不肯接受，自缢而死。水旁有一片农田，引水灌溉的痕迹还看得出来。

　　时水又西北迳西安县故城南[①]，本渠丘也[②]，齐大夫雍廪之邑矣[③]，王莽更之曰东宁。

【注释】

　　①西安县：西汉置，属齐郡。治所在今山东淄博临淄区西北三十里北高阳。

　　②渠丘：春秋时齐地。在今山东淄博临淄区西三十里。

　　③雍廪：齐大夫。其他不详。

【译文】

　　时水又往西北流经西安县旧城南面，这里原是渠丘，是齐国大夫雍廪的封邑，王莽时改名为东宁。

　　时水又西至石洋堰[①]，分为二水，谓之石洋口，枝津西北至梁邹入济[②]。

【注释】

①石洋堰：《水经注疏》杨守敬按："堰在今临淄县（今山东淄博临淄区）西北。"

②梁邹：即梁邹县。西汉元鼎五年（前 112）置，属济南郡。治所在今山东邹平东北旧口。

【译文】

时水又往西流，到石洋堰分为两条，分水口称为石洋口，支流往西北流，到梁邹注入济水。

　　时水又北迳西安城西，又北，京水、系水注之①。水出齐城西南，世谓之寒泉也，东北流直申门西，京相璠、杜预并言：申门即齐城南面西第一门矣。为申池②，昔齐懿公游申池③，邴歜、阎职二人④，害公于竹中，今池无复仿佛⑤，然水侧尚有小小竹木，以时遗生也⑥。左思《齐都赋》注，申池在海滨，齐薮也⑦。余按《春秋·襄公十八年》⑧，晋伐齐，戊戌，伐雍门之萩⑨；己亥，焚雍门；壬寅，焚东北二郭；甲辰，东侵及潍南及沂⑩。而不言北掠于海。且晋献子尚不辞死以逞志⑪，何容对仇敌而不惩，暴草木于海嵎乎⑫？又炎夏火流，非远游之辰⑬，懿公见弑⑭，盖是白龙鱼服⑮，见困近郊矣。左氏舍近举远⑯，考古非矣⑰。杜预之言，有推据耳⑱。

【注释】

①系水：在今山东淄博临淄区西。

②申池：齐国西门（申门）外之池。在今山东淄博临淄区西北。

③齐懿公：齐桓公之子，名商人。春秋时齐国国君。

④邴歜（bǐng chù）：齐懿公曾与邴歜之父争田弗胜，及即位，乃掘开邴歜父亲的坟墓并砍掉尸体的脚，并使邴歜为奴仆。阎职：齐懿公曾纳阎职之妻，而使阎职为骖乘。后二人合谋杀死懿公。

⑤仿佛：本指似有若无貌、隐约貌，这里指痕迹、踪迹。

⑥遗生：遗留下来。

⑦齐薮（sǒu）：齐地的泽薮。

⑧襄公十八年：前555年。

⑨雍门：齐都城之西门。萩（qiū）：楸。落叶乔木，质地细密。可造船和器具。

⑩潍：即今山东境内潍河。发源于山东莒县西北潍山，北至昌邑东北入海。沂：沂水，亦名西沂水。即今山东曲阜南之沂河。发源于沂源鲁山，入江苏境内。

⑪晋献子：即韩献子韩厥。为政公平，执法不避亲，受到时人称赞。尚不辞死以逞志：《国语·晋语》："韩献子老，使公族穆子受事于朝。辞曰：'厉公之乱，无忌备公族，不能死。臣闻之曰："无功庸者，不敢居高位。"今无忌，智不能匡君，使至于难，仁不能救，勇不能死，敢辱君朝以忝韩宗，请退也。'固辞不立。悼公闻之，曰：'难虽不能死君而能让，不可不赏也。'使掌公族大夫。"

⑫海嵎（yú）：海角，海边。常指偏远的地方。

⑬远游之辰：到很遥远的地方去游玩的季节。

⑭见弑：被杀。弑，古代卑幼杀死尊长叫弑。多指臣子杀死君主，子女杀死父母。

⑮白龙鱼服：白龙化作鱼的形状。比喻尊贵之人微服出行，恐有不测之虞。

⑯左氏：此指左思。

⑰考古：稽考古代的历史。

⑱推据：推断依据。

【译文】

　　时水又往北流经西安城西面，又往北流，京水、系水注入。系水发源于齐城西南，民间称之为寒泉，又往东北流过申门西，京相璠、杜预都说：申门就是齐城南面西头的第一道城门。那里有个申池，从前齐懿公游申池，邴歜、阎职两人在竹林中杀害了他，今天的申池已不像当年的样子了，但水旁还有一小片竹木林，是当年遗留下来的。左思《齐都赋》注说，申池在海滨，是齐国的大泽。我查考过《春秋·襄公十八年》，晋国进攻齐国，十二月戊戌日，砍伐了雍门外的蒿草；己亥日，焚烧了雍门；壬寅日，焚烧东北两边的外城；甲辰日，向东侵入到潍水，向南侵入到沂水。却未提及向北攻掠到大海。况且晋献子是个逞强斗勇而不怕死的人，怎么可能只在海湾糟蹋一片草木，却不去惩罚仇敌呢？此外当时正值炎夏酷暑，不是远游的时节，懿公被杀，是由于他微服出行在近郊遇害。左氏舍近举远，查考史实，他弄错了。杜预的话却有依据。

　　系水傍城北流，迳阳门西，水次有故封处①，所谓齐之稷下也②。当战国之时，以齐宣王喜文学③，游说之士邹衍、淳于髡、田骈、接子、慎到之徒七十六人④，皆赐列第⑤，为上大夫⑥。不治而论议⑦，是以齐稷下学士复盛⑧，且数百十人⑨。刘向《别录》以稷为齐城门名也⑩。谈说之士，期会于稷门下，故曰稷下也。《郑志》⑪：张逸问《书赞》云⑫，我先师棘下生⑬，何时人？郑玄答云：齐田氏时⑭，善学者所会处也。齐人号之棘下生，无常人也⑮。余按《左传·昭公二十二年》⑯，莒子如齐⑰，盟于稷门之外。汉以叔孙通为博士⑱，号稷嗣君⑲。《史记音义》曰⑳：欲以继踪齐稷下之风矣㉑。然棘下又是鲁城内地名㉒，《左传·定公八年》㉓，阳虎劫公伐孟氏㉔，入自上东门㉕，战于南门之内，又战于棘下者也。

盖亦儒者之所萃焉[26]。故张逸疑而发问，郑玄释而辩之。虽异名互见，大归一也。城内有故台，有营丘，有故景王祠[27]，即朱虚侯章庙矣[28]。《晋起居注》云[29]：齐有大蛇长三百步，负小蛇长百余步，迳于市中，市人悉观，自北门所入处也。北门外东北二百步，有齐相晏婴冢宅[30]。《左传》：晏子之宅近市，景公欲易之[31]，而婴弗更。为诚曰：吾生则近市，死岂易志[32]？乃葬故宅，后人名之曰清节里[33]。

【注释】

①水次：水岸边，水旁。故封处：从前筑土隆起的地方。

②稷（jì）下：指战国齐都城临淄西门稷门附近地区。齐威王、宣王曾在此建学官，广招文学游说之士讲学议论，成为各学派活动的中心。

③齐宣王：田氏，名辟疆。战国时期齐国国君。任田婴为相，国事渐强。重视学术，招纳贤才，使稷下之学臻于极盛。文学：这里指儒家学说。

④游说（shuì）之士：古代叫"说客"的政客，奔走各国，凭口才劝说郡主采纳其主张。邹衍：战国时齐国临淄（今山东临淄）人。著名阴阳家，始倡"五德终始"之说。淳于髡（kūn）：战国时齐国大夫。姓淳于，曾受髡刑（截去头发），因称淳于髡。博闻强记。后见梁惠王，惠王与之语，三日三夜无倦。惠王欲以卿相位待之，髡推辞而离开。田骈（pián）：齐人，学黄老道德之术。接子：齐人，学黄老道德之术。慎到：赵人，学黄老道德之术，著《十二论》。

⑤列第：指贵族官僚的邸宅。

⑥上大夫：为中国古代的官阶之一。周王室及各诸侯国的官阶分为卿、大夫、士三等，每等又各分为上、中、下三级。

⑦不治：不担任具体官职。

⑧学士：这里指儒者。复盛：又兴盛起来。

⑨且数百十人：按，以上事见《史记·田齐世家》。

⑩《别录》：即刘向撰《七略别录》。

⑪《郑志》：《隋书·经籍志》："《郑志》十一卷。魏侍中郑小同撰。"

⑫张逸：郑玄同县人。年十三，为县小史。后从郑玄学习。官至尚
书左丞。《书赞》：郑小同《郑志》中的内容。

⑬棘下生：即稷下生。期会于稷下谈说的儒生们。

⑭齐田氏：指陈完。春秋时齐国大臣，陈厉公之子。陈宣公二十一
年（前 672）杀其太子御寇，陈完惧祸及己，乃奔齐。齐桓公赐邑
于田，故又称田氏，是为齐田氏之祖。所会处：聚集的地方。

⑮无常人：不是指某个固定的人，而是指在稷门这个地方聚集讨论
的那些善于学习的人的总称，这些人都可以称作"棘下生"。

⑯昭公二十二年：前 520 年。

⑰莒（jǔ）子：莒国的国君为五等爵中的子爵，故称莒子。莒，西周初
分封的诸侯国，嬴姓。开国国君是兹舆期，建都计斤（今山东胶州
西南）。春秋初迁于莒（今山东莒县）。前 431 年为楚所灭。

⑱叔孙通：汉初薛县（今山东滕州南）人。秦时以文学征待诏博士。
初从项羽反秦，楚汉战争中归刘邦，任博士，号稷嗣君。汉朝建立，
与儒生共立朝仪。后任太子太傅。

⑲稷嗣君：叔孙通之号，取叔孙通能"继承齐稷下之风"之意。

⑳《史记音义》：书名。晋、宋之间徐广所撰。裴骃《史记集解》采入，
今存。《文选》注、《水经注》多有征引。

㉑继踪：继承前人的足迹。齐稷下之风：儒生谈论国事、商议学问
之风。

㉒棘下：今山东曲阜旧城中。鲁城：鲁国都城。在今山东曲阜东北
二里古城村。

㉓定公八年：前502年。

㉔阳虎：字货。春秋鲁国人。季氏家臣中最有权势者，事季平子。平子卒，虎遂专政，欲去三桓。三桓共攻阳虎，阳虎居阳关。鲁伐阳虎，阳虎奔齐，已而奔晋赵氏。公：指鲁定公。孟氏：指孟懿子（仲叔何忌）。

㉕上东门：鲁东城之北门。

㉖儒者：尊崇儒学、通习儒家经书的人。汉以后泛指一般读书人。萃：聚集，聚会。

㉗景王祠：即朱虚侯章庙。在今山东淄博临淄区西北。

㉘朱虚侯章：即刘章。齐悼惠王次子，高后封为朱虚侯。

㉙《晋起居注》：《隋书·经籍志》："《晋起居注》三百一十七卷。宋北徐州主簿刘道会撰。梁有三百二十二卷。"

㉚齐相晏婴冢宅：《水经注疏》杨守敬按："《元和志》，晏婴墓在临淄县东北三里。在今临淄县（今山东淄博临淄区）北。"晏婴，字仲，春秋齐国莱之夷维（今山东高密）人。事齐灵公、庄公、景公三朝，尚节俭力行。后相齐，凭其贤德三世显名于诸侯。谥平，史称为晏平仲，后人尊称为晏子。

㉛景公：春秋齐庄公异母弟，名杵臼。先以崔杼为右相，庆封为左相，朝政混乱。后任晏婴为正卿，常为婴劝阻，稍有收抑。

㉜易志：改变志向。以上事见《左传·昭公三年》。

㉝清节里：在今山东淄博临淄区。

【译文】

系水沿着城旁向北流经阳门西面，水岸上有一处从前筑土隆起的地方，就是所谓齐国的稷下。战国的时候，因为齐宣王喜爱文学，游说之士如邹衍、淳于髡、田骈、接子、慎到等七十六人，都被赐给宅第，并封为上大夫。他们不管政事，而专事著作立论，因此齐国稷下学士重又兴盛起来，人数达几百人。刘向《别录》认为，稷是齐都城门名。高谈阔论的文士定期会聚在稷门下，所以称稷下。《郑志》说：张逸读了《书赞》问郑玄道：我们的先师棘下生是什么时候的人？郑玄回答说：棘下是齐国田氏时有学问的人会聚的地方。齐国人所称的棘下生，没有固定之人。我查考过《左传·昭公二十二年》，莒子到了齐国，在稷门外会盟。汉朝把叔孙通封为博士，号稷嗣君。《史记音义》说：想让他继承齐国稷下的遗风。然而，棘下又是鲁城内的地名，《左传·定公八年》，阳虎威逼定公征伐孟氏，从上东门攻入城内，两军在南门内交战，又在棘下交战。棘下也是儒生聚集的地方。因此，张逸疑惑发问，郑玄做了解释，辨清了这个问题。虽然史籍中可以看到互用稷、棘两个不同的地名，但指的都是同一处。城内有旧台，有营丘，有旧景王祠，就是朱虚侯刘章的祠庙。《晋起居注》说：齐国有一条长三百步的大蛇，背负着一条长一百余步的小蛇，爬过市中，市上的人都去观看，庙就在蛇从北门爬入城中的地方。北门外东北二百步，有齐国宰相晏婴的坟墓和住宅。《左传》载：晏子的住宅靠近街市，景公想给他换个地方，晏子却不肯换。他嘱咐说：我在世时居住在街市附近，死后难道就改变心意吗？于是他死后就葬在自己的故居，后人称为清节里。

　　系水又北迳临淄城西门北①，而西流迳梧宫南②，昔楚使聘齐③，齐王飨之梧宫④，即是宫矣。其地犹名梧台里⑤，台甚层秀，东西百余步，南北如减⑥，即古梧宫之台⑦。台东即阙子所谓宋愚人得燕石处⑧。台西有石社碑，犹存，汉灵帝熹平五年立⑨，其题云：梧台里。

【注释】

①系水：在今山东淄博临淄区西。临淄城：故址在今山东淄博临淄区北部。

②梧宫：在今山东淄博临淄区西北。

③聘：聘问。专指天子与诸侯或诸侯与诸侯间的遣使通问。

④飨（xiǎng）：以隆重的礼仪宴请宾客。

⑤梧台里：即梧宫。在今山东淄博临淄区西北。

⑥如减：略显不足。

⑦梧宫之台：即上文的梧台里、梧宫。在今山东淄博临淄区西北。

⑧阙子：应劭曰："阙，姓也，纵横家有阙子著书。"当是先秦古书。宋愚人得燕石：《太平御览》卷五十一《阙子》曰："宋之愚人得燕石于梧台之东，归而藏之以为大宝。周客闻而观焉。主人端冕玄服以发宝，华匮十重，缇巾十袭。客见之，卢胡而笑曰：'此燕石也，与瓦甓不异。'主人大怒，藏之愈固。"

⑨熹平五年：176 年。熹平，东汉灵帝刘宏的年号（172—178）。

【译文】

系水又往北流经临淄城西门北面，又往西流经梧宫南面，从前楚国派使者来齐国访问，齐王在梧宫宴请他，就是此宫。那地方现在还叫梧台里，台有好几层，十分壮观，东西一百多步，南北略减几步，这就是古时的梧宫台。台东就是阙子所说宋国愚人得到燕石的地方。台的西面有一座石社碑，现在还在，是汉灵帝熹平五年所立，碑上题着"梧台里"三字。

系水又西迳葵丘北①，《春秋·庄公八年》②，襄公使连称、管至父戍葵丘③。京相璠曰：齐西五十里有葵丘地。若是，无庸戍之。僖公九年④，齐桓会诸侯于葵丘。宰孔曰⑤：齐侯不务修德而勤远略⑥。明葵丘不在齐也。引河东汾阴葵丘⑦，山阳西北葵城宜在此⑧，非也。余原《左传》，连称、管至父之戍葵丘，以瓜时为往还之期⑨，请代弗许，将为齐乱。故令无宠之妹候公于宫⑩，因无知之绌⑪，遂害襄公⑫。若出远无代，宁得谋及妇人，而为公室之乱乎⑬？是以杜预稽

《春秋》之旨,即《传》安之,注于临淄西。不得舍近托远,苟成己异⑭。于异可殊⑮,即义为负。然则葵丘之戍,即此地也。

【注释】

①葵丘:春秋时齐地。在今山东淄博临淄城西三十里。

②庄公八年:前 686 年。

③襄公使连称、管至父戍葵丘:襄公,即齐襄公。连称、管至父,二人皆齐大夫。连称、管至父二人因戍葵丘不得代换而谋乱,趁齐襄公田猎坠车伤足时,率众将他杀死。

④僖公九年:前 651 年。

⑤宰孔:亦称宰周公,周室之太宰。

⑥修德:修养自己的德行。勤远略:热衷于经略远地。勤,劳,热衷。

⑦河东:即河东郡。战国魏置,后属秦。治所在安邑县(今山西夏县西北十五里禹王城)。汾阴:即汾阴县。战国秦置,属河东郡。治所在今山西万荣西南庙前村北古城。

⑧山阳:即山阳县。战国魏置。后入秦,属河内郡。治所在今河南焦作东北六里墙南村北侧。葵城:战国魏邑。在今河南博爱西北。

⑨瓜时:瓜熟时节。往还:来回。

⑩无宠之妹:不受宠爱的妹妹。这里指连称的从妹,无宠于齐襄公。

⑪无知之绌(chù):齐僖公之母弟曰夷仲年,生公孙无知,有宠于僖公,衣服礼秩如嫡,齐襄公罢黜之。

⑫襄公:即齐襄公。以上事见《左传·庄公八年》。

⑬公室之乱:即王室之乱。这里指搅扰国家的叛乱。

⑭苟成己异:随意形成自己的异说。

⑮于异可殊:这种说法的确标新立异。

【译文】

系水又往西流经葵丘北面,《春秋·庄公八年》,襄公派连称、管至父驻守葵丘。京相璠说：齐城以西五十里有葵丘。如果这么近，那就用不着驻守了。僖公九年，齐桓公在葵丘与诸侯会盟。宰孔说：齐侯不致力于行施德政，却积极远侵邻国。很明显，葵丘不在齐地。援引河东汾阴葵丘，山阳西北葵城应在这里，这是错误的。我查考《左传》原文，连称、管至父驻防于葵丘，以瓜熟为往返的期限，到期请求派人接替，齐襄公却不批准，于是两人就准备作乱。连称妹在宫中不受宠爱，于是叫她去侦察襄公，因为襄公废逐公孙无知，就把襄公谋害了。如果派遣到远方去而无人接替，怎么能找女人同谋，而酿成公侯宗族内部的祸乱呢？所以杜预查考了《春秋》之后，就根据《左传》来推定，在注中指出是在临淄西。不能舍近就远，轻率地提出自己的异说。标新立异虽可显得与众不同，但查考《左传》文义来看，却又不合。那么两人所驻守的葵丘，就是这地方了。

系水西，左迤为潭①。又西，迳高阳侨郡南②，魏所立也。又西北流，注于时。

【注释】

①迤（yǐ）：绵延。

②高阳侨郡：《水经注疏》杨守敬按："《地形志》，高阳郡故乐安（在今山东博兴）地，刘义隆置，魏因之。是宋、魏高阳郡治，非两地。《注》云，魏所立，稍误。在今临淄县（今山东临淄市临淄区）西北三十里。"

【译文】

系水往西流，向左边分出一条支流，积水成潭。系水又往西流经高阳侨郡南，该郡是魏时所立。系水又往西北流，注入时水。

时水又东北流，渑水注之。水出营城东①，世谓之汉溱水也。西北流迳营城北，汉景帝四年②，封齐悼惠王子刘信都为侯国③。渑水又西迳乐安博昌县故城南④。应劭曰：昌水出东莱昌阳县⑤，道远不至，取其嘉名。阚骃曰：县处势平⑥，故曰博昌。渑水西历贝丘⑦。京相璠曰：博昌县南近渑水，有地名贝丘，在齐城西北四十里。《春秋·庄公八年》⑧，齐侯田于贝丘⑨，见公子彭生豕立而泣⑩，齐侯坠车伤足于是处也⑪。渑水又西北入时水。《从征记》又曰：水出临淄县⑫，北迳乐安博昌南界，西入时水者也。自下通谓之为渑也。昔晋侯与齐侯宴，齐侯曰：有酒如渑⑬。指喻此水也。

【注释】

①营城：亦名营丘城。在今山东淄博临淄区西北二里临淄故城。

②汉景帝四年：此处当为汉文帝四年。

③齐悼惠王：即刘肥，汉高祖刘邦之子。刘信都：齐悼惠王刘肥之子。文帝四年（前176）封营侯。谥平。

④乐安：即乐安国。东汉永元七年（95）改千乘郡置。治所在临济县（今山东高青高城镇西二里）。博昌县：战国秦置，属临淄郡。治所即今山东博兴东南二十里寨郝镇南。西汉属千乘郡。东汉属乐安国。

⑤昌水：即古观水。在今山东海阳北。东莱：即东莱郡。汉高帝分齐郡置。治所在掖县（今山东莱州）。东汉徙治黄县（今山东龙口东南）。昌阳县：战国秦置，属胶东郡。治所在今山东威海文登区西南三十里宋村镇东南。西汉属东莱郡。

⑥县处势平：县所处的地势平坦。

⑦贝丘：春秋时齐地。在今山东博兴南五里。

⑧庄公八年：前686年。

⑨齐侯：指齐襄公。田：狩猎。

⑩公子彭生:春秋时齐国大夫。齐襄公四年(前694),鲁桓公与妻

姜氏至齐。襄公与姜氏通奸,被桓公察知。襄公使公子彭生杀桓

公,引起鲁国不满,襄公让公子彭生作替罪羊,将其杀死。豕立而

泣:像豕一样站立着哭泣。

⑪齐侯坠车伤足于是处:事见《左传·庄公八年》:"冬,十二月,齐

侯游于姑棼,遂田于贝丘。见大豕,从者曰:'公子彭生也!'公怒

曰:'彭生敢见!'射之,豕人立而啼。公惧,坠于车,伤足,丧屦。"

⑫临淄县:战国秦置,为临淄郡治。治所在今山东淄博临淄区东北

齐都镇。

⑬有酒如渑:酒如渑水一样多。

【译文】

时水又往东北流,渑水注入。渑水发源于营城以东,世人称之为汉

溱水。渑水向西北流经营城北,汉景帝四年把这里封给齐悼惠王的儿子

刘信都,立为侯国。渑水又往西流,经过乐安博昌县旧城南边。应劭说:

昌水发源于东莱昌阳县,因昌阳县路远不易到达,取了这个美名。阚骃

说:博昌县地势平旷,所以称博昌。渑水往西流经贝丘。京相璠说:博昌

县南面临近渑水,有个地方叫贝丘,在齐城西北四十里。《春秋·庄公八

年》,齐侯在贝丘打猎,看见公子彭生像猪一样直立起来啼哭,齐侯吓得

从车上掉下来,跌伤了脚,就在这地方。渑水又往西北流,注入时水。《从

征记》又说:渑水发源于临淄县,往北流经乐安国博昌县南面边界,往西

注入时水。从这里至下游也通称为渑水。从前晋侯和齐侯会宴,齐侯说:

酒如渑水一样多。比喻中指的就是这条水。

时水又屈而东北,迳博昌城北。

【译文】

时水又折向东北,流经博昌城北面。

时水又东北迳齐利县故城北①，又东北迳巨淀县故城北②，又东北迳广饶县故城北③，东北入淄水。《地理风俗记》曰④：淄入濡⑤。《淮南子》曰：白公问微言曰⑥：若以水投水，如何？孔子曰：淄、渑之水合，易牙尝而知之⑦。谓斯水矣。

【注释】

①齐利县：西汉置，属齐郡。治所在今山东博兴东四十里利城。

②巨淀县：即巨定县。在今山东广饶北。

③广饶县：西汉置，属齐郡。治所在今山东寿光北。

④《地理风俗记》：书名。东汉应劭撰。今仅存辑本。

⑤淄入濡：《水经注疏》杨守敬按："郦氏于上文固明言时水即如水矣，如水即濡水。郦以淄为正流，故谓时入淄。"淄，即山东中北部淄河。濡，即如水、时水。

⑥白公：名胜。楚平王之孙，太子建之子。号为白公。微言：密谋，暗中进言。《吕氏春秋·精谕》："白公问于孔子曰：'人可与微言乎？'孔子不应。"高诱注："微言，阴谋密事也。"太子建被杀，白公怨而欲复仇，故向孔子询问"微言"之事。

⑦易牙尝而知之：按，以上事见《淮南子·道应训》："曰：'若以水投水，何如？'孔子曰：'淄、渑之水合，易牙尝而知之。'"易牙，一作狄牙。善调味。

【译文】

时水又往东北流经齐利县旧城北面，又往东北流经巨淀县旧城北面，又往东北流经广饶县旧城北面，往东北注入淄水。《地理风俗记》说：淄水注入濡水。《淮南子》说：白公问孔子对密谋的看法，说：如果把水倒入水中，又会怎么样？孔子说：淄水、渑水混合，易牙只要尝一尝就会知道。说的就是这条水。

又东北入于海。

淄水入马车渎^①，乱流东北迳琅槐故城南^②，又东北迳马井城北^③，与时、渑之水互受通称，故邑流其号。

【注释】

①马车渎：在今山东广饶东北五十里高家港。

②琅槐故城：琅槐县治所。在今山东广饶东北一百十里。

③马井城：《水经注疏》杨守敬按："城在今乐安县（今山东博兴）东北。"

【译文】

淄水又往东北流，注入大海。

淄水注入马车渎，往东北乱流，经琅槐旧城南面，又往东北流经马井城北，与时水、渑水互相通称，所以城以水为名传下来了。

又东北至皮丘坈^①，入于海。故晏谟、伏琛并言：淄、渑之水合于皮丘坈西。《地理志》曰：马车渎至琅槐入于海^⑥。盖举县言也。

【注释】

①皮丘坈：在今山东广饶东北五十里高家港。

【译文】

淄水又往东北流，到皮丘坈注入大海。因此晏谟、伏琛都说：淄水、渑水在皮丘坈西面汇合。《地理志》说：马车渎流到琅槐注入大海。这是指县而言。

汶水

汶水出朱虚县泰山，

　　山上有长城,西接岱山①,东连琅邪巨海②,千有余里,盖田氏之所造也。《竹书纪年》梁惠成王二十年③,齐筑防以为长城。《竹书》又云:晋烈公十二年④,王命韩景子、赵烈子、翟员伐齐⑤,入长城。《史记》所谓齐威王越赵侵我⑥,伐长城者也。伏琛、晏谟并言:水出县东南嵎山⑦,山在小泰山东者也⑧。

【注释】

①岱山:即泰山。在今山东泰安北。

②琅邪:即琅邪郡。秦置。治所在琅邪县(今山东青岛黄岛区西南琅琊镇)。

③梁惠成王二十年:前 350 年。

④晋烈公十二年:前 404 年。

⑤韩景子:即韩景侯虔。战国时韩国国君。赵烈子:即赵烈侯籍。翟员:亦名翟角。魏将。

⑥齐威王:田氏,名因齐,一作婴齐。战国时期齐国国君。在位期间任用邹忌为相,田忌为将,孙膑为军师,国势日强,先后在桂陵、马陵大败魏军,并称雄诸侯。

⑦嵎山:在今山东安丘西南六十里。

⑧小泰山:即东泰山。即沂山。在今山东临朐南九十里。

【译文】

汶水

汶水发源于朱虚县的泰山,

　　泰山上有长城,西面连接岱山,东面延伸到琅邪大海,全长千余里,是田氏所筑。《竹书纪年》载,梁惠成王二十年,齐国修筑防御工事,造了长城。《竹书纪年》又说:晋烈公十二年,派韩景子、赵烈子、翟员讨伐齐国,侵入长城。《史记》所谓齐威王经过赵国侵犯我国,攻打长城,就指此事。
伏琛、晏谟都说:汶水发源于朱虚县东南面的峿山,峿山在小泰山的东边。

北过其县东,

汶水自县东北迳郚城北①。《地理风俗记》曰:朱虚县东四十里有郚城亭,故县也。

【注释】

①郚城:在今山东安丘西南六十里峿山之北。

【译文】

汶水往北流过县东,

汶水从朱虚县东北流经郚城北面。《地理风俗记》说:朱虚县东面四十里有个郚城亭,是旧县城。

又东北迳管宁冢东①,故晏谟言,柴阜西南有魏独行君子管宁墓②,墓前有碑。

【注释】

①管宁:字幼安。北海朱虚(今山东临朐)人。与平原华歆、同县邴原相友。天下大乱,闻公孙度令行于海外,遂与邴原及平原王烈等避难辽东。曹魏立,屡征不仕。

②柴阜:在安丘县(今山东安丘)西五十里。魏:三国魏。独行君子:谓品德高尚、特立独行之人。黄初四年(223),诏公卿举独行君子,司徒华歆举荐管宁。

【译文】

汶水又往东北流经管宁墓东面,所以晏谟说,柴阜西南有魏管宁墓,管宁是一位品德高尚不随俗浮沉的人,他的墓前有一座石碑。

又东北迳柴阜山北，山之东有征士邴原冢^①，碑志存焉。

【注释】

①征士：指不接受朝廷征聘的隐士。邴原冢：在今山东安丘境。邴
　　原，字根矩。北海朱虚（今山东临朐东）人。少与管宁俱以操尚
　　称。孔融为北海相，举邴原为有道，曹操辟为司空掾，官至五官将
　　长史。

【译文】

汶水又往东北流经柴阜山北面，山的东面有邴原墓，邴原是个有才
德而不受征聘的人，他墓前的碑记还在。

汶水又东北迳汉青州刺史孙嵩墓西^①，有碑碣^②。

【注释】

①孙嵩墓：《水经注疏》熊会贞按："在安丘县（在今山东安丘）西南
　　四十里。"孙嵩，字宾石。北海（今山东昌乐西）人。为人行侠仗义，
　　曾救赵岐于困厄之中，后得其推荐，被任命为青州刺史。
②碑碣（jié）：碑石。碣，圆顶石碑。

【译文】

汶水又往东北流经汉朝青州刺史孙嵩墓西边，有墓碑。

汶水又东迳安丘县故城北^①，汉高帝八年^②，封将军张
说为侯国^③。《地理志》曰：王莽之诛郅也。孟康曰^④：今渠
丘亭是也^⑤。伏琛、晏谟《齐记》并言：莒渠丘亭在安丘城东
北十里^⑥。非矣。城对牟山^⑦，山之西南有孙宾硕兄弟墓^⑧，
碑志并在也。

【注释】

①安丘县：西汉置，高帝八年（前199）封张说为侯国，后为县，属北海郡。治所在今山东安丘西南十二里。

②汉高帝八年：前199年。

③张说：方与（今山东金乡东）人。在方与加入刘邦军，后屡立战功，于高帝八年（前199）封为安丘侯。

④孟康：字公休。安平（今河北保定）人。曾任散骑侍郎、弘农太守、中书监等职。

⑤渠丘亭：在今山东安丘南。

⑥莒：即莒县。战国齐置。后入秦，属琅邪郡。治所即今山东莒县。西汉置城阳国，以莒为都。东汉属琅邪国。三国魏属城阳郡。西晋为城阳郡治。

⑦牟山：在今山东安丘西南十五里。

⑧孙宾硕：即上文的孙嵩。《水经注疏》杨守敬按："《后汉书》嵩自称'北海孙宾石'，《魏志》注作'宾硕'，与此同。《世说·德行》篇《注》亦同。""石""硕"通用。

【译文】

汶水又往东流经安丘县旧城北面，汉高帝八年，把这里封给将军张说，立为侯国。《地理志》说：这就是王莽时的诛郅。孟康说：就是今天的渠丘亭。伏琛、晏谟的《齐记》都说：莒县的渠丘亭在安丘城东北十里。都弄错了。城面对牟山，山的西南面有孙宾硕兄弟墓，碑文都还在。

又北过淳于县西①，又东北入于潍②。

故夏后氏之斟灌国也③。周武王以封淳于公④，号曰淳于国⑤。《春秋·桓公六年》⑥：冬，州公如曹⑦。《传》曰：淳于公如曹，度其国危⑧，遂不复也。其城东北，则两川交会也⑨。

【注释】

①淳于县：西汉置，属北海郡。治所在今山东安丘东北三十五里杞城。东汉属北海国。西晋属城阳郡。北魏属平昌郡。

②潍：即潍水。即今山东境内潍河。

③夏后氏：夏朝。斟灌国：即斟亭、灌亭。在今山东寿光东北四十里斟灌城里。

④淳于公：即州公。

⑤淳于国：州国的都城在淳于城（今山东安丘东北淳于城），故为淳于国。

⑥桓公六年：前706年。

⑦州公：州国的国君，姜姓，公爵，即淳于公。如：到，往。曹：西周封国。姬姓，都陶（今山东菏泽定陶区西北四里）。

⑧度：揣度，揣测。国危：国家有危难。

⑨交会：交汇，汇聚。

【译文】

汶水又往北流过淳于县西面，又往东北注入潍水。

淳于县是从前夏后氏的斟灌国。周武王把它封给淳于公，称为淳于国。《春秋·桓公六年》：冬天，州公到曹。《左传》说：淳于公到了曹，估计国内形势危险，就没有回去。城的东北面，是汶水与潍水的汇流处。

潍水
潍水出琅邪箕县潍山①，

琅邪②，山名也，越王句践之故国也③。句践并吴，欲霸中国，徙都琅邪。秦始皇二十六年④，灭齐以为郡。城即秦皇之所筑也。遂登琅邪大乐之山，作层台于其上⑤，谓之琅邪台。台在城东南十里，孤立特显，出于众山，上下周二十里余,傍滨巨海⑥。秦王乐之,因留三月,乃徙黔首三万户于琅邪山下⑦,复十二年⑧。所作台基三层⑨,层高三丈,上级平敞,方二百余步,广五里。刊石立碑,纪秦功德⑩。台上有神渊,渊至灵焉,人污之则竭,斋洁则通。神庙在齐八祠中,汉武帝亦尝登之。汉高帝吕后七年⑪,以为王国⑫,文帝三年⑬,更名为郡,王莽改曰填夷矣。

【注释】

①潍水:即今山东境内潍河。琅邪:即琅邪郡。秦置。治所琅邪县(今山东青岛黄岛区西南琅琊镇)。箕县:即箕侯国。西汉置,属琅邪郡。治所在今山东莒县东北一百里五山(古箕屋山)下。汉宣帝封城阳荒王刘顺之子文为箕侯。东汉废。潍山:在今山东莒县东北一百里。

②琅邪:此指琅邪山。在今山东青岛黄岛区琅琊镇(夏河城)东南十里。

③越王句践:春秋末年越国国君。句践三年(前494)被吴大败,被迫求和,臣于吴。此后句践卧薪尝胆,刻苦图强,十年生聚,十年教训,终于转弱为强,后灭吴,继而称霸。

④秦始皇二十六年:前221年。

⑤层台:即琅邪台。

⑥傍滨:濒临,毗邻。

⑦黔首:平民百姓。

⑧复:谓免除徭役或赋税。

⑨台基:这里指琅邪台的地基。

⑩纪秦功德:记载秦朝国君的功劳德行。

⑪汉高帝吕后七年:前181年。

⑫以为王国:《水经注疏》熊会贞按:"(吕)泽以高后七年封琅邪王,

文帝元年,徙燕。"

⑬文帝三年:前177年。文帝,西汉文帝刘恒。

【译文】

潍水

潍水发源于琅邪郡箕县的潍山,

琅邪是山名,原属越王勾践的国土。勾践吞并吴国后,想称霸中国,就迁都到琅邪。秦始皇二十六年,灭了齐国,就把琅邪设立为郡。城是秦始皇所筑。秦始皇登上琅邪的大乐山,在山上修筑了层台,称为琅邪台。台在城东南十里,孤零零地耸立着,在众山之中显得格外突出,山周围二十里有余,靠近海滨。秦始皇很高兴,因此在这里逗留了三个月,他把三万户平民迁移到琅邪山下,豁免赋税十二年。他修筑的高台,台基有三层,每层高三丈,上层平坦宽敞,二百余步见方,宽广五里。又刻石立碑,记载秦始皇的功德。台上有个神渊,非常灵验,如有人将水弄脏,它就会枯竭;如诚心诚意,保持洁净,水就畅通。这里的神庙是齐地八祠之一,汉武帝也曾登临此台。汉高帝吕后七年,把这里立为王国,文帝三年,改名为郡,王莽时又改称填夷。

潍水导源潍山,许慎、吕忱云①:潍水出箕屋山②。《淮南子》曰:潍水出覆舟山③。盖广异名也④。东北迳箕县故城西,又西,析泉水注之⑤。水出析泉县北松山⑥,东南流迳析泉县东,又东南迳仲固山东⑦,北流入于潍。《地理志》曰:至箕县北入潍者也。

【注释】

①吕忱:字伯雍。任城(今山东济宁东南)人。晋文字学家,官义阳王典祠令。撰《字林》七卷。

②箕屋山:即今山东莒县东北一百里五山。

③覆舟山：箕屋山之异名。

④广异名：增广不同的名称。

⑤析泉水：在今山东五莲西。

⑥析泉县：亦作折泉侯国。西汉置，属琅邪郡。治所在今山东莒县东北库山乡上下石城村。

⑦仲固山：《水经注疏》杨守敬按："仲固山在今日照县（今山东日照）西北百二十里。"

【译文】

潍水发源于潍山，许慎、吕忱都说：潍水发源于箕屋山。《淮南子》说：潍水发源于覆舟山。这些都是此山的异名。潍水往东北流经箕县旧城西，又往西流，析泉水注入。析泉水发源于析泉县北面的松山，往东南流经析泉县东，又往东南流经仲固山东，往北注入潍水。《地理志》说：析泉水流到箕县往北注入潍水。

潍水又东北迳诸县故城西①。《春秋·文公十二年》②：季孙行父城诸及郓③。《传》曰：城其下邑也。王莽更名诸并矣。

【注释】

①诸县：西汉置，属琅邪郡。治所在今山东诸城西南三十里乔庄。

②文公十二年：前615年。

③季孙行父：即季文子。春秋时期鲁国的正卿，曾辅佐鲁国的文公、宣公、襄公三位国君，孔子称其"敏而好学，不耻下问"。诸：诸县。郓：即东郓。在今山东沂水县东北。

【译文】

潍水又往东北流经诸县旧城西。《春秋·文公十二年》：季孙行父修筑了诸城和郓城。《左传》说：修筑了下邑城。王莽改名为诸并。

潍水又东北，涓水注之^①。水出马耳山^②，山高百丈，上有二石并举^③，望齐马耳^④，故世取名焉。东去常山三十里^⑤，涓水发于其阴，北迳娄乡城东^⑥。《春秋·昭公五年》经书^⑦：夏，莒牟夷以牟娄、防、兹来奔者也^⑧。又分诸县之东为海曲县^⑨，故俗人谓此城为东诸城。涓水又北注于潍水。

【注释】

①涓水：在今山东诸城西。

②马耳山：即今山东五莲东二十八里马耳山。

③并举：并列高耸。

④望齐马耳：看起来如同马的两耳。

⑤常山：在今山东诸城南二十里。

⑥娄乡城：在今山东诸城西南。

⑦昭公五年：前537年。

⑧莒（jǔ）：西周初分封的诸侯国，嬴姓。开国国君是兹舆期，建都计斤（今山东胶州西南）。春秋初迁于莒（今山东莒县）。牟夷：莒大夫。以：率领，带领。牟娄：春秋杞邑。在今山东诸城西。防：春秋时莒邑，后入于鲁。在今山东安丘西南六十里。兹：春秋时莒邑。在今山东诸城西北。

⑨海曲县：战国秦置，属琅邪郡。治所在今山东日照西十里。

【译文】

潍水又往东北流，涓水注入。涓水发源于马耳山，山高百丈，山顶有两块岩石相对并峙，望去像马耳一样，因此世人取名为马耳山。此山东距常山三十里，涓水发源于山的北面，往北流经娄乡城东面。《春秋·昭公五年》载：夏天，莒大夫牟夷带了牟娄、防、兹前来投奔。又把诸县的东部划分出来立为海曲县，所以民间称此城为东诸城。涓水又往北注入潍水。

东北过东武县西[①]，

县因冈为城[②]，城周三十里。汉高帝六年[③]，封郭蒙为侯国[④]，王莽更名之曰祥善矣。

【注释】

①东武县：西汉置，为琅邪郡治。治所即今山东诸城。

②因冈：依托山岗。

③汉高帝六年：前201年。

④郭蒙：薛（今山东枣庄西）人。加入刘邦军队后，作战英勇。刘邦进军咸阳途中，在杠里、曲遇的两次大破秦军的战役中立功。后在楚汉战争中也屡立战功，于高祖六年（前201）封东武侯。

【译文】

潍水往东北流过东武县西边，

东武县利用山冈地势筑城，周围三十里。汉高帝六年，把这里封给郭蒙，立为侯国，王莽改名为祥善。

又北，左合扶淇之水[①]。水出西南常山[②]，东北流注潍。晏、伏并以潍水为扶淇之水[③]。以扶淇之水为潍水，非也。按经脉志[④]，潍自箕县北迳东武县西北流，合扶淇之水。晏谟、伏琛云：东武城西北二里潍水者，即扶淇之水也。

【注释】

①扶淇之水：即扶淇水。在今山东诸城西南。

②常山：在今山东诸城南二十里。

③晏、伏：即晏谟、伏琛。二人均撰有《齐记》，又称《齐地记》。

④按经脉志：考寻经文和诸多地志的记载。按、脉，考寻，考察。

【译文】

潍水又北流，左面与扶淇水汇合。扶淇水发源于西南面的常山，往东北流，注入潍水。晏谟、伏琛都以为潍水就是扶淇水。把扶淇水叫潍水，是弄错了。考寻经文和诸多地志的记载，潍水从箕县往北流经东武县，往西北流，与扶淇水汇合。晏谟、伏琛说：东武城西北二里的潍水，就是扶淇水。

潍水又北，右合卢水①，即久台水也。《地理志》曰：水出琅邪横县故山②，王莽之令丘也。山在东武县故城东南，世谓之卢山也③。西北流迳昌县故城西东北流④。《齐地记》曰⑤：东武城东南有卢水，水侧有胜火木。方俗音曰柽子⑥，其木经野火烧死，炭不灭，故东方朔云不灰之木者也⑦。其水又东北流迳东武县故城东，而西北入潍。《地理志》曰：久台水东南至东武入潍者也⑧。《尚书》所谓潍、淄其道矣⑨。

【注释】

①卢水：即久台水。出今山东诸城东南故山，北流入潍。

②横县：西汉置，属琅邪郡。治所在今山东诸城东南四十里。

③卢山：本名故山。在今山东诸城东南三十里。

④昌县：西汉置，属琅邪郡。治所在今山东诸城东北昌城镇。

⑤《齐地记》：《太平御览》引此文作伏琛的《齐地记》。

⑥柽（chēng）子：即胜火木。传说中的木名。

⑦东方朔：字曼倩。西汉平原厌次（今山东德州陵城区）人。武帝时为太中大夫，善辞赋，《答客难》《非有先生论》二篇最善。

⑧久台水东南至东武入潍者：《汉书·地理志》"琅邪郡"："横，故山，久台水所出，东南至东武入淮。莽曰令丘。"久台水，即上文的卢

水。出今山东诸城东南故山，北流入潍。

⑨潍、淄其道：《尚书·禹贡》："嵎夷既略，潍、淄其道。"

【译文】

潍水又往北流，在右边与卢水汇合，卢水就是久台水。《地理志》说：卢水发源于琅邪横县故山，横县就是王莽时的令丘。山在东武县旧城东南，世人称之为卢山。卢水往西北流经昌县旧城西面，转而往东北流。《齐地记》说：东武城东南有卢水，水旁有胜火木。当地方言称柽子，这些树木经野火烧死，变成了炭都不灭，因此东方朔称为不会烧成灰的树木。卢水又往东北流经东武县旧城东面，往西北流，注入潍水。《地理志》说：久台水往东南流，到东武注入潍水。这就是《尚书》所说的潍水、淄水都已疏通。

又北过平昌县东①，

潍水又北迳石泉县故城西②，王莽之养信也。《地理风俗记》曰：平昌县东南四十里有石泉亭，故县也。

【注释】

① 平昌县：西汉置，属琅邪郡。治所在今山东诸城西北六十里都吉台，俗名城阳城。

② 石泉县：西汉置，属高密国。治所在今山东诸城东北。

【译文】

潍水又往北流过平昌县东边，

潍水又往北流经石泉县旧城西边，就是王莽时的养信。《地理风俗记》说：平昌县东南四十里有石泉亭，是旧县。

潍水又北迳平昌县故城东，荆水注之①。水出县南荆山阜②，东北流迳平昌县故城东，汉文帝封齐悼惠王肥子卬为

侯国③。城之东南角有台，台下有井，与荆水通，物坠于井，
则取之荆水。昔常有龙出入于其中，故世亦谓之龙台城也④。
荆水又东北流注于潍。

【注释】

①荆水：在今山东诸城西北。

②荆山：又名荆台山。在今山东诸城西北四十里。

③卬：即刘卬。齐悼惠王刘肥之子，文帝前元四年（前176）封平昌
　　侯。景帝时参与吴楚叛乱，兵败被杀。

④龙台城：即汉平昌故城。在今山东诸城西北。

【译文】

潍水又往北流经平昌县旧城东边，荆水注入。荆水发源于县南的荆
山阜，往东北流经平昌县旧城东边，汉文帝把这里封给齐悼惠王刘肥的
儿子刘卬，立为侯国。城的东南角有一座台，台下有井，与荆水相通，有
什么掉到井里，可在荆水取回。过去常有龙出入其中，所以民间又称为
龙台城。荆水又往东北流，注入潍水。

潍水又北，浯水注之①。水出浯山②，世谓之巨平山也。
《地理志》曰：灵门县有高栗山、壶山③，浯水所出，东北入
潍。今是山西接浯山。许慎《说文》言：水出灵门山，世谓
之浯汶矣④。其水东北迳姑幕县故城东⑤，县有五色土⑥，王
者封建诸侯⑦，随方受之⑧，故薄姑氏之国也⑨。阚骃曰⑩：周
成王时，薄姑与四国作乱，周公灭之，以封太公。是以《地
理志》曰：或言薄姑也，王莽曰季睦矣。应劭曰：《左传》曰，
薄姑氏国，太公封焉。薛瓒《汉书注》云：博昌有薄姑城⑪。
未知孰是？浯水又东北迳平昌县故城北，古塌此水以溢溉

田^⑫，南注荆水。浯水又东北流，而注于潍水也。

【注释】

①浯（wú）水：又名浯汶。在今山东安丘西南。

②浯山：即峿山。在今山东安丘西南六十里。

③灵门县：西汉置，属琅邪郡。治所即今山东安丘西南石埠子镇。高枼（zhè）山、壶山：皆为浯山之别名。在今山东安丘西南六十里。

④水出灵门山，世谓之浯汶矣：此为《说文·水部》："浯，水。出琅邪灵门壶山，东北入潍。"疑漏"壶"字。

⑤姑幕县：战国秦置，属琅邪郡，为都尉治。治所在今山东诸城西北四十里石埠子镇。东汉属琅邪国。三国魏属城阳郡。

⑥五色土：五种不同颜色的土壤。

⑦王者：国君，君王。封建诸侯：分封建立诸侯国。

⑧随方受之：分封诸侯时，王者按封地所在方位取坛上一色土授之，供在封国内立社之用。《尚书·禹贡》："厥贡惟土五色。"孔颖达疏："《韩诗外传》云：天子社广五丈，东方青，南方赤，西方白，北方黑，上冒以黄土。"

⑨薄姑氏之国：古国名。在今山东博兴东南十五里。周成王时，随同武庚和东方夷族反抗周朝，被周公所灭，作为吕尚的封地。

⑩阚骃（kàn yīn）：字玄阴。敦煌（今甘肃敦煌）人。撰有《十三州志》。

⑪博昌：即博昌县。战国秦置，属临淄郡。治所即今山东博兴东南二十里寨郝镇南。

⑫堨（è）：筑堰截流。

【译文】

潍水又往北流，浯水注入。浯水发源于浯山，世人称之为巨平山。《地理志》说：灵门县有高枼山、壶山，浯水发源于此，往东北流，注入潍水。今天此山西面和浯山连接。许慎《说文解字》说：浯水发源于灵门山，世人称之为浯汶水。浯水往东北流经姑幕县旧城东边，该县有五色土，帝王分封诸侯时，包起不同颜色的泥土，按方位授给诸侯，这里是从前薄姑氏之国。阚骃说：周成王时，薄姑和四国叛乱，周公灭了它，将此地封给太公。因此《地理志》说：姑幕县也称薄姑，王莽时称季睦。应劭说：《左传》记载，薄姑氏国是太公的封地。薛瓒《汉书注》说：博昌县有薄姑城。不知谁的说法正确？浯水又往东北流经平昌县旧城北面，古时在此筑堰截流，用来灌溉农田，南流注入荆水。浯水又往东北流，注入潍水。

又北过高密县西①，

应劭曰：县有密水②，故有高密之名也。然今世所谓百尺水者③，盖密水也。水有二源，西源出奕山，亦曰郭日山④，山势高峻，隔绝阳曦⑤。晏谟曰：山状障日⑥，是有此名。伏琛曰：山上障日，故名郭日山也。其水东北流。东源出五弩山⑦，西北流同泻一壑，俗谓之百尺水。古人竭以溉田数十顷。北流迳高密县西，下注潍水，自下亦兼通称焉。

【注释】

①高密县：战国秦置，属胶东郡。治所在今山东高密西南四十里前田庄。

②密水：一名高密河。即今山东诸城东北百尺河。

③百尺水：即密水。

④郭日山：亦称奕山。在今山东诸城东南三十里。以山势高峻，隔绝日光而得名。

⑤阳曦：日光。

⑥山状障日：山形能够遮挡日光。

⑦五弩山：在今山东诸城东南六十里。

【译文】

潍水又往北流过高密县西边，

应劭说：县里有密水，因此有高密之名。现在所说的百尺水，就是密水。密水有两个源头，西源出自奕山，也称郭日山，山势高峻，挡住了阳光。晏谟说：山形蔽障了日光，因有此名。伏琛说：山峰蔽障了太阳，所以称郭日山。此水往东北流。东源水出自五弩山，往西北流，与源水一同流泻入一条山谷，俗称百尺水。古人在此拦河筑堰，灌溉田地数十顷。百尺水往北流经高密县西，注入潍水，自此以下，两条水互兼通称。

乱流历县西碑产山西①，又东北，水有故堰，旧凿石竖柱断潍水，广六十许步，掘东岸，激通长渠②。

【注释】

①碑产山：《水经注疏》杨守敬按："《齐乘》五，高密县（今山东高密西南）西北五十里刘宗山，产磨石，古砺阜，《水经注》亦谓之碑产山。"

②激通长渠：湍急的水势冲开长长的水渠。激，冲开。

【译文】

潍水乱流经过县西碑产山西边，又往东北流，水上有旧堰，从前凿石竖柱阻断潍水，堰宽六十多步，掘开东岸，引水通长渠。

东北迳高密县故城南，明帝永平中①，封邓震为侯国②。县南十里，蓄以为塘，方二十余里，古所谓高密之南都也，溉田一顷许③。陂水散流，下注夷安泽④。

【注释】

①永平：东汉明帝刘庄的年号（58—75）。

②邓震：东汉南阳新野（今河南新野）人。高密侯邓禹长子。永平元
　　年（58），嗣爵为侯。

③一顷许：百亩左右。一顷，百亩。

④夷安泽：亦称夷安潭。在今山东高密北。

【译文】

　　潍水又往东北流经高密县旧城南，明帝永平年间，把这里封给邓震，
立为侯国。县南十里，蓄水为塘，塘方圆二十里，就是古时所说的高密南
都，灌溉农田约一顷。塘水散流，向下注入夷安泽。

　　潍水自堰北迳高密县故城西，汉文帝十六年①，别为胶
西国②，宣帝本始元年③，更为高密国，王莽之章牟也。

【注释】

①汉文帝十六年：前164年。汉文帝，刘恒。

②胶西国：西汉文帝十六年（前164）置，封齐悼惠王子卬为胶西王。
　　治所在高密（今山东高密西南四十里前田庄）。

③宣帝本始元年：前73年。本始，西汉宣帝刘询的年号（前73—前
　　70）。

【译文】

　　潍水从堤堰往北流经高密县旧城西面，汉文帝十六年，把这里划出
来立为胶西国，宣帝本始元年，又改名为高密国，王莽时称为章牟。

　　潍水又北，昔韩信与楚将龙且夹潍水而阵于此①。信夜
令为万余囊，盛沙以遏潍水，引军击且伪退。且追北，信决
水②，水大至，且军半不得渡，遂斩龙且于是水③。水西有厉
阜④，阜上有汉司农卿郑康成冢⑤，石碑犹存。

【注释】

①韩信：秦末淮阴（今江苏淮安淮阴区）人。初从项羽，后归刘邦，拜为大将，帮助刘邦打败项羽，战功卓著，与萧何、张良合称汉兴三杰。龙且：楚汉争霸时期项羽部将。楚汉战争中，韩信率军击齐，他奉项羽之命往救，与韩信军隔潍水而阵，兵败被杀。

②决水：这里指掘开潍水。

③遂斩龙且于是水：按，以上事见《汉书·韩信传》。

④厉阜：在今山东高密西北五十里。

⑤司农卿：汉九卿之一。长官为司农卿、少卿，主管粮食积储、京官禄米及园池果实等。郑康成：郑玄，字康成。北海高密（今山东高密）人。东汉著名经学家。

【译文】

潍水又往北流，从前韩信与楚将龙且在此处隔着潍水列阵。夜里韩信命部下准备了一万多只袋子，装满沙子堵住潍水，然后率军攻击龙且，假装败退。龙且向北追击，韩信决水，大水突然冲下，龙且的部队一半渡不过来，于是就在此水上杀了龙且。潍水的西面有厉阜，这座小山上有汉朝司农卿郑康成墓，石碑还在。

又北迳昌安县故城东①，汉明帝永平中，封邓袭为侯国也②。《郡国志》曰③：汉安帝延光元年复也④。

【注释】

①昌安县：西汉置，属高密国。治所在今山东安丘东南二十里石堆镇东北李家古城。

②邓袭：东汉南阳新野（今河南新野）人。高密侯邓禹之子。明帝初，禹卒，帝分禹封地为三国，邓袭为昌安侯。

③《郡国志》：晋司马彪《续汉书》篇名。记述东汉时期全国行政区划、

人口以及《春秋》和"前三史"所载征伐、会盟所在的地名。

④延光元年:122年。延光,东汉安帝刘祜(hù)的年号(122—125)。

【译文】

潍水又往北流经昌安县旧城东面,汉明帝永平年间,把这地方封给邓袭,立为侯国。《郡国志》说:汉安帝延光元年恢复为县。

又北过淳于县东①,

潍水又北,左会汶水,北迳平城亭西②,又东北迳密乡亭西③。《郡国志》曰:淳于县有密乡。《地理志》:皆北海之属县也。应劭曰:淳于县东北六十里有平城亭,又四十里有密乡亭,故县也。

【注释】

①淳于县:西汉置,属北海郡。治所在今山东安丘东北三十五里杞城。

②平城亭:在今山东昌邑东南四十里。

③密乡亭:在今山东昌邑东南十五里密城。

【译文】

潍水又往北流过淳于县东面,

潍水又往北流,左边与汶水汇合,往北流经平城亭西面,又转向东北流经密乡亭西面。《郡国志》说:淳于县有密乡。《地理志》说:都是北海的属县。应劭说:淳于县东北六十里有平城亭,又四十里有密乡亭,从前是县。

潍水又东北迳下密县故城西①,城东有密阜②。《地理志》曰:有三户山祠。余按应劭曰:密者,水名,是有下密之称。俗以之名阜，非也。

【注释】

①下密县：战国秦置，属胶东郡。治所在今山东昌邑东南十五里密
　城。西汉属胶东国。东汉初废，安帝复置，属北海国。

②密阜：在今山东昌邑东三十里。

【译文】

潍水又往东北流经下密县旧城西，城东有密阜。《地理志》说：有三
户山祠。按应劭说：密是水名，确有下密之称。但民间用这名字来称呼
小山岗，这就不对了。

又东北过都昌县东①，

潍水东北迳逢萌墓②。萌，县人也，少有大节，耻给事县
亭，遂浮海至辽东③，复还，在不其山隐学④。明帝安车征⑤，
萌以佯狂免。

【注释】

①都昌县：战国秦置，属胶东郡。治所在今山东昌邑西二里。西汉
　初置都昌侯国，高帝六年（前201）封朱轸为都昌侯，即此。景帝
　中元年（前149）改为都昌县，属北海郡。

②逢萌墓：《水经注疏》熊会贞按："在今昌邑县（今山东昌邑）南。"
　逢萌，字子康，北海都昌（今山东昌邑西）人。家贫，给事县为亭长，
　不肯为人役，遂去之，至长安求学，通《春秋》。当王莽欲代汉之际，
　以为祸乱将起，遂归家，率家属渡海，客居于辽东。

③辽东：地区名。泛指今辽宁辽河以东地区。

④不其山：在今山东青岛城阳区东北。隐学：隐居读书。

⑤明帝：汉明帝刘庄，光武帝刘秀之子。安车：古代可以坐乘的小车。
　　古车一般为立乘，此为坐乘，故称安车。多为高级官员或贵妇人
　　所乘。高官告老还乡或征召有德高望重的人，往往亦赐乘安车。

【译文】

潍水又往东北流过都昌县东面，

　　潍水往东北流经逄萌墓。逄萌，都昌县人，少年时就很有骨气，以在
县亭供职为耻，就渡海到辽东，回来后在不其山隐居读书。明帝备车征
聘，逄萌假装癫狂，没有应聘。

　　又北迳都昌县故城东，汉高帝六年①，封朱轸为侯国②。
北海相孔融为黄巾贼管亥所围于都昌也③，太史慈为融求救
刘备④，持的突围其处也⑤。

【注释】

①汉高帝六年：前201年。

②朱轸：西汉诸侯。秦末从刘邦起兵于沛（今江苏沛县），为刘邦手
　下重要将领，在击破章邯等战役中立功。高祖元年（前206），封
　都昌侯。

③北海相：北海郡的相。相，古官名。汉时诸侯王国的实际执政者，
　地位相当于郡太守。孔融：字文举。鲁国（治所在今山东曲阜）人。
　曾任北海相，后任少府，因触犯曹操，降为太中大夫，被杀。善诗
　文，为建安七子之一。有《荐祢衡疏》《与曹公论盛孝章书》等名篇。
　黄巾贼：对黄巾军的蔑称。管亥：黄巾军首领。在都昌围攻北海
　相孔融，后被援兵刘备击败。

④太史慈：字子义。东莱黄（今山东龙口）人。曾避祸到辽东。北海
　相孔融闻而奇之，数遣人讯问其母，并致饷遗。后融为管亥所围，
　慈从辽东还，从平原相刘备处借得援兵，遂解围。

⑤的：箭靶。

【译文】

　　潍水又往北流经都昌县旧城东面，汉高帝六年，把这里封给朱轸，立为侯国。北海相孔融曾被黄巾贼管亥围困在都昌，太史慈替孔融去向刘备求救，手持挡箭牌突围，就是这地方。

又东北入于海。

【译文】

潍水又往东北流注入大海。

胶水

胶水出黔陬县胶山①，北过其县西，

　　《齐记》曰②：胶水出五弩山。盖胶山之殊名也。北迳祝兹县故城东③，汉武帝元鼎中④，封胶东康王子延为侯国⑤。

【注释】

　①胶水：亦称胶河。即今山东东部胶莱河。黔陬县：西汉置，属琅邪郡。治所在今胶州西南黔陬东三十里，谓之东陬城。胶山：一名五弩山。在今山东青岛黄岛区西。

　②《齐记》：或称《齐地记》。晏谟、伏琛均有该名称著作。

　③祝兹县：在今山东胶州西南。

　④元鼎：西汉武帝刘彻的年号（前116—前111）。

　⑤胶东康王：即刘寄。汉景帝之子，景帝中元二年（前148）封胶东王。谥康。延：当作延年，即刘延年，胶东康王刘寄之子。元封元年（前110）封祝兹侯。元封五年（前105），因丢弃印绶、擅离封国免侯，国除。

【译文】

胶水

胶水发源于黔陬县胶山，北流过县西，

《齐记》说：胶水发源于五弩山。就是胶山的别名。胶水往北流经祝兹县旧城东面，汉武帝元鼎年间，把这里封给胶东康王的儿子刘延年，立为侯国。

又迳扶县故城西①。《地理志》：琅邪之属县也。汉文帝元年②，封吕平为侯国③。

【注释】

①扶县：《水经注疏》杨守敬按："前汉县，属琅邪郡，后汉废。在今胶州（今山东胶州）西南七十里。"

②汉文帝元年：前179年。

③吕平：西汉诸侯。单父（今山东单县）人。高后姊长姁（xǔ）之子。高后元年（前187）封扶柳侯。八年（前180），因参与诸吕谋反，被诛，国除。

【译文】

又流经扶县旧城西面。据《地理志》，这是琅邪的属县。汉文帝元年，把这地方封给吕平，立为侯国。

胶水又北迳黔陬故城西①，袁山松《郡国志》曰②：县有介亭③。《地理志》曰：故介国也④。《春秋·僖公九年》⑤，介葛卢来朝⑥，闻牛鸣，曰：是生三牺皆用之⑦。问之果然。晏谟、伏琛并云：县有东、西二城，相去四十里，有胶水。非也，斯乃拒艾水也⑧。水出县西南拒艾山⑨，即《齐记》所谓黔艾山也。东北流迳柜县故城西⑩，王莽之掩同也，世谓之王城，又谓是水为洋水矣。又东北流，晏、伏所谓黔陬城西四十里有胶水者也。又东入海。《地理志》：琅邪有柜县，根艾水出焉，东入海。即斯水也。今胶水北流，迳西黔陬城东，晏、伏所谓高密郡侧有黔陬县⑪。《地理志》曰：胶水出邞县，王莽更之纯德矣，疑即是县，所未详也。

【注释】

①黔陬故城：黔陬县治所。在今胶州西南黔陬东三十里，谓之东陬城。

②袁山松：即袁崧，字山松。陈郡阳夏（今河南太康）人。东晋史学家。撰《后汉书》，今存辑本。《郡国志》：郑德坤《水经注引书考》："《隋志·后汉书》九十五卷，注云，本一百卷，晋秘书监袁山松撰。……《晋书》本传称山松著《后汉书》百篇与《隋志注》合。《水经注》所引多《郡国志》文……"

③介亭：在今山东胶州西南七十里。

④介国：周时东夷国。在今山东胶州西南七十里。

⑤僖公九年：当为僖公二十九年，前631年。译文从之。

⑥介：介国。葛卢：国君的名字。能通牛语。

⑦是生三牺：这头牛生产了三头牛犊。皆用之：都用来祭祀了。

⑧拒艾水：今山东胶州南泽河。

⑨拒艾山：亦名黔艾山。在今山东青岛黄岛区西。

⑩柜（jù）县：西汉置，属琅邪郡。治所在今山东青岛黄岛区王台镇。

⑪高密郡：南朝宋改高密国为郡，属青州。治所在桑犊城（今山东潍坊东南）。

【译文】

胶水又往北流经黔陬县旧城西，袁山松《郡国志》说：黔陬县有介亭。《地理志》说：这里是从前的介国。《春秋·僖公二十九年》：介国葛卢来朝见，听到牛鸣声，说：这头牛生了三头纯色的牛犊，都已用来祭祀了。经查问果然如此。晏谟、伏琛都说：黔陬县有东、西两座城，相距四十里，有胶水。这话不对，那是拒艾水。拒艾水发源于黔陬县西南面的拒艾山，就是《齐记》所说的黔艾山。往东北流经柜县旧城西面，这就是王莽时的被同，人们称之为王城，又称这条水为洋水。拒艾水又往东北流，晏谟、伏琛说黔陬城西四十里有胶水，就指此水。拒艾水又东流入海。《地理志》：琅邪郡有柜县，根艾水发源于此，东流入海。指的就是此水。现在胶水向北流经西黔陬城东面，晏谟、伏琛说：高密郡城旁有黔陬县城，就指此城。《地理志》说：胶水发源于邞县，王莽改名为纯德，可能就是黔陬县，但不清楚。

又北过夷安县东①，

县，故王莽更名之原亭也。应劭曰：故莱夷维邑也②。太史公曰：晏平仲③，莱之夷维之人也。汉明帝永平中④，封邓珍为侯国⑤，西去潍水四十里。

【注释】

①夷安县：西汉置，属高密国。治所即今山东高密。
②莱：商代方国。在今山东龙口城关镇东南莱子城。夷维邑：今山东高密。
③晏平仲：即晏婴，字仲。春秋齐夷维（今山东高密）人。
④永平：东汉明帝刘庄的年号（58—75）。
⑤邓珍：东汉南阳新野（今河南新野）人。高密侯邓禹之子。明帝初，禹卒，帝分禹封地为三国，其中邓珍为夷安侯。

【译文】

胶水又往北流过夷安县东面，
夷安县就是过去王莽改名为原亭的地方。应劭说：夷安县是从前莱国的夷维邑。太史公说：晏平仲是莱国夷维人。汉明帝永平年间，把这里封给邓珍，立为侯国，这里西距潍水四十里。

胶水又北迳胶阳县东①，晏、伏并谓之东亭②。自亭结路③，南通夷安。《地理风俗记》曰：淳于县东南五十里有胶阳亭，故县也。

【注释】

①胶阳县：即胶阳侯国。西汉置，属北海郡。治所在今山东昌邑东南九十六里高阳。东汉省。

②晏、伏：即晏谟、伏琛。二人均撰有《齐记》，又称《齐地记》。

③结路：修建道路。

【译文】

胶水又往北流经胶阳县东，晏谟、伏琛都称此地为东亭。此亭有路南通夷安。《地理风俗记》说：淳于县东南五十里有胶阳亭，是旧县。

又东北流，左会一水，世谓之张奴水①，水发夷安县东南阜下，西北流历胶阳县注于胶。胶水之左为泽渚②，东北百许里，谓之夷安潭③，潭周四十里，亦潍水枝津之所注也。

【注释】

①张奴水：《水经注疏》熊会贞按："《齐乘》二，张奴水一名墨水，今曰涨鲁河。自高密县（今山东高密）东南、东北流至胶州（今山东胶州）北，入南胶河。"

②泽渚：水泽，池沼。

③夷安潭：亦称夷安泽。在今山东高密北。

【译文】

　　胶水又往东北流,左面与一条水汇合,世人称之为张奴水,发源于夷安县东南面的山岗下,往西北流经胶阳县,注入胶水。胶水的左面是泽渚,往东北流约一百来里,称为夷安潭,潭周围四十里,潍水支流也注入此潭。

　　胶水又东北迳下密县故城东,又东北迳胶东县故城西①,汉高帝元年②,别为国,景帝封子寄为王国③,王莽更之郁秩也,今长广郡治④。伏琛、晏谟言,胶水东北回达于胶东城北百里⑤,流注于海。

【注释】

　　①胶东县:三国魏改胶东侯国置,属北海国。治所在今山东平度。

　　②汉高帝元年:前206年。

　　③景帝封子寄为王国:《汉书·景十三王传·胶东康王寄传》:“胶东康王寄以孝景中二年立。”寄,即刘寄。景帝子,景帝中元二年(前148)立为胶东王。后淮南王刘安谋反,他私作兵车准备响应,事泄,自杀。谥康。

　　④长广郡:东汉建安初置。治所在长广县(今山东莱阳东五十里)。

　　⑤回达:逆转到达。回,回转,逆转。

【译文】

　　胶水又往东北流经下密县旧城东面,又往东北流经胶东县旧城西面,汉高帝元年,把它另立为国,景帝把它封给儿子刘寄,立为王国,王莽改名为郁秩,今天是长广郡的治所。伏琛、晏谟说,胶水向东北迂回流到胶东城北面一百里,注入大海。

　　又北过当利县西①,北入于海。

　　县,故王莽更名之为东莱亭也。又北迳平度县②,汉武帝元朔二年③,封菑川懿王子刘衍为侯国④,王莽更名之曰利卢也。县有土山⑤,胶水北历土山注于海。海南、土山以北悉盐坑⑥,相承修煮不辍⑦。北眺巨海,杳冥无极⑧,天际两分⑨,白黑方别⑩,所谓溟海者也⑪。故《地理志》曰:胶水北至平度入海也。

【注释】

①当利县:西汉置,属东莱郡。治所在今山东莱州西南三十六里沙河镇。

②平度县:西汉置,属东莱郡。治所在今山东平度西北六十七里。

③元朔二年:前127年。

④菑川懿王:即刘志。刘邦之孙,齐悼惠王刘肥之子。文帝前元四年(前176),封安都侯。十六年(前164),晋封济北王。七国之乱后,被改封为菑川王。谥号懿。刘衍:《汉书》作刘行。菑川懿王刘志之子。元朔二年(前127),封平度侯。

⑤土山:《水经注疏》熊会贞按:“山在今平度州(山东平度)西北,与掖县(今山东莱州)接界。”

⑥盐坑:盐池。

⑦相承:世代相延。修煮:这里指煮盐。

⑧杳冥:犹渺茫。无极:无边无际。

⑨天际:水天交接之处。两分:水和天分别得很清楚。

⑩白黑方别:白之天与黑之水迥异。

⑪溟海:神话传说中的海名。

【译文】

胶水又往北流过当利县西北,注入大海。

　　当利县是从前王莽改名为东莱亭的旧地。胶水又往北流经平度县，汉武帝元朔二年，把这里封给菑川懿王的儿子刘衍，立为侯国，王莽改名为利卢。县里有土山，胶水往北流经土山，注入大海。大海以南、土山以北，都是盐场，盐民们在此世世代代煮盐，从未中断。在这里向北眺望，大海渺远苍茫，杳无边际，水天相接，界线分明，这就是所谓溟海。因此《地理志》说：胶水北流到平度注入大海。

卷二十七

沔水一

【题解】

沔水即汉水，今称汉江，是长江的支流之一。《尚书·禹贡》说："浮于潜，逾于沔。"所以汉水很早就被称为沔水。《汉书·地理志》说："东汉水受氐道水，一名沔。"始知"沔""汉"是同水异名。但《水经》只称沔水，不称汉水，《水经注》则"沔""汉"共见。

沔水作为长江的支流，在《经》文中有明白的描述："又南至江夏沙羡（yì）县北，南入于江。"郦道元在《注》文中引《禹贡》和《地说》，也指出汉水南至大别入江。但是《经》文和《注》文都没有因沔水入江而结束《沔水》这一篇，卷二十九的首句《经》文又说："沔水与江合流，又东过彭蠡泽。"这样，长江从今武汉以下的一段，就都并入《沔水》篇中，一直写到"东入于海"为止。

《沔水》的第三部分，也就是长江从彭蠡泽（今鄱阳湖）向东这一段，《经》文和《注》文都有极大的错误。清初黄宗羲在他的《今水经序》中指出了这一篇的重要错误："以曹娥江为浦阳江，以姚江为大江之奇分，苕水（太湖的支流）出山阴县（今浙江绍兴），具区（今太湖）在馀姚县，沔水至馀姚入海，皆错误之大者。"《经》文的最后一句是："（沔水）又东至会稽馀姚县,东入于海。"这就是黄宗羲所说的"以姚江为大江之奇分""沔水至馀姚入海"两大错误的来由。其他几个错误,"以曹娥江为浦阳江","若水出山阴县","具区在馀姚县",则出于《水经注》。不过郦道元大概也知道这一篇中免不了许多错误,因为他根本没有到过这个地方。所以他在全篇的最后说:"但东南地卑,万流所凑,涛湖泛决,触地成川,枝津交渠,世家分伙,故川旧渎,难以取悉,虽粗依县地,缉综所缠,亦未必一得其实也。"他的这一番话,倒是写出了江南这个水乡泽国的地理面貌。

沔水一
沔水出武都沮县东狼谷中①,

沔水一名沮水。阚骃曰②:以其初出沮洳然③,故曰沮水也,县亦受名焉。导源南流④,泉街水注之⑤。水出河池县⑥,东南流入沮县,会于沔。沔水又东南迳沮水戍⑦,而东南流注汉,曰沮口⑧,所谓沔汉者也。《尚书》曰:嶓冢导漾⑨,东流为汉。《山海经》所谓汉出鲋嵎山也⑩。东北流得献水口⑪。庾仲雍云⑫:是水南至关城合西汉水⑬。汉水又东北合沮口,同为汉水之源也。故如淳曰⑭:此方人谓汉水为沔水。孔安国曰⑮:漾水东流为沔,盖与沔合也。至汉中为汉水⑯,是互相通称矣。

【注释】

①沔水:即今汉水。据《水经注》,北源出自今陕西留坝西,一名沮水者为沔水;西源出自今宁强北者为汉水。两水合流后通称沔水或汉水。又沔水入江后,今湖北武汉以下的长江,古代亦通称沔水,以至《水经》叙沔水下游直至入海。武都:即武都郡。西汉元鼎六年(前111)置。治所在武都县(今甘肃西和南仇池山东麓)。

　　东汉移治下辨县(今成县西南三十里)。三国魏黄初中改置武都
　　西部都尉,后入蜀。沮县:西汉置,属武都郡。治所在今陕西略阳
　　东黑河东侧。县以沮水为名。东狼谷:指今陕西凤县东南和留坝
　　西北紫柏山南坡,偏东的一条山前集水谷地,是为沮水上游黑河
　　发源地的横向谷。

②阚骃(kàn yīn):字玄阴。敦煌(今甘肃敦煌)人。北凉至北魏地
　　理学家、经学家。撰有《十三州志》。

③沮洳(jù rù):低湿之地。

④导源:发源。

⑤泉街水:《水经注疏》杨守敬按:"《水道提纲》,浕水(即今陕西勉
　　县西白马河)出西北山,东南流,与上沮水会,盖即此水。"

⑥河池县:西汉置,属武都郡。治所即今甘肃徽县西北银杏树乡。
　　西晋后废。北魏改置广化县。

⑦沮水戍:在今陕西勉县西北沮水旁茶站镇。

⑧沮口:在今陕西勉县西。

⑨嶓冢(bō zhǒng):即今陕西宁强北之嶓冢山。导:发源。漾:漾水。
　　即今汉水上源。

⑩鲋𬯀山:又名广阳山。在今河南内黄南。

⑪献水口:《水经注疏》熊会贞按:"《注》文献水即下庾仲雍所称之
　　水,郦意谓自汉出之口也。"

⑫庾仲雍:晋人。撰有《湘州记》《江记》《汉水记》。

⑬关城:即阳平关,今陕西宁强西北阳平关。西汉水:即今四川嘉陵
　　江。一名漾水。

⑭如淳:冯翊(今陕西大荔)人。三国魏陈郡丞。注释过《汉书》。

⑮孔安国:字子国。鲁(今山东曲阜)人。西汉经学家。相传他曾得
　　孔壁所藏古文《尚书》,开古文《尚书》学派。

⑯汉中:即汉中郡。战国秦置。治所在南郑县(今陕西汉中东)。因

汉水而得名。西汉移治西城县（今陕西安康）。东汉复还旧治。

东汉末为张鲁所据，改为汉宁郡。建安二十年（215）复改汉中郡。

【译文】

沔水一

沔水发源于武都郡沮县的东狼谷中，

沔水又名沮水。阚骃说：因为此水初发源处是一片湿漉漉的洼地，因而称为沮水，县也跟着叫沮县。发源后往南流，泉街水注入。泉街水发源于河池县，往东南流入沮县，与沔水汇合。沔水又往东南流经沮水戌，又往东南注入汉水，汇流处叫沮口，这就是所谓沔汉。《尚书》说：漾水发源于嶓冢山，东流称汉水。《山海经》说：汉水发源于鲋崵山。往东北流在献水口与献水汇合。庚仲雍说：此水南流至关城与西汉水汇合。汉水又往东北流，到了沮口，这都是汉水的上源。因此如淳说：这一带地方的人称汉水为沔水。孔安国说：漾水东流称为沔水，是因为它与沔水汇合。流到汉中又称汉水，水名可互相通用。

　　沔水又东迳白马戍南①，浕水入焉②。水北发武都氐中③，南迳张鲁城东④。鲁，沛国张陵孙⑤。陵学道于蜀鹤鸣山⑥，传业衡⑦，衡传于鲁。鲁至，行宽惠，百姓亲附，供道之费，米限五斗，故世号五斗米道。初平中⑧，刘焉以鲁为督义司马⑨，住汉中，断绝谷道，用远城治，因即崤岭，周回五里⑩。东临浚谷⑪，杳然百寻；西北二面，连峰接崖，莫究其极；从南为盘道⑫，登陟二里有余⑬。浕水又南迳张鲁治东⑭，水西山上有张天师堂，于今民事之。庚仲雍谓山为白马塞⑮，堂为张鲁治。东对白马城⑯，一名阳平关。浕水南流入沔，谓之浕口⑰。其城西带浕水⑱，南面沔川，城侧二水之交，故亦曰浕口城矣。

【注释】

①白马戍：亦曰白马城。在今陕西勉县西武侯镇（老城）。

②沔水：即今陕西勉县西白马河。

③武都氏：武都氏族所居住之地。《水经注疏》杨守敬按："《汉书》，武都（治所在今甘肃西和南仇池山东麓）地杂氏、羌，后杨氏徙居仇池，见《漾水》篇此即氏境也。"

④张鲁城：即关城。在今陕西宁强西北平阳关镇。张鲁，字公旗，一作公祺，沛国丰（今江苏丰县）人。五斗米道创立者张陵之孙。东汉末五斗米道及汉中地区首领。

⑤沛国：东汉建武二十年（44）改沛郡置。治所在相县（今安徽淮北市相山区）。张陵：东汉五斗米道创立者。

⑥鹤鸣山：亦作鹄鸣山。在今四川大邑西北鹤鸣乡境。

⑦衡：即张衡。张陵之子，张鲁之父。

⑧初平：东汉献帝刘协的年号（190—193）。

⑨刘焉：字君郎。江夏竟陵（今湖北潜江）人。东汉末大臣，灵帝时领益州牧。

⑩"用远城治"几句：《水经注疏》杨守敬按："《舆地纪胜》引此作建城治，即峭领，为城周五里。此远为建之误，崤为峭之误，又依上订，用当作鲁。"译文据改。

⑪浚谷：幽深的山谷。浚，幽深。

⑫盘道：盘绕的山路。

⑬登陟（zhì）：攀登，登上。

⑭张鲁治：《水经注疏》熊会贞按："治在今沔县（今陕西勉县）西北。"

⑮白马塞：当在今陕西勉县。

⑯白马城：即前白马戍。

⑰沔口：沔水与沔水交汇处。当在今陕西勉县。

⑱带：缠绕，环绕。

【译文】

沔水又向东流经白马戍南面，浕水注入。浕水发源于北面的武都氐中，向南流经张鲁城东面。张鲁，是沛国张陵的孙子。张陵曾在蜀地鹤鸣山学道，把他的道术传给张衡，张衡又传给张鲁。张鲁到了这里，待人仁厚，四方百姓都来归附他，学道所供给的费用，以五斗米为限，所以称为五斗米道。初平年间，刘焉封张鲁为督义司马。张鲁深居汉中，切断了谷道，靠近峭岭修建城邑，周围五里。东边濒临深谷，谷深百寻；西北两面都是连绵的山峰和崖壁，无穷无尽地伸展向远方；往南是盘旋的山径，上登二里有余。浕水又往南流经张鲁治东面，浕水西边的山上有个张天师堂，至今百姓仍在信奉。庾仲雍称此山为白马塞，称此堂为张鲁治。东边面对白马城，又名阳平关。浕水往南流，注入沔水，汇流处叫浕口。此城西边环绕着浕水，南边面临沔川，城旁两水交汇，因而又称为浕口城。

沔水又东迳武侯垒南[1]，诸葛武侯所居也。南枕沔水[2]，水南有亮垒[3]，背山向水，中有小城，回隔难解[4]。

【注释】

[1]武侯垒：又称武侯镇。即今陕西勉县西武侯镇。武侯，即诸葛亮，字孔明。琅邪阳都（今山东沂南）人。三国蜀汉政治家、军事家。被时人称为"卧龙"。辅佐刘备建立蜀汉政权。谥曰忠武侯。

[2]枕：靠近，接近。

[3]亮垒：在今陕西勉县西，与上文武侯垒隔汉水相对。

[4]回隔：回环阻隔。难解：似有讹字，未详待考。

【译文】

沔水又往东流经武侯垒南面，这是昔日诸葛武侯屯驻过的地方。南临沔水，南岸有诸葛亮昔日的营垒，背山面水，其中有个小城，有山川纡回阻隔……

　　沔水又东迳沔阳县故城南①，城，旧言汉祖在汉中②，萧何所筑也③。汉建安二十四年④，刘备并刘璋⑤，北定汉中，始立坛，即汉中王位于此⑥。其城南临汉水，北带通逵⑦，南面崩水三分之一，观其遗略⑧，厥状时传⑨。南对定军山⑩。曹公南征汉中⑪，张鲁降，乃命夏侯渊等守之⑫。刘备自阳平关南渡沔水，遂斩渊首，保有汉中。诸葛亮之死也，遗令葬于其山，因即地势，不起坟垄，惟深松茂柏，攒蔚川阜⑬，莫知墓茔所在。山东名高平⑭，是亮宿营处，有亮庙。亮薨⑮，百姓野祭。步兵校尉习隆、中书郎向充共表云⑯：臣闻周人思召伯之德⑰，甘棠为之不伐⑱；越王怀范蠡之功⑲，铸金以存其像。亮德轨遐迩⑳，勋盖来世，王室之不坏，寔赖斯人㉑，而使百姓巷祭，戎夷野祀㉒，非所以存德念功㉓，追述在昔者也㉔。今若尽顺民心，则黩而无典㉕，建之京师，又逼宗庙㉖，此圣怀所以惟疑也㉗。臣谓宜近其墓，立之沔阳，断其私祀，以崇正礼。始听立祀斯庙，盖所启置也㉘。锺士季征蜀㉙，枉驾设祠㉚。茔东，即八阵图也㉛，遗基略在，崩褫难识㉜。

【注释】

①沔阳县：西汉置，属汉中郡。治所在今陕西勉县东旧州铺。北魏属华阳郡。

②汉祖：西汉开国皇帝刘邦。

③萧何：沛（今江苏沛县）人。辅佐刘邦建立西汉王朝。为开国名相。

④建安二十四年：219年。建安，东汉献帝刘协的年号（196—220）。

⑤刘备：字玄德。涿郡涿县（今河北涿州）人。三国时期蜀汉开国皇帝。刘璋：字季玉。江夏竟陵（今湖北潜江）人。东汉末年割据军

阀之一。迎刘备入益州，想借刘备之力抵抗曹操。不料刘备反手攻击刘璋，刘璋不得已投降，被迁往荆州公安（今湖北公安），后病逝于荆州。

⑥汉中王：刘备曾任汉中王。

⑦通逵：四通八达的道路。

⑧遗略：遗留下来城邑的大概。

⑨厥：其。代指城邑。状：动词，与……形状相同。

⑩定军山：在今陕西勉县南。

⑪曹公：即曹操，字孟德，一名吉利，小字阿瞒。沛国谯（今安徽亳州）人。建安中，假节钺，录尚书事。后破袁绍、袁术，自立为大将军，领冀州牧，进位丞相，加九锡，爵魏王。谥号武。魏文帝黄初初年，追尊武帝。

⑫夏侯渊：字妙才。沛国谯（今安徽亳州）人。东汉末曹操部将。

⑬攒（cuán）：聚集，丛生。川阜：水边山冈。

⑭高平：地名。当在今陕西勉县。

⑮薨（hōng）：古代称诸侯或高官等的死。

⑯步兵校尉：汉武帝时所置八校尉之一，秩二千石，掌上林苑门屯兵。东汉沿置。习隆：三国蜀汉大臣。中书郎：即中书侍郎，典掌诏命。向充：三国蜀汉人。官至尚书，协赞大将军姜维。共表：共同上表。

⑰周人：周朝百姓。召（shào）伯：指召公奭（shì）。周朝初年的贤人。周武王灭商纣王，封召公于北燕。

⑱甘棠为之不伐：召公巡行乡邑，有棠树，决狱听政其下。侯伯庶人各得其所，无失职者。召公卒，而民思召公之政，怀甘棠不敢伐，歌咏之，作《甘棠》之诗，即《诗经·召南·甘棠》。

⑲越王：勾践。春秋末越国国君。其父允常曾为吴王阖庐所败，勾践遂战败阖庐而雪其辱。阖庐子夫差为报父仇，大败勾践，使其退保会稽山。勾践受困，用范蠡、文种计向吴国求和，身为夫差前

马。他卧薪尝胆,发愤图强,十年生聚,十年教训,终于乘吴王夫差北上争霸之际,发兵攻灭吴国。后又北渡淮水,在徐州大会诸侯,称作霸主。范蠡(lǐ):字少伯。春秋末越国大夫。越王勾践被吴王夫差打败后,范蠡与文种辅佐勾践,恢复国力,灭掉吴国。后功成身退。

⑳轨:垂范。遐迩:远近。

㉑寔(shí):的确,实在。

㉒戎夷:古民族名。泛指少数民族。野祀:野外祭祀。

㉓存德念功:思念功劳和德行。存、念,思念,纪念。

㉔在昔:往昔,从前。

㉕黩(dú):轻慢不庄重。典:法则,规则。

㉖宗庙:古代帝王诸侯祭祀祖宗的庙堂。

㉗圣怀:皇上。疑:犹豫不决。

㉘启置:禀告而建置。

㉙锺士季:即锺会,字士季。颍川长社(今河南长葛)人。三国魏文人、玄学家。

㉚枉驾:屈驾。称人来访或走访的敬辞。

㉛八阵图:古代军队作战时的一种战斗队形及兵力部署。相传三国时诸葛亮曾推演兵法,聚石布成八阵图。据载,遗迹有三,《水经注·沔水》说在今陕西勉县。

㉜崩褫(chǐ):崩塌脱落。褫,脱落。

【译文】

沔水又往东流经沔阳县老城南面,按老的说法,这座城是汉高祖在汉中时萧何修筑的。汉建安二十四年,刘备兼并了刘璋,北定汉中,开始设立祭坛,在此登上汉中王之位。此城南面靠近汉水,北面是通衢大道,南面靠水岸一边,至今已崩塌了三分之一。就从这留下来的部分来看,此城当时的风貌大体上还看得出来。此城南面正对定军山。曹操南征汉中时，张鲁投降，于是命令夏侯渊守城。刘备从阳平关向南渡过沔水，杀了夏侯渊，占有了汉中。诸葛亮死后，遗嘱把他葬在定军山上，安葬时依山形地势，而不高筑坟垄，现在那里唯有一片蓊翳的松柏，一丛丛的浓荫布满山野，而他的坟墓却不知究竟在何处。山的东面叫高平，是当年诸葛亮宿营的地点，建有诸葛亮庙。诸葛亮死后，百姓在野外致祭。步兵校尉习隆、中书郎向充共同上表说：我们听说周朝人思念召伯的恩德，就不砍伐那棵他曾在下面决狱听政过的甘棠树；越王为了纪念范蠡的功绩，铸了一尊金像纪念他。诸葛亮的德行可以作为天下的典范，功勋空前绝后，今天王室之所以能不衰败下去，靠的全是他。而今让百姓在街巷里祭奠，戎夷在野外祭祀，这不是纪念他的德行和功勋，追诉从前的办法。今天若要完全顺从民心，那么就会流于淫滥而违反典章制度；如将祠庙建于京城，又势必侵逼宗庙，这正是圣上心里犹疑不定的原因。我们以为最好是在墓地近旁，就在沔阳立祠，这样就可以断绝民间的私祭，尊重正规的礼仪。这座祠庙就是在习隆、向充启奏后修建的。锺士季征伐蜀国时，曾亲自来此祭祀。坟地东面，就是诸葛亮摆八阵图的地方，遗址还在，但崩塌荒废，很难辨认了。

沔水又东迳西乐城北①。城在山上，周三十里，甚险固。城侧有谷，谓之容裘谷②，道通益州③。山多群獠④，诸葛亮筑以防遏。梁州刺史杨亮⑤，以即险之固⑥，保而居之⑦，为苻坚所败⑧。后刺史姜守、潘猛⑨，亦相仍守此城。城东，容裘溪水注之⑩，俗谓之洛水也。水南导巴岭山⑪，东北流。水左有故城，凭山即险，四面阻绝，昔先主遣黄忠据之⑫，以拒曹公。溪水又北迳西乐城东，而北流注于汉。

【注释】
①西乐城：在今陕西勉县西南。

②容裘谷：是汉中西通勉县到四川之古道。

③益州：西汉元封五年（前106）置，为十三州刺史部之一。王莽改为庸部。公孙述改为司隶校尉。东汉复为益州。治所在雒县（今四川广汉北）。后治所屡有迁移。

④群獠：各类少数民族。獠，魏、晋后的古代史籍对分布于今川、陕、黔、滇、桂、湘、粤等地区部分少数民族的泛称。

⑤梁州：三国魏景元四年（263）分益州置。治所在沔阳县（今陕西勉县东旧州铺）。西晋移治南郑县（今陕西汉中）。其后治所屡有迁移。南朝宋元嘉年间还治南郑县。杨亮：弘农华阴（今陕西华阴）人。先归姚襄，襄待以客礼。后奔桓温。官辅国将军、雍州刺史、梁州刺史等。

⑥即险之固：依据险峻之处，非常坚固。

⑦保：依恃，依凭。

⑧苻坚：字永固。氐族人。十六国前秦君主。

⑨刺史姜守、潘猛：苻坚的部将。具体不详。

⑩容裘溪水：即今陕西勉县东南养家河。北入汉水。

⑪巴岭山：又名大巴山、巴山。在今陕西、四川两省边界。

⑫黄忠：字汉升。南阳（今河南南阳）人。东汉末刘备部将。

【译文】

沔水又往东流经西乐城北面。城在山上，周围三十里，十分险要坚固。城侧有个山谷，叫容裘谷，有道路通益州。山上有很多獠人居住着，诸葛亮修筑此城以防他们骚扰。梁州刺史杨亮，凭借这天险和坚固的城防，想要守城安居，却被苻坚攻破。后任刺史姜守、潘猛也相继守卫此城。城的东面，容裘溪水注入沔水，俗称洛水。这条水发源于南方的巴岭山，向东北流。水的左面有一座老城，利用山势险处而建，四面阻绝，昔日先主派遣黄忠据守于此，以抗拒曹公。溪水又向北流经西乐城东面，向北注入汉水。

汉水又左得度口①。水出阳平北山②,水有二源:一曰清检,出佳鳠③;一曰浊检,出好鲋④。常以二月、八月取之,美珍常味。度水南迳阳平县故城东⑤,又南迳沔阳县故城东,西南流注于汉水。

【注释】

①度口:度水注入汉水处。在今陕西勉县东。度水,又名铎水。即今陕西勉县东旧州河。

②阳平北山:当在今陕西勉县。

③鳠(hù):鱼名。

④鲋(fù):古代指鲫鱼。

⑤阳平县:《水经注疏》杨守敬按:"阳平县不见他书,未详何代置,当在今沔县(今陕西勉县)东北。"

【译文】

汉水左边在度口与度水汇合。度水发源于阳平北山,有两个源头:一条叫清检,出产鲜美的鳠鱼;另一条叫浊检,出产顶呱呱的鲫鱼。通常在二月、八月钓捕,能尝到这些水产的美味。度水往西南流经阳平县老城东面,又往南流经沔阳县老城东面,然后往西南流,注入汉水。

汉水又东,右会温泉水口①。水发山北平地,方数十步,泉源沸涌,冬夏汤汤②,望之则白气浩然③,言能瘳百病云④。洗浴者皆有硫黄气,赴集者常有百数。池水通注汉水。

【注释】

①温泉水口:《水经注疏》熊会贞按:"口在今沔县东。"

②汤(shāng)汤:水流盛大貌。

③浩然：壮阔貌。

④瘥（chài）：使病愈。

【译文】

　　汉水继续东流，右边在温泉水口与温泉水汇合。此水发源于山北的平地，方圆数十步，泉源腾涌如沸，冬夏都是滔滔滚滚，看上去一片水汽弥漫，据说能治百病。人们沐浴后，身上都留有硫黄气味，赶去沐浴的常有上百人。池水流注入汉水。

　　汉水又东，黄沙水左注之①。水北出远山，山谷邃险，人迹罕交。溪曰五丈溪，水侧有黄沙屯②，诸葛亮所开也。其水南注汉水。南有女郎山③，山下有女郎冢，远望山坟，嵬嵬状高，及即其所，裁有坟形④。山上直路下出，不生草木，世人谓之女郎道。下有女郎庙及捣衣石，言张鲁女也⑤。有小水北流入汉，谓之女郎水⑥。

【注释】

①黄沙水：在今陕西勉县东。

②黄沙屯：即今陕西勉县东黄沙镇。

③女郎山：在今陕西勉县东南。

④裁：仅仅，表示程度小。

⑤张鲁女：《水经注疏》杨守敬按："又《寰宇记》龙蹊引《道家杂记》：张鲁女尝浣于山下，有雾蒙身，遂孕，后耻之，投汉水而死。鲁因葬女于龙冈山顶，后有龙子，数来游母墓，遂成蹊径。"

⑥女郎水：《水经注疏》熊会贞按："水在今襄城县（今陕西汉中西北打钟寺）西南。"

【译文】

　　汉水又往东流，黄沙水从左边注入。此水发源于北方的远山，那里山谷深幽险阻，人迹罕至。有溪叫五丈溪，水边有个黄沙屯，是诸葛亮所开。溪水南流注入汉水。汉水南面有座女郎山，山上有座女郎墓，远远望那山坟，只见巍峨高起的样子，走近那地方，才显出坟墓的形状。山上有一条直路通往山下，不长草木，民间称之为女郎道。山下有女郎庙和捣衣石，据说这位女郎就是张鲁的女儿。有一条小溪涧往北流入汉水，叫女郎水。

　　汉水又东合褒水①。水西北出衙岭山②，东南迳大石门③，历故栈道下谷④，俗谓千梁无柱也⑤。诸葛亮《与兄瑾书》云⑥：前赵子龙退军⑦，烧坏赤崖以北阁道缘谷百余里⑧，其阁梁一头入山腹⑨，其一头立柱于水中。今水大而急，不得安柱，此其穷极，不可强也。又云：顷大水暴出，赤崖以南桥阁悉坏⑩，时赵子龙与邓伯苗⑪，一成赤崖屯田，一成赤崖口，但得缘崖与伯苗相闻而已。后诸葛亮死于五丈原⑫，魏延先退而焚之⑬，谓是道也。自后按旧修路者，悉无复水中柱，迳涉者浮梁振动，无不摇心眩目也。褒水又东南迳三交城⑭，城在三水之会故也。一水北出长安⑮，一水西北出仇池⑯，一水东北出太白山⑰，是城之所以取名矣。褒水又东南得丙水口。水上承丙穴⑱，穴出嘉鱼⑲，常以三月出，十月入地。穴口广五六尺，去平地七八尺，有泉悬注，鱼自穴下透入水⑳。穴口向丙㉑，故曰丙穴，下注褒水。故左思称嘉鱼出于丙穴㉒，良木攒于褒谷矣㉓。褒水又东南历小石门㉔，门穿山通道，六丈有余。刻石言：汉明帝永平中㉕，司隶校尉犍为杨厥之所开㉖。逮桓帝建和二年㉗，汉中太守同郡王升㉘，嘉厥开凿之功，琢石颂德，以为石牛道㉙。来敏《本蜀论》云㉚：秦惠王欲伐蜀而不知道^㉛，作五石牛，以金置尾下，言能屎金。蜀王负力，令五丁引之成道^㉜。秦使张仪、司马错寻路灭蜀^㉝，因曰石牛道。厥盖因而广之矣。《蜀都赋》曰^㉞：阻以石门。其斯之谓也。门在汉中之西，褒中之北^㉟。褒水又东南历褒口^㊱，即褒谷之南口也。北口曰斜^㊲，所谓北出褒斜。褒水又南迳褒县故城东^㊳，褒中县也，本褒国矣^㊴。汉昭帝元凤六年置^㊵。褒水又南流入于汉。

【注释】

①褒水：源出秦岭，西南流经留坝，至勉县东、汉中西入汉水。

②衙岭山：在今陕西眉县西南三十里。

③大石门：《水经注疏》杨守敬按："《方舆纪要》大石门即斜谷口。"斜谷口在陕西眉县西南。

④栈（zhàn）道：在悬崖绝壁上凿孔支架木桩，铺上木板而成的窄路。此处栈道为褒斜（yé）道。下谷：下面的深谷。

⑤千梁无柱：只有木梁而没有柱子。

⑥瑾：即诸葛瑾，字子瑜。诸葛亮兄长。效力孙吴。

⑦赵子龙：即赵云。常山真定（今河北正定）人。三国蜀汉大将军。

⑧赤崖：在今陕西留坝东北。阁道：栈道。

⑨阁梁：栈道的木梁。山腹：山体内部。

⑩桥阁：栈道，阁道。

⑪邓伯苗：即邓芝。义阳新野（今河南新野）人。三国时蜀汉将领。

⑫五丈原：在今陕西岐山县南渭河南，东与眉县接界。诸葛亮病逝于此。

⑬魏延：字文长。三国蜀汉大将。

⑭三交城：在今陕西汉中东北。以城在三水之会，故名。

⑮长安：《水经注疏》杨守敬按："句有讹文，长安去此甚远，水不得
　出其地，且在太白山之东，下云一水东北出太白山，此亦不得云北
　出长安，以地望求之，或是北出陈仓乎？"

⑯仇池：《水经注疏》杨守敬按："后魏有仇池郡，见《漾水》篇，去此
　颇远。杨氏居仇池亦见《漾水》篇。《注》言此水出仇池，盖谓出
　氐境也。今水曰武关河，一名石沟河，在襄城县北百四十里。"

⑰太白山：即陕西秦岭（南山）主峰。在今太白县东南。

⑱丙穴：大丙山之穴，山在今陕西略阳东南。

⑲嘉鱼：好鱼。

⑳透：跳，跳跃。

㉑向丙：向着南方。丙，古代以十干配五方，丙为南方之位，因以指
　南方。

㉒左思：字太冲。齐国临淄（今山东淄博）人。西晋文学家。他的《三
　都赋》精心构思十年乃成，名重一时，曾使"洛阳为之纸贵"。

㉓攒：丛聚，聚合。襄谷：亦称南谷。在今陕西汉中西北。

㉔小石门：《水经注疏》杨守敬按："在今襄城县（今陕西汉中西北打
　钟寺）北。"

㉕永平：东汉明帝刘庄的年号（58—75）。

㉖司隶校尉：汉武帝征和四年（前89）置，掌持节率中都官徒以捕巫
　蛊、督京师奸猾。东汉廷议朝贺时，与御史中丞、尚书令并称"三
　独坐"，权势显赫，实兼中央监察与地方行政诸任于一身。魏晋沿
　置。东晋罢除。犍（qián）为：即犍为郡。西汉建元六年（前135）
　分广汉郡南部及夜郎国地置，属益州。治所在鳖县（今贵州遵义
　西）。杨厥：《水经注疏》杨守敬按："洪适曰，《华阳国志》杨君名奂。
　又曰，《故司录校尉楗为杨君颂》，隶额在兴元，威宗建和二年，汉
　中太守王升立碑，云，司隶校尉杨君，厥字孟文。《水经》及欧、赵
　皆谓之杨厥碑。蜀中晚出《杨淮碑》云，司隶校尉杨君讳淮，字伯

邳,大司隶孟文之玄孙也。始知两碑皆以厥为语助,此乃后政颂
其勋德,故尊而字之,不称其名。《汉隶字原》引《墨宝》云:在襄
城县北五里磨崖。今存。"

㉗建和二年:148年。建和,东汉桓帝刘志的年号(147—149)。

㉘同郡:这里指与杨厥为同郡人,即犍为郡。王升:犍为人,官汉中
太守。其余不详。

㉙石牛道:古道路名。又名金牛道。古代汉中盆地和巴蜀的主要交
通路线。自今陕西勉县西南行,越七盘岭入四川境,经朝天驿、广
元,而至剑阁。

㉚来敏:字敬达。义阳新野(今河南新野)人。来歙之后。三国时蜀
汉官吏。《本蜀论》:来敏撰。具体不详。

㉛秦惠王:名驷。战国时秦国国君。在位时北扫义渠,西平巴蜀,东
出函谷,南下商於,为秦统一中国打下坚实基础。

㉜五丁:传说中的五个大力士。

㉝张仪:战国时魏国人。纵横家。游说入秦,首创连横。惠王以为相,
封武信君。曾去秦相魏,引韩、魏事秦,共制齐、楚。遭公孙衍合
纵势力排斥,复返秦国。秦昭襄王时,齐、楚合纵,于是张仪至楚,
阴纵反间,破坏齐、楚同盟,以便秦各个击破。司马错:秦惠王臣
子。寻路:沿路。

㉞《蜀都赋》:西晋左思作《三都赋》之一。由假想人物西蜀公子称
颂三国时蜀都成都(今四川成都)形势、物产及宫室等。

㉟襃中:即襃中县。西汉置,属汉中郡。治所在今陕西勉县东襃城
镇东。东汉末移治今陕西汉中西北打钟寺。

㊱襃口:即襃谷之南口。亦称南谷。在今陕西汉中西北。

㊲斜:即斜谷。在今陕西眉县。襃斜道贯通秦岭山脉,南端在汉中
襃谷,北端在眉县斜谷。自战国起即凿石架木,断续修起栈道,后
经历代修凿,方告开通。古道北端名"大石门",南端名"小石门"。

㊳褒县：即褒中县。

㊴褒国：西周国名。在今陕西勉县东褒城镇。

㊵元凤六年：前75年。元凤，西汉昭帝刘弗陵的年号（前80—前75）。

【译文】

汉水又往东流，汇合了褒水。褒水发源于西北面的衙岭山，往东南流经大石门，流过旧时的栈道下谷，俗称千梁无柱。诸葛亮《与兄瑾书》说：先前赵子龙退兵时，烧坏了赤崖以北沿着山谷周围的阁道百余里，阁梁一头通入山中，另一头在水中立柱。现在山水大而急，已无法立柱，困难已到了极点，不能勉强了。又说：近时山洪暴发，赤崖以南的阁道全都冲毁了，当时赵子龙与邓伯苗，一个在赤崖驻防屯田，一个驻于赤崖口，双方只能沿崖互相呼叫，还能听到而已。后来诸葛亮死于五丈原，魏延首先撤退，焚了栈道，就指的是这条栈道。自此以后，那些按照旧道修路的人，都不再在水中立柱了。过往行人在摇摇晃晃的浮桥上经过，无不提心吊胆，头晕目眩。褒水又向东南流经三交城，因为此城坐落在三条水的汇合处，所以得名。这三条水，一条发源于北方的长安，一条发源于西北方的仇池，一条发源于东北方的太白山。城名就是因此而来的。褒水又向东南流，在丙水口与丙水汇合。丙水上源承接丙穴，穴中出产嘉鱼，通常在三月出穴，十月入穴。穴口宽五六尺，离平地七八尺，有一条泉水从上而下注入，鱼从穴下钻进来，游入这条水中。穴口向南，丙属南，因而叫丙穴，穴水向下注入褒水。所以左思说：嘉鱼出于丙穴，良木集于褒谷。褒水又往东南流经小石门，石门凿山开出通路，长六丈有余。门口刻着：汉明帝永平年间，司隶校尉犍为杨厥所开。到了桓帝建和二年，杨厥的同郡老乡、汉中太守王升为了表彰他开凿通道之功，刻石颂扬他的功绩，这条路就是石牛道。来敏《本蜀论》说：秦惠王想攻打蜀国，但不知路怎么走，于是做了五头石牛，把黄金放在尾巴下，扬言说石牛能拉出金子。蜀王命令五位壮士将石牛拖到蜀国，形成一条道。秦国派遣张仪、司马错循路尾随灭了蜀国，因而把这条路称石牛道。这条路大概就是把石牛道拓宽而成的。《蜀都赋》说：为石门所阻。就指的是这地方。石门在汉中之西，褒中之北。褒水又往东南流经褒口，就是褒谷南面的山口。北面的山口叫斜谷，所谓北出褒斜，就指的是这地方。褒水又往南流经褒县老城东面，就是褒中县，过去原是褒国。褒中县于汉昭帝元凤六年设置。褒水又往南流，注入汉水。

汉水又东迳万石城下^①，城在高原上，原高十余丈，四面临平，形若覆瓮。水南遏水为阻，西北并带汉水。其城宿是流杂聚居^②，故世亦谓之流杂城。

【注释】

①万石城：在今陕西汉中南郑区西北。

②宿：平时，一向。流杂：从外地迁来的混杂人等。

【译文】

汉水又往东流经万石城下，城在高原上，高原高十余丈，四周邻接平原，形状好像倒置的瓮。南面有水阻隔，西北两边都濒临汉水。此城向来是流民杂户所居的地方，因此人们又称为流杂城。

汉水又东迳汉庙堆下^①，昔汉女所游^②。侧水为钓台，后人立庙于台上，世人睹其颓基崇广，因谓之汉庙堆。传呼乖实^③，又名之为汉武堆，非也。

【注释】

①汉庙堆：在今陕西汉中南郑区西南。

②汉女：传说中的汉水女神。最早出现在《诗经·周南·汉广》中："汉有游女，不可求思。"游女，黄典诚《诗经通译新诠》注释："出

游水面的仙女。"

③传呼:谓口语相传。乖实:失实,与实际情况相背离。

【译文】

汉水又往东流经汉庙堆下,是过去汉女游过的地方。水旁有个钓台,后人在台上建庙,人们见那倒塌的庙基又高又大,就称它为汉庙堆。以后因讹传,又叫汉武堆,其实是错误的。

东过南郑县南①,

县,故褒之附庸也。周显王之世②,蜀有褒汉之地,至六国,楚人兼之。怀王衰弱③,秦略取焉。周赧王二年④,秦惠王置汉中郡,因水名也。《耆旧传》云⑤:南郑之号,始于郑桓公⑥。桓公死于犬戎⑦,其民南奔,故以南郑为称。即汉中郡治也。汉高祖入秦,项羽封为汉王。萧何曰:天汉,美名也。遂都南郑。大城周四十二里⑧,城内有小城⑨,南凭津流,北结环雉⑩,金墉漆井⑪,皆汉所修筑。地沃川险,魏武方之鸡肋⑫。曰:释骐骥而不乘焉,皇皇而更求?遂留杜子绪镇南郑而还⑬。晋咸康中⑭,梁州刺史司马勋断小城东面三分之一⑮,以为梁州汉中郡南郑县治也。自宋、齐、魏,咸相仍焉⑯。水南即汉阴城也⑰,相承言吕后所居也⑱。

【注释】

①南郑县:战国秦置,为汉中郡治。治所在今陕西汉中东二里。

②周显王:姓姬,名扁。东周君主。周烈王之弟。

③怀王:芈姓,熊氏,名熊槐,战国时楚国国君。楚威王之子。

④周赧王二年:前 313 年。

⑤《耆旧传》：书名。一说为晋王嘉撰。

⑥郑桓公：名友。西周末郑国国君。周厉王少子，宣王庶弟。初封于郑。周幽王时任司徒。幽王失德，诸侯多叛，桓公迁其民于河、洛之间。后死于犬戎之乱。

⑦犬戎：古代戎人的一支，又称畎戎、犬夷。殷周时，主要分布于今陕北和内蒙古鄂尔多斯等地区。

⑧大城：外城。

⑨小城：大城所属的小城。

⑩环雉：环绕的雉堞。雉，雉堞，城上的矮墙。

⑪金墉：犹金城。坚固的城墙。漆井：有漆栏的水井。

⑫魏武：曹操。方：打比方。

⑬"曰"几句：这里指，有杜子绪这样的俊才却不知道任用，还要到哪里去匆匆忙忙地寻找呢？语见《三国志·魏书·杜袭传》："太祖东还，当选留府长史，镇守长安，主者所选多不当，太祖令曰：'释骐骥而不乘，焉皇皇而更索？'遂以袭为留府长史，驻关中。"释，释放，搁置。骐骥（qí jì），骏马。皇皇，惶恐貌，彷徨不安貌。皇，通"惶"。杜子绪，即杜袭，字子绪。颍川定陵（今河南舞阳）人。三国时魏官员。

⑭咸康：东晋成帝司马衍的年号（335—342）。

⑮司马勋：字伟长。晋宗室。

⑯宋：即刘裕建立的南朝宋（420—479）。建都建康（今江苏南京）。被萧齐所灭。齐：即萧道成建立的南朝齐（479—502）。建都建康。后为南朝梁所灭。魏：指鲜卑人拓跋珪所建的北魏（386—534），先建都平城（今山西大同东北），后迁都洛阳。后分裂为东魏和西魏。相仍：相互继承。

⑰汉阴城：《水经注疏》杨守敬按："《地形志》汉中郡有汉阴县，盖即置于此城。在今南郑县（今陕西汉中南郑区）南。"

⑱吕后：名雉，字娥姁。西汉高祖皇后。生惠帝和鲁元公主。惠帝崩，太子立为皇帝，年幼，太后临朝称制，史称高皇后。

【译文】

沔水往东流过南郑县南，

南郑县是从前褒国的附庸。周显王时，蜀国据有褒汉之地，到六国时，楚国兼并了褒汉。楚怀王时国力衰弱，褒就被秦夺取了。周赧王二年，秦惠王在此设置汉中郡，是根据汉水来命名的。《耆旧传》记载：南郑这名称，始于郑桓公。桓公被犬戎所杀，他的百姓向南逃奔，因此称为南郑。南郑也是汉中郡的治所。汉高祖后入秦，项羽封他为汉王。萧何说：天汉，是美好的名称。于是就建都于南郑。南郑大城周围四十二里，城内有个小城，南面临水，北面围筑城墙雉堞，坚固的城墙和深井，都是汉时修建的。汉中土地肥沃，江流险恶，魏武把它比作鸡肋。他说：抛下了良马不去骑，还匆匆忙忙去另找什么呢？于是留下杜子绪镇守南郑，自己就回去了。晋咸康年间，梁州刺史司马勋把小城东面三分之一隔断，作为梁州汉中郡南郑县的治所。宋、齐、魏都照此相承下来。汉水南面就是汉阴城，相传吕后居住在这里。

有廉水出巴岭山①，北流迳廉川②，故水得其名矣。廉水又北注汉水。

【注释】

①廉水：即今陕西汉中南郑区西南汉江支流濂水。

②廉川：当在今陕西汉中一带。

【译文】

有一条廉水，发源于巴岭山，往北流经廉川，所以就得了廉水之名。廉水又往北注入汉水。

汉水右合池水①。水出旱山②,山下有祠,列石十二,不辨其由,盖社主之流③,百姓四时祈祷焉。俗谓之獠子水④,夹溉诸田,散流左注汉水。

【注释】

①池水:《水经注疏》熊会贞按:"今水曰老渚河,出南郑县南笼盖山。"

②旱山:在今陕西汉中南郑区南。

③社主:土地神。

④獠子水:《水经注疏》杨守敬按:"地多群獠,故俗以獠子名水。……今称老渚河,则传呼实失矣。"

【译文】

汉水在右面汇合了池水。池水发源于旱山,山下有祠,罗列着十二座石雕,也不知道它们的来历,大概是社神之类,老百姓四时都到这里来祈祷。池水俗称獠子水,灌溉着两岸田地,下游散流从左面注入汉水。

汉水又东得长柳渡①。长柳,村名也。汉太尉李固墓②,碑铭尚存,文字剥落,不可复识。

【注释】

①长柳渡:即今陕西城固西柳林镇。

②太尉:官名。秦置,为最高军事长官,与掌政务、监察的丞相、御史大夫合称三公。汉武帝时改称大司马。李固墓:《水经注疏》杨守敬按:"《舆地碑记目》,墓在城固县(今陕西城固)西三十里。"李固,字子坚。汉中南郑(今陕西汉中南郑区)人。东汉大臣。

【译文】

汉水又往东流经长柳渡。长柳是村名。这里有汉朝太尉李固墓,碑铭还在,但文字剥落,不能辨认了。

汉水又东迳胡城南^①。义熙十五年^②，城上有密云细雨，五色昭彰。人相与谓之庆云，休符当出^③，晓而云霁^④，乃觉城崩，半许沦水^⑤，出铜钟十二枚，刺史索邈奉送洛阳^⑥，归之宋公府。南对扁鹊城^⑦，当是越人旧所迳涉^⑧，故邑流其名耳。

【注释】

①胡城：在今陕西城固西。

②义熙十五年：《水经注疏》杨守敬按："此十五年当作十三年无疑。"译文从之。义熙，东晋安帝司马德宗的年号（405—418）。

③休符：吉祥的征兆。

④云霁：云散天开。

⑤半许：一半多。

⑥索邈：敦煌（今甘肃敦煌）人。东晋义熙中为梁州刺史。

⑦扁鹊城：在今陕西城固西南四十里。

⑧越人：战国时名医扁鹊名。

【译文】

汉水又往东流经胡城南。义熙十三年，胡城上空布满密云，细雨绵绵，现出明亮耀眼的五彩灵光。人们相互谈论，说这是祥云，是吉兆，天明云散以后，只觉城崩地陷，半个城已沉没在水中了。崩陷处出现铜钟十二口，刺史索邈将钟送到洛阳，为宋公府所有。胡城南与扁鹊城相望。扁鹊从前一定来过这里，所以这座城就以他的名字流传下来了。

汉水出于二城之间，右会磐余水^①。水出南山巴岭上，泉流两分，飞清派注^②，南入蜀水^③，北注汉津^④，谓之磐余口^⑤。庾仲雍曰：磐余去胡城二十里。

【注释】

①磐余水：即今陕西城固西南南沙河。

②飞清：指瀑布。

③南入蜀水：《水经注疏》杨守敬按："磐余水与宕渠水同出巴岭，南北分流。……所云南入蜀水者，宕渠水。"

④汉津：汉水。

⑤磐余口：在今陕西城固西南。

【译文】

汉水从两城之间流出，在右面汇合了磐余水。磐余水发源于南山巴岭上，分作两条，形成瀑布派注，向南的一条注入蜀水，向北的一条流注汉水，汇流处叫磐余口。庾仲雍说：磐余距胡城二十里。

汉水又左会文水①。水，即门水也，出胡城北山石穴中。长老云：杜阳有仙人宫②，石穴，宫之前门。故号其川为门川，水为门水。东南流迳胡城北，三城奇对③，隔谷罗布，深沟固垒，高台相距。门水右注汉水，谓之高桥溪口④。

【注释】

①文水：即今陕西城固西北文川水。

②杜阳：即杜阳山。在今陕西凤翔东北二十五里。

③奇对：异对。这里指三城两两都不在同一方向上，成相异的方式对峙着。

④高桥溪口：当在今陕西城固一带。

【译文】

汉水又在左面汇合了文水。文水就是门水，发源于胡城北山的石洞中。老人说：杜阳有仙人宫，石洞是宫的前门。所以称那里的河谷为门川，流水为门水。门水往东南流经胡城北面，那一带有三座城隔着河谷分布着,深深的河谷和坚固的城墙,位于高台之上,彼此隔着河谷相望,形成鼎立之势。门水向右注入汉水,汇流处称高桥溪口。

汉水又东,黑水注之^①。水出北山,南流入汉。庾仲雍曰:黑水去高桥三十里。诸葛亮《笺》云:朝发南郑,暮宿黑水,四五十里。指谓是水也。道则百里也。

【注释】

①黑水:即今陕西汉中西北褒河。

【译文】

汉水又往东流,黑水注入。黑水发源于北山,南流注入汉水。庾仲雍说:黑水离高桥三十里。诸葛亮《笺》说:早晨从南郑出发,晚上到黑水投宿,水路约四五十里。指的就是这条水。陆路则有百里。

又东过成固县南^①,又东过魏兴安阳县南^②,涔水出自旱山^③,北注之。

常璩《华阳国志》曰^④:蜀以成固为乐城县也^⑤。安阳县故隶汉中,魏分汉中立魏兴郡^⑥,安阳隶焉。涔水出西南而东北入汉。左谷水出西北,即壻水也^⑦。北发听山^⑧,山下有穴水,穴水东南流历平川中,谓之壻乡^⑨,水曰壻水。川有唐公祠^⑩,唐君字公房,成固人也,学道得仙,入云台山^⑪,合丹服之^⑫,白日升天。鸡鸣天上,狗吠云中,惟以鼠恶,留之。鼠乃感激^⑬,以月晦日^⑭,吐肠胃更生,故时人谓之唐鼠也。公房升仙之日,壻行未还,不获同阶云路,约以此川为居,言无繁霜蛟虎之患^⑮。其俗以为信然,因号为壻乡,故水亦即名焉。百姓为之立庙于其处也，刊石立碑，表述灵异。壻水南历壻乡溪，出山东南流，迳通关势南⑯。山高百余丈，上有匈奴城⑰，方五里，浚堑三重⑱。高祖北定三秦⑲，萧何守汉中，欲修北道通关中⑳，故名为通关势。壻水又东迳七女冢㉑，冢夹水㉒，罗布如七星㉓。高十余丈，周回数亩。元嘉六年㉔，大水破坟，坟崩，出铜不可称计。得一砖，刻云：项氏伯无子㉕，七女造墩㉖。世人疑是项伯冢。水北有七女池㉗，池东有明月池㉘，状如偃月㉙，皆相通注，谓之张良渠㉚，盖良所开也。壻水迳樊哙台南㉛，台高五六丈，上容百许人。又东南迳大成固北㉜，城乘高势，北临壻水。水北有韩信台㉝，高十余丈，上容百许人，相传高祖斋七日，置坛设九宾礼㉞，以礼拜信也。壻水东回南转，又迳其城东，而南入汉水，谓之三水口也㉟。

【注释】

①成固县：战国秦置，属汉中郡。治所在今陕西城固东八里湑水河西岸。三国蜀汉改乐城县。

②魏兴：即魏兴郡。三国魏改西城郡置，属荆州。治所在西城县（今陕西安康西北四里汉水北岸）。安阳县：西汉置，属汉中郡。治所在今陕西洋县北。三国魏属魏兴郡。治所在今陕西石泉县东南池河入汉水口之北。

③涔水：在今陕西汉中南郑区南。

④常璩（qú）：字道将。蜀郡江原（今四川崇州）人。东晋史学家、散文家。《华阳国志》：又名《华阳国记》。全书共十二卷。记录了从远古到东晋永和三年（347），古代中国西南地区历史、地理、人物、物产等，为现存有关汉中、四川地区最早之地方史志。

⑤乐城县：三国蜀汉改成固置，属汉中郡。治所在今陕西城固东湑
　水西岸。西晋复名成固县。

⑥魏分汉中立魏兴郡：此句有误，可参看注②"魏兴"条。译文从注②。

⑦壻水：又名听水、左谷水。即今陕西城固西北湑水。

⑧听山：在今陕西汉中西北。

⑨壻乡：当在今陕西城固。

⑩唐公祠：当在今陕西城固。

⑪云台山：即古覆釜山。在今河南修武东北，现为云台山风景名胜区。

⑫合丹：炼丹。

⑬感激：此处指悔恨。

⑭晦日：农历每月最后一天。

⑮繁霜：借指自然灾害。蛟虎：借指野兽之灾难。

⑯通关势：即通关山。

⑰匈奴城：在今陕西城固北。

⑱浚堑：幽深的壕沟。

⑲三秦：项羽入秦，封司马欣为塞王，领有今陕西咸阳以东地区；董
　翳为翟王，领有今陕西北部地区；章邯为雍王，领有今陕西中部咸
　阳以西和甘肃东部之地。合称三秦。

⑳关中：在秦岭以北范围内，时或包括陇西、陕北，时或专指今陕西
　关中盆地。

㉑七女冢：《水经注疏》杨守敬按："《舆地纪胜》引《汉中记》，七女冢，
　三在城固县，四在兴道县。在今城固县（今陕西城固）北，接洋县
　（今陕西洋县）界。"

㉒冢夹水：七女冢坐落在水的两侧。

㉓七星：指北斗星。其名称为：一天枢、二天璇、三天玑、四天权、五
　玉衡、六开阳、七摇光。

㉔元嘉六年：429年。元嘉，南朝宋文帝刘义隆的年号（424—453）。

㉕项氏伯：名缠，字伯。秦末下相（今江苏宿迁）人。楚国贵族后裔。项羽之叔父。在鸿门宴上舞剑以护刘邦，使之幸免于难。刘邦建立汉朝后，受封射阳侯，赐姓刘氏。

㉖埻：用同"椁"。古代套于棺外的大棺。

㉗七女池：在今陕西城固北。

㉘明月池：在今陕西城固北。

㉙偃月：横卧形的半弦月，泛称半月形。

㉚张良：字子房。韩人，因在博浪沙刺杀秦始皇，而被大索天下，求贼甚急。改名，亡匿下邳。在下邳为黄石公取履，黄石公授其《太公兵法》。刘邦起事，辅佐刘邦。能运筹帷幄之中，决胜千里之外。西汉建立，因功封为留侯。卒后谥为文成侯。

㉛樊哙（kuài）台：在今陕西城固北五里。樊哙，沛（今江苏沛县）人。西汉初大臣。

㉜大成固：即城固县治。在今陕西城固。

㉝韩信台：在今陕西城固东北湑水河北岸。韩信，淮阴（今江苏淮安淮阴区）人。初从项羽，后归刘邦，拜为大将，帮助刘邦打败项羽，战功卓著，与萧何、张良合称汉兴三杰。汉四年（前203）立为齐王，明年徙为楚王，汉六年降为淮阴侯，十一年被吕后诱杀。

㉞九宾礼：是我国古代外交上最为隆重的礼节，有九个迎宾官依次地传呼接引使者上殿。

㉟三水口：当在今陕西城固一带。《水经注疏》熊会贞按："汉水居中，壻水于此南入汉，涔水于此北入汉，三水相会，因名三水口。"

【译文】

沔水又往东流过成固县南面，又往东流过魏兴郡安阳县南面，涔水发源于旱山，北流注入。

常璩《华阳国志》说：蜀国以成固为乐城县。安阳县从前隶属于汉中，魏改西城郡置魏兴郡，安阳县隶属于魏兴。涔水发源于西南，往东北注入汉水。左谷水从西北流来，就是壻水。壻水发源于北方的听山，山下有穴水，穴水往东南流经平原中部，那地方叫壻乡，水就称壻水了。平原中有个唐公祠，唐君字公房，是成固人，得道成仙，进入云台山，炼丹服食，白日升天。跟着他上天的鸡在天上啼，狗在云中吠，只有老鼠因为可恶，被留在地上。老鼠悔恨，在每月的晦日，会把肠胃都吐出来，生出新的肠胃，所以当时人们称之为唐鼠。唐公房升仙那天，他女婿远行尚未回来，不能一同升天，相约在这片平原居住，说是无须担心自然灾害和蛟龙老虎之害。当地百姓以为确实如此，因而称这地方为壻乡，把水也称为壻水了。后来百姓又在此处为唐公房建庙，刻石立碑，表述灵异的事迹。壻水往南流经壻乡溪，出山后往东南流经通关势南面。通关势山高百余丈，山上有一座匈奴城，周围五里，环城有三道深沟。汉高祖北定三秦后，萧何据守汉中，他想往北修一条通往关中的道路，因而名为通关势。壻水又往东流经七女冢，七座坟墓散布于壻水两岸，罗列有如七星。墓高十余丈，墓地周围数亩。元嘉六年，洪水冲破了坟墓，坟中取出的铜不计其数。还发现一块砖，上面刻着：项氏伯无子，七女造棺椁。当时人们猜测这是项伯的坟墓。壻水北面有个七女池，池东有个明月池，形状仿佛半弦月，水流相通，通水渠道称张良渠，是张良开凿的。壻水又流经樊哙台南，台高五六丈，台上能容纳百余人。壻水又往东南流经大成固北面，此城地势很高，北临壻水。壻水北面有个韩信台，高十余丈，顶上能容纳百余人，相传汉高祖斋戒七日，在这里置坛设九宾礼，隆重地任命韩信为大将军。壻水向东弯，向南转，又流经大成固城东，然后向南注入汉水，汇流处叫三水口。

汉水又东会益口^①。水出北山益谷^②，东南流注于汉水。

【注释】

①益口：益水与汉水汇合之处。益水即今陕西洋县西溢水河。

②益谷：在今陕西洋县。

【译文】

汉水又东流在益口与益水汇合。益水发源于北山益谷，往东南流注入汉水。

汉水又东至灙城南①，与洛谷水合②。水北出洛谷③，谷北通长安，其水南流，右则灙水注之④。水发西溪⑤，东南流合为一水，乱流南出，际其城西，南注汉水。

【注释】

①灙城：即傥城。今陕西洋县治。

②洛谷水：即今陕西洋县北铁冶河。

③洛谷：一作骆谷。《水经注疏》熊会贞按："《方舆纪要》，傥骆道，南口曰傥，在洋县（今陕西洋县）北三十里。北口曰骆，在周至县（今陕西周至）西南百二十里。谷长四百二十里，其中路屈曲八十里，凡八十四盘。"

④灙水：又作傥水。在今陕西洋县北。

⑤西溪：在今陕西渭南华州区西南，为渭水南岸支流。

【译文】

汉水又往东流到灙城南面，与洛谷水汇合。洛谷水发源于北方的洛谷，洛谷北边通长安，水往南流，右面有灙水注入。灙水发源于西溪，往东南流，与洛谷水汇合成一水后，乱流南出，流过灙城西边，往南注入汉水。

汉水又东迳小成固南①，州治大成固，移县北②，故曰小成固。城北百二十里有兴势坂③。诸葛亮出洛谷，戍兴势，置烽火楼处，通照汉水。

【注释】

①小成固:在今陕西洋县东。

②移县北:《水经注疏》熊会贞按:"有脱误,《一统志》引作移县治此,当是也。"译文据改。

③兴势坂:即兴势山。在今陕西洋县东北二十里。

【译文】

汉水又往东流经小成固南,州治是大成固,以后把县治移到这里,因称小成固。小成固城以北一百二十里,有个兴势坂。诸葛亮率兵出洛谷,在兴势驻军防守,置烽火楼,点燃烽火,把汉水照得一片通明。

东历上涛①,而迳于龙下②,盖伏石惊湍③,流屯激怒④,故有上、下二涛之名。龙下,地名也。有丘樟坟墟,旧谓此馆为龙下亭⑤。自白马迄此⑥,则平川夹势⑦,水丰壤沃,利方三蜀矣⑧。度此溯洄从汉⑨,为山行之始。

【注释】

①上涛:当在今陕西洋县东。《水经注疏》杨守敬按:"《名胜志》,洋县东里许有饮马滩,又十五里有上涛、下涛,俱作雷声。"

②龙下:当在今陕西洋县。

③伏石:暗礁。惊湍:伏石使得湍急的水流受到惊吓。这里是郦道元拟人的说法。

④流屯:即屯流。聚集的水流。

⑤龙下亭:《水经注疏》杨守敬按:"《后汉书·蔡伦传》,封龙亭侯。《地形志》,晋昌郡有龙亭县。今洋县东十八里有龙亭山。"

⑥自白马迄此:《水经注疏》杨守敬按:"以今地言之,为沔(今陕西勉县)、褒中(今陕西勉县东褒城镇东)、南郑(今陕西汉中南郑区)、城固(今陕西城固)、洋(今陕西洋县)五县境。"白马,即白马戍,

亦曰白马城。在今陕西勉县西武侯镇(老城)。

⑦夹势:两边夹着大山。

⑧方:等同,如同。三蜀:秦灭蜀国置蜀郡,西汉高帝分蜀郡置广汉郡,武帝又分置犍为郡,本一蜀国,称为三蜀。

⑨溯洄:逆着水流的方向走。

【译文】

汉水又往东流经上涛,又流经龙下,这一段溪中多暗礁,水流受阻而愈发湍急,惊涛怒吼,因此有上涛、下涛的名称。龙下是地名。那里有许多坟墓,从前称此处的馆舍为龙下亭。从白马到此地,汉水两岸平川,两边夹着大山,水源丰富,土地肥沃,出产相当三蜀。过了这里,从汉水逆流而上,就开始走山路了。

　　汉水又东迳石门滩①,山峡也②,东会酉水③。水北出秦岭酉谷④,南历重山与寒泉合。水东出寒泉岭⑤,泉涌山顶,望之交横,似若瀑布,颓波激石⑥,散若雨洒,势同厌原风雨之池⑦。其水西流入于酉水。酉水又南注汉,谓之酉口⑧。

【注释】

①石门滩:《水经注疏》杨守敬按:"《名胜志》,上涛、下涛东五里为鸳鸯滩,又三里为石门滩。在今洋县东。"

②山峡:两山夹着的水道。

③酉水:在今陕西洋县东。

④秦岭:亦名南山。在今陕西南部。为渭河、淮河与汉江、嘉陵江水系的分水岭。

⑤寒泉岭:亦名寒泉山。在今陕西洋县北。

⑥颓波:颓落的波浪。激石:冲击着岩石。

⑦厌原风雨之池:当作散原风雨之池。《水经注·赣水》:"西行二十

里曰散原山，叠嶂四周，杳邃有趣。晋隆安末，沙门竺昙显建精舍于山南，僧徒自远而至者相继焉。西北五六里有洪井，飞流悬注，其深无底。旧说洪崖先生之井也。北五六里有风雨池，言山高濑激，激着树木，霏散远洒若雨。"散原山，即西山。在今江西南昌新建区西。

⑧酉口：在今陕西洋县。《水经注疏》熊会贞按："今酉水河南流至洋县东入汉。"

【译文】

汉水又往东流经石门滩——是一条山峡，东流与酉水汇合。酉水发源于秦岭酉谷，往南流经重山与寒泉汇合。寒泉发源于东面的寒泉岭，源头的泉水从山顶上喷涌而出，望去相互交错，仿佛瀑布一样，水流急泻而下，冲激岩石，水花飞溅，像雨点似的纷纷洒下，此种情景十分类似散原的风雨之池。水往西流，注入酉水。酉水又往南流，注入汉水，汇流处称为酉口。

汉水又东迳妫虚滩①。《世本》曰②：舜居妫汭③。在汉中西城县④。或言妫虚在西北，舜所居也⑤。或作姚虚，故后或姓姚，或姓妫，妫、姚之异，是妄未知所从⑥。余按应劭之言⑦，是地于西城为西北也。

【注释】

①妫虚滩：《水经注疏》杨守敬按："滩在今洋县东。"

②《世本》：书名。撰者不详，成书时代亦不可考。该书记录自黄帝以来至春秋帝王公卿大夫的氏姓、世系、都邑、器物的制作和发明等。

③妫汭：黄本、王校明钞本均作饶内。

④西城县：战国秦置，属汉中郡。治所在今陕西安康西北四里汉水之北。

⑤或言妫虚在西北,舜所居也:《水经注疏》杨守敬按:"此亦《世本》文。《汉志》应劭《注》引之。下按应劭之言云云,承此为说。然则或字当作应劭二字。"

⑥是妄未知所从:是妄一作事妄。《水经注疏》杨守敬按:"妫、姚非妄,事妄二字当是衍文。"译文据改。

⑦应劭:字仲远,一作仲瑷。东汉末学者。汝南南顿(今河南项城)人。撰有《风俗通义》《汉官仪》《地理风俗记》等。

【译文】

汉水又往东流经妫墟滩。《世本》说:舜居住在妫汭。在汉中西城县。有人说:妫墟在西北,是舜居住的地方。也称姚墟,因此舜的后代有姓姚的,也有姓妫的,妫、姚二姓不同,不知究竟应当依哪一个才对。我查考了应劭的有关说法,妫墟是在西城的西北面。

汉水又东迳猴径滩[①]。山多猴猿,好乘危缀饮[②],故滩受斯名焉。

【注释】

①猴径滩:《水经注疏》熊会贞按:"滩在今洋县东。"

②缀:连缀,一个接着一个。

【译文】

汉水又往东流经猴径滩。这里山上有许多猿猴,它们喜欢从险处下来饮水,溪滩就因此而得名。

汉水又东迳小、大黄金南[①]。山有黄金峭,水北对黄金谷,有黄金戍[②],傍山依峭,险折七里。氐掠汉中[③],阻此为戍,与铁城相对[④]。一城在山上,容百余人;一城在山下,可置百许人。言其险峻，故以金铁制名矣⑤。昔杨难当令魏兴太守薛健据黄金⑥，姜宝据铁城⑦。宋遣秦州刺史萧思话西讨⑧，话令阴平太守萧垣攻拔之⑨，贼退酉水矣。

【注释】

①黄金：即黄金山。在今陕西洋县东北。

②黄金戍：汉置。在今陕西洋县东八十五里。上文的黄金峭、黄金谷均在今陕西洋县东。

③氐（dī）：我国古代民族，居住在今陕西、甘肃和四川的毗邻地区。

④铁城：即铁城戍。在今陕西洋县东黄金戍东。

⑤以金铁制名：用金铁来给城池命名。取金铁有坚固险峻之义。

⑥杨难当：南北朝时氐族首领。称藩于南朝宋。后自立为大秦王，号年曰建义。后被宋所破，投奔北魏，官至外都大官。薛健：杨难当麾下将领。其余不详。

⑦姜宝：薛健副将。其余不详。

⑧秦州：据《宋书·萧思话传》，萧任南秦州刺史。译文用南秦州。南秦州，东晋侨置州名。治所在今陕西汉中南郑区。宋、齐因之。萧思话：南兰陵（江苏常州）人。南朝宋官员。

⑨萧垣：据《宋书·萧思话传》当为萧坦，其他不详。

【译文】

汉水又往东流经小黄金和大黄金山的南面。山上有个黄金峭，与水北的黄金谷隔江相望，那里有个黄金戍，背倚山边的峭壁，凭险曲折长达七里。因氐族攻掠汉中，所以在此据险驻防，建立堡垒，与铁城相对。一城建在山上，可容百余人；一城筑在山下，能安顿百来人。因为地势险峻，所以用金铁命名。从前杨难当命令魏兴太守薛健据守黄金戍，姜宝据守铁城。宋派遣南秦州刺史萧思话西征，萧思话命令阴平太守萧坦攻克两城，敌兵退到酉水。

汉水又东合蘬蒩溪口^①。水北出就谷^②,在长安西南。其水南流迳巴溪戍西^③,又南迳阳都坂东^④。坂自上及下,盘折十九曲,西连寒泉岭。《汉中记》曰^⑤:自西城涉黄金峭、寒泉岭、阳都坂,峻崿百重^⑥,绝壁万寻,既造其峰,谓已逾嵩、岱^⑦,复瞻前岭,又倍过之。言陟羊肠^⑧,超烟云之际,顾看向涂^⑨,杳然有不测之险。山丰野牛、野羊,腾岩越岭,驰走若飞,触突树木,十围皆倒^⑩。山殚艮阻^⑪,地穷坎势矣^⑫。其水南历蘬蒩溪,谓之蘬蒩水,而南流注于汉,谓之蒩口。

【注释】

①蘬蒩(qú chú)溪:即今陕西洋县东金水河。亦曰黄金水。源出陕西佛坪西北,南流至洋县东入于汉。

②就谷:《水经注疏》熊会贞按:"《渭水》篇有就水,出南山(秦岭)就谷,此水与之同出一谷,南北分流。"

③巴溪戍:在今陕西洋县东北。

④阳都坂:在今陕西洋县东北。

⑤《汉中记》:撰者不详。《水经注》屡有引用。

⑥峻崿(è):峻峭的山崖。

⑦嵩:即嵩山。在今河南登封北,为五岳之中岳。岱:即泰山。在今山东。为五岳之东岳。

⑧言陟:攀登,登上。羊肠:形容路如羊肠一样非常窄。

⑨向涂:刚才的来路。

⑩围:计量周长的约略单位,说法不一,现多指两手或两臂之间合拢的长度。

⑪山殚艮(gèn)阻:山峦竭尽其作为山的艰难险阻。殚,竭尽。艮,艰难。

⑫地穷坎势:陆地竭尽其作为地的坑陷形势。坎,陷。

【译文】

汉水又往东流,在蓬蒢溪口与蓬蒢水汇合。蓬蒢水发源于北方的就谷,谷在长安西南。水往南流经巴溪戍西面,又往南流经阳都坂东面。此处山路从上到下弯弯曲曲,共有十九道弯,西面连接寒泉岭。《汉中记》说:从西城翻越黄金峭、寒泉岭、阳都坂,高山峻岭,层层叠叠,绝壁万丈,攀上一座山峰,以为已经翻过嵩山、泰山那样的高峰了,可是抬头再看前面的山岭,都比过来的山还要加倍高峻。攀登在山间的羊肠小道之间,置身于缥缈的云雾之上,回望走过来的路,迷蒙深杳,到处隐伏着不可测的凶险。山上有很多野牛、野羊,翻崖越岭,奔跑如飞,一旦撞到树木,周长十围的树也会被撞倒。山势的险峻,地形的起伏,真到了极点。水往南流经蓬蒢溪,称为蓬蒢水,往南流注入汉水,汇流处称为蒢口。

汉水又东,右会洋水[1],川流漫阔,广几里许。洋水导源巴山,东北流迳平阳城[2]。《汉中记》曰:本西乡县治也[3]。自成固南入三百八十里,距南郑四百八十里。洋川者[4],汉戚夫人之所生处也[5]。高祖得而宠之,夫人思慕本乡,追求洋川米,帝为驿致长安[6],蠲复其乡[7],更名曰县。故又目其地为祥川[8],用表夫人载诞之休祥也[9]。城即定远矣[10]。汉顺帝永光七年[11],封班超以汉中郡南郑县之西乡[12],为定远侯,即此也。洋水又东北流入汉,谓之城阳水口也。

【注释】

①洋水:即今陕西西乡东迳洋河,源出陕西镇巴南,北流经西乡会牧马河,入于汉。

②平阳城:《水经注疏》杨守敬按:"即今西乡县(今陕西西乡)南十五里平阳故城是也。"

③西乡县：西晋太康二年（281）改南乡县置，属汉中郡。治所在今
　陕西西乡南十五里。

④洋川：在今陕西西乡。

⑤汉戚夫人：西汉时高祖姬妾。

⑥驿致：用驿马、驿车等传送到达。

⑦蠲（juān）复：免除赋税或劳役。

⑧目：称呼，称名。

⑨载诞：诞生，出生。休祥：吉祥。

⑩定远：即定远城，又称平西城。在今陕西西乡南十五里。

⑪汉顺帝永光七年：《水经注疏》杨守敬按："《后汉书·班超传》是
　和帝永元七年（95）封。"译文据改。

⑫班超：字仲升。扶风郡安陵县（今陕西咸阳）人。东汉军事家、外
　交家。班彪之幼子，其长兄班固、妹妹班昭均为著名史学家。班
　超曾随窦固出击北匈奴，又奉命出使西域，在三十一年的时间里，
　平定了西域五十多个国家。封为定远侯。

【译文】

　　汉水又往东流，在右面与洋水汇合，这里河面宽阔，约有几里。洋水源出巴山，向东北流经平阳城。《汉中记》说：平阳城原是西乡县的治所。从成固南行是三百八十里，距南郑四百八十里。洋川是汉朝戚夫人的诞生地。汉高祖得了她，对她十分宠爱。戚夫人思念家乡，想吃洋川米，汉高祖特命用驿车从洋川运到长安。并免除当地的赋税和徭役，改名为县。为了纪念戚夫人诞生这件祥瑞的喜事，于是把那地方改名为祥川。此城就是定远城。汉和帝永元七年封班超为定远侯，把汉中郡南郑县的西乡封给他，就是这地方。洋水又往东北流，注入汉水，汇流处称为城阳水口。

　　汉水又东历敖头①，旧立仓储之所，傍山通道，水陆险凑，魏兴安康县治②，有戍，统领流杂。

【注释】

①敖头：一作激头。在今陕西石泉县东南。

②安康县：西晋太康元年（280）改安阳县置，属魏兴郡。治所在今陕西石泉县东南池河入汉水口之北。

【译文】

汉水又往东流经敖头，从前这里建立过粮仓，傍山开路，是水路和陆路险阻聚合之处，魏兴郡安康县的治所就在这里。建有驻防堡垒，管理流民杂户。

　　汉水又东合直水①。水北出子午谷岩岭下②，又南枝分，东注旬水③。又南迳猿阁下④，山上有戍，置于崇阜之上，下临深渊。张子房烧绝栈阁，示无还也。又东南历直谷，迳直城西⑤，而南流注汉。

【注释】

①直水：即今陕西石泉县东池河。

②子午谷：在今陕西西安南，北口有子午镇。为关中南通汉中之要道。

③旬水：即今陕西旬阳西北洵河。

④猿（xǐ）阁：《水经注疏》杨守敬按："阁在今宁陕厅（今陕西宁陕）东。"

⑤直城：即直城县。北魏置，为金城郡治。治所在今陕西石泉东北池河东岸。

【译文】

汉水又往东流与直水汇合。直水发源于北面的子午谷岩岭下，往南流分出一条支流，往东注入旬水。又往南流经猿阁下，有一座边防城堡，筑在高高的山头上，下临深渊。张子房把山上的栈道全部烧毁，以表示决不后退的决心。直水又往东南流经直谷，经过直城西，而后南流注入汉水。

汉水又东迳直城南,又东迳千渡而至虾蟆頧①,历汉阳、沅口②,而届于彭溪、龙灶矣③。并溪涧滩碛之名也。

【注释】

①虾蟆頧(duī):地之高阜隆起,形似蛤蟆,故名。亦谓之蛤蟆培。頧,通"堆"。高阜。

②汉阳:即汉阳县。北魏置,为魏明郡治。治所在今陕西汉阴西南汉阳镇。

③彭溪、龙灶:《水经注疏》熊会贞按:"此溪涧滩碛,在今石泉县(今陕西石泉)南、汉阴厅(今陕西汉阴)西、紫阳县(今陕西紫阳)西北,今并不能实指。"

【译文】

汉水又往东流经直城南,又往东流经千渡到虾蟆頧,流过汉阳、沅口直到彭溪、龙灶。这两处都是溪涧沙滩名。

汉水又东迳晋昌郡之宁都县南①,县治松溪口②。

【注释】

①晋昌郡:东晋置。治所在长乐县(今陕西西乡东古城子)。宁都县:南朝宋置,属晋昌郡。治所在今陕西紫阳西北松河口。

②松溪口:《水经注疏》杨守敬按:"今紫阳县北有小松河,西南流,入汉。"

【译文】

汉水又往东流经晋昌郡的宁都县南面,县治在松溪口。

又东迳魏兴郡广城县①,县治王谷②。谷道南出巴獠③,有盐井,食之令人瘿疾④。

【注释】

①广城县：南朝宋置,属魏兴郡。治所在今陕西紫阳南六十里。

②王谷:《水经注疏》杨守敬按:"《陕西通志》紫阳县南六十里,有王瓜溪,或曰,即王谷之讹。"

③巴獠(lǎo):《水经注疏》熊会贞按:"《江水》篇有清水,出巴岭南獠中,即在此谷之南少西,是谷道南出巴獠之明征。"

④瘿疾:颈瘤,俗称大脖子,属甲状腺肿大一类的疾病。

【译文】

又往东流经魏兴郡广城县,县治在王谷。谷道向南通巴獠,那里有盐井,吃了会使人患大脖子病。

汉水又东迳鱼脯谷口①,旧西城、广城二县,指此谷而分界也。

【注释】

①鱼脯谷口:《水经注疏》熊会贞按:"口在今安康县(今陕西安康)西,紫阳县东。"

【译文】

汉水又往东流经鱼脯谷口,从前西城、广城两县以此谷为分界。

又东过西城县南,

汉水又东迳鳖池南鲸滩①。鲸,大也。《蜀都赋》曰②:流汉汤汤,惊浪雷奔,望之天回③,即之云昏者也④。

【注释】

①鳖池南鲸滩:在今陕西安康西。

②《蜀都赋》：左思的《蜀都赋》。

③天回：天旋，天转。形容气象雄伟壮观。

④云昏：如云雾一般晦暗。

【译文】

沔水又往东流过西城县南面，

汉水又往东流经鳖池南鲸滩。鲸，是大的意思。《蜀都赋》说：奔流不息的汉水浪涛滚滚，发出惊雷似的轰鸣，远望雄伟壮观；近观云雾迷茫，昏昏蒙蒙。

汉水又东迳岚谷北口①。嶂远溪深，涧峡险邃，气萧萧以瑟瑟，风飗飗而飕飕②，故川谷擅其目矣③。

【注释】

①岚谷北口：当在今陕西安康西南。

②飕飕（liú）：象声词。多形容风声。

③擅其目：专有其名称。擅，专有，占据。

【译文】

汉水又向东流经岚谷北口。此处河段为延伸很远而狭窄的河谷，峡谷深邃，陡崖险峻；山风飗飗，山岚缭绕，所以峡谷得了这个名字。

汉水又东，右得大势①。势阻急溪，故亦曰急势也。依山为城，城周二里，在峻山上，梁州督护吉挹所治②。苻坚遣偏军韦锺伐挹③，挹固守二年，不能下，无援遂陷。

【注释】

①大势：《水经注疏》熊会贞按："在今安康县西南。"

②督护：两晋南朝府、州、郡佐官，掌督辖、护理军队。其名称开始于
　　西晋末年，晋诸将行军时常临时差遣上佐参军督护诸军，从事征
　　讨，故名。吉挹：字祖冲。冯翊莲勺（今陕西渭南）人。东晋官员。
③偏军：指主力以外的部分军队。韦锺：十六国时期前秦官员。

【译文】

　　汉水又往东流，右岸有大势。因阻隔急流，所以又称为急势。这里
依山筑了一座小城，周围二里，在峻山上，属梁州督护吉挹所管辖。符坚
派遣偏军韦锺进攻吉挹，吉挹坚守了二年，攻不下来，最后由于没有援军
才被攻陷。

　　汉水右对月谷口①，山有坂月川②，于中黄壤沃衍，而桑麻
列植，佳饶水田。故孟达《与诸葛亮书》③，善其川土沃美也。

【注释】

①月谷口：《水经注疏》熊会贞按："口在今安康县西。"
②坂月川：《水经注疏》熊会贞按："《陕西通志》谓之月河东南流，至
　　今安康县西入汉。"
③孟达：字子度，一字子敬。刘备入蜀任宜都太守。后以不发兵救关
　　羽，惧罪，率众投降曹魏。诸葛亮伐魏，欲诱孟达为援，事泄被杀。

【译文】

　　汉水右面正对月谷口，山里有个坂月川，这片黄土川原，肥沃而平
坦，水田很多，到处种满桑麻。所以孟达在《与诸葛亮书》里，赞美这片
平川土壤的肥美。

　　汉水又东迳西城县故城南。《地理志》：汉中郡之属县
也。汉末为西城郡①。建安二十四年②，刘备以申仪为西城

太守③。仪据郡降魏，魏文帝改为魏兴郡④，治故西城县之故城也。氐略汉川，梁州移治于此⑤。城内有舜祠、汉高帝庙，置民九户，岁时奉祠焉。

【注释】

①西城郡：东汉建安二十年（215）分汉中郡置，属益州。治所在西城县（今陕西安康西北）。三国魏改为魏兴郡。

②建安二十四年：219年。建安，东汉献帝刘协的年号（196—220）。

③申仪：初为刘备将领，后叛蜀降魏。

④魏文帝：即曹丕，字子桓。沛国谯（今安徽亳州）人。三国时魏皇帝。

⑤梁州：三国魏分益州置。治所在沔阳县（今陕西勉县东旧州铺）。西晋太康年间移治南郑县（今陕西汉中南郑区），后移治西城县（今陕西安康）等县。

【译文】

汉水又往东流经西城县旧城南。《地理志》说：西城是汉中郡的属县。汉末则是西城郡。建安二十四年，刘备任命申仪为西城太守。后来申仪据有该郡投降了魏国，魏文帝把它改为魏兴郡，郡治在西城县旧城。氐族攻略汉川时，梁州把治所移到这里。城内有舜祠、汉高帝庙，安排了九户百姓，每年按时祭祀。

汉水又东为鳣湍①，洪波漎荡②，漰浪云颓③。古耆旧言，有鳣鱼奋鳍溯流④，望涛直上⑤，至此则暴鳃失济⑥，故因名湍矣。

【注释】

①鳣湍：《水经注疏》熊会贞按："在今安康县西。"

②浚（bēn）荡：奔流激荡。

③渹（pēng）浪：激荡的大波浪。云颓：像云一样颓落。

④鳣鱼：古书上指鲟一类的鱼。

⑤望涛：迎着波涛。

⑥暴鳃：亦作曝鳃。本指鱼被晒鳃，比喻遇到挫折。

【译文】

汉水又东流，就到鳣湍，急流奔腾，水浪滔天。古时老人们传说，有一条鳣鱼迎着浪涛奋力逆流而上，游到此处则力竭失济，因而名为鳣湍。

汉水又东合旬水①。水北出旬山②，东南流迳平阳戍下③，与直水枝分东注④，迳平阳戍入旬水。旬水又东南迳旬阳县与柞水合⑤。水西出柞溪，南流迳重岩堡西⑥，屈而东流，迳其堡南，东南注于旬水。旬水又东南迳旬阳县南。县北山有悬书崖⑦，高五十丈，刻石作字，人不能上，不知所道。山下有石坛，上有马迹五所，名曰马迹山⑧。旬水东南注汉，谓之旬口⑨。

【注释】

①旬水：即今陕西旬阳西北洵河。

②旬山：《水经注疏》熊会贞按："《隋志》丰阳（今陕西山阳）、洵阳（今陕西旬阳）并有洵水。今洵河出镇安县（今陕西镇安）西北秦岭。"

③平阳戍：《水经注疏》熊会贞按："戍当在今镇安县南。"

④与直水枝分东注：《水经注疏》熊会贞按："此即上文叙直水所云枝分东注旬水也。当作与直水枝津合，便明。"译文从之。直水，即今陕西石泉县东池河。为汉江支流。枝分，支流。

⑤旬阳县：西汉置，属汉中郡。治所在今陕西旬阳北洵河北岸。柞水：

一名祚水。即今陕西镇安东乾祐河。

⑥重岩堡:《水经注疏》熊会贞按:"重岩堡当在镇安县境。"

⑦悬书崖:《水经注疏》杨守敬按:"在今洵阳县(今陕西旬阳)北。"

⑧马迹山:在今陕西旬阳北。

⑨旬口:旬水与汉水的交汇处。当在今陕西旬阳西北。

【译文】

汉水又往东流与旬水汇合。旬水发源于北面的旬山,往东南流经平阳戍下,与直水的支流汇合,往东流经平阳戍注入旬水。旬水又往东南流,经过旬阳县与柞水汇合。柞水发源于西方的柞溪,往南流经重岩堡西面,又转向东流,经堡南往东南注入旬水。旬水又往东南流经旬阳县南。该县北山有个悬书崖,高五十丈,崖壁上刻着字,人不能上,不知刻的是什么。山下有个石坛,坛上有五处马蹄印,所以把山叫马迹山。旬水又往东南流,注入汉水,汇流处叫旬口。

汉水又东迳木兰寨南①。右岸有城,名伎陵城②,周回数里;左岸垒石数十行,重垒数十里中,谓是处为木兰寨云。吴朝遣军救孟达于此矣③。

【注释】

①木兰寨:在今陕西旬阳东北隅。

②伎陵城:在今陕西安康汉水南岸。

③吴朝遣军救孟达:曹魏太和元年(227)孟达拟以所守新城投降蜀汉,魏将司马懿率兵讨伐,行至城下,吴、蜀各遣将向西城的安桥、木兰寨援救孟达,即此。

【译文】

汉水又往东流经木兰寨南面。右岸有一座城,名叫伎陵城,周围数里;左岸有几十道用石块堆砌成的壁垒,重重叠叠的营垒延绵几十里,这就是木兰寨。据说吴国派军队到这里援救孟达。

汉水又东，左得育溪①。兴晋、旬阳二县②，分界于是谷。

【注释】

①育溪：《水经注疏》熊会贞按："今曰蜀河，在洵阳县（今陕西旬阳）东。"

②兴晋：即兴晋县。西晋太康元年（280）改平阳县置，属魏兴郡。治所在今湖北郧西县西北。

【译文】

汉水又往东流，左面接纳了育溪。兴晋、旬阳两县，就以这条溪谷为分界。

汉水又东合甲水口①。水出秦岭山，东南流迳金井城南②，又东迳上庸郡北③，与关衬水合④。水出上洛阳亭县北青泥西山⑤，南迳阳亭聚西⑥，俗谓之平阳水。南合丰乡川水⑦。水出弘农丰乡东山⑧，西南流迳丰乡故城南。京相璠曰⑨：南乡淅县有故丰乡⑩，《春秋》所谓丰、淅也⑪，于《地理志》属弘农，今属南乡。又西南合关衬水。关衬水又南入上津⑫，注甲水。甲水又东南迳魏兴郡之兴晋县南，晋武帝太康中立⑬。甲水又东，右入汉水。

【注释】

①甲水口：汉水与甲水交汇处。甲水，一名吉水，亦称夹河。即今湖北郧西县西金钱河。

②金井城：在今陕西柞水县东北。

③上庸郡：北魏永平四年（511）改东上洛郡置，属洛州。治所在丰

阳县（今陕西山阳）。

④关衬水：又名色河。即今陕西山阳西马滩河。

⑤上洛：即上洛郡。西晋泰始二年（266）置，属司州。治所在上洛县（今陕西商洛）。阳亭县：北魏太和五年（481）置，为魏兴郡治。治所在今陕西山阳西北。青泥西山：即今陕西商洛西南五十里武安山。

⑥阳亭聚：当在今陕西山阳。

⑦丰乡川水：又作丰河。即今陕西山阳之县河。

⑧弘农：即弘农郡。西汉元鼎四年（前113）置。治所在弘农县（今河南灵宝北故函谷关城）。丰乡：《水经注疏》杨守敬按："后魏上庸郡有丰阳县。今山阳县治，详郦氏所指之丰乡故城，即丰阳城也。"

⑨京相璠（fán）：晋朝人。撰有《春秋土地名》。

⑩南乡：即南乡郡。东汉建安十三年（208）析南阳郡置，属荆州。治所在南乡县（今河南淅川西南丹江水库内）。淅县：《水经注疏》熊会贞按："《左传》杜《注》，析南有丰乡。与京同。析县详《丹水》篇。《春秋大事表》，今河南南阳有淅川县（今河南淅川），西南有丰乡城，其地与郧阳（今湖北十堰郧阳区）相接。"

⑪《春秋》所谓丰、淅：《左传·哀公四年》记载为："司马起丰、析与狄戎，以临上洛。"

⑫上津：即上津县。南朝梁改上洛县置，为上津郡治。治所在今湖北郧西县西北上津镇。

⑬太康：西晋武帝司马炎的年号（280—289）。

【译文】

汉水又往东流，在甲水口与甲水汇合。此水发源于秦岭山，往东南流经金井城南，又往东流经上庸郡北面，与关衬水汇合。关衬水发源于上洛郡阳亭县北面的青泥西山，往南流经阳亭聚西，俗称平阳水。南流与丰乡川水汇合。丰乡川水发源于弘农郡丰乡东山，往西南流经丰乡旧城南。京相璠说：南乡淅县有旧丰乡，就是《春秋左传》所说的丰、淅，在《地理志》里属于弘农郡，现在属于南乡郡。丰乡川水又往西南流，与关衬水汇合。关衬水又往南流，到上津注入甲水。甲水又往东南流经魏兴郡兴晋县南面，该县是在晋武帝太康年间设置的。甲水又往东流，在右面注入汉水。

汉水又东为龙渊①。渊上有胡鼻山，石类胡人鼻故也。下临龙井渚，渊深数丈。

【注释】

①龙渊：《水经注疏》杨守敬按："在今郧西县（今湖北郧西）西南，白河县（今陕西白河县）北。胡鼻山未详在汉南、汉北。"

【译文】

汉水又往东流，有龙渊。渊上有山，山上岩石像胡人的鼻子，所以称为胡鼻山。下临龙井渚，水深数丈。

汉水又东迳魏兴郡之锡县故城北①，为白石滩②。县，故《春秋》之锡穴地也，故属汉中，王莽之锡治也。县有锡义山③，方圆百里，形如城。四面有门，上有石坛，长数十丈，世传列仙所居，今有道士被发饵术④，恒数十人。山高谷深，多生薇蘅草，其草有风不偃，无风独摇。

【注释】

①锡县：一作锡（yáng）县。西汉置，属汉中郡。治所在今陕西白河县东南。三国魏为锡郡治，后属魏兴郡。

②白石滩：《水经注疏》杨守敬按："今白石渡在白河县东南二里。"

③锡义山：在今湖北郧西县西南。

④饵术：服食苍术。传说苍术久服可以成仙。后泛指服食丹药。

【译文】

汉水又往东流经魏兴郡锡县旧城北面，就到白石滩。锡县从前是《春秋》里所说的锡穴地方，过去属汉中，就是王莽时的锡治。该县有锡义山，方圆百里，山形如城。四面有门，山上有石坛，长数十丈，民间传说这是众仙居住的地方。现在常有道士数十人住在那里，他们披着头发，吃的是术。这座山很高峻，峡谷深幽，遍地长着薇蘅草。这种草风吹不倒伏，无风却会自行摇摆。

汉水又东迳长利谷南①，入谷有长利故城②，旧县也。

【注释】

①长利谷：在今湖北郧西。

②长利故城：在今湖北郧西县西南。

【译文】

汉水又往东流经长利谷南边，进入山谷，有一座旧县城，就是长利旧城。

汉水又东历姚方①，盖舜后枝居是处②，故地留姚称也。

【注释】

①姚方：《水经注疏》杨守敬按："当在今郧县（今湖北十堰郧阳区）西。"

②后枝：后裔。

【译文】

汉水又往东流经姚方，是舜后裔的一个分支居住的地方，因而地名中带有姚字。

卷二十八

沔水二

【题解】

　　此卷所起堵阳县，已在南朝境内，郦氏所未至。堵阳属魏兴郡，治所在今湖北十堰郧（yún）阳区西南。堵水源于今陕西境，至湖北十堰郧阳区境内注入沔水。卷末沙羡（yì），原是战国楚邑，西汉置县，属江夏郡。治所在今武汉江夏区西金口镇。三国吴移治今武昌区。所以沔水至此实已终结其全部流程了。

沔水二

　　又东过堵阳县①，堵水出自上粉县②，北流注之。

　　堵水出建平郡界故亭谷③，东历新城郡④。郡，故汉中之房陵县也⑤。世祖建武元年⑥，封邓晨为侯国⑦。汉末以为房陵郡⑧，魏文帝合房陵、上庸、西城⑨，立以为新城郡，以孟达为太守⑩，治房陵故县。有粉水⑪，县居其上，故曰上粉县也。堵水之旁有别溪，岸侧土色鲜黄，乃云可啖。有言饮此水者，令人无病而寿，岂其信乎？又有白马山⑫，山石似马，望之逼真。侧水谓之白马塞⑬,孟达为守,登之而叹曰:刘封、申耽据金城千里⑭,而更失之乎! 为《上堵吟》,音韵哀切,有恻人心,今水次尚歌之⑮。堵水又东北迳上庸郡,故庸国也⑯。《春秋·文公十六年》⑰,楚人、秦人、巴人灭庸⑱。庸,小国,附楚。楚有灾不救,举群蛮以叛,故灭之以为县,属汉中郡,汉末又分为上庸郡。城三面际水。堵水又东迳方城亭南⑲,东北历参山下⑳,而北迳堵阳县南,北流注于汉,谓之堵口㉑。

【注释】

①堵阳县:南朝梁置,属魏兴郡。治所在今湖北十堰郧(yún)阳区西南。

②上粉县:在今湖北房县东南。

③建平郡:三国吴永安三年(260)置,属荆州。治所在信陵县(今湖北秭归西北)。魏灭蜀后,置建平郡都尉于巫县(今重庆巫山县)。西晋咸宁元年(275)改为建平郡。太康元年(280)灭吴,将两建平郡合并。治所在巫县。

④新城郡:三国魏黄初元年(220)改房陵郡置,属荆州。治所在房陵县(今湖北房县)。南朝宋属梁州。南齐改为南新城郡。梁复为新城郡,后为岐州治。

⑤房陵县:秦置,属汉中郡。治所即今湖北房县。东汉末为房陵郡治。三国魏黄初中改为新城郡治。

⑥建武元年:25年。建武,东汉光武刘秀的年号(25—56)。

⑦邓晨:字伟卿。南阳新野(今河南新野)人。东汉官吏。初娶光武帝刘秀姊元。更始立,以晨为偏将军。与光武略地颍川,夜出昆阳城,击破王寻、王邑。建武十九年(43)封西华侯。

⑧房陵郡:东汉末置。治所在房陵县(今湖北房县)。三国魏改为新城郡。

⑨魏文帝:曹丕。三国魏皇帝。房陵:即房陵郡。上庸:即上庸郡。

东汉建安二十二年（217）置，属荆州。治所在上庸县（今湖北竹山县西南四十里堵水北岸）。三国魏黄初元年（220）并入新城郡。太和二年（228）复置。西城：即西城郡。东汉建安二十年（215）分汉中郡置，属益州。治所在西城县（今陕西安康西北）。

⑩孟达：字子度，一字子敬。初事刘璋，后归刘备。后以不发兵救关羽，惧罪，率众投降曹魏。诸葛亮伐魏，欲诱孟达为援，事泄被杀。

⑪粉水：一名粉青河。即今湖北西北部南河及其上游粉青河。源出神农架林区西南，东北流经房县东、保康西，至谷城，东注入汉水。

⑫白马山：在今湖北竹山县西南三十里。

⑬白马塞：《水经注疏》杨守敬按："《通典》，竹山县有白马塞山。《元和志》，白马塞山在竹山西南三十五里。《方舆纪要》，在县西南三十里，今其山重岩叠嶂，称为胜观。"

⑭刘封：刘备养子。与孟达不和，是孟达降魏原因之一。又不救关羽，被赐死。申耽：字义举。三国时蜀汉将领。金城：坚固的城池称为金城。

⑮水次：水边，水流沿岸。

⑯庸国：春秋时，是巴、秦、楚三国间较大的国家。建都上庸（今湖北竹山县西南）。

⑰文公十六年：前611年。

⑱楚人、秦人、巴人灭庸：事见《左传·文公十六年》："楚大饥，戎伐其西南，至于阜山，师于大林。又伐其东南，至于阳丘，以侵訾枝。庸人帅群蛮以叛楚……秦人、巴人从楚师。群蛮从楚子盟，遂灭庸。"

⑲方城亭：在今湖北竹山县东南方城山。

⑳嶓（cēn）山：《水经注疏》杨守敬按："即武当山。"

㉑堵口：在今湖北仙桃东。

【译文】

沔水二

沔水又往东流过堵阳县，堵水发源于上粉县，北流注入。

堵水发源于建平郡边界的故亭谷,往东流注新城郡。新城郡是从前
汉中的房陵县。世祖建武元年把这地方封给邓晨,立为侯国。汉朝末年
置为房陵郡,魏文帝把房陵、上庸、西城合并起来,置为新城郡,派孟达去
当太守,郡治设在房陵县旧城。有粉水,县城就在它的上游,所以称为上
粉县。堵水旁边另有一条溪,岸边的泥土颜色鲜黄,据说可以吃。有人
说饮了这条溪里的水,能使人无病而且长寿,难道这是真的吗?附近又
有白马山,山上有块岩石形状像马,远远望去非常逼真。水旁有个白马
塞,孟达当太守时,曾登临其上慨叹道:刘封、申耽据有坚城,地方千里,
难道可以又丢失吗?于是作《上堵吟》,音韵哀婉凄切,听了使人怆然。
现在水旁还有人歌唱。堵水又往东北流经上庸郡,这里是从前的庸国。
《春秋左传·文公十六年》记载,楚人、秦人、巴人灭掉庸国。庸是小国,
原来依附于楚国。楚有灾难时,它不但不去援救,反而率领各蛮族反叛,
因此被灭,设立为县,属汉中郡。汉末时又从汉中郡分出,置为上庸郡。
郡城三面临水。堵水又往东流经方城亭南面,往东北流经鯵山下,而后
往北流经堵阳县南,北流注入汉水,汇流处称为堵口。

汉水又东,谓之涝滩[①],冬则水浅而下多大石。又东为
净滩,夏水急盛,川多湍洑[②],行旅苦之。故谚曰:冬涝夏净,
断官使命[③]。言二滩阻碍。

【注释】

①涝滩:与下文净滩,《水经注疏》杨守敬按:"即今郧县(今湖北十
　堰郧阳区)西之马鬃、辽瓦等滩。"

②湍洑(fú):湍急的漩涡。洑,漩涡。

③断:断送,断绝。官使:官员使者。

【译文】

汉水又往东流经涝滩,这里冬天水浅,河床里有很多大石块。又往

东流经净滩，夏天溪水盛涨，水流湍急，激流中有很多漩涡，这就苦了过往行人。因此谚语说：冬涝夏净，官差送命。这是说两滩对交通的阻碍。

又东过郧乡南^①，

汉水又东迳郧乡县南之西山^②，上有石虾蟆，仓卒看之，与真不别。汉水又东迳郧乡县故城南，谓之郧乡滩。县，故黎也^③，即长利之郧乡矣^④。《地理志》曰：有郧关^⑤。李奇以为郧子国^⑥。晋太康五年^⑦，立以为县。汉水又东迳琵琶谷口^⑧，梁、益二州分境于此^⑨，故谓之琵琶界也。

【注释】

①郧（yún）乡：即今湖北十堰郧阳区。

②郧乡县：西晋太康五年（284）置，属魏兴郡。治所即今湖北十堰郧阳区。南齐为齐兴郡治。梁为兴州治。

③黎：当为古麇国。《水经注疏》杨守敬按："《春秋》黎国在上党壶关，不在此……《御览》一百六十八引《十道志》，郧乡，古麇国，是也。麇、黎形近致误耳。"

④长利：即长利县。西汉置，属汉中郡。治所在今湖北郧西县西南。东汉废。西晋太康四年（283）复置，属魏兴郡。五年废。

⑤郧关：西汉置。即今湖北十堰郧阳区。

⑥李奇：颜师古《汉书叙例》记载："李奇，南阳人。"给《汉书》作注解。郧子国：又称郧国。在今湖北安陆。后为楚所灭。

⑦太康五年：284年。太康，西晋武帝司马炎的年号（280—289）。

⑧琵琶谷口：在今湖北十堰郧阳区东。

⑨梁、益二州：《水经注疏》熊会贞按："此指汉言。武帝改梁州曰益，不得并言梁、益。《寰宇记》，兜牟山在郧乡县东十里，即汉中郡与

南阳郡分界处。兜牟盖琵琶之异名。据两《汉志》，此东为南阳郡武当县，地属荆州，此西为汉中郡长利县地，属益州，则梁为荆之误无疑。"译文从之。

【译文】

沔水又往东流过郧乡南面，

汉水又往东流经郧乡县南面的西山，山上有石虾蟆，乍一看来，与真的没有什么区别。汉水又往东流经郧乡县旧城南面，有滩称郧乡滩。郧乡县从前是黎国，就是长利县的郧乡。《地理志》说：有郧关。李奇认为这就是古时的郧子国。晋太康五年设立为县。汉水又往东流经琵琶谷口，荆州、益州在此分界，因而又称为琵琶界。

又东北流，又屈东南，过武当县东北[1]，

县西北四十里，汉水中有洲，名沧浪洲[2]。庚仲雍《汉水记》谓之千龄洲[3]。非也，是世俗语讹，音与字变矣。《地说》曰[4]：水出荆山[5]，东南流为沧浪之水[6]。是近楚都[7]。故渔父歌曰：沧浪之水清兮，可以濯我缨；沧浪之水浊兮，可以濯我足[8]。余按《尚书·禹贡》言[9]：导漾水[10]，东流为汉，又东为沧浪之水。不言过而言为者[11]，明非他水决入也[12]，盖汉沔水自下有沧浪通称耳[13]。缠络鄢、郢[14]，地连纪、鄀[15]，咸楚都矣。渔父歌之，不违水地[16]，考按经传[17]，宜以《尚书》为正耳[18]。

【注释】

①武当县：西汉置，属南阳郡。治所在今湖北丹江口西北关门岩北。

②沧浪洲：在今湖北丹江口西北。

③庚仲雍：晋人。撰《湘州记》《江记》《汉水记》。《汉水记》：书名。记汉水流域地理。

④《地说》：书名。具体不详。

⑤荆山：在今湖北南漳西。

⑥沧浪之水：即汉水。

⑦楚都：春秋战国时楚的都城郢。在今湖北荆州。

⑧"沧浪之水清兮"几句：语见《楚辞·渔父》。

⑨《尚书·禹贡》：详细记载了古代九州的划分、山川的方位、物产分布以及土壤性质等。

⑩导：导源，发源。漾水：即今西汉水，为四川境内的长江支流嘉陵江的上游。此处《水经》沿续了《禹贡》的错误。

⑪不言过而言为：表明"过"与"为"意义不同："过"，经过，路过；"为"，即是，成为。

⑫明非他水决入：不是其他水流汇入，这是很清楚的。决入，流入，汇入。

⑬汉沔水：汉水和沔水都称汉沔水。

⑭鄀、郢：即楚都郢（今湖北荆州荆州区西北纪南城）与别都鄀（今湖北宜城东南）的连称。

⑮地连：地域上连接。纪：即纪南城，也即春秋战国时楚国郢都。鄀（ruò）：春秋时国名。又作下鄀。鄀商密（今河南淅川县西）。秦人入鄀后，南迁至今湖北宜城东南，史称上鄀。春秋后期为楚都。

⑯不违水地：与水流地望相符合。违，背离，违背。

⑰考按：考寻探察。经传：泛指典籍。

⑱为正：是正确的记载。

【译文】

沔水又往东北流，又转向东南，流过武当县东北，

武当县西北四十里，汉水中有一个沙洲，名叫沧浪洲。庾仲雍《汉水记》称为千龄洲。这是不对的，是民间口头相传造成的语讹，音与字都改变了。《地说》说：水发源于荆山，往东南流，称为沧浪之水。这里临近楚

国都城。因此渔父歌唱道:沧浪之水很澄清,可以洗我的帽缨;沧浪之水很混浊,可以洗我的脚。查考《尚书·禹贡》说:漾水发源后,往东流称为汉水,再往东流称为沧浪水。这里不说经过而说称为,说明不是其他的水注入,而是汉沔水从这里以下有沧浪水的通称。水流绕过鄀、郢,与纪、郜相连,都是楚国的都城。渔人唱的歌,与河流和地点都没有违背,查考经传,我认为应当以《尚书》为准。

汉水又东为很子潭①,潭中有石碛洲②,长六十丈,广十八丈,世亦以此洲为很子葬父于斯,故潭得厥目焉③,所未详也。

【注释】

①很(hěn)子潭:在今湖北丹江口西北汉水中。

②石碛(qì)洲:指多石的小洲。

③厥目:此名称。

【译文】

汉水又往东流,有很子潭,潭里有石碛洲,长六十丈,宽十八丈,世人都认为这是很子葬父的地方,因此潭就得了很子潭的名称,不知是否如此。

汉水又东南迳武当县故城北,世祖封邓晨子棠为侯国①。内有一碑,文字磨灭,不可复识,俗相传言,是华君铭,亦不详华君何代之士。

【注释】

①世祖:即东汉光武帝刘秀。邓晨:字伟卿。南阳新野(今河南新野)人。东汉官吏。初娶光武帝刘秀姊元。更始立,以晨为偏将军。

与光武略地颍川,夜出昆阳城,击破王寻、王邑。建武十九年(43)
封西华侯。

【译文】

汉水又往东南流经武当县老城北面,世祖把这里封给邓晨的儿子邓
棠,立为侯国。城内有一块石碑,文字已模糊不清,不能辨认了。民间相
传是华君铭,却又不知华君是哪个朝代的人。

汉水又东,平阳川水注之。水出县北伏亲山[①],南历平
阳川,迳平阳故城下[②],又南流注于沔。

【注释】

①伏亲山:一作伏龙山。

②平阳故城:在今湖北丹江口西北。

【译文】

汉水又向东流,平阳川水注入。川水发源于县北的伏亲山,向南流
经平阳川,流过平阳老城下,再往南流注入沔水。

沔水又东南迳武当县故城东,又东,曾水注之[①]。水导
源县南武当山,一曰太和山,亦曰参上山,山形特秀,又曰仙
室。《荆州图副记》曰[②]:山形特秀,异于众岳,峰首状博山
香炉[③],亭亭远出,药食延年者萃焉[④]。晋咸和中[⑤],历阳谢
允[⑥],舍罗邑宰隐遁斯山,故亦曰谢罗山焉。曾水发源山麓,
迳越山阴[⑦],东北流注于沔,谓之曾口。沔水又东迳龙巢山
下[⑧],山在沔水中,高十五丈,广员一里二百三十步[⑨],山形
峻峭,其上秀林茂木,隆冬不凋。

【注释】

①曾水:在今湖北丹江口西。

②《荆州图副记》:约晋宋人所作。撰者不详。

③博山香炉:汉晋时期,民间出产的一种用于焚香的香炉。其盖高而
　尖,镂空,呈山形且重叠,象征传说中的海上仙山——博山而得名。

④萃:聚集。

⑤咸和:东晋成帝司马衍的年号(326—334)。

⑥历阳:历阳县或历阳郡。治所都在今安徽和县。谢允:《水经注疏》
　熊会贞按:“《真诰·稽神枢》:谢允,字道通,历阳人,少英毅,历
　仕罗邑宰。晋咸和中,上表辞官,西上武当山,结茅石室,自号曰
　谢罗山。”

⑦山阴:山的北面。古人把山南水北称为阳,山北水南称为阴。

⑧龙巢山:一名龙山。在今湖北丹江口西北上关门岩东。

⑨广员:犹广袤。指土地面积。从东到西的长度叫广,从南到北的
　长度叫袤。

【译文】

　　沔水又向东南流,经过武当县老城东面,又往东流,曾水注入。曾水
发源于县南的武当山,又名太和山,或叫嵾上山,山形秀美独特,又有仙
室之称。《荆州图副记》说:山形秀美独特,不同于群峰,峰顶的形状像博
山香炉,亭亭独立,远出众山之上,那些希望服药以延年益寿的人,都聚
集在山上。晋朝咸和年间,历阳的谢允,辞去罗邑的官职,隐居此山,因
此又称谢罗山。曾水发源于山麓,流过山北,往东北流,注入沔水,汇流处
称为曾口。沔水又往东流经龙巢山下,山在沔水之中,高十五丈,方圆一
里二百三十步,山形峻峭,山上林木茂密青翠,即使到了严冬也不凋零。

又东南过涉都城东北①,

　　故乡名也。按《郡国志》②,筑阳县有涉都乡者也③。汉

武帝元封元年^④,封南海守降侯子嘉为侯国^⑤。均水于县入沔^⑥,谓之均口也^⑦。

【注释】

①涉都城:在今湖北谷城西北,汉水南岸。

②《郡国志》:晋司马彪《续汉书》篇名。记述东汉时期全国行政区划、人口以及《春秋》和"前三史"所载征伐、会盟所在的地名。

③筑阳县:战国秦置,属南阳郡。治所在今湖北谷城东北四里。以在筑水之阳而名。

④元封元年:前110年。元封,西汉武帝刘彻的年号(前110—前105)。

⑤嘉:《汉书》作喜。南越人。其父弃为南海太守,武帝时进兵南海,弃率越人降汉。元封元年(前110)他以父功封涉都侯。

⑥均水:上源曰淅水,出河南卢氏,南流经西峡县西,至淅川县南与丹水合流为均水,至湖北丹江口入汉。

⑦均口:在今湖北丹江口。

【译文】

沔水又往东南流过涉都城东北,

涉都城是从前的乡名。据《郡国志》,筑阳县有个涉都乡。就指这地方。汉武帝元封元年把这里封给南海守降侯的儿子嘉,立为侯国。均水在该县注入沔水,汇流处称为均口。

又东南过酂县之西南^①,

县治故城,南临沔水,谓之酂头。汉高帝五年^②,封萧何为侯国也^③。薛瓒曰^④:今南乡酂头是也^⑤。《茂陵书》曰^⑥:在南阳^⑦。王莽更名南庚者也。

【注释】

①酂（zàn）县：秦置，属南阳郡。治所在今湖北老河口西北西集街北。西汉改为酂侯国。东汉复为酂县。

②汉高帝五年：前 202 年。

③萧何：西汉初大臣。追随刘邦起兵反秦，以功封酂侯。

④薛瓒：《汉书》颜师古注中收录有"臣瓒"注《汉书》。但臣瓒姓氏，历来学者考辨，众说纷纭，莫衷一是。郦注屡作薛瓒，未知何据。

⑤南乡：即南乡郡。东汉建安十三年（208）析南阳郡置，属荆州。治所在南乡县（今河南淅川县西南丹江水库内）。

⑥《茂陵书》：具体不详。

⑦南阳：即南阳郡。战国秦昭襄王三十五年（前 272）置。治所在宛县（今河南南阳）。

【译文】

沔水又往东南流过酂县西南，

旧县城南濒沔水，称为酂头。汉高帝五年，把这里封给萧何，立为侯国。薛瓒说：就是今天南乡的酂头。《茂陵书》说：酂县在南阳。王莽时改名为南庚。

又南过穀城东①，又南过阴县之西②，

沔水东迳穀城南而不迳其东矣。城在穀城山上③，春秋穀伯绥之邑也④。墉阘颓毁⑤，基堑亦存⑥。

【注释】

①穀城：当是谷国之城。在今湖北谷城西北十里。

②阴县：西汉置，属南阳郡。治所在今湖北老河口西北西集街。

③穀城山：在今湖北谷城西北十里。

④穀伯绥：春秋时谷国的国君，名绥。

⑤墉闉（yīn）：泛指城墙和城门。墉，城墙。闉，古指瓮城的城门。

⑥基堑：地基和壕沟。

【译文】

沔水又往南流过鄀城东面，又往南流过阴县西面，

沔水往东流经鄀城南而不是流经东面。城筑在鄀城山上，是春秋时鄀伯绥的封邑。现在城墙城门都已倾倒塌毁，而墙基和护城河仍还存在。

沔水又东南迳阴县故城西，故下阴也①。《春秋·昭公十九年》②，楚工尹赤迁阴于下阴是也③。县东有冢。县令济南刘熹，字德怡，魏时宰县，雅好博古④，教学立碑⑤，载生徒百有余人，不终业而夭者，因葬其地，号曰生坟。

【注释】

①下阴：春秋楚邑。在今湖北老河口西北西集街。

②昭公十九年：前523年。

③楚工尹赤迁阴于下阴：事见《左传·昭公十九年》。工尹，官名。春秋楚置，掌管百工及官营手工业。赤，人名。阴，指阴地之戎。

④雅好：平素爱好。博古：博通古代之事。

⑤教学立碑：《水经注疏》杨守敬按：“《名胜志》亦作教学碑，宋时尚存。《集古录》云：碑虽残缺，而熹与生徒名字，往往尚可见。今佚。”

【译文】

沔水又往东南流经阴县旧城西面，这里是从前的下阴。《春秋左传·昭公十九年》记载，楚国的工尹赤把阴的戎人迁到下阴。该县东面有座坟墓。县令刘熹，字德怡，济南人，魏时治理此县。他平素爱好博通古事，亲自教授学生，立了一块石碑，碑上载着一百多个学生的名字，他们都是未完成学业而夭折的人，就安葬在这里，称为生坟。

沔水又东南得洛溪口①。水出县西北集池陂,东南流迳洛阳城②。北枕洛溪③,溪水东南注沔水也。

【注释】

①洛溪口:《水经注疏》杨守敬按:"《穀城县志》洛溪口在县(今湖北谷城西北)东十五里。"

②洛阳城:南朝宋侨置,属河南侨郡。治所在今湖北谷城东。后废。

③洛溪:《水经注疏》熊会贞按:"水在今光化县(今湖北老河口)境。"

【译文】

沔水又往东南流,在洛溪口与洛溪水汇合。洛溪水发源于该县西北面的集池陂,向东南流经洛阳城。洛阳城北面紧靠洛溪,溪水向东南流,注入沔水。

又南过筑阳县东,筑水出自房陵县①,东过其县,南流注之。

沔水又南,汎水注之②。水出梁州阆阳县③。魏遣夏侯渊与张郃下巴西④,进军宕渠⑤,刘备军汎口⑥,即是水所出也。张飞自别道袭张郃于此水,郃败,弃马升山,走还汉中。汎水又东迳巴西,历巴渠北新城、上庸⑦,东迳汎阳县故城南⑧,晋分筑阳立。自县以上,山深水急,枉渚崩湍⑨,水陆径绝。又东迳学城南⑩,梁州大路所由也。旧说昔者有人立学都于此⑪,值世荒乱,生徒罔依,遂共立城以御难,故城得厥名矣。汎水又东流注于沔,谓之汎口也。

【注释】

①筑水:秦汉以前名彭水。即今湖北西北部汉水支流南河。

②汨水：即今湖北谷城北北河。源出湖北房县东滴水岩,名八渡河。东北流至石花街,名古羊河。又东至谷城东北折而南,会南河入汉水。

③阆阳县：南朝宋置,属新城郡。治所当在湖北旧郧阳府。南齐属南新城郡。后废。

④张郃(hé)：字儁乂。河间鄚县(今河北任丘)人。三国时魏将。先从袁绍,后归曹操,封都亭侯。曹丕时为左将军,进爵都乡侯,称帝后,进封鄚侯。曹明帝时,诸葛亮出祁山,张郃大破蜀将马谡。郃识变数,善处营阵,料战势地形,无不如计,自诸葛亮皆惮之。后与诸葛亮军交战,被飞矢中右膝,薨,谥曰壮侯。巴西：即巴西郡。东汉建安六年(201)刘璋改巴郡置,属益州。治所在阆中县(今四川阆中)。三国蜀汉章武元年(221)改为巴郡,后复为巴西郡。

⑤宕渠：即宕渠县。西汉置,属巴郡。治所在今四川渠县东北七十四里土溪镇渠江南岸城坝古城。

⑥汨口：汨水与沔水交汇处。当在今湖北谷城。

⑦巴渠：即巴渠郡。南朝宋置,属梁州。治所在宣汉县(今四川达州)。新城：即新城郡。三国魏黄初元年(220)改房陵郡置,属荆州。治所在房陵县(今湖北房县)。上庸：即上庸郡。东汉建安二十二年(217)置,属荆州。治所在上庸县(今湖北竹山县西南四十里堵水北岸)。三国魏黄初元年(220)并入新城郡。太和二年(228)复置。

⑧汨阳县：西晋太康五年(284)置,属顺阳郡。治所在今湖北谷城西。

⑨枉渚：弯曲的陂池。渚,通"潴"。指陂池。崩湍：奔腾的湍流。崩,奔腾,激荡。

⑩学城：《水经注疏》熊会贞按："城在今穀城(今湖北谷城)东北。"

⑪学都：学馆,学校。

【译文】

沔水又向南流过筑阳县东面,筑水发源于房陵县,往东流过县城,南流注入。

沔水又向南流,汍水注入。汍水发源于梁州阆阳县。魏国派遣夏侯渊和张郃南下巴西,进军宕渠,刘备的军队驻扎在汍口,就是这条水的出口。张飞走了另一条路,就在这条水上袭击张郃;张郃战败,抛弃了战马,爬山逃回汉中。汍水又向东流经巴西,经过巴渠北面的新城、上庸,又向东流经汍阳县老城南面。该县是晋朝时从筑阳分出来设立的。从汍阳县起,汍水上游山深水急,水岸曲折,激流飞溅,水路陆路都断了。又往东流经学城南,这是梁州大路所经之地。旧时传说,从前有人在此设立学府,当时正遇上世道荒乱,学生无依无靠,就共同建立此城来防御盗寇,因此名为学城。汍水又往东流注入沔水,汇流处称为汍口。

沔水又南迳阙林山东①,本郡陆道之所由。山东有二碑,其一即记阙林山。文曰:君国者不跻高堙下②。先时,或断山冈以通平道,民多病,守长冠军张仲瑜乃与邦人筑断故山道③,作此铭。其一郭先生碑。先生名辅,字甫成,有孝友悦学之美,其女为立碑于此。并无年号,皆不知何代人也。

【注释】

①阙林山:即开林山。在今湖北谷城北四里。

②跻(jī):践踏,踩。堙(yīn)下:堵塞低下之处。

③守长:郡守县令等地方长官的统称。冠军:西汉元朔六年(前123)置侯国,后为县,属南阳郡。治所在今河南邓州西北三十八里湍水西岸冠军寨。张仲瑜:具体不详。

【译文】

沔水又向南流经阙林山东面,是郡中陆路所经过的地方。山的东面有两块石碑,其中一块就是记述阙林山的。碑文说:身负治国重任的君主,不登高,也不履深。从前,有人挖断山冈以通平路,当地很多百姓因此得病,地方长官冠军张仲瑜和当地人一起把山冈缺口重新填筑起来,堵断了旧山道,因而作此铭文。另一块是郭先生碑。郭先生名辅,字甫成,有孝敬父母、友爱兄弟和喜好学习的美德,他女儿为他在此处立碑。这两块碑都没有年号,不知两人是哪个朝代人。

沔水又南迳筑阳县东,又南,筑水注之。杜预以为彭水也。水出梁州新城郡魏昌县界①。县以黄初中分房陵立②。筑水东南流迳筑阳县,水中有孤石挺出,其下澄潭,时有见此石根如竹根而黄色,见者多凶,相与号为承受石,所未详也。筑水又东迳筑阳县故城南,县,故楚附庸也。秦平鄀、郢,立以为县,王莽更名之曰宜禾也。建武二十八年③,世祖封吴盱为侯国④。筑水又东流注于沔,谓之筑口⑤。

【注释】

①魏昌县:即昌魏县。三国魏置,属新城郡。治所在今湖北房县西南。

②黄初:三国魏文帝曹丕的年号(220—226)。

③建武二十八年:52年。建武,东汉光武帝刘秀的年号(25—56)。

④吴盱:东汉开国名将吴成之子。封筑阳侯。

⑤筑口:筑水流注于沔的交汇处。在今湖北谷城东。

【译文】

沔水又向南流经筑阳县东面,又往南流,筑水注入。杜预以为这条水是彭水。筑水发源于梁州新城郡昌魏县边界。该县是黄初年间从房陵划分出来而设立的。筑水向东南流经筑阳县,水中有一块孤石拔起,下面是个清澈的水潭,有时会看见石根像黄色的竹根一样,看见的人大多会碰到灾祸,就都把它号为承受石,不知是否确实。筑水又往东流经筑县旧城南面,这里原是从前楚国的附庸。秦国平定鄀、郢后,把这地方设立为县，王莽时改名为宜禾。建武二十八年，世祖把这地方封给吴盱，立为侯国。筑水又往东流注入沔水，汇流处称为筑口。

沔水又南迳高亭山东①，山有灵焉，士民奉之，所请有验。

【注释】

①高亭山：在今湖北谷城南五里。

【译文】

沔水又往南流经高亭山东面，此山有神灵，士大夫和庶民都敬奉它。向山神有所祈求都很灵验。

沔水又东为漆滩①，新野郡山都县与顺阳筑阳分界于斯滩矣②。

【注释】

①漆滩：《水经注疏》熊会贞按："滩在今襄阳县（今湖北襄阳）西北。"

②新野郡：西晋永宁元年（301）置。治所在新野县（今河南新野）。北魏太和二十二年（498）移治穰县（今河南邓州）。山都县：秦置，属南阳郡。治所在今湖北襄阳襄城区西北。东汉移治今湖北谷城东南固城。顺阳：即顺阳郡。西晋太康中改南乡郡置，属荆州。治所在酂县（今湖北老河口西北西集街北）。

【译文】

沔水又东流，有漆滩，新野郡山都县和顺阳郡筑阳县，就以漆滩为分界。

又东过山都县东北，

沔南有固城①，城侧沔川，即新野山都县治也，旧南阳之赤乡矣②，秦以为县。汉高后四年③，封卫将军王恬启为侯国④。沔北有和城⑤，即《郡国志》所谓武当县之和城聚⑥。山都县旧尝治此，故亦谓是处为故县滩⑦。沔水北岸数里有大石激⑧，名曰五女激。或言女父为人所害，居固城，五女思复父怨⑨，故立激以攻城。城北今沦于水。亦云有人葬沔北，墓宅将为水毁，其人五女无男，皆悉巨富，共修此激以全坟宅。然激作甚工⑩。又云女嫁为阴县佷子妇⑪，家赀万金⑫，而自少小不从父语。父临亡，意欲葬山上，恐儿不从，故倒言葬我着渚下石碛上⑬。佷子曰：我由来不奉教，今从语。遂尽散家财作石冢，积土绕之成一洲，长数百步。元康中始为水所坏⑭，今石皆如半榻许⑮，数百枚聚在水中。佷子是前汉人⑯。襄阳太守胡烈有惠化⑰，补塞堤决，民赖其利。景元四年九月⑱，百姓刊石铭之，树碑于此。

【注释】

① 固城：《水经注疏》杨守敬按："在今襄阳县（今湖北襄阳）西北八十里。"

② 南阳：即南阳郡。战国秦昭襄王三十五年（前272）置。治所在宛县（今河南南阳）。

③ 汉高后四年：前184年。汉高后，汉高祖刘邦的皇后吕雉。

④ 卫将军：汉将军名。掌宿卫。魏晋以后多沿置。王恬启：汉初为郎中柱下令，以卫将军击陈豨。封山都侯。

⑤ 和城：《水经注疏》杨守敬按："在均州（今湖北丹江口）境。"

⑥ 武当县：西汉置，属南阳郡。治所在今湖北丹江口西北关门岩北。

⑦ 故县滩：《水经注疏》熊会贞按："山都城（今湖北谷城东南固城）

在沔南,何时尝徙治沔北,诸地志不载,今不可考。"

⑧大石激:大石堤。激,阻挡水流。

⑨复:报复。

⑩激作:石激的制作。

⑪阴县:春秋楚置,战国时入秦,属南郡。治所在今湖北老河口西北西集街。很(hěn)子:指性格执拗、不肯听从劝说之人。

⑫家赀(zī):家中财产。

⑬倒言:把话反着说。渚下:小洲之下。石碛(qì):浅石滩。

⑭元康:西晋惠帝司马衷的年号(291—299)。

⑮半榻许:半榻左右。榻,狭长而矮的坐卧用具。

⑯前汉:即西汉。

⑰襄阳:即襄阳郡。东汉建安十三年(208)置。治所在襄阳县(今湖北襄阳)。以在襄水之阳而得名。胡烈:字武玄。安定临泾(今甘肃镇原南)人。三国魏及晋初将领。惠化:仁爱教化。

⑱景元四年:263年。景元,三国魏元帝曹奂的年号(260—264)。

【译文】

沔水又往东流过山都县东北,

沔水南面有固城,城在沔水旁边,是新野郡山都县的治所,从前是南阳的赤乡,秦朝时把它设立为县。汉高后四年,把这地方封给卫将军王恬启,立为侯国。沔水北面有和城,就是《郡国志》所说的武当县和城聚。山都县过去曾在这里设立治所,因此又称故县滩。沔水北岸数里处有一条大石堤,名叫五女激。据说五女的父亲被人谋害,仇人住在固城,五女一心想报父仇,因此修筑了这条石堤激水攻城。现在城北已沉陷于水中。又传说有人葬在沔水北岸,墓地将要被水冲毁,此人没有儿子,只有五个女儿,却都是巨富,她们共同筑了这条石堤来保护墓地。石堤的制作十分精细。还有一种说法,有人把女儿嫁给阴县很子为妻,很子家财万金,但从小起就一直不听父亲的话。父亲临死前希望自己葬在山上,又怕儿子不听他的,故意反说希望儿子把他葬在水岸下面的石滩上。很子说:我从来不听父亲的话,今天一定要听。于是就散尽家财,用以修建石墓。他在石墓四周积土筑成一个洲渚,长数百步。元康年间才被水冲坏,现在还能看到数百块像半张榻那么大的巨石,堆集在水中。很子是前汉人。襄阳太守胡烈以仁爱教化百姓,他堵塞了石堤的缺口,百姓都赖以受益。景元四年九月,百姓为纪念他,在此刻石立碑。

沔水又东,偏浅①,冬月可涉渡,谓之交湖②,兵戎之交,多自此济。晋太康中得鸣石于此水③,撞之声闻数里。

【注释】

①偏浅:很浅。偏,程度副词,很,甚。

②交湖:《水经注疏》杨守敬按:"湖在今襄阳县(今湖北襄阳)西北。"

③鸣石:能发出鸣叫声的石头。

【译文】

沔水又往东流,水很浅,冬季这里可以涉水过河,称为交湖,作战时军队大多从这里过河。晋朝太康年间,在这里捡到一块响石,敲击它发出的声音数里外都能听到。

沔水又东迳乐山北①。昔诸葛亮好为《梁甫吟》②,每所登游,故俗以乐山为名。

【注释】

①乐山:即独乐山。在今湖北襄阳。

②《梁甫吟》:亦作《梁父吟》。乐府楚调曲名。

【译文】

沔水又向东流经乐山北面。从前诸葛亮喜欢唱《梁甫吟》,常来此登山游乐，所以民间称之为乐山。

　　沔水又东迳隆中①，历孔明旧宅北②。亮语刘禅云③：先帝三顾臣于草庐之中，咨臣以当世之事。即此宅也。车骑沛国刘季和之镇襄阳也④，与犍为人李安共观此宅⑤，命安作《宅铭》云⑥：天子命我于沔之阳，听鼓鼙而永思⑦，庶先哲之遗光。后六十余年，永平之五年⑧，习凿齿又为其宅铭焉⑨。

【注释】

①隆中：在今湖北襄阳。

②孔明旧宅：《水经注疏》杨守敬按："在今襄阳县西，隆中山东。"

③刘禅（shàn）：字公嗣。三国蜀汉后主。

④车骑：即车骑将军。典京师兵卫，掌宫卫。沛国：东汉建武二十年（44）改沛郡置。治所在相县（今安徽淮北市相山区）。刘季和：官车骑将军。曾镇守襄阳。

⑤犍（qián）为：即犍为郡。西汉建元六年（前135）分广汉郡南部及夜郎国地置，属益州。治所屡有变迁。东汉永初初年又分西南境置犍为属国，并移治武阳县（今四川眉山市彭山区东）。李安：一作李兴。犍为武阳（今四川眉山市彭山区）人。李密之子。晋散文家。

⑥铭：文体的一种。古代常刻于碑版或器物，多用于称赞功德。

⑦鼓鼙（pí）：古代军中所用之乐鼓。永思：长久地思念。

⑧永平五年：《水经注疏》杨守敬按："李安撰《宅铭》，据《蜀记》在永兴中，后六十余年，当在太和时，或是太和五年，如因平字，谓是升平五年，则当云后五十余年，若永平，惠帝年号，仅一年，前于永兴十余年，必误也。"

⑨习凿齿：字彦威。襄阳（今湖北襄阳）人。晋史学家、诗人。著《汉

晋春秋》。

【译文】

沔水又往东流经隆中，流过孔明故居北面。诸葛亮曾对刘禅说：先帝三次到我的草舍中来探望我，向我询问当时的大事。指的就是这座房子。车骑将军刘季和，沛国人，他镇守襄阳时，与犍为人李安一起来参观故居，他叫李安作《宅铭》，文中说：天子在沔水之北指示我，要倾听战鼓的声音，永远思虑不息，以求把先哲的遗泽发扬光大。过了六十多年，到永平五年，习凿齿又为该宅作了铭文。

又东过襄阳县北①，

沔水又东迳万山北②。山上有邹恢碑③，鲁宗之所立也④。山下潭中有杜元凯碑⑤。元凯好尚后名，作两碑并述己功，一碑沉之岘山水中⑥，一碑下之于此潭，曰：百年之后，何知不深谷为陵也。山下水曲之隈⑦，云汉女昔游处也⑧。故张衡《南都赋》曰⑨：游女弄珠于汉皋之曲⑩。汉皋，即万山之异名也。

【注释】

①襄阳县：西汉置，属南郡。治所即今湖北襄阳襄城区。

②万山：又名汉皋山、方山。即今湖北襄阳西万山。

③邹恢：《水经注疏》："沈氏曰：《晋书》，郗恢镇襄阳得民和。邹恢疑是郗恢之误。"郗恢，字道胤。郗昙之子、郗鉴之孙。东晋官吏。

④鲁宗之：字彦仁。扶风郿（今陕西眉县东北）人。东晋官吏。

⑤杜元凯：即杜预，字元凯。京兆杜陵（今陕西西安）人。魏晋间政治家、史学家、辞赋家。

⑥岘（xiàn）山：在今湖北襄阳南。

⑦水曲之隈（wēi）：水流曲折的地方。

⑧汉女昔游处：语见《诗经·周南·汉广》中："汉有游女，不可求思。"汉女，传说中的汉水女神。

⑨张衡：字平子。南阳西鄂（今河南南阳）人。东汉科学家、文学家。《南都赋》：歌颂东汉时南都的地理环境及富饶景象。因南阳郡是光武帝生长之地，在京都洛阳之南，因此称南阳郡治宛为南都。

⑩弄珠：李善注："《韩诗外传》曰：郑交甫将南适楚，遵彼汉皋台下，乃遇二女，佩两珠，大如荆鸡之卵。"

【译文】

沔水又往东流过襄阳县北面，

沔水又往东流经万山北面。山上有鲁宗之所立的邹恢碑。山下水潭中有杜元凯碑。杜元凯喜欢身后留名，刻了两块石碑，记述自己的功绩，一块石碑沉在岘山水中，另一块沉在这个水潭中。他说：百年之后，怎么知道低谷不会变成山陵呢？山下水弯处，据说是从前汉女嬉游过的地方。因此张衡《南都赋》说：汉水上出游的姑娘在汉皋山曲玩珠子。汉皋山就是万山的异名。

沔水又东合檀溪水①。水出县西柳子山下②，东为鸭湖③。湖在马鞍山东北④，武陵王爱其峰秀⑤，改曰望楚山。溪水自湖两分，北渠即溪水所导也。北迳汉阴台西⑥。临流望远，按眺农圃，情邈灌蔬，意寄汉阴，故因名台矣。又北迳檀溪，谓之檀溪水。水侧有沙门释道安寺⑦，即溪之名，以表寺目也⑧。溪之阳有徐元直、崔州平故宅⑨，悉人居，故习凿齿《与谢安书》云：每省家舅，纵目檀溪，念崔、徐之交，未尝不抚膺踌躇，惆怅终日矣⑩。溪水傍城北注，昔刘备为景升所谋⑪，乘的颅马西走⑫，坠于斯溪。西去城里余，北流注于沔。一水东南出。应劭曰：城在襄水之阳，故曰襄阳。是水当即襄水也[13]。城北枕沔水，即襄阳县之故城也，王莽之相阳矣。楚之北津戍也[14]，今大城西垒是也。其土古鄾、郡、卢、罗之地[15]，秦灭楚，置南郡[16]，号此为北部[17]。建安十三年，魏武平荆州[18]，分南郡立为襄阳郡，荆州刺史治。邑居殷赈，冠盖相望[19]，一都之会也[20]。城南门道东有三碑：一碑是晋太傅羊祜碑[21]，一碑是镇南将军杜预碑，一碑是安南将军刘俨碑[22]，并是学生所立。城东门外两百步刘表墓，太康中为人所发见[23]，表夫妻其尸俨然[24]，颜色不异，犹如平生。墓中香气远闻三四里中，经月不歇。今坟冢及祠堂犹高显整顿。城北枕沔水，水中常苦蛟害。襄阳太守邓遐负其气果[25]，拔剑入水，蛟绕其足，遐挥剑斩蛟，流血丹水[26]，自后患除，无复蛟难矣。昔张公遇害，亦亡剑于是水。后雷氏为建安从事，迳践濑溪，所留之剑，忽于其怀跃出落水，初犹是剑，后变为龙[27]。故吴均《剑骑诗》云[28]：剑是两蛟龙。张华之言不孤为验矣。

【注释】

①檀溪水：在今湖北襄阳西南。

②柳子山：在今湖北襄阳西。

③鸭湖：《水经注疏》杨守敬按："《襄阳县志》，鸭湖在县西，山水汇而为湖，无源之水也。"

④马鞍山：在今湖北襄阳西南。

⑤武陵王：南朝宋孝武帝刘骏。字休龙。文帝刘义隆之子。元嘉十二年（435）立为武陵王，食邑二千户。后即皇帝位。

⑥汉阴台：《水经注疏》熊会贞按："台在今襄阳县（今湖北襄阳）西。"

⑦沙门：梵语的音译。意译为息心、勤息，或译为娑门、桑门、丧门等，佛教用以专指依照戒律出家修道的人。释道安寺：《水经注疏》熊会贞按："今在襄阳县西五里。"释道安，本姓卫，常山扶柳（今河北衡水冀州区）人。东晋、十六国时期高僧。

⑧寺目：寺院的名字。

⑨徐元直：即徐庶，字元直。颍川郡长社县（今河南长葛）人。东汉末年刘备帐下人物，后归曹操，并仕于曹魏。崔州平：即崔钧，字州平。涿郡安平（今河北安平）人。官西河太守、武贲中郎将。献帝初，与袁绍俱起兵山东，讨董卓。与诸葛亮、徐庶等人相善。

⑩"故习凿齿《与谢安书》"几句：《水经注疏》杨守敬按："此凿齿《与桓祕书》中语，全文见《晋书》本传。谢安二字，必桓祕之误。"《晋书·习凿齿传》："温弟祕亦有才气，素与凿齿相亲善。凿齿既罢郡归，与祕书曰：'吾以去五月三日来达襄阳，触目悲感，略无欢情，痛恻之事，故非书言之所能具也。每定省家舅，从北门入，西望隆中，想卧龙之吟；东眺白沙，思凤雏之声；北临樊墟，存邓老之高；南眷城邑，怀羊公之风；纵目檀溪，念崔、徐之友；肆睇鱼梁，追二德之远，未尝不徘徊移日，惆怅极多，抚乘踌躇，慨尔而泣。'"家舅，舅舅。这里指罗崇、罗友。相继为襄阳都督。崔、徐，指崔钧和徐庶二人。抚膺，捶拍胸口，多表示惋惜等心情。

⑪景升：即刘表，字景升。东汉末大臣。北据汉川，成一方诸侯。谋：想欲加害。

⑫的颅马：刘备坐骑。

⑬襄水：在今湖北襄阳南。

⑭楚之北津戍：《水经注疏》杨守敬按："《寰宇记》引《襄阳记》，襄阳（今湖北襄阳）为楚国之北津，从襄阳渡沔，自南阳界出方城关是，通周、郑、晋、卫之道。其东津从汉经江夏，出平皋关是，通陈、蔡、齐、宋之道。"

⑮郡（ruò）：春秋时国名。又作下郡。都商密（今河南淅川县西）。秦
　　人入郡后，南迁至今湖北宜城东南，史称上郡。春秋后期为楚都。
　　卢：商、周国名。在今湖北襄阳西南。罗：春秋国名。在今湖北宜
　　城西二十里。

⑯南郡：秦昭王二十九年（前278）置。治所在郢（今湖北荆州）。

⑰北部：秦灭楚设置南郡之后，把襄阳一带称为北部。因为襄阳在
　　南郡之北境。

⑱荆州：西汉武帝置，为十三刺史部之一。东汉治所在汉寿县（今湖
　　南常德东北）。初平元年（190）刘表徙治襄阳。

⑲冠盖相望：指使者或仕宦富豪之人，一路上往来不绝。冠盖，本指
　　官员的冠服和车乘。后借代官宦之家，冠族。

⑳一都之会：整个州郡的中心。

㉑太傅：官名。周代始设，与太师、太保合称三公。魏晋后仍设此官，
　　但为大臣之加官，无实权。羊祜：字叔子。泰山南城（今山东平邑）
　　人。西晋大臣。

㉒刘侃：官安南将军。其余不详。

㉓太康：西晋武帝司马炎的年号（280—289）。

㉔侃然：整齐。

㉕邓遐：字应远。陈郡（治所在今河南周口淮阳区）人。东晋将领。
　　气果：有勇气而果敢。

㉖丹：染红。

㉗"昔张公遇害"几句：《艺文类聚·军器部》记载为："雷次宗《豫
　　章记》曰：吴未亡，恒有紫气见牛斗之间。张华闻雷孔章妙达纬象，
　　乃要宿，问天文。孔章曰：惟牛斗之间有异气，是宝物也，精在豫
　　章丰城。张华遂以孔章为丰城令。至县，掘深二丈，得玉匣，长八
　　尺。开之，得二剑，其夕斗牛气不复见。孔章乃留其一匣，而进之。
　　剑至，光曜炜晔，焕若电发。后张华遇害，此剑飞入襄城水中。孔

章临亡,戒其子:恒以剑自随。后其子为建安从事,经浅濑,剑忽
于腰间跃出,遂视,见二龙相随焉。"张公,即张华,字茂先。范阳
方城(今河北固安)人。魏、晋间诗人、辞赋家。因拒绝参与赵王
伦、孙秀篡位阴谋而被杀。穷览古今,博学洽闻,其文辞温丽平雅。
雷氏,指雷孔章之子。从事:官名。汉以后三公及州郡长官皆自
辟僚属,多以从事为称。迳践,路过,经过。濑溪,浅水滩。

㉘吴均:字叔庠(xiáng)。吴兴故鄣(今浙江安吉)人。南朝齐、梁间
诗人、史学家。

【译文】

沔水又东流,与檀溪水汇合。檀溪水发源于县西的柳子山下,往东
流到鸭湖。湖在马鞍山东北面,武陵王喜欢此山峰峦秀丽,改名为望楚
山。溪水从鸭湖分成两条,北边的分支就是溪水流过来的。此水向北流
经汉阴台西面。登台远望,俯视眼下那一片片园圃,就会有心飞到了汉
阴,神往于种瓜浇菜的田园生活的感受,因此就名为汉阴台。又往北流
经檀溪,称为檀溪水。水旁有和尚道安的寺院,就用溪名来作寺名。溪
水北面有徐元直、崔州平的故居,现在都住着人,因而习凿齿在《与谢安
书》中说:每次去探望家舅,纵目眺望檀溪,想起崔、徐两人的交情,都情
不自禁地停步踌躇,感慨万端,甚至终日惆怅不已。溪水经城旁往北流
去,昔日刘备被刘景升暗算,乘的颅马向西逃,跌落在这条溪中。这里西
距襄阳城一里多。溪水北流注入沔水。另一条水往东南流出。应劭说:
城在襄水之阳,所以叫襄阳。这条水该就是襄水了。城北濒沔水,就是
襄阳县的旧城,王莽时改名为相阳。这也是楚国的北津戍,就是今天大
城西边的堡垒。襄阳的疆域,古代是鄾、邔、卢、罗等小国的地方,秦灭楚
后,设置了南郡,把这一带称为北部。建安十三年,魏武帝平定了荆州,
分出南郡的一部分设立襄阳郡,也是荆州刺史的治所。襄阳居民非常殷
富,富豪贵官来来往往,是整个州郡的中心。城南门的路东有三块石碑:
一块是晋太傅羊祜碑,另一块是镇南将军杜预碑,还有一块是安南将军

刘俨碑，都是他们的学生立的。城东门外约二百步处有刘表墓，太康年间被盗掘，看到刘表夫妻俩的尸体完好无损，容颜肤色与生时无异。墓中香气袭人，三四里外都能闻到，接连一整个月，还是余香不断。今天坟墓祠堂还完好地高高耸立着。城北濒沔水，常苦于水中蛟龙为害。襄阳太守邓遐自恃胆气和刚勇，拔剑跳入水中，蛟龙把他的脚紧紧缠住，邓遐挥剑斩蛟，流血染红了沔水，从此以后再也没有蛟龙为害了。从前张华遇害，也是在这条水中失去宝剑的。后来雷氏当建安从事，涉水经过一片浅滩时，所带的宝剑忽然从他怀里跳出，落入水中，刚掉到水里时还是剑，过了一会儿忽然变成龙。因此吴均的《剑骑诗》说：剑是两蛟龙。张华的话应验不止一个证据了。

　　沔水又迳平鲁城南①，城，鲁宗之所筑也②，故城得厥名矣。东对樊城③，樊，仲山甫所封也④。《汉晋春秋》称⑤，桓帝幸樊城⑥，百姓莫不观，有一老父独耕不辍。议郎张温使问焉⑦，父笑而不答。温因与之言，问其姓名，不告而去。城周四里，南半沦水。建安中，关羽围于禁于此城⑧，会沔水泛溢，三丈有余，城陷禁降，庞德奋剑⑨，乘舟投命于东冈。魏武曰：吾知于禁三十余载，至临危授命，更不如庞德矣⑩。城西南有曹仁记水碑⑪，杜元凯重刊其后，书伐吴之事也⑫。

【注释】

①平鲁城：《水经注疏》杨守敬按："城在今襄阳县北。"

②鲁宗之：字彦仁。扶风郿（今陕西眉县东北）人。东晋官吏。

③樊城：在今湖北襄阳。

④仲山甫：亦称樊仲。周宣王时大臣，封于樊。

⑤《汉晋春秋》：书名。晋习凿齿撰。记述自东汉、三国至西晋灭亡

间历史。

⑥桓帝：东汉皇帝刘志。蠡吾侯刘翼之子。质帝死，梁太后迎入洛阳，即皇帝位。

⑦议郎：掌顾问应对。张温：字伯慎。南阳（今河南南阳）人。东汉大臣。

⑧关羽：字云长，本字长生。河东解（今山西临猗）人。三国时蜀汉大将。东汉末从刘备起兵，与刘备、张飞结为兄弟。刘备为曹操所败，关羽被操所执，拜偏将军。关羽斩颜良以报曹操厚遇之恩。后告辞曹操而奔刘备。赤壁之战后，以关羽守襄阳，督荆州事。孙权用吕蒙计，袭破荆州，关羽与子关平皆被杀。于禁：字文则。泰山钜平（在今山东泰安）人。三国魏将领。建安二十四年（219）的襄樊之战中，于禁在败给关羽后投降。

⑨庞德：字令明。南安狟（huán）道（今甘肃陇西）人。初随马腾、马超，后归曹操。建安二十四年屯樊城，助曹仁攻关羽，兵败被杀。

⑩更不如：反不如。

⑪曹仁：字子孝。沛国谯（今安徽亳州）人。曹操从弟。记水碑：应当是为记载建安中，发生在樊城一带的那场大水而立的碑。《三国志·魏书·曹仁传》记载为："关羽攻樊，时汉水暴溢，于禁等七军皆没，禁降羽。仁人马数千人守城，城不没者数板。羽乘船临城，围数重，外内断绝，粮食欲尽，救兵不至。仁激励将士，示以必死，将士感之皆无二。徐晃救至，水亦稍减，晃从外击羽，仁得溃围出，羽退走。"

⑫伐吴之事：事见《晋书·杜预传》："既平上流，于是沅湘以南，至于交广，吴之州郡皆望风归命，奉送印绶，预仗节称诏而绥抚之。凡所斩及生获吴都督、监军十四，牙门、郡守百二十余人。又因兵威，徙将士屯戍之家以实江北，南郡故地各树之长吏，荆土肃然，吴人赴者如归矣。"

【译文】

沔水又流经平鲁城南，此城是鲁宗之修筑的，所以有此名。平鲁城东面与樊城相对，樊城是仲山甫的封邑。《汉晋春秋》说：桓帝临幸樊城，全城百姓没有不来观看的，只有一个老头子独自在耕田不歇。议郎张温派人问他，老头子笑而不答。张温因此与他攀谈，问他姓名，老头子不告诉他就走了。此城周围四里，南面一半已沉入水中。建安年间，关羽把于禁围困在此城，当时正逢沔水泛滥外溢，水深三丈余，城被攻陷，于禁投降，庞德挥剑奋战，乘船至东冈不屈而死。魏武帝说：我认识于禁已三十多年，到了生死关头，却远不如庞德了。城西南面有曹仁的记水碑，杜元凯在碑后刊刻了其攻打吴国的事。

又从县东屈西南，淯水从北来注之①。

襄阳城东有东白沙②，白沙北有三洲③，东北有宛口④，即淯水所入也。沔水中有鱼梁洲⑤，庞德公所居⑥。士元居汉之阴⑦，在南白沙，世故谓是地为白沙曲矣。司马德操宅洲之阳⑧，望衡对宇⑨，欢情自接，泛舟褰裳⑩，率尔休畅，岂待还桂柁于千里⑪，贡深心于永思哉！水南有层台，号曰景升台，盖刘表治襄阳之所筑也。言表盛游于此，常所止憩。表性好鹰，尝登此台，歌《野鹰来曲》，其声韵似孟达《上堵吟》矣。

【注释】

①淯水：亦作育水。即今河南白河。源出今河南嵩县西南，南流经南召、南阳、新野等地，至湖北襄阳东北入汉水。

②襄阳城：在湖北襄阳。

③三洲：《水经注疏》杨守敬按："《明史·地理志》，白河南入汉，谓

之白河口,亦日三州口,在今襄阳县东北。"

④宛口:《水经注疏》杨守敬按:"在今襄阳县东北。"

⑤鱼梁洲:又作渔梁洲。在今湖北襄阳城南岘首山东北侧。

⑥庞德公:东汉末隐士。

⑦士元:即庞统,字士元,号凤雏。襄阳(今湖北襄阳)人。东汉末
　　刘备谋士。汉之阴:汉水之南。

⑧司马德操:即司马徽,字德操。向刘备推荐诸葛亮、庞统。

⑨望衡对宇:门与门相对,可以看到对方屋梁或门窗上的横木。指
　　住宅与住宅之间相距很近。衡,架在屋梁或门窗上面的横木。即
　　桁条或檩子。

⑩褰裳:用手提起衣裳。

⑪桂柁:桂木做的船舵。亦指船。

【译文】

沔水又从县东转向西南,淯水从北方流来注入。

襄阳城东有东白沙,白沙北面有三洲,东北面有宛口,就是淯水的入口处。沔水中有鱼梁洲,是庞德公居住的地方。庞士元住在汉水的南面,在南白沙,所以世人称这地方为白沙曲。司马德操居住在洲的南面。屋宇隔水相望,自然常常欢聚,荡舟或涉水相访,无牵无挂地享受自得安闲之乐,哪里会想远道奔走于千里之外,殚精竭虑为君主尽忠效命呢! 南岸有层台,称作景升台,是刘表治理襄阳时修筑的。据说刘表很喜欢到这里游玩,常在这里逗留休息。刘表生性爱鹰,曾登上此台,高歌《野鹰来曲》,声韵与孟达的《上堵吟》很相似。

沔水又迳桃林亭东①,又迳岘山东,山上有桓宣所筑城②,孙坚死于此③。又有桓宣碑。羊祜之镇襄阳也,与邹润甫尝登之④。及祜薨,后人立碑于故处,望者悲感,杜元凯谓之堕泪碑⑤。山上又有征南将军胡罴碑⑥,又有征西将军周访

碑⑦。山下水中,杜元凯沉碑处。

【注释】

①桃林亭:《水经注疏》杨守敬按:"《初学记》十八引《荆州图记》,襄
　　阳县南陆道六里,有桃林馆。是饯行送归之处,亭亦取林为名,在
　　今襄阳县东南。"

②桓宣:东晋官吏。

③孙坚:字文台。吴郡富春(今浙江杭州富阳区)人。东汉末江东豪
　　族。袁术使孙坚征荆州,击刘表,围襄阳。单马行岘山,为黄祖军
　　士射杀。孙权既称尊号,谥坚为武烈皇帝。

④邹润甫:即邹湛,字润甫。南阳新野(今河南新野)人。西晋官员。

⑤堕泪碑:即后人为祭奠羊祜而立的碑石。

⑥胡罴(pí):字季象。淮南寿春(今安徽寿县)人。

⑦周访:字士达。晋大臣。

【译文】

　　沔水又流经桃林亭东面,又流经岘山东面,山上有一座桓宣修筑的
城,孙坚就死在这里。又有一块桓宣碑。羊祜镇守襄阳的时候,曾与邹
润甫登临山上。羊祜死后,后人在他旧游之处立了一块石碑,游人看到
石碑,往往会感慨悲思,所以杜元凯称它为堕泪碑。山上还有征南将军
胡罴碑及征西将军周访碑。山下的水中,就是杜元凯沉碑处。

　　沔水又东南迳蔡洲①,汉长水校尉蔡瑁居之②,故名蔡
洲。洲东岸西有洄湖③,停水数十亩,长数里,广减百步④,
水色常绿。杨仪居上洄⑤,杨颙居下洄⑥,与蔡洲相对。

【注释】

①蔡洲:在今湖北襄阳。

②蔡瑁：字德珪。襄阳人。刘表妻弟。后归曹操，历任从事中郎、司
　马、长水校尉，封爵汉阳亭侯。

③洄湖：《水经注疏》熊会贞按："在今襄阳县东南。"

④减：不足。

⑤杨仪：字威公。襄阳人。三国时蜀汉将领。

⑥杨颙：字子昭。荆州人。三国时蜀汉官员。

【译文】

沔水又向东南流经蔡洲，汉时长水校尉蔡瑁住在这里，所以取名蔡
洲。洲东岸西有个洄湖，积水面积数十亩，长数里，宽不到百步，水色常
绿。杨仪住在上洄，杨颙住在下洄，与蔡洲相对。

　　在岘山南广昌里，又与襄阳湖水合①。水上承鸭湖②，
东南流迳岘山西，又东南流注白马陂③。水又东入侍中襄阳
侯习郁鱼池④。郁依范蠡《养鱼法》作大陂⑤，陂长六十步，
广四十步，池中起钓台。池北亭，郁墓所在也。列植松篁于
池侧沔水上⑥，郁所居也。又作石洑逗引大池水于宅北作小
鱼池⑦，池长七十步，广二十步。西枕大道，东北二边限以高
堤，楸竹夹植⑧，莲茨覆水⑨，是游宴之名处也。山季伦之镇
襄阳⑩，每临此池，未尝不大醉而还，恒言此是我高阳池。故
时人为之歌曰：山公出何去？往至高阳池。日暮倒载归⑪，
酩酊无所知。其水下入沔。

【注释】

①襄阳湖水：即襄水。

②鸭湖：《水经注疏》杨守敬按："《襄阳县志》，鸭湖在县西，山水汇
　而为湖，无源之水也。"

③白马陂：《水经注疏》熊会贞按："《舆地纪胜》，白马山在襄阳县东南十里，以白马泉名，所云白马泉，指此陂水也。"

④侍中：官名。秦始置，两汉沿袭。正规官职外的加官之一。侍从皇帝左右，出入宫廷。习郁鱼池：故址在今湖北襄阳。习郁，字文通。襄阳人。东汉刘秀时人。光武褒其前功，封襄阳侯。

⑤《养鱼法》：书名。托言范蠡撰。内容为修鱼池、养鱼苗、饲养技术等。

⑥松篁：松与竹。篁，泛指竹子。

⑦石泆（fú）逗：石头砌成的埋在地下的暗沟。泆，水伏流地下。逗，通"窦"。洞穴。

⑧楸（qiū）竹：楸树和翠竹。

⑨芡（qiàn）：水生植物。亦名鸡头。

⑩山季伦：即山简，字季伦。山涛之子。西晋官吏。

⑪倒载：指酩酊大醉倒在车中之状。

【译文】

沔水在岘山南的广昌里，又与襄阳湖水汇合。此水上游承接鸭湖，往东南流经岘山西，又往东南流，注入白马陂水。接着又往东流，注入侍中襄阳侯习郁的鱼池。习郁根据范蠡的《养鱼法》，造了个大池塘，塘长六十步，宽四十步，池中筑了钓台。池北的亭子，就是习郁墓所在的地方。在池边的沔水岸边种了一片松林和竹林，这就是习郁的住处。他用石块砌了一条弯曲的暗沟，把大池中的水引到住宅北面，造了个小鱼池。小鱼池长七十步，宽二十步。西边紧靠大路，东北两边筑了高堤，堤岸两边种遍楸树和翠竹，池中莲芡覆盖着水面，真是游乐宴饮的好去处。山季伦镇守襄阳的时候，每次来到这里游乐，没有不喝得大醉才回去的，并且还经常说：这是我的高阳池。因此当时人作歌说：山公出门哪里去？去到高阳池。天晚倒载着回来，醉得什么也不知。水往下流，注入沔水。

　　沔水西又有孝子墓①。河南秦氏性至孝，事亲无倦。亲没之后，负土成坟，常泣血墓侧。人有咏《蓼莪》者②，氏为泣涕，悲不自胜。于墓所得病，不能食，虎常乳之，百余日卒。今林木幽茂，号曰孝子墓也。其南有蔡瑁冢③，冢前刻石为大鹿状，甚大，头高九尺，制作甚工。

【注释】

①孝子墓：《水经注疏》熊会贞按："墓在今襄阳县东南。"
②《蓼莪（lù é）》：即《诗经·小雅·蓼莪》。《诗小序》："民人劳苦，孝子不得终养尔。"孔颖达疏："民人劳苦，致令孝子不得于父母终亡之时而侍养之。"是子女追慕双亲抚养之德并悼念父母的诗篇。
③蔡瑁冢：《水经注疏》熊会贞按："墓在今襄阳县东南。"

【译文】

沔水西岸又有孝子墓。河南秦氏生性极为孝顺，侍奉双亲从不知厌倦。父母亡故后，亲自背土筑坟，经常在墓旁悲哭。有人吟咏《蓼莪》，秦氏听了涕泪交流，悲伤不已。他在墓地得了病，吃不下东西，有一只老虎常用乳来喂他，一百多天后他就死了。现在墓地林木幽深茂盛，人们称它为孝子墓。墓南有蔡瑁墓，墓前有一头石刻巨鹿像，很大，头高九尺，制作极其精致。

　　沔水又东南迳邑城北①，习郁襄阳侯之封邑也，故曰邑城矣。

【注释】

①邑城：在今湖北襄阳西南。

【译文】

沔水又往东南流经邑城北面，是习郁襄阳侯的封邑，因此称邑城。

沔水又东合洞口。水出安昌县故城东北大父山①,西南流谓之白水②。又南迳安昌故城东,屈迳其县南。县,故蔡阳之白水乡也③。汉元帝以长沙卑湿④,分白水、上唐二乡为春陵县⑤。光武即帝位,改为章陵县,置园庙焉⑥。魏黄初二年⑦,更从今名,故义阳郡治也⑧。白水又西南流而左会昆水⑨。水导源城东南小山,西流迳金山北⑩,又西南流迳县南,西流注于白水。水北有白水陂,其阳有汉光武故宅⑪,基址存焉。所谓白水乡也,苏伯阿望气处也⑫。光武之征秦丰⑬,幸旧邑,置酒极欢。张平子以为⑭,真人南巡,观旧里焉⑮。《东观汉记》曰⑯:明帝幸南阳⑰,祀旧宅,召校官子弟作雅乐⑱,奏《鹿鸣》⑲,上自御埙篪和之⑳,以娱宾客,又于此宅矣。白水又西合浕水。水出于襄乡县东北阳中山㉑,西迳襄乡县之故城北。按《郡国志》㉒,是南阳之属县也。浕水又西迳蔡阳县故城东,西南流注于白水。又西迳其城南。建武十三年㉓,世祖封城阳王祉世子本为侯国㉔。应劭曰:蔡水出蔡阳,东入淮。今于此城南更无别水,惟是水可以当之。川流西注,苦其不东,且淮源阻碍㉕,山河无相入之理㉖,盖应氏之误耳。洞水又西南流注于沔水。

【注释】

①安昌县:三国魏黄初二年(221)改章陵县置,属南阳郡。治所在今湖北枣阳南三十里。大父山:又名大阜山、大府山。在今湖北枣阳东北。

②白水:即今湖北枣阳南白水河。

③蔡阳:即蔡阳县。战国秦置,属南郡。治所在今湖北枣阳西四十

里翟家古城。西汉属南阳郡。东汉改为蔡阳侯国。三国魏复为
蔡阳县。西晋属义阳郡。南朝宋大明初废。白水乡:在今湖北枣
阳南三十里。

④汉元帝:即刘奭(shì)。汉宣帝子。长沙:即长沙郡。战国秦置。
治所在临湘县(今湖南长沙)。卑湿:地势低下潮湿。

⑤上唐:属春陵县。即今湖北随县西北唐县镇。春陵县:秦置,属长
沙郡。治所在今湖南宁远东北五十里。初元四年(前45)徙废。
三国吴复置。移治今宁远西。

⑥园庙:帝王墓地所建的宗庙。

⑦黄初二年:221年。黄初,三国魏文帝曹丕的年号(220—226)。

⑧义阳郡:三国魏文帝时置,属荆州。治所在安昌县(今湖北枣阳南)。

⑨昆水:即今湖北枣阳东南白水支流昆河。

⑩金山:《水经注疏》熊会贞按:"此山在今枣阳县(今湖北枣阳)东
南。"

⑪汉光武故宅:《水经注疏》熊会贞按:"《元和志》,汉世祖宅在枣阳
县东南三十里。宅南三里有白水。"

⑫苏伯阿望气处:《后汉书·光武帝纪》:"后望气者苏伯阿为王莽使
至南阳,遥望见春陵郭,唶曰:'气佳哉! 郁郁葱葱然。'"望气,古
代的一种占候术。观察云气以预测吉凶。

⑬秦丰:王莽末农民起义军首领。

⑭张平子:即张衡。

⑮真人南巡,观旧里焉:语见《文选·张衡〈南都赋〉》:"皇祖止焉,
光武起焉。据彼河洛,统四海焉。本枝百世,位天子焉。永世克孝,
怀桑梓焉。真人南巡,睹旧里焉。"真人,指天子。

⑯《东观汉记》:书名。又名《东观记》。班固、刘珍等人以纪传
体撰写的一部记载东汉历史的史书。《隋书·经籍志》著录为
一百四十三卷,记事起于光武帝,终于灵帝。

⑰明帝：东汉明帝刘庄。光武帝刘秀之子。

⑱校官：汉代指地方学校。雅乐：典雅纯正的音乐。多指帝王朝贺、祭祀天地、宴享等场合时所演奏的音乐。

⑲《鹿鸣》：古代宴群臣嘉宾所用的乐歌。源于《诗经·小雅·鹿鸣》。《诗小序》："燕群臣嘉宾也。既饮食之，又实币帛筐筐以将其厚意，然后忠臣嘉宾得尽其心矣。"

⑳御：古代对帝王所作所为及所用物的敬称。埙篪（xūn chí）：古代两种乐器。埙，吹奏乐器。多用陶土烧制而成，也有木、骨或石制的，多为上小下大的鸡蛋形，有一至十几个孔。篪，古代的竹管乐器，像笛子，有数量不等的孔。

㉑襄乡县：东汉置，属南阳郡。治所在今湖北枣阳东北。

㉒《郡国志》：晋司马彪《续汉书》篇名。记述东汉时期全国行政区划、人口以及《春秋》和"前三史"所载征伐、会盟所在的地名。

㉓建武十三年：37年。建武，东汉光武帝刘秀的年号（25—56）。

㉔城阳王祉：即刘祉，字巨伯。光武族兄，春陵康侯刘敞之子。建武二年封为城阳王。本：《后汉书·城阳王祉传》作平。译文用平。

㉕淮源：淮水源流。

㉖相入之理：相互穿透的道理。

【译文】

沔水又往东流，在洞口与洞水汇合。洞水发源于安昌县旧城东北的大父山，向西南流，称为白水。又向南流经安昌旧城东面，拐弯向南流经县南。安昌县是从前蔡阳的白水乡。汉元帝以为长沙土地低洼潮湿，划分出白水、上唐两乡，设立了春陵县。光武帝即位后，改名为章陵县，在那里修筑了陵墓宗庙。魏黄初二年，又改为今名，是旧义阳郡的治所。白水又向西南流，在左面汇合了昆水。昆水发源于县城东南的小山，向西流经金山北，又向西南流经县南，西流注入白水。白水北面有白水陂，陂北有汉光武帝故居，今天遗址还在。这就是所谓白水乡，是苏伯阿望气的地方。光武帝征讨秦丰的时候，临幸故乡，大摆酒宴，极其高兴。张平子把这件事描写成真人南巡来看看故乡。《东观汉记》说：明帝巡幸南阳，祭祀旧宅，召集校官子弟来作雅乐，演奏《鹿鸣》，皇上亲自吹埙篪伴奏，以娱宾客，也是在这旧宅里。白水又往西流与洈水汇合。洈水发源于襄乡县东北的阳中山，向西流经襄乡县旧城北面。据《郡国志》，这是南阳的属县。洈水又往西流经蔡阳县旧城东面，往西南流注入白水。白水又向西流经蔡阳城南边。建武十三年，世祖把这里封给城阳王祉的世子平，立为侯国。应劭说：蔡水发源于蔡阳，往东流注入淮水。今天，在此城南没有其他的水，只有这条水可以对得上。川流只向西流，就是不向东流，况且淮水的源流受地形的阻碍，山脉和河流也没有互相穿透的道理，这是应氏弄错了。洈水又向西南流，注入沔水。

又东过中庐县东①，维水自房陵县维山东流注之②。

县，即《春秋》庐戎之国也③。县故城南有水出西山，山有石穴出马，谓之马穴山④。汉时有数百匹马出其中，马形小，似巴滇马⑤。三国时，陆逊攻襄阳⑥，于此穴又得马数十匹送建业⑦。蜀使至，有家在滇池者⑧，识其马毛色，云其父所乘马，对之流涕。其水东流百四十里迳城南，名曰浴马港，言初得此马，洗之于此，因以名之。亦云乘出沔次浴之，又曰洗马厩。渡沔宿处，名之曰骑亭⑨。然候水诸蛮北遏是水⑩，南壅维川，以周田溉。下流入沔。

【注释】

①中庐县：治所在今湖北襄阳西南。

②维水：亦作淮水。即今湖北襄阳维水。维山：在今湖北南漳东北。

③《春秋》庐戎之国：在《左传》中有相关记载。庐戎，又称卢戎，在今湖北襄阳西南。

④马穴山：在今湖北南漳北。

⑤巴滇马：一种体型小的马。

⑥陆逊：字伯言。吴郡吴县（今江苏苏州）人。三国时吴大臣。

⑦建业：今江苏南京。

⑧滇池：又称滇池泽。即今云南中部之滇池。

⑨骑亭：即下文的骑城。《水经注疏》杨守敬按："在今宜城县（今湖北宜城）东北。"

⑩候水诸蛮：《水经注疏》杨守敬按："《后汉书·南蛮传》：楚武王时，蛮与罗子共败楚师，即此蛮也。《左传》谓之庐戎。"

【译文】

沔水又往东流过中庐县东面，维水从房陵县的维山东流注入。

中庐县就是《春秋左传》中记载的庐戎之国。该县旧城南有一条水，发源于西山，山里有个石洞曾跑出马来，称为马穴山。汉朝时洞里跑出数百匹马，这些马体型小，很像巴滇马。三国时，陆逊进攻襄阳，在这个石洞中又得了数十匹马送到建业。后来虞使到了建业，其中有个家住滇池的人，认得他家那匹马的毛色，说这是他父亲所骑的马，因而对马落泪。这条水东流一百四十里经过城南，叫浴马港，据说刚得到这些马时，在这里洗马，因此得名。也有说骑着这些马到沔水岸边洗澡的，又名为洗马厩。渡沔水时留宿之处名为骑亭。但当地蛮族在北面堵了这条水，在南面又截断维川，引水来灌溉田亩。下游注入沔水。

沔水东南流迳犁丘故城西①，其城下对缮州②，秦丰居之，故更名秦洲。王莽之败也，秦丰阻兵于犁丘。犁丘城在观城西二里③。建武三年，光武遣征南岑彭击丰④；四年，朱祐自观城擒丰于犁丘是也⑤。

【注释】

①犁丘故城：在今湖北宜城西北。

②缮州：一作缮洲。在今湖北宜城西北。

③观城：当在今湖北宜城北。

④征南：即征南将军。岑彭：字君然。南阳棘阳（今河南南阳东南）人。
　　王莽时为本县长。后归光武帝刘秀，以为邓禹军师。击秦丰有功，
　　封为舞阴侯。

⑤朱祐：字仲先。南阳宛（今河南南阳）人。东汉初将领。

【译文】

　　沔水往东南流经犁丘旧城西面，旧城下对缮州，秦丰居住在这里，所
以又改名为秦洲。王莽战败，秦丰拥兵于犁丘。犁丘城在观城西二里。
建武三年，光武帝派遣征南将军岑彭攻打秦丰；四年，朱祐从观城进兵，
在犁丘擒获了秦丰。

　　沔水又南与疏水合①。水出中庐县西南，东流至邔县北
界②，东入沔水，谓之疏口也③。水中有物如三四岁小儿，鳞
甲如鲮鲤④，射之不可入。七、八月中，好在碛上自曝，膝头
似虎，掌爪常没水中，出膝头。小儿不知，欲取弄戏，便杀人。
或曰，人有生得者，摘其皋厌⑤，可小小使⑥。名为水虎者也⑦。

【注释】

①疏水：在今湖北宜城西北。

②邔（qǐ）县：秦置，属南郡。治所在今湖北宜城东北。东汉为侯国。
　　三国魏复为邔县，属襄阳郡。

③疏口：疏水与沔水交汇处。在今湖北西北。

④鲮（líng）鲤：即穿山甲。

⑤皋厌：鼻子。一说指水虎的生殖器。

⑥小小：通“少少（shāo）”。稍微。

⑦水虎：陈桥驿按，从《注》文记载的地区和实物的形状来看，这种被称为水虎的动物，应该是今天我们所称的扬子鳄。

【译文】

沔水又向南流，与疎水汇合。疎水发源于中庐县西南，向东流到邔县北界，东流注入沔水，汇流处称为疎口。水中有一种动物，像三四岁的小孩，身上有类似穿山甲的鳞，箭也射不进去。七、八月间，喜欢在沙滩上晒太阳，膝头像虎，脚掌和爪子常没在水中，只露出膝头。小孩子不知道，想去拿来玩，它便会把人弄死。有人说，如果能捉住一只活的，把它的鼻子割下，就可以驯服它。这种动物叫水虎。

又南过邔县东北，

沔水之左有骑城，周回二里余，高一丈六尺，即骑亭也。县，故楚邑也，秦以为县。汉高帝十一年①，封黄极忠为侯国②。县南有黄家墓③，墓前有双石阙④，雕制甚工，俗谓之黄公阙。黄公名尚，为汉司徒⑤。

【注释】

①汉高帝十一年：前196年。

②黄极忠：《史记》作黄极中。秦末，初为盗首；后投临江王共敖。又降汉。以功封侯。

③黄家墓：《水经注疏》杨守敬按：“墓在今宜城县（今湖北宜城）东北。”

④石阙（què）：古代神庙、坟墓前竖立的石雕，作铭记官爵、功绩或装饰用。

⑤司徒：官名。西周始置，春秋沿置。职掌治理民事、掌握户口、官司籍田等。秦罢司徒置丞相，汉因之。汉哀帝时更名为大司徒。

东汉时改称为司徒。

【译文】

沔水又往南流过邔县东北，

沔水的左边有一座骑城，周围二里余，高一丈六尺，就是骑亭。邔县是从前楚国的城邑，秦时立为县。汉高帝十一年，把这地方封给黄极忠，立为侯国。县南有黄家墓，墓前有一对石阙，雕刻极为精致，俗称黄公阙。黄公名尚，是汉朝的司徒。

沔水又东迳猪兰桥①，桥本名木兰桥，桥之左右丰蒿获。于桥东，刘季和大养猪，襄阳太守曰：此中作猪屎臭，可易名猪兰桥，百姓遂以为名矣。桥北有习郁宅②，宅侧有鱼池，池不假功，自然通洫，长六七十步，广十丈，常出名鱼。

【注释】

①猪兰桥：《水经注疏》杨守敬按："桥在今宜城县（今湖北宜城）东北。"

②习郁宅：《水经注疏》杨守敬按："前叙郁大小鱼池及宅，在今襄阳县南；此又一池宅则在今宜城县东。"

【译文】

沔水又往东流经猪兰桥，原名木兰桥，桥的左右两边青蒿芦获很多。刘季和在桥东养了很多猪，襄阳太守说：这里猪屎很臭，可改名为猪兰桥，于是百姓也就这么叫了。桥北有习郁的住宅，屋旁有一个鱼池，这口池没有耗费人工，沟水自然流通。池长六七十步，宽十丈，常出产名鱼。

沔水又南得木里水会①。楚时于宜城东穿渠②，上口去城三里。汉南郡太守王宠又凿之③，引蛮水灌田④，谓之木里沟。迳宜城东而东北入于沔，谓之木里水口也。

【注释】

①木里水：又称木里沟、木渠。在今湖北宜城东。

②宜城：在今湖北宜城东南十五里楚皇城遗址。

③南郡：秦昭王二十九年（前278）置。治所在郢（今湖北荆州故江
　陵县城西北纪南城）。后徙治江陵县（今湖北荆州故江陵县城）。
　王宠：东汉人。南郡太守。曾带领众人开凿木里沟渠，引鄢水灌
　田七百顷。其余具体不详。

④蛮水：又名鄢水、夷水。即今湖北西北部蛮河。

【译文】

沔水又往南流，与木里水汇合。楚时在宜城东开凿了一条水渠，水
渠上口距离宜城三里。汉朝南郡太守王宠又继续开凿，引蛮水来灌溉农
田，这条水渠叫木里沟。沟水流经宜城东，而后往东北注入沔水，汇流处
叫木里水口。

又南过宜城县东，夷水出自房陵，东流注之。

夷水，蛮水也。桓温父名夷，改曰蛮水①。夷水导源中
庐县界康狼山②，山与荆山相邻③。其水东南流，历宜城西
山，谓之夷溪。又东南迳罗川城④，故罗国也⑤。又谓之鄢水，
《春秋》所谓楚人伐罗渡鄢者也⑥。夷水又东南流与零水合⑦，
零水即溓水也⑧。上通梁州没阳县之默城山⑨，司马懿出沮
之所由⑩。其水东迳新城郡之溓乡县⑪，县分房陵立，谓之溓
水。又东历軨乡⑫，谓之軨水。晋武帝平吴⑬，割临沮之北乡、
中庐之南乡立上黄县⑭，治軨乡。溓水又东历宜城西山，谓
之溓溪；东流合于夷水，谓之溓口也⑮。与夷水乱流东出，谓

之淇水,迳蛮城南⑯,城在宜城南三十里。《春秋》莫敖自罗败退,及鄢,乱次以济淇水,是也⑰。夷水又东注于沔。

【注释】

①桓温父名夷,改曰蛮水:桓温父名彝。官宣城太守。此处将夷水改名蛮水,盖嫌音之相同。桓温,字元子。谯国龙亢(今安徽怀远西北)人。东晋名臣。

②康狼山:在今湖北南漳西八十里。

③荆山:在今湖北南漳西。

④罗川城:在今湖北南漳东南清河镇附近。

⑤故罗国:春秋国名。

⑥楚人伐罗渡鄢:事见《左传·桓公十三年》:"十三年春,楚屈瑕伐罗,斗伯比送之,还谓其御曰:'莫敖必败。举趾高,心不固矣。'……及鄢,乱次以济,遂无次。"

⑦零水:即今湖北南漳西南之蛮河。

⑧沶:音 yí。

⑨没阳县:《水经注疏》熊会贞按:"没阳县无考,当有误。"

⑩司马懿(yì):字仲达。河内温县(今河南温县)人。三国魏权臣。其孙司马炎代魏称帝,建立晋朝,追尊他为宣帝。沮:即沮水,亦作睢水。即今湖北西部长江支流沮河、沮漳河。

⑪新城郡:三国魏黄初元年(220)改房陵郡置,属荆州。治所在房陵县(今湖北房县)。沶乡县:一作祁乡县。三国魏置,属新城郡。治所在今湖北南漳西蛮河旁长坪镇附近。

⑫轪(líng)乡:当在今湖北宜城境内。

⑬晋武帝:即司马炎,字安世。温县(今河南温县)人。司马昭之子。西晋建立者。

⑭临沮:即临沮县。西汉置,属南郡。治所在今湖北远安西北,以临

沮水为名。上黄县：西晋置，属襄阳郡。治所在今湖北南漳东南
　　五十里。

⑮泺口：泺水入鄢水之口。在今湖北南漳东。

⑯蛮城：在今湖北宜城南。

⑰"《春秋》莫敖自罗败退"几句：见前注⑥。莫敖，楚官名。相当于
　　司马，掌军务。这里指屈瑕，楚武王之子，芈姓，熊氏，名瑕。

【译文】

沔水又往南流过宜城县东，夷水发源于房陵县，往东流注入。

夷水就是蛮水。桓温的父亲名夷，为避讳改名为蛮水。夷水发源于
庐县边界的康狼山，山与荆山相邻。水往东南流，经过宜城西山，称为夷
溪。又往东南流经罗川城，这里从前是罗国。夷溪也称为鄢水，《春秋左
传》里所说的楚人伐罗，渡过鄢水，就是这条水。夷水又往东南流，与零
水汇合，零水就是泺水。上源通梁州沒阳县的默城山，司马懿出沮水就
取道于此山。泺水往东流经新城郡的泺乡县，该县是从房陵县分出来而
设立的，因而称此水为泺水。泺水又往东流经轵乡，称为轵水。晋武帝
平定吴国，把临沮的北乡、中庐的南乡分出来设立上黄县，县治在轵乡。
泺水又往东流经宜城西山，称为泺溪；又东流与夷水汇合，汇流处称为泺
口。泺溪与夷水乱流东出，称为淇水，流经蛮城南，蛮城在宜城南面三十
里。《春秋左传》记载，莫敖在罗打了败仗，退到了鄢，队伍混乱，渡过淇
水。夷水又往东流，注入沔水。

　　昔白起攻楚①，引西山长谷水②，即是水也。旧堨去城
百许里③，水从城西灌城东，入注为渊，今熨斗陂是也④。水
溃城东北角，百姓随水流，死于城东者数十万，城东皆臭，因
名其陂为臭池⑤。后人因其渠流，以结陂田。城西陂，谓之
新陂，覆地数十顷。西北又为土门陂⑥。从平路渠以北、木

兰桥以南，西极土门山⑦，东跨大道，水流周通，其水自新陂东入城。城，故鄢郢之旧都，秦以为县，汉惠帝三年改曰宜城⑧。其水历大城中，迳汉南阳太守秦颉墓北⑨。墓前有二碑。颉，鄢人也，以江夏都尉出为南阳太守⑩，迳宜城中，见一家东向，颉住车视之，曰：此居处可作冢。后卒于南阳，丧还⑪，至昔住车处，车不肯进。故更为市此宅葬之，孤坟尚整。城南有宋玉宅⑫。玉，邑人，隽才辩给，善属文而识音也。其水又迳金城前⑬，县南门有古碑犹存。其水又东出城，东注臭池。臭池溉田，陂水散流，又入朱湖陂⑭。朱湖陂亦下灌诸田。余水又下入木里沟。木里沟是汉南郡太守王宠所凿故渠，引鄢水也，灌田七百顷。白起渠溉三千顷⑮，膏良肥美，更为沃壤也。县有太山⑯，山下有庙。汉末名士居⑰，其中刺史、二千石卿长数十人⑱，朱轩华盖⑲，同会于庙下。荆州刺史行部见之⑳，雅叹其盛㉑，号为冠盖里而刻石铭之㉒。此碑于永嘉中始为人所毁㉓，其余文尚有可传者。其辞曰：峨峨南岳㉔，烈烈离明㉕。寔敷俊乂㉖，君子以生。惟此君子，作汉之英。德为龙光㉗，声化鹤鸣㉘。此山以建安三年崩，声闻五六十里，雉皆屋雊㉙，县人恶之，以问侍中庞季㉚。季云：山崩川竭，国土将亡之占也㉛。十三年，魏武平荆州，沔南凋散㉜。

【注释】

①白起：秦朝名将。郿（今陕西眉县）人。善用兵，事秦昭王。以上将军击赵于长平，前后坑斩首虏四十五万。

②引西山长谷水：《水经注疏》杨守敬按："昔白起攻楚，引西山谷水

两道,争灌鄢城。一道使沔北入,一道使沔南入,遂拔之。《寰宇记》
宜城县西三十里有白公湍。"

③旧堨(è):旧堰坝。

④熨斗陂:《水经注疏》熊会贞按:"《类聚》九引《襄阳耆旧记》,宜城
县东北角有熨斗陂。"

⑤臭池:又名臭湖、臭陂。在今湖北宜城东楚皇城东。

⑥土门陂:《水经注疏》杨守敬按:"陂在今宜城县西南。"

⑦土门山:在今湖北襄阳。

⑧汉惠帝三年:前192年。

⑨秦颉墓:《水经注疏》杨守敬按:"墓在今宜城县南故城中。"

⑩江夏都尉:即江夏郡的都尉,辅佐郡守并掌全郡的军事。江夏,即
江夏郡。西汉高帝六年(前201)置。治所在西陵县(今湖北武汉
新洲区西二里)。

⑪丧:尸首。

⑫宋玉:战国楚鄢人。辞赋家。

⑬金城:内城,小城。

⑭朱湖陂:《水经注疏》杨守敬按:"陂当在臭池东。"

⑮白起渠:一名长渠。自今湖北南漳东引蛮河北源,东至今宜城南
会木里沟入江汉。相传为战国时秦将白起攻楚时所修。

⑯太山:《水经注疏》杨守敬按:"山在今宜城县南。"

⑰汉末名士居:一本作汉末多士。

⑱二千石卿长:指郡守、诸侯相。汉代百官以俸禄多寡为等差,郡守、
诸侯王国相皆秩二千石,遂以为称。

⑲朱轩:红漆车。华盖:帝王或贵官车上的伞盖。二者皆为古时达
官贵人所乘。

⑳行部:这里指刺史遵照皇帝诏书所颁列的条令督察各部郡国。

㉑雅叹:极其赞叹,大加赞赏。

㉒冠盖里：《水经注疏》杨守敬按："《玉海》六十引《国史志》，襄阳有冠盖里，在今襄阳县南，接宜城县界。"

㉓永嘉：西晋怀帝司马炽（chì）的年号（307—312）。

㉔南岳：这里指太山（在今湖北宜城南）。

㉕离明：阳光。

㉖俊乂（yì）：才德出众的人。

㉗德为龙光：德行如龙身上的光芒一样非同寻常。

㉘声化鹤鸣：名声如仙鹤一样声闻于天。

㉙雉：鸟名。通称野鸡。屋：《水经注疏》熊会贞按："当作喔。"雊（gòu）：野鸡鸣叫声。

㉚庞季：刘表部下，官侍中。

㉛占：征兆，前兆。

㉜凋散：凋敝残败。

【译文】

从前白起进攻楚国，引西山长谷水灌城，就是这条水。旧堰离城约百里，当时水从城西向东灌入城中，流注形成深潭，就是今天的熨斗陂。水冲毁了城的东北角，百姓随水漂流，淹死在城东的有数十万，城东一带臭气熏天，因此把这片陂塘称为臭池。后人就沿用这条渠道，筑成陂塘，来浇灌田亩。城西陂称为新陂，占地数十顷。西北又形成土门陂。从平路渠以北、木兰桥以南，西到土门山，东跨大路，水流四面畅达，水从新陂东流入城。此城是从前鄢郢的旧都，秦立为县，汉惠帝三年改名为宜城。新陂水从大城中流过，经汉朝南阳太守秦颉墓北。墓前有两块石碑。秦颉是郡人，从江夏都尉升任南阳太守，上任时经过宜城城内，看见一家朝东的房子，他停车观看，说：这个住人的地方可以筑墓。后来他死于南阳，运送灵柩回乡，到了昔日停车处，车子不肯前进。他的属吏购买了那所住宅，把他安葬了，现在那座孤坟还很完整。城南有宋玉的住宅。宋玉是本城人，才智出众，能言善辩，擅长写作而又精通音乐。这条水又流经金城前，县南门有一块古碑还在。水又往东流，出城后注入臭池。臭池灌溉农田，陂水散流，又注入朱湖陂。朱湖陂亦引水灌溉各处农田。多余的水又排入木里沟。木里沟是汉朝南郡太守王宠开凿的旧渠道，引来鄢水灌溉农田七百顷。白起渠灌溉三千顷，都是良田沃野，土壤更加肥美。该县有座太山，山下有庙。汉朝末年有很多士人，其中刺史、二千石卿长数十人，乘坐着豪华的车马，纷纷来庙下会聚。荆州刺史巡行时看到这种盛况，赞叹不已，就把这地方取名为冠盖里，而且刻石纪念。这块石碑到永嘉年间才被人毁坏，但留下的文章还有值得传诵的地方。赞辞说：那巍峨的南山，阳光灿烂。这里英才济济，人杰应运而生。只有这些人杰呵，是大汉的精英。德行如龙身上的光芒一样耀眼，名声如仙鹤一样声闻于天。这座山于建安三年崩塌，轰鸣声传到五六十里以外，雏鸡都叫起来，当地百姓以为不吉而感到讨厌，就去询问侍中庞季。庞季说：山崩河干，这是国家将亡的征兆。十三年，魏武帝平定了荆州，沔南衰落下去，人民也逃散了。

　　沔水又迳鄀县故城南①，古鄀子之国也。秦、楚之间，自商密迁此②，为楚附庸，楚灭之以为邑。县南临沔津，津南有石山，上有古烽火台。县北有大城③，楚昭王为吴所迫④，自纪郢徙都之⑤。即所谓鄾、鄀、卢、罗之地也，秦以为县。

【注释】

①鄀（ruò）县：三国魏改鄀国置，属襄阳郡。治所在今湖北宜城东南。

②商密：本春秋下鄀国都，楚灭之为邑。在今河南淅川县西南。

③大城：即楚昭王大城。《水经注疏》熊会贞按："盖在故鄀县（今湖北宜城东南）东北五里也。"

④楚昭王：芈姓，熊氏，名壬，又名轸（珍）。楚平王之子。春秋时期楚国国君。

⑤纪郢：即楚都郢（今湖北荆州故江陵西北纪南城）。

【译文】

沔水又流经郡县旧城南面，这里是古时的郡子国。郡子国在秦、楚之间，是从商密迁到这里的，起初做楚的附庸，后来楚灭了它，成为楚邑。郡县南临沔水，水南有一座石山，山上有古时的烽火台。县北有大城，楚昭王被吴所迫，从纪郢迁都到这里。这就是所谓鄢、郡、卢、罗之地，秦朝时设立为县。

沔水又东，敖水注之①。水出新市县东北②，又西南迳太阳山西③，南流迳新市县北，又西南而右合枝水④。水出大洪山⑤，而西南流迳襄阳郡县界，西南迳狄城东南⑥，左注敖水。敖水又西南流注于沔，寔曰敖口。

【注释】

①敖水：在今湖北钟祥北。

②新市县：南朝宋改南新市县置，属竟陵郡。治所在今湖北京山市东北。

③太阳山：一作大阳山。即今湖北京山市北许家寨。

④枝水：即今湖北钟祥北长寿河。

⑤大洪山：在今湖北随州西南一百二十里，接钟祥及京山县界。

⑥狄城：当作湫城。《水经注疏》熊会贞按："湫、狄又形近，致讹耳。在今钟祥北。"

【译文】

沔水又东流，敖水注入。敖水发源于新市县东北，又往西南流经太阳山西面，向南流经新市县北面，又往西南流，在右面汇合了枝水。枝水发源于大洪山，往西南流经襄阳郡县边界，往西南流经湫城东南，从左面注入敖水。敖水又往西南流，注入沔水，汇流处称为敖口。

沔水又南迳石城西①,城因山为固,晋太傅羊祜镇荆州立。晋惠帝元康九年②,分江夏西部置竟陵郡③,治此。

【注释】

①石城:三国吴建。在今湖北钟祥。

②元康九年:299年。元康,西晋惠帝司马衷的年号(291—299)。

③江夏:即江夏郡。

【译文】

沔水又往南流经石城西面,石城依山而筑,非常坚固,是晋太傅羊祜镇守荆州时所筑。晋惠帝元康九年划分出江夏西部设置了竟陵郡,郡治就在此城。

沔水又东南与臼水合①。水出竟陵县东北聊屈山②,一名卢屈山,西流注于沔。鲁定公四年③,吴师入郢,昭王奔随④,济于成臼⑤,谓是水者也。

【注释】

①臼水:在今湖北钟祥东南。

②竟陵县:战国楚置。后入秦,属南郡。治所在今湖北潜江西北。西汉元狩二年(前121)改属江夏郡。西晋属竟陵郡。南齐为竟陵郡治。聊屈山:一名卢屈山。在今湖北钟祥东。

③鲁定公四年:前506年。

④昭王:即楚昭王。随:西周国名。姬姓。都城在今湖北随州。

⑤济于成臼:事见《左传·定公五年》:“王之奔随也,将涉于成臼。”成臼,指成臼水。成臼河源出湖北京山市聊屈山,古时西南流入沔水,今已改道。

【译文】

沔水又往东南流，与白水汇合。白水发源于竟陵县东北的聊屈山，又名卢屈山，向西流注于沔水。鲁定公四年，吴国军队攻入郢都，楚昭王逃奔到随，渡过成白，就是指这条水。

又东过荆城东①，

沔水自荆城东南流，迳当阳县之章山东②。山上有故城，太尉陶侃伐杜曾所筑也③。《禹贡》所谓内方至于大别者也④。既滨带沔流⑤，寔会《尚书》之文矣⑥。

【注释】

①荆城：即今湖北钟祥西南石牌镇。

②当阳县：西汉置，属南郡。治所在今湖北荆门西南。东汉移治今湖北当阳。章山：即内方山。在今湖北钟祥南，邻接天门界。

③陶侃：字士行。东晋大臣。杜曾：新野（今河南新野）人。东晋大臣。

④《禹贡》：即《尚书·禹贡》。详细记载了古代九州的划分、山川的方位、物产分布以及土壤性质等。内方：即内方山。亦即前文章山。大别：即今湖北东北与安徽西南部交界处之大别山。

⑤滨带：滨临缠绕。

⑥《尚书》：书名。是我国现存最早的一部史书。其所涉及的时代，上自唐、虞，下迄春秋前期，是研究这一时期历史文化不可缺少的文献材料。主要记录古代帝王的言论。

【译文】

沔水又往东流过荆城东面，

沔水从荆城向东南流，经过当阳县章山东面。山上有旧城，是太尉陶侃征伐杜曾时所筑。《禹贡》所说的内方山至大别山，这里的内方山就是章山。沔水既流经章山，那么与《尚书》的记载是相符的了。

　　沔水又东,右会权口①。水出章山,东南流迳权城北②,古之权国也③。《春秋·鲁庄公十八年》④,楚武王克权,权叛,围而杀之,迁权于那处是也⑤。东南有那口城。权水又东入于沔⑥。

【注释】

①权口:权水与沔水交汇处。当在今湖北荆门。

②权城:古权国之都城。在今湖北荆门东南。

③权国:西周国名。

④鲁庄公十八年:前676年。

⑤“楚武王克权”几句:事见《左传·庄公十八年》:“初,楚武王克权,使斗缗尹之。以叛,围而杀之。迁权于那处,使阎敖尹之。”楚武王,熊氏,名通,一作达。春秋时楚国国君。那处,楚地名。在今湖北沙洋西南拾回桥镇。

⑥权水:在今湖北荆门东南。

【译文】

　　沔水又东流,于右面在权口与权水汇合。权水发源于章山,往东南流经权城北面,这里是古时的权国。《春秋左传·鲁庄公十八年》记载,楚武王攻克权国,权国反叛,武王包围了权国,杀了反叛者,并把权人迁到那处。东南有那口城。权水又往东流注入沔水。

　　沔水又东南与扬口合。水上承江陵县赤湖①。江陵西北有纪南城②,楚文王自丹阳徙此③,平王城之④。班固言⑤:楚之郢都也。城西南有赤坂冈⑥,冈下有渎水,东北流入城,名曰子胥渎⑦。盖吴师入郢所开也,谓之西京湖。又东北出城,西南注于龙陂⑧。陂,古天井水也,广圆二百余步,在灵溪东江堤内⑨，水至渊深，有龙见于其中，故曰龙陂。陂北有楚庄王钓台⑩，高三丈四尺，南北六丈，东西九丈。陂水又迳郢城南⑪，东北流谓之扬水⑫。

【注释】

①江陵县：战国秦置，为南郡治。治所即今湖北荆州旧江陵县。赤湖：在今湖北荆州旧江陵县西北。

②纪南城：即春秋战国时楚国郢都。在今湖北荆州故江陵县北。

③楚文王：芈姓，熊氏，名赀。楚武王之子。春秋时楚国国君。丹阳：西周、春秋初楚国都城。在今湖北秭归东南。

④平王：熊氏，名居，又名弃疾。楚共王子。春秋时楚国国君。

⑤班固：字孟坚。扶风安陵（今陕西咸阳）人。继父业编纂《汉书》，未成而死，所余"八表"由班昭完成，《天文志》由班昭和同郡马续共同完成。

⑥赤坂冈：在今湖北荆州。

⑦子胥渎：亦称西京湖。《水经注疏》杨守敬按："此子胥渎在今江陵县（今湖北荆州）西北。"

⑧龙陂：古天井水。又名龙泉、龙洲。在今湖北荆州纪南城西南。

⑨灵溪：一名零水。在今湖北荆州。

⑩楚庄王：芈姓，熊氏，名侣（一作吕、旅）。春秋楚国国君。春秋五霸之一。

⑪郢城：今湖北荆州荆州区西北纪南城。

⑫扬水：源出今湖北荆州北赤湖，东北流会东赤湖、船官湖、女观湖及柞溪水，至今潜江西北入汉水。

【译文】

沔水又往东南流，在扬口与扬水汇合。扬水上游承接江陵县赤湖。江陵县西北有纪南城，楚文王从丹阳迁到这里，平王修筑了这座城。班固说，这是楚国的郢都。城西南有赤坂冈，冈下有一条水渠，往东北流入城内，名叫子胥渎。是吴国军队入郢时开凿的，称为西京湖。渠水又向东北流出城外，向西南注入龙陂。龙陂是古时的天井水，周围二百余步，在灵溪东边的江堤内，水极深，有龙出现在陂塘中，因此称为龙陂。陂塘的北面有楚庄王的钓台，高三丈四尺，南北六丈，东西九丈。陂水又流经郢城南，向东北流，叫扬水。

又东北，路白湖水注之①。湖在大港北，港南曰中湖，南堤下曰昏官湖，三湖合为一水②，东通荒谷③。荒谷东岸有冶父城④。《春秋传》曰：莫敖缢于荒谷，群帅囚于冶父⑤。谓此处也。春夏水盛，则南通大江，否，则南迄江堤，北逐方城西⑥。方城，即南蛮府也。又北与三湖会。故盛弘之曰⑦：南蛮府东有三湖，源同一水，盖徙冶西府也。宋元嘉中⑧，通路白湖，下注扬水，以广运漕⑨。

【注释】

①路白湖水：在今湖北荆州东。
②三湖：路白湖、中湖、昏官湖。在今湖北荆州东。
③荒谷：春秋楚地。在今湖北荆州西。
④冶父城：在今湖北荆州东。
⑤莫敖缢于荒谷，群帅囚于冶父：事见《左传·桓公十三年》。
⑥方城：在今湖北荆州。
⑦盛弘之：南朝宋官吏。撰《荆州记》三卷。
⑧元嘉：南朝宋文帝刘义隆的年号（424—453）。
⑨运漕：即漕运。旧时指国家从水道运输粮食，供应京城或接济军需。

【译文】

又向东北流，路白湖水注入。湖在大港北面，港南叫中湖，南堤下叫昏官湖,三湖汇合成一条水,东面通荒谷。荒谷东岸有座冶父城。《春秋左传》说:莫敖缢死于荒谷,诸将帅被囚禁在冶父。说的就是此处。春夏水盛时,水就与南面的大江相通,否则,在南面水就到江堤为止,在北面则流经方城以西。方城就是南蛮府。又北流与三湖汇合。因此盛弘之说:南蛮府东有三湖,水源同属一条水,而方位不同,这是因为治所迁到西府的缘故。宋元嘉年间,开通了路白湖,湖水流注入扬水,扩大了运粮河道。

扬水又东历天井北[①]。井在方城北里余,广圆二里,其深不测,井有潜室[②],见辄兵。西岸有天井台[③],因基旧堤,临际水湄,游憩之佳处也。

【注释】

①天井:在今湖北荆州。

②潜室:隐藏的暗室。

③天井台:《水经注疏》熊会贞按:"《类聚》六十二引《荆州图记》,江陵县(在今湖北荆州)东有天井台,飞轩光映,背邑面河,寔郊鄽游憩之佳处也。"

【译文】

扬水又往东流经天井北面。井在方城北面一里余处,周围二里,深不可测,井水底下有房屋,出现时就有战祸。西岸有天井台,以旧堤作台基筑成,台临水岸,是游乐休息的好地方。

扬水又东北流,东得赤湖水口[①]。湖周五十里,城下陂池,皆来会同。湖东北有大暑台[②],高六丈余,纵广八尺,一名清暑台,秀宇层明,通望周博,游者登之,以畅远情。

【注释】

①赤湖：在今湖北荆州西北。

②大暑台：一名清暑台。在今湖北荆州。

【译文】

　　扬水又往东北流，东面在赤湖水口与赤湖汇合。湖的周长有五十里，城下的陂池，都汇合到这里。湖东北有大暑台，高六丈余，长宽各八尺，又名清暑台，楼台秀丽明亮，视野开阔，游人登临，可充分抒发极目远眺之情怀。

　　扬水又东入华容县①，有灵溪水，西通赤湖水口，已下多湖，周五十里，城下陂池，皆来会同②。又有子胥渎，盖入郢所开也。水东入离湖③，湖在县东七十五里。《国语》所谓楚灵王阙为石郭陂汉④，以象帝舜者也⑤。湖侧有章华台⑥，台高十丈，基广十五丈。左丘明曰⑦：楚筑台于章华之上⑧。韦昭以为章华亦地名也⑨。王与伍举登之⑩，举曰：台高不过望国之氛祥，大不过容宴之俎豆⑪。盖讥其奢而谏其失也。言此渎，灵王立台之日，漕运所由也⑫。其水北流注于扬水。

【注释】

①华容县：西汉置，属南郡。治所在今湖北监利北周家咀关西三里。

②"周五十里"几句：《水经注疏》熊会贞按："此十二字与上复，盖衍文。"

③离湖：《水经注疏》熊会贞按："《荆州府志》，湖在江陵城（在今湖北荆州）东南七十五里。今离湖桥犹存故名。"

④《国语》：书名。我国第一部国别体史书。撰者不详，相传为左丘明所作。大约成书于战国初年。全书共二十一卷，分别记载周、鲁、齐、晋、郑、楚、吴、越八国之史实。上起周穆王，下至鲁悼公。楚

灵王：芈姓，熊氏，初名围，即王位后改名虔。楚共王次子，杀侄儿楚郏敖自立。阙：穿。石郭：石制的外棺。陂：壅塞。

⑤以象帝舜：韦昭注："舜葬九疑，其山体水旋其丘，故壅汉水使旋石郭，以象之也。"

⑥章华台：楚灵王所筑。在今湖北潜江西南五十四里龙湾镇马长村。

⑦左丘明：春秋鲁太史。大约与孔子同时代。相传作《左氏春秋传》《国语》。

⑧楚筑台于章华之上：语见《国语·吴语》："昔楚灵王不君，其臣箴谏不入。乃筑台于章华之上，阙为石郭，陂汉，以象帝舜。"

⑨韦昭：字弘嗣。吴郡云阳（今江苏丹阳）人。三国吴训诂学家。后因避司马昭之讳，改为韦曜。曾依刘向所作，校定群书。

⑩王：此指楚灵王。伍举：春秋楚大夫，伍子胥祖父。因封于椒，以邑为姓，故又称椒举。

⑪台高不过望国之氛祥，大不过容宴之俎豆：这两句话的意思是说，台子建筑得再高，其目的也只不过是用来张望征兆国家吉凶祥瑞的云气；台子建筑得再大，其目的也只不过是用来容纳饮宴时的俎和豆这样的容器。言外之意，建筑高台的目的仅此而已，不必要铺张浪费，穷奢极欲。俎豆，俎和豆，古代祭祀、宴会时盛肉类等食品的两种器皿。

⑫漕运所由：《水经注疏》熊会贞按："据此则渎始于灵王，子胥入郢所开，盖因故道浚深之耳。"

【译文】

扬水又往东流入华容县境，有一条灵溪水，西通赤湖水口，下游湖泊很多，周围五十里，城下的陂池都汇合到这里。又有一条子胥渎，是伍子胥入郢时开凿的。扬水东流注入离湖，湖在县东七十五里。《国语》说：楚灵王为自己凿石棺、堵汉水，使水绕墓地旋转，就像舜墓那样。指的就是此湖。离湖旁有章华台，台高十丈，台基宽十五丈。左丘明说：楚国在章华上建筑了一座高台。韦昭认为章华也是地名。有一次，楚灵王与伍举一起登上章华台，伍举说：台高不过可望国家的凶吉之气；大小不过可放宴会的杯盘。他这样说，实际上是讥讽楚灵王的奢侈，指出他的过失。据说这条渠道，在楚灵王造台时，是运粮所经的航道。渠水北流，注入扬水。

扬水又东北与柞溪水合[①]。水出江陵县北，盖诸池散流咸所会合，积以成川。东流迳鲁宗之垒南[②]，当驿路，水上有大桥。隆安三年[③]，桓玄袭殷仲堪于江陵[④]，仲堪北奔，缢于此桥。柞溪又东注船官湖[⑤]，湖水又东北入女观湖[⑥]，湖水又东入于扬水。

【注释】

①柞溪水：在今湖北荆州。

②鲁宗之垒：《水经注疏》熊会贞按："《方舆纪要》，在（江陵）县东十里，今堙。"

③隆安三年：399 年。隆安，东晋安帝司马德宗的年号（397—401）。

④桓玄：字敬道，一名灵宝。晋大司马桓温之子。袭爵南郡公。后起兵反对司马道子，与朝廷对抗，并代晋自立，后被刘裕击败被杀。殷仲堪：东晋官吏。与桓玄起兵反对司马道子。次年，桓玄兼并荆州，殷仲堪战败自杀。

⑤船官湖：《水经注疏》熊会贞按："在今江陵县东北。"

⑥女观湖：在今湖北荆州。

【译文】

扬水又向东北流，与柞溪水汇合。柞溪水发源于江陵县北面，是由各陂塘散流出的水汇集而成为一条溪流的。向东流经鲁宗之堡垒南面，这里正好是驿路所经，水上有大桥。隆安三年，桓玄在江陵袭击殷仲堪，殷仲堪向北逃奔，最后在这座桥上自缢。柞溪又往东流注入船官湖，湖水又往东北注入女观湖，湖水又往东注入扬水。

扬水又北迳竟陵县西，又北，纳巾吐柘①。柘水，即下扬水也。巾水出县东百九十里，西迳巾城②，城下置巾水戍。晋元熙二年③，竟陵郡巾水戍得铜钟七口④，言之上府。巾水又西迳竟陵县北，西注扬水，谓之巾口。水西有古竟陵大城⑤，古郧国也。郧公辛所治⑥，所谓郧乡矣。昔白起拔郢，东至竟陵，即此也。秦以为县，王莽之守平矣。世祖建武十三年，更封刘隆为侯国⑦。城旁有甘鱼陂⑧。《左传·昭公十三年》⑨，公子黑肱为令尹⑩，次于鱼陂者也。

【注释】

①巾：指巾水。即今湖北京山市西南及天门西北石河。柘：指柘水。即下扬水。一本作夏杨水。《水经注疏》熊会贞按："下与夏音同，夏杨水详《夏水》篇。"

②巾城：在今湖北天门东北。

③元熙二年：420 年。元熙，东晋恭帝司马德文的年号（419—420）。

④巾水戍：当为巾戍山。即五华山。在今湖北天门东北。

⑤竟陵大城：竟陵郡的郡治，在石城（今湖北钟祥）。

⑥郧公辛：即斗辛。蔓成然之子。楚平王杀成然，使辛居郧，是为郧公。

⑦刘隆：字元伯。东汉初将领。封竟陵侯。

⑧甘鱼陂：即鱼陂。在今湖北天门西北。

⑨昭公十三年：前 529 年。

⑩公子黑肱：字子皙，春秋楚共王之子。令尹：春秋战国时楚国执掌军政大权的最高长官，大都以公子或嗣君担任，相当于后世的宰相。

【译文】

　　扬水又往北流经竟陵县西面,又往北流,汇入巾水,分出柘水——柘水就是下扬水。巾水发源于竟陵县东面一百九十里,往西流经巾城,城下设置了巾水戍。晋朝元熙二年,在竟陵郡的巾戍山得到七口铜钟,报告了朝廷的府库。巾水又往西流经竟陵县北,向西注入扬水,汇流处称为巾口。扬水的西面有古时的竟陵大城,这是古代的郧国。是郧公辛所管辖的地方,就是所谓郧乡。从前白起攻克郢都,东面直打到竟陵,就是这里。秦时立为县,王莽时名为守平。世祖建武十三年,把这里改封给刘隆,立为侯国。城旁有个甘鱼陂。《春秋左传·昭公十三年》记载,公子黑肱当令尹,在鱼陂留宿。就指此陂。

　　扬水又北注于沔,谓之扬口,中夏口也。曹太祖之追刘备于当阳也,张飞按矛于长坂,备得与数骑斜趋汉津,遂济夏口是也。

【译文】

　　扬水又北流注入沔水,汇流处称为扬口,也就是中夏口。曹太祖在当阳追刘备,张飞横矛立马于长坂坡,刘备才得以和几个随从骑马斜插到汉津,渡过了夏口。

　　沔水又东得浐口^①。其水承大浐、马骨诸湖水^②,周三四百里,及其夏水来同^③,渺若沧海,洪潭巨浪,萦连江沔。故郭景纯《江赋》云^④:其旁则有朱、浐、丹、漅是也^⑤。

【注释】

　　①浐(chǎn)口:在今湖北仙桃西。

②大浐、马骨诸湖水：《水经注疏》熊会贞按："大浐在今沔阳州（今
　　湖北仙桃西南沔城回族镇）西北，马骨在今沔阳州东南。"

③夏水：夏天的水流。

④郭景纯：即郭璞，字景纯。河东闻喜（今山西闻喜）人。东晋学者。
　　曾为《尔雅》《方言》《山海经》《穆天子传》等作注。

⑤朱：指朱湖。在今江苏溧阳。丹：指丹阳湖。在今安徽当涂东南。
　　漅：即巢湖。在今安徽中部。

【译文】

　　沔水又往东流，在浐口与浐水汇合。这条水承接大浐、马骨等湖水，
周围三四百里，到了夏天水涨，就变得像大海似的一片汪洋，水深浪阔，
与江沔萦回曲折地连在一起了。所以郭景纯《江赋》说：旁边则有朱、浐、
丹、漅湖水。

　　又东南过江夏云杜县东①，夏水从西来注之②。

　　即堵口也③，为中夏水。县，故邭亭④。《左传》：若敖娶
于邭是也⑤。《禹贡》所谓云土梦作乂⑥。故县取名焉。县
有云梦城⑦，城在东北。

【注释】

①云杜县：西汉置。治所即今湖北京山市。后徙治今湖北仙桃西北。

②夏水：故道从今湖北荆州东南分江水东出，流经监利北，折东北至
　　仙桃附近入汉水。自此以下之汉水，亦称为夏水。

③堵口：在今湖北仙桃东，为古夏水入沔水（今汉江）之口。

④邭亭：即郧。在今湖北安陆。

⑤若敖：芈姓，熊氏，名仪。西周时楚国国君。

⑥云土梦作乂：语见《尚书·禹贡》。伪孔传："云梦之泽在江南，其

中与平土丘,水去可为耕作畎亩之治。"

⑦云梦城:《水经注疏》杨守敬按:"《左传·宣四年》杜《注》,江夏安
　　陆县城(今湖北安陆西北)东南有云梦城。高士奇曰:云梦县在安
　　陆县南四十六里,即古云梦城。此言城在云杜县东北,地望不差。
　　《寰宇记》又言:景陵县(今湖北天门)有云梦城。"

【译文】

　　沔水又往东南流过江夏郡云杜县东面,夏水从西方流来
注入。

　　夏水注入处就是堵口,这条水也叫中夏水。云杜县就是过去的邘亭。
《春秋左传》说:若敖在邘娶妻。《禹贡》说:云梦泽一带也都可耕种了。
所以取名为云杜县。该县东北有云梦城。

　　沔水又东迳左桑①。昔周昭王南征②,船人胶舟以进之,
昭王渡沔,中流而没,死于是水。齐、楚之会,齐侯曰:昭王
南征而不复,寡人是问。屈完曰:君其问诸水滨③。庾仲雍
言④:村老云,百姓佐昭王丧事于此,成礼而行,故曰佐丧。
左桑,字失体耳⑤。

【注释】

①左桑:在今湖北天门东南。

②周昭王:名瑕。西周国王。周成王之孙,周康王之子,周穆王之父。
　　南征:据说,周昭王晚年德衰,荒于国政,向南征讨。到达汉水时,
　　人们痛恨他,故意做了一条胶粘的船给他,昭王行至江心,胶船解
　　体,昭王溺死。

③"齐、楚之会"几句:事见《左传·僖公四年》:"春,齐侯以诸侯之
　　师侵蔡。蔡溃,遂伐楚。楚子使与师言曰:'君处北海,寡人处南

海,惟是风马牛不相及也。不虞君之涉吾地也,何故。'管仲对曰:
'……尔贡包茅不入,王祭不共,无以缩酒,寡人是征;昭王南征而
不复,寡人是问。'对曰:'贡之不入,寡君之罪也,敢不共给?昭王
之不复,君其问诸水滨。'"屈完,楚大夫,曾作为楚国使者,去与齐
桓公所率领的军队谈判,不辱使命,与诸侯订立盟约,双方罢兵。

④庾仲雍:晋人。撰有《湘州记》《江记》《汉水记》。

⑤左桑,字失体:本为佐丧,写成了左桑,是写错字了。

【译文】

沔水又往东流经左桑。从前周昭王南征,船夫把用胶粘合起来的船
进献给他,昭王乘船渡沔水,船到中游就沉没了,于是死于水中。齐伐楚
时,齐侯说:昭王南征却没有回来,我要追查这件事的。屈完说:你们还是
去追查水滨吧。庾仲雍说:村里的老人说,当地百姓在这里帮助料理昭王
的丧事,丧礼完成后就启程,因此称为佐丧。左桑是把字写错的结果。

沔水又东合巨亮水口①。水北承巨亮湖,南达于沔。

【注释】

①巨亮水:《水经注疏》熊会贞按:"水当在今天门县(今湖北天门)
　东南。"

【译文】

沔水又往东流,在巨亮水口与巨亮水汇合。这条水承接北面的巨亮
湖,南流到沔水。

沔水又东得合驿口①。庾仲雍言:须导村耆旧云②,朝
廷驿使合王丧于是,因以名焉。今须导村正有大敛口,言昭
王于此殡敛矣。

【注释】

①合驿口:《水经注疏》熊会贞按:"口在今天门县东南。"

②须导村:当在今湖北天门东南。

【译文】

　　沔水又往东流到合驿口。庾仲雍说:须导村的老人说,朝廷驿使到这里会合,参加昭王的丧事,因此得了合驿的地名。今天须导村有大敛口,据说昭王就是在这里殡敛的。

　　沔水又东,谓之横桑①,言得昭王丧处也。

【注释】

①横桑:在今湖北天门。

【译文】

　　沔水又往东流,叫横桑,据说是找到昭王遗体的地方。

　　沔水又东谓之郑公潭,言郑武公与王同溺水于是①。余谓世数既悬②,为不近情矣。斯乃楚之郑乡,守邑大夫僭言公③,故世以为郑公潭耳。

【注释】

①郑武公:姬姓,名掘突。春秋时郑国国君。郑庄公寤生之父。溺水:落水而死。

②世数既悬:世代久远。世数,世代。悬,远,久远。

③守邑大夫:当地官员。僭(jiàn)言:超越本分。

【译文】

　　沔水又往东流到郑公潭,据说郑武公与昭王一同溺死在这里。我想武公与昭王时代相距很远,这说法太不近情理了。这里是楚的郑乡,守城大夫自封为公,所以民间把这地方称为郑公潭了。

沔水又东得死沔,言昭王济沔自是死,故有死沔之称。王尸岂逆流乎①? 但千古茫昧,难以昭知,推其事类,似是而非矣。

【注释】

①王尸岂逆流乎:《水经注疏》熊会贞按:"上文左桑、合驿、横桑,皆指昭王事,此在下流,乃言王自是死,故郦氏驳之。"

【译文】

沔水又往东流到死沔,据说昭王渡沔时在这里溺死,所以有死沔的名称。难道昭王的尸体会逆流而上吗? 远古的事渺茫得很,也很难弄得清楚,如果根据事理来推断,就令人觉得似是而非了。

沔水又东与力口合①。有溾水出竟陵郡新阳县西南池河山②,东流迳新阳县南,县治云杜故城③,分云杜立④。溾水又东南流注宵城县南大湖⑤,又南入于沔水,是曰力口。

【注释】

①力口:《水经注疏》杨守敬按:"《禹贡锥指》:力口在景陵县东南。在今天门县(今湖北天门)东南。"

②溾(āi)水:在今湖北京山市南。新阳县:西晋惠帝时置。治所在今湖北京山市。池河山:在今湖北京山市西北。

③云杜故城:《水经注疏》杨守敬按:"云杜见上。《经》言沔水东南过云杜县(今湖北京山市)东,则县在沔南。此云杜故城在沔北,

　　非《经》之县明甚。岂县尝暂徙此,郦氏遂据以为说乎? 然今无考,
　　又疑云杜字有误也。"

④分云杜立:《水经注疏》杨守敬按:"《元和志》,京山,汉云杜县地,
　　故郦氏以新阳为分云杜立。"

⑤宵城县:西晋末置,属竟陵郡。治所在今湖北天门东北。

【译文】

　　沔水又往东流,与力口汇合。有溾水发源于竟陵郡新阳县西南的池
河山,往东流经新阳县南,县治在云杜旧城,是从云杜县分出来设置的。
溾水又往东南流,注入宵城县南面的大湖,又往南流注入沔水,汇流处叫
力口。

沔水又东南,涢水入焉①。

【注释】

①涢水:在今湖北中部偏东。为汉水支流。源出随州西南大洪山,
　　北流折而东南流,经安陆、云梦、应城、汉川市而注入沔水。

【译文】

沔水又往东南流,涢水注入。

沔水又东迳沌水口①。水南通县之太白湖②,湖水东南通江,又谓之沌口③。

【注释】

①沌水:自今湖北武汉蔡甸区西,分汉水,西南流入太白湖,又自湖
　　东南流,至今沌口镇入长江。

②太白湖:在今湖北武汉蔡甸区西南汉江分洪区一带。

③沌口:在今湖北武汉蔡甸区东南沌口镇。

【译文】

沔水又往东流在沌水口与沌水汇合。沌水南通县内的太白湖,湖水往东南注入江水,又称沌口。

沔水又东迳沌阳县北①,处沌水之阳也。

【注释】

①沌阳县:西晋末置,为江夏郡置。治所在今湖北武汉蔡甸区东临嶂山下。

【译文】

沔水又往东流经沌阳县北面,沌阳县坐落在沌水的北面。

沔水又东迳临嶂故城北①。晋建兴二年②,太尉陶侃为荆州③,镇此也。

【注释】

①临嶂故城:一作林鄣城。在今湖北武汉汉阳区东北汉江南岸。

②建兴二年:314年。建兴,西晋愍帝司马邺的年号(313—316)。

③陶侃:字士行。庐江寻阳(今江西九江)人。早年孤贫,任郡县吏,渐至郡守。先后参与讨平张昌、陈敏、杜弢,授荆州刺史,封东乡侯。以功为王敦所忌,调为广州刺史。王敦平,迁都督、征西大将军、荆州刺史。咸和三年(328),应温峤等固请,为盟主,平苏峻之乱。迁侍中、太尉,改封长沙郡公,加都督交、广、宁七州军事。治军雄毅有权谋,明悟善决断。

【译文】

沔水又往东流经临嶂旧城北。晋朝建兴二年,太尉陶侃任荆州刺史,镇守在这里。

又南至江夏沙羡县北^①，南入于江。

庾仲雍曰：夏口亦曰沔口矣^②。《尚书·禹贡》云：汉水南至大别入江^③。《春秋左传·定公四年》^④，吴师伐郢，楚子常济汉而陈^⑤，自小别至于大别^⑥。京相璠《春秋土地名》曰^⑦：大别，汉东山名也，在安丰县南^⑧。杜预《释地》曰^⑨：二别近汉之名^⑩，无缘乃在安丰也。案《地说》言^⑪，汉水东行触大别之阪，南与江合。则与《尚书》、杜预相符，但今不知所在矣。

【注释】

①沙羡县：西汉置，属江夏郡。治所在今湖北武汉江夏区西金口镇。三国吴移治夏口城（今武汉武昌区）。

②夏口：为夏水（汉水）入长江之口。三国吴黄武二年（223）在大江东岸今湖北武汉黄鹄山东北筑城，因名夏口。

③汉水南至大别入江：语见《尚书·禹贡》："嶓冢导漾，东流为汉。又东为沧浪之水。过三澨，至于大别，南入于江。"

④定公四年：前 506 年。

⑤楚子常：名囊瓦。楚国令尹。

⑥小别：山名。在今湖北汉川东南。大别：一名鲁山。即今湖北武汉汉阳东北之龟山。

⑦京相璠（fán）：晋朝人。撰有《春秋土地名》。

⑧安丰县：战国秦置，属九江郡。治所在今河南固始东南。西汉属六安国。东汉属庐江郡。三国魏属安丰郡。东晋末徙废。

⑨杜预《释地》：即杜预《春秋释地》。杜预，字元凯。京兆杜陵（今陕西西安）人。西晋经学家。《隋书·经籍志》只记载其有《春秋释例》。

⑩二别：指小别山、大别山。近汉之名：都是近邻汉水的地名。

⑪《地说》：书名。具体不详。

【译文】

沔水又往南流到江夏郡沙羡县北面，南流注入江水。

庾仲雍说：夏口又名沔口。《尚书·禹贡》说：汉水往南流到大别山注入江水。《春秋左传·定公四年》记载，吴国军队攻郢，楚子常渡过汉水布阵，从小别山到大别山。京相璠《春秋土地名》说：大别是汉水东面的山名，在安丰县南。杜预《释地》说：大、小二别是由于靠近汉水而来的山名，不可能在安丰。按《地说》的说法，汉水东流触到大别山坡，南流与江水汇合。这和《尚书》、杜预的说法是相符的，但今天却不知道它在什么地方了。

卷二十九

沔水三　潜水　湍水　均水
粉水　白水　比水

【题解】

潜水一名，《禹贡》荆州条提及："九江孔殷，沱、潜既道。"但《禹贡》梁州条也提及："岷、嶓既艺，沱、潜既道。"则在荆州和梁州，各有一条沱水和潜水。荆州潜水不见于古地志，《禹贡锥指》以为即今湖北潜江芦洑河。梁州潜水见《汉书·地理志》巴郡宕渠："潜水西南入江。不曹水出东北徐谷，南入潜。"指今四川渠江及重庆合川区以下一段嘉陵江。又郑玄以为即今嘉陵江。《水经注》《禹贡锥指》皆采其说。不过《水经》说："潜水出巴郡宕渠县。"宕渠县在今渠县东北，则此潜水当是古代的宕渠水，是嘉陵江的支流，今称南江。《水经注》则说："刘澄之称白水入潜。然白水与羌水合入汉，是犹汉水也。"《注》文所说的汉水，即西汉水。白水是西汉水的支流，在今四川广元以西注入西汉水。所以《注》文的潜水，是今嘉陵江的干流。郦学家郑德坤在上世纪三十年代已经注意了这个问题，所以他在《郑德坤重编水经注图》中，绘上两条潜水，一条作经潜水，另一条作注潜水。

　　湍水今称湍河。源出今河南内乡北界与嵩县及西峡县交界处，南流经内乡东、邓州北，至新野北汇入白河。

均水，《水经注疏》杨守敬按："《汉志》析县下无钧水，而丹水下有水东至析入钧之文，知本有钧水也。然诊其川流，除卢氏之育水外，别无可以当钧水者，故《水经》于淅县变称均（钧、均古通）水以通之，而郦氏因于下文显揭之。"杨守敬在此所说的郦氏"于下文显揭之"，指《经》文"又南当涉都邑北，南入于沔"之下的《注》文说："均水又南流注于沔水，谓之均口者也。故《地理志》谓之淯水，言熊耳之山，淯水出焉。"说明郦道元和杨守敬都同意《汉书·地理志》之说，认为均水就是淯（育）水。

但《汉书·地理志》、郦道元、杨守敬等的看法，或许也值得商榷。按行政区划的设置来看，唐朝才在今陕西白河和湖北均县之间的汉江两岸地区设置均州（包括今郧西、十堰等地）。《水经》既已有均水，说明唐代的均州之名是因均水而来。从地理位置来看，淯水是今唐白河水系的河流，距均州甚远，而且《水经注》另有《淯水》篇，所以均水绝不可能是淯水。据《水经》"均水出析县北山"，《注》文说："县即析县之北乡，故言出析县北山也。"按南朝齐的析阳郡，治所在今河南西峡县，正是淅川沿岸之地。所以均水应为现在的淅川。

粉水今称粉青河，它发源于神农架，下游今称南河。《水经注》说："粉水至筑阳县西，而下注于沔水，谓之粉口。"从现在的水道来看，《注》文完全不错。从三国到南北朝，筑阳县的位置不变，即今湖北的谷城，今南河也从此注入汉江。

白水，《水经》说"白水出朝阳县西，东流过其县南"，又说"又东至新野县南，东入于淯"。所以按《水经》，白水也是淯水的支流之一。三国魏朝阳县，在今河南邓州东南，郦道元在《水经注》中已经说不清这条河流，只是说："邑郭沦移，川渠状改，故名旧传，遗称在今也。"从今天的地图上看，在新野附近注入淯水的支流不少，例如刁河即是其中之一，但无法肯定哪一条是古代白水。

比水即今唐河，按今天的地图核对，《水经》和《水经注》的记载都无不符之处。但《经》文中有一句"泄水从南来注之"的话,郦道元在《注》文中指出并无此水,是《经》文误引了寿春的沘泄。郦道元曾于延昌四年(515)出任过北魏的东荆州刺史,在这个地区做过实地考察,所以不致有误。

沔水三
沔水与江合流,又东过彭蠡泽^①,

《尚书·禹贡》:汇泽也。郑玄曰^②:汇,回也。汉与江斗^③,转东成其泽矣。

【注释】

①彭蠡泽:古泽薮名。即今江西鄱阳湖,是中国最大的淡水湖。

②郑玄:字康成。北海高密(今山东高密)人。东汉著名的经学家。遍注群经。

③汉与江斗:陈桥驿按,《经》文说"沔水与江合流",《注》文说"汉与江斗",其实都是汉水入江之意。所以此下应属《江水》篇。

【译文】

沔水三

沔水与江水合流,又往东流过彭蠡泽,

彭蠡泽就是《尚书·禹贡》里的汇泽。郑玄说:汇就是回的意思。汉水与江水相遇,转向东边形成沼泽。

又东北出居巢县南^①,

古巢国也^②,汤伐桀^③,桀奔南巢^④,即巢泽也。《尚书》,周有巢伯来朝^⑤。《春秋·文公十二年》^⑥:夏,楚人围巢。巢,群舒国也。舒叛,故围之^⑦。永平元年^⑧,汉明帝更封菑丘侯刘般为侯国也⑨。江水自濡须口又东⑩,左会栅口⑪。水导巢湖⑫,东迳乌上城北⑬,又东迳南谯侨郡城南⑭,又东绝塘,迳附农山北⑮,又东,左会清溪水⑯。水出东北马子砚之清溪也⑰,东迳清溪城南⑱,屈而西南,历山西南流注栅水⑲,谓之清溪口。栅水又东,左会白石山水。水发白石山⑳,西迳李鹊城南㉑,西南注栅水。栅水又东南积而为窦湖㉒,中有洲,湖东有韩综山㉓,山上有城。山北湖水东出,为后塘北湖,湖南即塘也。塘上有颍川侨郡故城也㉔。窦湖水东出㉕,谓之窦湖口,东迳剌史山北,历韩综山南,迳流二山之间,出王武子城北㉖。城在剌史山上。湖水又东迳右塘穴北为中塘,塘在四水中。水出格虎山北㉗,山上有虎山城㉘,有郭僧坎城,水北有赵祖悦城㉙,并故东关城也。昔诸葛恪帅师作东兴堤以遏巢湖㉚,傍山筑城,使将军全端、留略等㉛,各以千人守之。魏遣司马昭督镇东诸葛诞㉜,率众攻东关三城,将毁堤遏㉝,诸军作浮梁,陈于堤上,分兵攻城。恪遣冠军丁奉等登塘鼓噪奋击㉞,朱异等以水军攻浮梁㉟。魏征东胡遵军士争渡㊱,梁坏,投水而死者数千。塘即东兴堤,城亦关城也。栅水又东南迳高江产城南㊲,胡景略城北㊳,又东南迳张祖禧城南㊴,东南流屈而北,迳郑卫尉城西。魏事已久,难用取悉,推旧访新,略究如此㊵。又北委折,蒲浦出焉㊶。栅水又东南流注于大江,谓之栅口。

【注释】

①居巢县:战国秦置,属九江郡。治所在今安徽六安东北。西汉属庐江郡。东汉改为居巢侯国,后复为县。

②古巢国：商周至春秋时吴、楚间小国。偃姓。在今安徽巢湖东北。

③汤：名履。初为商部族首领。夏桀虐政淫荒，汤乃兴师率诸侯伐桀，建立商王朝。桀：夏朝国君。不务德而武伤百姓，是历史上有名的暴君。汤率军讨伐，桀逃于鸣条，遂流放而死。

④南巢：夏、商部族名。在今安徽桐城南。一说在今巢湖一带。

⑤巢伯：巢国国君。

⑥文公十二年：前615年。

⑦“夏”几句：事见《左传·文公十二年》：“群舒叛楚。夏，子孔执舒子平及宗子，遂围巢。”群舒国，周代散布在今安徽庐江、舒城、巢湖一带的偃姓诸小国，有舒庸、舒蓼、舒鸠、舒龙（或作龙舒）、舒鲍、舒龚等国。皆同祖异国，合称群舒。后多为楚所并。

⑧永平元年：58年。永平，东汉明帝刘庄的年号（58—75）。

⑨汉明帝：刘庄。刘般：字伯兴。宣帝之玄孙。建武九年（33），光武帝封般为菑丘侯。后徙封杼秋侯。永平元年，徙封居巢侯。

⑩濡须口：在今安徽含山县西南濡须山与无为西北七宝山之间，两山夹峙，濡须水从中流过，古称濡须水口。

⑪栅口：亦称栅江口。古栅水入江口。在今安徽芜湖市东北裕溪口街道。

⑫巢湖：在今安徽中部。

⑬乌上城：《水经注疏》熊会贞按：“城当在今巢县（今安徽巢湖市）西南。”

⑭南谯侨郡：即南谯郡，东晋太元中侨置。治所在山桑县（今安徽巢湖南秀芙村）。南朝梁移治蕲县（今巢湖市）。北齐废。侨郡，六朝时期，南北战乱频仍，诸朝遇到有州郡沦陷于敌国，则往往暂借别地重新设置，仍用其旧名，称为侨置。

⑮附农山：《水经注疏》熊会贞按：“《名胜志》：附农山一名浮农，即芙蓉山也。在巢县东南二十里。”

⑯清溪水:《水经注疏》熊会贞按:"今清溪河出含山县西清溪镇,迤
　逦至巢县东南,入濡须水。"

⑰马子砚:当在今安徽含山县。《水经注疏》熊会贞按:"与大岘山(在
　今安徽含山县东北)相接。"

⑱清溪城:《水经注疏》熊会贞按:"城当在今含山县西。"

⑲栅水:即今安徽由巢湖出口,东至芜湖市东北裕溪口入江的裕
　溪河。

⑳白石山:亦名祷应山。在今安徽含山县西南六十里。

㉑李鹊城:《水经注疏》熊会贞按:"《方舆纪要》,城在含山县境。"

㉒窦湖:在今安徽巢湖市东南、含山县西南。

㉓韩综山:当在今安徽巢湖市境。韩综,三国吴石城侯韩当之子。
　韩当病卒,韩综袭侯领兵。

㉔颍川侨郡:东晋侨置,属豫州。治所在邵陵县(今安徽巢湖市东
　南)。南朝宋属南豫州。南齐复属豫州。后废。

㉕窦湖水:《水经注疏》熊会贞按:"此窦湖水东出为正流,即栅水
　也。"

㉖王武子:即王济,字武子。

㉗格虎山:当在今安徽含山县东关镇西北。

㉘虎山城:疑即遏虎城。在今安徽含山县东关镇西北。

㉙赵祖悦城:《水经注疏》杨守敬按:"《通鉴》天监三年,征虏将军赵
　祖悦与魏江州刺史陈伯之战于东关,败绩。城盖是时筑。"赵祖悦,
　南朝梁萧衍部将。

㉚诸葛恪:字元逊。诸葛瑾长子。三国吴将领。东兴堤:三国吴筑。
　在今安徽含山县西南,与巢湖市相接。遏:遏制,阻遏。

㉛全端:吴郡钱塘(今浙江杭州)人。三国吴将领。留略:会稽长山(今
　浙江金华)人。三国吴将领。

㉜司马昭:字子上。三国魏司马懿之次子,司马师之弟。进位大将军,

加侍中，都督中外诸军、录尚书事，辅政。其子司马炎即位，追尊为文帝。诸葛诞：字公休。琅邪阳都（今山东沂南）人。三国魏将领。

㉝堤遏：堤坝。

㉞冠军：即冠军将军。杂号将军之一。丁奉：字承渊。三国吴将领。

㉟朱异：字季文。三国吴将领。

㊱征东：即征东将军。胡遵：安定临泾（今甘肃镇原南）人。三国时魏国大将，曾任征东将军。

㊲高江产城：《水经注疏》杨守敬按："此城盖江产尝御魏筑也，当在今无为州（今安徽无为）东北。"高江产，南朝梁武帝时官吏。

㊳胡景略城：《水经注疏》杨守敬按："此城盖景略攻合肥时筑，当在今无为州东北。"胡景略，南朝齐东昏侯时官吏。

㊴张祖禧城：《水经注疏》熊会贞按："城当在今无为州境，下郑卫尉城同。"

㊵略究：探究，探求。

㊶蒲浦：《水经注疏》熊会贞按："浦当在今无为州境。"

【译文】

沔水又往东北从居巢县南边流出，

居巢县是古代的巢国，商汤讨伐夏桀，桀逃奔南巢，就是巢泽。《尚书》记载，周朝有巢伯来朝拜。《春秋左传·文公十二年》记载，夏天，楚人围困了巢国。巢是群舒的国家。因为舒人反叛，所以包围了它。永平元年，汉明帝把巢封给蓹丘侯刘般，立为侯国。江水从濡须口又往东流，在左面栅口与栅水汇合。栅水从巢湖流出，往东流经乌上城北，又往东流经南谯侨郡城南边，接着往东穿过一个水塘，流经附农山北面，又往东流，在左面汇合了清溪水。清溪水发源于东北面马子砚的清溪，往东流经清溪城南，然后拐弯转向西南，通过山间往西南流，注入栅水，汇流处称为清溪口。栅水又往东流，在左面汇合了白石山水。这条水发源于白石山，往西流经李鹊城南，往西南注入栅水。栅水又往东南流，积聚成为窦湖,湖中有个小洲,湖东有韩综山,山上有城。山北的湖水向东流出,形成后塘北湖,湖的南面就是塘。塘上有颍川侨郡旧城。窦湖水向东流出,水口称为窦湖口,向东流经刺史山北、韩综山南,流过两山之间,从王武子城北流出。这座城就建在刺史山上。湖水又往东流过右塘穴北,形成中塘,塘的四面都有水。此水发源于格虎山北,山上有虎山城和郭僧坎城,水北有赵祖悦城,这几座城都是旧时的东关城。从前诸葛恪率领军队修筑了东兴堤,以防巢湖的水,又依山筑城,派将军全端、留略等,各率军千人把守。魏派遣司马昭督战,由镇东将军诸葛诞率众军攻东关三城,将要毁堤时,各军制造浮桥,排列在堤上,分兵攻城。诸葛恪派遣冠军将军丁奉等登上堤岸,呐喊奋力进攻;朱异等率水军进攻浮桥。魏征东将军胡遵的士兵争先恐后地过桥,浮桥毁坏,落水而死的有数千人。这条堤岸就是东兴堤,被攻的城就是关城。栅水又往东南流经高江产城南、胡景略城北;又往东南流经张祖禧城南;往东南流,转而向北,流经郑卫尉城西。魏时的史迹,已很久远,现在很难弄得清楚了,但查考前朝历史资料,研究当今近事,情况大致如此。栅水又曲折地往北流,蒲浦从这里分支流出。栅水又往东南流,注入大江,汇流处称为栅口。

又东过牛渚县南[1],又东至石城县[2],

　　《经》所谓石城县者,即宣城郡之石城县也[3]。牛渚在姑熟、乌江两县界中[4],于石城东北减五百许里[5],安得迳牛渚而方届石城也。盖《经》之谬误也。

【注释】

①牛渚县:在今安徽马鞍山西南长江边牛渚矶。

②石城县:西汉置,属丹阳郡。治所在今安徽池州西南灌口乡石城村。西晋属宣城郡。南朝梁属南陵郡。

③宣城郡：西晋太康二年（281）分丹阳郡置，属扬州。治所在宛陵
　　县（今安徽宣城宣州区）。

④姑熟：一作姑孰。即今安徽当涂的古称。乌江县：西晋太康六年
　　（285）置，属淮南郡。在今安徽和县北乌江镇附近。

⑤减：不足，大约。

【译文】

沔水又往东流过牛渚县南面，又往东流到石城县，

《水经》所说的石城县，就是宣城郡的石城县。牛渚在姑熟、乌江两
县边界上，距石城东北不到五百里，怎么会流经牛渚然后才流到石城呢？
《水经》是搞错了。

分为二：其一东北流；其一又过毗陵县北①，为
北江。

《地理志》，毗陵县，会稽之属县也②。丹徒县北二百步
有故城③，本毗陵郡治也④。旧去江三里，岸稍毁，遂至城下。
城北有扬州刺史刘繇墓⑤，沦于江，江即北江也。《经》书为
北江则可，又言东至馀姚则非⑥。考其迳流，知《经》之误矣。

【注释】

①毗陵县：西汉置，属会稽郡。治所即今江苏常州。东汉属吴郡。

②会稽：即会稽郡。秦始皇二十五年（前222）置。治所在吴县（今
　　江苏苏州）。东汉徙治山阴县（今浙江绍兴）。

③丹徒县：秦置，属会稽郡。治所在今江苏镇江丹徒区东南丹徒镇。

④毗陵郡：西晋太康二年（281）改毗陵典农校尉置，属扬州。治所
　　在丹徒县（今江苏镇江丹徒区东南丹徒镇），后徙治毗陵县（今江
　　苏常州）。

⑤扬州:西汉武帝置,为十三刺史部之一。东汉时治所在历阳县(今
　　安徽和县),末年移治寿春县(今安徽寿县)、合肥县(今安徽合肥
　　西北)。刘繇:字正礼。东汉末大臣。
⑥馀姚:即馀姚县。秦置,属会稽郡。治所在今浙江余姚姚江北岸。

【译文】

　　沔水分为两条:其中一条往东北流;另一条又流过毗陵县北
面,就是北江。

　　查考《地理志》,毗陵县是会稽郡的属县。丹徒县城北二百步有一座
旧城,本来是毗陵郡的治所。过去距江岸约三里,江岸逐渐崩塌,江流就
移到城下了。城北有扬州刺史刘繇墓,现在已沉陷在江中,这条江就是
北江。《水经》说北江是可以的,又说江水东流到馀姚,这却不对了。考
察江流所经的地方,就可知《水经》的错误了。

　　《地理志》曰:江水自石城东出迳吴国南为南江。江水
自石城东入为贵口①,东迳石城县北。晋太康元年立,隶宣
城郡。东合大溪。溪水首受江,北迳其县故城东,又北入南
江。南江又东与贵长池水合②。水出县南郎山③,北流为贵
长池,池水又北注于南江。南江又东迳宣城之临城县南④,
又东合泾水。南江又东与桐水合⑤,又东迳安吴县⑥,号曰安
吴溪。又东,旋溪水注之⑦。水出陵阳山下⑧,迳陵阳县西为
旋溪水⑨。昔县人阳子明钓得白龙处⑩。后三年,龙迎子明
上陵阳山,山去地千余丈。后百余年,呼山下人,令上山半,
与语溪中。子安问子明钓车所在。后二十年,子安死,山下
有黄鹤栖其冢树,鸣常呼子安,故县取名焉。晋咸康四年⑪,
改曰广阳县⑫。溪水又北合东溪水。水出南里山,北迳其县
东。桑钦曰:淮水出县之东南,北入大江。其水又北历蜀由山,

又北，左合旋溪，北迳安吴县东。晋太康元年，分宛陵立[13]。县南有落星山[14]，山有悬水五十余丈，下为深潭。潭水东北流，左入旋溪，而同注南江。南江之北，即宛陵县界也。南江又东迳宁国县南[15]，晋太康元年分宛陵置。南江又东迳故鄣县南[16]，安吉县北[17]。光和之末[18]，天下大乱，此乡保险守节，汉朝嘉之。中平二年[19]，分故鄣之南乡以为安吉县。县南有钓头泉，悬涌一仞，乃流于川，川水下合南江。

【注释】

①贵口：又名贵池口、池口。即今安徽池州秋浦河入江口。《水经注疏》熊会贞按："乃贵池水入江之口，非自江出之口。如郦说，江自贵口入，东合大溪，方与贵长池水合，是分贵池水作二截，以水委逆流为南江，又以贵池水为南江所纳之水矣。郦氏曲附班《志》，故此下所叙，多与今水道不合。"

②贵长池水：一作贵池水。即今安徽池州秋浦河下游。

③郎山：一名和龙山。即今安徽池州西南殷家汇琅山岩。下有玉镜潭。

④临城县：三国吴赤乌中分陵阳县置，属丹阳郡。治所在今安徽青阳南青通河东岸。西晋属宣城郡。南朝梁属南陵郡。

⑤桐水：一称桐汭水。在今安徽广德西。

⑥安吴县：东汉建安初，吴分泾县置，属丹阳郡。治所在今安徽泾县西南黄村镇西安吴村。西晋属宣城郡。

⑦旋溪水：即今安徽黄山市黄山区西北青弋江上游舒溪。

⑧陵阳山：即今安徽青阳西南九华山。陵阳建县后，山因县名。

⑨陵阳县：西汉置，初属鄣郡。元封二年（前109）属丹阳郡。治所在今安徽青阳南陵阳镇。三国吴移治今安徽黄山市黄山区西北广阳镇（故址现已没入太平湖）。西晋属宣城郡。东晋咸康四年

（338）改名广阳县。

⑩县人阳子明：一作铚县人陵阳子明。

⑪咸康四年：338年。咸康，东晋成帝司马衍的年号（335—342）。

⑫广阳县：东晋咸康四年（338）改陵阳县置，属宣城郡。治所在今
　　安徽黄山市黄山区西北广阳镇（故址现已没入太平湖）。

⑬宛陵：县名。西汉置，属鄣郡。元封二年（前109）为丹阳郡治。
　　治所在今安徽宣城。西晋为宣城郡治。

⑭落星山：当在今安徽泾县南。

⑮宁国县：东汉建安十三年（208）孙吴分宛陵南乡置，属丹阳郡。
　　治所在今安徽宁国南独山。西晋属宣城郡。

⑯故鄣县：西汉元狩二年（前121）改鄣县置，属丹阳郡。治所在今
　　浙江安吉北安城镇古城。三国吴宝鼎元年（266）属吴兴郡。

⑰安吉县：东汉中平二年（185）分故鄣县置，属丹阳郡。治所在天
　　目乡（今浙江安吉西南孝丰镇）。三国吴宝鼎元年（266）分属吴
　　兴郡。南朝梁属广梁郡。

⑱光和：东汉灵帝刘宏的年号（178—184）。

⑲中平二年：185年。中平，东汉灵帝刘宏的年号（184—189）。

【译文】

《地理志》说：江水从石城东流而出，经吴国南，称为南江。江水从
石城东流而入，入口处叫贵口，往东流经石城县北。石城县在晋太康元
年设立，属宣城郡。江水往东流与大溪汇合。溪水上口引入江水，往北
流经石城县旧城东面，又往北流注入南江。南江又往东流，与贵长池水
汇合。此水发源于县南的郎山，往北流形成贵长池，池水又往北注入南
江。南江又往东流经宣城郡临城县南，又往东流与泾水汇合。南江又往
东流与桐水汇合，又往东流经安吴县，称为安吴溪。又往东流，旋溪水注
入。旋溪水发源于陵阳山下，流经陵阳县西称为旋溪水。从前县人阳子
明钓得一条白龙，就是这地方。三年后，白龙迎接子明上了陵阳山，山离

地面千余丈。过了一百多年，子明叫山下人上半山来，在溪水中与他说话。子安问子明当年的钓车在什么地方。又过了二十年，子安死了，葬在山下，他坟头的树上栖着一只黄鹤，鸣叫时常呼子安的名字，该县因此得名。晋朝咸康四年，改称广阳县。溪水又往北流，与东溪水汇合。东溪水发源于南里山，往北流经该县东面。桑钦说：淮水发源于该县东南，往北流注入大江。溪水又往北流经蜀由山，又往北流，在左面与旋溪水汇合，往北流经安吴县东面。该县是晋太康元年，从宛陵分出来设立的。县南有落星山，山上有一条五十余丈的瀑布，下面形成一个深潭。潭水往东北流，从左面流入旋溪，一同注入南江。南江的北面，就是宛陵县边界。南江又往东流经宁国县南，这是晋太康元年从宛陵分出来的。南江又往东流经故鄣县南边、安吉县北边。光和末年，天下大乱，这个乡凭险固守，保持气节，受到汉朝的表彰。中平二年，划分故鄣的南乡立为安吉县。县南有一条钓头泉，泉水凌空涌出一仞，然后流到溪里，溪水向下流与南江汇合。

南江又东北为长渎，历湖口。南江东注于具区①，谓之五湖口。五湖：谓长荡湖、太湖、射湖、贵湖、滆湖也。郭景纯《江赋》曰②：注五湖以漫漭③。盖言江水经纬五湖④，而苞注太湖也⑤。是以左丘明述《国语》曰⑥：越伐吴，战于五湖是也。又云：范蠡灭吴，返至五湖而辞越。斯乃太湖之兼摄通称也。虞翻曰⑦：是湖有五道，故曰五湖。韦昭曰⑧：五湖，今太湖也。《尚书》谓之震泽。《尔雅》以为具区。方圆五百里，湖有苞山⑨，《春秋》谓之夫椒山⑩，有洞室，入地潜行，北通琅邪东武县⑪，俗谓之洞庭⑫。旁有青山⑬，一名夏架山，山有洞穴，潜通洞庭。山上有石鼓，长丈余，鸣则有兵。故《吴记》曰⑭：太湖有苞山，在国西百余里，居者数百家，出弓弩材。旁有小山,山有石穴,南通洞庭,深远莫知所极。三苗之国[15],左洞庭,右彭蠡,今宫亭湖也。以太湖之洞庭对彭蠡,则左右可知也。余按二湖俱以洞庭为目者,亦分为左右也,但以趣瞩为方耳[16]。既据三苗,宜以湘江为正。是以郭景纯之《江赋》云:爰有包山[17],洞庭,巴陵地道[18],潜达旁通,幽岫窈窕[19]。《山海经》曰:浮玉之山[20],北望具区,苕水出于其阴[21],北流注于具区。谢康乐云[22]:《山海经》浮玉之山在句馀东五百里[23],便是句馀县之东山[24],乃应入海。句馀今在馀姚鸟道山西北,何由北望具区也。以为郭于地理甚昧矣[25]。言洞庭南口有罗浮山[26],高三千六百丈,浮山东石楼下有两石鼓,叩之清越,所谓神钲者也[27]。事备《罗浮山记》[28]。

【注释】

①具区:古泽薮名。又名震泽。即今江苏太湖。

②郭景纯:即郭璞,字景纯。

③漫漭(mǎng):水势浩淼,广阔无边。

④经纬:这里指贯通连接。太湖:即今江苏太湖。

⑤苞:聚集,汇聚。

⑥左丘明:春秋时鲁国人。相传为《左传》《国语》的作者。《国语》:书名。是我国第一部国别体史书。相传为左丘明所作。全书共二十一卷,分别记载周、鲁、齐、晋、郑、楚、吴、越八国之史实。上起周穆王,下至鲁悼公。

⑦虞翻:字仲翔。会稽馀姚(今浙江余姚)人。三国吴学者。为《老子》《论语》《国语》作注,皆传于世。

⑧韦昭:字弘嗣。吴郡云阳(今江苏丹阳)人。三国吴训诂学家。后因避司马昭之讳,改为韦曜。曾依刘向所作,校定群书。

⑨苞山：一作包山。今江苏苏州西南洞庭西山。

⑩《春秋》谓之夫椒山：《左传·哀公元年》："吴王夫差败越于夫椒。"

⑪琅邪：即琅邪郡。秦置。治所在琅邪县（今山东青岛黄岛区西南琅琊镇）。西汉移治东武县（今山东诸城）。东汉建初五年（80）改琅邪国，移治开阳（今山东临沂北）。东晋以后复为郡。北魏移治即丘县（今山东临沂西二十里）。

⑫洞庭：即洞庭山，又名夫椒山。

⑬青山：在今浙江长兴。

⑭《吴记》：书名。《隋书·经籍志》："《吴纪》九卷，晋太学博士环济撰。晋有张勃《吴录》三十卷，亡。"

⑮三苗：亦称有苗。古国名。张守节《史记正义》："今江州、鄂州、岳州，三苗之地也。"三苗西迁之前，当生活在长江中游南部地区。

⑯以趣瞩为方：以趋向、观看的方向为方向。趣瞩，趋向观瞻。

⑰包山：即苞山。

⑱巴陵地道：李善《文选注》："郭璞《山海经》注曰：洞庭地穴，在长沙巴陵。吴县南太湖中有苞山，山下有洞庭穴道，潜行水底，云无所不通，号为地脉。"巴陵，即巴陵县。西晋太康元年（280）置，属长沙郡。治所在今湖南岳阳。

⑲幽岫（xiù）：幽深的岩穴。岫，岩穴。窈窕：深远幽邃貌。

⑳浮玉之山：即天目山。在今浙江杭州临安区西北。

㉑苕水：即苕溪。在今浙江北部。

㉒谢康乐：即谢灵运。陈郡阳夏（今河南太康）人。移籍会稽（今浙江绍兴）。谢玄之孙。袭封康乐公，故称谢康乐。东晋末及南朝宋初官吏、文学家。博览洽闻，精通佛老，尤以山水名胜诗为佳，开山水诗一派。锺嵘《诗品》列其诗为上品。

㉓句（gōu）馀：即句余山。在今浙江四明山一带。

㉔句馀县：《水经注疏》杨守敬按："会稽郡有句章县，无句馀县。此

'馀'字盖涉上文而误。郭《注》称：句馀山在句章县（今浙江余姚
东南城山村）北可证。"译文用句章县。

㉕地理：这里指山川等位置。

㉖罗浮山：在今湖南攸县东北一百四十里。

㉗钲（zhēng）：古代行军时用的打击乐器，有柄，形状像钟，但比钟
狭而长，多用铜制成。

㉘备：详细记载。《罗浮山记》：书名。具体不详。

【译文】

南江又往东北流，称为长渎，流经湖口。南江又往东注入具区，水口
称为五湖口。五湖是指长荡湖、太湖、射湖、贵湖、滆湖。郭景纯《江赋》
说：注入五湖，一片茫茫。说的是江水连接五湖，聚集于太湖。因此左丘
明撰述《国语》时说：越国进攻吴国，在五湖交战。又说：范蠡灭掉吴国后，
返回五湖，离开了越国。这表明太湖兼有五湖的通称。虞翻说：这个湖
有五个水湾，所以称五湖。韦昭说：五湖就是今天的太湖。《尚书》称为
震泽。《尔雅》叫具区。方圆五百里，湖里有苞山，《春秋左传》称为夫椒山。
有个洞穴，入洞经地下行走，北面通琅邪东武县，民间称之为洞庭山。旁
边有青山，又名夏架山，山上有洞穴，暗通洞庭山。山上有石鼓，长一丈
多，鼓响就有战事。所以《吴记》说：太湖有苞山，在国西面百余里，居民
有几百家，那里出产制造弓弩的材料。旁边有座小山，山上有个石洞，南
通洞庭，极深，不知尽头在哪里。三苗之国，左面有洞庭湖，右面有彭蠡
湖，就是今天的宫亭湖。如果把太湖的洞庭与彭蠡对照起来看，那么它
们位置的左右就可知道了。我按二湖都以洞庭为名，也可分出左方右方，
这完全由你面朝哪个方向看而定。既然以三苗作为基点，那就应该以湘
江为准了。因此郭景纯的《江赋》：有包山，洞庭，巴陵的地道，暗经地
下旁通，洞穴幽远深杳。《山海经》说：浮玉之山北望具区，苕水发源于山
北，北流注入具区。谢康乐说：《山海经》浮玉之山在句馀东面五百里，就
是句章县的东山，这么远就该在大海里了。句馀今天在馀姚鸟道山西北，

怎么可能北望具区呢？他认为郭景纯对于地理情况是很无知的。据说洞庭湖南口有罗浮山，高三千六百丈，浮山东面的石楼下有两个石鼓，敲击时，声音清脆激越，这就是所说的神钲。这件事在《罗浮山记》里有详细记载。

　　会稽山宜直湖南①，又有山阴溪水入焉。山阴西四十里有二溪，东溪广一丈九尺，冬暖夏冷；西溪广三丈五尺，冬冷夏暖。二溪北出行三里，至徐村合成一溪，广五丈余而温凉又杂②，盖《山海经》所谓苕水也。北迳罗浮山而下注于太湖，故言出其阴，入于具区也。湖中有大雷、小雷三山③，亦谓之三山湖，又谓之洞庭湖。杨泉《五湖赋》曰④：头首无锡⑤，足蹄松江⑥，负乌程于背上⑦，怀太吴以当胸⑧，岇岭崔嵬⑨，穹隆纡曲⑩，大雷、小雷，湍波相逐。用言湖之苞极也。太湖之东，吴国西十八里有岇岭山⑪，俗说此山本在太湖中，禹治水移进近吴。又东及西南有两小山，皆有石如卷筦⑫，俗云禹所用牵山也。

【注释】

①会稽山：亦称茅山、防山、栋山。在今浙江绍兴南。

②又杂：一作不杂，是。

③湖中有大雷、小雷三山：此处当脱石公二字。大雷山，在今浙江湖州东北太湖中。小雷山，即今浙江长兴东太湖中之小雷山。石公山，当在今江苏苏州西百余里。

④杨泉：字德渊。梁国（治所在今河南商丘）人。西晋初学者。杂采秦汉诸子之说为《物理论》。

⑤头首：以……为头部。无锡：即无锡县。西汉置，属会稽郡。治所

　　在今江苏无锡。

⑥足蹄：以……为足蹄。松江：古称笠泽。又名松陵江。即今江苏
　　太湖尾间吴淞江。

⑦乌程：即乌程县。秦置，属会稽郡。治所在今浙江湖州南下菰城。
　　东晋义熙元年（405）移治今湖州城区。

⑧太吴：《水经注疏》熊会贞按："太吴字有误，吴当指吴县（今江苏
　　苏州），即今县治。"

⑨岞岭：一作岞嶺。《水经注疏》熊会贞按："《舆地纪胜》，山在吴县
　　西南十五里。"

⑩穹（qióng）隆：指穹隆山。在今江苏苏州吴中区西南。

⑪吴国：先秦国名。亦名句吴。由江南梅里（今江苏无锡东南三十里）
　　迁都吴（今江苏苏州）。

⑫卷筰（zuó）：成卷的竹索。筰，竹篾拧成的绳索。

【译文】

　　会稽山应在太湖正南，又有山阴溪水流入太湖。山阴西四十里有两
条溪，东溪宽一丈九尺，溪水冬暖夏冷；西溪宽三丈五尺，溪水冬冷夏暖。
两条溪向北流出三里，到徐村汇合成一条溪，宽五丈多，溪水冷暖不相混
和，这条水就是《山海经》里所说的苕水。往北流经罗浮山而后往下注
入太湖，所以说引苕水流过山阴，注入具区。湖中有大雷、小雷等三座山，
也称为三山湖，又叫洞庭湖。杨泉《五湖赋》说：头对无锡，脚踏松江，把
吴县抱在怀里，把乌程驮在背上，岞岭巍峨耸立，穹隆山迂回曲折，大雷、
小雷汹涌流急。这里说的是太湖范围的辽阔。太湖东面、吴国西面十八
里，有一座岞岭山。民间传说，这座山本来在太湖中，大禹治水时把它移
进来靠近吴国。太湖东面和西南面，有两座小山，山上都有像绞成竹索
似的岩石，民间传说，这是大禹用来牵山的大缆。

　　太湖中有浅地，长老云：是筡岭山跖①，自此以东差深②，

言是牟山之沟。此山去太湖三十余里，东则松江出焉。上承太湖，更迳笠泽③，在吴南松江左右也。《国语》曰：越伐吴，吴御之笠泽，越军江南，吴军江北者也。虞氏曰④：松江北去吴国五十里，江侧有丞、胥二山⑤，山各有庙。鲁哀公十三年⑥，越使二大夫畴无馀、讴阳等伐吴⑦，吴人败之，获二大夫，大夫死，故立庙于山上，号丞、胥二王也。胥山上今有坛石，长老云：胥神所治也。下有九折路，南出太湖，阖闾造以游姑胥之台⑧，以望太湖也。松江自湖东北流迳七十里，江水歧分，谓之三江口⑨。《吴越春秋》称范蠡去越⑩，乘舟出三江之口，入五湖之中者也。此亦别为三江、五湖，虽名称相乱，不与《职方》同⑪。庾仲初《扬都赋注》曰⑫：今太湖东注为松江，下七十里有水口，分流东北入海为娄江，东南入海为东江，与松江而三也⑬。

【注释】

①筟岭：一作筟嶺。跙：足跟，脚掌。这里指山脚。

②差深：逐渐深邃。差，逐渐，渐渐。

③笠泽：即松江。又名松陵江。即今江苏太湖尾闾吴淞江。

④虞氏：即虞翻。

⑤丞山：具体不详。胥山：又名庙诸山、仆射山。在今江苏苏州西南四十里，太湖东岸胥口之南。

⑥鲁哀公十三年：前482年。

⑦畴无馀、讴阳：越国大夫。

⑧阖闾：一作阖庐。名光。春秋末吴君主。吴王夫差之父。杀吴王僚而自立。重用伍子胥及孙武，威振中原。前496年，趁越国大丧之际，攻伐越国，受伤而死。姑胥之台：即姑苏台。在今江苏苏

州西南姑苏山上。

⑨三江口：在今江苏苏州吴中区东南三十里。为古东江、松江、娄江
分流处。

⑩《吴越春秋》：书名。东汉赵晔撰。十二卷。是一部以记述春秋
时期吴、越两国史事为主的史学著作。

⑪《职方》：即《周礼·夏官·大司马》中的一篇。记由职方氏所掌
的职务，叙述九州的区域和境内重要的山镇、泽薮、物产、畜种、谷
类等。

⑫庾仲初：即庾阐，字仲初。颍川鄢陵（今河南鄢陵）人。东晋官吏、
文学家。有《吊贾谊辞》《扬都赋》存世，并为《扬都赋》作注。《扬
都赋》：称颂扬都（今江苏扬州）地势，慨叹其繁荣壮伟。

⑬娄江：原太湖尾闾之一，又名下江。

【译文】

　　太湖中有一片低洼地，老人们说：从笔岭山脚开始，这片低地向东逐
渐加深，据说是牵山时留下的地沟。这座山离太湖三十余里，松江就在
东面流去。松江上口承接太湖水，往东流经笠泽，泽在吴南松江水左右
两边。《国语》说：越国进攻吴国，吴国在笠泽抵御，越军驻扎在江南，吴
军驻扎在江北。虞氏说：松江北距吴国五十里，江边有丞山和胥山，山上
各有一座庙。鲁哀公十三年，越国派遣畴无馀、讴阳两位大夫去攻打吴
国，吴军打败了他们，俘虏了两位大夫，两位大夫死后，人们在山上给他
们立庙，称为丞、胥二王。胥山上今有一块坛石，老人说：这是胥神管理
的。下面有一条九曲路，南通太湖，是阖闾所开，以便游览姑胥台，眺望
太湖。松江从太湖往东北流了七十里后，江水分流，称为三江口。《吴越
春秋》说，范蠡离开越国，乘船从三江口出去，进入五湖中。这里又另外
提出三江、五湖，虽然名称混淆，但与《职方》的三江则不同。庾仲初《扬
都赋注》说：现在太湖向东流出称松江，下游七十里处有水口，水分流，流
向东北入海的称娄江，向东南入海的称东江，加上松江就有三条。

　　《吴记》曰：一江东南行七十里，入小湖，为次溪，自湖东南出，谓之谷水。谷水出吴小湖，迳由卷县故城下①。《神异传》曰②：由卷县，秦时长水县也③。始皇时，县有童谣曰：城门当有血，城陷没为湖。有老妪闻之忧惧，旦往窥城门，门侍欲缚之，妪言其故。妪去后，门侍杀犬以血涂门，妪又往，见血，走去不敢顾，忽有大水长欲没县④。主簿令干入白令⑤，令见干曰：何忽作鱼？干又曰：明府亦作鱼⑥。遂乃沦陷为谷矣。因目长水城水曰谷水也。《吴记》曰：谷中有城，故由卷县治也。即吴之柴辟亭⑦，故就李乡檇李之地⑧。秦始皇恶其势王⑨，令囚徒十余万人污其土表，以污恶名，改曰囚卷，亦曰由卷也。吴黄龙三年⑩，有嘉禾生卷县⑪，改曰禾兴。后太子讳和⑫，改为嘉兴。《春秋》之檇李城也。谷水又东南迳嘉兴县城西，谷水又东南迳盐官县故城南⑬，旧吴海昌都尉治⑭，晋太康中，分嘉兴立。《太康地道记》⑮：吴有盐官县。乐资《九州志》曰⑯：县有秦延山⑰。秦始皇迳此，美人死，葬于山上，山下有美人庙。谷水之右有马皋城⑱，故司盐都尉城⑲，吴王濞煮海为盐于此县也⑳。是以《汉书·地理志》曰：县有盐官。东出五十里有武原乡㉑，故越地也。秦于其地置海盐县。《地理志》曰：县，故武原乡也。后县沦为柘湖㉒，又徙治武原乡，改曰武原县㉓，王莽名之展武。汉安帝时㉔，武原之地又沦为湖，今之当湖也㉕，后乃移此。县南有秦望山㉖，秦始皇所登以望东海，故山得其名焉。谷水于县出为澉浦㉗，以通巨海。光熙元年㉘，有毛民三人集于县，盖泛于风也。

【注释】

①由卷县：即由拳县。秦改长水县置，属会稽郡。治所在今浙江桐乡东北二十里。后徙治今浙江嘉兴南。

②《神异传》：书名。志怪小说集。撰者不详。

③长水县：秦始皇三十五年（前212）置，属会稽郡。治所在今浙江桐乡东北二十里。秦始皇三十七年（前210）改名由拳县。

④长：上涨。

⑤主簿：官名。汉代中央及郡县官署多置，主管文书等事务。

⑥明府：汉魏以来对郡太守的尊称。汉也有以"明府"称县令，唐以后多用以专称县令。

⑦柴辟亭：在今浙江桐乡西南崇福镇东南。

⑧檇（zuì）李：亦作醉李、就李。春秋吴、越地。在今浙江嘉兴南。

⑨恶其势王：讨厌这里的地势有帝王气。

⑩黄龙三年：231年。黄龙，三国吴大帝孙权的年号（229—231）。

⑪嘉禾：生长异常的禾稻，古人以之为吉祥的征兆。

⑫太子讳和：即孙和，字子孝。孙权之子。赤乌五年，立为太子。后被废。

⑬盐官县：三国吴黄武四年（225）改海昌屯田都尉置，属吴郡。治所在今浙江海宁盐官镇南杭州湾海中。

⑭海昌都尉：即海昌屯田都尉。三国吴置。治所在今浙江海宁西南盐官镇南。

⑮《太康地道记》：书名。撰者不详。

⑯乐资：约三国两晋时人。曾任著作郎。《九州志》：书名。具体不详。

⑰秦延山：《水经注疏》杨守敬按："山在今海盐县（今浙江海盐）南十八里，滨海，周二十里。"

⑱马皋城：《越绝书》为马嗥城。在今浙江海盐东南。

⑲司盐都尉：汉代掌管盐务的官，曹魏沿置。三国吴亦置。

⑳吴王濞：即刘濞。汉高帝刘邦兄刘仲之子。初封为沛侯。后为吴
　　王。汉文帝时，吴王日益骄横。汉景帝即位，接受御史大夫晁错
　　削藩的建议。诸侯既新削罚，震恐，多怨晁错。及削吴会稽、豫章
　　郡书至，吴王刘濞打着"诛晁错，清君侧"的名义，联合胶西、胶东、
　　淄川、济南、楚、赵等诸侯国公开反叛，史称七国之乱。汉景帝遣
　　太尉条侯周亚夫率军平乱，刘濞兵败被杀。

㉑武原乡：在今浙江平湖市东。

㉒柘湖：在今上海金山区（山阳镇）西北张堰镇南。

㉓武原县：《水经注疏》杨守敬按："《汉志》海盐（今浙江海盐）下但
　　云故武原乡，不云尝改武原县。"

㉔汉安帝：东汉皇帝刘祜（hù）。清河孝王刘庆之子。延平元年（106）
　　殇帝死，奉邓太后诏，至济阳即皇帝位。

㉕当湖：一名鹦鹉湖、东湖。在今浙江平湖市城区东。

㉖秦望山：在今上海金山区西北。

㉗澉浦：一名澉水。即今浙江海盐南澉浦镇。当古谷水入杭州湾口。

㉘光熙元年：306年。光熙，西晋惠帝司马衷的年号，凡1年。

【译文】

《吴记》说：一条江向东南流七十里，注入小湖，称为次溪，从湖东南
流出的称为谷水。谷水从吴小湖流出后，流经由卷县旧城下。《神异传》
说：由卷县就是秦时的长水县。秦始皇时，县里有童谣唱道：城门当有
血，城陷没为湖。有一个老太婆听了很害怕，大清早就偷偷去观看城门，
城门卫兵要把她绑起来，老太婆说明了缘由。老太婆去后，城门卫兵杀
了一只狗，把狗血涂在城门上，老太婆又来了，一见有血就头也不回地逃
走了，忽然大水上涨，眼看要淹没县城了。主簿命令一个叫幹的人进府
去禀告县令，县令看见幹说：你为什么忽然变成鱼了？幹说：您也变成鱼
了。于是城就陷落变为深谷了。因此就把长水城的水称为谷水了。《吴记》
说：谷中有一座城，是旧由卷县的县城。就是吴的柴辟亭，从前属于就李

乡檇李地方。秦始皇憎恶这里有王气,命令十多万囚徒来此掘土,并给这地方取了个丑名,改称为囚卷,也叫由卷。吴黄龙三年,由卷县长出嘉禾,因此,改县名为禾兴。后因太子名和,为避讳,又改为嘉兴。就是《春秋》的檇李城。谷水又往东南流经嘉兴县城西面,又往东南流经盐官县旧城南面,过去这是吴国的海昌都尉治,盐官县是晋朝太康年间从嘉兴划分出来设立的。据《太康地道记》,吴国有盐官县。乐资《九州志》说:县里有秦延山。秦始皇经过这里,美人死了,安葬在山上,山下有一座美人庙。谷水右边有马皋城,过去是司盐都尉城,吴王濞在该县煮海水制盐。因此《汉书·地理志》说:县里有盐官。往东出城五十里有武原乡,是从前越国的地方。秦在这里设置了海盐县。《地理志》说:海盐县是从前的武原乡。后来县城沉陷为柘湖,又把县治迁到武原乡,改名为武原县,王莽时改名为展武。汉安帝时,武原的地面又沉陷为湖了,这就是今天的当湖,后来就把县治移到这里。县南有秦望山,秦始皇在这里登山观望东海,山就因此得名。谷水流出该县后称为澉浦,通到大海。光熙元年,有三个满身生毛的所谓毛民一起来到该县,他们是乘船从海上被风吹来的。

又东至会稽馀姚县,东入于海[①]。

谢灵运云:具区在馀暨[②]。然则馀暨是馀姚之别名也。今馀暨之南,馀姚西北,浙江与浦阳江同会归海[③],但水名已殊,非班固所谓南江也[④]。郭景纯曰:三江者,岷江、松江、浙江也。然浙江出南蛮中[⑤],不与岷江同,作者述志[⑥],多言江水至山阴为浙江[⑦]。今江南枝分[⑧],历乌程县,南通馀杭县[⑨],则与浙江合。故阚骃《十三州志》曰:江水至会稽与浙江合。浙江自临平湖南通浦阳江[⑩],又于馀暨东合浦阳江,自秦望分派[⑪],东至馀姚县,又为江也。

【注释】

①东入于海：陈桥驿按，由于《水经》和《水经注》作者都没有到过江南，所以这以下的经文和注文均有很大错误。详见题解相关文字。

②馀暨：即馀暨县。西汉置，属会稽郡。治所在今浙江杭州萧山区。三国吴太平二年（257）改为永兴县。

③浙江：亦名渐江水、渐江、之江。即今钱塘江。位于今浙江西北部。源出安徽休宁西南六股尖，向东北流到浙江海盐澉浦镇至余姚西三闸连线处入杭州湾。浦阳江：在今浙江杭州萧山区东。源出浦江县西井亢岭，东北流经浦江县南、诸暨东，故道自今萧山区南临浦镇东折，经钱清镇而至三江口入海。同会：会同，汇合。

④班固：字孟坚。扶风安陵（今陕西咸阳）人。继父业编纂《汉书》，未成而死，所余"八表"由班昭完成，《天文志》由班昭和同郡马续共同完成。

⑤南蛮：古代对江淮流域以南少数民族的泛称。

⑥志：通"誌"。记事的著作。特指史书中述食货、职官、礼乐、地理、兵刑等的篇章。

⑦山阴：即山阴县。秦置，属会稽郡。治所即今浙江绍兴。以在会稽山之北而得名。

⑧枝分：分流。

⑨馀杭县：秦始皇三十七年（前210）置，属会稽郡。治所在今浙江杭州余杭区西南余杭镇。东汉改属吴郡。

⑩临平湖：在今浙江杭州余杭区东南。

⑪秦望：即秦望山。分派：分流，支派。

【译文】

沔水又往东流到会稽郡馀姚县，东流入海。

谢灵运说：具区在馀暨。那么馀暨就是馀姚的别名了。今天馀暨的南面，馀姚的西北，浙江与浦阳江汇合同归大海，但水名已不同，不是班固所说的南江了。郭景纯说：三江就是岷江、松江、浙江。然而浙江发源于南蛮中，不同于岷江，以往作者们著述的方志，都说江水流到山阴称为浙江。今天江水南面的分支，流经乌程县，南面通馀杭县，就与浙江相合了。所以阚骃《十三州志》说：江水流到会稽与浙江汇合。浙江从临平湖南通浦阳江，又在馀暨东与浦阳江汇合，从秦望山分流后，东流到馀姚县，又是一条江了。

东与车箱水合①。水出车箱山，乘高瀑布，四十余丈。虽有水旱而澍无增减②。

【注释】

①车箱水：《水经注疏》杨守敬按："车箱山、车箱水，当在今馀姚县西北，无可考。盖已沦于海，或湮塞。"

②澍（zhù）：通"注"。灌注。

【译文】

江水东流与车箱水汇合。车箱水发源于车箱山，从高处流下形成瀑布，有四十余丈。虽然有雨季或旱季，流量却不会增减。

江水又东迳黄桥下①，临江有汉蜀郡太守黄昌宅②，桥本昌创建也。昌为州书佐③，妻遇贼相失，后会于蜀，复修旧好。

【注释】

①黄桥：《水经注疏》杨守敬按："《一统志》黄山桥在馀姚县治东，旁有大、小黄山，据此《注》所叙，则当在今馀姚县西。"

②蜀郡太守黄昌宅：《水经注疏》熊会贞按："黄昌宅在今馀姚县西南一里。"蜀郡，周赧王元年（前314）秦惠王置。治所在成都县（今四川成都）。黄昌，字圣真。会稽馀姚（今浙江余姚）人。东汉大臣，

曾任蜀郡太守。

③州书佐:官名。汉制,州属吏有功曹书佐、簿曹书佐、都官书佐等,
　总称州书佐。

【译文】

江水又往东流经黄桥下,临江有汉朝蜀郡太守黄昌的住宅,黄桥本
是黄昌创建的。黄昌当州书佐,妻子遇盗贼与他失散,后来在蜀相逢,又
重修旧好。

江水又东迳赭山南①,虞翻尝登此山四望,诫子孙可居
江北,世有禄位,居江南则不昌也。然住江北者,相继代兴;
时在江南者,辄多沦替②。仲翔之言为有征矣③。

【注释】

①赭山:在今浙江杭州萧山区东北赭山镇。

②沦替:沉沦衰落。替,衰落,衰败。

③有征:有证验。

【译文】

江水又往东流经赭山南,虞翻曾登上此山观望四方,告诫子孙要住
在江北,那么世世代代都会享有俸禄爵位;如果住在江南,家族就不会昌
盛。于是住江北的,一代接一代兴旺发达;当时住在江南的,就大多没落
衰败。仲翔的预言确是应验了。

江水又经官仓①,仓即日南太守虞国旧宅②,号曰西虞,
以其兄光居县东故也③。是地即其双雁送故处④。

【注释】

①官仓:在今浙江余姚一带。

②日南：即日南郡。西汉元鼎六年（前111）平南越置。治所在西卷县（今越南广治西北广治河与甘露河合流处）。《水经注·温水》："区粟建八尺表，日影度南八寸。自此影以南在日之南，故以名郡。"东汉属交州。

③其兄光：虞国的兄长虞光。会稽馀姚（今浙江余姚）人。虞翻之高祖父。曾为零陵太守，少治孟氏《易》，以传其子虞成。后世缵述其业，至虞翻而五世，家学渊源，总其大成。

④双雁送故处：朱谋㙔《水经注笺》："孔晔《会稽记》：虞国为日南太守，有惠政，出则双雁随轩。及还会稽，雁亦随焉。其卒也，犹栖于墓不去。"送故，送别逝者。

【译文】

江水又流经官仓，官仓靠近日南太守虞国的旧宅，称为西虞，是因为他的哥哥虞光居住在县东的缘故。这地方就是他的两只雁为他送葬的地方。

江水又东迳馀姚县故城南，县城是吴将朱然所筑[①]，南临江津，北背巨海，夫子所谓沧海浩浩，万里之渊也。县西去会稽百四十里，因句馀山以名县。山在馀姚之南，句章之北也[②]。

【注释】

①朱然：字义封。三国吴将领。

②句（gōu）章：即句章县。秦置，属会稽郡。治所在今浙江余姚东南城山村。东晋迁治今浙江宁波鄞州区西南鄞州镇。

【译文】

江水又往东流经馀姚县旧城南，县城是吴将朱然修筑的，南临江水，北背大海，就是孔夫子所说的：沧海浩浩茫茫，是辽阔万里的深渊。县西距会稽一百四十里，以句馀山名为县名。山在馀姚南面，句章北面。

江水又东迳穴湖塘①。湖水沃其一县，并为良畴矣。

【注释】

①穴湖塘：《水经注疏》熊会贞按："塘在今馀姚县东。"

【译文】

江水又往东流经穴湖塘。湖水灌溉全县，都成为一片良田。

江水又东注于海。是所谓三江者也。故子胥曰①：吴、越之国，三江环之，民无所移矣。但东南地卑，万流所凑，涛湖泛决，触地成川②，枝津交渠③，世家分伙，故川旧渎，难以取悉，虽粗依县地，缉综所缠④，亦未必一得其实也。

【注释】

①子胥：即伍子胥，名员。春秋时楚国人。父伍奢、兄伍尚为楚平王
　　所杀。伍子胥奔吴，佐吴伐楚。入郢都时，平王已卒，乃掘其墓，
　　鞭尸三百。后吴败越，越王勾践请和，吴王夫差应许之，而子胥谏
　　不听。后遭太宰嚭谗，吴王赐剑命其自杀。

②触地：到处，处处。

③枝津交渠：河流纵横交错。交渠，水渠交错。

④缉综：整理综括。

【译文】

江水又往东注入大海。这就是所谓的三江。所以伍子胥说：吴国、越国有三江环绕，百姓没有地方迁移了。但东南方地势较低，千万条河流都汇集到这里，江湖泛滥决口，流到哪里都会变成河流，支流渠道纵横交错，豪门大族伙同分割，因此原来的旧河道很难完全搞清楚了。虽然大致上按照县的范围来理清河网，也未必能反映真实情况。

潜水

潜水出巴郡宕渠县①，

潜水，盖汉水枝分潜出，故受其称耳。今爰有大穴，潜水入焉，通冈山下，西南潜出谓之伏水②，或以为古之潜水。郑玄曰：汉别为潜③。其穴本小，水积成泽，流与汉合。大禹自导汉疏通④，即为西汉水也⑤。故《书》曰：沱、潜既道⑥。刘澄之称白水入潜⑦。然白水与羌水合入汉⑧，是犹汉水也。县以延熙中分巴立宕渠郡⑨，盖古賨国也⑩，今有賨城。县有渝水⑪，夹水上下⑫，皆賨民所居。汉祖入关，从定三秦⑬，其人勇健好歌儛，高祖爱习之，今巴渝儛是也。县西北有馀曹水⑭，南迳其县下注潜水。县有车骑将军冯绲、桂阳太守李温冢⑮。二子之灵，常以三月还乡，汉水暴长，郡县吏民，莫不于水上祭之。今所谓冯、李也⑯。

【注释】

①潜水：详见题解文字。巴郡：东汉兴平元年（194）刘璋分巴郡为三郡，以垫江以上置巴郡，属益州。治所在安汉县（今四川南充北）。建安六年（201）改为巴西郡。宕渠县：西汉置，属巴郡。治所在今四川渠县东北土溪镇渠江南岸城坝古城。

②伏水：《水经注疏》杨守敬按：“即今广元县（今四川广元）北之水也。”

③汉别为潜：汉水的支流叫潜水。

④大禹：古代部落联盟领袖，传说曾治服洪水。

⑤西汉水：即今四川嘉陵江。

⑥沱、潜既道：语见《尚书·禹贡》：“岷、嶓既艺，沱、潜既道。”孔颖达疏：“沱出于江，潜出于汉。”

⑦刘澄之：南朝地理学家。南朝宋武帝刘裕的族弟刘遵考之子。曾

任都官尚书。著作有《永初山川古今记》等。白水：即今甘肃南

部之白龙江。

⑧羌水：又名强川。即发源于今甘肃岷县东南之岷江。因在羌族地

区而得名。

⑨延熙：三国蜀汉后主刘禅的年号（238—257）。巴：巴郡。宕渠郡：

东汉建安二十三年（218），刘备分巴西郡置。治所在宕渠县（今

四川渠县东北土溪镇渠江南岸城坝古城）。不久废。三国蜀汉延

熙中重置。

⑩古賨（cóng）国：战国时古国。治所在今四川渠县东北土溪镇南城

坝古城。

⑪渝水：指今四川南江及其下游渠江。

⑫夹水上下：指渝水两岸上上下下。

⑬三秦：秦亡以后，项羽三分关中，封司马欣为塞王，领有今陕西咸

阳以东地区；董翳为翟王，领有今陕西北部地区；章邯为雍王，领

有今陕西中部咸阳以西和甘肃东部之地。合称三秦。

⑭馀曹水：一作不曹水、徐曹水。即今四川万源、宣汉境之后河，为

渠江支流。

⑮车骑将军冯绲、桂阳太守李温冢：《水经注疏》杨守敬按："在今大

竹县（今四川大竹）北。"冯绲，字鸿卿。巴郡宕渠（今四川渠县）人。

东汉官吏。桂阳，即桂阳郡。汉高帝置。治所在郴县（今湖南郴州）。

李温，宕渠（今四川渠县）人。具体不详。

⑯今所谓冯、李也：《水经注疏》杨守敬按："李下当有脱文，或是冢

字。"

【译文】

潜水

潜水发源于巴郡宕渠县，

潜水是汉水的分支，通过地下潜流而出，所以叫潜水。现在有一个

水洞，潜水流入洞内，通过冈山下，向西南潜流涌出，称为伏水，有人认为就是古代的潜水。郑玄说：汉水的分支叫潜水。潜水原来的洞穴较小，水流积成一个大泽，泽水外流与汉水汇合。自从大禹把汉水疏通后，这条水就称为西汉水。所以《尚书》说：沱水、潜水疏通了。刘澄之说白水注入潜水。然而白水与羌水汇合后注入汉水，那么也还是汉水。宕渠县于延熙年间，从巴郡分出立为宕渠郡，这里是古代的賨国，现在还有賨城。县里有渝水，渝水上下游两岸都居住着賨民。汉高祖入关时，賨民随从他去平定三秦，賨人勇敢健壮，爱好歌舞，汉高祖喜欢此歌舞并演习之，今天流传下来的巴渝舞就是。宕渠县西北有一条餘曹水，往南流经县城下注入潜水。县内有车骑将军冯绲、桂阳太守李温的坟墓。他们两人的灵魂，常在每年三月还乡，那时汉水暴涨，郡县的官吏百姓无不在水上祭祀他们。这两座坟就是今天所说的冯、李墓。

又南入于江。

庾仲雍云①：垫江有别江②，出晋寿县③，即潜水也。其南源取道巴西④，是西汉水也。

【注释】

①庾仲雍：晋人。撰有《湘州记》《江记》《汉水记》。

②垫江：古西汉水（今四川嘉陵江）下游经垫江县入长江一段，称为垫江。

③晋寿县：西晋太康元年（280）改汉寿县置，属梓潼郡。治所在今四川广元西南昭化镇。

④巴西：即巴西郡。东汉建安六年（201）刘璋改巴郡置，属益州。三国蜀汉章武元年（221）改为巴郡，后复为巴西郡。

【译文】

潜水又往南注入江水。

庾仲雍说：垫江在晋寿县分出一条支流，就是潜水。它的南源流经巴西，这就是西汉水。

湍水

湍水出郦县北芬山①，南流过其县东，又南过冠军县东②，

湍水出弘农界翼望山③，水甚清澈，东南流迳南阳郦县故城东，《史记》所谓下郦析也④。汉武帝元朔元年⑤，封左将黄同为侯国⑥。

【注释】

①湍水：即今河南南阳盆地湍河。源出今河南内乡北界与嵩县及西峡县交界处，南流经内乡东、邓州北，至新野北汇入白河。郦（zhì）县：秦置，属南阳郡。治所在今河南南阳西北。东汉徙治今河南内乡北十里郦城。

②冠军县：西汉元朔六年（前123）置侯国，后为县，属南阳郡。治所在今河南邓州西北湍水西岸冠军寨。因霍去病功冠诸军，故立冠军县以封之。

③弘农：即弘农县。西汉元鼎三年（前114年）置。治所在今河南灵宝东北。翼望山：在今河南内乡北与嵩县及西峡县交界处。

④下郦析：析字衍。在今河南内乡北十里郦城。

⑤元朔元年：前128年。元朔，西汉武帝刘彻的年号（前128—前123）。

⑥左将：官名。汉代西域诸国多设此官，为高级武将。黄同：原为瓯骆左将，武帝时降汉。以功封下郦侯。

【译文】

湍水

湍水发源于郦县北芬山，往南流过县东，又往南流过冠军

县东，

　　湍水发源于弘农边界的翼望山，水异常清澈，往东南流经南阳郦县旧城东面，就是《史记》所说的下郦。汉武帝元朔元年，把这地方封给左将黄同，立为侯国。

　　湍水又南，菊水注之^①。水出西北石涧山芳菊溪^②，亦言出析谷，盖溪涧之异名也。源旁悉生菊草^③，潭涧滋液，极成甘美。云此谷之水土，餐挹长年^④。司空王畅、太傅袁隗、太尉胡广^⑤，并汲饮此水，以自绥养。是以君子留心，甘其臭尚矣^⑥。菊水东南流入于湍。

【注释】

①菊水：又名鞠水、菊潭。即今河南内乡西北丹水河。源出河南西陕县东铁佛寺北，南流至内乡赵店东入湍河。

②石涧山：当在今河南内乡北。

③菊草：菊花。

④餐挹：饮用、汲饮。长（zhǎng）年：延年益寿。

⑤王畅：字叔茂。山阳高平（今山东微山县）人。王龚之子。东汉官吏。袁隗（wěi）：字次阳。袁绍叔父。东汉大臣。胡广：字伯始。南郡华容（今湖北监利）人。东汉大臣。

⑥尚：久远。

【译文】

　　湍水又往南流，菊水注入。菊水发源于西北石涧山芳菊溪，也有说发源于析谷的，是溪涧的异名。源头旁长满了菊草，涧水极为甘美。据说这山谷中的水长年饮用可以延年益寿，于是司空王畅、太傅袁隗、太尉胡广都汲饮此水来保养自己。因此上流人士都很关注此水，喜爱它的气味，这种风气也流传已久了。菊水往东南流入湍水。

　　湍水又迳其县东南，历冠军县西北。有楚堨①，高下相承八重，周十里。方塘蓄水，泽润不穷。

【注释】

①楚堨：一名楚堰。在今河南邓州西北六十里。

【译文】

　　湍水又流经该县东南，流经冠军县西北。有楚堨，八道堰坝高下相承，周长有十里。方塘里蓄水，周围的田地都靠它灌溉，源源不绝。

　　湍水又迳冠军县故城东。县，本穰县之卢阳乡①，宛之临驼聚②，汉武帝以霍去病功冠诸军③，故立冠军县以封之。水西有汉太尉长史邑人张敏碑④，碑之西有魏征南军司张詹墓⑤，墓有碑，碑背刊云：白楸之棺⑥，易朽之裳，铜铁不入，丹器不藏⑦，嗟矣后人，幸勿我伤。自后古坟旧冢，莫不夷毁，而是墓至元嘉初尚不见发⑧。六年大水⑨，蛮饥，始被发掘。说者言：初开，金银铜锡之器，朱漆雕刻之饰烂然，有二朱漆棺，棺前垂竹帘，隐以金钉⑩。墓不甚高，而内极宽大。虚设白楸之言，空负黄金之实，虽意锢南山，宁同寿乎？

【注释】

①穰县：战国秦置，属南阳郡。治所在今河南邓州。卢阳乡：在今河南邓州西北三十八里冠军。

②宛：春秋战国楚邑。在今河南南阳。临驼（táo）聚：在今河南邓州西北。

③霍去病：河东平阳（今山西临汾）人。卫青姐姐的儿子。为人聪颖，精于骑射。先后六次出击匈奴，战功卓著。

④太尉长史：太尉府属官，领太尉府诸曹事。邑人：本县人。张敏：
　　具体不详。

⑤魏：指三国魏。征南军司：官名。为征南将军属下之军司，职掌监
　　察诸军。张詹：具体未详。

⑥白楸（qiū）之棺：用没有漆过的楸木做的棺材。

⑦丹器：当为瓦器。即陶器。

⑧元嘉：南朝宋文帝刘义隆的年号（424—453）。

⑨六年：即元嘉六年，429年。

⑩隐（yìn）：筑，击。这里指钉着。

【译文】

　　湍水又流经冠军县旧城东边。该县原是穰县的卢阳乡，宛县的临駆
聚，汉武帝因为霍去病功高冠于诸军，所以设立冠军县封给他。水的西
面有汉太尉长史邑人张敏碑，碑的西面有魏征南军司张詹墓，墓前有碑，
墓碑背面刻着：没漆过的楸木棺材，容易腐朽的衣裳，铜器铁器都不放
入，瓦器也不入藏，后世的人啊，请别把我毁伤。自那以后古坟旧墓没有
免遭平毁之难的，而这座墓到元嘉初年还没被盗掘过。六年发大水，蛮
夷闹饥荒，才被发掘出来。据人们说：坟墓刚打开时，金银铜锡之类器具，
涂着红漆、雕着各种花纹的饰物，光彩灿烂夺目。有两口红漆棺材，棺前
挂着竹帘，棺上钉着金钉。坟墓不很高，但墓内极宽敞。墓碑上假意写
了白楸棺材之类的虚言虚语，来掩盖以金银财宝厚葬的事实，虽然是想
密封得像南山似的牢固，难道这就能和它一样长久了吗？

　　湍水又迳穰县为六门陂①。汉孝元之世②，南阳太守邵
信臣以建昭五年断湍水③，立穰西石堨④。至元始五年⑤，更
开三门为六石门，故号六门堨也⑥。溉穰、新野、昆阳三县
五千余顷⑦。汉末毁废，遂不修理。晋太康三年⑧，镇南将军
杜预复更开广⑨，利加于民，今废不修矣。六门侧又有六门

碑,是部曲主安阳亭侯邓达等以太康五年立⑩。淯水又迳穰县故城北,又东南迳魏武故城之西南⑪,是建安三年,曹公攻张绣之所筑也⑫。

【注释】

①六门陂:即六门堤,亦名鹿门堤。在今河南邓州西三里。

②汉孝元之世:即前49—前33年汉孝元帝刘奭在位期间。

③邵信臣:亦作召信臣。字翁卿。九江寿春(今安徽寿县)人。西汉官吏。建昭五年:前34年。建昭,西汉元帝刘奭的年号(前38—前34)。

④立穰西石堨:事见《汉书·召信臣传》:"开通沟渎,起水门提阏凡数十处,以广溉灌,岁岁增加,多至三万顷。民得其利,畜积有余。"

⑤元始五年:5年。元始,西汉平帝刘衍的年号(1—5)。

⑥六门堨:即六门陂。

⑦昆阳:即昆阳县。秦置,属颍川郡。治所即今河南叶县。

⑧太康三年:282年。太康,西晋武帝司马炎的年号(280—289)。

⑨镇南将军:官名。三国魏时,与镇东、镇西、镇北将军合称四镇将军,多为出镇方面的持节都督。杜预:字元凯。京兆杜陵(今陕西西安)人。西晋经学家。撰《春秋左氏经传集解》传世。

⑩部曲主:部曲的将领。部曲为军队的编制。汉制:将军领军者下辖有部,部下辖有曲。部以校尉领之,曲以军候领之,后世沿用其名,称统领部曲的将领为部曲主或部曲将。亭侯:爵位名。东汉始分侯为县侯、乡侯、亭侯三级。食邑为亭者称为亭侯。邓达:具体不详。

⑪魏武故城:《水经注疏》熊会贞按:"《方舆纪要》,魏武城在邓州(今河南邓州)西南五里。《一统志》亦云,在州西南五里余。当在州东南。"

⑫张绣：董卓部将。骠骑将军张济族子。张济死，张绣继领其军。
　　后降曹操。

【译文】

　　淯水又流经穰县，形成六门陂。汉朝孝元帝时，南阳太守邵信臣在建昭五年堵断了淯水，修筑了穰西石堰。到了元始五年，又开了三道水门，成为六石门，所以称为六门竭。这项水利工程已灌溉穰、新野、昆阳三县五千余顷农田。汉朝末年石塘毁废，就没有再修复了。晋太康三年，镇南将军杜预又重新扩建，百姓受益更大；今天又废弃不修了。六门旁边又有六门碑，是部曲主安阳亭侯邓达等人在太康五年所立。淯水又流经穰县旧城北面，又往东南流经魏武旧城西南，这是建安三年曹操攻张绣时修筑的。

又东过白牛邑南①，

　　淯水自白牛邑南。建武中，世祖封刘嵩为侯国②。东南迳安众县故城南③。县，本宛之西乡，汉长沙定王子康侯丹之邑也④。

【注释】

　　①白牛邑：即今河南邓州东北白牛乡。
　　②刘嵩：安成侯刘赐之子。建武三十年（54）封为白牛侯。
　　③安众县：《水经注疏》杨守敬按："汉县属南阳郡，后汉、魏因，晋省。《九城志》，南阳县有安众镇。在今镇平县（今河南镇平）东南。"
　　④长沙定王：名发。汉景帝之子。景帝前元二年（前155）封长沙王。

【译文】

　　淯水又往东流过白牛邑南面，
　　淯水从白牛邑往南流。建武年间，世祖将这里封给刘嵩，立为侯国。

往东南流经安众县老城南面。安众县原来是宛县的西乡，是汉朝长沙定王的儿子康侯丹的封邑。

湍水东南流，涅水注之①。水出涅阳县西北岐棘山②，东南迳涅阳县故城西。汉武帝元朔四年，封路最为侯国③，王莽之所谓前亭也。应劭曰④：在涅水之阳矣。县南有二碑，碑字紊灭，不可复识，云是左伯豪碑⑤。涅水又东南迳安众县，竭而为陂，谓之安众港。魏太祖破张绣于是处，与荀彧书曰⑥：绣遏吾归师，迫我死地。盖于二水之间，以为沿涉之艰阻也。涅水又东南流，注于湍水。

【注释】

①涅水：即今河南镇平西、邓州东赵河。

②涅阳县：西汉高帝七年（前200）置涅阳侯国，后置县，属南阳郡。治所即今河南邓州东北穰东镇。岐棘山：又名骑立山、五朵山。即今河南镇平西北五垛山。

③路最：朝鲜人。原为朝鲜相路人之子。汉兵至，路人首先降。路人死后，路最告谕朝鲜官民，平定朝鲜。以功封涅阳侯。

④应劭：字仲远，一作仲瑗。东汉末学者。汝南南顿（今河南项城）人。撰有《风俗通义》《汉官仪》《地理风俗记》等。

⑤左伯豪：即左雄，字伯豪。东汉官吏。

⑥荀彧（yù）：字文若。颍川颍阴（今河南许昌）人。三国时曹操谋士。

【译文】

湍水往东南流，涅水注入。涅水发源于涅阳县西北的岐棘山，往东南流经涅阳县旧城西面。汉武帝元朔四年，把这地方封给路最，立为侯国，王莽时称为前亭。应劭说：此城在涅水的北面。县南有两块碑，碑上文字磨灭，已经不可辨认了，据说是左伯豪碑。淯水又往东南流经安众县，人们在此筑堰成陂，称为安众港。魏太祖在这里大破张绣，他在给荀彧的信中说：张绣阻挡我军归路，想迫我于死地。因为有两条水阻隔着，过河涉水十分困难。淯水又往东南流，注入湍水。

又东南至新野县，

湍水至县西北，东分为邓氏陂①。汉太傅邓禹故宅②，与奉朝请西华侯邓晨故宅隔陂③。邓飏谓晨宅略存焉④。

【注释】

①邓氏陂：《水经注疏》杨守敬按："陂在今新野县（今河南新野）西北。"

②汉太傅邓禹故宅：《水经注疏》杨守敬按："《一统志》禹宅在新野县板桥里。"邓禹，字仲华。南阳新野（今河南新野）人。少游学长安，与刘秀友善。刘秀起兵，邓禹佐秀运筹帷幄。光武平定天下之后，封邓禹为高密侯。明帝即位，任命邓禹为太傅。

③奉朝请：古代诸侯春季朝见天子叫朝，秋季朝见天子叫请。因称定期参加朝会为奉朝请。汉代对退职大臣、将军及皇室、外戚，多以奉朝请名义，使得参加朝会。西华侯邓晨故宅：《水经注疏》杨守敬按："《元和志》，晨宅在新野县北二十四里。"邓晨，字伟卿。南阳新野人。东汉官吏。

④邓飏：字玄茂。邓禹后人。三国魏官吏。

【译文】

湍水又往东南流到新野县，

湍水流到新野县西北，向东分流形成邓氏陂。汉朝太傅邓禹故宅和奉朝请华西侯邓晨故宅隔陂相对。邓飏说，邓晨故宅墓址现在还保存着。

东入于淯①。

【注释】

①淯：即淯水。一作育水。即今河南白河。按《汉书·地理志》，淯
　水就是下文均水。

【译文】

湍水向东注入淯水。

均水

均水出析县北山①，南流过其县之东，

　均水发源弘农郡之卢氏县熊耳山②，山南即修阳、葛阳
二县界也③。双峰齐秀④，望若熊耳，因以为名。齐桓公召陵
之会⑤，西望熊耳，即此山也。太史公司马迁皆尝登之。县
即析县之北乡，故言出析县北山也。均水又东南流迳其县
下，南越南乡县⑥，又南流与丹水合⑦。

【注释】

①均水：详见题解文字。析县：战国楚置。治所即今河南西峡县。
　秦仍以为县，西汉属弘农郡。东汉属南阳郡。三国魏属南乡郡。

②弘农郡：西汉元鼎四年（前113）置。治所在弘农县（今河南灵宝
　北故函谷关城）。卢氏县：战国韩置。后入秦，属三川郡。治所即
　今河南卢氏。西汉属弘农郡。熊耳山：在今河南卢氏东南。

③修阳：即修阳县。北魏置，属修阳郡。治所在今河南西峡县北。
　葛阳：即盖阳县。治所在今河南西峡县北。

④齐秀：同高。秀，高耸，耸立。

⑤齐桓公：春秋时期齐国国君。姜姓，名小白。任用管仲实行改革，

以"尊王攘夷"为号召,多次大会诸侯订立盟约。是春秋第一个霸主。召陵之会:春秋时齐、楚之会盟。齐桓公三十年(前 656),桓公以诸侯之师伐楚,与楚大夫屈完会于召陵(春秋楚邑。在今河南漯河市召陵区召陵镇),结盟而还。

⑥南越:武英殿本《水经注》注:"下南越三字有讹误,当作又南迳。"《水经注疏》熊会贞按:"《丹水》篇云:历其县下;《江水》篇云:迳郁县下;即其辞例,戴不察耳。南迳亦偶变作南越,文无舛误。"南乡县:东汉置,属南阳郡。治所在今河南淅川县西南丹江水库内。

⑦丹水:即今陕西、湖北、河南边境之丹江。为汉江支流。源出今陕西商洛西北冢岭山,东南流经丹凤、商南,又东入河南,经淅川县会淅川水,又东南称均水,折西南至湖北丹江口入于汉水。

【译文】

均水

均水发源于析县北山,往南流过县东,

均水发源于弘农郡卢氏县的熊耳山,山的南面就是修阳、葛阳二县的边界。熊耳山上双峰并峙,远远望去很像一对熊耳,因而得名。齐桓公会盟召陵,向西遥望熊耳,就是此山。太史公司马迁也曾登临过。卢氏县就是析县的北乡,所以《经》文说均水发源析县北山。均水又往东南流经该县,往南流经南乡县,又往南流与丹水汇合。

又南当涉都邑北①,南入于沔。

均水南迳顺阳县西②,汉哀帝更为博山县③,明帝复曰顺阳。应劭曰:县在顺水之阳。今于是县,则无闻于顺水矣。章帝建初四年④,封卫尉马廖为侯国⑤。晋太康中立为顺阳郡⑥。县西有石山,南临均水。均水又南流注于沔水,谓之均口者也⑦。故《地理志》谓之淯水,言熊耳之山,淯水出焉。

又东南至顺阳入于沔。

【注释】

①涉都邑：在今湖北谷城西北，汉水南岸。西汉武帝平南越，封南海守降侯子嘉为侯国。

②顺阳县：东汉明帝改博山县置，属南阳郡。治所在今河南淅川县南。

③汉哀帝：即西汉皇帝刘欣。元帝庶孙，定陶恭王刘康之子。汉成帝无子，立刘欣为太子。成帝崩，刘欣遂即帝位，是为汉哀帝。博山县：即博山侯国。西汉绥和二年（前7）封孔光为博山侯置，属南阳郡。治所在今河南淅川县南丹江、淅水汇合口东南丹江水库内。东汉明帝时改为顺阳县。

④章帝：即东汉章帝刘炟（dá）。汉明帝刘庄之子，母贾贵人。建初四年：79年。建初，东汉章帝刘炟的年号（76—84）。

⑤马廖：字敬平。马援之子。东汉官吏。受封为顺阳侯。

⑥太康：西晋武帝司马炎的年号（280—289）。顺阳郡：西晋太康中改南乡郡置，属荆州。治所在酂县（今湖北老河口西北西集街北）。

⑦均口：均水入沔水处。在今湖北丹江口。

【译文】

均水又往南流，到涉都邑北面，往南注入沔水。

均水往南流经顺阳县西面，汉哀帝改名为博山县，明帝又称顺阳。应劭说：顺阳县在顺水之北。今天却没听说过顺阳县有一条顺水。章帝建初四年，把这里封给卫尉马廖，立为侯国。晋太康年间，立为顺阳郡。顺阳县西有石山，南临均水。均水又南流注入沔水，汇流处称为均口。《地理志》称均水为清水，说熊耳山是清水的发源地。又往东南流到顺阳注入沔水。

粉水

粉水出房陵县①，东流过郢邑南②，

粉水导源东流，迳上粉县③，取此水以渍粉，则皓耀鲜洁，有异众流，故县、水皆取名焉。

【注释】

①粉水：一名粉青河。即今湖北西北部南河及其上游粉青河。源出神农架林区西南，东北流经房县东、保康西，至谷城，东注入汉水。

②郢邑：《水经注疏》杨守敬按："此郢邑无考，疑字误。"

③上粉县：在今湖北房县东南。

【译文】

粉水

粉水发源于房陵县，往东流过郢邑南面，

粉水发源后往东流经上粉县，人们用这溪水来浸麦磨粉就雪白光亮，鲜洁耀眼，与用别的水浸出的完全不同，所以县、水都以粉取名。

又东过穀邑南①，东入于沔。

粉水至筑阳县西②，而下注于沔水，谓之粉口。粉水旁有文将军冢，墓隧前有石虎、石柱③，甚修丽。闾丘羡之为南阳④，葬妇墓侧，将平其域，夕忽梦文谏止，羡之不从。后羡之为杨佺期所害⑤，论者以为文将军之祟也⑥。

【注释】

①穀邑：穀伯国的都邑。在今湖北谷城西北十里。

②筑阳县：战国秦置，属南阳郡。治所在今湖北谷城东北四里。以在筑水之阳而名。东汉为筑阳侯国。三国魏复为筑阳县，属南乡

郡。北魏属襄阳郡,移治今谷城。

③墓隧:墓道。

④间丘羡之:衍之字,下同。间丘羡,南阳太守。被杨佺期所杀。

⑤杨佺期:弘农华阴(今陕西华阴)人。汉太尉杨震之后。东晋官吏。

⑥祟:指鬼怪害人。

【译文】

粉水又往东流过榖邑南面,往东注入沔水。

　　粉水流到筑阳县西面,注入沔水,汇流处称为粉口。粉水旁边有文将军墓,墓道前有石虎、石柱,装饰美丽。间丘羡在南阳做太守时,把妻子葬在文将军墓侧,要把墓地平掉,夜里忽然梦见文将军劝阻他,间丘羡不听。后来间丘羡被杨佺期谋害,人们说及此事,认为这是文将军在作祟。

白水

白水出朝阳县西①,东流过其县南,

　　王莽更名朝阳为厉信县。应劭曰:县在朝水之阳②。今朝水迳其北,而不出其南也。盖邑郭沦移,川渠状改,故名旧传,遗称在今也。

【注释】

①白水:详见题解相关文字。朝阳县:西汉置,属南阳郡。治所在今河南邓州东南刁河南岸。

②朝水:即今河南邓州南之刁河。

【译文】

白水

白水发源于朝阳县西,往东流过县南,

　　王莽把朝阳县改名为厉信县。应劭说:朝阳县在朝水之北。但今天的朝水流经县北,而不是从县南流过。那大概是城邑迁移,河渠改道,而旧名却遗留至今的缘故吧。

又东至新野县南,东入于淯。

【译文】

白水又往东流到新野县南,往东注入淯水。

比水

比水出比阳东北太胡山①,东南流过其县南,泄水从南来注之。

太胡山在比阳北如东三十余里②,广圆五六十里。张衡赋南都③,所谓天封、太狐者也④。应劭曰:比水出比阳县,东入蔡⑤。《经》云⑥:泄水从南来注之。然比阳无泄水,盖误引寿春之沘泄耳⑦。余以延昌四年⑧,蒙除东荆州刺史⑨,州治比阳县故城,城南有蔡水,出南磐石山⑩,故亦曰磐石川,西北流注于比,非泄水也。《吕氏春秋》曰:齐令章子与韩、魏攻荆⑪,荆使唐蔑应之⑫,夹比而军,欲视水之深浅,荆人射之而莫知也。有刍者曰⑬:兵盛则水浅矣。章子夜袭之,斩蔑于是水之上也。

【注释】

①比水:即沘水。今河南西南部泌阳河及其下游唐河。比阳:即比阳县。西汉置,属南阳郡。治所即今河南泌阳。太胡山:一作大胡山。在今河南泌阳东北。

②北如东：北边偏东。如，偏，稍微。

③赋南都：即写《南都赋》歌颂南都。

④天封、太狐：即太胡山。

⑤蔡：即蔡水。在今河南泌阳南。俗名田市河。

⑥《经》：即《水经》。

⑦寿春：即寿春县。战国后期为楚都。后入秦，为九江郡治。治所在今安徽寿县。东晋孝武帝时以避郑太后讳，改为寿阳县。南朝宋又改为睢阳县。北魏复名寿春县。

⑧延昌四年：515年。延昌，北魏宣武帝元恪的年号（512—515）。

⑨东荆州：北魏延兴二年（472）置。治所在朗陵（今河南确山县南任店）。后徙比阳城（今河南泌阳）。

⑩磐石山：俗称磐古山。在今河南泌阳南四十里。

⑪章子：亦称匡章、匡子。姓匡，名章，齐人。战国时齐国将领。荆：楚国旧号荆。

⑫唐蔑：蔑一作昧。战国时楚将。楚怀王二十八年（前301），齐将匡章联合魏、韩进攻楚之方城。唐蔑率军抵御，在沘水旁的垂沙大败被杀。

⑬刍者：割草的人。

【译文】

比水

比水发源于比阳县东北的太胡山，往东南流过县南，泄水从南方流来注入。

太胡山在比阳北偏东三十多里处，周围五六十里。张衡作《南都赋》，所谓天封、太狐即指此山。应劭说：比水发源于比阳县，东流注入蔡水。《水经》说：泄水从南方流来注入。但比阳没有泄水，大概是误引了寿春的沘泄吧。我在延昌四年任东荆州刺史，州治在比阳旧城，城南有蔡水，发源于南磐石山，所以也称磐石川，往西北流，注入比水，而不是泄水。

《吕氏春秋》说：齐国令章子和韩、魏一起攻打荆国，荆国派唐蔑应战，唐蔑在比水两岸驻扎军队，想了解水的深浅，用箭射水却无法知道。有个割草的人说：兵多水就浅了。章子夜里来偷袭，在比水岸边斩了唐蔑。

　　比水又西，澳水注之①。水北出芘丘山②，东流屈而南转，又南入于比水。按《山海经》云：澳水又北入视③，不注比水。余按吕忱《字林》及《难字》《尔雅》并言④：灅水在比阳⑤。脉其川流所会，诊其水土津注，宜是灅水，音药也。

【注释】

①澳水：《水经注疏》熊会贞按："《一统志》，澳水今俗名凉河，出泌阳县（今河南泌阳）西北五十里慈丘山南，流入泌河。"

②芘丘山：即慈丘山。在今河南泌阳西北五十里。

③视：即视水。郭璞注："或曰：视宜为瀙（qìn）。"瀙水，古汝水支流。即今河南泌阳、遂平二地境内之沙河。

④吕忱：字伯雍。任城（今山东济宁）人。晋文字学家，官义阳王典祠令。撰《字林》七卷，今有任大椿辑本《字林考逸》八卷。《难字》：书名。《水经注疏》杨守敬按："《隋志》：梁有《难字》一卷，张揖撰。又释玄应多引周成《难字》。揖、成并魏人。"《尔雅》：书名。撰者不详。成书于西汉初年。是我国现存最早的一部解释词义的词典。全书按词条义类分篇，共有《释诂》《释言》《释训》《释鸟》《释兽》等十九篇。

⑤灅（yào）水：在今河南泌阳。

【译文】

　　比水又往西流，澳水注入。澳水发源于北边的芘丘山，往东流拐弯转向南流，又往南注入比水。查考《山海经》说：澳水又往北流注入视水，而不注入比水。我按吕忱的《字林》及《难字》《尔雅》都说：藻水在比阳。考察当地诸水汇合、水道流注的状况，应是藻水，藻音药。

比水又西南历长冈旧月城北①。比水右会马仁陂水②。水出沅阴北山③，泉流竞凑，水积成湖，盖地百顷，谓之马仁陂。陂水历其县下，西南堨之以溉田畴，公私引裂，水流遂断，故渎尚存。

【注释】

①长冈旧月城：《水经注疏》杨守敬按："城当在今泌阳西。"

②马仁陂水：在今河南泌阳北七十里。

③沅（wǔ）阴：即沅阴县。治所在今河南泌阳西北。

【译文】

比水又往西南流经长冈旧月城北面。比水在右面与马仁陂水汇合。马仁陂水发源于沅阴北山，泉流竞相汇集，水积成湖，面积百顷，称为马仁陂。陂水流经比阳县境，在西南面筑了堤坝，用以灌溉农田，但公私争相引水灌田，水就因此断流了，不过旧河道还在。

比水又南迳会口，与堵水枝津合①。

【注释】

①堵（zhě）水：在今湖北西北部。为汉水支流。

【译文】

比水又往南流经会口，与堵水支流汇合。

比水又南与澧水会①。澧水源出于桐柏山②，与淮同源而别流西注③,故亦谓水为派水④。澧水西北流迳平氏县故城东北⑤,王莽更名其县曰平善。城内有南阳都乡正卫弹劝碑⑥。澧水又西北合溲水⑦。水出湖阳北山⑧,西流北屈,迳平氏城西而北入澧水。澧水又西注比水。比水自下亦通谓之为派水。昔汉光武破甄阜、梁丘赐于比水西⑨,斩之于斯水也。

【注释】

①澧水:源出今河南桐柏西北太白顶,西流至唐河县南入唐河。

②桐柏山:在今河南桐柏西南。

③淮:即今淮河。源出河南桐柏山,东流经河南、安徽,原在江苏北部入海。后来,其下游为黄河所夺,现由洪泽湖,经宝应湖、高邮湖,在今江苏扬州江都区入长江。

④派水:《水经注疏》杨守敬按:"《文选·吴都赋》刘《注》引《字说》:水别流为派,故澧水别流西注,有派水之名。今曰澧河,源出桐柏县(今河南桐柏)西。"

⑤平氏县:西汉置,属南阳郡。治所即今河南桐柏西北平氏镇。西晋属义阳国。

⑥都乡:在今河南新野东南四十里九女城。东汉改为东乡。乡正:乡大夫。古代鲁、宋等国行乡、遂之制。乡有乡正,遂有遂正。

⑦溲水:《水经注疏》杨守敬按:"今曰秋河,出枣阳县(今湖北枣阳)东北山。"

⑧湖阳:一作胡阳县。春秋时楚置。后入秦,属南郡。治所在今河南唐河县南湖阳镇。西汉属南阳郡。

⑨甄阜:王莽部将。官南阳太守、副校尉、前队大夫。梁丘赐:王莽部将。官属正(职如都尉)。

【译文】

比水又往南流，与澧水汇合。澧水发源于桐柏山，与淮水同源而分道西流，所以也称为派水。澧水往西北流经平氏县老城东北，王莽把县名改为平善。城内有南阳都乡正卫弹劝碑。澧水又往西北流，与溲水汇合。溲水发源于湖阳北山，西流北转，流经平氏城西而后北注澧水。澧水又往西流注入比水。比水从此以下也通称派水了。昔日东汉光武帝在比水西大破甄阜、梁丘赐，并在比水上杀了他们。

比水又南，赵、醴二渠出焉。

【译文】

比水又往南流，赵渠、醴渠分枝流出。

比水又西南流，谢水注之。水出谢城北①，其源微小，至城渐大。城周回侧水，申伯之都邑②。《诗》所谓申伯番番③，既入于谢者也。世祖建武十三年⑦，封樊重少子丹为谢阳侯⑤，即其国也。然则是水即谢水也。高岸下深，浚流徐平，时人目之为渟潗水，城戍又以渟潗为目，非也。其城之西，旧棘阳县治⑥，故亦谓之棘阳城也。谢水又东南迳新都县⑦，左注比水。

【注释】

①谢城：《水经注疏》杨守敬按："当在今唐县（今河南唐河县）西北。"
②申伯：申国的国君。申国是西周封国。
③番番（bō）：勇武貌。
④建武十三年：37年。建武，东汉光武帝刘秀的年号（25—56）。

⑤樊重：字君云。南阳湖阳（今河南唐河县）人。光武帝刘秀外祖父。武帝追谥为寿张敬侯。少子丹：即樊丹。樊重之子，光武帝舅。建武十三年（37年），被封为射阳侯。谢阳，即射阳。在今河南南阳东南。

⑥棘阳县：西汉高帝七年（前200）封杜得臣为棘阳侯，元朔五年（前124）改为县，属南阳郡。治所在今河南南阳南。

⑦新都县：即新都侯国。属南阳郡。治所在今河南新野东南四十里九女城。成帝永始元年（前16）封王莽为新都侯。东汉废。亦称东乡、都乡。

【译文】

比水又往西南流，谢水注入。谢水从谢城北方流出，源头水流细小，流到谢城水流渐大。城四周傍水，过去是申伯的都城。《诗经》里所谓：勇武的申伯，来到了谢。就指的是这地方。世祖建武十三年，封樊重的小儿子樊丹为谢阳侯，这里就是他的封国。那么这条水也就是谢水了。谢水岸高水深，水流平缓，当时人们称之为渟潗水，城堡又以渟潗为名，都是不对的。谢城西边，是旧棘阳县治所，所以也称为棘阳城。谢水又往东南流经新都县，向左面注入比水。

比水又西南流，迳新都县故城西，王莽更之曰新林。《郡国志》以为新野之东乡①，故新都者也。

【注释】

①《郡国志》：晋司马彪《续汉书》篇名。记述东汉时期全国行政区划、人口以及《春秋》和"前三史"所载征伐、会盟所在的地名。

【译文】

比水又往西南流，经过新都县旧城西面，王莽时改名为新林。《郡国志》认为这是新野县的东乡，也就是旧时的新都。

又西至新野县，南入于淯。

比水于冈南西南流，戍在冈上。比水又西南与南长、坂门二水合。其水东北出湖阳东隆山，山之西侧有汉日南太守胡著碑①。子珍②，骑都尉③，尚湖阳长公主④，即光武之伯姊也⑤。庙堂皆以青石为阶陛⑥，庙北有石堂。珍之玄孙桂阳太守场⑦，以延熹四年遭母忧⑧，于墓次立石祠，勒铭于梁。石宇倾颓，而梁字无毁。盛弘之以为樊重之母畏雷室⑨，盖传疑之谬也。隆山南有一小山，山坂有两石虎，相对夹隧道，虽处蛮荒，全无破毁，作制甚工，信为妙矣，世人因谓之为石虎山。

【注释】

①胡著：日南太守。具体不详。

②子珍：胡著之子胡珍。骑都尉。尚湖阳长公主。其余不详。

③骑都尉：汉统领骑兵的高级军官，本监羽林骑，秩比二千石。与奉车、驸马并称为三都尉。

④尚：专指娶公主为妻。湖阳长公主：名黄。光武帝刘秀姊。建武二年，封为湖阳长公主。

⑤伯姊：大姐。伯，古代排行伯仲叔季，故伯为大。

⑥阶陛：台阶。

⑦玄孙：自身以下的第五代：自身、子、孙、曾孙、玄孙。桂阳：即桂阳郡。汉高帝置。治所在郴县（今湖南郴州）。场：指胡场。东汉桓帝时人。胡珍的玄孙。官桂阳太守。其余不详。

⑧延熹四年：161年。延熹，东汉桓帝刘志的年号（158—167）。遭母忧：母亲去世。

⑨盛弘之：南朝宋临川王侍郎。撰《荆州记》。樊重之母畏雷室：《水

经注疏》熊会贞按:"《书钞》一百五十二、《类聚》二并引盛弘之《荆州记》樊重母畏雷,为石室避之,悉以文石为阶砌,今犹存。"

【译文】

比水又往西流到新野县,往南注入淯水。

比水流到冈南,向西南流,城堡就筑在冈上。比水又往西南流,与南长水和坂门水汇合。这两条水发源于东北方湖阳东边的隆山,山的西面有汉日南太守胡著碑。他的儿子骑都尉胡珍,娶湖阳长公主,即光武帝的大姐。庙堂里的台阶都用青石砌成,庙北有石堂。胡珍的玄孙桂阳太守胡场,延熹四年母亡居丧,在墓旁立了一个石祠,在石梁上刻了铭文。石祠现在已经颓圮,而石梁上的字还完好无损。盛弘之认为这是樊重母亲因怕雷而修的石室,这大概是传闻造成的错误。隆山南有一座小山,山坡上有两只石虎,面对面地站在墓道两旁,虽处于荒僻遥远的地方,却完好无损,而且制作十分精致,确实可称美妙,世人因此称这座山为石虎山。

其水西南流迳湖阳县故城南。《地理志》曰:故廖国也①。《竹书纪年》曰②:楚共王会宋平公于湖阳者矣③。东城中有二碑,似是樊重碑,悉载故吏人名。司马彪曰④:仲山甫封于樊⑤,因氏国焉。爰自宅阳徙居湖阳⑥,能治田殖,至三百顷,广起庐舍,高楼连阁,波陂灌注,竹木成林,六畜放牧,鱼嬴梨果⑦,檀棘桑麻,闭门成市。兵弩器械,赀至百万。其兴工造作,为无穷之功,巧不可言,富拟封君⑧。世祖之少,数归外氏⑨,及之长安受业,赍送甚至⑩。世祖即位,追爵敬侯⑪,诏湖阳为重立庙,置吏奉祠。巡祠章陵⑫,常幸重墓。其水四周城溉。城之东南,有若令樊萌、中常侍樊安碑⑬。城南有数碑,无字。又有石庙数间,依于墓侧,栋宇崩毁,惟石壁而已,亦不知谁之胄族矣⑭。其水南入大湖,湖阳之名县,藉兹而纳称也。

【注释】

①廖国：西周时国名。

②《竹书纪年》：书名。因原本写于西晋时汲郡出土的竹简之上，故名。是一部编年体史书，记述夏商周及春秋晋国、战国魏国的史事，至魏襄王时止。今存辑本。

③楚共王：名审。春秋楚国国君。楚庄王之子。宋平公：名成。春秋宋国国君。宋共公之子。宋元公之父。

④司马彪：字绍统。河内温县（今河南温县）人。魏晋时期史学家。著作仅存《续汉书》八志，为后人补入范晔《后汉书》流传至今。

⑤仲山甫：即樊仲。周宣王时大臣，封于樊。樊：西周封国，都樊（今陕西西安）。春秋时东徙阳邑（今河南济源西南），又称阳樊。

⑥宅阳：在今河南荥阳东。

⑦蠃（luó）：同"螺"。蚌属。

⑧富拟封君：如同分封的诸侯一样富有。

⑨外氏：外祖父母家。

⑩赍（jī）送：供给，赠送。甚至：到极致，到顶点。

⑪追爵：死后封爵。敬侯：武帝追爵谥为寿张敬侯。

⑫巡祠：巡视祭祀。章陵：在今湖北枣阳南三十里。《后汉书·城阳恭王祉传》："初，建武二年，以皇祖、皇考墓为昌陵，置陵令守视；后改为章陵。"

⑬若令：官名。汉代有若卢令（主藏兵器及诏狱）。樊萌：具体不详。中常侍：官名。秦置。西汉为加官，可出入禁中，常侍皇帝左右。东汉由宦官专任，侍从皇帝左右，掌传达诏令、管理文书。樊安：字子仲。南阳湖阳（今河南唐河湖阳镇）人。

⑭胄（zhòu）族：古代帝王或贵族的后嗣。

【译文】

水往西南流经湖阳县旧城南面。《地理志》说：这里过去是廖国。《竹书纪年》说：楚共王与宋平公在湖阳会晤。东城中有两块石碑，好像是樊重碑，碑上记着许多旧时官吏的姓名。司马彪说：仲山甫封于樊，就以樊为姓氏。于是从宅阳迁居到湖阳，耕种农田三百多顷，建造了许多房屋，高楼连阁，有湖池灌溉之利，竹木成林，六畜兴旺，又盛产鱼蚌梨果，檀枣桑麻，即使与世隔绝，也可自成一个市场。就连兵器弓箭也是无所不有，资产积聚到百余万。他兴工大搞建设，后效无穷，制作的东西都极精巧，财富可与封君相比。世祖少年时，多次去投靠外祖父家，直到在长安就学，外祖父还大量地接济他。世祖即位后，追封他为敬侯，下诏湖阳为外祖父樊重立庙，设官吏专管祠堂的祭祀。每当世祖巡视章陵祖祠，总要亲自去看看樊重的墓地。此水灌溉湖阳城四周田地。城的东南面，有若令樊萌、中常侍樊安碑。城南也有几块无字的碑。又有几间石庙，建在墓侧，庙宇栋梁都已崩塌，只留下光光的石壁了，也不知是哪个公侯世族后裔的祠庙。此水南流注入大湖，湖阳这县名就是因此湖而来的。

湖水西南流，又与湖阳诸陂散水合，谓之板桥水。又西南与醴渠合[①]。又有赵渠注之。二水上承派水，南迳新都县故城东，两渎双引，南合板桥水。板桥水又西南与南长水会[②]。水上承唐子、襄乡诸陂散流也[③]。唐子陂在唐子山西南[④]，有唐子亭[⑤]。汉光武自新野屠唐子乡，杀湖阳尉于是地。陂水清深，光武后以为神渊。西南流于新野县，与板桥水合，西南注于比水。

【注释】

①醴渠：与下文赵渠，《水经注疏》熊会贞按："二水当在今唐县（今

河南唐河县）西南。"

②南长水：《水经注疏》熊会贞按："此今枣阳东北之南水。"

③唐子、襄乡：《水经注疏》熊会贞按："唐子陂以唐子乡得名，疑此本作承唐子乡诸陂散流，襄字衍文。"唐子乡，在今湖北枣阳北。译文从之。

④唐子山：在今湖北枣阳北。

⑤唐子亭：又名松子亭。《水经注疏》熊会贞按："张衡《南都赋》松子神陂，李《注》引习凿齿《襄阳耆旧记》，神陂，在蔡阳县（在今湖北枣阳西翟家古城）界，有松子亭，下有神陂也。神陂盖即神渊，据郦说是神渊本松子陂矣。"

【译文】

　　湖水往西南流，又与湖阳各陂池散流出来的水汇合，称为板桥水。板桥水又往西南流，与醴渠汇合。又有赵渠注入。这两条水的上口承接派水，往南流经新都县旧城东面，两条水渠并流，南与板桥水汇合。板桥水又往西南流，与南长水汇合。南长水上口承接唐子乡各陂池散流的水。唐子陂在唐子山西南，有唐子亭。汉光武帝从新野打过来，在唐子乡杀了很多人，湖阳尉也是在这里被杀的。陂水又清又深，光武帝后来认为这是个神渊。南长水往西南流到新野县，与板桥水汇合，往西南注入比水。

比水又西南流，注于淯水也。

【译文】

　　比水又往西南流，注入淯水。

卷三十

淮水

【题解】

　　古人称江、淮、河、济为四渎。但《河水》有五卷，《江水》有三卷（其实还应该加上《沔水》的最后一卷），《济水》也有两卷，唯独《淮水》仅一卷。其实，《水经》对淮水的记载尚称详细。《水经》记淮水有一百九十四字，记渭水仅一百三十字，而《渭水》分成三篇。《沔水》也分成三篇，其实《水经》记沔水到沔水入江，即卷二十七、二十八，也仅二百四十三字。只比淮水多四十九字。而且，卷二十一《汝水》，卷二十二《颍水、洧水、潩水、溹水、渠沙水》，卷二十三《阴沟水、汳水、获水》，卷二十四《睢水》，卷二十五《泗水、沂水、洙水》，卷二十六《沭水》，在古代都是淮水支流，所以在《水经注》中《淮水》的篇幅还是很大的。

　　《水经》与《水经注》中的淮水，就是现在的淮河，但干支流的情况，今天已有较大变化。支流的变化情况已见于以上各卷"题解"，而淮河干流，古今情况也很不相同。《水经》记载淮水："又东至广陵淮浦县，入于海。"三国魏淮浦县即今江苏涟水县，淮水当时在此入海。《水经注》认可了《水经》的说法，无非再加上了入海处的一条北支游水。但现在的淮河已很不相同，淮河从发源地到河南、安徽两省间的洪河口为上游，从洪河口到洪泽湖为中游。洪泽湖以下,大部分水量通过洪泽湖南端的三河闸,经高邮、邵伯二湖,从江苏扬州南的三江营入长江,这一段是淮河的下游。另一部分水量经洪泽大堤北端的高良闸,循苏北灌溉总渠,从扁担港注入黄海。

　　读者如需进一步了解淮河的情况,可以参阅水利部治淮委员会编的《淮河水利史》(水利电力出版社 1990 年版)。

淮水

淮水出南阳平氏县胎簪山①,东北过桐柏山②,

　　《山海经》曰:淮出馀山。在朝阳东,义乡西③。《尚书》:导淮自桐柏。《地理志》曰:南阳平氏县,王莽之平善也。《风俗通》曰④:南阳平氏县桐柏,大復山在东南⑤,淮水所出也。淮,均也。《春秋说题辞》曰⑥:淮者,均其势也。《释名》曰:淮,韦也,韦绕扬州北界,东至于海也⑦。《尔雅》曰:淮为浒⑧。然淮水与醴水同源俱导⑨,西流为醴,东流为淮。潜流地下三十许里,东出桐柏之大復山南,谓之阳口,水南即復阳县也⑩。阚骃言⑪:復阳县,胡阳之乐乡也⑫。宣帝元康元年置⑬,在桐柏大復山之阳,故曰復阳也。《东观汉记》曰⑭:朱佑少孤⑮,归外家復阳刘氏。山南有淮源庙⑯,庙前有碑,是南阳郭苞立⑰。又二碑,并是汉延熹中守令所造⑱,文辞鄙拙,殆不可观。故《经》云:东北过桐柏也。

【注释】

①淮水:即今淮河。源出河南桐柏山,东流经河南、安徽,原在江苏
　　北部独流入海。历史上淮河下游河道变化甚大。南宋高宗建炎

二年（1128），黄河改道南徙，此后，淮河下游河道也成为黄河河道。清咸丰元年（1851）黄河在砀山决口，冲入洪泽湖，导致黄河挟带淮河经由长江入海，此后，淮河不再经由淮安入海，而主要由长江入海。清咸丰五年（1855）黄河在河南兰考铜瓦厢决口，不再经淮河入黄海，而改为今河道注入渤海，淮河单独经由长江入海。今淮河从发源地到河南、安徽两省间的洪河口为上游，从洪河口到洪泽湖为中游。洪泽湖以下，大部分水量通过洪泽湖南端的三河闸，经高邮、邵伯二湖，从江苏扬州南的三江营入长江，这一段是淮河的下游。另一部分水量经洪泽大堤北端的高良闸，循苏北灌溉总渠，从扁担港注入黄海。南阳：即南阳郡。战国秦昭襄王三十五年（前272）置。治所在宛县（今河南南阳）。平氏县：西汉置，属南阳郡。治所在今河南桐柏县西北平氏镇。胎簪山：即今河南桐柏县西北三十里太白顶。

②桐柏山：在今河南桐柏县西南。

③“淮出馀山”几句：语见《山海经·海内东经》。馀山，《水经注疏》杨守敬按：“《禹贡椎指》：馀山乃桐柏之别名。”朝阳，即朝阳县。西汉置，属南阳郡。治所在今河南邓州东南刁河南岸。义乡，即义乡县。南朝梁置，属上川郡。治所在今河南桐柏县东。

④《风俗通》：书名。一名《风俗通义》。东汉应劭撰。主要收录有关古代历史、风俗礼仪、山河泽薮、怪异传闻等内容。

⑤大復山：一说即桐柏山，一说在今河南桐柏县东。

⑥《春秋说题辞》：书名。又作《说题辞》。汉代谶纬类著作。撰者不详。

⑦“淮”几句：语见《释名·释水》。扬州，西汉武帝置，为十三刺史部之一。

⑧淮为浒：淮，就是水滨。语见《尔雅·释水》。

⑨醴水：即澧水。源出今河南桐柏县西北太白顶，西流至唐河县南

入唐河。

⑩ 復阳县：西汉元康元年（前65），封长沙顷王子延年为復阳侯，国
　　于胡阳乐乡，因在土復山之阳得名。元延二年（前11）改为县。
　　治所在今河南桐柏县西北。属南阳郡。

⑪ 阚骃（kàn yīn）：字玄阴。敦煌（今甘肃敦煌）人。北凉至北魏学者。
　　所撰《十三州志》为地理类著作。

⑫ 胡阳：即胡阳县，亦作湖阳县。春秋时楚置。后入秦，属南郡。治
　　所在今河南唐河县西南六十六里湖阳镇。西汉属南阳郡。

⑬ 元康元年：前65年。元康，西汉宣帝刘询的年号（前65—前61）。

⑭ 《东观汉记》：书名。又名《东观记》。东汉班固、刘珍等人以纪传
　　体撰写的一部记载东汉历史的史书。记事起于光武帝，终于灵帝。

⑮ 朱佑：亦作朱祐，字仲先。南阳宛（今河南南阳）人。为人质直，
　　尚儒学。从世祖（刘秀）征河北，常力战陷阵，后屡次升迁。

⑯ 淮源庙：又称淮渎庙、淮渎祠。初建于今河南桐柏县西北二十三
　　里固庙村。东汉延熹六年（163）移建于今桐柏城关镇东关。

⑰ 郭苞：人名。具体不详。

⑱ 延熹：东汉桓帝刘志的年号（158—167）。

【译文】

淮水

淮水发源于南阳郡平氏县胎簪山，往东北流过桐柏山，
《山海经》说：淮水发源于馀山。在朝阳东、义乡西。《尚书》提到从
桐柏山疏导淮水。《地理志》说：南阳平氏县，就是王莽的平善。《风俗通》
说：南阳平氏县的桐柏山，大復山在它的东南，是淮水的发源地。淮，是
均衡的意思。《春秋说题辞》说：淮，就是使水势保持均衡。《释名》说：淮，
意思是围，就是说围绕扬州北界，往东直达大海。《尔雅》说：淮，就是水
滨。但淮水和醴水都从同一个源头流出，往西流就是醴水，往东流就是
淮水。水在地下潜流了三十余里，从桐柏山的大復山南麓东流而出，山

口就叫阳口，水南就是復阳县。阚骃说：復阳县就是胡阳的乐乡。宣帝元康元年设县，因位于桐柏的大復山之南，所以称为復阳。《东观汉记》说：朱佑小时候是孤儿，被送回復阳刘氏外公家抚养。山南有淮源庙，庙前有石碑，是南阳郭苞所立。此处还有两块碑，都是汉延熹年间的太守和县令所造，文辞粗鄙拙劣，简直令人不屑去读。因此《水经》说：往东北流过桐柏山。

淮水又东迳义阳县[①]。县南对固成山，山有水注流数丈，洪涛灌山，遂成巨井，谓之石泉水，北流注于淮[②]。

【注释】

①义阳县：三国魏文帝置，为义阳郡治。治所在今河南信阳西北。后废。西晋初复置，属义阳郡。

②"县南对固成山"几句：《水经注疏》杨守敬按："《随州志》，固城山俗称田王寨，在州（今湖北随州）北一百七十里。山上悬泉无数，飞注岩间，下流东南入溠，东北入淮，即《水经注》之石泉水也。"

【译文】

淮水又往东流经义阳县。县城南对固成山，山上有水，奔泻直下数丈，波涛滚滚，倾注于山坞间，形成一口巨井，称为石泉水，北流注入淮水。

淮水又迳义阳县故城南，义阳郡治也[①]。世谓之白茅城，其城圆而不方。阚骃言：晋太始中[②]，割南阳东鄙之安昌、平林、平氏、义阳四县[③]，置义阳郡于安昌城。又《太康记》《晋书地道记》并有义阳郡[④]，以南阳属县为名。汉武帝元狩四年[⑤]，封北地都尉卫山为侯国也[⑥]。有九渡水注之[⑦]。水出鸡翅山[⑧]，溪涧潆委[⑨]，沿溯九渡矣[⑩]。其犹零阳之九渡水[⑪]，故亦谓之为九渡焉。于溪之东山有一水发自山椒下⑫,数丈素湍,直注颓波⑬,委壑可数百丈⑭,望之若霏幅练矣。下注九渡水,九渡水又北流注于淮。

【注释】

① 义阳郡:三国魏文帝时置,属荆州。治所在安昌县(今湖北枣阳南)。后废。东晋末改义阳国复置,移治义阳县(今河南信阳)。

② 太始:即泰始。西晋武帝司马炎的年号(265—274)。

③ 鄙:边邑。安昌:即安昌县。三国魏黄初二年(221)改章陵县置,属南阳郡。治所在今湖北枣阳南三十里。西晋属义阳郡。平林:即平林县。三国魏置,属南阳郡。治所在今湖北随县西南柳林镇南古城畈。一说在今随州东北八十八里。西晋属义阳郡。平氏:即平氏县。西汉置,属南阳郡。治所在今河南桐柏县西北平氏镇。西晋属义阳郡。

④ 《太康记》:书名。又称《太康地记》《晋太康地记》等。撰者不详。成书于晋太康三年(282)。记载晋初州、郡、县建制沿革、地名取义、山水、物产等。《晋书地道记》:书名。又称《晋地道志》《晋地道记》。东晋王隐撰。今存清人辑本。

⑤ 元狩四年:前119年。元狩,西汉武帝刘彻的年号(前122—前117)。

⑥ 卫山:西汉将领。从骠骑将军霍去病攻打匈奴,因功封为义阳侯。

⑦ 九渡水:亦名九渡河。在今河南信阳南。

⑧ 鸡翅山:即今河南信阳南鸡公山。

⑨ 潆(yíng)委:回绕曲折。

⑩ 沿:顺水下行。溯:逆水上行。

⑪ 零阳:即零阳县。战国秦置,属黔中郡。治所在今湖南慈利东三里白公城。在零水之北,故名。西汉属武陵郡。九渡水:在今湖南慈利西南。

⑫椒：山顶。

⑬颓波：倾颓的波浪。颓，倾颓，颓落。

⑭委壑：跌落沟壑。委，坠落，下坠。可：大约。

【译文】

　　淮水又流经义阳县老城南边，这是义阳郡的治所。世人称之为白茅城，城呈圆形而不方正。阚骃说：晋泰始年间，划出南阳郡东部边邑安昌、平林、平氏、义阳四县设置义阳郡，郡治在安昌城。又《太康记》《晋书地道记》也都有义阳郡，就以南阳属县义阳为郡名。汉武帝元狩四年，把这地方封给北地都尉卫山，立为侯国。有九渡水注入淮水。九渡水发源于鸡翅山，溪涧弯弯曲曲，沿溪有九个渡口。很像零阳的九渡水，所以也叫九渡。溪东山上有一条水，从山顶下流出，宽约数丈的瀑布，从几百丈的高崖一泻而下，注入深渊，远望像是飞动的白绢。涧水往下注入九渡水，九渡水又往北流，注入淮水。

东过江夏平春县北①，

　　淮水又东，油水注之②。水出县西南油溪，东北流迳平春县故城南。汉章帝建初四年③，封子全为王国④。油水又东曲，岸北有一土穴，径尺，泉流下注，沿波三丈，入于油水。乱流南屈，又东北注于淮。

【注释】

①江夏：即江夏郡。西汉高帝六年（前201）置。治所在西陵县（今湖北武汉新洲区西二里）。平春县：东汉置，属江夏郡。治所在今河南信阳西北。

②油水：即今河南信阳游河。

③建初四年：79年。建初，东汉章帝刘炟（dá）的年号（76—84）。

④全：即刘全。汉章帝之子。建初四年封平春王。

【译文】

淮水往东流过江夏郡平春县北边，

淮水继续往东流，有油水注入。油水发源于县境西南的油溪，往东北流经平春县老城南边。汉章帝建初四年，把这地方封给他的儿子刘全，立为王国。油水又转弯往东流，岸北有个土洞，口径约一尺，一道泉流滔滔地向下奔泻了三丈，流入油水。油水乱流折向南方，然后又往东北注入淮水。

淮水又东北迳城阳县故城南①。汉高帝十二年②，封定侯奚意为侯国③，王莽之新利也。魏城阳郡治④。

【注释】

①城阳县：南朝梁置，为城阳郡治。治所在今河南信阳东北。

②汉高帝十二年：前195年。

③奚意：原为魏郎，属魏王豹。后转属相国彭越，任太原尉，平定代有功，封成阳侯。

④城阳郡：南朝梁置，为楚州治。治所在城阳县（今河南信阳东北）。不久归北魏。

【译文】

淮水又往东北流，经过城阳县老城南边。汉高帝十二年，把城阳封给定侯奚意，立为侯国，这就是王莽的新利。也是魏城阳郡的治所。

淮水又东北与大木水合①。水西出大木山②，山即晋车骑将军祖逖自陈留将家避难所居也③。其水东迳城阳县北，而东入于淮。

【注释】

① 大木水：亦称明港河。在今河南信阳北。

② 大木山：在今河南信阳西北。

③ 车骑将军：官名。典京师兵卫、四夷屯警。祖逖：字士稚。范阳道
　　（今河北涞水）人。慷慨有节尚，有闻鸡起舞、中流击楫之举。陈留：
　　即陈留县。秦置，属砀郡。治所今河南开封东南陈留镇。

【译文】

淮水又往东北流，与大木水汇合。大木水发源于西北的大木山，晋
车骑将军祖逖从陈留携带家眷来避难，就住在这里。大木水往东流，经
过城阳县北边，往东注入淮水。

淮水又东北流，左会湖水。傍川西南出穷溪①，得其源也。

【注释】

① 穷溪：到溪流的尽头。

【译文】

淮水又往东北流，在左边汇合了湖水。沿着水边溯流往西南走，到
山溪尽处，就是它的源头了。

淮水又东迳安阳县故城南①。江国也②，嬴姓矣。今其
地有江亭③。《春秋·文公四年》④，楚人灭江，秦伯降服出
次⑤，曰：同盟灭，虽不能救，敢不矜乎⑥？汉乃县之。文帝
八年⑦，封淮南厉王子刘勃为侯国⑧，王莽之均夏也。

【注释】

① 安阳县：西汉置，属汝南郡。治所在今河南正阳南。西晋改名南

安阳县。

②江国:殷商至西周时诸侯国。嬴姓。在今河南正阳东南。

③江亭:《水经注疏》杨守敬按:"《汉志》安阳颜(师古)《注》引应劭曰:故江国,今江亭是。"

④文公四年:前623年。

⑤秦伯:即秦穆公。春秋秦德公第三子任好。既立,任用百里奚、蹇叔等谋臣,奋发图强,使国势强大。降服:即丧服。古代有丧事或遭遇大灾穿丧服。出次:谓避开正寝不居。

⑥矜:哀怜,怜悯。

⑦文帝八年:即汉文帝刘恒八年,前172年。

⑧刘勃:淮南厉王刘长之子。汉孝文帝八年,封为安阳侯。文帝十六年,立为衡阳王。景帝三年(前154),吴楚七国乱,吴王刘濞遣使者与他联络,他坚守封国,拒不参加。七国之乱平,景帝嘉其功,徙济北王,就国一年卒,谥贞。

【译文】

　　淮水又往东流,经过安阳县老城南边。古时这里是江国,姓嬴。现在那地方还有个江亭。《春秋·文公四年》,楚人灭了江国,秦伯穿上白衣,搬出宫室住到郊外去,说道:盟国灭亡了,虽然不能相救,怎敢不起怜悯之心呢?到了汉时才设县。文帝八年,把那地方封给淮南厉王的儿子刘勃,立为侯国,就是王莽的均夏。

　　淮水又东得浉口。水源南出大溃山①,东北流,翼带三川②,乱流北注浉水③。又北迳贤首山西④。又北出东南,屈迳仁顺城南⑤,故义阳郡治,分南阳置也。晋太始初⑥,以封安平献王孚长子望⑦。本治在石城山上⑧,因梁希侵逼⑨,徙治此城。梁司州刺史马仙琕不守⑩,魏置郢州也⑪。昔常珍奇自悬瓠遣三千骑援义阳行事庞定光，屯于浉水者也^⑫。浉水东南流历金山北^⑬。山无树木，峻峭层峙。

【注释】

①大溃山：《水经注疏》杨守敬按："据《隋志》应山、义阳并有大龟山。《寰宇记》：山在应山县（今湖北广水）北六十里。《荆州记》云：义阳郡（今河南信阳）南一百三十里有石，自然若龟形。龟、溃音近，盖即大溃山也。"

②翼带：两侧汇合。

③浉水：即浉河。在今河南信阳西南。

④贤首山：亦名贤隐山。在今河南信阳西南七里。

⑤仁顺城：在今河南信阳浉河区内。

⑥太始：即泰始。西晋武帝司马炎的年号（265—274）。

⑦安平献王孚：即司马孚，字叔达。河内温县（今河南温县西）人。司马懿弟。仕魏至太傅。后晋武帝封其为安平王。谥号献王，故称安平献王。长子望：即司马孚长子司马望，字子初。出继伯父司马朗。司马炎封其为义阳王。性俭吝而好聚敛，身亡之后，金帛盈溢，以此获讥。

⑧石城山：在今河南信阳东南。

⑨梁希：具体不详。

⑩司州：南朝宋泰始中置，寄治义阳郡平阳县（今河南信阳）。马仙琕（pín）：字灵馥。扶风郿县（今陕西眉县）人。南朝时齐、梁将领。勇冠三军，屡立战功。与士卒同劳逸，士卒乐为之用。

⑪郢州：北魏正始元年（504）改司州置。治所在义阳郡平阳县（今河南信阳）。

⑫昔常珍奇自悬瓠遣三千骑援义阳行事庞定光，屯于浉水者也：事见《宋书·殷琰传》："常珍奇又自悬瓠遣三千人援定光，屯军柳

水。"柳水当为浉水之讹。常珍奇,汝南(今河南汝南)人。曾任司州刺史。以悬瓠并降北魏。悬瓠,一作悬壶城。即今河南汝南县治。行事,即行府州事的简称。南朝之制,多以皇子出镇一方,又因皇子年幼不能亲政,多以行府州事代之。庞定光,司州刺史庞孟虬子。泰始元年(465),随父拥江州刺史晋安王刘子勋为帝,受命代父行义阳郡事。二年(466),弋阳西山蛮田益之率众万余围攻义阳,难以抵御,遣使求救于刘子勋。

⑬金山:在今河南信阳南。

【译文】

淮水又往东流,到浉口汇合浉水。浉水发源于南方的大溃山,往东北流,两边汇合三条支流,乱流往北注入浉水。浉水又往北流,经过贤首山西边,又往北流,折向东南,流经仁顺城南边,此城旧时是义阳郡的治所,义阳郡是从南阳郡分出来的。晋泰始初年,把它封给安平献王司马孚的长子司马望。原治所在石城山上,因为梁希害怕外敌侵逼才迁到这里。梁司州刺史马仙琕没有守住,被魏夺取,置为郢州。从前常珍奇从悬瓠派了三千兵马来援救义阳行事庞定光,屯兵于浉水。浉水往东南流经金山北边。金山上树木不生,峰峦层沓峻峭。

浉水又东迳义阳故城北①,城在山上,因倚陵岭,周回三里,是郡昔所旧治城。城南十五步,对门有天井,周百余步,深一丈。东迳锺武县故城南②,本江夏之属县也,王莽之当利县矣。又东迳石城山北,山甚高峻。《史记》曰:魏攻冥厄③。《音义》曰:冥厄,或言在鄳县葙山也④。按《吕氏春秋》,九塞其一也⑤。浉水迳鄳县故城南。建武中⑥,世祖封邓邯为鄳侯⑦。按苏林曰⑧:音盲。浉水又东迳七井冈南⑨,又东北注于淮。

【注释】

① 义阳故城：义阳县治。在今河南信阳西北。

② 锺武县：西汉置，属江夏郡。治所在今河南信阳东南。东汉建武
　　六年（30）废。南朝宋复置。

③ 魏攻冥厄：《水经注疏》熊会贞按："《（史记·）魏世家》，无忌谓魏
　　王曰：秦不敢伐楚而攻冥厄之塞……此作魏攻冥厄，盖郦记忆之
　　误。"冥厄，关隘名。即今河南信阳西南与湖北交界的平靖关。春
　　秋时淮、汉之间的重要隘道。

④ 鄳（méng）县：西汉置，属江夏郡。治所在今河南罗山县西南浉河
　　北岸。葙（xiāng）山：具体不详。

⑤ 九塞：古代的九个要塞。《吕氏春秋·有始览》："何谓九塞？大汾、
　　冥厄、荆阮、方城、殽、井陉、令疵、句注、居庸。"

⑥ 建武：东汉光武帝刘秀的年号（25—56）。

⑦ 邓邯：字智伯。南阳新野（今河南新野）人。以功封鄳侯，仕至勃
　　海太守。

⑧ 苏林：字孝友。陈留外黄（今河南民权西北）人。汉、魏间学者。
　　与邯郸淳等并为当时儒宗。

⑨ 七井冈：《水经注疏》杨守敬按："冈当在今信阳州（今河南信阳）
　　东北。"

【译文】

　　浉水继续往东流，经过义阳老城北边，城在山上，凭倚山岭而建，周
围三里，是该郡昔时的治所。城南十五步，城门对面有一泓天然井泉，周
围百余步，深一丈。浉水往东流经锺武县老城南边，这里原是江夏郡的
属县，就是王莽的当利县。又往东流经石城山北边，山极高峻。《史记》说：
魏进攻冥厄。《音义》说：冥厄，有人说在鄳县葙山。查考《吕氏春秋》，冥
厄是九塞之一。浉水流经鄳县老城南边。建武年间，世祖封邓邯为鄳侯。
按苏林说：鄳，音盲。浉水又往东流经七井冈南边，又往东北注入淮水。

淮水又东至谷口。谷水南出鲜金山[①],北流,瑟水注之[②]。水出西南具山[③],东北迳光淹城东[④],而北迳青山东、罗山西[⑤],俗谓之仙居水,东北流注于谷水。谷水东北入于淮。

【注释】

①谷水:即今河南罗山县东之竹竿河。

②瑟水:一名小黄河。在今河南罗山县东。

③具山:即今河南罗山县西南灵山。

④光淹城:在今河南罗山县西南。

⑤青山:即今河南罗山县西南青山镇。罗山:又名龙山、小罗山。在今河南罗山县南。

【译文】

淮水又往东流,到了谷水口。谷水发源于南方的鲜金山,往北流,有瑟水注入。瑟水发源于西南方的具山,往北流经光淹城东边,然后往北流经青山以东、罗山以西,民间叫仙居水,又往东北流,注入谷水。谷水往东北流,注入淮水。

又东过新息县南[①],

淮水东迳故息城南[②]。《春秋左传·隐公十一年》[③],郑、息有违言,息侯伐郑,郑伯败之者也[④]。

【注释】

①新息县:西汉置,属汝南郡。治所在今河南息县。

②息:一作鄎。西周封国。在今河南息县西南。春秋时为楚所灭。

③隐公十一年:前712年。

④"郑、息有违言"几句:《左传·隐公十一年》:"郑、息有违言,息侯

伐郑。郑伯与战于竟，息师大败而还。君子是以知息之将亡也。"

【译文】

淮水又往东流过新息县南边，

淮水往东流，经过旧时的息城南边。《春秋左传·隐公十一年》，郑、息不睦，息侯伐郑，被郑伯打败。

淮水又东迳浮光山北①。亦曰扶光山，即弋阳山也，出名玉及黑石，堪为棋。其山俯映长淮，每有光辉。

【注释】

①浮光山：亦曰扶光山、弋阳山、光山。在今河南光山县西北八十里。

【译文】

淮水又往东流经浮光山北边。浮光山又名扶光山，就是弋阳山，出产名贵的宝玉及黑石，可以做棋子。山峰倒映于长淮，常有光辉。

淮水又东，迳新息县故城南。应劭曰：息后徙东，故加新也。王莽之新德也。光武十九年①，封马援为侯国②。外城北门内有新息长贾彪庙③，庙前有碑。面南又有魏汝南太守程晓碑④。魏太和中⑤，蛮田益宗效诚⑥，立东豫州⑦，以益宗为刺史。

【注释】

①光武十九年：即东汉光武帝刘秀十九年，43 年。

②马援：字文渊。扶风茂陵（今陕西兴平）人。东汉名将。其先赵奢为赵将，号马服君，子孙遂以为氏。

③贾彪：字伟节。颍川定陵（今河南舞阳）人。少游京师，志节慷慨，

与同郡荀爽齐名。初仕州郡，举孝廉，补新息长。彪兄弟三人，并有高名，而彪最优，故天下称"贾氏三虎，伟节最怒"。

④汝南：即汝南郡。西汉高帝四年（前203）置。治所在上蔡县（今河南上蔡西南）。东汉徙治平舆县（今河南平舆）。程晓：字季明。东郡东阿（今山东东阿）人。三国魏程昱之孙。有通识。嘉平中为黄门侍郎。后迁汝南太守。年四十余薨。

⑤太和：北魏孝文帝元宏的年号（477—499）。

⑥田益宗：北魏将领。光城（今河南光山县）蛮帅。有将略，受制于萧赜。太和十七年（493），遣使张超奉表归附。后于新蔡立东豫州，以益宗为刺史。寻改封安昌县伯。进号征虏将军。

⑦东豫州：北魏太和十九年（495）置。治所在汝南郡新息县（即广陵城，今河南息县）。

【译文】

淮水又往东流，经过新息县老城南边。应劭说：息后来向东方迁徙，所以加新字叫新息。就是王莽的新德。光武帝十九年把这地方封给马援，立为侯国。外城北门内，有新息长贾彪庙，庙前有石碑。朝南还有魏汝南太守程晓碑。魏太和年间，蛮人田益宗归顺效忠，于是就设置东豫州，任命田益宗为刺史。

淮水又东合慎水①。水出慎阳县西②，而东迳慎阳县故城南，县取名焉。汉高帝十一年③，封栾说为侯国④。颍阴刘陶为县长⑤，政化大行，道不拾遗。以病去官，童谣歌曰：恳然不乐，思我刘君。何时复来？安此下民！见思如此。应劭曰：慎水所出，东北入淮。

【注释】

①慎水：在今河南正阳北。东南至息县附近入淮河。一说为清水河。

②慎阳县：西汉高帝十一年（前 196）置，为侯国，属汝南郡。治所在
　　今河南正阳北江口集。

③汉高帝十一年：前 196 年。

④栾说：淮阴侯韩信舍人，以告韩信谋反之功劳，于汉高祖十一年
　　十二月，受封为慎阳侯。

⑤刘陶：一名伟，字子奇。东汉颍川颍阴（今河南许昌）人。少受业
　　洛阳太学。桓帝初，屡上书切陈时弊，抨击大将军梁冀专权。黄巾
　　起义前后，又指陈天下大乱罪在宦官，遂为宦官诬害，被捕下狱死。

【译文】

　　淮水继续往东流，汇合了慎水。慎水发源于慎阳县西边，往东流经
慎阳县老城南边，慎阳县就是因水而得名的。汉高帝十一年，将慎阳封
给栾说，立为侯国。颍阴刘陶当县长时，大力推行政事和教化，因而道不
拾遗。后来刘陶因病辞官，童谣唱道：心里郁郁不乐，怀念我们的刘君。
他什么时候再来呵？使我们百姓安宁！他是如此受到人民的怀念。应
劭说：慎水发源于此，往东北注入淮水。

　　慎水又东流，积为燋陂；陂水又东南流为上慎陂；又东
为中慎陂；又东南为下慎陂：皆与鸿郤陂水散流①。其陂首
受淮川②，左结鸿陂。汉成帝时③，翟方进奏毁之④。建武中⑤，
汝南太守邓晨欲修复之⑥，知许伟君晓知水脉⑦，召与议之。
伟君言：成帝用方进言毁之，寻而梦上天，天帝怒曰：何敢败
我濯龙渊⑧！是后民失其利。时有童谣曰：败我陂，翟子威。
反乎覆，陂当复。明府兴，复废业。童谣之言，将有征矣⑨。
遂署都水掾⑩，起塘四百余里，百姓得其利。陂水散流，下合
慎水，而东南迳息城北，又东南入淮，谓之慎口。

【注释】

①鸿郤陂水：亦称鸿隙陂。在今河南正阳、息县境，汝、淮两水之间。

②首受：源头接纳。

③汉成帝：即汉元帝刘奭之子刘骜（ào），字太孙。

④翟方进：字子威。汝南上蔡（今河南上蔡西）人。家世微贱。受《春秋》积十余年，明习经学，徒众日广，诸儒称之，以射策甲科为郎。后位致宰相。

⑤建武：东汉光武帝刘秀的年号（25—56）。

⑥汝南：即汝南郡。邓晨：字伟卿。南阳新野（今河南新野）人。东汉官吏。初娶光武帝刘秀姊刘元。更始立，以晨为偏将军。与光武略地颍川，夜出昆阳城，击破王寻、王邑。建武十九年（43）封西华侯。曾派都水掾许杨主管修复鸿郤陂，灌田达数千顷，汝南由此殷富。

⑦许伟君：即许杨，字伟君。汝南平舆（今河南汝南）人。东汉初水利专家。他负责修复鸿郤陂，灌溉农田达数千顷。

⑧濯龙渊：洗濯神龙的深渊。

⑨有征：有应验。陈桥驿按，梦当然是假的。这是为了表彰邓晨与许伟君。对于兴修水利者，郦氏总是千方百计地加以表彰，利用童谣甚至一个梦，来表达对兴修水利者的褒赞。

⑩都水掾（yuàn）：官名。两汉时郡国有水利设施及鱼利者，则设都水官以掌其事。西汉由大司农直接领属，东汉则归郡国所管。

【译文】

　　淮水又往东流，汇聚成燋陂；陂水又往东南流，就是上慎陂；又往东流是中慎陂；又往东南流是下慎陂：都同鸿郤陂的水一起散流。这片陂塘上口引入淮水，左边连接鸿陂。汉成帝时，翟方进上奏朝廷毁去此陂。建武年间，汝南太守邓晨立意修复，知道许伟君熟悉水脉，就请他来商议。许伟君说：成帝采纳翟方进的建议毁堤后，不久就梦见自己上了天，天帝发怒道：你怎敢毁坏我洗龙的深潭！从此老百姓就得不到水利的好处了。当时童谣说：有个翟子威，毁坏我塘堤。一反又一覆，塘堤该修复。贤明的知府兴工，修复废弃的陂塘。童谣里的话就要应验了。于是指派了都水掾，筑塘四百余里，百姓都受到水利之益。塘水散流，往下与慎水汇合，然后往东南流经息城北边，又往东南注入淮水，汇流处叫慎口。

　　淮水又东与申陂水合。水上承申陂于新息县北①，东南流，分为二水：一水迳深丘西②，又屈迳其南；南派为莲湖水③，南流注于淮。

【注释】

①申陂：《水经注疏》杨守敬按："陂在今息县（今河南息县）北。"

②深丘：《水经注疏》杨守敬按："在今息县东北。"

③莲湖水：《水经注疏》杨守敬按："谓合莲湖水注淮也。水在今息县东。"

【译文】

　　淮水继续往东流，与申陂水汇合。此水上口在新息县承接申陂，往东南流，分成两条：一条流经深丘西边，然后绕到丘南；南支即莲湖水，往南流注入淮水。

　　淮水又左迤①，流结两湖，谓之东、西莲湖矣②。

【注释】

①左迤（yǐ）：向左曲折流动。

②东、西莲湖：《水经注疏》杨守敬按："湖俱在今息县（今河南息县）东。"

【译文】

淮水又向左岸分支流出，把两口湖连接起来，称为东莲湖和西莲湖。

淮水又东，右合鄈水①。水出白沙山②，东北迳柴亭西③，俗谓之柴水。又东北流与潭溪水合④。水发潭谷，东北流，右会柴水。柴水又东迳黄城西⑤，故弋阳县也⑥。城内有二城，西即黄城也。柴水又东北入于淮，谓之柴口也。

【注释】

①鄈水：一名柴水，即今寨河。淮河支流。源出今河南新县西，东北流经光山县，至潢川西北入淮河。

②白沙山：在今河南新县西南。

③柴亭：《水经注疏》杨守敬按："亭当在今光山县（今河南光山县）西南。"

④潭溪水：《水经注疏》杨守敬按："水在今光山县西北。"

⑤黄城：春秋黄国都城。在今河南潢川西北十二里隆古乡。

⑥故弋阳县：西汉置，属汝南郡。治所在今河南潢川西北十二里隆古乡。三国魏为弋阳郡治。

【译文】

淮水又往东流，在右边汇合了鄈水。鄈水发源于白沙山，往东北流过柴亭西边，俗称柴水。又往东北流，与潭溪水汇合。潭溪水发源于潭谷，往东北流，在右边与柴水汇合。柴水又往东流经黄城西边，就是旧时的弋阳县。城内又有两城，西边就是黄城。柴水又往东北流，注入淮水，汇流处叫柴口。

淮水又东北，申陂枝水注之。水首受陂水于深丘北，东迳钓台南①，台在水曲之中，台北有琴台。又东迳阳亭南②，东南合淮。

【注释】

①钓台：《水经注疏》杨守敬按："台在今息县（今河南息县）东北。"

②阳亭：《水经注疏》杨守敬按："亭亦在今息县东北。"

【译文】

淮水又往东北流，有申陂的支流注入。这条支流上口在深丘以北引入陂水，往东流经钓台南边，钓台就在河道弯曲处，北面有琴台。又往东流经阳亭南边，往东南与淮水汇合。

淮水又东迳淮阴亭北①。又东迳白城南②，楚白公胜之邑也③。东北去白亭十里④。

【注释】

①淮阴亭：《水经注疏》熊会贞按："亭当在今光州（今河南潢川）西北。"

②白城：一名白公城。即春秋楚白邑。在今河南息县东长陵乡西。

③楚白公胜：名胜。楚平王嫡孙，太子建之子。楚使胜守卫白邑（在今河南息县东），故称白公。

④白亭：在今河南息县东长陵乡东北。

【译文】

淮水又往东流过淮阴亭北边。又往东流经白城南边，这里原是楚国白公胜的食邑，东北离白亭十里。

淮水又东迳长陵戍南①，又东，青陂水注之。分青陂东渎，东南迳白亭西，又南于长陵戍东，东南入于淮。

【注释】

①长陵戍:在今河南息县东长陵乡。

【译文】

　　淮水又往东流经长陵戍南边,又往东流,有青陂水注入。陂水分出青陂东渎,往东南流经白亭西边,又往南流,在长陵戍东边往东南注入淮水。

　　淮水又东北合黄水①。水出黄武山②,东北流,木陵关水注之③。水导源木陵山④,西北流注于黄水。黄水又东迳晋西阳城南⑤,又东迳光城南,光城左郡治⑥。又东北迳高城南⑦,故弦国也⑧。又东北迳弋阳郡东⑨,有虞丘郭,南有子胥庙。黄水又东北入于淮,谓之黄口。

【注释】

①黄水:今曰潢河。源出今河南新县南,北流经光山、潢川二县,东北入于淮。

②黄武山:在今河南新县南。为小潢河发源处。

③木陵关水:《水经注疏》熊会贞按:“今水曰泼陂河(今河南光山县南泼陂河镇),出光山县南山,穆陵关北,西北流入潢河。”

④木陵山:即穆陵山。在今河南新县南与湖北交界处。

⑤西阳城:西阳县治(今河南光山县西南)。

⑥光城左郡治:一作南光城郡治。《水经注疏》杨守敬按:“据《隋志》新息县下云,梁置北光城郡,由此知魏之北光城在新息,其南光城治光城(今河南光山县城),即此《注》所云也。”

⑦高城:《水经注疏》杨守敬按:“城在今光州(今河南潢川)西南。”

⑧弦国:周代一个较弱小的诸侯国。在今河南光山县西北。国君为嬴姓(一说隗姓),前655年亡于楚国。

⑨弋阳郡：三国魏文帝分汝南郡置，属豫州。治所在弋阳县（今河南
　潢川西北十二里隆古乡）。

【译文】

　　淮水又往东北流，汇合了黄水。黄水发源于黄武山，往东北流，有木
陵关水注入。木陵关水发源于木陵山，往西北流，注入黄水。黄水又往
东流经晋西阳城南边，又往东流经光城南边，这是光城左郡的治所。又
往东北流经高城南边，这里是昔时的弦国。又往东北流经弋阳郡东边，
这里有虞丘，城南有子胥庙。黄水又往东北注入淮水，汇流处叫黄口。

　　淮水又东北迳褒信县故城南①，而东流注也。

【注释】

①褒信县：东汉置，属汝南郡。治所在今河南息县东北七十里包信镇。

【译文】

　　淮水又往东北流，经过褒信县旧城南边，往东方流去。

又东过期思县北①，

　　县，故蒋国②，周公之后也。《春秋·文公十年》③，楚王
田于孟诸④，期思公复遂为右司马⑤。楚灭之以为县。汉高
帝十二年⑥，以封贲赫为侯国⑦。城之西北隅有楚相孙叔敖
庙⑧，庙前有碑。

【注释】

①期思县：春秋楚国灭蒋国后置。治所在今河南淮滨东南二十六里
　期思镇。秦属衡山郡。西汉属汝南郡。三国魏属弋阳郡。
②蒋国：西周封国。姬姓。在今河南淮滨东南。春秋时为楚所灭，

置期思县。

③文公十年：前 617 年。

④田：田猎。孟诸：即孟诸泽，亦称孟猪、望诸。在今河南商丘东北、虞城西北。

⑤期思公复遂：期思之县尹，名复遂。楚县尹称公。右司马：春秋战国时楚国设置。为大司马之佐，协掌军务。

⑥汉高帝十二年：前 195 年。

⑦贲赫：淮南王英布中大夫。英布谋反，他赴长安告发。乱平后，封期思侯。

⑧楚相孙叔敖庙：《水经注疏》杨守敬按："在今固始县（今河南固始）北期思镇。"孙叔敖，即蒍（wěi）敖，蒍氏，名敖，字孙叔。春秋时楚国期思（今河南淮滨）人。官令尹，自奉极俭。佐楚庄王，大胜晋军。于期思、零娄间，兴水利，有政绩。曾三为令尹而不喜，三罢之而不忧。

【译文】

淮水又往东流过期思县北边，

期思县就是旧时的蒋国，是周公后裔的居地。《春秋·文公十年》，楚王在孟诸打猎，期思公复遂当右司马。楚国并吞了蒋国，设置为县。汉高帝十二年，把这地方封给贲赫，立为侯国。城内西北角有楚国宰相孙叔敖庙，庙前有碑。

淮水又东北，淠水注之①。水出弋阳县南垂山②，西北流历阴山关③，迳二城间。旧有贼难，军所顿防。西北出山，又东北流迳新城戍东④。又东北得诏虞水口⑤，西北去弋阳虞丘郭二十五里。水出南山，东北流迳诏虞亭东⑥，而北入淠水。又东北注淮，俗曰白鹭水。

【注释】

①浍水：一作淠水，俗名白鹭水，即今白露河。源出今河南新县东南小界岭，北流经光山县、潢川，至淮滨东南入淮河。

②弋阳县：西汉置，属汝南郡。治所在今河南潢川西北十二里隆古乡。三国魏为弋阳郡治。

③阴山关：亦名阴山戍。在今湖北麻城东北六十里。

④新城戍：在今河南潢川东南。

⑤诏虞水：一作春河。即今河南潢川东春河。

⑥诏虞亭：《水经注疏》熊会贞按："亭当在今光州（今河南潢川）东南。"

【译文】

淮水又往东北流，有浍水注入。浍水发源于弋阳县南垂山，往西北流经阴山关，流过两城中间。从前因盗匪为患，有军队在这里驻防。溪涧往西北流出山间，然后转向东北，流经新城戍东边。又往东北流，有诏虞水口，水口西北距弋阳虞丘郭二十五里。诏虞水发源于南山，往东北流经诏虞亭东边，往北注入浍水。又往东北流，注入淮水，俗称白鹭水。

又东过原鹿县南①，汝水从西北来注之②。

县，即《春秋》之鹿上也③。《左传·僖公二十一年》④，宋人为鹿上之盟，以求诸侯于楚。建武十五年⑤，世祖更封侍中执金吾阴乡侯阴识为侯国者也⑥。

【注释】

①原鹿县：三国魏改原鹿侯国置，属汝南郡。治所在今安徽阜南县西南公桥集东五里。

②汝水：淮河支流。上游即今河南北汝河；自郾城以下，故道南流至西平东会沅水（今洪河），又南经上蔡西至遂平东会潕水（今沙

河）；此下即今南汝河及新蔡以下的洪河。

③鹿上：春秋宋地。在今安徽阜阳南。

④僖公二十一年：前639年。

⑤建武十五年：39年。

⑥世祖：指东汉光武帝刘秀。阴识：字次伯。南阳新野（今河南新野）人。刘伯升起义后，阴识率子弟、宗族、宾客归附，为校尉。更始元年（23），迁偏将军，从攻宛，以功封阴德侯，行大将军事。刘秀即位，封其为阴乡侯。后以征伐之功，定封原鹿侯。

【译文】

淮水又往东流过原鹿县南边，汝水从西北流来注入。

原鹿县就是《春秋》所说的鹿上。《左传·僖公二十一年》，宋人召集鹿上之盟，要求楚国同意诸侯参加。建武十五年，世祖将该县改封给侍中执金吾阴乡侯阴识，立为侯国。

又东过庐江安丰县东北①，决水从北来注之②。

庐江，故淮南也③。汉文帝十六年④，别以为国。应劭曰：故庐子国也。决水自舒蓼北注⑤，不于北来也。安丰东北注淮者，穷水矣⑥，又非决水，皆误耳。

【注释】

①庐江：即庐江郡。三国魏置，属扬州。治所在六安县（今安徽六安北十里城北乡）。安丰县：《水经注疏》熊会贞认为，当作安风县。安风县，西汉置，属六安国。东汉改为安丰侯国。三国魏复为安风县，为安丰郡治。治所在今安徽霍邱西南二十里。译文从之。

②决水：源出安徽金寨西南牛山，名牛山河。东北流经河南固始东南，名史河。又东至安徽霍邱界入淮。

③淮南：即淮南国。西汉高祖五年（前202）以九江、衡山、庐江、豫

章四郡置。治所在六县（今安徽六安北十里城北乡）。

④汉文帝十六年：前164年。汉文帝，西汉皇帝刘恒。刘邦中子。

⑤舒蓼（liǎo）：春秋时小国。群舒之一。偃姓。在今安徽舒城至庐
江东古龙舒城之间。

⑥穷水：亦称安风水、丰水。即今安徽霍邱西南的沣河。

【译文】

又往东流过庐江郡安风县东北，决水从北方流来注入。

庐江，就是旧时的淮南。汉文帝十六年，分立为国。应劭说：就是旧
时的庐子国。决水是从舒蓼往北流注，而不是从北方流来的。在安风县
往东北注入淮水的是穷水，也不是决水，《水经》都弄错了。

　　淮水又东，谷水入焉①。水上承富水②，东南流，世谓之
谷水也。东迳原鹿县故城北，城侧水南。谷水又东迳富陂
县故城北③，俗谓之成闾亭，非也。《地理志》，汝南郡有富陂
县。建武二年④，世祖改封平乡侯王霸为富陂侯⑤。《十三州
志》曰⑥：汉和帝永元九年⑦，分汝阴置⑧。多陂塘以溉稻，故
曰富陂县也。谷水又东于汝阴城东南注淮。

【注释】

①谷水：即今安徽淮水支流谷河。自今河南新蔡流入安徽临泉南境，
经阜南县西，至颍上西之南照镇入淮。

②富水：谷水的上游。具体不详。

③富陂县：一作富波县。西汉置，属汝南郡。治所在今安徽阜南县
东南王化镇附近。

④建武二年：26年。

⑤王霸：字元伯。颍川颍阳（今河南许昌）人。少为狱吏。西学于长

安。从刘秀，后封王乡侯。建武二年，更封富波侯。

⑥《十三州志》：书名。北凉至北魏阚骃撰。地理类著作。以汉设司隶、豫、冀、兖、徐、青、荆、扬、益、凉、并、幽、交十三州为纲，系统介绍了各地的郡县沿革、河道发源及流向、社会风俗等地理现象。

⑦永元九年：97年。永元，东汉和帝刘肇的年号（89—105）。

⑧汝阴：即汝阴郡。三国魏景初二年（238）置，属豫州。治所在汝阴县（今安徽阜阳）。

【译文】

淮水又往东流，谷水注入。谷水上游承接富水，往东南流，世人称之为谷水。往东流经原鹿县老城北边，城在南岸水滨。谷水又往东流，经过富陵县老城北边，俗称成闾亭，是搞错了的。查考《地理志》，汝南郡有富陵县，建武二年，世祖改封平乡侯王霸为富陵侯。《十三州志》说：汉和帝永元九年，分汝阴而置。因为陂塘很多，可以灌溉水稻，所以称为富陵县。谷水又往东流，在汝阴城东南注入淮水。

　　淮水又东北，左会润水①。水首受富陂，东南流为高塘陂②，又东，积而为陂水，东注焦陵陂③。陂水北出为鲖陂④。陂水潭涨⑤，引渎北注汝阴。四周隍堑⑥，下注颍水⑦。焦湖东注⑧，谓之润水，迳汝阴县东⑨，迳荆亭北而东入淮⑩。

【注释】

①润水：又名闰水。汝水支流。自今安徽临泉西南，流经阜南县东北境，折向东南至颍上县润河镇入淮。

②高塘陂：《水经注疏》杨守敬按："陂在今阜阳县（今安徽阜阳）西南。"

③焦陵陂：又名椒陂。在今安徽阜南县东北焦坡集一带。

④铜（tóng）陂：在今安徽阜阳南，北流入颍河。

⑤潭涨：渊深而盛大。涨，大水貌。

⑥隍堑：壕沟。

⑦颍水：今称颍河。淮河支流。源出河南登封嵩山西南，东南流到
　　周口，纳沙河、贾鲁河，至安徽颍上县东南沫口入淮河。

⑧焦湖：位于淮河北侧，汝水下游南侧。

⑨汝阴县：秦置，属陈郡。治所在今安徽阜阳。西汉改为女阴县，属
　　汝南郡。

⑩荆亭：又名荆亭城。在今安徽颍上县西南六十里。

【译文】

淮水又往东北流，在左边汇合了润水。润水上口引入富陂的水，往
东南流就是高塘陂，又往东流，积聚成陂塘，水流往东注入焦陵陂。陂水
北出就是铜陂。陂水上涨时，循水渠往北流向汝阴。流经四周的护城河，
然后注入颍水。焦湖往东流，称为润水，流经汝阴县东边，流过荆亭北边，
往东注入淮水。

淮水又东北，穷水入焉①。水出六安国安风县穷谷②。
《春秋左传》：楚救潦③，司马沈尹戌与吴师遇于穷者也④。
川流泄注于决水之右，北灌安风之左，世谓之安风水，亦曰
穷水。音戎，并声相近，字随读转。流结为陂，谓之穷陂⑤。
塘堰虽沦，犹用不辍。陂水四分，农事用康⑥。北流注于淮。
京相璠曰⑦：今安风有穷水，北入淮。

【注释】

①穷水：亦称安风水、丰水。即今安徽霍邱西南的沣河。

②六安国：西汉元狩二年（前121）分九江郡置。治所在六县（今安

徽六安北十里北城乡）。穷谷：春秋楚地。在今安徽霍邱南沣河侧。

③灊（qián）：春秋时楚邑。在今安徽霍山县东北三十里。

④司马：官名。始于西周。掌管祭祀、赏罚等军政。沈尹戍：芈姓，
　　沈尹氏，名戍。春秋后期楚国大夫。楚庄王之曾孙，叶公诸梁之父。
　　官左司马、沈县尹。

⑤穷陂：即今安徽霍邱西南城西湖的前身。

⑥农事用康：农业因此水而丰收。用，以，因为。

⑦京相璠：西晋地理学者裴秀的门客。撰有《春秋土地名》三卷。

【译文】

　　淮水又往东北流，有穷水注入。穷水发源于六安国安风县的穷谷。
《春秋左传》：楚国援救灊，司马沈尹戍与吴军在穷相遇。川流泄注于决
水的右岸，往北灌溉安风县左边，世人称之为安风水，又叫穷水。穷，音
戍，读音相近，于是字也随读音而转了。水流积聚成陂塘，称为穷陂。堤
塘虽然湮没了，但水仍在发挥作用。陂水四方分用，耕作农田带来丰收。
塘水往北流，注入淮水。京相璠说：现在安风县有穷水，往北流入淮水。

　　淮水又东为安风津①。水南有城，故安风都尉治②，后
立霍丘戍③。淮中有洲，俗号关洲④，盖津关所在⑤，故斯洲
纳称焉。《魏书国志》有曰⑥：司马景王征毌丘俭⑦，使镇东
将军、豫州刺史诸葛诞从安风津先至寿春⑧。俭败，与小弟
秀藏水草中。安风津都尉部民张属斩之⑨，传首京都，即斯
津也。

【注释】

①安风津：渡口名。在今安徽霍邱北淮河上。

②都尉：官名。汉景帝时改秦之郡尉为都尉，辅佐郡守并掌全郡的

军事。

③霍丘戍：南朝梁置。在今安徽霍邱。

④关洲：在今安徽颍上县西南四十五里淮河中。

⑤津关：水陆要冲处所设的关口。

⑥《魏书国志》：即《三国志·魏书》。

⑦司马景王：即西晋景帝司马师，字子元。河内温县（今河南温县）人。司马懿子。继其父为魏大将军，属国政。后其侄司马炎代魏称帝，建立晋朝，追尊其为景帝。毌丘俭：字仲恭。河东闻喜（今山西闻喜）人。毌丘兴封高阳乡侯，毌丘俭袭父爵，为平原侯文学。明帝即位，为尚书郎，迁羽林监。以东宫之旧，甚见亲待。后讨公孙渊有功，进封安邑侯。穿山灌溉，民赖其利。

⑧镇东将军：官名。东汉末期曾设有镇东、镇西、镇南、镇北将军各一。诸葛诞：字公休。三国魏琅邪阳都（今山东沂南）人。三国魏将领。初因功封高平侯，转征东大将军。后反叛，大将军司马胡奋部兵逆击，斩诞，传首，夷三族。寿春：即寿春县。秦置，属九江郡。治所在今安徽寿县。

⑨张属：三国魏人。正元二年（255），毌丘俭战败，藏水边草中，张属杀之，传首京师，封为侯。余事不详。

【译文】

淮水又往东流，就是安风津。水南有城，是旧时安风都尉的治所，后来建立了霍丘戍。淮水中央有个沙洲，俗称关洲，因为设有水路关口，洲也因而得名。《三国志·魏书》有一段话说：司马景王征讨毌丘俭，派遣镇东将军、豫州刺史诸葛诞从安风津先到寿春。毌丘俭战败，和小弟秀躲藏在水草里。安风津都尉的部下张属杀了他，把首级传送到京城，这件事就发生在这个渡口。

又东北至九江寿春县西①，沘水、泄水合北注之②。

又东,颍水从西北来流注之。

【注释】

①九江:即九江郡。秦置。治所在寿春县(今安徽寿县)。西汉高帝四年(前203)改为淮南国。汉武帝元狩六年(前117),复为九江郡。寿春县:秦置,为九江郡治。治所在今安徽寿县。

②沘(bǐ)水:即淠水。今安徽中部之淠河。发源于安徽霍山县,北流经霍邱入淮河。泄水:相当于今安徽霍邱东之东汲河。

【译文】

又往东北到九江郡寿春县西边,沘水、泄水汇合后往北注入。又往东流,颍水从西北方流来注入。

淮水又东,左合沘口。又东迳中阳亭①,为中阳渡②,水流浅碛③,可以厉也④。

【注释】

①中阳亭:《水经注疏》熊会贞按:"亭在今寿州(今安徽寿县)西南。"

②中阳渡:《水经注疏》熊会贞按:"渡在今寿州西南及颍上县(今安徽颍上县)今东南界。"

③浅碛(qì):沙石积成的浅滩。

④厉:涉水。

【译文】

淮水继续往东流,左岸在沘口汇合了沘水。又往东流经中阳亭北边,就是中阳渡,石滩水浅,可以涉水过河。

淮水又东流与颍口会①,东南迳苍陵城北②。又东北流迳寿春县故城西。县,即楚考烈王自陈徙此③。秦始皇立九江郡，治此，兼得庐江、豫章之地④，故以九江名郡。汉高帝四年⑤，为淮南国⑥。孝武元狩六年⑦，复为九江焉。文颖曰⑧：《史记·货殖列传》曰⑨：淮以北，沛、陈、汝南、南郡为西楚⑩；彭城以东⑪，东海、吴、广陵为东楚⑫；衡山、九江、江南、豫章、长沙为南楚⑬。是为三楚者也。

【注释】

① 颍口：在今安徽颍上县东南颍河入淮之口，即古西正阳镇。

② 苍陵城：在今安徽寿县西南淮河南岸。

③ 楚考烈王：芈姓，熊氏，名元。战国楚国国君。楚襄王之子。陈：在今河南周口淮阳区。

④ 豫章：即豫章郡。西汉高帝六年（前201）分九江郡置。治所在南昌县（今江西南昌东）。

⑤ 汉高帝四年：前203年。

⑥ 淮南国：西汉高祖五年（前202）以九江、衡山、庐江、豫章四郡置。治所在六县（今安徽六安北十里城北乡）。

⑦ 元狩六年：前117年。元狩，西汉武帝刘彻的年号（前122—前117）。

⑧ 文颖：字叔良。南阳（今河南南阳）人。后汉末荆州从事，魏建安中为甘陵府丞。曾注《汉书》。

⑨ 《史记·货殖列传》：《史记》的一篇。记叙从事"货殖"活动的杰出人物。货殖，谓经商营利。

⑩ 沛：即沛郡。西汉高帝以泗水郡南部置。治所在相县（今安徽淮北市相山区）。陈：即陈郡。秦置。治所在陈县（今河南周口淮阳区）。西汉为淮阳国。汝南：即汝南郡。西汉高帝四年（前203）置。治所在上蔡县（今河南上蔡西南）。南郡：战国秦昭王二十九年（前278）置。治所在郢（今湖北荆州市荆州区故江陵县城西北纪南城）。后徙治江陵县（今湖北荆州市荆州区故江陵县城）。西楚：

　　地区名。《史记·货殖列传》以淮北、沛、陈、汝南、南郡等地为西
　　楚。秦亡后，项羽自立为西楚霸王，都彭城（今江苏徐州）。

⑪彭城：即今江苏徐州。

⑫东海：即东海郡。秦置。治所在郯县（今山东郯城北门外）。吴：
　　即吴郡。西汉初以会稽郡治所在吴县，故亦称吴郡。一说楚汉之
　　际分会稽郡置，汉武帝后废。广陵：即广陵国。西汉武帝元狩六
　　年（前117）置。治所在广陵县（今江苏扬州西北蜀冈上）。东楚：
　　古地区名。相当于今江苏大部、安徽东南部和浙江西北部地区。

⑬衡山：即衡山郡。秦置，治所在邾（今湖北黄冈西北）。长沙：即长
　　沙郡。战国秦置。治所在临湘县（今湖南长沙）。南楚：地区名。
　　相当于今安徽中部、江西全境及湖南、湖北东部地区。

【译文】

　　淮水又往东流，汇合于颍口，往东南流经苍陵城北边。又往东北流
经寿春县老城西边。楚考烈王就是从陈迁到寿春县这里的。秦始皇设
置九江郡，治所就在寿春县，因为还有庐江、豫章等地划入该郡，因而以
九江为郡名。汉高帝四年，这里是淮南国。汉武帝元狩六年，又恢复为
九江郡。文颖说：《史记·货殖列传》说：淮水以北，沛、陈、汝南、南郡是
西楚；彭城以东，东海、吴、广陵是东楚；衡山、九江、江南、豫章、长沙是南
楚。这就是三楚。

　　淮水又北，左合椒水①。水上承淮水，东北流迳蛇城南②，
又历其城东，亦谓之清水，东北流，注于淮水。谓之清水口
者，是此水焉。

【注释】

①椒水：又名鲁家沟。即今安徽凤台西南焦冈湖。

②蛇城：《水经注疏》熊会贞按："城在今凤台县（今安徽凤台）西北

四十余里焦冈湖西北之虎头冈西畔,遗址犹存。"

【译文】

淮水又往北流,在左边汇合了椒水。椒水上游承接淮水,往东北流经蛇城南边,又流过城东,也叫清水,然后往东北流去,注入淮水。清水口一名,就是因此而来的。

又东过寿春县北,肥水从县东北流注之①。

淮水于寿阳县西北②,肥水从城西而北入于淮,谓之肥口③。

【注释】

①肥水:即今安徽寿县之东淝河。源出合肥西北将军岭,北流至寿县东北两河口(今名起台子)入淮河。

②寿阳县:东晋孝武帝改寿春县置,为淮南郡治。治所在今安徽寿县。

③肥口:即肥水入淮之口。在今安徽寿县东北。

【译文】

又往东流过寿春县北边,肥水从该县东北流来注入。

淮水流到寿阳县西北,肥水流经城西,往北注入淮水,汇流处叫肥口。

淮水又北,夏肥水注之①。水上承沙水②,于城父县右出③,东南流迳城父县故城南。王莽之思善也。县,故焦夷之地④。《春秋左传·昭公九年》⑤,楚公子弃疾迁许于夷⑥,寔城父矣⑦。取州来、淮北之田以益之⑧,伍举授许男田⑨。杜预曰:此时改城父为夷,故《传》寔之者也。然丹迁城父人于陈⑩,以夷濮西田益之⑪,言夷田在濮水西者也。然则濮水即沙水之兼称,得夏肥之通目矣⑫。汉桓帝永寿元年⑬,封大将军梁冀孙桃为侯国也⑭。夏肥水自县又东迳思善县之故城南⑮,汉章帝章和三年⑯,分城父立。夏肥水又东为高陂⑰,又东为大潔陂⑱。水出分为二流:南为夏肥水,北为鸡陂⑲。夏肥水东流,左合鸡水⑳。水出鸡陂,东流为黄陂㉑,又东南流积为茅陂㉒,又东为鸡水。《吕氏春秋》曰:宋人有取道者,其马不进,投之鸡水是也㉓。鸡水右会夏肥水,而乱流东注,俱入于淮。

【注释】

①夏肥水:古沙水支津,淮水支流。故道自今河南郸城东南分沙水东南流,经今安徽亳州南、涡阳、利辛二县之西,至凤台西南入淮水。

②沙水:故道自今河南周口淮阳区境内分古狼汤渠东出,又东至鹿邑南,又东略循今安徽茨河,经涡阳、蒙城西,至怀远南入淮水。

③城父县:西汉置,属沛郡。治所在今安徽亳州东南城父镇。

④焦:即古焦国。西周初封国,姜姓。在今安徽亳州。春秋为陈邑。秦置谯县。夷:即夷邑。春秋陈地。在今安徽亳州南七十里城父故城。

⑤昭公九年:前533年。

⑥楚公子弃疾:即春秋时楚国国君楚平王。芈姓,熊氏,名弃疾,即位后改名居。楚共王子。许:西周初封国。姜姓。都城在今河南许昌东三十六里古城。春秋时附于楚,屡次迁都。

⑦寘城父:实际为城父。此时改城父为夷。

⑧州来:春秋国名。在今安徽凤台。淮北:淮水北岸地。在今安徽凤台至亳州东南一带。

⑨伍举:春秋楚大夫。伍子胥祖父。因封于椒邑(今安徽阜南县焦陂镇),以邑为姓,故又称椒举。许男:许为西周及春秋时期的一个诸侯国,男爵爵位。国君为姜姓。这里指许悼公。

⑩然丹：即子革，又称郑丹。郑穆公孙，因事奔楚，官至右尹。迁城
　　父人于陈：城父本为陈地，今迁其民以实陈县。

⑪以夷濮西田益之：以夷田在濮水西岸者以添补城父。濮水在安徽
　　亳州西境，今已湮。

⑫通目：即通称、统称。

⑬永寿元年：155年。永寿，东汉桓帝刘志的年号（155—158）。

⑭梁冀：字伯卓。东汉时权臣。大将军梁商之子。穷极满盛，威行
　　内外，百僚侧目。桃：即梁桃。梁冀之孙。封城父侯。

⑮思善县之故城：在今安徽亳州南八十里古城镇。

⑯章和三年：实为章和二年，即88年。章和，东汉章帝刘炟（dá）的
　　年号（87—88）。该年汉和帝即位，继续沿用章和的年号。

⑰高陂：《水经注疏》杨守敬按："在今亳州（今安徽亳州）东南。"

⑱大潨（chóng）陂：又名大潨、大崇陂。在今安徽利辛西。

⑲鸡陂：在今安徽凤台西北。

⑳鸡水：在今安徽凤台西北，东南流经县西北入西淝河。

㉑黄陂：在今安徽凤台西北。

㉒茅陂：在今安徽凤台西北八十里，跨湿泥河两岸。

㉓"宋人有取道者"几句：语见《吕氏春秋·用民》。

【译文】

淮水又往北流，夏肥水注入。夏肥水上游从城父县承接沙水，向城父
县右边流出，往东南流经城父县老城南边。这就是王莽的思善。城父县从
前是焦夷的地区。《春秋左传·昭公九年》，楚公子弃疾把许人迁徙到夷，
以充实城父的人口。他还把州来和淮北的土地划拨给城父夷以增补其地
域，伍举把土地授予许悼公。杜预说：此时把城父改名为夷，因此《左传》
说的是事实。然丹把城父人迁到陈，划过夷濮西的田来添补它，这里说的
是夷在濮水以西的田亩。照此看来，濮水也就是沙水的别名，而夏肥则是
通称了。汉桓帝永寿元年，将城父封给大将军梁冀的孙子梁桃，立为侯国。

夏肥水又从城父县往东流,经过思善县老城南边,思善县是汉章帝章和二年从城父分出设县的。夏肥水又往东流是高陂,又往东流是大漴陂。出陂后水流分为两条:南流是夏肥水,北流是鸡陂。夏肥水往东流,在左边汇合了鸡水。鸡水出自鸡陂,往东流就是黄陂,又往东南流,积聚成为茅陂,又往东流就是鸡水。《吕氏春秋》说:宋人有个过路的,所乘的马不肯前进,就把它投入鸡水。鸡水在右边与夏肥水汇合,乱流往东奔泻,都注入淮水。

　　淮水又北迳山硖中①,谓之硖石②。对岸山上结二城以防津要。西岸山上有马迹,世传淮南王乘马升仙所在也③。今山之东南,石上有大小马迹十余所,仍今存焉。

【注释】

①山硖(xiá):即山峡,两山之间。

②硖石:在今安徽凤台西南淮河两岸。

③淮南王:即齐悼惠王刘肥之子刘安。汉文帝十六年(前164)封淮南王。与门客合撰《淮南鸿烈》一书,流传至今。

【译文】

　　淮水继续往北流,穿过山峡,称为硖石。两边对岸山上,筑了两座城来防守这航道上的要地。西岸山上有马脚印,民间传说这是淮南王乘马升仙的地方。如今山岭东南岩上,有大大小小的十多处马脚印仍然存在。

　　淮水又北迳下蔡县故城东①,本州来之城也。吴季札始封延陵②,后邑州来,故曰延州来矣。《春秋·哀公二年》③,蔡昭侯自新蔡迁于州来④,谓之下蔡也。淮之东岸又有一城,即下蔡新城也⑤。二城对据⑥,翼带淮渍⑦。

【注释】

①下蔡县:战国楚置,秦始皇二十三年(前224)入秦,属泗水郡。治所在今安徽凤台。

②季札:姬姓,名札。春秋时吴王寿梦第四子。季札贤,寿梦欲立之,季札辞让不已,于是乃立长子诸樊。季札后封于延陵,号曰延陵季子。历聘上国,遍交当世贤士大夫。延陵:春秋吴邑。在今江苏常州武进区(湖塘镇)西南二十五里。

③哀公二年:前493年。

④蔡昭侯:名申。春秋时蔡国国君。蔡悼侯之弟。新蔡:春秋蔡邑。后为国都。在今河南新蔡。州来:本楚邑,此时属吴,蔡迁于此,改称下蔡。在今安徽凤台。

⑤下蔡新城:《水经注疏》熊会贞按:"《凤台县志》,下蔡新城在县(今安徽凤台)西北三十八里,淮河东岸,地名月河滩。"

⑥二城:指下蔡县城与下蔡新城。对据:相向盘踞。

⑦翼带:左右引纳。淮渍(fén):淮水支流。渍,大水漫衍的小水。这里指支流。

【译文】

淮水又往北流,经过下蔡县老城东边,这本是州来的城。吴季札初封于延陵,以后又封于州来,所以叫延州来。《春秋·哀公二年》,蔡昭侯自新蔡迁到州来,于是又叫下蔡。淮水东岸还有一座城,就是下蔡新城。这两座城互相对峙,各据于淮水的两岸。

淮水东迳八公山北①,山上有老子庙。

【注释】

①八公山:一名肥陵山。在今安徽寿县北五里,南滨东淝河,西、北面临淮河。陈桥驿按,八公山事,郦氏记于卷三十二《肥水》,但只

说"坚望山上草木，咸为人状"，不及"风声鹤唳"之事。

【译文】

淮水往东流经八公山北边，山上有老子庙。

淮水历潘城南①，置潘溪戍②。戍东侧潘溪，吐川纳淮，更相引注③。又东迳梁城④，临侧淮川，川左有湄城⑤。淮水左迤为湄湖⑥。

【注释】

①潘城：在今安徽淮南市西北潘集站附近。

②潘溪戍：又名潘溪。在今安徽淮南市西北潘集站附近。

③吐川纳淮，更相引注：《水经注疏》熊会贞按："潘溪即今凤台县（今安徽凤台）东北境，滨淮北岸卢家湖地，有两溪南流，汇为湖。湖东南出注淮，淮涨则倒灌，所谓'吐川纳淮，更相引注'者也。"

④梁城：在今安徽淮南市田家庵附近。

⑤湄城：亦作郿城。在今安徽淮南市东永平岗。

⑥湄湖：又名湄陂、眉陂。俗名汤鱼湖。在今安徽怀远西南，与淮南市交界。

【译文】

淮水流经潘城南边，设有潘城戍。这个边防城堡东濒潘溪，潘溪下注淮水，淮水升涨则倒灌潘溪，顺逆往来交互相通。又往东流经梁城，城在淮水旁，水左有湄城。淮水向左分支流出就是湄湖。

淮水又右纳洛川于西曲阳县北①。水分阁溪，北绝横塘②，又北迳萧亭东③。又北，鹊甫溪水入焉④。水出东鹊甫谷，西北流迳鹊甫亭南⑤，西北流注于洛水⑥。北迳西曲阳县故城东。王莽之延平亭也。应劭曰：县在淮曲之阳，下邳有曲阳⑦，故是加西也。洛涧北历秦墟，下注淮，谓之洛口⑧。《经》所谓淮水迳寿春县北，肥水从县东北注者也，盖《经》之谬矣。考川定土⑨，即实为非。是曰洛涧，非肥水也。

【注释】

①西曲阳县：西汉置曲阳县，属九江郡。治所在今安徽淮南市东南。东汉改为西曲阳县。

②绝：横穿，直渡。横塘：在今安徽寿县东。

③萧亭：《水经注疏》熊会贞按："亭在今寿州（今安徽寿县）东南。"

④鹊甫溪水：《水经注疏》熊会贞按："今名清洛涧，在定远县（今安徽定远）西南。"

⑤鹊甫亭：《水经注疏》熊会贞按："此亭即废定远城（今安徽定远东南大桥乡），其距定远里数，《寰宇记》《纪胜》不同。"

⑥洛水：又名洛涧。即今安徽淮南市东北之窑河。

⑦下邳：即下邳郡。东汉建安十一年（206）改下邳国置，属徐州。治所在下邳县（今江苏睢宁西北古邳镇东）。曲阳：即曲阳县。西汉置，属东海郡。治所在今江苏沭阳东南。东汉为侯国，属下邳国。东汉属下邳郡。

⑧洛口：即今安徽淮南市东十里，淮河南岸洛河镇。古为洛河入淮之口。

⑨考川：考察川流。定土：确定地域。

【译文】

淮水到西曲阳县北，又在右边接纳了洛川。川流分出一条叫阎溪，北流穿过横塘，又往北流经萧亭东面。又往北流，有鹊甫溪水注入。鹊甫溪水发源于东鹊甫谷，往西北流经鹊甫亭南边，往西北流，注入洛水。洛水往北流经西曲阳县老城东边。就是王莽的延平亭。应劭说：西曲阳县是在淮曲之阳,因为下邳也有曲阳,所以这里称为西曲阳。洛涧往北流经秦墟,往下注入淮水,汇流处叫洛口。《水经》说淮水流经寿春县北边,肥水从县城东北注入,却弄错了。核查河流及其所经的地域,与实地相对照并非如此。这是洛涧,不是肥水。

　　淮水又北迳莫邪山西①,山南有阴陵县故城②。汉高祖五年③,项羽自垓下从数百骑④,夜驰渡淮至阴陵迷失道,左陷大泽。汉令骑将灌婴以五千骑追及之于斯县者也⑤。按《地理志》,王莽之阴陆也。后汉九江郡治。时多虎灾,百姓苦之,南阳宗均为守⑥,退贪残,进忠良,虎悉东渡江。

【注释】

①莫邪山:在今安徽定远西北。

②阴陵县故城:在今安徽定远西北靠山乡古城集。

③汉高祖五年:前202年。

④项羽:名籍,字羽。泗水下相(今江苏宿迁西南)人。战国末楚将项燕之后,秦末与刘邦争霸天下,失败自杀。垓下:又名垓下聚。在今安徽灵璧东南,沱河北岸。一说在今安徽固镇县东南四十八里。

⑤骑将:官名。即郎中骑将。主骑,西汉光禄勋属官。灌婴:睢阳(今河南商丘)人。西汉初大臣。从刘邦攻秦军,因功封颍阴侯。协助陈平、周勃同除吕氏,迎立文帝,任太尉、丞相。以:率领,带领。

⑥宗均:应为"宋均"。字叔庠。南阳安众(今河南镇平东南)人。东汉官吏,历任内政行大化,有治绩。

【译文】

　　淮水又往北流经莫邪山西边,山南有阴陵县老城。汉高祖五年,项羽从垓下带了几百人马连夜奔驰渡淮,到阴陵迷了路,往左行陷入大泽。

汉将灌婴带了五千人马直追到该县方才追上。查考《地理志》，这就是王莽的阴陆。也是东汉九江郡的治所。当时多虎灾，百姓深以为苦，南阳宋均当太守，赶走贪官暴吏，任用忠良之士，于是老虎全都渡江东去。

又东过当涂县北①，涡水从西北来注之②。

淮水自莫邪山东北迳马头城北③，魏马头郡治也④，故当涂县之故城也⑤。《吕氏春秋》曰：禹娶涂山氏女⑥，不以私害公，自辛至甲四日⑦，复往治水。故江、淮之俗，以辛、壬、癸、甲为嫁娶日也。禹墟在山西南⑧，县即其地也。《地理志》曰：当涂，侯国也。魏不害以圉守尉⑨，捕淮阳反者公孙勇等⑩，汉以封之。王莽更名山聚也。

【注释】

①当涂县：东汉改当涂侯国置，属九江郡。治所在今安徽怀远南马城镇。

②涡水：即涡（guō）水。古狼汤渠支流。即今淮河支流涡河。

③莫邪山：位于安徽定远。马头城：即今安徽怀远南马城镇。

④马头郡：北魏置，属谯州。治所在龙亢戍（今安徽怀远西北七十五里龙亢镇）。

⑤当涂县之故城：在今安徽怀远南马城镇。

⑥涂山氏：部落名。具体地址说法不一。一说在今安徽怀远东南淮河南岸的当涂山。一说在今浙江绍兴西北。

⑦自辛至甲：即辛、壬、癸、甲，为天干之名，古人用来纪时。

⑧禹墟：在今安徽怀远涂山南五里，传为大禹会诸侯计议治水之地，故又名禹会村、禹村冈。

⑨魏不害：武帝时以圉守尉捕淮阳反者公孙勇等，封为当涂侯。其

他不详。圉（yǔ）：即圉县。西汉置,属淮阳国。治所在今河南杞
　县西南五十里圉镇。
⑩公孙勇:淮阳(今河南周口淮阳区)人。曾任城父令。征和二年(前
　91),与客胡倩等谋反,被魏不害拘捕后杀死。
【译文】
　　又往东流过当涂县北边,涡水从西北流来注入。
　　淮水从莫邪山往东北流经马头城北,这是魏马头郡的治所,也是旧
时当涂县的老城。《吕氏春秋》说:禹娶涂山氏的女子,不以私事妨碍公
事,自辛至甲,一连四天为治水而往来奔走。所以江、淮一带的风俗,以
辛、壬、癸、甲这四天作为嫁女娶亲的日子。禹墟在山的西南面,当涂县
就在那地方。《地理志》说:当涂是侯国。魏不害在圉当守尉,追捕淮阳
谋反的公孙勇等人,汉就把这地方封给他。王莽改名为山聚。

　　淮水又东北,濠水注之①。水出莫邪山东北溪,溪水西
北引渎迳禹墟北,又西流注于淮。

【注释】
①濠水:即今安徽怀远西南之天河。源出凤阳南利山,西北流经怀
　远南涂山之麓,北入淮。
【译文】
　　淮水又往东北流,有濠水注入。濠水发源于莫邪山东北的溪涧,溪
水流向西北,被引导流经禹墟北面,又往西流,注入淮水。

　　淮水又北,沙水注之①,《经》所谓蒗蕩渠也②。淮之西
有平阿县故城③,王莽之平宁也。建武十三年④,世祖更封
耿阜为侯国⑤。《郡国志》曰⑥:平阿县有涂山⑦,淮出于荆山

之左、当涂之右⑧,奔流二山之间,而扬涛北注也。《春秋左传·哀公十年》⑨,大夫对孟孙曰⑩:禹会诸侯于涂山,执玉帛者万国⑪。杜预曰:涂山在寿春东北。非也。余按《国语》曰⑫:吴伐楚,堕会稽⑬,获骨焉,节专车⑭。吴子使来聘⑮,且问之,客执骨而问曰:敢问骨何为大? 仲尼曰⑯:丘闻之,昔禹致群神于会稽之山,防风氏后至⑰,禹杀之,其骨专车,此为大也⑱。盖丘明亲承圣旨⑲,录为实证矣。又按刘向《说苑·辨物》⑳,王肃之叙孔子廿二世孙孔猛所出先人书《家语》㉑,并出此事。故涂山有会稽之名。考校群书及方土之目㉒,疑非此矣。盖周穆之所会矣㉓。

【注释】

① 沙水:故道自今河南周口淮阳区境内分古狼汤渠东出,又东至鹿邑南,又东略循今安徽茨河,经涡阳、蒙城西,至怀远南入淮水。

② 蒗蘦渠:一作狼汤渠,又作蒗荡渠、莨荡渠。即战国至秦、汉间之鸿沟。故道自今河南荥阳北广武镇北引黄河水东流,经中牟北,至开封东南。折而南流经通许东、太康西,至周口淮阳区东南流,于沈丘北入颍水。魏、晋以后,开封以上河段称汴水,以下河段称蔡水。

③ 平阿县故城:在今安徽怀远西南六十里平阿山下。

④ 建武十三年:37 年。

⑤ 耿阜:具体不详。《水经注疏》杨守敬按:"耿阜,范《书》不载,当在谢承、华峤等书中。"

⑥ 《郡国志》:晋司马彪《续汉书》八志之一。记述东汉时期全国行政区划、人口以及《春秋》和"前三史"所载征伐、会盟所在的地名。

⑦塗山：即今安徽怀远东南八里、淮河东岸当涂山。

⑧荆山：即今安徽怀远西南淮河北岸荆山。

⑨哀公十年：当为"哀公七年"，即前 488 年。

⑩孟孙：即仲孙何忌。

⑪玉帛：朝见时所执礼品。万国：形容国家众多。

⑫《国语》：这里指《国语·鲁语下》。

⑬堕：坏。会稽：即会稽山。在今浙江绍兴南。会稽山上，越王勾践
　被吴王夫差包围，派大夫文种膝行顿首，称臣求和。

⑭节专车：骨头可以装满一车。专，擅。这里指装满。

⑮吴子：吴国的国君为子爵，故称吴子。聘：聘问。专指天子与诸侯
　或诸侯与诸侯间的遣使通问。

⑯仲尼：即孔子，名丘。

⑰防风氏：传说春秋时的长狄族，其人身体长大。《说文·邑部》："北
　方长狄国也。在夏为防风氏，在殷为汪芒氏。"

⑱其骨专车，此为大也：陈桥驿按，防风氏事当属虚构，但大骨事不
　假，乃是恐龙化石，这一带至今仍有发现。

⑲丘明：即春秋鲁太史左丘明。大约与孔子同时代。相传作《左氏
　春秋传》《国语》。

⑳刘向：字子政，本名更生。沛（今江苏沛县）人。西汉经学家、辞
　赋家、目录学家。曾校阅群书，撰成《别录》，为我国目录学鼻祖，
　又整理编订了《战国策》等古籍。另著有《列女传》《说苑》《新序》
　等。《说苑·辨物》：《说苑》中的一篇。辨物，意思是辨析识别事物，
　从而做出正确的判断。

㉑王肃：字子雍。东海郯（今山东郯城）人。三国魏经学家。善贾逵、
　马融之学而反郑玄。《家语》：书名。即《孔子家语》。王肃称孔
　子所作，实际上是他为辩难郑玄而作。

㉒考校：考查研究。方土之目：各地之地名。

㉓周穆：即周昭王之子姬满。曾两征犬戎，俘五王，迁戎于太原，开
辟通往西域的通道。传说曾周游天下，西至昆仑，见过西王母。

【译文】

淮水继续往北流，有沙水注入，就是《水经》所说的蒗𦿆渠。淮水西
有平阿县老城，就是王莽的平宁。建武十三年，世祖把这地方改封给耿
阜，立为侯国。《郡国志》说：平阿县有堃山，淮水从荆山左边、当堃右边
流出，在两山之间奔流，激起滚滚波涛往北流去。《春秋左传·哀公七
年》，大夫对孟孙说：禹在堃山大会诸侯，使者手执玉帛的与会国家非常
多。杜预说：堃山在寿春东北。他弄错了。我查考《国语》说：吴攻楚，
掘毁会稽，获得大骨，骨节可以装一辆车子。吴子的使者前来修好和问
候，客人握着骨头问道：请问哪种骨头最大？仲尼说：我听说古时禹在会
稽山召集群神，防风氏迟到，禹把他杀了，他的骨头可以装满一辆车子，
这骨头算是很大了。左丘明亲耳听到圣人的话，他的记载是确凿的证据。
又查考刘向《说苑·辨物》，王肃叙述孔子二十二世孙孔猛出示祖先的
《家语》，也提到这件事。所以涂山也有会稽这名字。但考证各种典籍及
地方上的土名，又怀疑并非此地。这可能是周穆王会战的地方。

淮水于荆山北，涡水东南注之。又东北迳沛郡义城县
东[1]。司马彪曰[2]：后隶九江也。

【注释】

①沛郡：西汉高帝以泗水郡南部置。治所在相县（今安徽淮北市相
　山区）。东汉改为沛国。三国魏移治沛县（今江苏沛县）。义城县：
　北魏置，属临淮郡。治所在今安徽怀远东北十五里。北齐废。未
　知何时属沛郡。疑郦注有误。

②司马彪：字绍统。河内温县（今河南温县）人。魏晋时期史学家。
　著作仅存《续汉书》八志，为后人补入范晔《后汉书》流传至今。

【译文】

　　淮水流到荆山北面，涡水往东南注入淮水。又往东北流，经过沛郡义城县东边。司马彪说：义城县后来隶属九江郡。

又东过锺离县北[①]，

　　《世本》曰[②]：锺离[③]，嬴姓也。应劭曰：县，故锺离子国也[④]，楚灭之以为县。《春秋左传》所谓吴公子光伐楚[⑤]，拔锺离者也。王莽之蚕富也。豪水出阴陵县之阳亭北[⑥]，小屈有石穴，不测所穷，言穴出钟乳[⑦]，所未详也。豪水东北流迳其县西，又屈而南转，东迳其城南，又北历其城东，迳小城而北流注于淮[⑧]。

【注释】

①锺离县：本春秋楚邑。吴置为县。后入秦，属九江郡。治所在今
　　安徽凤阳东北临淮关东。东汉改为锺离侯国。

②《世本》：书名。撰者不详，成书时代亦不可考。该书记录自黄帝以
　　来至春秋帝王公卿大夫的氏姓、世系、都邑、器物的制作和发明等。

③锺离：春秋时国。嬴姓。在今安徽凤阳东北临淮关东。后置为县。

④锺离子国：即锺离国。

⑤吴公子光：即阖闾，亦名阖庐。春秋末吴国君主。吴王夫差之父。
　　杀吴王僚而自立。重用伍子胥及孙武。东征卑庐，西伐巴蜀，威
　　振中原。前496年，趁越国大丧之际，攻伐越国，为越王勾践所败，
　　受伤而死。

⑥豪水：即东濠水。在今安徽凤阳东北二十里。有三源合流，北流
　　至临淮关入淮。阴陵县：秦置，属九江郡。治所在今安徽定远西
　　北靠山乡古城集。阳亭：《水经注疏》杨守敬按：“阳亭当在今定远

县（今安徽定远）西北。"

⑦钟乳：即钟乳石，也叫石钟乳。溶洞中悬在洞顶上的像冰锥的物
　体，与石笋上下相对，由碳酸钙逐渐从水溶液中析出积聚而成。

⑧小城：《水经注疏》杨守敬按："在今凤阳县（今安徽凤阳）东北。"

【译文】

　淮水又往东流过锺离县北边，

　《世本》说：锺离，姓嬴。应劭说：锺离县是旧时的锺离子国，楚把它灭了，设置为县。《春秋左传》就说到吴公子光伐楚，攻下锺离。锺离也就是王莽的蚕富。豪水发源于阴陵县的阳亭北边，小弯处有个石洞，深不可测，听说洞中有钟乳，详情不清楚。豪水往东北流经锺离县西边，又转向南方，往东流经城南，又往北流经城东，经过小城，北流注入淮水。

　淮水又东迳夏丘县南①。又东，涣水入焉②，水首受蒗荡渠于开封县③。《史记》韩釐王二十一年④，使暴鸢救魏⑤，为秦所败，鸢走开封者也。东南流迳陈留北⑥，又东南，西入九里注之⑦。涣水又东南流迳雍丘县故城南⑧，又东迳承匡城⑨，又东迳襄邑县故城南⑩。故宋之承匡、襄牛之地⑪，宋襄公之所葬⑫，故号襄陵矣。《竹书纪年》⑬：梁惠成王十七年⑭，宋景敩、卫公孙仓会齐师⑮，围我襄陵。十八年，惠成王以韩师败诸侯师于襄陵，齐侯使楚景舍来求成⑯，即于此也。西有承匡城，《春秋》会于承匡者也⑰。秦始皇以承匡卑湿，徙县于襄陵，更为襄邑。王莽以为襄平也。汉桓帝建和元年⑱，封梁冀子胡狗为侯国⑲。《陈留风俗传》曰⑳：县南有涣水。故《传》曰：睢、涣之间出文章㉑，天子郊庙御服出焉㉒。《尚书》所谓厥篚织文者也㉓。

【注释】

①夏丘县:西汉置,属沛郡。治所在今安徽泗县东。东汉属下邳国。三国魏属下邳郡。

②涣水:又名浍水。自今河南开封东分狼汤渠水东南流经杞县、睢县、柘城,南入安徽境,经亳州东北、河南永城南、安徽宿州、固镇县,至五河县南入淮水。今上游已湮。下游在安徽境内者即今之浍河。

③开封县:秦置,属砀郡。治所在今河南开封西南四十六里古城村。西汉属河南郡。

④韩釐王二十一年:前275年。韩釐王,名咎。韩襄王子。

⑤暴鸢(yuān):战国时韩国将领。史称暴子。前275年,秦攻魏,他奉韩釐王之命率兵救魏,被秦军击败,退走开封,韩军被俘斩四万余。

⑥陈留:即陈留县。秦置,属砀郡。治所在今河南开封东南二十六里陈留镇。

⑦西入九里注之:似有脱文。

⑧雍丘县:秦置,属砀郡。治所在今河南杞县。

⑨承匡城:在今河南睢县西三十里匡城乡。

⑩襄邑县:战国秦置,属砀郡。治所在今河南睢县。

⑪襄牛:又名襄陵。春秋宋邑。在今河南睢县。

⑫宋襄公:子姓,名兹甫,亦作兹父。春秋时宋国国君。曾追随齐桓公,参与葵丘(今河南兰考东)之盟。

⑬《竹书纪年》:书名。因原本写于西晋时汲郡出土的竹简之上,故名。是一部编年体史书,记述夏商周及春秋晋国、战国魏国的史事,至魏襄王时止。今存辑本。

⑭梁惠成王十七年:前353年。梁惠成王,即魏惠王。姓魏名罃,因魏都大梁,故又称梁惠王。惠是谥号。

⑮景敳：宋人。具体不详。公孙仓：卫人。具体不详。

⑯景舍：名舍，字子发。原为上蔡令，后为楚国司马。善战。

⑰《春秋》会于承匡：《左传·襄公三十年》："鲁叔仲惠伯会郤成子
　于承匡之岁也。"

⑱建和元年：147 年。建和，东汉桓帝刘志的年号（147—149）。

⑲梁冀：字伯卓。安定乌氏（今甘肃平凉西北）人。永和初拜河南尹。
　顺帝时拜大将军。先后立冲、质、桓三帝，权倾朝野。胡狗：即梁
　冀子梁胤。容貌甚陋，不胜冠带，道路见者，莫有不嗤笑者。建和
　元年封襄邑侯。

⑳《陈留风俗传》：书名。东汉圈称撰。叙述陈留（今河南开封）一
　带风俗民情。今存清王仁俊辑本一卷。

㉑睢：即睢水。汳水支流。战国鸿沟（汉代称狼汤渠）支流之一。文
　章：错杂的色彩或花纹。这里指彩色丝织品。

㉒郊庙：指帝王祭祀天地和祖先。于南北郊祭祀天地为郊，祭祀先
　祖为庙。

㉓厥篚（fěi）织文：语见《尚书·禹贡》。意思是说：锦绮之类的丝织
　品，用筐篚等工具盛着，上贡于朝廷。篚，一种盛物的竹器。织文，
　锦绮之类的丝织品。

【译文】

　　淮水继续往东流，经过夏丘县南边。又往东流，有涣水注入，涣水上
游在开封县承接蒗荡渠。《史记》：韩釐王二十一年，派遣暴戴去援魏，被
秦打败，暴戴逃向开封。涣水往东南流经陈留北边，又往东南流，又有一
条支流……注入。涣水又往东南流，经过雍丘县老城南边，又往东流经
承匡城，又往东流经襄邑县老城南边。从前这是宋承匡、襄牛一带地方，
宋襄公就葬在这里，所以叫襄陵。《竹书纪年》：梁惠成王十七年，宋景敳、
卫公孙仓联合齐军包围我国襄陵。十八年，惠成王因韩军在襄陵打败诸
侯军，齐侯派遣楚景舍来求和，就是在这地方。西边有承匡城，就是《春

秋》所说的在承匡会合。秦始皇因承匡地势低洼潮湿，把县治迁到襄陵，改名为襄邑。王莽时称为襄平。汉桓帝建和元年，把襄陵封给梁冀的儿子胡狗，立为侯国。《陈留风俗传》说：县南有涣水。所以该书又说：睢水、涣水之间是出产彩色丝织品的地方，皇帝祭祀天地、祖先所穿戴的御服都是在这里制作出来的。就是《尚书》里所说的：竹篮里装的绫绵编织成花纹入贡。

涣水又东南迳己吾县故城南①，又东迳鄫城北②。《春秋·襄公元年》③，经书晋韩厥帅师伐郑④，鲁仲孙蔑会齐、曹、邾、杞⑤，次于鄫。杜预曰：陈留襄邑县东南有鄫城。涣水又东南迳酂城北、新城南⑥，又东南，左合明沟——沟水自蓬洪陂东南流⑦，谓之明沟——下入涣水。又迳亳城北⑧。《帝王世纪》曰⑨：穀熟为南亳⑩，即汤都也。《十三州志》曰⑪：汉武帝分穀熟置。《春秋·庄公十二年》⑫，宋公子御说奔亳者也⑬。

【注释】

①己吾县：东汉永元十一年（99）置，属陈留郡。治所在今河南宁陵西南三十九里己吾城。

②鄫（céng）城：春秋郑邑。在今河南睢县东南四十里。

③襄公元年：前572年。

④韩厥：谥献，称韩献子。春秋时晋国人。韩万玄孙，韩简孙。由赵盾推荐，晋灵公以为司马，掌军法。

⑤仲孙蔑：即孟献子。姬姓，名蔑，世称仲孙蔑，谥号献。春秋时鲁国执政者。孟氏家族振兴的重要人物。齐、曹、邾杞：俱为周时诸侯国。

⑥郾城：在今河南鄢陵西北十八里古城村。新城：春秋宋邑。在今河南商丘西南。

⑦蓬洪陂：《水经注疏》杨守敬按："睢水于睢阳城（今河南商丘）南，积为蓬洪陂。"

⑧亳城：即南亳。在今河南商丘东南。相传汤曾居此。

⑨《帝王世纪》：书名。晋皇甫谧撰。起自三皇，迄于汉魏，专记帝王事迹。今存宋翔凤辑本。

⑩穀熟：东汉建武二年（26）置侯国，寻改为县，属梁国。治所在今河南虞城西南三十二里谷熟镇。

⑪《十三州志》：书名。未知为应劭、黄义仲、阚骃何家所作。

⑫庄公十二年：前682年。

⑬宋公子御说（yuè）：即宋桓公，子姓，宋氏，名御说。春秋时宋国国君。宋庄公之子，宋闵公之弟。

【译文】

涣水又往东南流，经过己吾县老城南边，又往东流过郾城北边。《春秋·襄公元年》，经文里记载，晋国韩厥率兵征讨郑国，鲁国仲孙篾与齐、曹、邾、杞诸侯军相会合，就在郾歇宿。杜预说：陈留襄邑县东南有郾城。涣水又往东南流过郾城北边、新城南边，又往东南流，在左边汇合明沟——沟水从蓬洪陂往东南流，称为明沟——往下注入涣水。又流经亳城北边。《帝王世纪》说：穀熟即南亳，是商汤的国都。南亳，《十三州志》说：汉武帝分穀熟而设置。《春秋·庄公十二年》，宋公子御说逃奔到亳。

涣水东迳穀熟城南①。汉光武建武二年②，封更始子歆为侯国③。又东迳杨亭北④。《春秋左氏传·襄公十二年》⑤，楚子囊、秦庶长无地⑥，伐宋师于杨梁⑦，以报晋之取郑也⑧。京相璠曰⑨：宋地矣。今睢阳东南三十里有故杨梁城⑩，今曰阳亭也⑪。俗名之曰缘城，非矣。西北去梁国八十里⑫。涣水又东迳沛郡之建平县故城南⑬。汉武帝元凤元年⑭，封杜延年为侯国⑮。王莽之田平也。又东迳酂县故城南⑯。《春秋·襄公十年》⑰，公会诸侯及齐世子光于鄩⑱。今其地鄩聚是也。王莽之鄩治矣。

【注释】

①穀熟城：在今河南虞城西南三十二里谷熟镇。

②建武二年：26年。

③更始：即西汉更始帝刘玄，字圣公。光武帝刘秀族兄。南阳蔡阳（今湖北枣阳）人。新莽末参加绿林起义军。大破王莽军队后，被推为更始将军。随即被立为天子。后被赤眉将领谢禄杀害。歆（xín）：即刘歆。刘更始子，封穀熟侯。

④杨亭：《水经注疏》熊会贞按："在今商丘县（今河南商丘）东南三十里。"

⑤襄公十二年：前561年。

⑥子囊：名贞，字子囊。楚庄王之子，楚共王之弟。春秋时楚国大夫。庶长：官爵名。秦商鞅变法创建二十等爵，以奖军功。第十级为左庶长，十一级为右庶长。无地：具体不详。

⑦杨梁：又名阳梁。春秋宋地。在今河南商丘东南三十里。

⑧晋之取郑：晋率诸侯伐郑，郑人求和。事见《左传·襄公十一年》。

⑨京相璠（fán）：西晋地理学者裴秀的门客。撰有《春秋土地名》三卷。

⑩睢阳：即睢阳县。战国秦置，属砀郡。治所在今河南商丘南一里。西汉初属梁国，文帝时为梁国国都。北魏为梁郡治。

⑪阳亭：俗名之曰缘城。即杨梁。在今河南商丘东南三十里。

⑫梁国：西汉高帝五年（前202）改砀郡为梁国。都定陶（今山东菏泽定陶区西北）。汉文帝时移都睢阳县（今河南商丘南）。

⑬建平县：西汉置，属沛郡。治所在今河南夏邑西南五十九里马头镇。

⑭元凤元年：前80年。元凤，西汉昭帝刘弗陵的年号（前80—前75）。

⑮杜延年：字幼公。南阳杜衍（今河南南阳西南）人。杜周之子。昭帝初立，补军司空，迁谏大夫。以发觉左将军上官桀等谋乱罪立功，封为建平侯。

⑯酂（cuó）县：战国秦置，属沛郡。治所在今河南永城西四十八里酂城镇。

⑰襄公十年：前563年。

⑱世子：太子，帝王和诸侯的嫡长子。鄌（cuó）：通"酂"。

【译文】

涣水往东流经榖熟城南。汉光武帝建武二年，把榖熟封给更始帝之子刘歆，立为侯国。又往东流过杨亭北边。《春秋左氏传·襄公十二年》，楚子囊、秦庶长无地伐宋，进军杨梁，以报复晋国攻郑国。京相璠说：这是宋的地方。现在睢阳东南三十里还有杨梁旧城，今名阳亭。俗称缘城是不对的。此城西北距梁国八十里。涣水又往东流，经过沛郡建平县老城南边。汉昭帝元凤元年，把建平封给杜延年，立为侯国。就是王莽的田平。又往东流过酂县老城南边。《春秋·襄公十年》，襄公在鄌会见诸侯和齐世子光，那地方就是今天的鄌聚。也就是王莽的酂治。

涣水又东南迳费亭南①。汉建和元年②，封中常侍沛国曹腾为侯国③。腾字季兴，谯人也④。永初中⑤，定桓帝策⑥，封亭侯⑦，此城即其所食之邑也。涣水又东迳铚县故城南⑧。昔吴广之起兵也⑨，使葛婴下之⑩。涣水又东，苟水注之⑪。水出谯城北白汀陂⑫，陂水东流迳鄌县南⑬，又东迳郸县故城南⑭。汉景帝中元年⑮，封周应为侯国⑯。王莽更之曰单城也。音多。又东迳嵇山北⑰，嵇氏故居。嵇康本姓奚⑱，会稽人也⑲。先人自会稽迁于谯之铚县，改为嵇氏，取稽字之上以为姓，盖志本也[20]。《嵇氏谱》曰[21]：谯有嵇山，家于其侧，遂以为氏。县，魏黄初中[22]，文帝以酂、城父、山桑、铚置谯郡[23]，故隶谯焉。苟水东流入涣。

【注释】

①费亭：在今河南永城西南。

②建和元年：147年。建和，东汉桓帝刘志的年号（147—149）。

③曹腾：《三国志·魏书·武帝纪》裴松之注引司马彪《续汉书》曰："腾字季兴，少除黄门从官……顺帝即位，为小黄门，迁至中常侍大长秋。在省闼三十余年，历事四帝，未尝有过。好进达贤能，终无所毁伤……桓帝即位，以腾先帝旧臣，忠孝彰著，封费亭侯，加位特进。太和三年（229），追尊腾曰高皇帝。"

④谯：即谯县。秦改焦邑置，属泗水郡。治所在今安徽亳州。

⑤永初：东汉安帝刘祜（hù）的年号（107—113）。

⑥桓帝：东汉皇帝刘志。蠡吾侯刘翼之子。

⑦封亭侯：指曹腾被封为费亭侯。亭侯，爵位名。东汉始分侯为县侯、乡侯、亭侯三级。食邑为亭者称为亭侯。

⑧铚（zhì）县：秦置，属泗水郡。治所在今安徽濉溪县西南临涣镇。

⑨吴广：字叔。阳夏（今河南太康）人。秦末农民起义领袖之一。前209年，与陈胜一起在大泽乡共议起义抗秦，任都尉。张楚政权建立后，称假王，奉陈胜之命进攻荥阳（今河南荥阳东北），久战不下，因拒不听部下建议，被副将田臧假陈胜之命杀害。

⑩葛婴：符离（今安徽宿州）人。陈胜部将。大泽乡起义后，曾占领东城（今安徽定远东南），背陈胜立襄为楚王。后杀襄疆以示效忠陈王胜。终被陈胜杀害。

⑪苟水：即今安徽西北部浍水支流包河。

⑫谯城：在今安徽亳州。白汀陂：当为"汋陂"之形讹。《水经注疏》

熊会贞按："参观之，汀与沴（zhuó）形近，盖沴之误。此陂即《左传》之沴陂也……沴陂在谯城北，宋人由沴陂北退至宁陵境，败于沴陂，与当日情事适合。"译文从之。

⑬酂（cuó）县：秦置，属沛郡。治所在今河南永城西南。

⑭郸（shàn）县：西汉置，属沛郡。治所在今安徽涡阳东北。

⑮汉景帝中元年：即西汉景帝刘启中元元年，前149年。

⑯周应：周緤之子。孝景中元年，为褒周緤之功，封周应为郸侯。

⑰嵇山：在今安徽濉溪县南。

⑱嵇康：字叔夜。三国魏谯国铚（今安徽宿州）人。竹林七贤之一。

⑲会稽：即今浙江绍兴。

⑳志本：纪念其根本。

㉑《嵇氏谱》：书名。《隋书·经籍志》不录。应为嵇氏之族谱。

㉒黄初：三国魏文帝曹丕的年号（220—226）。

㉓文帝：即魏文帝曹丕。字子桓，沛国谯（今安徽亳州）人。曹操第二子。城父：即城父县。西汉置，属沛郡。治所在今安徽亳州东南城父镇。山桑：即山桑县。西汉置，属沛郡。治所在今安徽蒙城北三十六里坛城集。谯郡：东汉建安末，魏武析沛国置。治所在谯县（今安徽亳州）。三国魏黄初二年（220）改为谯国。

【译文】

涣水又往东南流经费亭南。汉建和元年，把这地方封给中常侍沛国曹腾，立为侯国。曹腾字季兴，谯县人。永初年间，他参与确定桓帝的政策，封亭侯，此城就是他的食邑。涣水又往东流经铚县老城南边。从前吴广起兵，派遣葛婴攻下此城。涣水又往东流，有苞水注入。苞水发源于谯城北面的沴陂，陂水往东流经酂县南边，又往东流经郸县老城南边。汉景帝中元元年，将这地方封给周应，立为侯国。王莽改名为单城——单，读作多。又往东流经嵇山北边，这是嵇氏的故居。嵇康本姓奚，会稽人。嵇氏祖先从会稽迁徙到谯国的铚县，改姓为嵇，以稽字上部作为姓氏，以表示纪念其原籍。《稽氏谱》说：谯有稽山，在山边定居下来，就以山为姓氏。魏黄初年间，文帝以酂、城父、山桑、铚设置谯郡，所以铚县隶属于谯。苞水往东流注入涣水。

　　涣水又东南迳蕲县故城南①。《地理志》曰：故甄乡也②。汉高帝破黥布于此③。县，旧都尉治④。王莽之蕲城也。水上有故石梁处，遗基尚存。涣水又东迳穀阳县⑤，左会八丈故渎⑥，渎上承洨水⑦，南流注于涣。涣水又东迳穀阳戍南⑧，又东南迳穀阳故城东北⑨，右与解水会⑩。水上承县西南解塘，东北流迳穀阳城南，即穀水也。应劭曰：城在穀水之阳。又东北流注于涣。涣水又东南迳白石戍南⑪，又迳虹城南⑫，洨水注之。水首受蕲水于蕲县⑬，东南流迳穀阳县，八丈故渎出焉。又东合长直故沟⑭。沟上承蕲水，南会于洨。洨水又东南流迳洨县故城北⑮，县有垓下聚⑯，汉高祖破项羽所在也⑰。王莽更名其县曰肴城。应劭曰：洨水所出。音绞，《经》之绞也。洨水又东南与涣水乱流而入于淮。故应劭曰：洨水南入淮。

【注释】

①蕲县：秦置，属泗水郡。治所在今安徽宿州南四十里蕲县镇。

②甄（zhuì）乡：古乡名。故地在今安徽宿州南。

③黥（qíng）布：亦名英布。六（今安徽六安）人。曾坐法黥面，故亦称黥布。初从项羽，以功封九江王。后背楚归汉，封淮南王。汉高祖十一年（前196），韩信、彭越先后被杀，黥布心惧。后被疑而发兵反叛，次年战败被杀。

④都尉：官名。汉景帝时改秦之郡尉为都尉，辅佐郡守并掌全郡的

　　军事。

⑤穀阳县:西汉置,属沛郡。治所在今安徽固镇县。在穀水之阳,故名。

⑥八丈故渎:《水经注疏》熊会贞按:"渎在今灵璧县(今安徽灵璧)
　　西南。"

⑦浍水:即今安徽固镇县北之沱水。

⑧穀阳戍:《水经注疏》熊会贞按:"在今灵璧县西南。"

⑨穀阳故城:在今安徽固镇县。

⑩解水:又名蟹河。即今安徽固镇县南澥河。源出安徽濉溪县南,
　　东流至固镇县东南入浍河。

⑪白石戍:在今安徽灵璧西南。

⑫虹城:即东汉虹县县城。在今安徽五河县西五十二里刘集镇附近。

⑬蕲(qí)水:睢水支流。故道自今河南商丘东南分睢水,东南流,经
　　夏邑、永城,安徽濉溪县、宿州、灵璧、泗县,江苏泗洪等县,至盱眙
　　北入淮河。

⑭长直故沟:《水经注疏》熊会贞按:"沟当在今灵璧县东。"

⑮浚(xiáo)县:东汉改浚侯国置,属沛郡。治所在今安徽固镇县东
　　濠城镇。东汉经学家和文字学家许慎曾任此县长,故世称许慎为
　　许浚长。

⑯垓下聚:又名垓下。在今安徽灵璧东南,沱河北岸。

⑰汉高祖破项羽所在:前202年,项羽被刘邦击败于垓下(今安徽灵
　　璧东南),突围到乌江(今安徽和县东北),自杀。

【译文】

　　涣水继续往东南流,经过蕲县老城的南边。蕲县,《地理志》说:就
是旧时的甄乡。汉高帝在这里打败了黥布。蕲县从前是都尉治所。就
是王莽的蕲城。古时水上有石桥,遗址还在。涣水又往东流经穀阳县,
在左边汇合了八丈故渎,此渠上承浚水,往南注入涣水。涣水又往东流
经穀阳戍南,又往东南流经穀阳老城东北,在右边与解水汇合。解水上

游承接榖阳县西南的解塘,往东北流经榖阳城南边,就是榖水。应劭说:城在榖水之阳。又往东北流,注入涣水。涣水又往东南流经白石戍南边,又流经虹城南边,汇合了泜水。泜水上游在蕲县承接蕲水,往东南流经榖阳县,八丈故渎就从这里分支流出。又往东流,汇合了长直故沟。故沟上承蕲水,南流与泜水汇合。泜水又往东南流过泜县老城北边。县内有垓下聚,就是汉高祖大败项羽的地方。王莽改县名为肴城。应劭说:这是泜水的发源地。泜,音绞,把经纱绞合起来的绞。泜水再往东南流,与涣水一同乱流注入淮水。所以应劭说:泜水南流注入淮水。

　　淮水又东至巉石山①,潼水注之②。水首受潼县西南潼陂③。县,故临淮郡之属县④,王莽改曰成信矣。南迳沛国夏丘县绝蕲水⑤。又南迳夏丘县故城西,王莽改曰归思也。又东南流迳临潼戍西⑥,又东南至巉石西,南入淮。

【注释】

①巉(chán)石山:在今江苏泗洪西南。南对浮山。

②潼水:在今安徽泗县西南。俗曰南潼河。源出羊城湖,环县西门东南流,至五河县东北入淮。

③潼县:即僮县。南朝宋侨置。在今江苏沭阳南六里。潼陂:又名羊城湖。在今安徽泗县东北骆庙村附近的潼城村西南。

④临淮郡:西汉元狩六年(前117)置。治所在徐县(今江苏泗洪南大徐台)。

⑤沛国:东汉建武二十年(44)改沛郡置。治所在相县(今安徽淮北市相山区)。夏丘县:西汉置,属沛郡。治所在今安徽泗县东。东汉属下邳国。三国魏属下邳郡。绝:直渡,横过。

⑥临潼戍:《水经注疏》杨守敬按:"戍在今泗州(今安徽泗县)南。"

【译文】

淮水又往东流到巉石山,有潼水注入。潼水上口承接潼县西南的潼陂。潼县旧时是临淮郡的属县,王莽改名为成信。南流经沛国的夏丘县,横穿过蕲水。又南流经夏丘县老城西边,王莽将夏丘改名为归思。又往东南流经临潼戍西边,又往东南流到巉石西边,然后南流注入淮水。

　　淮水又东迳浮山①。山北对巉石山。梁氏天监中②,立堰于二山之间③,逆天地之心,乖民神之望,自然水溃坏矣。

【注释】

①浮山:一名临淮山。在今安徽明光北八十里浮山集西。北临淮水。

②天监:南朝梁武帝萧衍的年号(502—519)。

③立堰:建造堰坝。陈桥驿按,天监立堰,对郦氏颇关重要,因为这是《水经注》记及的最晚年代。

【译文】

淮水又往东流过浮山。浮山北对巉石山。梁氏天监年间,在两山之间筑堰,违逆了天地的心意,背离了人神的愿望,当然要被洪水冲垮了。

　　淮水又东迳徐县南①,历涧水注之。导徐城西北徐陂②,陂水南流绝蕲水,迳历涧戍西③,东南流注于淮。

【注释】

①徐县:战国秦置,属泗水郡。治所即今江苏泗洪南大徐台。西汉为临淮郡治。东汉属下邳国。三国魏属下邳郡。

②徐城:在今江苏泗洪县南大徐台。徐陂:《水经注疏》杨守敬按:“徐陂当在今泗州(今安徽泗县)东北。”

③历涧戍：《水经注疏》杨守敬按："戍当在今泗州东南。"

【译文】

　　淮水又往东流经徐县南边，有历涧水注入。历涧水自徐城西北的徐陂引出，南流汇合了蕲水，经历涧戍西，往东南注入淮水。

　　淮水又东，池水注之①。水出东城县东北②，流迳东城县故城南。汉以数千骑追羽，羽帅二十八骑引东城，因四隤山③，斩将而去，即此处也。《史记》：孝文帝八年④，封淮南厉王子刘良为侯国⑤。《地理志》，王莽更名之曰武城也。池水又东北流历二山间，东北入于淮，谓之池河口也⑥。

【注释】

①池水：《水经注疏》熊会贞按："今水曰池河，有南北二源：北源出定远县（今安徽定远）西北山，南源出合肥县（今安徽合肥）东北山，皆古东城县地。"

②东城县：秦置，属九江郡。治所在今安徽定远东南大桥乡三官集。东汉属下邳郡。西晋属淮南郡。

③四隤山：在今江苏南京浦口区西南，与安徽和县接界处。

④孝文帝八年：前172年。孝文帝，即汉文帝刘恒。

⑤刘良：淮南厉王刘长之子。封东城侯。在位七年卒，无后，国除。

⑥池河口：《水经注疏》："全（祖望）云：淮陵城临池河，池河过淮陵城（今安徽明光）西北入淮，谓之池河口。"

【译文】

　　淮水又往东流，有池水注入。池水发源于东城县，往东北流经东城县老城南边。汉军以骑兵数千追击项羽，项羽率领二十八名骑兵去东城，利用四隤山地势杀了几名汉将突围而去，就是这地方。《史记》：孝文帝八年，将它封给淮南厉王的儿子刘良，立为侯国。据《地理志》，王莽将它改名为武城。池水往东北流经两山之间，往东北注入淮水，汇流处叫池河口。

　　淮水又东，蕲水注之①。水首受睢水于穀熟城东北②，东迳建城县故城北③。汉武帝元朔四年④，封长沙定王子刘拾为侯国⑤。王莽之多聚也。蕲水又东南迳蕲县⑥，县有大泽乡⑦，陈涉起兵于此⑧，篝火为狐鸣处也⑨。南则洨水出焉⑩。蕲水又东南，北八丈故渎出焉⑪；又东流，长直故沟出焉⑫；又东入夏丘县⑬，东绝潼水⑭，迳夏丘县故城北，又东南迳潼县南⑮，又东流入徐县，东绝历涧，又东迳大徐县故城南⑯，又东注于淮。

【注释】

①蕲水：睢水支流。故道自今河南商丘东南分睢水，东南流，经夏邑、永城，安徽濉溪县、宿州、灵璧、泗县，江苏泗洪等县，至盱眙北入淮河。久湮。

②睢水：汴水支流。战国鸿沟（汉时称狼汤渠）支流之一。自今河南开封东分古鸿沟东流，经今杞县、睢县、宁陵、商丘、夏邑、永城，安徽濉溪、宿州、灵璧及江苏睢宁，至宿迁南注入古泗水。穀熟城：在今河南虞城西南三十二里谷熟镇。

③建城县：秦置，属砀郡。治所在今河南永城东南。

④元朔四年：前125年。元朔，汉武帝刘彻的年号（前128—前123）。

⑤刘拾：长沙定王刘发之子。封建成侯。元鼎二年（前115）使人奉璧至朝廷贺元旦迟到，免侯，国除。

⑥蕲县：秦置，属泗水郡。治所在今安徽宿州南四十里蕲县镇。西

汉属沛郡，为都尉治。

⑦大泽乡：秦属蕲县。即今安徽宿州东南四十里大泽乡。

⑧陈涉：即陈胜，字涉。阳城（今安徽界首，一说今河南商水县）人。率领了著名的秦末大泽乡农民起义。后入陈地，称王，号张楚。

⑨篝火为狐鸣处：事见《史记·陈涉世家》："又间令吴广之次所旁丛祠中，夜篝火，狐鸣呼曰：'大楚兴，陈胜王。'"

⑩浍水：即今安徽固镇县北之浍水。

⑪八丈故渎：《水经注疏》熊会贞按："渎在今灵璧县（今安徽灵璧）西南。"

⑫长直故沟：《水经注疏》熊会贞按："沟当在今灵璧县东。"

⑬夏丘县：西汉置，属沛郡。治所在今安徽泗县东。东汉属下邳国。三国魏属下邳郡。西晋属下邳国。东晋废。

⑭潼水：俗曰南潼河。在今安徽泗县西南。源出羊城湖，环县西门东南流，至五河县东北入淮。

⑮潼县：即僮县。南朝宋侨置。在今江苏沭阳南六里。

⑯大徐县故城：《水经注疏》熊会贞按："'县'字当衍……《寰宇记》，大徐城周十二里，徐偃王权造，故名薄薄城，今呼为故故城。俱称大徐城。不言大徐县城，在今泗州（今安徽泗县）东。"

【译文】

淮水继续往东流，有蕲水注入。蕲水在毂熟城东北上承睢水，往东流经建城县老城北边。汉武帝元朔四年，将这地方封给长沙定王的儿子刘拾，立为侯国。就是王莽的多聚。蕲水又往东南流经蕲县，县内有大泽乡，陈涉在这里起兵，就是篝火发出狐鸣的地方。南面是浍水所出处。蕲水又往东南流，北八丈河故道从这里分出；又往东流，长直沟水故道从这里分出；又往东流入夏丘县，往东与潼水汇合，流过夏丘老城北边，又转向东南流经潼县南边，又往东流进入徐县，与历涧水汇合，然后往东流经大徐城南边，往东注入淮水。

　　淮水又东历客山①,迳盱眙县故城南②。《地理志》曰:
都尉治。汉武帝元朔元年③,封江都易王子刘蒙之为侯国④。
王莽更命之曰匡武。

【注释】

①客山:《水经注疏》杨守敬按:"在今盱眙(今江苏盱眙)县东北。"

②盱眙(xū yí)县:西汉改盱台县置,属临淮郡,为都尉治。治所在
　今江苏盱眙东北二十五里盱眙山麓。

③元朔元年:前 128 年。元朔,西汉武帝刘彻的年号(前 128—前 123)。

④刘蒙之:江都易王刘非之子。封盱台侯。元鼎五年(前 112)因酎
　(zhòu)金事免侯,国除。

【译文】

　　淮水又往东流经客山,流过盱眙县老城南边。《地理志》说:盱眙是
都尉治所。汉武帝元朔元年,封给江都易王的儿子刘蒙之,立为侯国。
王莽改名为匡武。

　　淮水又东迳广陵淮阳城南①。城北临泗水,阻于二水之
间。《述征记》②,淮阳太守治③。自后置戍,县亦有时废兴也。

【注释】

①广陵:即广陵郡。东汉建武十八年(42)改广陵国置。治所在广
　陵县(今江苏扬州西北蜀冈上)。淮阳城:在今江苏淮安市淮阴区
　西南废黄河南岸。

②《述征记》:书名。晋末宋初人郭缘生撰。记述了他跟随刘裕北
　伐慕容燕、西征姚秦的沿途所见。

③淮阳郡:东晋义熙中置,属徐州。治所在角城县(北齐改文城县,北
　周改临清县,在今江苏淮安淮阴区西南古淮水与泗水交会处)。

【译文】

　　淮水又往东流,经过广陵郡淮阳城南边。此城北濒泗水,被夹于两水之间。《述征记》说:这是淮阳太守治所,以后设置边防城堡,县也时立时废。

　　又东北至下邳淮阴县西①,泗水从西北来流注之。

　　淮、泗之会,即角城也②。左右两川,翼夹二水。决入之所,所谓泗口也③。

【注释】

①下邳:即下邳郡。东汉建安十一年(206)改下邳国置,属徐州。治所在下邳县(今江苏睢宁西北古邳镇东)。淮阴县:秦置,属东海郡。治所在今江苏淮安淮阴区西南码头镇。东汉属下邳国。后属下邳郡。

②角城:在今江苏淮安淮阴区西南古淮水与泗水交会处。

③泗口:亦曰清口。即古泗水入淮之口。在今江苏淮安淮阴区西南。

【译文】

　　淮水又往东北流,到下邳郡淮阴县西边,泗水从西北流来注入。

　　淮水与泗水汇合的地方有城,就是角城。两水在角城左右两侧流过,城被夹在两水中间。泗水入淮的地方,就是所谓泗口。

　　又东过淮阴县北,中渎水出白马湖①,东北注之。

　　淮水右岸即淮阴也。城西二里有公路浦②。昔袁术向九江③,将东奔袁谭④,路出斯浦,因以为名焉。又东迳淮阴县故城北⑤,北临淮水。汉高帝六年⑥,封韩信为侯国⑦。王莽之嘉信也。昔韩信去下乡而钓于此处也。城东有两冢，西者即漂母冢也⑧。周回数百步，高十余丈。昔漂母食信于淮阴⑨，信王下邳⑩，盖投金增陵以报母矣⑪。东一陵即信母冢也⑫。

【注释】

① 中渎水：即邗（hán）沟。故道自今江苏扬州南引江水北流，西北至淮安北入淮。白马湖：在今江苏宝应西北十五里。

② 公路浦：在今江苏淮安市淮阴区西南。久埋。

③ 袁术：字公路。汝南汝阳（今河南商水县西北）人。出身世家，为袁绍堂弟。初为虎贲中郎将，董卓专权，逃奔南阳（今河南南阳），据其地。建安二年（197）称帝于寿春（今安徽寿州）。后为曹操所灭。九江：即九江郡。秦置。治所在寿春县（今安徽寿县）。

④ 袁谭：字显思。汝南汝阳（今河南商水县西北）人。袁绍长子。袁绍信后妻言，偏爱少子袁尚，令袁谭出为青州刺史。袁绍卒后，袁谭攻袁尚，败还南皮。袁尚复攻袁谭，袁谭请救于曹操。后袁谭背曹操，军败被杀。

⑤ 淮阴县故城：在今江苏淮安淮阴区西南码头镇。

⑥ 汉高帝六年：前201年。

⑦ 韩信：秦末淮阴（今江苏淮安淮阴区）人。初从项羽，后归刘邦，拜为大将军，帮助刘邦打败项羽，统一中国，与萧何、张良合称汉兴三杰。汉四年（前203）立为齐王，次年徙为楚王，汉六年（前201）降为淮阴侯，高祖十一年（前196）被吕后杀害。

⑧ 漂母冢：《水经注疏》杨守敬按："在今清河县（今江苏淮安淮阴区），去马头镇二里许。"

⑨ 漂母：漂洗衣物的老妇人。韩信落魄时，在水边遇见漂母，漂母见韩信饥饿，就给韩信食物吃。食：将食物给……吃。

⑩信王下邳：刘邦徙齐王韩信为楚王，都下邳。

⑪投金：韩信赐所从食漂母千金。增陵：增修陵墓。

⑫信母冢：《水经注疏》杨守敬按："《淮安府志》，韩信母墓与漂母墓相对，俗呼东西冢。在今清河县东。"

【译文】

淮水又往东流过淮阴县北边，中渎水出自白马湖，往东北注入淮水。

淮阴坐落在淮水右岸。城西二里有公路浦。从前袁术去九江，即将往东投奔袁谭，途经此浦，因而得名。又往东流经淮阴县老城北边，此城北濒淮水。汉高帝六年，将淮阴封给韩信，立为侯国。就是王莽的嘉信。从前韩信去下乡，曾在这里钓鱼。城东有两座坟，西面就是漂母坟，周围几百步，高十余丈。从前漂母在淮阴送饭给韩信吃，韩信封王于下邳时，赠金给漂母，后来又扩建她的坟墓，以报答她的一饭之恩。东边是韩信母亲墓。

县有中渎水，首受江于广陵郡之江都县①，县城临江。应劭《地理风俗记》曰②：县为一都之会，故曰江都也。县有江水祠③，俗谓之伍相庙也④，子胥但配食耳⑤。岁三祭，与五岳同。旧江水道也。昔吴将伐齐，北霸中国，自广陵城东南筑邗城⑥，城下掘深沟，谓之韩江⑦，亦曰邗溟沟，自江东北通射阳湖⑧。《地理志》所谓渠水也。西北至末口入淮⑨。自永和中⑩，江都水断。其水上承欧阳埭⑪，引江入埭，六十里至广陵城。楚、汉之间为东阳郡⑫，高祖六年为荆国⑬，十一年为吴城⑭，即吴王濞所筑也⑮。景帝四年更名江都⑯，武帝元狩三年⑰，更曰广陵，王莽更名，郡曰江平，县曰定安。城东水上有梁，谓之洛桥。

【注释】

①江都县：西汉景帝四年（前153）置，属江都国。治所在今江苏扬州西南四十六里夹江北小沙洲上（今江苏丹徒）。东汉属广陵郡。

②应劭《地理风俗记》：应劭，字仲远，一作仲瑗。汝南南顿（今河南项城）人。东汉末学者。其《地理风俗记》今仅存辑本。

③江水祠：西汉置。在今江苏扬州邗江区南瓜洲镇。

④伍相：即伍子胥，名员。春秋时楚国人。父伍奢、兄伍尚为楚平王所杀。伍子胥奔吴，佐吴伐楚。攻入郢都时，楚平王已卒，乃掘其墓，鞭尸三百。后吴败越，越王勾践请和，劝王灭越，杀勾践，并阻王伐齐，吴王均不纳，终被赐死。

⑤配食：附在主祭的祠庙中，一起享受祭祀。

⑥广陵城：在今江苏扬州西北蜀冈上。邗（hán）城：前486年吴王夫差建。在今江苏扬州西北蜀冈上。

⑦邗江：即邗江。又称邗溟沟、渠水、中渎水。春秋时吴王夫差开凿。是我国最早有文字记载的人工运河。故道自今江苏扬州南引江水北过高邮西，折东北入射阳湖，又西北至淮安北入淮。

⑧射阳湖：古名射陂。在今江苏淮安、宝应、建湖三地之间。

⑨末口：在今江苏淮安市淮安区北五里北神堰，古邗沟入淮处。

⑩永和：东晋穆帝司马聃的年号（345—356）。

⑪欧阳埭（dài）：在今江苏仪征东北古运河上。埭，土坝。

⑫东阳郡：三国吴宝鼎元年（266）分会稽郡置，属扬州。治所在长山县（今浙江金华）。

⑬高祖六年：前201年。荆国：汉初同姓诸侯王国。汉高帝六年（前201），废楚王韩信为淮阴侯，分其地为荆、楚两国。立刘贾为荆王，王淮东东阳、鄣郡、会稽三郡五十三县，都广陵（今江苏扬州西北）。

⑭十一年：即高祖十一年，前106年。

⑮吴王濞：汉高帝刘邦兄刘仲之子刘濞。沛县（今江苏沛县）人。刘

邦侄。封吴王。他在封国内招纳亡命，大量铸钱、煮盐，减轻赋役，以扩张势力。后来景帝采御史大夫晁错建议，削夺王国封地，吴王濞以诛晁错为名，联合楚赵等国叛乱，史称吴楚七国之乱。旋被太尉周亚夫击败，逃往东越，为东越人所杀。

⑯景帝四年：前153年。景帝，汉文帝中子刘启，其母为窦太后。主政期间，减徭役，省刑罚，国家曾出现繁荣局面。旧史家把他和文帝统治时并举，称为"文景之治"。

⑰元狩三年：前120年。元狩，西汉武帝刘彻的年号（前122—前116）。

【译文】

县内有中渎水，上口在广陵郡江都县承接江水，县城濒江。应劭《地理风俗记》说：江都县是一都中人文荟萃之地，所以叫江都。县内有江水祠，俗称伍相庙，不过伍子胥在庙中只是处于附带享祭的地位。祭祀每年三次，与五岳相同。这是大江的旧水道。从前吴将伐齐，在北方称霸中国，就从广陵城东南筑邗城，在城下掘深沟，称为韩江，又叫邗溟沟，从大江往东北通射阳湖。就是《地理志》所说的渠水。此沟往西北流向末口，注入淮水。永和以后，江都水断流了。此水上游承接欧阳埭，把江水引入堰中，由此去广陵城六十里。广陵在楚、汉对峙时是东阳郡，高祖六年是荆国，十一年是吴城，城是吴王濞所筑。景帝四年改名江都，武帝元狩三年又改为广陵，王莽再次改名，郡称江平，县名定安。城东水上有桥，叫洛桥。

中渎水自广陵北出武广湖东、陆阳湖西①，二湖东西相直五里。水出其间，下注樊梁湖②。旧道东北出，至博芝、射阳二湖③，西北出夹邪④，乃至山阳矣⑤。至永和中，患湖道多风，陈敏因穿樊梁湖北口⑥，下注津湖径渡⑦，渡十二里方达北口，直至夹邪。兴宁中⑧，复以津湖多风，又自湖之南口,沿东岸二十里,穿渠入北口,自后行者不复由湖。故蒋济《三州论》曰[9]:淮湖纡远,水陆异路,山阳不通,陈敏穿沟[10],更凿马濑[11],百里渡湖者也。自广陵出山阳白马湖,迳山阳城西[12],即射阳县之故城也[13]。应劭曰:在射水之阳[14]。汉高祖六年[15],封楚左令尹项缠为侯国也[16]。王莽更之曰监淮亭。世祖建武十五年[17],封子荆为山阳公[18],治此,十七年为王国。城,本北中郎将庾希所镇[19]。中渎水又东,谓之山阳浦,又东入淮,谓之山阳口者也。

【注释】

①武广湖:即今江苏高邮西南武安湖。陆阳湖:即今江苏高邮南渌洋湖。

②樊梁湖:又作繁梁湖。在今江苏高邮西北五十里。

③博芝:亦称博支湖。在今江苏宝应东南。

④夹邪:《水经注疏》熊会贞按:"其地无考。当在今宝应(今江苏宝应)之北,山阳(今江苏淮安市淮安区)之南。"

⑤山阳:即山阳县。东晋义熙九年(413)置,为山阳郡治。治所在今江苏淮安市淮安区。

⑥陈敏:字令通。西晋庐江(治今安徽舒城)人。少有干能。赵王伦篡逆,三王起义兵而仓廪空虚,陈敏建议漕运南方米谷以济中州。朝廷从之,以陈敏为合肥度支,迁广陵度支。后有割据江东之志。请求东归,收兵据历阳。逐渐据有吴越之地,在境内自相署置。终为义兵所杀。

⑦津湖:在今江苏宝应南。

⑧兴宁:东晋哀帝司马丕的年号(363—365)。

⑨蒋济《三州论》:蒋济,字子通。楚国平阿(今安徽怀远)人。曹操

拜为丹阳太守。曹丕即位，转为相国长史。曹丕幸广陵，蒋济表水道南通，上《三州论》以讽曹丕。

⑩陈敏：当为陈登。《水经注疏》杨守敬按："刘文淇曰：陈敏，晋惠帝太安时人。在蒋济后八十年，《三州论》不当引之，当作陈登。以《三国志·登传》曾为广陵太守也。其说良是。"译文从之。

⑪马濑（lài）：即白马湖。在今江苏宝应西北十五里。

⑫山阳城：在今江苏淮安市淮安区。

⑬射阳县之故城：射阳县（西汉置，属临淮郡）治所。在今江苏宝应东北射阳镇。

⑭射水之阳：射水的北边。

⑮汉高祖六年：前206年。

⑯项缠：即项伯，名缠，字伯。楚将项燕子，项羽季父。在鸿门宴上为刘邦解围立功，封汉射阳侯。

⑰建武十五年：39年。

⑱子荆：东汉光武帝刘秀之子刘荆。封山阳公。

⑲庾希：字始颜。东晋颍川鄢陵（今河南鄢陵）人。庾冰子。太和中为北中郎将，领徐、兖两州刺史。咸和二年（372），因家族遭桓温打击，弟倩等被害，潜入京口城（今江苏镇江），起兵讨桓温。兵败被擒杀。

【译文】

中渎水从广陵北面的武广湖东边、陆阳湖西边流过，两湖东西相距五里。水就从两湖中间流出，下注樊梁湖。旧水道向东北伸展，到博芝、射阳二湖，往西北从夹邪直通到山阳。到了永和年间，苦于湖中水路多风，因此陈敏凿穿樊梁湖北口，直接通往津湖并从津湖中通航，在津湖中通航十二里，才到津湖北口，由此可直达夹邪。兴宁年间又因津湖多风，又从湖的南口沿东岸凿渠二十里通北口，自此以后，行旅就不再从湖里走了。所以蒋济《三州论》说：淮水离津湖路途曲折而遥远，有水路和陆路两种不同路途，不能到达山阳，陈登因而开凿运河，又凿马濑，百里渡湖。从广陵取道山阳白马湖，经过山阳城西边，就是射阳县老城。应劭说：城在射水北边。汉高祖六年，将该县封给楚左令尹项缠，立为侯国。王莽改名为监淮亭。世祖建武十五年，封他的儿子刘荆为山阳公，治所就在这里，建武十七年升格为王国。此城原由北中郎将庾希镇守。中渎水又往东流，经过一处地方叫山阳浦，又往东注入淮水，汇流处叫山阳口。

又东，两小水流注之。

淮水左迳泗水国南[1]，故东海郡也[2]。徐广《史记音义》曰[3]：泗水，国名，汉武帝元鼎四年初置[4]，都凌[5]，封常山宪王子思王商为国[6]。《地理志》曰：王莽更泗水郡为水顺[7]，凌县为生凌[8]。凌水注之[9]。水出凌县，东流迳其县故城东，而东南流注于淮，寔曰凌口也。应劭曰：凌水出县西南入淮，即《经》之所谓小水者也。

【注释】

①泗水国：西汉元鼎四年（前113）分东海郡地置。治所在凌县（今江苏泗阳西北）。

②东海郡：秦置。治所在郯县（今山东郯城北门外）。

③徐广《史记音义》：徐广，字野民。东莞姑幕（今山东诸城北）人。晋、宋间史学家。其《史记音义》，随文释义，兼述训解，多有发明。

④元鼎四年：前113年。元鼎，西汉武帝刘彻的年号（前116—前111）。

⑤都凌：在凌这个地方建都城。

⑥思王商：常山宪王刘舜少子刘商。封泗水王。

⑦泗水郡：一作泗川郡。秦王政二十三年（前224）置。治所在相县（今安徽淮北市相山区）。秦末曾移治沛县（今江苏沛县）。

⑧凌县:秦置,属东海郡。治所在今江苏泗阳西北。西汉属泗水国。东汉属广陵郡。

⑨凌水:在今江苏泗阳西北。

【译文】

淮水又往东流,有两条小水流来注入。

淮水左边流经泗水国南,就是旧时的东海郡。徐广《史记音义》说:泗水是国名,汉武帝元鼎四年开始设置,定都于凌,封给常山宪王的儿子思王商,立为王国。《地理志》说:王莽把泗水郡改名为水顺,把凌县改名为生凌。凌水在这里注入。凌水发源于凌县,往东流经老城东边,然后往东南注入淮水,汇流处叫凌口。应劭说:凌水发源于凌县西南部,流注入淮水,就是《水经》里说的小水。

又东至广陵淮浦县①,入于海。

应劭曰:淮崖也。盖临侧淮渎,故受此名。淮水迳县故城东,王莽更名之曰淮敬。淮水于县枝分,北为游水②,历朐县与沭合③,又迳朐山西④,山侧有朐县故城。秦始皇三十五年⑤,于朐县立石海上,以为秦之东门。崔琰《述初赋》曰⑥:倚高舻以周眄兮⑦,观秦门之将将者也⑧。东北海中有大洲,谓之郁洲⑨。《山海经》所谓郁山在海中者也⑩。言是山自苍梧徙此云⑪。山上犹有南方草木⑫。今郁州治。故崔季珪之叙《述初赋》,言郁洲者,故苍梧之山也。心悦而怪之,闻其上有仙士石室也,乃往观焉。见一道人独处,休休然不谈不对⑬,顾非已及也。即其赋所云:吾夕济于郁洲者也。游水又北迳东海利成县故城东⑭,故利乡也。汉武帝元朔四年⑮,封城阳共王子婴为侯国⑯。王莽更之曰流泉。

【注释】

① 淮浦县：西汉置，属临淮郡。治所在今江苏涟水县西。东汉改属下邳国。

② 游水：即今江苏涟水县北之涟水。

③ 朐县：秦置，属东海郡。治所在今江苏连云港西南锦屏山侧。沭：即沭水。今山东东南部、江苏北部之沭河。

④ 朐山：即今江苏连云港西南锦屏山。

⑤ 秦始皇三十五年：前 212 年。

⑥ 崔琰《述初赋》：崔琰，字季珪。清河东武城（今山东武城）人。东汉末年名士，曹操帐下谋士。闻北海有郑徵君，遂前往造访，作《述初赋》。后被曹操赐死。

⑦ 舻（lú）：船。周眄（miǎn）：环顾四周。

⑧ 将将：通"锵锵"。高貌。

⑨ 郁洲：《水经注疏》："赵（一清）云：按《寰宇记》东海县下引《水经注》曰，朐县东北海中有大州，谓之郁州。有道者学徒十人，游于苍梧、郁州之上数百年，皆得至道。其山自苍梧徒至东海上，今犹有南方草木生焉。故崔琰《述初赋》曰，郁州者，故苍梧之山也。"

⑩ 郁山在海中：语见《山海经·海内东经》。

⑪ 苍梧：即苍梧山，亦曰九嶷山。即今湖南宁远南九嶷山。

⑫ 山上犹有南方草木：陈桥驿按，此因当时对气候学尚未深究之故，郁洲在海上，它比同纬度的内陆要温暖。

⑬ 休休然：气度安闲、安乐貌。不谈不对：不主动交谈，也不回答问话。

⑭ 东海：即东海郡。秦置。治所在郯县（今山东郯城北门外）。利成县：西汉置，属东海郡。治所在今江苏连云港赣榆区西四十里古城村。

⑮ 元朔四年：前 125 年。

⑯ 婴：即城阳共王刘喜之子刘婴。封利乡侯。

【译文】

淮水又往东流到广陵郡淮浦县，注入大海。

应劭说：淮浦就是淮水岸边。因为濒临淮水，所以叫淮浦。淮水流经淮浦县老城东边，王莽改名为淮敬。淮水在县内分出支流，北流的是游水，流过朐县与沭水汇合，又流经朐山西边，山旁有朐县老城。秦始皇三十五年，在朐县海上立石，作为秦的东门。崔琰《述初赋》说：凭倚着高高的船头环顾四方，眺望着巍峨雄伟的秦门。东北方海中有个大岛，称为郁洲。《山海经》说郁山坐落在大海之中，说此山是从苍梧移到这里来的。山上还有南方的草木。现在是郁州的治所，所以崔季珪在《述初赋》的序中，说郁洲从前是苍梧的山峰。心里喜欢它又感到好奇，闻听山上有修仙者的石室，于是就前往参观。看到有个道人悠然独处，不开口也不答话，看来是无法接近他的。这就是赋中所说的：晚间我渡海到郁洲。游水又往北流，经过东海郡利成县老城东边，就是旧时的利乡。汉武帝元朔四年，将该县封给城阳共王的儿子刘婴，立为侯国。王莽改名为流泉。

游水又北历羽山西[①]。《地理志》曰：羽山在祝其县东南[②]。《尚书》曰：尧畴咨四岳得舜[③]，进十六族[④]，殛鲧于羽山[⑤]，是为梼杌[⑥]，与驩兜、三苗、共工同其罪[⑦]，故世谓之四凶。鲧既死，其神化为黄熊，入于羽渊[⑧]，是为夏郊[⑨]，三代祀之。故《连山易》曰[⑩]：有崇伯鲧，伏于羽山之野者是也。游水又北迳祝其县故城西，《春秋经》书，夏，公会齐侯于夹谷[⑪]。《左传·定公十年》[⑫]，公及齐平[⑬]，会于祝其，寔夹谷也[⑭]。服虔曰[⑮]：地二名。王莽更之曰犹亭。县之东有夹口浦。游水左迳琅邪计斤县故城之西[⑯]。《地理志》曰：莒子始起于此[⑰]。后徙莒，有盐官[⑱]，故世谓之南莒也。

【注释】

① 羽山：在今江苏东海县西北，与山东临沭交界处。

② 祝其县：西汉置，属东海郡。治所在今江苏连云港赣榆区西北夹谷山附近。

③ 畴咨：访问，询问。四岳：相传为炎帝之裔，伯夷之后，因掌四岳有功，故称。一说，尧臣羲和的四子，为分掌四岳的诸侯，故称。

④ 十六族：指古代传说中高阳氏的后代八恺和高辛氏的后代八元，为舜向尧推荐的十六个贤臣。因其各有大功，皆赐氏族，故称。也称十六相。

⑤ 殛（jí）：流放，放逐。鲧（gǔn）：传说为颛顼（zhuān xū）之子，大禹之父。封于崇，亦称崇伯鲧。尧时，被四岳推举，治理洪水。他筑堤埋塞，多年防治无功，被杀于羽山。

⑥ 梼杌（táo wù）：传说为远古四凶之一，就是禹的父亲鲧。

⑦ 骥（huān）兜：传说为远古四凶之一。三苗：亦称有苗。相传舜时被迁到三危，有人认为三危即今甘肃敦煌。共工：古史传说人物。为尧臣，与骥兜、三苗、鲧并称为"四凶"，被流放于幽州。

⑧ 羽渊：亦名羽泽。在今江苏东海县东北。

⑨ 夏郊：夏至在北郊祭祀。古帝王祭祀天地，冬至祭天于南郊，夏至瘗地于北郊。

⑩ 《连山易》：书名。亦称《连山》。与黄帝的《归藏》、周代的《周易》，并称为三易。

⑪ 公会齐侯于夹谷：事见《春秋·定公十年》。夹谷，齐地。在今山东淄博淄川区西南。齐侯，指齐景公。名杵臼。春秋时齐国国君。庄公异母弟。先以崔杼为右相，庆封为左相，朝政昏乱。后任晏婴为正卿。在位时田氏日趋强大。

⑫ 定公十年：前 500 年。

⑬ 平：讲和，和解。

⑭寔夹谷：谓祝其实际上就是夹谷。夹谷山旧名祝其山。

⑮服虔：字子慎，初名重，又名祇。河南荥阳（今河南荥阳）人。东汉经学家。

⑯琅邪（láng yá）：即琅邪郡。秦置。治所在琅邪县（今山东青岛黄岛区西南琅琊镇）。西汉移治东武县（今山东诸城）。计斤县：西汉置，属琅邪郡。治所在今山东胶州西南（紧邻胶州）。

⑰莒子：莒的国君，子爵，故称莒子。莒，西周封国名。春秋初迁于莒（今山东莒县）。前431年为楚所灭。

⑱盐官：掌管盐务的官署。《汉书·地理志》"琅邪郡"："计斤，莒子始起此，后徙莒。有盐官。"

【译文】

游水又往北流经羽山西。《地理志》说：羽山在祝其县东南。《尚书》说：从前尧征询四岳，才得到舜，他起用十六族，在羽山杀了鲧——就是梼杌。鲧与驩兜、三苗、共工罪状相同，所以世人称之为四凶。鲧死后灵魂化作黄熊，投入羽渊，是夏天郊祭的地方，夏、商、周三代都祭祀他。所以《连山易》说：有崇伯鲧潜伏在羽山的荒野。游水又往北流经祝其县老城西边。《春秋经》载：夏天，定公在夹谷会见齐侯。《左传·定公十年》，定公与齐议和，在祝其相会晤——祝其就是夹谷。服虔说：这个地方有两个地名。王莽改名为犹亭。县东有夹口浦。游水左岸流经琅玡郡计斤县老城西边。《地理志》说：莒子开始时是在这里兴起的。后来迁到莒，那里驻有盐官，所以世人称之为南莒。

游水又东北迳赣榆县北①，东侧巨海。有秦始皇碑在山上②，去海百五十步。潮水至，加其上三丈③，去则三尺，所见东北倾石，长一丈八尺，广五尺，厚三尺八寸，一行十二字。游水又东北迳纪郭故城南④。《春秋·昭公十九年》⑤，齐伐莒，莒子奔纪郭。莒之妇人怒莒子之害其夫，老而托纺

焉⑥,取其繺而夜縋⑦,縋绝鼓噪⑧,城上人亦噪。莒共公惧⑨,
启西门而出,齐遂入纪。故纪子帛之国⑩。《穀梁传》曰⑪:
吾伯姬归于纪者也⑫。杜预曰:纪鄣,地二名。东海赣榆县
东北有故纪城,即此城也。游水东北入海。旧吴之燕岱⑬,
常泛巨海,惮其涛险,更沿溯是渎⑭,由是出。《地理志》曰:
游水自淮浦北入海。《尔雅》曰:淮别为浒⑮。游水亦枝称
者也。

【注释】

①赣榆县:西汉置,属琅邪郡。治所在今江苏连云港赣榆区(青口镇)
东北三十二里盐仓城。东汉属东海郡。三国魏废。西晋太康元
年(280)复置,移治艾不城(今江苏连云港东云台山一带)。

②秦始皇碑:《水经注疏》杨守敬按:"此碑欧(阳修)、赵(明诚)皆不
著录,盖已佚。今有秦山在赣榆县(今江苏连云港赣榆区)东四十
里海中。"

③加其上三丈:指潮水超过碑石以上三丈高。

④纪鄣故城:在今江苏连云港赣榆区北。

⑤昭公十九年:前523年。

⑥托:寄,寄寓。纺:这里指纺麻为绳。

⑦繺(lú):麻缕,麻绳。縋:以绳拴人或物而或下或上。

⑧鼓噪:击鼓呼叫以助阵威。

⑨莒共公:即莒国国君。惧:恐惧,害怕。

⑩纪子帛之国:即纪国。西周封国名。姜姓。春秋时为齐所灭。纪
子帛:纪国国君,名帛。子爵。

⑪《穀梁传》:书名。又称《春秋穀梁传》。撰人不详,或为穀梁喜、
穀梁淑、穀梁赤,众说纷纭。其学说大抵出于鲁儒,更注重传扬经

义，谨守《春秋》书法，阐明义理。与《左氏传》《公羊传》合称《春

　　秋》三传。

⑫伯姬：春秋时鲁国国君的长女嫁于各国诸侯者。伯，表排行。姬，

　　为姓。

⑬燕岱：具体不详。

⑭沿溯（sù）：顺水下行和逆水上行。

⑮淮别为浒：水自淮水出为浒水。语见《尔雅·释水》。

【译文】

　　游水又往东北流过赣榆县北边，县城东濒大海。山上有秦始皇碑，离海一百五十步。潮水来时，涨到石碑上方三丈，潮退时降为三尺。看得见一块向东倾斜的石碑，长一丈八尺，宽五尺，厚三尺八寸，碑上刻有十二字，排成一行。游水又往东北流经纪鄣老城南边。《春秋·昭公十九年》，齐伐莒，莒子逃奔到纪鄣。莒地有个女人愤恨莒子害了她的丈夫，到了老年，她寄身纪鄣纺织，拿了麻绳，乘夜从城头放下，绳子断了，就呐喊起来，城上的人也跟着呐喊。莒共公吓得打开西门逃走，于是齐军就进入纪鄣城内。纪鄣就是旧时纪子帛的封国。《春秋穀梁传》说：我们的伯姬出嫁于纪。杜预说：纪鄣，这地方有两个地名。东海赣榆县东北有个老纪城，就是这座城。游水往东北流，注入大海。从前吴国的燕岱常在大海划船，害怕波涛险恶，转而沿河来往，就是从这里出发的。《地理志》说：游水从淮浦北边入海。《尔雅》说：淮水分支流出是浒水。游水也是支流名。

卷三十一

潕水　淯水　灈水　瀙水
瀙水　沔水　涢水

【题解】

卷三十一记载了七条河流，包括两个水系，淯水和涢水为今汉江水系，其余潕、灈、瀙、沔五水均为淮河水系。

淯水在卷二十九《均水》的"题解"中已经说明，此水即从南阳盆地南流的白水。《水经》说："南过邓县东，南入于沔。"三国魏荆州邓县在今湖北襄阳之北，所以古今河道尚未大变。

涢水今仍称涢水，它从湖北北部大洪山源地南流，在刘家隔附近汇合北河，在新沟注入汉江。《水经》说它"又东南入于夏"，并不直接入汉。郦道元在《注》文中解释它最后分成两条："东通溾水，西入于沔。"但这个地区的河湖古今变化甚大，夏水到底是什么河流也存在疑问，所以古代的具体情况已无法论证。

沔水是汝水的支流，现在称为洪河。《经》文和《注》文都说它在定颍县注入汝水。定颍县即今河南西平。

瀙水也是汝水的支流，现在已成为汝河的正源。灈水是瀙水的北支，原来在灈阳（今河南遂平以东）与瀙水汇合，但现在这里建有宿鸭湖水库,河道已有变化。

　　澧水是颍水的支流,《水经》说它发源于澧强县南泽中,三国澧强县在今河南临颍以东的瓦店一带,与今颍河正源相去甚远,但郦道元在《注》中纠正《水经》"澧水出颍川阳城县少室山",这是正确的。澧水实际上就是今颍河正源。

　　滍水今名沙河,也是颍水支流,它发源于河南鲁山县西的伏牛山和外方山之间,东流经漯河市,到周口注入颍河。

滍水

滍水出南阳鲁阳县西之尧山[1],

　　尧之末孙刘累[2],以龙食帝孔甲[3],孔甲又求之,不得。累惧而迁于鲁县[4]。立尧祠于西山,谓之尧山。故张衡《南都赋》曰[5]:奉先帝而追孝,立唐祠于尧山[6]。尧山在太和川太和城东北[7],滍水出焉。张衡《南都赋》曰:其川渎则滍、澧、藻、泚[8],发源岩穴,布濩漫汗[9],漭沆洋溢[10],总括急趣[11],箭驰风疾者也。

【注释】

①滍(zhì)水:一名泜(zhì)水。即今沙河。汝水支流。源出今河南鲁山县西的伏牛山与外方山之间,东流经叶县北,至舞阳县西北入汝河。南阳:即南阳郡。战国秦昭襄王三十五年(前272)置。治所在宛县(今河南南阳)。鲁阳县:战国魏置。后入秦,属南阳郡。治所在今河南鲁山县。尧山:又名大柏山、大龙山。在今河南鲁山县西四十里。

②刘累:相传为陶唐氏(尧为其领袖的远古部落)之后。学御龙(养龙)以事夏帝孔甲,夏帝褒奖之,赐氏曰御龙。后一雌龙死,刘累

偷偷地把雌龙做成肉酱进献给夏帝,夏帝吃了还要再吃,刘累做不到,因惧怕而迁徙到鲁阳。

③食:给……进食。帝孔甲:夏朝第十四代国君。相传孔甲喜食龙,命刘累养龙而食之。在位专事淫乱,诸侯皆叛之,夏朝渐衰。

④累惧而迁于鲁县:因为一雌龙死,不能再得到龙进献给夏帝孔甲,惧怕而迁徙到鲁阳。

⑤张衡《南都赋》:张衡,字平子。南阳西鄂(今河南南阳)人。东汉科学家、文学家。《南都赋》为其歌颂东汉时南都的地理环境及富饶景象之作。挚虞曰:"南阳郡治宛,在京之南,故曰南都。"

⑥唐祠:即尧祠。尧始封于唐,后徙晋阳。及为天子,都平阳(今山西临汾尧都区西南),于《诗经》为唐国。是尧以唐侯升为天子,故唐祠即尧祠。

⑦太和川:在今河南鲁山县西。

⑧澧:即澧水。源出今河南桐柏县西北太白顶,西流至唐河县南入唐河。藻(yào):即藻水。在今河南泌阳境内。泜(jìn):即泜水。汉水支流。源自湖北枣阳,西入襄阳襄州区,合唐河入汉水。

⑨布濩(huò):遍布。漫汗:广大貌。

⑩漭沆(mǎng hàng):水广大貌。

⑪急趣(qū):急速奔流。

【译文】

滍水

滍水发源于南阳郡鲁阳县西边的尧山,

尧的后代子孙刘累,拿了龙肉给帝孔甲吃,孔甲又向他要龙,而龙却没有了。刘累害怕,就迁徙到鲁县去。他在西山建立尧祠,山就叫尧山。所以张衡《南都赋》说:遵循孝道,奉祀先帝,在尧山建立唐祠。尧山在太和川太和城东北,滍水就发源于这里。张衡《南都赋》说:此处的水有滍、澧、藻、泜,发源于岩穴之间,水流散漫,漫流洋溢,汇成巨流,湍急奔腾,势如疾风飞箭。

　　滍水又历太和川,东迳小和川①。又东,温泉水注之②。水出北山阜,七源奇发,炎热特甚。阚骃曰③:县有汤水,可以疗疾。汤侧又有寒泉焉,地势不殊,而炎凉异致,虽隆火盛日,肃若冰谷矣。浑流同溪④,南注滍水。

【注释】

①小和川:《水经注疏》杨守敬按:"滍水只一水,上称太和川,此又称小和川,盖乡俗以意名之也。"

②温泉水:《水经注疏》杨守敬按:"泉在今鲁山县(今河南鲁山县)西。"

③阚骃(kàn yīn):字玄阴。敦煌(今甘肃敦煌)人。北凉至北魏学者。所撰《十三州志》为地理类著作。

④浑流:亦称浑涛。指二水合流。

【译文】

　　滍水又流过太和川,东经小和川。又往东流,有温泉水注入。温泉水出自北山阜,七道山泉异源并涌,热不可挡。阚骃说:县里有汤水,可以治病。温泉旁边又有寒泉,地势并无不同,而一热一冷却迥然互异,虽然在赤日炎炎的酷暑,却寒气森然,有如冰谷一般。冷、热二泉混合同流于一溪,南流注入滍水。

　　滍水又东迳胡木山①,东流又会温泉口。水出北山阜,炎势奇毒,痼疾之徒②,无能澡其冲漂,救痒者咸去汤十许步别池③,然后可入。汤侧有石铭云:皇女汤④,可以疗万疾者也。故杜彦达云⑤:然如沸汤,可以熟米,饮之愈百病。道士清身沐浴,一日三饮⑥,多少自在,四十日后,身中万病愈,三虫死⑦。学道遭难逢危,终无悔心,可以牢神存志,即《南都赋》所谓汤谷涌其后者也。然宛县有紫山⑧,山东有一水,东西十五里,南北二百步,湛然冲满,无所通会,冬夏常温,世亦谓之汤谷也⑨。非鲁阳及南阳之县故也⑩。张平子广言土地所苞⑪,明非此矣。

【注释】

①胡木山:《水经注疏》熊会贞按:"山在今鲁山县(今河南鲁山县)西。"

②痾(kē)疾之徒:患病之人。痾疾,患病。

③救痒者:弭止皮肤骚痒等不适的人。救,止,弭止。汤:热水。

④皇女汤:《水经注疏》杨守敬按:"在鲁山县西六十里。"

⑤杜彦达:人名。一作杜彦远。具体不详。

⑥三饮:指多次饮用。三,言其多。

⑦三虫:人体中的多种寄生虫。

⑧宛县:战国楚改申县置。后入秦,为南阳郡治。治所在今河南南阳。西晋为南阳国治。紫山:一名紫灵山。在今河南南阳西北二十五里。

⑨汤谷:赵一清《水经注笺》曰:"盛弘之《荆州记》曰,南阳郡城北有紫山,山东有一水,无所会通,冬夏常温,因名汤谷。"

⑩非鲁阳及南阳之县故也:《水经注疏》杨守敬按:"此句显有讹误,又疑是衍文。"疑"及"为"乃"之讹。

⑪张平子:即张衡,字平子。上文《南都赋》的作者。

【译文】

滍水又东经胡木山,往东流,又在温泉口汇合一水。此水发源于北山阜,烫得出奇,有皮肤病的人去洗澡治疮,在滚烫的泉水涌出处是吃不消的,须到离温泉十来步的另一口池中,才能入水。温泉旁有碑文说:

皇女汤,可以治百病。所以杜彦达说:像火烧沸汤,煮得熟米饭,喝了能愈百病。道士在这里清身沐浴,一天喝泉水多次——喝多少随各人心意——四十天后,身上百病俱愈,寄生虫死尽。温泉还能坚定人们的精神和意志,学道时碰到种种危难,也不会懊悔了。这就是《南都赋》中说的,后面有温泉在谷中腾涌。但宛县有紫山,紫山东边有一条水,东西十五里,南北二百步,水静而满,没有别的支流汇合和相通,温度冬夏不变,人们也称之为汤谷。但这汤谷不在鲁阳,而是在南阳的属县宛县。张平子是浮泛地描述该地区所见的事物,显然指的不是这里。

潕水又东,房阳川水注之①。水出南阳雉县西房阳川②,北流注于潕。潕水之北,有积石焉,世谓女灵山③。其山平地介立,不连冈以成高;峻石孤峙,不托势以自远。四面壁绝,极能灵举,远望亭亭,状若单楹插霄矣④。北面有如颓落⑤,劣得通步,好事者时有扳陟耳⑥。

【注释】

①房阳川水:《水经注疏》杨守敬按:"水在今鲁山县(今河南鲁山县)西南。"

②雉县:西汉置,属南阳郡。治所在今河南南召东南。西晋属南阳国。

③女灵山:在今河南鲁山县西。

④楹(yíng):柱子。

⑤颓落:下坠垮塌。

⑥扳陟:攀登,攀缘。扳,通"攀"。

【译文】

潕水又往东流,有房阳川水注入。房阳川水发源于南阳雉县西面的房阳川,北流注入潕水。潕水以北有一座山,岩石层层叠叠,人们称之为女灵山。此山在平地上孤峰屹立，因周围没有丘岗，平地拔起而凸显高耸；峭峻的石峰孑然耸峙，不依托山势而独自远上重霄。石山四面都是绝壁，姿态极其轻灵地拔起，远望亭亭玉立，宛如一根擎天巨柱。北面好像要崩塌似的，勉强才可厕足，喜欢冒险的人常有去攀登的。

　　澧水又与波水合①。水出霍阳西川大岭东谷，俗谓之歇马岭②，川曰广阳川③。非也。即应劭所谓孤山，波水所出也。马融《广成颂》曰④：浸以波溠⑤。其水又南迳蛮城下⑥，盖蛮别邑也，俗谓之麻城。非也。波水又南，分三川于白亭东⑦，而俱南入澧水。澧水自下，兼波水之通称也⑧。是故阚骃有东北至定陵入汝之文⑨。

【注释】

①波水：在今河南鲁山县西。

②歇马岭：一名孤山。在今河南鲁山县西八十里。

③广阳川：当在今河南鲁山县一带。

④马融：字季长。扶风茂陵（今陕西兴平东北）人。东汉经学家、辞赋家。卢植、郑玄皆尝师事之。其赋以《广成颂》《长笛赋》为最著名。

⑤溠（zhà）：水湾。

⑥蛮城：在今河南鲁山县西北荡泽河畔。

⑦白亭：《水经注疏》熊会贞按："亭当在今鲁山县（今河南鲁山县）西。"

⑧通称：统称，互相称名。

⑨定陵：即定陵县。西汉置，属颍川郡。治所在今河南舞阳北五十里后古城。

【译文】

滍水又与波水汇合。波水发源于霍阳西川大岭东面的山谷,俗称此岭为歇马岭,称波水河谷为广阳川。这都不对。这座山岭即应劭所说的孤山,波水就发源于这里。马融《广成颂》说:水体有波水的水湾。水又往南流经蛮城下,这是蛮人的别邑,俗称麻城。其实不对。波水又往南流,在白亭以东分为三条水流,往南注入滍水。滍水自此以下也兼有波水的通称。所以阚骃有往东北到定陵注入汝水这样的文句。

　　滍水又东迳鲁阳县故城南①,城即刘累之故邑也。有鲁山②,县居其阳,故因名焉。王莽之鲁山也。昔在于楚,文子守之③,与韩遘战,有返景之诚④。内有南阳都乡正卫为碑⑤。滍水右合鲁阳关水⑥。水出鲁阳关外分头山横岭下夹谷⑦,东北出入滍。

【注释】

①鲁阳县故城:在今河南鲁山县。

②鲁山:又名露山。在今河南鲁山县东十八里。

③文子:即鲁阳文子,《淮南子·览冥训》谓之鲁阳公。楚之县公,楚平王之孙,司马子期之子。楚僭号称王,其守县大夫皆称公,故曰鲁阳公。

④返景之诚:太阳本来已落山,因为战酣,太阳又重新返回到天空照明。景,日光。

⑤南阳都乡正卫为碑:《水经注疏》:"赵(一清)云:《水经》鲁阳县有南阳都乡正卫为碑,平氏县有南阳都乡正卫弹劝碑,此则其一也。"都乡,在今河南新野东南四十里九女城。东汉改为东乡。乡正,乡大夫。古代鲁、宋等国行乡、遂之制。乡有乡正,遂有遂正。

⑥鲁阳关水:又名三鸦水、鸦河。在今河南南召东、鲁山县西南。

⑦鲁阳关：即三鸦镇。初为战国鲁关，汉以后名鲁阳关。在今河南
　　鲁山县西南十四里平高城村。为洛阳与南阳盆地间交通要冲，乃
　　兵家必争之地。

【译文】

　　滍水又往东流，经过鲁阳县老城南边，此城就是刘累的旧城。有鲁
山，鲁阳县就在山南，所以叫鲁阳。也就是王莽的鲁山县。鲁阳从前在
楚国境内，文子守城，与韩国交战，斗志昂扬，他挥舞干戈，竟使西斜的太
阳又返回中天。城内有南阳都乡正卫为碑。滍水在右边汇合了鲁阳关水。
此水发源于鲁阳关外分头山横岭下的峡谷，往东北出谷，注入滍水。

　　滍水又东北合牛兰水①。水发县北牛兰山②，东南迳鲁
阳城东，水侧有汉阳侯焦立碑③。牛兰水又东南与柏树溪水
合④。水出鲁山北峡谷中，东南流迳鲁山西，而南合牛兰水。
又东南迳鲁山南。阚骃曰：鲁阳县，今其地鲁山是也。水南
注于滍。

【注释】

　　①牛兰水：即今河南鲁山县东大浪河。

　　②牛兰山：在今河南鲁山县西北。

　　③汉阳侯焦立碑：《水经注疏》杨守敬按："汉阳侯焦立，不见于史。
　　　此碑，欧（阳修）、赵（明诚）皆不著录，洪（适）但载郦说，盖已佚。"

　　④柏树溪水：《水经注疏》熊会贞按："水当在今鲁山县（今河南鲁山
　　　县）东北。"

【译文】

　　滍水又往东北流，汇合了牛兰水。牛兰水发源于县北的牛兰山，往
东南流经鲁阳城东面，水边有汉阳侯焦立碑。牛兰水又往东南流，与柏
树溪水汇合。柏树溪水发源于鲁山北面的峡谷中，往东南流经鲁山西面，

然后南流与牛兰水汇合。牛兰水又往东南流经鲁山南边。阚骃说：鲁阳县，地点就在今天的鲁山。水往南流，注入滍水。

　　滍水东迳应城南①，故应乡也，应侯之国②。《诗》所谓应侯顺德者也③。彭水注之④，俗谓之小滍水。水出鲁阳县南彭山蚁坞东麓⑤，北流迳彭山西，下有彭山庙，庙前有彭山碑，汉桓帝元嘉三年⑥，杜仲长立⑦。彭水迳其西北，汉安邑长尹俭墓东⑧。冢西有石庙，庙前有两石阙，阙东有碑，阙南有二狮子相对，南有石碣二枚⑨，石柱西南有两石羊，中平四年立⑩。彭水又东北流，直应城南而入滍。

【注释】

①应城：又名滍阳城。在今河南平顶山市西，白龟山水库内。

②应侯之国：西周成王弟封国，姬姓。

③应侯顺德：语见《诗经·大雅·下武》："媚兹一人，应侯顺德。永言孝语见思，昭哉嗣服。"应侯顺德，意为仁德之道，理应当行。段熙仲点校、陈桥驿复校《水经注疏》："郦《注》释《诗》此语与《毛诗》异。《毛诗》应为：当言周武王当顺德，虚词，郦则实指为应国之侯。"

④彭水：在今河南鲁山县东南。

⑤彭山蚁坞：《水经注疏》杨守敬按："考山在今鲁山县（今河南鲁山县）东南三十八里。"

⑥元嘉三年：153年。元嘉，东汉桓帝刘志的年号（151—153）。

⑦杜仲长：具体不详。

⑧汉安邑长尹俭墓：《水经注疏》熊会贞按："尹俭无考。墓当在今鲁山县东南。"安邑，即安邑县。战国魏置。后入秦，为河东郡治。

治所在今山西夏县西北禹王城。

⑨石碣：圆顶的石碑。

⑩中平四年：187年。中平，东汉灵帝刘协的年号（184—189）。

【译文】

　　滍水往东流经应城南面，就是旧时的应乡，应侯的封国。《诗经》说的应侯顺德，就指的是这里。彭水在这里注入滍水，彭水俗称小滍水。发源于鲁阳县以南彭山蚁坞东麓，往北流经彭山西，山下有彭山庙，庙前有彭山碑，是汉桓帝元嘉三年杜仲长所立。彭水流经彭山庙西北边，汉安邑长尹俭墓东边。墓西有石庙，庙前有两座石阙，阙东有碑，阙南有两只石狮在两旁对坐，南面有石碣两块，石柱西南有两只石羊，是中平四年所立。彭水又往东北流，经过应城南注入滍水。

　　滍水又左合桥水①。水出鲁阳县北恃山②，东南迳应山北③，又南迳应城西。《地理志》曰：故父城县之应乡也④，周武王封其弟为侯国⑤。应劭曰：《韩诗外传》称周成王与弟戏⑥，以桐叶为圭曰⑦：吾以封汝。周公曰：天子无戏言。王乃应时而封⑧，故曰应侯⑨，乡亦曰应乡。按《吕氏春秋》云：成王以桐叶为圭封叔虞，非应侯也⑩。汲郡古文⑪，殷时已有应国，非成王矣。战国范雎所封邑也⑫，谓之应水。

【注释】

①桥水：一名应水。在今河南宝丰南及平顶山西。

②恃山：当在今河南鲁山县一带。

③应山：在今河南平顶山市西。

④父城县：西汉置，属颍川郡。治所在今河南宝丰东三十六里古城村。

⑤周武王：当为"周成王"之讹。周成王，名诵。武王太子。年少时，

由周公摄政当国。周公摄政七年,成王长大,周公返政成王,北面
就群臣之位。

⑥《韩诗外传》:书名。汉初燕人韩婴撰。因杂引古事古语,证以《诗》
句,与经义不相比附,所述多与周秦诸子相出入。弟:此指周成王
弟,非叔虞。

⑦圭:一种玉器,长条形,上圆(或剑头形)下方,古代帝王或诸侯举
行典礼时拿在手里。又用作封爵、授官的凭信。

⑧应时:立刻,当即。

⑨应侯:西周成王封自己的一个弟弟为应侯,封于应国。

⑩成王以桐叶为圭封叔虞,非应侯也:事见《吕氏春秋·重言》。叔
虞,亦称唐叔。唐国国君叔虞,周武王子而成王弟。封于唐,故称
唐叔虞。

⑪汲郡古文:亦称汲冢书。西晋咸宁五年(279)在汲郡汲县(今河
南汲县)战国魏襄王古冢中出土的古书,皆用蝌蚪文(即战国文
字)写在简册上。

⑫范雎:即范叔。魏人,字叔。游说诸侯。欲事魏王,先事魏中大夫
须贾。遭魏相魏齐令人笞击。后得入秦,乃变易姓名为张禄。说
秦昭王,拜客卿,不久为相,封应侯。

【译文】

　　滍水又在左边汇合了桥水。桥水发源于鲁阳县北面恃山,往东南流
经应山北面,又往南流经应城西面。《地理志》说:这就是从前父城县的
应乡,周成王把这里封给他的弟弟,立为侯国。应劭说:《韩诗外传》里谈
到周成王和弟弟做游戏,用桐叶作圭,说:我把它封给你。周公说:天子
说话不能开玩笑。于是成王就应时而封了,所以那地方就叫应侯乡,也
叫应乡。查考《吕氏春秋》说:成王以桐叶作圭,所封的是叔虞,而不是
应侯。汲郡古文载,殷时就已有应国,那就不是成王时才有的了。战国
时这是范雎的封邑,水称应水。

滍水又东迳犨县故城北①。《左传·昭公元年》②，冬，楚公子围使伯州犁城犨是也③。出于鱼齿山下④。《春秋·襄公十八年》⑤，楚伐郑，次于鱼陵⑥，涉于鱼齿之下。甚雨，楚师多冻，役徒几尽。晋人闻有楚师，师旷曰⑦：不害，吾骤歌北风⑧，又歌南风⑨，南风不竞⑩，多死声⑪，楚必无功矣。所涉即滍水也。

【注释】

①犨（chōu）县：秦置，属南阳郡。治所在今河南鲁山县东南五十五里。

②昭公元年：前541年。

③楚公子围：即春秋楚国国君楚灵王。芈姓，熊氏，初名围，即王位后改名虔。楚共王次子，杀侄郏敖自立。伯州犁：楚太宰。

④鱼齿山：即下文的鱼陵。在今河南平顶山市西南。

⑤襄公十八年：前555年。

⑥次：驻扎。

⑦师旷：字子野。春秋晋国乐师，善知音。又称瞽旷。

⑧骤：屡次，多次。北风：北方的曲调。

⑨南风：南方的曲调。

⑩不竞：谓其声不扬。竞，盛。

⑪死声：衰微之音。

【译文】

滍水又往东流经犨县老城北边。《春秋左传·昭公元年》，冬，楚公子围派伯州犁在犨建城，就是这地方。水从鱼齿山下流出。《春秋左传·襄公十八年》，楚国讨伐郑国，在鱼陵歇宿，在鱼齿山下涉水过河。当时正下大雨，楚军很多人都冻坏了，民夫几乎死尽。晋人听说楚军来了，师旷说：无妨，我即将奏起北方的音乐，再奏起南方的音乐，南方的音乐是令人消沉的靡靡之音,多含死声,楚军必定不会得手的。当时楚军所涉的就是潕水。

　　水南有汉中常侍长乐太仆吉成侯州苞冢①,冢前有碑,基西枕冈城②,开四门,门有两石兽。坟倾墓毁,碑兽沦移。人有掘出一兽,犹全不破,甚高壮,头去地减一丈许③,作制甚工,左膊上刻作"辟邪"字④。门表堑上起石桥⑤,历时不毁。其碑云:六帝四后,是谘是諏⑥。盖仕自安帝⑦,没于桓后⑧。于时阉阉擅权⑨,五侯暴世⑩,割剥公私,以事生死。夫封者表有德,碑者颂有功,自非此徒,何用许为?石至千春,不若速朽,苞墓万古,只彰诮辱⑪。呜呼,愚亦甚矣⑫!

【注释】

①中常侍:官名。掌侍皇帝左右,出入内宫,赞导宫内众事,备顾问应对。长乐太仆:官名。汉代太后所居宫有长信、长乐等宫。太后居长乐宫,则其太仆称长乐太仆。掌皇太后舆马。州苞:《后汉书·曹腾传》作州辅。建和二年(148)七月,封为叶吉成侯。

②枕:靠近,毗邻。

③减:不足,约略。

④辟邪:古代传说中能辟御妖邪的神兽。似鹿而长尾,有两角。

⑤门表:门外。堑(qiàn):同"堑"。壕沟。

⑥是谘(zī):即"谘是"倒装。谘,咨询,询问。是,他,这里指州辅。是諏(zōu):即"諏是"。咨询州辅。

⑦安帝:东汉皇帝刘祜(hù)。清河孝王刘庆之子。

⑧桓后:指东汉桓帝刘志。蠡吾侯刘翼之子。

⑨阉阉(hūn yān):宦官。

⑩五侯：此指汉桓帝时同时封侯的五人：新丰侯单超、武原侯徐璜（huáng）、上蔡侯左悺（guàn）、东武阳侯具瑗、汝阳侯唐衡。暴世：肆虐于世。

⑪只：仅仅。

⑫"石至千春"几句：陈桥驿按，郦氏在《注》文中鞭挞坏人，往往借用他人他书之言，很少自己出面。而对于这个州苞，他实在忍无可忍，才以第一人称说话谴责之。

【译文】

水南有汉中常侍长乐太仆吉成侯州苞墓，墓前还留有墓碑，墓址西边靠着冈城，开了四座门，门口有两头石兽。墓已坍毁，墓碑和石兽也已沉埋或流失了。有人曾掘出一头石兽，还完好无损，样子十分高大雄壮，头部离地大约不到一丈，雕得十分精致，石兽左前腿上刻了"辟邪"字样。墓门外壕堑上建了石桥，经历漫长的岁月未曾毁坏。墓碑上说：六位皇帝，四位皇后，都来咨询，听取意见。从安帝时开始任职，到桓帝时亡故。当时宦官专权，五侯凌虐百姓，掠夺公私财物来满足自己在生时或死后的贪欲。封侯为的是表彰有德，立碑是为了颂扬有功，如果不是这样的人，又哪里用得着这样做？这样的墓碑与其千载长存，倒不如早点毁掉的好，州苞墓保存到千秋万代，只不过更显得可笑可耻罢了。啊，真是太愚蠢了！

　　潕水又东，辇水注之①，俗谓之秋水，非也。水有二源。东源出其县西南践犊山东崖下②，水方五十许步，不测其深。东北流迳辇县南③，又东北屈迳其县东，而北合西源水。西源出县西南颇山北阜下④，东北迳辇城西⑤，又屈迳其县北，东合右水。乱流北注于潕。汉高祖入关，破南阳太守吕齮于辇东⑥，即于是地，潕水之阴也⑦。

【注释】

①犨（chōu）水：在今河南鲁山县境。

②践犊山：当在今河南鲁山县东南。

③犨县：犨一作犫。秦置，属南阳郡。治所在今河南鲁山县东南五十五里。

④颇山：当在今河南鲁山县东南。

⑤犨城：在今河南鲁山县东南五十五里。

⑥吕齮（yǐ）：秦朝将领，官南阳太守。秦二世三年（前207）六月，刘邦率义军与之战于犨东（今河南鲁山县东），大败之。刘邦用张良计，围攻宛城，吕齮被迫投降。

⑦滍水之阴：滍水南边。古人以山北水南为阴。

【译文】

滍水继续往东流，汇合了犨水，俗称秋水，这是不对的。犨水有两个源头。东源出自县境西南践犊山东崖下面，水源方圆五十余步，深不可测。往东北流经犨县南，又往东北绕到县东，北流与西源水汇合。西源则出自县境西南颇山北面的丘陵下，往东北流经犨城西，然后绕到县北，东流与右边的水汇合。东、西二源乱流往北注入滍水。汉高祖入关，在犨城东打败南阳太守吕齮，就是在这里，地点在滍水南岸。

滍水又东南迳昆阳县故城北①。昔汉光武与王寻、王邑战于昆阳②，败之。走者相腾践，奔殪百余里间③。会大雨如注，滍川盛溢，虎豹皆股战，士卒争赴，溺死者以万数，水为不流。王邑、严尤、陈茂轻骑④，皆乘尸而度矣。

【注释】

①昆阳县：秦置，属颖川郡。治所在今河南叶县。因在昆水北而得名。

②汉光武：即刘秀。王寻：王莽宗族。新莽末，绿林、赤眉起义爆发，

王寻率领十万军队屯洛阳。地皇四年（23）六月，与大司空王邑
率军镇压绿林军，大战于昆阳，兵败被杀。王邑：王莽从弟。成都
侯王商之子。与王寻统兵在昆阳镇压绿林军，被刘秀所败。

③奔殪（yì）：奔逃死亡。

④严尤、陈茂：均为王莽新朝大司马。地皇三年（22），两人赴荆州
镇压绿林军。次年，与王邑、王寻会合，围昆阳城。后刘秀救兵至，
王莽兵溃，两人逃至沛郡谯县（今安徽亳州）。后战败被杀。

【译文】

潕水又往东南流，经过昆阳县老城北面。从前汉光武帝在昆阳与王
寻、王邑作战，打败了他们。败兵奔逃时互相践踏，百余里间尽是倒毙的
兵卒。这时适逢大雨，潕水猛涨泛滥，连虎豹都怕得发抖，士兵争先恐后
地奔向水里渡河，溺死了好几万人，把河水都堵塞了。王邑、严尤、陈茂
都是骑马踏着尸体过河的。

东北过颍川定陵县西北①，又东过郾县南②，东入于汝。

潕水东迳西不羹亭南③，亭北背汝水，于定陵城北，东
入汝。郾县在南，不得过。

【注释】

①颍川：即颍川郡。战国秦置。治所在阳翟（今河南禹州）。定陵县：
西汉置，属颍川郡。治所在今河南舞阳北五十里后古城。

②郾县：西汉置，属颍川郡。治所在今河南漯河市郾城区西南五里
古城。

③西不羹亭：古城名。在今河南襄城东南二十里。

【译文】

潕水往东北流过颍川郡定陵县西北，又往东流过郾县南

面,东流注入汝水。

　　滍水往东流过西不羮亭南面——亭北濒汝水——在定陵城北边,东流注入汝水。郾县在南边,不可能从那里流过。

淯水

淯水出弘农卢氏县支离山①,东南过南阳西鄂县西北②,又东过宛县南③,

　　淯水导源东流,迳郦县故城北④。郭仲产曰⑤:郦县故城在支离山东南。郦,旧县也。三仓曰⑥:樊、邓、郦⑦。郦有二城,北郦也⑧。汉祖入关,下淅、郦⑨,即此县也。

【注释】

①淯水:即白水、育水。今称白河。属汉江水系。发源于河南嵩县西南,南流经南召、南阳(古宛城)、新野、湖北襄阳襄州区,在襄州区东北入汉水。弘农:即弘农郡。西汉元鼎四年(前113)置。治所在弘农县(今河南灵宝北故函谷关城)。卢氏县:战国韩置。后入秦,属三川郡。西汉属弘农郡。治所在今河南卢氏。

②南阳:即南阳郡。战国秦昭襄王三十五年(前272)置。治所在宛县(今河南南阳)。西鄂县:西汉置,属南阳郡。治所在今河南南阳北石桥镇。

③宛县:秦置,为南阳郡治。治所在今河南南阳。

④郦(zhì)县:秦置,属南阳郡。治所在今河南南阳西北。

⑤郭仲产:里籍不详。曾任南朝宋尚书库部郎。撰有《襄阳记》等。

⑥三仓:又作三苍。汉初,合李斯《仓颉篇》、赵高《爰历篇》和胡母敬《博学篇》为一书,称三仓,亦统称《仓颉篇》。魏晋时,又以李斯《仓颉篇》为上卷,扬雄《训纂篇》为中卷,贾鲂《滂喜篇》为下

卷,合为一部,亦称三仓。

⑦樊:即樊城。在今湖北襄阳樊城区,与襄阳城隔汉水相望。邓:即
　今湖北襄阳西北邓城。鄾:战国楚邑。在今河南南阳西北。

⑧北鄾:在今河南南召西北。《水经注疏》:"戴(震)云:按后魏析置
　南、北鄾。湍水迳南鄾城东,淯水迳北鄾城北。"

⑨淅:古邑名。也作析。今河南淅川、内乡属其旧境。

【译文】

淯水

淯水发源于弘农郡卢氏县支离山,往东南流过南阳郡西鄂
县西北,又往东流过宛县南面,

淯水发源后往东流,经过鄾县老城北面。郭仲产说:鄾县老城在支
离山东南。这是个旧县址。三仓说:樊、邓、鄾。鄾有两城,这里说的是
北鄾。汉高祖入关,攻下淅、鄾,就是此县。

　　淯水又东南流,历雉县之衡山①,东迳百章郭北②,又
东,鲁阳关水注之③。水出鲁阳县南分水岭④,南水自岭南
流,北水从岭北注,故世俗谓此岭为分头也。其水南流迳鲁
阳关⑤,左右连山插汉,秀木干云,是以张景阳诗云⑥:朝登
鲁阳关,峡路峭且深。亦司马芝与母遇贼处也⑦。关水历雉
衡山西南,迳皇后城西⑧。建武元年⑨,世祖遣侍中傅俊持节
迎光烈皇后于淯阳⑩,俊发兵三百余人,宿卫皇后道路,归京
师。盖税舍所在⑪,故城得其名矣。山有石室,甚饰洁,相传
名皇后浴室,又所幸也。关水又西南,迳雉县故城南。昔秦
文公之世⑫,有伯阳者⑬,逢二童,曰旨,曰被。二童,二雉也。
得雌者霸,雄者王。二童翻飞化为双雉。光武获雉于此山,
以为中兴之祥,故置县以名焉。关水又屈而东南流,注于淯。

【注释】

①雉县：西汉置，属南阳郡。治所在今河南南召东南。衡山：亦名雉
　衡山。在今河南南召东。

②百章郭：在今河南南召东南。

③鲁阳关水：又名三鸦水、鸦河。在今河南南召东、鲁山县西南。

④鲁阳县：战国魏置。后入秦，属南阳郡。治所在今河南鲁山县。

⑤鲁阳关：即三鸦镇。初为战国鲁关，汉以后名鲁阳关。在今河南
　鲁山县西南十四里平高城村。

⑥张景阳：即张协，字景阳。安平武邑（今河北武邑）人。西晋诗人、
　辞赋家。与兄张载齐名。

⑦司马芝：字子华。三国魏河内温县（今河南温县）人。初居荆州，
　后归曹操。他执法严正，不畏强暴。魏文帝时，为河南尹，后任大
　司农。

⑧皇后城：在今河南南召东六十二里皇后村。

⑨建武元年：25 年。

⑩世祖：刘秀。傅俊：字子卫。颍川襄城（今河南襄城）人。随刘秀
　征伐有功，刘秀即位后以其为侍中。光烈皇后：即阴丽华。南阳
　新野（今河南新野）人。光武帝刘秀皇后，汉明帝刘庄生母。以美
　貌著称。淯阳：即育阳县。在今河南南阳南六十里。

⑪税舍：驻宿的馆舍。

⑫秦文公：名不详。春秋时期秦国国君。秦襄公之子。

⑬伯阳：《水经注疏》杨守敬按："当仍作'阳伯'为是。阳伯即陈仓
　人之名，但未详所出。"

【译文】

　　淯水又往东南流，经过雉县的衡山，往东流经百章郭北面，又往东
流，鲁阳关水注入。鲁阳关水发源于鲁阳县以南的分水岭，南边的水从
岭南流，北边的水从岭北流，所以民间把此岭称为分头。南流的水经过

鲁阳关，两边峰峦连绵，高耸于天际，茏葱的树木上接云霄，所以张景阳的诗写道：清晨攀登鲁阳关，山峡小径陡又深。这也是司马芝和他的母亲碰到贼兵的地方。关水流过雉衡山西南，流经皇后城西。建武元年，世祖派遣侍中傅俊，持着符节在湄阳迎接光烈皇后，傅俊调兵三百余，一路为皇后警卫，送她回到京城。皇后途中曾在这里歇息过，城也因而得名。山上有个石洞，非常整洁，相传名为皇后浴室，也是她曾到过的地方。关水又往西南流，经过雉县老城南。从前秦文公时，有个叫伯阳的人，碰到两个小孩，一个叫舄，一个叫被。这两个孩子其实是两只雉鸡。得到雌的可以称霸，得到雄的可以称王。两个孩子迅速变化而飞了起来，化作两只雉鸡。光武帝在这山上获得雉鸡，以为是中兴的吉兆，所以在这里设县，名为雉县。关水又转向东南，注入湄水。

湄水又东南流迳博望县故城东①。郭仲产曰：在郡东北百二十里，汉武帝置。校尉张骞随大将军卫青西征②，为军前导，相望水草，得以不乏。元光六年③，封骞为侯国。《地理志》南阳有博望县，王莽改之曰宜乐也。

【注释】

①博望县：西汉元朔六年（前123）置，属南阳郡。治所在今河南方城西南五十六里博望镇。

②张骞：汉中成固（今陕西城固）人。西汉将领、使者。曾奉武帝命出使西域，远达今中亚一带。是我国有记载的最早开辟西域交通的重要人物之一。前129年，武帝封其为博望侯。卫青：字仲卿。西汉河东平阳（今山西临汾西南）人。武帝卫皇后弟。官至大将军，封长平侯。曾七次出击匈奴，战功显赫。

③元光六年：前129年。元光，西汉武帝刘彻的年号（前134—前129）。

【译文】

淯水又往东南流，经过博望县老城东边。郭仲产说：博望县在郡城东北一百二十里，是汉武帝所置。校尉张骞随大将军卫青西征，在前面为大军引路，察看水草，因而水草都不缺乏。元光六年，把博望封给张骞，立为侯国。查考《地理志》，南阳有博望县，王莽改名为宜乐。

淯水又东南，迳西鄂故城东①。应劭曰：江夏有鄂②，故加西也。昔刘表之攻杜子绪于西鄂也③，功曹柏孝长闻战鼓之音④，惧而闭户，蒙被自覆，渐登城而观，言勇可习也。

【注释】

①西鄂：即西鄂县。西汉置，属南阳郡。治所在今河南南阳北石桥镇。

②江夏：即江夏郡。西汉高帝六年（前201）置。治所在西陵县（今湖北武汉新洲区西二里）。鄂：即鄂县。秦置，属江夏郡。治所在今湖北鄂州。三国魏黄初二年（221）孙权自公安迁都于此，改名武昌县。

③刘表：字景升。山阳高平（今山东微山县）人。东汉末大臣。北据汉川，成一方诸侯。杜子绪：西鄂县长。

④功曹：官名。汉代郡守有功曹史，简称功曹，除掌人事外，亦得以参与一郡的政务。柏孝长：具体不详。

【译文】

淯水又往东南流，经过西鄂老城东边。应劭说：江夏也有鄂县，所以这里加上西字称西鄂。从前刘表在西鄂攻打杜子绪，功曹柏孝长听到战鼓声，害怕得关上门，用被子把自己蒙起来，但慢慢地也敢上城观战了，这说明勇气是可以培养出来的。

淯水又南，洱水注之①。水出弘农郡卢氏县之熊耳山②，东南迳郦县北,东南迳房阳城北③。汉哀帝四年④,封南阳太守孙宠为侯国⑤。俗谓之房阳川。

【注释】

①洱水:在今河南南阳北。

②熊耳山:在今河南卢氏东南。

③房阳城:《水经注疏》熊会贞按:"城在今内乡县(今河南内乡)东北。"

④汉哀帝四年:前3年。汉哀帝,即西汉皇帝刘欣。元帝庶孙,定陶鲁恭王刘馀之子。

⑤孙宠:西汉末长安(今陕西西安)人。为人奸诈,善交游。与息夫躬相结,乘哀帝病与自然灾异之机,上书言事告发东平王刘云等,哀帝诛东平王及王后、后舅伍宏。孙宠被擢为南阳太守,封方阳侯。后以贪酷被免官,谪徙合浦郡。

【译文】

淯水又往南流,洱水注入。洱水发源于弘农郡卢氏县的熊耳山,往东南流经郦县北边,又往东南流经房阳城北边。汉哀帝四年,把房阳封给南阳太守孙宠,立为侯国。俗称此水为房阳川。

又迳西鄂县南,水北有张平子墓①,墓之东,侧坟有平子碑,文字悉是古文②,篆额是崔瑷之辞③。盛弘之、郭仲产并云④:夏侯孝若为郡⑤,薄其文⑥,复刊碑阴为铭。然碑阴二铭乃是崔子玉及陈翕耳⑦,而非孝若,悉是隶字。二首并存,尝无毁坏。又言墓次有二碑,今惟见一碑,或是余夏景驿途,疲而莫究矣。

【注释】

①张平子墓:《水经注疏》熊会贞按:"在今南阳县(今河南南阳)北。"

张平子,即张衡,字平子。南阳西鄂(今河南南阳)人。东汉科学家、
文学家。

②古文:泛指甲骨文、金文、籀文和战国时通行于六国的文字。

③篆额:用篆字书写的碑额。崔瑗(yuàn):字子玉。东汉涿郡安平
(今河北安平)人。崔骃子。早孤,锐志好学,师从贾逵,明天官历
数、《京房易传》。顺帝时举茂才,迁汲令,开稻田数百顷,百姓歌
之。瑗善文辞,尤善为书、记、箴、铭。

④盛弘之:南朝宋时人。曾任临川王刘义庆侍郎。撰《荆州记》三卷,
记述荆州地区的郡县城郭、山水名胜等。

⑤夏侯孝若:即夏侯湛,字孝若。谯郡(今安徽亳州)人。西晋文学家。
夏侯渊之后。富于才学。

⑥薄:鄙视,轻视。

⑦陈翕:具体不详。

【译文】

　　洱水又流经西鄂县南边,北岸有张平子墓,墓东靠着坟边有平子碑,
碑上文字都是古文,篆文碑额是崔瑗题辞。盛弘之、郭仲产都说:夏侯孝
若当太守,觉得碑文粗俗不堪,又在背面刻上铭文。但背面两篇铭文的
作者却是崔子玉和陈翕,而不是夏侯孝若,字体都是隶书。两面的碑文
都还在,并未毁坏。又说墓旁有两块碑,现在却只见到一块,也许是因我
炎夏长途跋涉,困倦不堪,所以没有查明的缘故吧。

　　水南道侧有二石楼,相去六七丈,双峙齐竦①,高可丈
七八,柱圆围二丈有余。石质青绿,光可以鉴。其上栾栌
承栱②,雕檐四注,穷巧绮刻③,妙绝人工。题言:蜀郡太守
姓王④,字子雅,南阳西鄂人,有三女无男,而家累千金。父
没当葬,女自相谓曰:先君生我姊妹,无男兄弟。今当安
神玄宅,翳灵后土⑤,冥冥绝后,何以彰吾君之德? 各出钱

五百万,一女筑墓,二女建楼,以表孝思。铭云:墓楼东,平林下,近坟墓,而不能测其处所矣。洱水又东南流,注于淯水,世谓之肄水。肄、洱声相近,非也。《地理志》曰:熊耳之山出三水⑥,洱水其一焉,东南至鲁阳入沔是也。

【注释】

①双跱(zhì)齐竦:相互对峙,共同耸立。

②栾栌(luán lú):屋中柱顶承梁之木。曲者为栾,直者为栌。栱(gǒng):在立柱和横梁交接处,从柱顶上加的一层层探出成弓形的承重结构叫栱。

③绮(qǐ)刻:雕刻。

④蜀郡:周赧王元年(前314)秦惠王置。治所在成都县(今四川成都)。

⑤黔灵:保佑灵魂。

⑥熊耳之山:即熊耳山。在今河南卢氏东南。

【译文】

洱水南岸路旁有两座石楼,相距六七丈,并肩耸峙,高约一丈七八尺,柱子环绕成圆周,长二丈余。石质青绿,光泽照人。石柱上端的栾栌承托着斗栱,四周环绕着雕刻精美的屋檐,繁雕盛饰,纤丽工巧达到了极点。题记说:蜀郡太守姓王,字子雅,南阳西鄂人,没有儿子,只有三个女儿,家里却积聚了千金的资产。父亲死后要安葬时,女儿们商量道:父亲只生了我们三个姐妹,没有兄弟。现在他的灵魂要在墓室里安息,靠后土来庇护了,死后冥冥,用什么来表彰我们已故父亲的德行呢?因此每人出钱五百万,一个筑墓,两个建楼,来表示自己的孝心。碑铭题着:墓楼东边的树林下,与坟墓邻近,但墓址所在之处已找不到了。洱水又往东南流,注入淯水,人们称之为肄水。肄、洱音近,但字却不对。《地理志》说:发源于熊耳之山的有三条水,洱水就是其中之一,往东南流,到鲁阳注入沔水。

淯水又南迳预山东^①，山上有神庙，俗名之为独山也。山南有魏车骑将军黄权夫妻二冢^②，地道潜通，其冢前有四碑，其二魏明帝立^③，二是其子及臣吏所树者也。

【注释】

①预山：一作豫山，即今独山。在今河南南阳东北十六里。

②车骑将军：官名。汉高祖初年设置。典京师兵卫、四夷屯警。黄权：字公衡。三国时巴西阆中（今四川阆中）人。任刘璋主簿，后归刘备。刘备战败后，黄权率众降魏，累迁车骑将军，封育阳侯。

③魏明帝：即三国魏皇帝曹叡。

【译文】

淯水又往南流经预山东面，预山俗称独山，山上有神庙。山南有魏车骑将军黄权夫妻的两座坟墓，有地道暗通，坟前有四块墓碑，两块是魏明帝所立，另外两块是他的儿子及下属官吏所立。

淯水又西南迳史定伯碑南^①，又西为瓜里津^②。水上有三梁，谓之瓜里渡。自宛道途东出堵阳^③，西道方城^④。建武三年^⑤，世祖自堵阳西入^⑥，破虏将军邓奉怨汉掠新野^⑦，拒瓜里。上亲搏战，降之夕阳下^⑧，遂斩奉。《郡国志》所谓宛有瓜里津、夕阳聚者也^⑨。阻桥即桓温故垒处^⑩，温以升平五年与范汪众军北讨所营^⑪。

【注释】

①史定伯：具体不详。

②瓜里津：在今河南南阳北四十里。即淯水（今白河）之津。

③宛：即宛县。战国楚改申县置。后入秦，为南阳郡治。治所在今

河南南阳。堵（zhě）阳：即赭阳县。治所在今河南方城东六里。

④方城：即方城县。在今河南叶县南、方城北。

⑤建武三年：27 年。

⑥世祖：东汉光武帝刘秀。

⑦破虏将军：官名。东汉杂号将军之一。光武帝建武二年（26）以邓奉为之。三国魏、吴均置。邓奉：南阳新野（今河南新野）人。新莽末年，天下大乱，邓奉起兵于淯阳。因曾护卫刘秀妻阴丽华及其家人，刘秀称帝后封其为破虏将军。后成汉军叛将。刘秀亲征，邓奉兵败出降，被斩首。新野：即新野县。西汉置。治所在今河南新野。

⑧夕阳：即夕阳聚。在今河南南阳西北。

⑨《郡国志》：晋司马彪《续汉书》八志之一。记述东汉时期全国行政区划、人口以及《春秋》和"前三史"所载征伐、会盟所在的地名。

⑩桓温：字元子。谯国龙亢（今安徽怀远西北）人。东晋名臣。晋明帝之婿。有雄才大略。

⑪升平五年：361 年。升平，东晋穆帝司马聃的年号（357—361）。范汪：字玄平。东晋颍阳（今河南许昌）人。曾任东阳太守，世称范东阳。精医术，临证经验丰富，为人治病，十愈八九。收集民间验方，编成《范东阳杂药方》。原书已佚，部分内容散见于《外台秘要》中。

【译文】

淯水又往西南流，经过史定伯碑南面，又往西流是瓜里津。水上有三座古桥，称为瓜里渡。道路从宛县东去堵阳，西通方城。建武三年，世祖从堵阳西入，破虏将军邓奉怨恨汉军掠夺新野，而在瓜里渡抗拒。光武帝亲自出战，终于在夕阳聚打败邓奉，并杀了他。这就是《郡国志》中说的，宛有瓜里津、夕阳聚。阻桥就是旧时桓温营垒的所在地，是升平五年桓温与范汪等人的军队北征时屯驻过的地方。

　　淯水又西南,迳晋蜀郡太守邓义山墓南①,又南迳宛城东②。其城,故申伯之都③,楚文王灭申以为县也④。秦昭襄王使白起为将⑤,伐楚取郢⑥,即以此地为南阳郡,改县曰宛。王莽更名,郡曰前队,县曰南阳。刘善曰⑦:在中国之南而居阳地,故以为名。大城西南隅即古宛城也,荆州刺史治⑧,故亦谓之荆州城。今南阳郡,治大城。其东城内有旧殿基,周二百步,高八尺,陛阶皆砌以青石,大城西北隅有殿基,周百步,高五尺,盖更始所起也⑨。城西三里,有古台高三丈余,文帝黄初中⑩,南巡行所筑也。

【注释】

① 晋蜀郡太守邓义山墓:《水经注疏》杨守敬按:“墓在今南阳县(今河南南阳)东北。”邓义山:《水经注疏》杨守敬按:“《三国志》,邓芝,新野人;邓艾,棘阳人,地皆与此近。义山岂其族人耶?”

② 宛城:今河南南阳。

③ 申伯之都:申国的国君为伯爵,故称申伯。申,西周封国。姜姓。在今河南南阳北二十里。为楚所灭。

④ 楚文王:芈姓,熊氏,名赀。春秋楚国国君。楚武王之子。

⑤ 秦昭襄王:即战国秦昭王嬴稷,一名则。秦武王之异母弟。白起:郿(今陕西眉县)人。秦国名将。善用兵,事秦昭王。以上将军击赵于长平,前后坑斩首虏四十五万。

⑥ 郢:战国时楚都。即今湖北荆州市荆州区故江陵县城西北纪南城。

⑦ 刘善:《水经注疏》熊会贞按:“‘善’为‘熙’之误无疑,今订。”刘熙,字成国。东汉北海(今山东昌乐)人。官安南太守。所撰《释名》,以声音相近或相同之词解释意义,从而推究事物之所以命名的由来。

⑧荆州：西汉武帝置，为十三刺史部之一。

⑨更始：即西汉更始帝刘玄，字圣公。南阳蔡阳（今湖北枣阳）人。光武帝刘秀族兄。新莽末参加绿林起义军。大破王莽军队后，被推为更始将军，不久被立为天子。后被赤眉将领谢禄杀害。

⑩黄初：三国魏文帝曹丕的年号（220—226）。

【译文】

淯水又往西南流，经过晋蜀郡太守邓义山墓南面，又往南流经宛城东面。宛城是从前申伯的都城，楚文王灭申后设立为县。秦昭襄王任命白起做大将，进攻楚国，夺取了郢都，就把这地方设立为南阳郡，改县名为宛。王莽改名，郡称前队，县名南阳。刘熙说：这地区在中原南部，地理上居阳位，所以叫南阳。大城西南角，就是古时的宛城。这是荆州刺史的治所，所以也叫荆州城。今天的南阳郡，治所在大城。东城内有旧殿遗址，周围二百步，高八尺，台阶都用青石砌成。大城西北角也有殿基，周围一百步，高五尺，是更始帝所造。城西三里有一座古台，高三丈余，是文帝黄初年间南巡时行宫的建筑。

淯水又屈而迳其县南，故《南都赋》所言①，淯水荡其胸者也②。王莽地皇二年③，朱鲔等共于城南会诸将④，设坛燔燎⑤，立圣公为天子于斯水上⑥。《世语》曰⑦：张绣反⑧，公与战，败，子昂不能骑⑨，进马于公，而昂遇害。《魏书》曰⑩：公南征至宛，临淯水，祠阵亡将士，歔欷流涕，众皆哀恸。

【注释】

①《南都赋》：赋名。东汉张衡所作。为其歌颂东汉时南都（今河南南阳）的地理环境及富饶景象之作。挚虞曰："南阳郡治宛，在京之南，故曰南都。"

②淯水荡其胸：这里指淯水贴近其关键部位流过。

③地皇二年：21 年。地皇，新朝王莽的年号（20—23）。

④朱鲔（wěi）：西汉淮阳（今河南周口淮阳区）人。更始帝刘玄时为
　　大司马。后归降光武帝刘秀，刘秀拜为平狄将军，封扶沟侯。后
　　为少府。

⑤燔燎：烧柴祭天。

⑥圣公：即西汉皇帝刘玄，字圣公。

⑦《世语》：书名。即西晋襄阳令郭颁撰《魏晋世语》。记述魏晋间
　　名人事迹。已佚。

⑧张绣：武威祖厉（今甘肃靖远西南）人。董卓部将张济侄。张济死，
　　他继领其众，屯兵宛城（今河南南阳）。后降曹操，不久又反袭操
　　军。曹操征袁绍时，他再度投降，在官渡力战有功，任破羌将军。
　　建安十二年（207）从攻乌桓，死于途中。

⑨昂：即曹操之子曹昂，字子脩。随曹操南征，为张绣所害。无子。
　　黄初二年追封，谥曰丰悼公。

⑩《魏书》：此指《三国志·魏书》。

【译文】

　　淯水又转弯流经宛县南，所以《南都赋》说：淯水贴近其关键部位流过。
王莽地皇二年，朱鲔等人同在城南会见诸将，设坛焚柴祭天，在淯水上立圣
公为天子。《魏晋世语》说：张绣反，曹操同他作战，打了败仗，他的儿子曹
昂不能骑马，把马献给曹操，曹昂本人于是被杀。《三国志·魏书》说：曹
公南征至宛，到了淯水边，祭奠阵亡将士，呜咽涕泣，众人也都很悲恸。

　　淯水又南，梅溪水注之①。水出县北紫山南②，迳百里
奚故宅③。奚，宛人也，于秦为贤大夫，所谓迷虞智秦者也④。
梅溪又迳宛西吕城东⑤。《史记》曰：吕尚先祖为四岳⑥，佐
禹治水有功，虞、夏之际，受封于吕，故因氏为吕尚也。徐广
《史记音义》曰⑦：吕在宛县。高后四年⑧，封昆弟子吕忿为

吕城侯⑨，疑即此也。又按新蔡县有大吕、小吕亭⑩，而未知所是也。

【注释】

①梅溪水：在今河南南阳西。

②紫山：一名紫灵山。在今河南南阳西北二十五里。

③百里奚故宅：《水经注疏》熊会贞按："宅在今南阳县（今河南南阳）西北。"百里奚，又作百里傒。初为虞国大夫，晋灭虞时，为晋所俘，作为陪嫁之臣送给秦穆公。后出走，为楚所擒。秦穆公闻其贤能，便用五张羊皮赎回，拜为上卿，任以国政。与蹇叔等人共同辅佐秦穆公建立霸业。因他是用五张羊皮赎来的，故又称之为"五羖（gǔ）大夫"。

④迷虞智秦：在虞国糊涂，在秦国贤能。

⑤吕城：吕国的都城。在今河南南阳西三十里。

⑥吕尚：亦称吕望、姜太公、姜子牙、太公望。周文王得之于渭滨，后辅佐周武王灭商。四岳：相传为共工的后裔，因佐禹治水有功，赐姓姜，封于吕，并使为诸侯之长。一说为尧臣羲和四子，分掌四方之诸侯。

⑦徐广《史记音义》：徐广，字野民。东莞姑幕（今山东诸城北）人。晋、宋间史学家。其《史记音义》，随文释义，兼述训解，多有发明。

⑧高后四年：前184年。

⑨昆弟：兄弟。吕忿：单父（今山东单县）人。高后兄弟之子。封吕城侯。后因吕氏事被诛。

⑩新蔡县：战国秦置，属陈郡。治所在今河南新蔡。西汉属汝南郡。大吕：即大吕亭。《水经注疏》熊会贞按："《续汉志》，新蔡有大吕亭……新蔡，古吕国。亭在今新蔡县（今河南新蔡）东。"小吕亭：《水经注疏》熊会贞按："《淯水》篇，新蔡有小吕亭。当在县西南。"

【译文】

　　清水又往南流,汇合了梅溪水。梅溪水发源于县北紫山,南流经百里奚故居。百里奚,宛人,在秦国是一位贤良的大夫,所谓在虞国糊涂、在秦国贤明的就是他。梅溪水又流经宛西吕城东。《史记》说:吕尚的祖先是四岳,辅佐大禹治水有功,在虞、夏时受封于吕,因而作为姓氏,名叫吕尚。徐广《史记音义》说:吕在宛县。高后四年,封她兄弟的儿子吕忿为吕城侯,可能就是这地方。又按新蔡县有大吕亭和小吕亭,不知究竟该是哪一处。

　　梅溪又南迳杜衍县东^①,故城在西。汉高帝七年^②,封郎中王翳为侯国^③。王莽更之曰闰衍矣。土地垫下^④,湍溪是注。古人于安众堨之^⑤,令游水是潴^⑥,谓之安众港^⑦。世祖建武三年^⑧,上自宛遣颍阳侯祭遵西击邓奉弟终^⑨,破之于杜衍,进兵涅阳者也^⑩。梅溪又南,谓之石桥水^⑪,又谓之女溪,南流而左注清水。清水之南,又有南就聚^⑫。《郡国志》所谓南阳宛县有南就聚者也。郭仲产言:宛城南三十里有一城,甚卑小,相承名三公城^⑬,汉时邓禹等归乡饯离处也^⑭。盛弘之著《荆州记》^⑮,以为三公置。

【注释】

①杜衍县:西汉高帝七年(前200)置,属南阳郡。治所在今河南南阳西南二十三里。

②汉高帝七年:前200年。

③王翳(yì):以郎中骑于汉王三年(前204)从起下邳,属淮阴侯,复从灌婴共斩项羽。高祖七年(前200)封杜衍侯。

④垫下:下陷低下。垫,下陷。

⑤安众：即安众侯国。西汉元朔四年（前125）置，属南阳郡。治所在今河南邓州东北。堨（è）：建筑堨堰以拦截水流。

⑥游水：散游之水。是潴（zhū）：即"潴是"。汇聚于此。潴，停聚，汇聚。

⑦安众港：在今河南邓州东北赵河畔。

⑧建武三年：27年。

⑨祭（zhài）遵：字弟孙。颍川颍阳（河南许昌）人。东汉将领。为人廉约小心，克己奉公，赏赐尽与士卒，家无余财。弟终：邓奉弟邓终。

⑩涅阳：即涅阳县。西汉高帝七年（前200）置涅阳侯国，后置县，属南阳郡。治所在今河南邓州东北。

⑪石桥水：当在今河南南阳一带。

⑫南就聚：在今河南南阳南。

⑬三公城：《水经注疏》杨守敬按："城在今南阳县（今河南南阳）东南三十里。"

⑭邓禹：字仲华。南阳新野（今河南新野）人。少游学长安，与刘秀友善。光武平定天下之后，定封邓禹为高密侯，后又以特进奉朝请。明帝即位，任命邓禹为太傅。

⑮盛弘之：南朝宋时人。曾任临川王刘义庆侍郎。撰《荆州记》三卷，记述荆州地区的郡县城郭、山水名胜等。

【译文】

梅溪又往南流经杜衍县东边，老城在西边。汉高帝七年，以杜衍封给郎中王翳，立为侯国。王莽改名为闰衍。这一带土地低洼，湍急的溪水就向这里流。古人在安众筑堰截流，使散流之水在这里蓄积起来，叫安众港。世祖建武三年，皇上从宛县派遣颍阳侯祭遵西进，攻打邓奉弟邓终，在杜衍把他打得大败，于是向涅阳进军。梅溪水又往南流，称为石桥水，又叫女溪，向南流，在左边注入淯水。淯水以南，又有南就聚。《郡国志》里所谓南阳宛县有南就聚，就是这地方。郭仲产说：宛城南三十里有个非常卑陋的小城，相沿称为三公城，是汉时邓禹等回乡时饯别的地方。盛弘之著《荆州记》认为是三公所置。

　　余按淯水左右旧有二澨①，所谓南澨、北澨者②，水侧之渍③。聚在淯阳之东北，考古推地则近矣。城侧有范蠡祠④。蠡，宛人，祠即故宅也。后汉末有范曾⑤，字子闵，为大将军司马⑥，讨黄巾贼⑦，至此祠，为蠡立碑，文勒可寻。夏侯湛之为南阳⑧，又为立庙焉。城东有大将军何进故宅⑨，城西有孔嵩旧居⑩。嵩字仲山，宛人，与山阳范式有断金契⑪。贫无养亲，赁为阿街卒⑫，遣迎式。式下车把臂曰：子怀道卒伍⑬，不亦痛乎！嵩曰：侯嬴贱役⑭，晨门⑮，卑下之位，古人所不耻，何痛之有？故其赞曰⑯：仲山通达，卷舒无方⑰；屈身厮役，挺秀含芳。

【注释】

①澨（shì）：水滨，水岸。

②南澨、北澨：《水经注疏》："赵（一清）云：南阳郡宛有北澨山，育阳有南澨聚。"

③水侧之渍（fén）：水岸，水滨。

④范蠡（lǐ）祠：《水经注疏》杨守敬按："祠在今南阳县（今河南南阳）南三十里。"范蠡，字少伯。春秋末越国大夫。越王勾践被吴王夫差打败后，范蠡与文种辅佐勾践，恢复国力，灭掉吴国。后功成身退。

⑤范曾：字子闵。东汉时人。官大将军司马。其他不详。

⑥大将军司马：官名。大将军的属官。掌军事之武官。

⑦黄巾贼：东汉末年张角所领导的农民起义军，因头缠黄巾而得名。

⑧夏侯湛：字孝若。沛国谯郡（今安徽亳州）人。西晋文学家。

⑨何进故宅：《水经注疏》杨守敬按："宅在今南阳县南。"何进，字遂
　高。南阳宛（今河南南阳）人。汉灵帝时以女弟为皇后，拜侍中、
　将作大匠、河南尹。后迁大将军。以揭发黄巾军起义事，封慎侯。
　何太后临朝，进位太傅。后以谋诛中官，反为所害。

⑩孔嵩旧居：《水经注疏》杨守敬按："在今南阳县南。"孔嵩，字仲山。
　南阳宛（今河南南阳）人。与山阳范式友善。正身厉行，街中子弟
　皆服其训化。后辟公府，官至南海太守。

⑪范式：即范巨卿，名式，字巨卿。东汉山阳金乡（今山东金乡）人。
　四迁荆州刺史。后迁庐江太守。重然诺，为信士，受时人重托。
　断金契：断金之约。谓同心协力或情深义厚。

⑫赁：出卖劳力，受雇用。阿（hē）街卒：犹喝道之人。古代官员出
　门时，前面引路的差役喝令行人让路，以示威风。阿，通"呵"。

⑬卒伍：与门卒为伍。

⑭侯嬴：战国时信陵君门下食客。魏国人。初为大梁（今河南开封）
　夷门的守门小吏，年七十被信陵君迎为上客。魏安釐王二十年（前
　257），安釐王派将军晋鄙救赵，屯兵不敢进。侯嬴献计信陵君，设
　法窃得兵符，并推荐勇士朱亥击杀晋鄙，夺取兵权，因而胜秦救赵。

⑮晨门：指掌管城门开闭的人。

⑯赞：文体名。以颂扬人物为主旨。

⑰卷舒：犹进退。无方：不拘一格。

【译文】

我查考淯水两岸旧时有二滍，即所谓南滍和北滍，都是水边高地。
南就聚在淯阳东北，查考古籍，推定地址，大致上相近。城边有范蠡祠。
范蠡，宛人，祠就是他的故居。东汉末年有个叫范曾的，字子闵，任大将
军司马，征讨黄巾贼时曾到过此祠，并为范蠡立碑，文字还依稀可辨。夏
侯湛任南阳太守时，又为他立庙。城东有大将军何进故宅，城西有孔嵩

旧居。孔嵩字仲山,宛人,和山阳范式交谊很深。孔嵩很穷,无力供养父母,被雇用为喝道的兵丁,派去迎接范式。范式下车挽着他的胳膊说:你心怀大道,却沦落到与兵卒为伍,多么令人痛惜啊!孔嵩说:侯嬴曾当过监门的贱役,对于卑下的职位,古人尚不以为耻,我又有什么可痛惜的呢?所以对孔嵩的赞词说:仲山豁达不拘,为人能屈能伸;屈身甘当仆役,高风卓尔不群。

又屈南过淯阳县东①,

淯水又南入县,迳小长安②。司马彪《郡国志》曰:县有小长安聚。谢沈《汉书》称③,光武攻淯阳不下,引兵欲攻宛,至小长安,与甄阜战④,败于此。

【注释】

①淯阳县:即育阳县。在今河南南阳南六十里。

②小长安:即小长安聚。在今河南南阳南六十里。

③谢沈:字行思。会稽山阴(今浙江绍兴)人。东晋史学家。晋康帝司马岳时以太学博士征,除尚书度支郎。迁著作郎。撰《后汉书》百卷、《晋书》三十余卷。《汉书》:此指谢沈所撰的《后汉书》。

④甄阜:王莽部将。官南阳太守、副校尉、前队大夫。

【译文】

淯水又向南绕过淯阳县东边,

淯水又南流,进入县境,流经小长安。司马彪《郡国志》说:县里有小长安聚。谢沈《后汉书》说:光武帝进攻淯阳却攻不进去,带兵想去攻宛,到了小长安,与甄阜交战,却打了败仗。

淯水又西南迳其县故城南。桓帝延熹七年①,封邓秉为

侯国②。县，故南阳典农治③，后以为淯阳郡④，省郡复县，避晋简文讳⑤，更名云阳焉⑥。

【注释】

①延熹七年：应为延熹四年，164年。延熹，东汉桓帝刘志的年号（158—167）。

②邓秉：南阳新野（今河南新野）人。桓帝邓皇后兄邓演之子。封淯阳侯。后因邓皇后被废，邓秉被系于暴室，出狱后免爵位。

③典农：泛指典农诸官，也作为典农中郎将、典农校尉等官的省称。此类农官，汉魏皆置，均掌屯田事务。

④淯阳郡：《水经注疏》杨守敬按："《方舆纪要》，东晋尝置淯阳郡。"

⑤晋简文：即东晋简文帝司马昱，字道万。晋元帝司马睿幼子。穆帝即位后，由太后临朝听政，司马昱升任抚军大将军、录尚书六条事，与何充共同辅政。昱、淯同音，因而避讳，淯阳改云阳。

⑥云阳：即云阳县。东晋孝武帝改育阳县置，属南阳郡。治所在今河南南阳南六十里。

【译文】

淯水又往西南流，经过淯阳县老城南面。桓帝延熹四年，把淯阳封给邓秉，立为侯国。淯阳县是旧时南阳典农的治所，后来改为淯阳郡，接着又废郡复县，因避晋简文帝司马昱名讳，改名云阳。

淯水又迳安乐郡北①。汉桓帝建和元年②，封司徒胡广为淯阳县安乐乡侯③。今于其国立乐宅戍④。郭仲产《襄阳记》曰：南阳城南九十里有晋尚书令乐广故宅⑤。广字彦辅，善清言⑥，见重当时。成都王⑦，广女婿，长沙王猜之⑧。广曰：宁以一女而易五男。犹疑之，终以忧殒。其故居，今置戍，因以为名。

【注释】

①安乐郡：《水经注疏》杨守敬按："此'郡'字必'乡'字之误，今订。
在今南阳县（今河南南阳）南。"译文从之。

②建和元年：147年。建和，东汉桓帝刘志的年号（147—149）。

③司徒：官名。掌教化百姓。胡广：字伯始。南郡华容（今湖北监利）
人。达练事体，明解朝章。其所辟命，皆天下名士。

④乐宅戍：在今河南南阳南。

⑤晋尚书令乐广故宅：在今河南南阳南。乐广，字彦辅。西晋南阳
淯阳（今河南南阳）人。崇尚老庄，善清言，为一时风流。与王衍
并为当时天下名士之首。

⑥清言：即清谈，也称玄言。魏晋玄学之谈玄析理之风。

⑦成都王：即司马颖，字章度。西晋河内温县（今河南温县）人。晋
武帝第十六子。封成都王。官大将军。

⑧长沙王：即司马乂，字士度。晋室乱，起兵杀齐王冏。又破成都王
颖，不久被东海王越所杀。猜：猜忌，怀疑。

【译文】

淯水又流经安乐乡北面。汉桓帝建和元年，封司徒胡广为清阳县安
乐乡侯。现在就在当时的侯国设立乐宅戍。郭仲产《襄阳记》说：南阳
城南九十里，有晋尚书令乐广故居。乐广字彦辅，善于清谈，当时很受
人尊重。成都王是乐广的女婿，长沙王对乐广颇为猜忌。乐广说：难道
我会用五个儿子来换一个女儿吗？长沙王还是猜忌他，乐广终于忧闷而
死。现在在那里设置边防城堡，因而就以乐宅命名。

又南过新野县西①，

淯水又南入新野县，枝津分派东南出，隰衍苞注②，左

积为陂③,东西九里,南北十五里。陂水所溉,咸为良沃。

【注释】

①新野县:西汉置,属南阳郡。治所在今河南新野。

②隰衍(xí yǎn):低洼广阔之处。苞注:汇聚水源。苞,通"包"。

③陂:《水经注疏》杨守敬按:"陂当在今新野县(今河南新野)北。"

【译文】

淯水又往南流过新野县西边,

淯水又往南流,进入新野县后,分出一条支流,向东南平坦的低地流去,在左边蓄积成陂塘,东西宽九里,南北长十五里。塘水灌溉得到的田亩,都成为肥沃的良田。

　　淯水又南与湍水会①。又南迳新野县故城西。世祖之败小长安也②,姊元遇害③。上即位,感悼姊没,追谥元为新野节义长公主,即此邑也。晋咸宁二年④,封大司马扶风武王少子歆为新野郡公⑤,割南阳五属棘阳、蔡阳、穰、邓、山都封焉⑥。王文舒更立中隔⑦,西即郡治,东则民居,城西傍淯水。

【注释】

①湍水:即今河南南阳盆地之湍河。源出今河南内乡北界与嵩县及西峡交界处,南流经内乡东、邓州北,至新野北汇入白河。

②世祖:即光武帝刘秀。小长安:即小长安聚。在今河南南阳南六十里。

③姊元:即刘秀的姐姐刘元。邓晨之妻。刘秀即位后,追谥为新野节义长公主。

④咸宁二年：276年。咸宁，西晋武帝司马炎的年号（275—280）。

⑤扶风武王：即司马骏，字子臧。司马懿之子。清贞守道，宗室之中最有俊望。少子歆：即新野庄王司马歆，字弘舒。司马骏之子。太康中，诏封新野县公。谨身履道，以孝闻。为政严刻，蛮夷并怨。张昌作乱于江夏，司马歆表请讨之。为张昌所害。追赠骠骑将军。

⑥棘阳：即棘阳县。西汉高帝七年（前200）封杜得臣为棘阳侯，元朔五年（前124）改为县，属南阳郡。治所在今河南南阳南。蔡阳：即蔡阳县。战国秦置，属南郡。治所在今湖北枣阳西四十里翟家古城。西汉属南阳郡。东汉改为蔡阳侯国。三国魏复为蔡阳县。穰：即穰县。战国秦置，属南阳郡。治所在今河南邓州。邓：即邓县。春秋楚置，战国秦昭襄王二十八年（前279）入秦，属南阳郡。治所在今湖北襄阳襄城区西北邓城。汉为南阳郡都尉治。山都：即山都县。秦置，属南阳郡。治所在今湖北襄阳襄州区西北太平店镇西。

⑦王文舒更立中隔：陈桥驿按，武英殿本《水经注》："案此句上下有脱误。《三国志》王昶，字文舒。朱谋㙔以'王'字属上句，作'封为王'，非也。"赵一清《水经注释》云："下有脱文，《三国志·魏书·王昶传》，昶以为国有常众，战无常胜，地有常险，守无常势。今屯宛，去襄阳三百余里，诸军散屯，船在宣池，有急不足相赴。乃表徙治新野。文舒，昶字，此即更立之事也。"《水经注疏》熊会贞按："《㳠水注》卢奴城下云，后燕更筑隔城，此谓文舒于新野城中更立隔城也。故随以'西即郡治，东则民居'释之，赵氏似未见及。"

【译文】

　　清水又往南流，与湍水汇合。又往南流经新野县老城西边。世祖在小长安打了败仗，他的姐姐刘元被杀害了。他即位后，悼念姐姐的死，就追谥她为新野节义长公主，就是这座城。晋咸宁二年，封大司马扶风武王的小儿子司马歆为新野郡公，划出南阳郡的五个属县——棘阳、蔡阳、穰、邓、山都封给他。王文舒又在中间筑了一道城墙,把该城从中间分隔成两部分:西部是郡治,东部是居民区,郡城西濒淯水。

又东与朝水合①。水出西北赤石山②,而东南迳冠军县界③,地名沙渠。又东南迳穰县故城南④,楚别邑也,秦拔鄢郢⑤,即以为县。秦昭王封相魏冉为侯邑⑥。王莽更名曰农穰也。魏荆州刺史治⑦。朝水又东南分为二水。一水枝分东北,为樊氏陂⑧。陂东西十里,南北五里,俗谓之凡亭陂。陂东有樊氏故宅⑨,樊氏既灭,庾氏取其陂⑩。故谚曰:陂汪汪,下田良;樊子失业,庾公昌⑪。昔在晋世,杜预继信臣之业⑫,复六门陂⑬,遏六门之水,下结二十九陂,诸陂散流,咸入朝水。事见六门碑⑭。六门既陂⑮,诸陂遂断。朝水又东迳朝阳县故城北⑯,而东南注于淯水。

【注释】

①朝水:即今河南邓州南之刁河。

②赤石山:在今河南内乡西南。

③冠军县:西汉元朔六年(前123)置侯国,后为县,属南阳郡。治所在今河南邓州西北三十八里湍水西岸冠军寨。《汉书·地理志》"南阳郡冠军县"注引应劭曰:"武帝以封霍去病。去病仍出匈奴,功冠诸军,故曰冠军。"

④穰县故城:在今河南邓州。

⑤鄢郢:战国楚都的通名,即楚都郢(今湖北荆州市荆州区故江陵县城西北纪南城)与别都鄢(今湖北宜城东南)的连称。

⑥秦昭王:即秦昭襄王嬴稷,一名则。战国时秦国国君。魏冉:战国时楚人,秦国大臣。秦昭王母宣太后异父弟。秦昭王之舅。昭王

年幼即位,宣太后执政,他被任为将军。后任相国,封于穰(今河南邓州东南),号穰侯。

⑦荆州:西汉武帝置,为十三刺史部之一。

⑧樊氏陂(bēi):在今河南新野西北。

⑨樊氏:指东汉樊重,字君云。南阳湖阳(今河南唐河)人。善农稼,好货殖。开广田土三百余顷,陂渠灌注。

⑩庚氏:当时南阳望族。

⑪陂汪汪,下田良,樊子失业,庚公昌:陈桥驿按,即使是赞赏之事,郦氏亦引"故谚曰"。褒贬之词,尽可能不用第一人称。

⑫杜预:字元凯。京兆杜陵(今陕西西安)人。西晋经学家。撰《春秋左氏经传集解》。信臣:即邵(shào)信臣。《汉书》作召信臣。字翁卿。西汉九江寿春(今安徽寿县)人。建昭五年(前34)断湍水,立穰西石堨。至元始五年(5),更开三门,为六石门,故号六门堨。灌溉穰、新野、昆阳三县五千余顷。

⑬六门陂:即六门堤,亦名鹿门堤。在今河南邓州西三里。

⑭六门碑:六门侧又有六门碑,是部曲主安阳亭侯邓达等在太康五年(284)立。当在今河南邓州西。

⑮陂(bēi):此指聚集成塘堰。

⑯朝阳县:西汉置,属南阳郡。治所在今河南邓州东南刁河南岸。

【译文】

清水又往东流,与朝水汇合。朝水发源于西北方的赤石山,往东南流经冠军县边界,地名叫沙渠。又往东南流经穰县老城南面,这里原来是楚国的陪都,秦攻下鄀郢,就设置为县。秦昭王把这地方封给他的宰相魏冉为侯邑。王莽改名为农穰。这里也是魏荆州刺史的治所。朝水又往东南流,分成两条水。一条向东北分流,成为樊氏陂。这片陂塘东西长十里,南北宽五里,俗称凡亭陂。陂东有樊氏故居,樊氏灭绝后,庚氏取得他们的陂塘。所以民谚说:陂塘一片汪洋,下边土肥田良;樊子丢了产业,庾公于是兴旺。从前在晋时,杜预继承了信臣兴修水利的事业,恢复了六门陂,他堵住六门的水,在下游蓄积成二十九个陂塘,这些陂塘的水分散流泄,都注入朝水。这些情况在六门碑里都有记载。六门筑塘之后,诸陂就都断水了。朝水又往东流经朝阳县老城北面,往东南注入淯水。

又东南与棘水合①。水上承堵水②。堵水出棘阳县北山③,数源并发,南流迳小堵乡④,谓之小堵水⑤。世祖建武二年⑥,成安侯臧宫从上击堵乡⑦。东源方七八步,腾涌若沸,故世名之腾沸水⑧,南流迳于堵乡,谓之堵水。建武三年,祭遵引兵南击董䜣于堵乡⑨。以水氏县,故有堵阳之名也。《地理志》曰:县有堵水,王莽曰阳城也。汉哀帝改为顺阳⑩。建武二年,更封安阳侯朱佑为堵阳侯⑪。

【注释】

①棘水:即今河南新野东之溧河。其上源即赭河。

②堵水:一名赭水。即今河南方城西、社旗南之赵河。

③棘阳县:《水经注疏》杨守敬按:"棘阳在赭阳之西南,此'棘'字必当作'赭'。"赭阳,即堵(zhě)阳县。治所在今河南方城东六里。译文从之。

④小堵乡:一名小赭乡。在今河南方城西。

⑤小堵水:《水经注疏》熊会贞按:"有三里河,出赵河东北山,南流来会,即此水乃赭水之西源也。"

⑥建武二年:26年。

⑦臧宫:字君翁。颍川郏(今河南郏县)人。新莽末,率宾客入下江兵中。后从刘秀攻战,以骁勇著称。为人谨信质朴,常见任用。

⑧腾沸水:《水经注疏》熊会贞按:"今有潘河,出裕州(今河南方城)

东北当阳山，西南流至州西南，入赵河，即赭水东源也。"

⑨祭（zhài）遵：字弟孙。颍川颍阳（今河南许昌）人。东汉将领。为
　　人廉约小心，克己奉公，赏赐尽与士卒，家无余财。董䜣：具体不详。

⑩汉哀帝：即西汉皇帝刘欣。元帝庶孙，定陶鲁恭王刘徐之子。

⑪安阳侯朱佑：亦作朱祐，字仲先。南阳宛（今河南南阳）人。为人
　　质直，尚儒学。从世祖（刘秀）征河北，常力战陷阵，以为偏将军，
　　封安阳侯。建武二年（26），更封堵阳侯。

【译文】

　　淯水又往东南流，与棘水汇合。棘水上游承接堵水。堵水发源于赭
阳县北山，几个源头同时冒发，往南流经小堵乡，称作小堵水。世祖建武
二年，成安侯臧宫跟随皇上攻击堵乡。东边的源头方圆七八步，翻腾上
涌好像沸水一般，所以人们称之为腾沸水，该水往南流经堵乡，名叫堵
水。建武三年，祭遵率兵南下，在堵乡进攻董䜣。县以水命名，所以有堵
阳之名。《地理志》说：县里有堵水，王莽称之为阳城。汉哀帝时改名顺阳。
建武二年，改封安阳侯朱佑为堵阳侯。

　　堵水于县，竭以为陂①，东西夹冈，水相去五六里，古
今断冈两舌②。都水潭涨③，南北十余里。水决南溃，下注
为湾，湾分为二：西为堵水，东为荥源④。堵水参差，流结两
湖。故有东陂、西陂之名⑤。二陂所导，其水枝分，东南至
会口入比⑥。是以《地理志》，比水、堵水，皆言入蔡⑦，互受
通称故也⑧。二湖流注，合为黄水，惟所受焉。迳棘阳县之
黄淳聚⑨，又谓之为黄淳水者也⑩。谢沈《后汉书》：甄阜等
败光武于小长安东⑪，乘胜南渡黄淳水，前营背阻两川，谓临
比水，绝后桥，示无还心。汉兵击之，三军溃，溺死黄淳水者
二万人。

【注释】

①堨（è）：谓筑堨截水。陂：通常指人工修建的水塘或水体。

②古今断冈两舌：陈桥驿按，武英殿本《水经注》："案朱谋㙔云，当作'左右断冈两舌'，冈外下垂陂陀而出者谓之舌。"赵一清《水经注笺刊误》："'古今'是'左右'之误。"《水经注疏》杨守敬按："'古今'从朱（谋㙔）作'左右'为胜。"译文从之。

③都水：即汇聚之水。潭涨：渊深而盛大。

④荥源：荥水的源头。荥水上承赭水。

⑤东陂、西陂：《水经注疏》熊会贞按："二陂当在今唐县（今河南唐河县）西北。"

⑥比：即沘（bǐ）水。今河南西南部泌阳河及其下游唐河。

⑦蔡：即蔡水。俗名田市河。在今河南泌阳南。

⑧互受通称：互相拥有对方的名称。

⑨黄淳聚：《水经注疏》熊会贞按："当在今新野县（今河南新野）东北。"

⑩黄淳水：又作潢淳水。在今河南新野东。为赭水支流。

⑪甄阜：王莽部将。官南阳太守、副校尉、前队大夫。小长安：即小长安聚。在今河南南阳南六十里。

【译文】

堵水在该县境内被筑堰成陂，陂水东西两边都是山冈，两岸相距五六里；截断山冈两边的山舌。积水涨满以后，南北长十余里。陂水冲出堤塘向南溃决，下注成为水湾，水湾又分成两部分：西边就是堵水，东边是荥源。堵水水道凌乱不齐，水流汇聚成两个湖泊，所以有东陂、西陂之名。从两个陂塘引出的水流分成几条，往东南流到会口，注入比水。所以《地理志》提到比水和堵水，都说注入蔡水，那是相互通称的缘故。两湖湖水外流，汇成黄水，就是这么来的。黄水流经棘阳县的黄淳聚，又叫黄淳水。谢沈《后汉书》：甄阜等在小长安东打败光武帝后，就乘胜南渡黄淳水，先头部队背后隔了两条水,以为到了比水,断去背后的桥梁,表示决心死战不返还,势在必胜。汉兵发动进攻,三军溃败,溺死于黄淳水的达两万人。

又南迳棘阳县故城西①。应劭曰:县在棘水之阳②。是知斯水为棘水也。汉高帝七年③,封杜得臣为侯国④。后汉兵起,击唐子乡⑤,杀湖阳尉⑥,进拔棘阳。邓晨将宾客⑦,会光武于此县也。棘水又南迳新野县⑧,历黄邮聚⑨。世祖建武三年⑩,傅俊、岑彭进击秦丰⑪,先拔黄邮者也。谓之黄邮水⑫。大司马吴汉破秦丰于斯水之上⑬。其聚落悉为蛮居,犹名之为黄邮蛮⑭。棘水自新野县东而南流,入于淯水,谓之为力口也⑮。棘、力声相近,当为棘口也。又是方俗之音,故字从读变,若世以棘子木为力子木是也。

【注释】

①棘阳县故城:在今河南南阳南。

②棘水:即今河南新野东之溧河。其上源即赭河。阳:水的北面为阳。

③汉高帝七年:前200年。

④杜得臣:以卒从刘邦反秦,入汉中,为郎将。又从还定三秦,击项羽有功,封棘阳侯。

⑤唐子乡:在今河南唐河县南百里。

⑥湖阳:即湖阳县。一作胡阳县。春秋时楚置。后入秦,属南郡。治所在今河南唐河县南六十六里湖阳镇。西汉属南阳郡。

⑦邓晨:字伟卿。南阳新野(今河南新野)人。东汉官吏。初娶光武帝刘秀姊刘元。更始立,以邓晨为偏将军。与光武略地颍川,夜出昆阳城,击破王寻、王邑。建武十九年(43)封西华侯。曾派都水掾许杨主管修复鸿郤陂,灌田达数千顷,汝南殷富。

⑧新野县：西汉置，属南阳郡。治所在今河南新野。

⑨黄邮聚：在今河南新野东。

⑩建武三年：27年。

⑪傅俊：字子卫。颍川襄城（今河南襄城）人。岑彭：字君然。南阳棘阳（今河南南阳南）人。王莽时为本县长。后归光武帝刘秀，以为邓禹军师。击秦丰有功，封为舞阴侯。秦丰：南郡（治今湖北江陵）人。据黎丘，自称楚黎王，略十有二县。

⑫黄邮水：当在今河南新野东。

⑬吴汉：字子颜。南阳宛（今河南南阳）人。归光武帝刘秀后，拜偏将军，勇鸷有智谋。伐蜀与公孙述战，八战八克。位至大司马，封广平侯。

⑭黄邮蛮：居住在今河南新野一带的蛮人。

⑮力口：亦称棘口。即棘水自河南新野东而南流与淯水的交汇口。

【译文】

水又往南流经棘阳县老城西面。应劭说：县在棘水之阳。由此可见这条水就是棘水。汉高帝七年，把棘阳封给杜得臣，立为侯国。后汉起兵进攻唐子乡，杀了湖阳尉，往前推进，攻下棘阳。邓晨率领宾客，就在此县会见的光武帝。棘水又往南流经新野县，流过黄邮聚。世祖建武三年，傅俊、岑彭进攻秦丰，首先攻下的就是黄邮。这条水就叫黄邮水。大司马吴汉也在这条水上大败秦丰。那个地区的聚落都是蛮人所居，现在还叫黄邮蛮。棘水从新野县东边往南流，注入淯水，汇流处叫力口。棘、力二字因音近而误，原当称为棘口才对。民间照方言的读音，所以字也随音而变，正像民间把棘子木叫力子木一样。

淯水又东南迳士林东①。戍名也，戍有邸阁②。水左有豫章大陂③，下灌良畴三千许顷也。

【注释】

①士林：戍名。《水经注疏》熊会贞按："戍当在今襄阳县（今湖北襄阳）东北。"

②邸阁：屯集粮食或其他物资的场所。

③豫章大陂：《水经注疏》熊会贞按："当在襄阳县东北。"

【译文】

淯水又往东南流经士林东边。士林是边防城堡名，内有仓库。淯水左边有豫章大陂，能灌溉下游良田三千余顷。

南过邓县东①，

县，故邓侯吾离之国也②。楚文王灭之③，秦以为县。淯水右合浊水④，俗谓之弱沟水。上承白水于朝阳县⑤，东南流迳邓县故城南。习凿齿《襄阳记》曰⑥：楚王至邓之浊水，去襄阳二十里⑦。即此水也。浊水又东迳邓塞北⑧。即邓城东南小山也，方俗名之为邓塞，昔孙文台破黄祖于其下⑨。浊水东流注于淯。

【注释】

①邓县：春秋楚置。后入秦，属南阳郡。治所在今湖北襄阳市襄城区西北邓城。汉为南阳郡都尉治。西晋属义阳郡。

②邓侯吾离：一称邓公午离。子姓，本名子吾离，又名子宣。春秋早期邓国君主。

③楚文王：芈姓，熊氏，名赀。春秋楚国国君。楚武王之子。

④浊水：即今湖北襄阳市襄城区北之白河。

⑤白水：《水经注疏》杨守敬按："《隋志》，穰县有白水。《一统志》，白水在新野县西南。考今无此水，盖邓州、襄阳、新野之交，地势

平衍,其水久已湮塞也。"朝阳县:西汉置,属南阳郡。治所在今
河南邓州东南刁河南岸。

⑥习凿齿:字彦威。襄阳(今湖北襄阳)人。少有志气,博学洽闻,
以文笔著称。其《襄阳记》,又名《襄阳耆旧记》,为有关襄阳人物、
牧守、山川、城邑之志书。

⑦襄阳:即襄阳县。西汉置,属南郡。治所在今湖北襄阳市襄城区。

⑧邓塞:即邓城东南小山。在今湖北襄阳东北。

⑨孙文台:即孙坚,字文台。吴郡富春(今浙江杭州)人。曾与袁术
联合攻董卓,在阳人(今河南临汝西北)击破董卓军,入洛阳,后南
撤至鲁阳(今河南鲁山县),逐渐拥有大量部曲。初平二年(191),
率军击刘表,被刘表将黄祖军士射死。次子孙权称帝,追谥其为
武烈皇帝。黄祖:东汉末人。为江夏太守。袁术使孙坚攻荆州,
黄祖奉刘表之命,战于樊(今湖北襄阳)、邓(今湖北襄阳)间,军
士射杀孙坚。

【译文】

淯水往南流过邓县东边,

邓县,从前是邓侯吾离的封国。楚文王灭邓,秦时设置为县。淯水
在右边汇合了浊水,俗称弱沟水。弱沟水上游在朝阳县承接白水,往东
南流经邓县老城南边。习凿齿《襄阳记》说:楚王到了邓的浊水,距襄阳
二十里。说的就是这条水。浊水又往东流经邓塞北边。邓塞是当地的
土名,就是邓城东南的小山,从前孙文台曾在山下击溃黄祖兵。浊水又
东流,注入淯水。

淯水又南迳邓塞东,又迳鄾城东①。古鄾子国也②,盖
邓之南鄙也③。昔巴子请楚与邓为好④,鄾人夺其币⑤,即是
邑也。司马彪以为邓之鄾聚矣⑥。

【注释】

①鄾（yōu）城：在今湖北襄阳东北。

②古鄾子国：西周、春秋时邓之附庸国。曼姓。

③南鄙：南部边邑。

④巴子：巴为西周初封国，子爵，称为巴子国。战国时，巴国亦称王。都江州（今重庆市区）。

⑤币：泛指车马、皮帛、玉器等礼物。

⑥司马彪：字绍统。河内温县（今河南温县）人。魏晋时期史学家。著作仅存《续汉书》八志，为后人补入范晔《后汉书》流传至今。

【译文】

　　淯水又往南流经邓塞东边，又流经鄾城东边。鄾城就是古时的鄾子国，在邓县的南部边境。从前巴子请求楚与邓修好，鄾人夺取了他的礼物，就是在此城。司马彪则以为就是邓县的鄾聚。

南入于沔。

【译文】

淯水往南流注入沔水。

潕水

潕水出潕强县南泽中①，东入颍。

　　潕水出颍川阳城县少室山②，东流注于颍水。而乱流东南，迳临颍县西北③。小潕水出焉④，东迳临颍县故城北。

【注释】

①潕（yīn）水：又名溲水、㵼水。水源即今河南登封西北颍水三源之

中源。颍水东至今临颍西又别出为大瀷水、小瀷水。东流者为小瀷水，东至漯河市郾城区西入大瀷水，至周口入颍水。后因筑堰，导汝水东出大瀷水，东流至今周口西北入颍水，元至正年间，汝水为患，遂于漯河市郾城区筑堰，导汝水东出大瀷水，东流至今周口西北入颍水，大瀷水遂成为北汝河之下游。瀷强县：西汉置，属汝南郡。治所在今河南临颍东。

②颍川：即颍川郡。战国秦置。治所在阳翟县（今河南禹州）。阳城县：秦置，属颍川郡。治所在今河南登封东南二十四里告成镇。少室山：在今河南登封西北。

③临颍县：西汉置，属颍川郡。治所在今河南临颍北十四里固厢乡。

④小瀷水：即沙水。《水经注疏》熊会贞按："盖自临颍县（今河南临颍）东南流，至郾城县（今河南漯河市郾城区）东南，入今沙河。"

【译文】

瀷水

瀷水发源于瀷强县南边的沼泽中，往东流注入颍水。

瀷水发源于颍川阳城县少室山，东流注入颍水。瀷水往东南乱流，经过临颍县西北。小瀷水发源于这里，往东流经临颍县老城北边。

瀷水又东迳瀷阳城北①。又东迳瀷强县故城南。建武二年②，世祖封扬化将军坚镡为侯国③。

【注释】

①瀷阳城：战国韩邑。在今河南漯河市召陵区东北。

②建武二年：26 年。

③扬化将军：官名。东汉杂号将军。光武帝置，掌领兵征伐，事讫即罢。坚镡（xín）：字子伋。东汉初颍川襄城（今河南漯河市襄城区）人。随刘秀平定河北，任偏将军。刘秀称帝后，任其为扬化将军，

封灈强侯。

【译文】

灈水又往东流经灈阳城北边。又往东流过灈强县老城南边。建武二年,世祖把灈阳封给扬化将军坚镡,立为侯国。

灈水东为陶枢陂①。余按灈阳城在灈水南,然则此城正应为灈阴城而有灈阳之名者,明在南,犹有灈水,故此城以阳为名矣。颍水之南有二渎,其南渎东南流,历临颍亭西②,东南入汝,今无水也,疑即灈水之故渎矣。汝水于奇雒城西别东派③,时人谓之大灈水。东北流,枝渎右出,世谓之死汝也。别汝又东北迳召陵城北④,练沟出焉⑤。别汝又东,汾沟出焉⑥。别汝又东迳征羌城北⑦,水南有汾陂⑧,俗音粪。汾水自别汝东注而为此陂,水积征羌城北四五里,方三十里许。渎左合小灈水。水上承狼陂⑨,南流名曰巩水。青陵陂水自陂东注之⑩,东回又谓之小灈水,而南流注于大灈水。大灈水取称,盖藉灈沿注而总受其目矣⑪。又东迳西华县故城南⑫,又东迳汝阳县故城北⑬,东注于颍。

【注释】

①陶枢陂:《水经注疏》杨守敬按:"当在今县(今河南临颍)东北,已湮。"

②临颍亭:《水经注疏》熊会贞按:"亭当在今临颍县南,与上临颍故城非一地。"

③奇雒城:当为奇頟(é)城。在今河南漯河市源汇区西阴阳赵乡。北魏置颍川郡(又称南颍川郡)于此。

④召（shào）陵城：春秋楚邑。在今河南漯河市郾城区东三十里召陵寨。

⑤练沟：汝水流经今河南漯河市郾城区东的河段，经召陵（今河南漯河市召陵区）北。

⑥汾沟：当在今河南漯河市郾城区。

⑦征羌城：征羌县（东汉建武十一年置，为侯国，属汝南郡）治所。在今河南漯河市郾城区东南。东汉时，以来歙征定西羌功，故更名安乡县为征羌县。

⑧汾陂：《水经注疏》杨守敬按："陂在今郾城县东南。"

⑨狼陂：即春秋时之狼渊。在今河南许昌西。

⑩青陵陂：《水经注疏》熊会贞按："即青陵城北之陂也，当在今临颍县西。"

⑪藉：依据，凭借。沿注：沿途流注。目：名称。

⑫西华县：西汉置，属汝南郡。治所在今河南西华南。

⑬汝阳县：战国韩置。后入秦，属陈郡。西汉属汝南郡。治所在今河南商水县西北。

【译文】

濦水往东流就是陶枢陂。我查考濦阳城在濦水以南，那么此城就应当叫濦阴城才对，可是却得了濦阳之名，这说明在南边还有一条濦水，所以此城就以阳为名了。颍水以南有两条水渠，南渠往东南流经颍亭西边，往东南注入汝水，现在无水了，想来可能就是濦水故道。汝水在奇頟城西边分出东支，当时人们称之为大濦水。大濦水往东北流，在右边分出一条支渠，人们称之为死汝。别汝又往东北流经召陵城北边，练沟从那里分出。别汝又往东流，有汾沟流出。别汝又往东流经征羌城北边，水南有汾陂——汾，俗语读作粪。汾水从别汝东流，形成这个陂塘，水在征羌城北四五里处蓄积起来，方圆三十余里。水渠在左边汇合了小濦水。小濦水上游承接狼陂，往南流，名为巩水。青陵陂水从陂东注入，转回东边，又称为小澧水了，然后南流注入大澧水。大澧水的取名，大概是依澧水沿途流注，给它冠以这个总名的。又往东流经西华县老城南边，又往东流经汝阳县老城北边，东流注入颍水。

濯水

濯水出汝南吴房县西北奥山①，东过其县北，入于汝。

县西北有棠谿城②，故房子国③。《春秋·定公五年》④，吴王阖闾弟夫槩奔楚⑤，封之于棠谿，故曰吴房也。汉高帝八年⑥，封庄侯杨武为侯国⑦。建武中⑧，世祖封泗水王歙子燀为棠谿侯⑨。山溪有白羊渊⑩，渊水旧出山羊。汉武帝元封二年⑪，白羊出此渊，畜牧者祷祀之。俗禁拍手。尝有羊出水，野母惊拍，自此绝焉。渊水下合濯水。

【注释】

①濯（qú）水：即今河南遂平北石羊河。是瀙水的北支，原在濯阳（今河南遂平以东）与淠水汇合，现在这里建有宿鸭湖水库，河道已有变化。汝南：即汝南郡。西汉高帝四年（前203）置。治所在上蔡县（今河南上蔡）。东汉徙治平舆县（今河南平舆北）。三国魏徙治新息县（今河南息县）。吴房县：西汉置，属汝南郡。治所在今河南遂平。奥山：一名虎头山。在今河南泌阳东北九十里。

②棠谿城：古房国地。《水经注疏》熊会贞按：“城在今遂平县（今河南遂平）西北百里。”

③房子国：一作防。西周封国。在今河南遂平。春秋时灭于楚。

④定公五年：前505年。

⑤吴王阖闾：即公子光，亦名阖庐。春秋末吴国君主。吴王夫差之

父。杀吴王僚而自立。重用伍子胥及孙武。东征卑庐,西伐巴蜀,威振中原。前496年,趁越国大丧之际,攻伐越国,为越王勾践所败,受伤而死。夫槩(gài):吴王阖闾弟。吴伐楚国,至汉水。夫槩率部偷袭楚,楚师败,遂入郢。秦国救楚国,夫槩败亡,先归吴国而自立。阖闾闻之,引兵归,攻夫槩。夫槩奔楚国,楚王封之棠谿,为棠谿氏。

⑥汉高帝八年:前199年。

⑦杨武:汉王元年(前206)以郎中骑将从刘邦军于下邽(今陕西渭南市东北),击阳夏(今河南太康)。五年(前202),以骑都尉与吕马童、杨喜等率骑兵五千,追逼项羽于乌江(今安徽和县东北),项羽自刎。八年(前199),封吴房侯。

⑧建武:东汉光武帝刘秀的年号(25—56)。

⑨歙(xī):即泗水王刘歙,字经孙。南阳蔡阳(今湖北枣阳)人。东汉光武帝刘秀族父。初从更始帝入关,封元氏王。更始帝败,奔洛阳归刘秀。建武二年(26),封泗水王。燀(chǎn):即刘燀。泗水王刘歙去世后,光武帝刘秀封其子刘燀为棠谿侯。

⑩白羊渊:一作白羊涧。《水经注疏》杨守敬按:"涧在今遂平县(今河南遂平)西北。"

⑪元封二年:前109年。元封,西汉武帝刘彻的年号(前110—前105)。

【译文】

澧水

澧水发源于汝南郡吴房县西北的奥山,往东流过县北,注入汝水。

吴房县西北有棠谿城,就是旧时的房子国。《春秋·定公五年》,吴王阖闾弟夫槩逃奔到楚国,楚把棠谿封给他,所以叫吴房。汉高祖八年,把这地方封给庄侯杨武,立为侯国。建武年间,世祖封泗水王刘歙的儿子刘燀为棠谿侯。山溪里有个白羊渊,渊水里从前现过山羊。汉武帝元封二年,白羊从渊里出来,牧人都来向它祈祷和祭祀。这里的风俗禁止拍手。一次有羊从渊水中出现,有个乡下老太婆吃惊地拍起手来,从此白羊就绝迹了。渊水下游与灈水汇合。

　　灈水东迳灈阳县故城西①,东流入潕水②。乱流迳其县南。世祖建武二十八年③,封吴汉孙旦为侯国④。其水又东入于汝水。

【注释】

①灈阳县:西汉置,属汝南郡。治所在今河南遂平东南。

②潕(qìn)水:即今河南泌阳、遂平境内之沙河。是汝水的支流,现已成为汝河的正源。

③建武二十八年:52年。

④吴汉:字子颜。东汉南阳宛(今河南南阳)人。归光武帝刘秀后,拜偏将军,勇鸷有智谋。伐蜀与公孙述战,八战八克。位至大司马,封广平侯。旦:即吴汉孙吴旦。封灈阳侯。

【译文】

灈水往东流经灈阳县老城西面,往东注入潕水,从县南乱流而过。光武帝建武二十八年,把灈阳封给吴汉的孙子吴旦,立为侯国。水又往东流,注入汝水。

潕水

潕水出沅阴县东上界山①,

《山海经》谓之视水也②。郭景纯《注》:或曰,视宜为潕。出葴山③。许慎云④:出中阳山。皆山之殊目也。而东与泌水合⑤。水出沅阴县旱山⑥,东北流注潕。

【注释】

①沅阴县：即舞阴县。西汉置，属南阳郡。治所在今河南泌阳西北五十八里古城寨。上界山：一名中阳山。在今河南泌阳东北五十里。

②视水：郭璞认为当为"潵水"。

③葴（zhēn）山：即上界山、中阳山。在今河南泌阳东北五十里。

④许慎：字叔重。汝南召陵（今河南漯河市召陵区）人。东汉著名的经学家、文字学家。博学经籍，有"五经无双许叔重"之称。著《说文解字》。

⑤泚水：即此水。今河南泌阳、唐河县之泌阳河。

⑥旱山：当在今河南泌阳一带。

【译文】

潵水

潵水发源于沅阴县东边的上界山，

潵水，《山海经》称之为视水。郭景纯《注》：有人说视字应当是潵字。潵水发源于葴山。许慎却说发源于中阳山。这都是山的异名。潵水往东流与泚水汇合。泚水发源于沅阴县的旱山，往东北流，注入潵水。

潵水又东北，杀水出西南大熟之山①，东北流入于潵。

【注释】

①杀水：《水经注疏》杨守敬按："水当在今遂平县（今河南遂平）西南。"大熟之山：疑即大胡山。在今河南泌阳东北七十里。

【译文】

潵水又往东北流，有杀水发源于西南的大熟之山，杀水往东北流，注入潵水。

潵水又东，沦水注之。水出宣山①，东南流注潵水。

【注释】

①宣山：《水经注疏》杨守敬按："当在今遂平县（今河南遂平）西。"

【译文】

潕水又往东流，有沦水注入。沦水发源于宣山，往东南流，注入潕水。

潕水又东得奥水口。水西出奥山①，东入于潕水也。

【注释】

①奥山：一名虎头山。在今河南泌阳东北九十里。

【译文】

潕水又往东流，到奥水口又接纳了一条水。此水发源于西方的奥山，东流注入潕水。

东过吴房县南①，又东过灈阳县南②，

应劭曰：灈水出吴房县③，东入潕。县之西北，即两川之交会也。

【注释】

①吴房县：西汉置，属汝南郡。治所在今河南遂平。

②灈阳县：西汉置，属汝南郡。治所在今河南遂平东南。因在灈水之阳而得名。

③灈水：即今河南遂平北石羊河。

【译文】

潕水往东流过吴房县南面，又往东流过灈阳县南面，

应劭说：灈水发源于吴房县，往东流注入潕水。吴房县西北，就是两水汇合的地方。

又东过上蔡县南①,东入汝。

【注释】

①上蔡县:战国楚置。后入秦,属陈郡。治所在今河南上蔡城关一带。西汉属汝南郡。

【译文】

潩水又往东流过上蔡县南面,东流注入汝水。

沅水

沅水出沅阴县西北扶予山①,东过其县南,

《山海经》曰:朝歌之山,沅水出焉②。东南流,注于荥③。《经》书扶予者,其山之异名乎? 荥水上承堵水④,东流,左与西辽水合⑤,又东,东辽水注之。俱导北山,而南流注于荥。荥水又东北,于沅阴县北,左会沅水。其道稍西,不出其县南,其故城在山之阳。汉光武建武中⑥,封岑彭为侯国⑦,汉以为阳山县⑧。魏武与张绣战于宛⑨,马名绝景,为流矢所中,公伤右臂,引还沅阴,即是地也。城之东有马仁陂⑩。郭仲产曰:陂在比阳县西五十里⑪,盖地百顷,其所周溉田万顷,随年变种,境无俭岁⑫。陂水三周其隍⑬,故渎自隍西南而会于比,沅水不得复迳其南也。且邑号沅阴,故无出南之理,出南则为阳也。非直不究,又不思矣。

【注释】

①沅水:一名舞水。古汝水支流。现在称为洪河。故道在今河南舞阳和西平境内。扶予山:在今河南泌阳西北七十里。

②朝歌之山,沭水出焉:语见《山海经·中次十一经》。

③荥:《水经注疏》熊会贞按:"此水承潴水处,在今裕州(今河南方城)西南。"

④堵水:即潴水。今河南方城西、社旗南之赵河。

⑤西辽水:与东辽水俱当在今河南方城东南。

⑥建武:东汉光武帝刘秀的年号(25—56)。

⑦岑彭:字君然。南阳棘阳(今河南南阳南)人。王莽时为本县长。后归光武帝刘秀,以为邓禹军师。击秦丰有功,封为舞阴侯。

⑧阳山县:《水经注疏》熊会贞按:"汉县,属南阳郡。后汉、魏因,晋属南阳国,宋、齐、后魏属南阳郡,孝昌中为舞阴郡治。在今泌阳西北六十里。"

⑨魏武:指曹操。张绣:武威祖厉(今甘肃靖远西南)人。董卓部将张济侄。济死,他继领其众,屯兵宛城(今河南南阳)。后降曹操,不久又反袭操军。曹操征袁绍时,他再度投降,在官渡力战有功,任破羌将军。建安十二年(207)从攻乌桓,死于途中。宛:今河南南阳。

⑩马仁陂:在今河南泌阳北七十里。

⑪比阳县:西汉置,属南阳郡。治所在今河南泌阳。

⑫俭岁:荒年,歉收的年份。

⑬隍:此指护城河。

【译文】

沭水

沭水发源于沭阴县西北方的扶予山,往东流过县南,

《山海经》说:朝歌之山是沭水的发源地,往东南流,注入荥水。《水经》写作扶予,也许是山的别名吧?荥水上游承接堵水,往东流,在左边与西辽水汇合,又往东流,有东辽水注入。这两条水都出自北山,南流注入荥水。荥水又往东北流,在沭阴县以北左侧汇合了沭水。水道稍偏西,

并不流经县南，老城则在山南。东汉光武年间，把沘阴封给岑彭，立为侯国，汉时称为阳山县。魏武帝在宛城与张绣作战，有一匹马名叫绝景，被乱箭射中，他的右臂也受了伤，只得率兵回到沘阴，就是这地方。城东有马仁陂。郭仲产说：陂塘在比阳县以西五十里，占地百顷，周围受到灌溉的田亩达万顷，按年轮种，境内没有荒年。陂水三面围绕护城河，旧渠从护城河往西南流，汇合于比水，沘水是不可能又从它南面流过的。而且城名沘阴，所以也没有从南边流过的道理，如果从南边流过，那就该叫沘阳了。《水经》不但没有细究，而且也不动脑筋去想想。

沘水又东北，澧水注之①。水出雉衡山②，东南迳建城东③。建，当为卷，字读误耳。《郡国志》云：叶县有卷城④。其水又东流入于沘。

【注释】

①澧水：源出今河南桐柏县西北太白顶，西流至唐河县南入唐河。

②雉衡山：又名衡山。在今河南南召东。

③建城：在今河南叶县西南。

④叶县：战国楚置。后入秦，属南阳郡。治所在今河南叶县西南。

　卷城：春秋楚邑。在今河南叶县西南。

【译文】

沘水又往东北流，有澧水注入。澧水发源于雉衡山，往东南流经建城东边。建字应当是卷字，是由于读音错误造成的。《郡国志》说：叶县有卷城。澧水又东流，注入沘水。

沘水东北迳于东山西①，西流入沘。沘水之左即黄城山也②，有溪水出黄城山，东北迳方城③。《郡国志》曰：叶县有方城。郭仲产曰：苦菜、于东之间有小城，名方城，东临溪水，寻此城致号之由，当因山以表名也。苦菜即黄城也，及于东，通为方城矣。世谓之方城山水④，东流注沇水。故《圣贤冢墓记》曰⑤：南阳叶邑方城西，有黄城山，是长沮、桀溺耦耕之所⑥；有东流水，则子路问津处⑦。《尸子》曰⑧：楚狂接舆耕于方城⑨，盖于此也。盛弘之云⑩：叶东界有故城，始犫县东⑪，至瀙水，达比阳界⑫，南北联联数百里，号为方城，一谓之长城。云郦县有故城一面⑬，未详里数，号为长城，即此城之西隅。其间相去六百里，北面虽无基筑，皆连山相接，而汉水流其南⑭。故屈完答齐桓公云⑮：楚国方城以为城，汉水以为池。《郡国志》曰：叶县有长山曰方城，指此城也。

【注释】

①于东山：当在今河南叶县。

②黄城山：又名苦菜山、长城山。在今河南叶县北十里。

③方城：即方城山。在今河南叶县南，跨方城县境。

④方城山水：《水经注疏》杨守敬按："水在今叶县（今河南叶县）南。"

⑤《圣贤冢墓记》：书名。晋朝议大夫李彤撰。记晋之前有名人物之葬地。

⑥长沮、桀溺：春秋时隐士。与孔子同时期人。耦（ǒu）耕：二人相助，并肩耕地。

⑦子路：孔子的学生仲由，字子路，又称季路。

⑧《尸子》：书名。战国时尸佼撰。尸佼原为商鞅门下食客，参与谋划变法。商鞅被杀后，尸佼逃亡入蜀，撰成此书。

⑨接舆：春秋时楚国的隐士。因对当时社会不满，剪去头发，表示坚决不与统治者合作。《论语·微子》："楚狂接舆歌而过孔子曰：'凤

兮,凤兮,何德之衰! 往者不可谏,来者犹可追。已而,已而,今之从政者殆尔!'孔子下,欲与之言。趋而避之,不得与之言。"

⑩盛弘之:南朝宋时人。曾任临川王刘义庆侍郎。撰《荆州记》三卷,记述荆州地区的郡县城郭、山水名胜等。

⑪犫(chōu)县:秦置,属南阳郡。治所在今河南鲁山县东南五十五里。

⑫比阳:即比阳县,又称沘阳县。西汉置,属南阳郡。治所在今河南泌阳。

⑬郦(zhí)县:秦置,属南阳郡。治所在今河南南阳西北。东汉徙治今河南内乡北十里郦城。

⑭汉水:一称汉江。长江最大支流。源出今陕西西南部宁强北之嶓冢(bō zhǒng)山。亦曰东汉水。东南流经陕西南部、湖北西北部和中部,在武汉入长江。

⑮屈完:芈姓,屈氏,名完。楚大夫,曾作为楚国使者,去与齐桓公所率领的军队谈判,不辱使命,与诸侯订立盟约,使其放弃侵略楚国。齐桓公:姜姓,名小白。春秋时期齐国国君。任用管仲实行改革,以"尊王攘夷"为号召,多次大会诸侯订立盟约。是春秋第一个霸主。

【译文】

沅水往东北流经东山西边,有溪水从山中流出,西流注入沅水。沅水左边是黄城山,有溪水发源于此山,往东北流经方城。《郡国志》说:叶县有方城。郭仲产说:在苦菜、于东之间有个小城,名叫方城,东濒溪水。探究这个小城得名的缘由,想来应该是以山命名的。苦菜山就是黄城山,由此直到于东,通称方城山。水就叫方城山水,往东流,注入沅水。所以《圣贤冢墓记》说:南阳叶邑方城西有黄城山,是长沮、桀溺两人一起耕田的地方;有东流水,则是子路问津之处。《尸子》说:楚狂接舆在方城耕田,大概就是这里。盛弘之说:叶县东部边界有一道旧城,起于犫县东边,延至瀙水,直达比阳边界,南北连绵数百里,称为方城,又叫长城。郦县有一道老城，里数不详，号称长城，就是此城西端的一角。中间相距六百里，北面虽然没有城墙，但都有连山相接，汉水就在南面流过。所以屈完回答齐桓公说：楚国以方城为城墙，以汉水为护城河。《郡国志》说：叶县有长山，称为方城，就指的是这道城墙。

　　沘水又东北历舞阳县故城南[1]。汉高祖六年[2]，封樊哙为侯国也[3]。

【注释】

①舞阳县故城：在今河南舞阳西北。

②汉高祖六年：前201年。

③樊哙（kuài）：沛（今江苏沛县）人。高祖开国功臣。因功封舞阳侯。

【译文】

沘水继续往东北流，经过舞阳县老城南边。汉高祖六年，把舞阳封给樊哙，立为侯国。

又东过西平县北[1]，

　　县，故柏国也[2]。《春秋左传》所谓江、黄、道、柏[3]，方睦于齐也。汉曰西平，其西吕墟，即西陵亭也[4]。西陵平夷，故曰西平。汉宣帝甘露三年[5]，封丞相于定国为侯国[6]。王莽更之曰新亭。《晋太康地记》曰[7]：县有龙泉水[8]，可以砥砺刀剑[9]，特坚利。故有坚白之论矣[10]。是以龙泉之剑[11]，为楚宝也。县出名金，古有铁官[12]。

【注释】

①西平县：西汉置，属汝南郡。治所在今河南西平西七十里。

②柏国：西周封国。在今河南西平西。

③江：西周封国。嬴姓。在今河南正阳东南。黄：西周封国。嬴姓。在今河南潢川西北十二里隆古乡。道：西周封国。在今河南确山县东北。柏：西周封国。在今河南舞阳东南。

④西陵亭：《水经注疏》杨守敬按："亭当在今西平县（今河南西平）西。"

⑤甘露三年：前51年。甘露，西汉宣帝刘询的年号（前53—前50）。

⑥于定国：字曼倩。西汉东海郯县（今山东郯城）人。少时随父学法。为狱史、郡决曹。宣帝时，任廷尉。为人谦恭，能决疑平法，被时人所称赞。后为丞相，封西平侯。

⑦《晋太康地记》：书名。又称《太康地记》等。撰者不详。成书于晋太康三年（282）。记载晋初州郡县建制沿革、地名取义、山水、物产等。

⑧龙泉水：一名龙渊水。在今河南西平西。

⑨砥砺（dǐ lì）：本指磨刀石。这里用作动词，磨。

⑩坚白之论：语见《论语·阳货》："不曰坚乎，磨而不磷；不曰白乎，涅而不缁。"何晏《集解》引孔安国曰："言至坚者磨之而不薄，至白者染之于涅而不黑。"谓君子虽在浊乱而不能污。后因以"坚白"形容志节坚贞，不可动摇。

⑪龙泉之剑：司马贞《史记索隐》引《太康地记》曰："汝南西平有龙泉水，可以淬刀剑，特坚利，故有龙泉之剑，楚之宝剑也。"

⑫铁官：官署名。负责冶铁事务。

【译文】

沃水又往东流过西平县北边，

西平县就是从前的柏国。《春秋左传》所谓江、黄、道、柏正与齐交好，就指的是这个柏国。汉时叫西平，西面的吕墟就是西陵亭。西陵地势平坦，所以叫西平。汉宣帝甘露三年，把西平封给丞相于定国，立为侯国。

王莽改名为新亭。《晋太康地记》说：县里有龙泉水，用来磨刀剑，刀剑就特别坚硬锋利，因此有坚白之论。所以龙泉的剑是楚国的宝物。县里出产优质的金属，古时有铁官。

又东过郾县南①，

郾县故城，去此远矣，不得过。

【注释】

①郾县：西汉置，属颍川郡。治所在今河南漯河市郾城区西南五里古城。

【译文】

沅水又往东流过郾县南边，

郾县老城离这里很远，不可能经过。

又东过定颍县北①，东入于汝②。

汉安帝永初二年③，分汝南郡之上蔡县置定颍县④。顺帝永建元年⑤，以阳翟郭镇为尚书令⑥，封定颍侯。即此邑也。

【注释】

①定颍县：东汉永初二年（108）析上蔡县置，属汝南郡。治所在今河南西平东。

②汝：即汝水。淮水支流。上游即今河南北汝河；自漯河市郾城区以下，故道南流至西平东会沅水（今洪河），又南经上蔡西至遂平东会瀙水（今沙河）；此下即今南汝河及新蔡以下的洪河。

③永初二年：108年。永初，东汉安帝刘祜（hù）的年号（107—113）。

④汝南郡：西汉高帝四年（前203）置。治所在上蔡县（今河南上蔡

    西南)。上蔡县:战国韩置。后入秦,属陈郡。治所在今河南上蔡

    西南十里。西汉属汝南郡。

⑤永建元年:126 年。永建,东汉顺帝刘保的年号(126—132)。

⑥郭镇:字桓钟。颍川阳翟(今河南禹州)人。因功封为定颍侯。尚

    书令:官名。秦始置。为主书之官。

【译文】

沅水又往东流过定颍县北边,东流注入汝水。

汉安帝永初二年,从汝南郡上蔡县分地设置定颍县。顺帝永建元年,
任命阳翟郭镇为尚书令,封他为定颍侯。就是此城。

涢水

涢水出蔡阳县①,

    涢水出县东南大洪山②。山在随郡之西南③,竟陵之东
北④。盘基所跨,广圆百余里。峰曰悬钩,处平原众阜之中,
为诸岭之秀。山下有石门,夹障层峻,岩高皆数百许仞⑤。
入石门,又得钟乳穴⑥,穴上素崖壁立⑦,非人迹所及。穴中
多钟乳,凝膏下垂,望齐冰雪;微津细液,滴沥不断。幽穴潜
远,行者不极穷深。以穴内常有风热,无能经久故也。涢水
出于其阴,初流浅狭,远乃广厚,可以浮舟筏⑧,巨川矣。时
人以涢水所导,故亦谓之为涢山矣⑨。

【注释】

①涢(yún)水:在今湖北中部偏东。为汉水支流。发源于湖北随州

    西南大洪山,北流折而东南流,经随州南、安陆、云梦之东,至武汉

    西新沟入汉江。蔡阳县:战国秦置,属南郡。三国魏复为蔡阳郡。

    治所在今湖北枣阳西四十里翟家古城。西汉属南阳郡。东汉改

为蔡阳侯国。

②大洪山：一名溳山。在今湖北随州西南，接钟祥及京山县界。

③随郡：南齐改随阳郡置。治所在随县（今湖北随州）。

④竟陵：即竟陵郡。东汉末置。治所在石城（今湖北钟祥）。

⑤仞：古时八尺或七尺叫一仞。

⑥钟乳：溶洞中悬在洞顶上的像冰锥的物体，与石笋上下相对，由碳酸钙逐渐从水溶液中析出积聚而成。也叫石钟乳。

⑦素崖：不生草木的山崖。

⑧舟筏：木舟和竹筏。

⑨溳山：即今湖北随州西南一百二十里大洪山。

【译文】

溳水

溳水发源于蔡阳县，

溳水发源于蔡阳县东南的大洪山。大洪山在随郡的西南，竟陵的东北。山脚盘踞的地面，方圆百余里。有一座高峰叫悬钩峰，在平原上许多丘陵中，显得分外秀丽突出。山下有石门，两边山崖层沓，极其险峻，岩高都有数百仞。进了石门，又有个钟乳石溶洞，山洞上方，断崖如壁，草木不生，不是人迹所能到达的。洞中钟乳石很多，如膏汁凝结而成，自洞顶下垂，看来就像雪白的冰锥；岩中渗出的水，滴滴答答地滴个不停。洞穴极深邃，没有人曾走到尽头。因为洞里常有强风，火把不久就会熄灭。溳水发源于山北，开头水流浅而狭，流远后才渐阔渐深，可以撑船放筏，成为一条大河了。当时人们因溳水发源于这里，所以叫它溳山。

溳水东北流，合石水。石水出大洪山，东北流注于溳，谓之小溳水①，而乱流东北，迳上唐县故城南②。本蔡阳之上唐乡，旧唐侯国③。《春秋·定公三年》④，唐成公如楚⑤，有两肃霜马⑥，子常欲之⑦，弗与，止之三年⑧。唐人窃马而献之子常，归唐侯是也。

【注释】

①小浿水：《水经注疏》熊会贞按："水在今随州（今湖北随州）西南，俗名石鱼河。"

②上唐县故城：在今湖北随县西北唐县镇。上唐县，《水经注疏》杨守敬按："建置无考。"

③旧唐侯国：西周封国。姬姓。在今湖北随县西北唐县镇。

④定公三年：前507年。

⑤唐成公：姬姓。春秋末唐国国君。唐惠侯之后。为楚附庸，常朝贡于楚王。

⑥肃霜马：骏马名。

⑦子常：春秋时楚国令尹囊瓦，字子常。楚贵族子囊之孙。楚平王、昭王时任令尹。贪财货。

⑧止：拘留，拘押。

【译文】

浿水往东北流，与石水汇合。石水发源于大洪山，往东北流，注入浿水，又叫小浿水，乱流往东北奔泻，经过上唐县老城南边。上唐县本来是蔡阳的上唐乡，即旧时唐侯的封国。《春秋·定公三年》，唐成公到楚国，他有两匹肃霜马，子常想要，但唐成公不肯给他，因而被扣留了三年。后来唐人偷了马献给子常，才放唐成公回去。

浿水又东，均水注之①。水出大洪山，东北流迳土山北，又东北流入于浿水。

【注释】

①均水：在今湖北随州西。

【译文】

涢水又往东流，有均水注入。均水发源于大洪山，往东北流经土山北，又往东北流，注入涢水。

涢水又屈而东南流。

【译文】

涢水又转弯往东南流去。

东南过随县西①，

县，故随国矣②。《春秋左传》所谓汉东之国③，随为大者也。楚灭之以为县。晋武帝太康中④，立为郡⑤。有溠水出县西北黄山⑥，南迳溮西县西⑦，又东南，溮水入焉⑧。溮水出桐柏山之阳⑨。吕忱曰⑩：水在义阳⑪。溮水东南迳溮西县西，又东南注于溠。溠水又东南迳随县故城西。《春秋·鲁庄公四年》⑫，楚武王伐随⑬，令尹斗祁、莫敖屈重⑭，除道梁溠⑮，军临于随，谓此水也。水侧有断蛇丘⑯。随侯出而见大蛇中断⑰，因举而药之，故谓之断蛇丘。后蛇衔明珠报德，世谓之随侯珠⑱，亦曰灵蛇珠。丘南有随季梁大夫池⑲，其水又南与义井水合⑳。水出随城东南，井泉尝涌溢而津注，冬夏不异，相承谓之义井，下流合溠。溠水又南流注于涢。

【注释】

①随县：战国楚置。秦始皇二十三年（前223）入秦，属南郡。治所在今湖北随州。西汉属南阳郡。

②随国：即隋国。西周、春秋时诸侯国。在今湖北随州。战国时为

楚邑。

③汉东之国：春秋时今湖北襄阳以下汉水河段东岸一带小国的总称。亦称汉东诸侯。

④太康：西晋武帝司马炎的年号（280—289）。

⑤立为郡：《水经注疏》杨守敬按："《宋志》，晋太康年分义阳为随国。"

⑥溠（zhà）水：一名伏恭河。在今湖北随州西。黄山：《水经注疏》杨守敬按："在随州（今湖北随州）西北一百五十里，接唐县（今河南唐河）界。"

⑦濮（jué）西县：北魏改阙西县置，为义阳郡治。治所在今湖北随州西北濮水西。

⑧濮（jué）水：一名鲁城河。在今湖北随州北。源出随州北固城山，南流经厉山镇东，至随州西入涢水。

⑨桐柏山：在今河南桐柏县西南。淮河发源处。阳：山的南面。

⑩吕忱：字伯雍。任城（今山东济宁东南）人。晋文字学家，官义阳王典祠令。撰《字林》七卷。

⑪义阳：即义阳郡。三国魏文帝时置，属荆州。治所在安昌县（今湖北枣阳南）。

⑫鲁庄公四年：前690年。

⑬楚武王：芈姓，熊氏，名通，一作达。春秋时楚国国君。杀侄自立。楚武王三十六年（前706），伐随（今湖北随州），命随代他向周求尊号，周桓王不允。后自称武王，开濮地占有之，楚始强盛。

⑭令尹：楚官名。为最高行政长官兼军事首领。斗（dǒu）祁：人名。楚令尹。莫敖：楚官名。次于令尹、司马，掌军事。屈重：人名。楚莫敖。

⑮除道：修治道路。梁溠：指在溠水上造桥。梁，这里指架桥。

⑯断蛇丘：在今湖北随州西北。

⑰随侯：姬姓。随国国君。

⑱随侯珠：亦称灵蛇珠。大蛇所衔以报答随侯救命之恩的宝珠。

⑲季梁：春秋随国贤臣。曾劝随侯勿信神之保佑，当修政爱民，亲兄弟之国。楚武王三十五年（前706），楚欲伐随，以随有季梁在，而不敢伐。

⑳义井水：在今湖北随州。井泉尝涌溢而津注，冬夏不异，相承谓之义井。《水经注疏》熊会贞按："《随志》，舜子井在州治东南一里，亦名义井。"

【译文】

涢水往东南流过随县西边，

随县就是古时的随国。《春秋左传》说，汉水以东各国，以随国为最大。楚灭随，设立为县。晋武帝太康年间，又设立为郡。有溠水发源于随县西北的黄山，往南流经溠西县西边，又往东流，有溾水注入。溾水发源于桐柏山南麓。吕忱说：水在义阳。溾水往东南流经溾西县西边，又往东南流注入溠水。溠水又往东南流，经过随县老城西边。《春秋·庄公四年》，楚武王攻打随国，令尹斗祁和莫敖屈重修筑道路，架桥于溠水上，把军队开到随，说的就是此水。水边有断蛇丘。随侯出门，看见一条大蛇被拦腰砍断，就把它捧起来，给它敷药，所以这里叫断蛇丘。后来蛇衔了明珠来报恩，世人称之为随侯珠，又叫灵蛇珠。山丘南有随季梁大夫池，池水南流与义井水汇合。义井水发源于随城东南，井泉上涌泛溢，源源不断地外流，冬夏无异，世代相传称为义井，下游与溠水汇合。溠水又往南流，注入涢水。

涢水又会于支水①。水源亦出大洪山，而东流注于涢。

【注释】

①支水：《水经注疏》杨守敬按："水在今随州（今湖北随州）西南。"

【译文】

涢水又汇合了一条支水。水源也出自大洪山,东流注入涢水。

涢水又迳随县南随城山北而东南注^①。

【注释】

①随城山:《水经注疏》杨守敬按:"《方舆纪要》,山在随州(今湖北
　随州)南七里,山势横亘,如城郭然。"

【译文】

涢水又流经随县以南的随城山北边,往东南流去。

又南过江夏安陆县西^①,

随水出随郡永阳县东石龙山^②,西北流,南回迳永阳县
西,历横尾山^③,即《禹贡》之陪尾山也^④。随水又西南至安
陆县故城西^⑤,入于涢,故郧城也^⑥。因冈为墉^⑦,峻不假筑。

【注释】

①江夏:即江夏郡。西汉高帝六年(前201)置。治所在西陵县(今
　湖北武汉新洲区西二里)。安陆县:战国秦置,属南郡。治所在今
　湖北安陆西北五十三里。西汉属江夏郡。

②随水:即今湖北广水市东之应山河。随郡:南齐改随阳郡置,属司
　州。治所在随县(今湖北随州)。永阳县:南朝宋置,属随阳郡。
　治所在今湖北广水市北。南齐属随郡。石龙山:在今湖北广水市
　东北。有石盘回屈,曲若龙形。

③横尾山:又名陪尾山。在今湖北安陆东北。

④《禹贡》之陪尾山:语见《尚书·禹贡》:"熊耳、外方、桐柏,至于

陪尾。"

⑤安陆县故城：在今湖北安陆西北五十三里。

⑥郧城：在今湖北安陆。

⑦因冈为墉：凭借山冈，作为城垣。墉，城垣。

【译文】

涢水又往南流过江夏郡安陆县西边，

随水发源于随郡永阳县东边的石龙山，往西北流，然后折回南边，流经永阳县西，流过横尾山，就是《禹贡》的陪尾山。随水又往西南流到安陆县老城西面，注入涢水，古时的郧城就在那里。郧城利用山冈作城墙，山极陡峻，用不着再筑城了。

涢水又南迳石岩山北[①]，昔张昌作乱于其下[②]，笼彩凤以惑众[③]。晋太安二年[④]，镇南将军刘弘遣牙门皮初[⑤]，与张昌战于清水[⑥]，昌败，追斩于江浦[⑦]。即《春秋左传·定公四年》[⑧]，吴败楚于柏举[⑨]，从之，及于清发。盖涢水兼清水之目矣。

【注释】

①石岩山：在今湖北安陆西南涢水西岸。

②张昌：西晋时流民起义首领。义阳（今河南信阳）人，蛮族。尝为县吏，勇力过人。太安二年（303），因荆州奉诏征兵入蜀镇压李流起义军，百姓群起反抗，张昌于是发动流民及被征发戍役者，于江夏（今湖北安陆）举行起义。易名李辰，又改县吏丘沈姓名为刘尼，称为汉朝后裔而立之为帝，建元神凤，自为相国。陶侃等与张昌苦战累日，大破之，纳降万计。次年秋，张昌被擒而死。

③笼彩凤以惑众：据《晋书·张昌传》载，张昌于石岩中作宫殿，又于

岩上织竹为鸟形，衣以五采，聚肉于其侧，众鸟群集，诈云凤皇降。

④太安二年：303年。太安，西晋惠帝司马衷的年号（302—303）。

⑤镇南将军：官名。东汉献帝初平年间置。三国魏时，与镇东、镇西、镇北将军合称四镇将军，多为出镇方面的持节都督。刘弘：即刘季和。沛国（今安徽宿州）人，官车骑将军。曾镇守襄阳。牙门：官名。即牙门将军，或称牙门将。三国时置。南朝梁时为杂号将军。皮初：刘弘部将。官牙门将。

⑥清水：亦称清发水。在今湖北安陆。

⑦江涘（sì）：江边，江岸。

⑧定公四年：前506年。

⑨柏举：一作柏莒。在今湖北黄冈团风镇南之举洲。

【译文】

涢水又往南流经石岩山北面，从前张昌在山下作乱，织竹为凤形，衣以五采来蒙骗民众。晋太安二年，镇南将军刘弘派遣牙门皮初在清水与张昌作战，打败了张昌，追到江边把他杀了。《春秋左传·定公四年》，吴在柏举打败了楚，紧跟在后面直追到清发水。看来涢水大概又兼有清水之名了。

又东南流而右会富水①。水出竟陵郡新市县东北大阳山②。水有二源：大富水出山之阳③，南流而左合小富水④。水出山之东，而南迳三王城东⑤。前汉末，王匡、王凤、王常所屯⑥，故谓之三王城。城中有故碑，文字阙落，不可复识。其水屈而西南流，右合大富水，俗谓之大泌水也。又西南流迳杜城西⑦，新市县治也。《郡国志》以为南新市也，中山有新市⑧，故此加南。分安陆县立。又王匡中兴初举兵于县，号曰新市兵者也⑨。富水又东南流于安陆界，左合土山水，世谓之章水⑩。水出土山⑪，南迳随郡平林县故城西⑫，俗谓之将陂城，与新市接界，故中兴之始，兵有新市、平林之号⑬。又南流，右入富水，富水又东入于溳。

【注释】

①富水：在今湖北应城西。

②竟陵郡：东汉末置，属荆州。治所在石城（今湖北钟祥）。新市县：南朝宋改南新市县置，属竟陵郡。治所在今湖北京山市东北六十八里。大阳山：即今湖北京山市北许家寨。

③大富水：在今湖北京山市北。

④小富水：在今湖北京山市北。

⑤三王城：在今湖北京山市北六十八里三王城村。

⑥王匡：新莽时绿林起义军领袖。新市（今湖北京山市）人。天凤四年（17）荆州发生饥荒，他与王凤等在绿林山组织饥民发动武装起义。后投降刘秀，为刘秀部将所杀。王凤：新市人。与王匡、马武及其支党朱鲔、张卬等人北入南阳，号新市兵，皆自称将军。王常：字颜卿。颍川舞阳（今河南叶县）人。与王凤、王匡等起兵，聚众数万人，以王常为偏将，攻旁县。后归光武。

⑦杜城：在今湖北京山市东北六十八里。

⑧中山：即中山国。西汉景帝改中山郡置。治所在卢奴县（今河北定州）。新市：即新市侯国。西汉置，属中山国。治所在今河北正定东北新城铺。

⑨新市兵：新莽时绿林起义军的一支。王凤与王匡、马武及其支党朱鲔、张卬等人北入南阳，号新市兵。

⑩章水：一名土山水。即今湖北安陆西南、应城东北之漳水。

⑪土山：在今湖北随州东北五十里。

⑫平林县：三国魏置，属南阳郡。治所在今湖北随县西南古城畈；一

说在今随州东北八十八里。

⑬平林：即平林兵。新莽时绿林起义军的一支。平林人陈牧、廖湛
　　聚众千余人，号平林兵。

【译文】

　　涢水又往东南流，在右边汇合了富水。富水发源于竟陵郡新市县东北的大阳山。有两个源头：大富水发源于山南，往南流，在左边汇合了小富水。小富水发源于山东，往南流经三王城东面。西汉末年，王匡、王凤、王常曾屯兵于此，所以叫三王城。城中有古碑，文字缺损剥落，不能再辨认了。小富水折向西南流，在右边汇合了大富水，俗称大泌水。又往西南流经杜城西边，这是新市县的治所。《郡国志》里叫南新市，因为中山也有新市，所以称此城为南新市。新市县是从安陆县划分出来的。此外，王匡中兴的初期，也曾在此县起兵，号称新市兵。富水又往东南流，到了安陆边界，左边汇合了土山水，人们称之为章水。章水发源于土山，往南流经随郡平林县老城西边——俗称将陵城——与新市接界，所以中兴初期，兵有新市、平林的称号。章水又往南流，在右边注入富水。富水又往东流，注入涢水。

涢水又迳新城南①。永和五年②，晋大司马桓温筑③。

【注释】

①新城：当在今湖北应城附近。

②永和五年：349 年。永和，东晋穆帝司马聃的年号（345—356）。

③桓温：字元子。谯国龙亢（今安徽怀远西北）人。晋明帝之婿。有
　　雄才大略。

【译文】

涢水又流经新城南边。永和五年，晋大司马桓温筑。

涢水又会温水①。温水出竟陵之新阳县东泽中②，口径二丈五尺，垠岸重沙，端净可爱。靖以察之，则渊泉如镜，闻人声则扬汤奋发，无所复见矣。其热可以燖鸡③，洪澜百余步，冷若寒泉。东南流注于涢水。

【注释】

①温水：在今湖北应城西南。

②新阳县：西晋惠帝时置，属竟陵郡。治所在今湖北京山市。

③燖（xún）鸡：把已宰杀的鸡等用热水烫后以去毛。

【译文】

涢水又汇合了温水。温水发源于竟陵郡新阳县东边的沼泽中，口径二丈五尺，水岸是一层层的沙，明净可爱。静立在岸边细看，深沉的泉水就像一面镜子似的，一听到人声就翻腾起浪，什么也看不到了。泉水极热，甚至可以烫鸡，而百余步外的清泉，却冷得像冰水一样。水往东南流，注入涢水。

又右得潼水①。水出江夏郡之曲陵县西北潼山②，东南流迳其县南。县治石潼故城③，城圆而不方。东入安陆，注于涢水。

【注释】

①潼水：当在今湖北汉川或应城一带。

②曲陵县：西晋太康元年（280）改石阳县置，属江夏郡。治所在今湖北汉川西北。

③石潼故城：当在今湖北汉川西北。

【译文】

涢水又在右边汇合了潼水。潼水发源于江夏郡曲陵县西北的潼山，往东南流经县南。县治在石潼旧城,城墙呈圆形而不方正。潼水东流进入安陆境,注入涢水。

又东南入于夏①。

涢水又南分为二水:东通澨水②;西入于沔③,谓之涢口也。

【注释】

①夏:即夏水。《水经》以为沔水支流。郦注以为不过是沔水入江的若干汊道中的一条而已。

②澨(shè)水:古澨水故道自今湖北汉川东北分涢水东流,至武汉黄陂区南入长江。久湮。

③沔:即沔水。据《水经注》,其北源出自今陕西留坝西,一名沮水者为沔水;西源出自今陕西宁强北者为汉水。两水合流后通称沔水或汉水。

【译文】

涢水又往东南流注入夏水。

涢水又往南流,分成两条:东边的一条通澨水;西边的一条注入沔水,汇流处叫涢口。